1979

HISTORIA
DE
IBEROAMERICA

Biblioteca Hispania

HISTORIA DE IBEROAMERICA

por

Manuel Rodríguez Lapuente

Catedrático de Historia de Iberoamérica
de la Universidad Autónoma de
Querétaro (México)

210 fotografías - 8 láminas en color

Nulla dies sine linea

EDITORIAL RAMON SOPENA, S. A.
Provenza, 95   Barcelona

© **Editorial Ramón Sopena, S. A.**
Depósito Legal: B. 47.181 - 74
Gráficas Ramón Sopena, S. A.
Provenza, 93 - Barcelona - 1975 - (40301)
Impreso en España - *Printed in Spain*

ISBN 84-303-0185-2

Prólogo

Cuando Bernal Díaz del Castillo, uno de los más ponderados y sensatos historiadores, dijo que él, y en realidad todos cuantos salieron de la península ibérica o de sus dominios europeos para llegar a las lejanas y fabulosas Indias, iban «por servir a Dios y a su Majestad y dar luz a los que estaban en tinieblas, y también por haber riquezas que todos los hombres comúnmente buscamos», sentó las dos premisas de las que se deduce la verdadera conclusión del descubrimiento, pese a que muchos otros historiadores pretendan silenciar una de ellas, no importa cuál de las dos premisas. La tesis providencialista que hace suponer el descubrimiento como premio de la divinidad al pueblo que acababa de arrojar de sus dominios a la morisma, no demuestra sus posteriores consecuencias, aunque estemos de acuerdo que porque Dios intervenga en las causas no por eso han de ser divinos los efectos. La que lo juzga como caso ventajoso por ser la proa frente al Atlántico, parece irrisoria. Los que creen que fue fruto de la belicosidad ibérica, con los brazos cruzados desde la rendición de Granada, no profundizaron en la psicología de la Península. Los que presuponen que pudo más la sed de nuevas tierras que el infortunio de los conquistadores, parece que no tienen en cuenta el factor humano. Hay que convenir, desde luego, que sólo la fe, la valentía, la libertad y el pundonor fueron capaces de elaborar el gran engranaje de una obra portentosa.

Se viene diciendo, igualmente, que es un caso más, aunque el más importante, de los descubrimientos en una era que se ha llamado «la época de los descubrimientos geográficos». Si con esta frase se quiere encerrar la historia en el rincón occidental de Europa: España y Portugal, la denominación es exacta. Pero si con ella queremos englobar al Viejo Continente, cuando Inglaterra, Francia y los países nórdicos y centrales dormían la siesta de sus propias disensiones, la frase no refleja la exactitud del punto de partida.

Creemos, desde luego, que fue el descubrimiento la clave y como el punto de arranque de toda la historia posterior, pero debido a su importancia los historiadores se han equivocado generalmente en dos cosas: en partir de aquí para historiar el Nuevo Continente, y en englobar genéricamente a toda América por el hecho de la unidad continental.

El primer enfoque resulta claramente mutilador. ¿Es posible prescindir de las culturas autóctonas, de los pueblos indígenas con su civilización propia y su régimen social y político? ¿No es precisamente ésta la base y como el fermento que determina la idiosincrasia de muchas repúblicas americanas? El segundo enfoque no es menos erróneo. La historia no es, evidentemente, la narración de los hechos acaecidos en una unidad geográfica, sino, más bien, en una unidad geopolítica. Hasta qué punto es válido aunar la historia del continente por el mero hecho de su unidad continental, es cosa que se escapa al propósito de este prólogo. Pero ello nos da pie a insistir en el acierto del doctor Lapuente, quien empezando a narrar las primeras culturas, no como una prehistoria al uso, sino como una parte que es necesario abreviar, discurre por los sucesivos hechos como eslabones de la misma cadena. Asimismo vemos con igual acierto el hecho histórico e historiable de Iberoamérica.

Iberoamérica, qué duda cabe, tiene una amplia lista de historiadores. Pero seamos sinceros, de historiadores parciales, en el sentido de comprender tan sólo una parte. La historiografía nació con el mismo hecho del descubrimiento. Los historiadores de Indias (1) comprendieron el rico filón que se presentaba a su mente y no lo despreciaron. Con más o menos crítica, con más o menos verismo, acentuando ya una virtud ya un defecto, en su conjunto, los historiadores de Indias son el monumento más grande de toda la historiografía mundial. Pero ¿quién podía historiar en un principio con amplitud y sinceridad el vasto panorama geográfico e histórico y ser a la vez leal a la historia, conocedor de los hechos, vivir las consecuencias de aquellos fundamentos y palpar la vida como quien toma el pulso a un solo hombre? Los historiadores anglosajones, en general, se han sentido llamados y gratamente atraídos por el hecho del descubrimiento. Es verdad que Inglaterra llegó a América con

---

(1) No estará de más que demos aquí brevemente una serie de autores y sus principales obras: Cristóbal Colón: *Diario del Descubrimiento, Cartas;* Hernando Colón: *Vida del Almirante;* Gonzalo Fernández de Oviedo: *Sumario de la Historia Natural y General de las Indias;* Hernán Cortés: *Cartas de relación;* Bernal Díaz del Castillo: *Historia verdadera de la conquista de Nueva España;* Francisco de Jerez: *Verdadera relación de la conquista del Perú;* Pedro Pizarro: *Relación del descubrimiento y la conquista del Perú;* Pedro Cieza de León: *Crónica del Perú, El señorío de los incas, Descubrimiento y conquista del Perú, Guerras civiles del Perú;* Agustín de Zárate: *Historia y descubrimiento del Perú;* Diego Fernández («el Palentino»): *Historia del Perú;* Pedro de Valdivia: *Cartas;* Alonso de Góngora Marmolejo: *Historia del Reino de Chile;* Pero Vaz Caminha: *Cartas;* Gabriel Soares de Sousa: *Tratado descriptivo do Brazil em 1587;* Pedro de Magalhaes Gandavo: *Tratado de la tierra del*

más de un siglo de retraso, razón de más para intentarlo y, en cierto modo, estar presente. En este caso, los que hablamos la lengua de Cervantes solemos disculpar sus puntos de vista poco precisos y enorgullecernos con aquello de «es un enamorado de las cosas de España y de la América hispana». Con ello tratamos de alabar su obra y disculpar los juicios sobre la conquista, dolorosamente duros por acallar las voces de los algodonales y de las reservas.

El otro grupo que afronta la no fácil tarea de historiar el mundo iberoamericano es el español. A estos les juzgamos, unos y otros, partidistas, mirándoles con benevolencia y suspicacia. Suponemos, en este caso, que tratarán de disculpar errores y callar defectos, y aunque sus fuentes de información sean de primera mano: Archivo Nacional de Simancas, Museo Nacional de Bogotá, Archivo de Indias de Sevilla, Biblioteca Colombina, Museo de América de Madrid, Biblioteca Nacional, Instituto Nacional de Antropología e Historia de México, Museo Arqueológico Nacional de Guatemala, prejuzgamos su labor histórica, y sus aseveraciones caen como agua de lluvia en las blancas yeseras.

Fuera de todo encasillamiento preconcebido nace la obra del doctor Lapuente, escrita, como quien dice, a la sombra de las pirámides del Sol y de la Luna, oyendo aún el eco de los cascos de los jinetes españoles cuando avanzaban sobre Tlaxcala.

La documentada información, la claridad de conceptos, lo castizo de su lenguaje, la ecuanimidad de sus juicios, la ponderada visión de los hechos, la sencillez de su exposición, la erudición iluminando y revistiendo la obra como un adorno, ¿serán bastante para creer que es una obra excelente de un gran historiador?

Toda historia de Iberoamérica, quiérase o no, y dejando aparte toda otra división académica, se ha de fundamentar en dos hechos básicos: el descubrimiento y la independencia. Así lo comprende el doctor Lapuente, y en torno a ellos gira todo su quehacer histórico.

Brasil; Américo Vespucio: *Cartas;* Martín Fernández de Inciso: *Suma de Geografía;* Pedro Sarmiento de Gamboa: *Historia índica;* Alvar Núñez Cabeza de Vaca: *Naufragios, Relación y Comentarios;* Alonso Enríquez de Guzmán: *Libro de la vida y costumbres de don Alonso Enríquez;* Pedro Mártir de Anglería: *De orbe novo Decades Octo;* Francisco López de Gómara: *Historia General de las Indias;* Antonio de Herrera: *Décadas;* Antonio de Solís: *Historia de la conquista de México;* Fray Bartolomé de las Casas: *Historia de las Indias;* Fray Toribio de Benavente: *Motolinia, Historia de los indios de Nueva España;* Fray Bernardino de Sahagún: *Historia general de las cosas de Nueva España;* Fray Diego Durán: *Historia de las Indias de Nueva España;* Francisco Cervantes de Salazar: *Crónica de las Indias;* Fray Diego de Gandía: *Relación de las cosas de Yucatán;* Fray Pedro de Aguado: *Recopilación Historial de Santa María, Nuevo Reino de Granada;* Fray Pedro Simón: *Noticias historiales*

Prólogo

La importancia del descubrimiento ya quedó reseñada en este mismo prólogo deduciendo las consecuencias que este hecho ha supuesto en la historia americana. Respecto a las independencias sería preciso comentar las motivaciones lógicas, fuera de toda política, que determinaron la creación de las nuevas Repúblicas para poder comprender debidamente y en su justo valor el arranque histórico del mismo.

Es cierto que en los hechos históricos no podemos aplicar los principios aristotélicos, base de toda lógica, pero la perspectiva del tiempo y la adecuada contemplación nos permiten reconocer que la independencia —tan múltiple como el número de Repúblicas— no fue un hecho fortuito, ni siquiera un caso ocasional favorecido por las guerras napoleónicas, ni tampoco una deducción de los principios de la Revolución francesa. Acaso podríamos convenir en que se debe a su estado de madurez, sin que esto presuponga necesariamente un cansancio del patrocinio de la metrópoli. De todas formas será más exacto reconocer que se deriva de una natural necesidad de libertad, de una natural necesidad de autonomía, de una natural necesidad de personalidad. Sólo así se puede comprender históricamente la vida de América en las dos últimas centurias fuera de todo concepto político y fuera, naturalmente, de todo enfoque económico.

Sobre estos dos pilares fundamentales está basada la historia iberoamericana: el primero como símbolo de la grandeza y de la justicia; el segundo, como símbolo de la libertad y comprensión humana para la convivencia pacífica de estos grandes pueblos que miran al futuro, puestas sus miras en aquella justicia y en aquella paz que tanto ansían las naciones.

LÁZARO SÁNCHEZ

de las conquistas de Tierra Firme en las Indias Occidentales; Fray Gaspar de Carvajal: Relación (del descubrimiento y exploración de las Amazonas); Fray Reginaldo de Lizárraga: Descripción breve de toda la tierra del Perú; Fray Vicente do Salvador: Historia de la custodia del Brasil; P. Fernão Cardim: Narrativa epistolar; P. Miguel Cabello de Balboa: Miscelánea austral; P. José de Acosta: Historia natural y moral de las Indias; Fray Juan de Torquemada: Monarquía indiana; Juan de Castellanos: Elegías de varones ilustres de las Indias; Juan Suárez de Peralta: Tratado del descubrimiento y conquista de Indias; Hernando Alvarado Tezozomoc: Crónica mexicana; Domingo Francisco (Chimalpahin): Ocho relaciones de los reinos de Colhuacán, de México y de otros hasta 1521. Diego Muñoz Camargo: Historia de Tlaxcala; Fernando de Alva Ixtlilxochitl: Historia de la Nueva España; Pedro Gutiérrez de Santa Clara: Historias de las guerras civiles del Perú; Felipe Huamán Poma de Ayala: Nueva crónica y nuevo gobierno; Garcilaso de la Vega (el Inca): Comentarios reales, La Florida; Luis Gerónimo de Oré: Los mártires de la Florida; Juan de Santa Cruz Pachacuti: Historia de los incas; Cristóbal de Molina (el del Cuzco): Relación de las fábulas y ritos de los incas; Juan de Betanzos: Suma y narraciones de los incas; Ruy Díaz de Guzmán: La Argentina manuscrita.

Introducción

Idea de Iberoamérica

Una gran parte del Continente americano está habitada por un conjunto de pueblos que, bajo específicas diferencias, presentan numerosas características sustanciales, que son comunes a todos ellos y les dan la evidente cualidad de algo homogéneo y unido. En la actual fase de evolución histórica, estos pueblos se encuentran divididos políticamente, constituyendo los siguientes Estados: República Argentina, República de Bolivia, Estados Unidos del Brasil, República de Colombia, República de Costa Rica, República de Cuba, República de Chile, República Dominicana, República del Ecuador, República de Guatemala, República de Honduras, Estados Unidos Mexicanos, República de Nicaragua, República de Panamá, República del Paraguay, República del Perú, Estado Libre Asociado de Puerto Rico, República de El Salvador, República Oriental del Uruguay y República de Venezuela.

A esta comunidad de pueblos la llamamos Iberoamérica, desentendiéndonos de la intrascendente polémica sobre cuál debe ser el nombre más apropiado para designarla. Quedan incluidos en ella, como se puede observar, el Brasil, aunque no participe de la importante característica del idioma castellano, común a todos los demás, puesto que habla el portugués, y, también Puerto Rico, a pesar de encontrarse asociado bajo un régimen jurídico especial a los Estados Unidos de Norteamérica, y no disfrutar, por lo tanto, plenamente de su soberanía nacional como Estado independiente. Si deseamos tener una concepción verdadera y completa de la Comunidad Iberoamericana como unidad histórica, cultural y sociológica,

9

es imposible prescindir de estos dos pueblos, ya que sin ellos el conjunto se vería artificialmente mutilado, puesto que contribuyen decisivamente en su integración y, por lo demás, las circunstancias que los distinguen de los restantes, no son en modo alguno medulares.

En cambio excluimos a otros pueblos que, a pesar de estar asentados en esta parte del Continente, poseen características que los separan profundamente de los pueblos iberoamericanos. Son ellos, la República de Haití y los países recientemente independizados de Inglaterra, Jamaica, Trinidad y Tobago y La Guyana, además de otros territorios que continúan siendo colonias de naciones europeas.

La continuidad del territorio que ocupan los pueblos iberoamericanos, que se extiende desde el río Bravo del Norte hasta la Tierra del Fuego, aunque no es determinante para darles unidad, constituye un factor importante, porque permite cimentar sólidamente su aproximación y ésta, a su vez, proporciona la identidad entre ellos.

Desde el punto de vista de las razas que lo forman, lo único que les es relativamente común es la gran variedad étnica que en el seno de cada uno existe. Aunque en muy variada proporción, en términos generales puede considerarse que los tres elementos raciales básicos en Iberoamérica son el indígena, el español y el negro, que al mezclarse entre sí han dado origen a una multitud de combinaciones que pueden llamarse en su conjunto mestizaje.

A estos componentes debe agregarse la considerable inmigración de muchas otras razas verificada durante el siglo pasado y el presente.

En la actualidad se estima que las proporciones étnicas en Iberoamérica son de un 25 por ciento de raza blanca; un 22 por ciento de indígenas; un 17 por ciento de negros o mulatos y un 36 por ciento de mestizos. La raza blanca es la única casi en Argentina, Uruguay, Chile y Costa Rica. La mayor proporción de indígenas, y por consiguiente de mestizos, se encuentra en México, Guatemala, Honduras, El Salvador, Nicaragua, Panamá, Ecuador, Perú, Bolivia, Paraguay y las selvas del Brasil, y en menor proporción en Colombia y Venezuela. La sangre negra se concentra con mayor intensidad en las islas y costas del mar Caribe, pero se extiende también a los litorales del Ecuador y Perú y a los del norte del Brasil. No obstante representar esta última la menor proporción y que se localiza en zonas limitadas, por su notable vitalidad, debe estimarse como elemento de primer orden, dada la influencia que ha ejercido en la configuración de Iberoamérica.

Sin embargo, el mestizaje, en todos sus grados y variantes, ha venido a constituir el elemento original, típico y predominante de Iberoamérica, y el que tiende a absorber a todos los demás, no sólo considerándolo en su aspecto puramente étnico, sino, sobre todo, en el plano sicológico y cultural.

En cuanto a la inmigración más reciente, ha estado compuesta, ante todo, por españoles que se han distribuido por casi todos los países iberoamericanos. Los portugueses han seguido afluyendo al Brasil; Argentina, Uruguay y Chile, principalmente, han recibido un número considerable de italianos. Los alemanes se han establecido especialmente en el sur de México, en Guatemala y en Chile. El mayor contingente de chinos, japoneses e hindúes se ha canalizado sobre todo hacia Brasil y Perú. Y, en menor cantidad, han llegado a toda Iberoamérica sirios, libaneses y árabes. Por lo demás, y aunque sea solamente en número reducido, puede decirse que no hay raza del planeta que carezca de alguna representación en los países iberoamericanos.

Por esta extraordinaria variedad de elementos que intervienen en la configuración racial de Iberoamérica, el filósofo mexicano José Vasconcelos llamó al conjunto de sus habitantes «la raza cósmica». Pero dado el espíritu eminentemente humanista en el que Iberoamérica se formó y que mantiene vivo, la heterogeneidad étnica no actúa en ningún caso como factor de diferenciación o disgregación entre las naciones que la forman.

La población total de la Comunidad Iberoamericana había rebasado ya en 1966 a los 240 millones de habitantes, y mantenía uno de los promedios de crecimiento más elevados del mundo, el 2,5 por ciento anual, por lo que se calcula conservadoramente que al finalizar este siglo habrá rebasado su población la suma de 500 millones.

Para apreciar debidamente el grado de homogeneidad de los pueblos iberoamericanos, debe atenderse, sobre cualquier otro dato, a los factores que los sociólogos consideran como fundamentales para definir la identidad de una comunidad humana, y que son: el idioma, la religión, la cultura y la historia.

El idioma reviste especial importancia, no sólo porque permite la comunicación entre todos estos pueblos, sino también porque influye fuertemente en su configuración intelectual y guarda el acervo de las experiencias comunes. Como antes se ha dicho, todos los países de Iberoamérica excepto Brasil, hablan el castellano, incluso Puerto Rico, a pesar de la intensa presión estadounidense que ha sufrido en los últimos sesenta años (1). Aun en el caso del Brasil, es de tenerse en cuenta la consideración de que el portugués es el idioma más próximo y más semejante al castellano que ningún otro.

Entre los países de habla castellana se pueden apreciar diferencias en la entonación y en la pronunciación de algunas letras, lo mismo que en el uso de algunos vocablos regionales, pero esto no constituye en ningún caso dificultad alguna para su mutuo entendimiento. Además, la ortografía se mantiene absolutamente uniforme. El temor expresado por algunos filólogos del siglo pasado de que el castellano pudiera fraccionarse en América en varios dialectos, como aconteció con el latín en Europa a la caída del Imperio romano, debe desecharse totalmente, pues. si realmente existió ese peligro alguna vez, en nuestros días, la facilidad que proporcionan las modernas vías de comunicación y el creciente contacto e intercambio entre estos países, hacen absolutamente infundado tal temor.

Existen aún en varias naciones de Iberoamérica grupos indígenas que conservan vivas sus lenguas vernáculas, pero son reducidas y aisladas minorías. Paraguay es el único país que puede considerarse como bilingüe, pues su idioma nativo, el guaraní, es de uso general y se mantiene, junto con el castellano, como lengua oficial. En los demás casos se trata casi siempre de núcleos indígenas que no han sido totalmente incorporados a la comunidad nacional y sus respectivos idiomas tienden a desaparecer a medida que dichos núcleos van teniendo acceso a la cultura general.

La religión católica es común a todos los pueblos de Iberoamérica. En algunos de ellos está reconocida por el Estado como religión oficial, v. gr. en Argentina, en Perú, en Costa Rica; pero en todos hay libertad de cultos. Existen en cada nación grupos minoritarios que pertenecen a diferentes religiones, cuya magnitud varía de una a otra. En México, por ejemplo, sólo el 3 por ciento no profesa la religión católica; en cambio en Panamá ascienden a un 23,8 por ciento los que no pertenecen a ella. Sin embargo, ni por su número ni por

---

(1) Recuérdese para valorar debidamente este hecho que en Filipinas, en las mismas condiciones, aunque se mantiene el castellano, junto con el tagalo y el inglés, como idioma oficial, en la práctica ha desaparecido casi por completo

su influencia social constituyen un rasgo que acredite establecer distinciones entre los pueblos de la Comunidad Iberoamericana.

Más adelante tendremos ocasión de examinar con algún detenimiento el aspecto cultural de los pueblos iberoamericanos; pero para fundar la demostración que aquí buscamos, podemos afirmar desde luego, porque ello resalta con evidencia, que existe una gran similitud en usos y costumbres, en sus expresiones artísticas, en su actitud frente a la vida y, en general, en todas aquellas manifestaciones que comprenden el concepto de cultura; aunque, naturalmente, todo esto se presente bajo el matiz típico que reviste en cada región. Estas diferencias locales, sin embargo, nunca llegan a ser tan acentuadas como las que se advierten en varios países europeos entre regiones que los componen. Como en el caso de las lenguas autóctonas, hay grupos indígenas aislados en Iberoamérica, que conservan su cultura primitiva que de igual modo desaparecen cuando se incorporan a la sociedad del país.

Por otra parte se dan grandes diferencias de nivel cultural entre las clases sociales de cada nación que deben atribuirse a la desigualdad económica que entre ellas existe, pero este fenómeno es ajeno al aspecto que ahora nos interesa.

La historia común es sin duda el factor principal de unificación en toda comunidad y es la causa determinante de todos los otros factores. La validez de este principio general queda plenamente demostrada en el caso de Iberoamérica, y su exposición constituye el objeto de las páginas que siguen.

Podemos concluir, pues, que existen elementos sólidos y suficientes para afirmar que la idea de Iberoamérica no es un ente de ficción o una abstracción teórica, sino que se encuentra firmemente apoyada en la realidad. La comunidad de características de los pueblos que la forman es tan marcada que resulta imposible la delimitación de cada una de las nacionalidades jurídicas que a ellos corresponden, basándose en un criterio sociológico, y tiene por lo tanto que recurrirse para esto a criterios legales y políticos, que son sin duda los más artificiales y aleatorios.

No obstante ello, son las divisiones políticas, las fronteras nacionales lo que actualmente separa y divide a los pueblos de Iberoamérica; pero existe ahora una tendencia más viable al siempre latente anhelo de unificación que en todo tiempo ha existido en ellos, e incluso se han dado ya algunos pasos positivos para la creación de las instituciones que lo hagan

13

posible. Otra causa de esta disgregación, y tal vez la más profunda, radica en la desarticulación de la economía de dichos países, tanto por lo que se refiere a la producción como al comercio. También en este aspecto se trata actualmente de organizar sus fuerzas económicas en un plan superior para que se complementen y ayuden mutuamente y faciliten así una mejor integración de Iberoamérica.

Pero la causa principal de la separación y el aislamiento que hoy existen se encuentran sin duda en la falta de una conciencia histórica más clara y, como consecuencia de esto, en la ausencia de una voluntad más firme de un futuro común.

El propósito de estas páginas es el de narrar la Historia de la Comunidad Iberoamericana, con el vivo deseo de fortalecer esa voluntad para la comunidad del futuro.

La historia de Iberoamérica

Iberoamérica es el hecho resultante de un proceso de formación a lo largo del tiempo. En este proceso podemos observar con toda claridad tres etapas, primera: la América Indígena; segunda: la América unida a España y Portugal; y tercera: la Comunidad Iberoamericana. Estas tres etapas están determinadas cada una de ellas por tres grandes acontecimientos que introducen una profunda modificación en la situación histórica hasta entonces existente, y son ellos la llegada del hombre al Continente, el descubrimiento del mismo por España y la separación de los pueblos iberoamericanos de sus respectivas metrópolis europeas.

Aunque es evidente que no se puede hablar de Iberoamérica sino a partir del descubrimiento y de la colonización, no puede desconocerse que la influencia ibérica vino a ejercerse sobre un conjunto de pueblos y culturas preexistentes. Iberoamérica es precisamente el producto del encuentro y fusión de esos dos elementos, el indígena y el ibérico. Por esto no se puede prescindir en una reseña histórica comprensiva de los pueblos precolombinos. Pues, como afirma Henríquez Ureña, «si bien la estructura de nuestra civilización y sus orienta-

La historia de Iberoamérica

ciones esenciales proceden de Europa, no pocos de los materiales con que se ha construido son autóctonos» (1).

Un caso diametralmente distinto es el de las colonias inglesas en América, porque en ellas, la extinción del elemento autóctono, sin haberse fusionado con el europeo, permite perfectamente prescindir de los antecedentes indígenas.

A partir del descubrimiento, América se vincula íntimamente a la historia de la civilización occidental. Por eso puede advertirse que las etapas y los cambios en la historia de Iberoamérica corresponden a los grandes movimientos históricos desarrollados en Europa. El propio descubrimiento de América coincide con el momento en que termina la Edad Media y se inicia la Edad Moderna. Algunos historiadores, tratando de establecer una fecha para fijar dicho cambio, adoptan precisamente el año del descubrimiento, 1492, para ello. El descubrimiento, la conquista y la colonización son, en realidad, en muchos aspectos, como en su oportunidad veremos, efecto y causa a la vez de ese movimiento que dio origen a la Edad Moderna que conocemos con el nombre de Renacimiento.

La época de la soberanía de las coronas de España y Portugal en América dura tanto como la Edad Moderna en Europa, y las guerras de independencia en Iberoamérica se producen simultáneamente con el cambio de la Edad Moderna a la Edad Contemporánea y están profundamente relacionadas con las revoluciones europeas que lo produjeron.

A partir de entonces vive Iberoamérica con sus peculiares características la era del liberalismo capitalista imperante en Europa y en Norteamérica.

En la actualidad existen inequívocos síntomas en el mundo occidental de una crisis que revela, por su gravedad, el agotamiento del ciclo que empezó con la revolución liberal y la iniciación de una nueva etapa. Igual que las anteriores, esta crisis se está produciendo en Iberoamérica, y, dada la importancia de los principios morales y políticos que en ella están en juego, sus alcances serán de inmensa trascendencia, pues si bien puede conducirla a una nueva etapa histórica en la que alcance su desarrollo económico, la realización de sus aspiraciones democráticas y la integración de los países que la forman, también pudiera traducirse para ella en la pérdida

---

(1) PEDRO HENRÍQUEZ UREÑA. *Historia de la cultura de la América Hispánica*. México. 1959.

La historia de Iberoamérica

de los valores que constituyen la esencia de su identidad en la Historia. Pero estas perspectivas caen ya fuera del objeto que aquí nos concierne.

* * *

De acuerdo con lo antes expuesto, la Historia de Iberoamérica puede dividirse en seis partes, a saber:

I.—El poblamiento de América.
II.—La época indígena.
III.—El descubrimiento.
IV.—La época ibérica.
V.—La independencia.
VI.—Iberoamérica.

Formando Iberoamérica una unidad histórica, no cabe en modo alguno seguir el método empleado durante la época en que los nacionalismos eran más agudos, para exponer su historia, y que consistía en la narración por separado de la particular de cada país, con total desconexión de las de los demás. Este sistema nos ofrecería una colección de historias nacionales, pero no la historia de la Comunidad. La suma de historias fraccionadas hace que se pierda no sólo la necesaria perspectiva del conjunto, sino también el verdadero sentido y la debida valoración de los hechos, e impide ver las líneas y tendencias más profundas en el desenvolvimiento histórico de Iberoamérica. No cabe pues en esta exposición, sino ceñirse lo más estrictamente que sea posible a la sucesión cronológica de los hechos; método que, por lo demás, es el propio de la Historia.

Otro grave defecto de que ha adolecido la exposición de la Historia de Iberoamérica radica en la terminología empleada para designar algunos de sus principales acontecimientos. Es frecuente que el término empleado para referirse a un suceso dé una idea falsa de él, porque no expresa la naturaleza objetiva del mismo, sino que se inspira, más bien, en la valoración o en el sentido interpretativo que desea atribuirle el expositor. Así, por ejemplo, resulta inexacto el término «conquista» para designar la ocupación de América por los españoles y portugueses, pues, salvo los casos concretos en que sí hubo verdadera conquista, porque los pueblos nativos fueron sometidos por la fuerza de las armas, que es lo que significa el término «conquista», la inmensa mayoría de las tierras americanas fueron ocupadas pacíficamente, ya sea porque los

16

naturales no opusieron resistencia, o, simplemente, porque eran tierras deshabitadas. Mayores equívocos y mayores prejuicios encierra el término «colonia» cuando se le aplica a la época en que Iberoamérica estuvo sujeta a la jurisdicción de las coronas peninsulares; pues, como lo ha demostrado en forma concluyente el historiador argentino Ricardo Lavene en su libro «Las Indias no eran colonias», las relaciones que unían a Iberoamérica con la península Ibérica, no pueden ser designadas con esa denominación. Varios similares podrían citarse, pero será más oportuno señalarlos en su correspondiente apartado.

Sin embargo, esta circunstancia origina serias dificultades porque habiendo cristalizado estos términos en el lenguaje común, no pueden ser substituidos sin un acuerdo general, pues una terminología nueva y personal se expondría a no ser comprendida. Por ello en el transcurso de esta exposición tendremos que acudir con frecuencia a las denominaciones tradicionales, aunque siempre haciendo las aclaraciones que el caso requiera.

La designación de los puntos geográficos se presta muy a menudo a incurrir en anacronismos, refiriéndose a ellos con los nombres con que son conocidos actualmente y que no poseían en la época que se está tratando: v. gr. decir que el imperio de los Incas incluía a Ecuador y Bolivia. Pero en este caso el error no tiene, por lo general, mayor trascendencia y, en cambio, simplifica las referencias geográficas y la ubicación de los hechos, ahorrando las explicaciones que de lo contrario serían necesarias. Por esto, sin dejar de reconocer el error, incurriremos en él con el fin de facilitar la comprensión de los sucesos, que es lo que fundamentalmente interesa.

En cuanto al criterio doctrinal con que la exposición histórica ha de ser hecha, el propósito no es otro que el de liberarla del nuestro personal, concretándonos a la mera presentación de los acontecimientos y de las relaciones que guardan entre sí. Pero por desgracia, la Historia de Iberoamérica es aún sumamente polémica, porque los actos del pasado pesan todavía demasiado sobre las situaciones políticas del presente, y, por lo mismo, en ocasiones, la más escueta narración de un suceso implica ya la adopción de una postura doctrinal. Pondremos todo nuestro empeño en reducir al mínimo dicha exigencia en aras de la objetividad histórica. Por lo demás, pensamos que esta actitud redunda no sólo en beneficio de la verdad, sino también en el de la evolución política de Iberoamérica, porque el apasionado historicismo que se mezcla en estos pueblos a las luchas políticas es un elemento que las complica innecesariamente, entorpece su evolución, provoca anacrónicas divisiones, dificulta los planteamientos ecuánimes y contribuye a envenenarlas lamentablemente.

La Historia se oscurece en sus extremos: en los tiempos más remotos por la carencia o escasez de noticias, y en los más recientes por el vicio contrario, es decir, por la abundancia de datos y la falta de la perspectiva necesaria para seleccionar y destacar las que contengan verdadera trascendencia histórica. En este último período, además, el peligro de interpretaciones subjetivas y de influencias políticas aumenta considerablemnte. Para evitarlo cuanto sea posible, nos concretaremos para él a ofrecer hechos y noticias en forma casi periodística.

La geografía de Iberoamérica

Antes de hacer referencia a la Historia de la Comunidad Iberoamericana, conviene recordar, aunque sea solamente de modo muy general y a grandes rasgos, el escenario territorial en el que se desarrolla este relato. Esto podrá servir, no sólo para localizar con más claridad los sucesos, sino que también nos ayudará a explicarlos, por la influencia que el medio geográfico ejerce siempre sobre las acciones humanas y que en Iberoamérica es más acentuada que en otros continentes.

En visión esquemática, América aparece formada por dos grandes masas continentales que afectan la forma triangular colocadas la una arriba de la otra y unidas por un estrecho puente territorial y una cadena de islas. La base de ambos triángulos mira hacia el norte y el vértice apunta hacia el sur. El triángulo superior está situado considerablemente más al poniente que el inferior, de modo tal que el puente que los liga conecta el vértice del superior con el ángulo occidental del inferior.

El triángulo superior constituye la América del Norte; el inferior, la América del Sur; el puente ístmico, Centroamérica, y la cadena insular, las Antillas.

La geografía de Iberoamérica

Este conjunto se encuentra enmarcado por cuatro océanos: el Ártico en el extremo norte, el Antártico en el extremo sur, el Pacífico en su flanco occidental y el Atlántico en el oriental. El Pacífico lo separa de Europa y de África, y viene a ser así América el continente más aislado del planeta. Europa, Asia y África se encuentran comunicados territorialmente, y la propia Australia está relativamente cerca de Asia y ligada a ella por un denso conjunto de archipiélagos. América en cambio se ve separada de todas ellas por las inmensas extensiones de los océanos y aún en el norte, en donde se aproxima a Asia. la baja temperatura de esa latitud actúa como aislante. Esto explica en buena parte el que América haya permanecido ignorada del resto del mundo hasta una época histórica muy avanzada. Y su posición es también elemento de importancia para explicar cómo fue poblada por el hombre.

En la región ístmica e insular, en donde las dos masas territoriales se juntan, el océano Atlántico penetra profundamente en el Continente y forma el golfo de México y el mar de las Antillas o Caribe que se comunican entre sí por el canal de Yucatán, que se abre paso entre la península que le da nombre y la isla de Cuba.

En el resto del Continente, sus perfiles casi no ofrecen accidentes notables, por el contrario, son sumamente uniformes. En el norte sólo llaman la atención la península de Baja California, que se desprende del Continente en el litoral del Pacífico y da entrada al golfo del mismo nombre o mar de Cortés, y en el litoral del Atlántico la península de Florida, que penetra hacia Cuba encerrando al golfo de México y formando el canal de Florida. En la masa continental del sur tal vez sólo puedan mencionarse como accidentes de cierta relevancia los estuarios del río de la Plata y el del Amazonas, que se localizan en las desembocaduras de esos ríos.

En el vasto Continente, Iberoamérica ocupa totalmente la América del Sur, salvo las Guayanas: la Inglesa, Holandesa y Francesa, que se extienden en un territorio relativamente pequeño sobre la costa del Pacífico; las grandes Antillas: Cuba, Santo Domingo y Puerto Rico; la América Central y el extremo meridional de la América del Norte, que ocupa

La geografía de Iberoamérica

México (1). En una época la Historia de Iberoamérica llegó mucho más al norte; por la costa del Pacífico llegó hasta la actual frontera entre los Estados Unidos y Canadá.

Estos territorios son recorridos en toda su longitud por una gigantesca cordillera que constituye el eje de su estructura morfológica. En el triángulo sudamericano semeja un signo de interrogación que tiene su punto al sur, en la Tierra del Fuego, asciende verticalmente siguiendo la costa del Pacífico y hacia la mitad de la masa continental inicia una amplia curva que, siguiendo el contorno pasa del Pacífico al Atlántico y va a terminar casi en las bocas del río Orinoco. Es esta la cordillera de los Andes, la más larga del mundo, pues mide 8.500 kilómetros, y alcanza una gran elevación coronada por picos tan altos como el Aconcagua, el Illimimani, el Chimborazo, el Cotopaxi, el Tolima y muchos otros que figuran entre los más elevados del planeta. En donde se inicia la curva la cordillera se expande y forma amplias mesetas a una altura de 4.000 metros sobre el nivel del mar. En ellas se alojan los lagos Titicaca y Poopó.

Dos macizos montañosos aislados y situados cerca de las playas del Atlántico completan la orografía de Sudamérica: el macizo de las Guayanas, entre la cuenca del Orinoco y la del Amazonas, y el Macizo Brasileño, entre ésta y la del río de la Plata.

Entre este conjunto de montañas se extienden inmensas superficies de tierras bajas y planas. Al norte, los llanos de Venezuela o del Orinoco; al centro, la gigantesca hoya del Amazonas, las mesetas centrales de Brasil y las planicies del Chaco, y al sur, la Pampa y la Patagonia.

Al propio tiempo, la estructura montañosa determina las cuencas fluviales y el cauce de los ríos. La proximidad de los Andes al mar hace que la vertiente del Pacífico sea breve y pronunciada, sus costas cortadas y escabrosas y no permite la formación de ríos caudalosos. En la vertiente del Atlántico, en cambio, el declive es lento y las cuencas tan amplias que dan origen a grandes ríos. Los principales son el Magdalena, que desagua en el mar Caribe; el Orinoco, el Amazonas, que es el más caudaloso del mundo, y el segundo en longitud,

---

(1) Los geógrafos fijan el límite entre la América del Norte y la del Centro en el eje volcánico que surca la República Mexicana de oriente a poniente y que va desde el volcán de Colima, en las proximidades del Pacífico, hasta el Pico de Orizaba en las del Atlántico, pasando por los volcanes Popocatepetl e Ixtlazihuatl. De acuerdo con esta división, México tiene dos partes de su territorio en Norteamérica y una en Centroamérica.

después del Nilo, el San Francisco, el de la Plata, formado por la confluencia del Paraná y el Uruguay, y el Colorado y el Negro en la Patagonia.

En Centro y Norteamérica el eje montañoso se desdobla en dos líneas que se cruzan trazando una X. Bajando del remoto norte, en donde constituyen el sistema paralelo de las montañas Rocosas, penetran en México convirtiéndose en la Sierra Madre Occidental, la que sigue el litoral del Pacífico, y en la Sierra Madre Oriental, la que sigue el del golfo de México y van aproximándose a medida que corren hacia el sur hasta encontrarse en el nudo de Zempoaltepetl. Poco antes se cruzan con el eje volcánico que atraviesa el territorio mexicano horizontalmente de oriente a poniente. Del nudo de Zempoaltepetl, que es el centro de la X, y después de la depresión que sufren en el istmo de Tehuantepec, surgen nuevamente las dos cordilleras que ahora avanzan hacia el sur separándose como líneas divergentes. La de occidente da cuerpo a la América ístmica y adopta el nombre de Andes Centroamericanos que sólo descienden brevemente en la barranca de Atrato para dar paso al canal de Panamá y vuelven a elevarse hasta ir a insertarse en la curva de los Andes Sudamericanos. La línea que camina al oriente atraviesa Belice y Honduras y se precipita en el mar, del que sólo emergen sus crestas que van formando la cadena insular de las Antillas.

Al contrario de Sudamérica, este conjunto orográfico que hemos descrito determina una topografía más reducida y escabrosa. Sólo en el norte de México se tienden entre las dos cordilleras algunas mesetas de considerable extensión que se van elevando escalonadamente a medida que las cordilleras convergen hasta alcanzar la altiplanicie central de México. Los ríos son cortos y de escaso caudal porque la cercanía de las cordilleras a los litorales sólo permite cuencas pequeñas y de muy rápido declive. En realidad, las grandes extensiones que podrían formar amplias cuencas fluviales como las de Sudamérica, se encuentran sumergidas formando las cuencas marinas del Golfo de México y del mar de las Antillas.

Una circunstancia que merece notarse es la situación de la mayor proporción del territorio de Iberoamérica entre los trópicos, a diferencia de Europa y los Estados Unidos que se encuentran al norte del de Cáncer. Esto influye decisivamente sobre el clima y, en general, sobre las condiciones de vida, y constituye por lo tanto un factor importante en el desarrollo de la civilización.

Los regímenes climatéricos se encuentran determinados, pues, por la combinación de la latitud de su situación y su altitud o elevación sobre el nivel del mar. Esto explica la gran variedad de climas que existen en esta parte del continente.

En costas y zonas bajas de la región situada entre los trópicos, el clima es cálido y húmedo y prácticamente sólo hay dos estaciones: el invierno, que abarca de noviembre a abril, el tiempo de las lluvias, y el verano, de mayo a octubre, que es más seco.

Las alturas juegan aquí un papel muy importante porque neutralizan los efectos tropicales, y el clima se torna templado y marítimo, aunque lluvioso. Esto explica que las primeras culturas indígenas se produjeran en los elevados altiplanos de México y del Perú, y al mismo tiempo hace más enigmático el caso de la cultura maya que floreció en la zona tórrida.

En estas regiones tan elevadas el régimen es muy extremoso y las lluvias muy irregulares. En algunos puntos, en sus picos más altos, a pesar de encontrarse en las proximidades del Ecuador, el clima llega a ser polar y las montañas se encuentran cubiertas por nieves perpetuas.

Una amplia zona en Sudamérica y otra más pequeña en México, se encuentran fuera de los trópicos y, por consiguiente, en la zona templada. Aquí las estaciones son más marcadas y el régimen más semejante al del Mediterráneo.

Debe recordarse también que una gran parte de Sudamérica se encuentra en el hemisferio sur y por ello las estaciones se invierten en relación con las del hemisferio norte, correspondiendo el solsticio de diciembre al de verano.

Esta diversidad de climas origina una gran variedad en la vegetación que recubre la extensa geografía de Iberoamérica. Las regiones bajas de clima tropical, y especialmente las cuencas de los grandes ríos, están pobladas por espesas selvas. Sin embargo, en algunas partes, como en las Antillas, la mano del hombre ha modificado el paisaje y la selva ha desaparecido. En otras zonas, tales como las costas del Pacífico en América del Sur, la escasez de lluvias provoca la existencia de sabanas, o sea, planicies de escasa vegetación y aun la de áridos desiertos. A medida que el terreno se eleva y, por lo mismo, la temperatura desciende y decrece la humedad, la flora se va haciendo más pobre; aparecen los pastizales, la «paja» en los páramos, el «ichu» en el altiplano, y, en las sierras, los bosques de «pirú» y «tolares». En las regiones situadas fuera de los trópicos hay praderas de pequeñas gramíneas, planicies pobladas por chaparrales y mezquites, como en el norte de México, y en las montañas, bosques de coníferas.

La población animal de Iberoamérica ha sufrido una gran transformación por la acción del hombre. En la actualidad se han aclimatado en ella casi todas las especies útiles y, en cambio, de las originales y típicas pocas son las que sobreviven. En los climas tropicales son característicos los simios, los armadillos, el jabalí y el tapir, pero en general escasean los mamíferos y, como es sabido, antes del descubrimiento los mamíferos superiores tales como el caballo o el toro, no existían en América. En cambio en estas selvas cálidas la variedad de aves es riquísima y algunas de ellas especialmente llamativas por la maravillosa coloración de su plumaje; entre éstas son especialmente típicas de la América Central el ave del Paraíso y el quetzal. En las selvas amazónicas abundan aún los monos, los jaguares y los jabalíes. En las sabanas sudamericanas suelen habitar los ciervos y el flamenco y el ñandú entre las aves típicas. Y en los Andes centrales la vicuña y la llama, únicos mamíferos utilizables como animales de tiro que conoció el hombre precolombino, pero que existían sólo en esta limitada zona.

Por la descripción precedente puede advertirse que la geografía de Iberoamérica ofrece mayores dificultades para la vida del hombre de las que presentan otros continentes. La propia magnitud gigantesca de todas sus proporciones empequeñece a quien las habita y exige de él esfuerzos extraordinarios para vencerlas. Por otra parte, la distribución de sus territorios y las distancias que los separan no favorecen naturalmente la comunicación entre ellos y, además, la configuración de sus costas y lo escarpado de sus montañas ocasiona que los puertos, tanto marítimos como terrestres, sean escasos y poco accesibles.

Todas estas características de las tierras de Iberoamérica, desde la hidrografía hasta la fauna, han tenido su parte en el desarrollo de las sociedades establecidas en este ámbito, por lo que su historia viene a ser en muchos aspectos y ocasiones, la historia de la lucha del hombre contra la geografía.

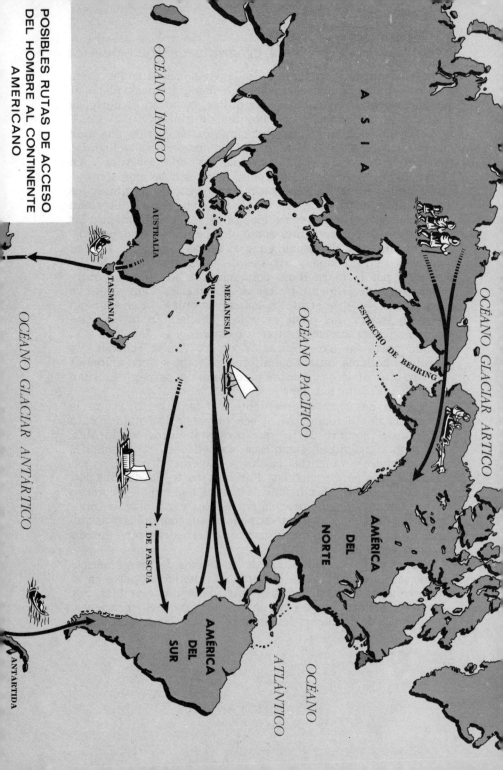

POSIBLES RUTAS DE ACCESO
DEL HOMBRE AL CONTINENTE
AMERICANO

El poblamiento de América

En otros continentes el principio de su historia se identifica con el problema del origen del género humano; en América en cambio, la historia se inicia con la llegada de sus primeros pobladores y por lo tanto con la dilucidación de cuándo y por dónde penetraron en este Continente los hombres que lo habitaban cuando fue descubierto por Europa en el siglo XV. También en este sentido parece haber sido América el Nuevo Continente.

Aunque este problema no ha sido aún resuelto con absoluta precisión y certeza y las soluciones dadas se mantienen todavía en gran parte dentro del terreno hipotético, los descubrimientos más recientes, los modernos métodos de investigación y la crítica científica, han permitido la afirmación de algunas teorías y al propio tiempo han reducido el campo de las conjeturas posibles demostrando la falsedad de muchas de ellas.

Los primeros pensadores que trataron de dar alguna explicación a la presencia de seres humanos en el Nuevo Continente, de acuerdo con la mentalidad que prevalecía en su tiempo, formularon las más variadas e inverosímiles suposiciones: no obstante han encontrado seguidores hasta tiempos muy recientes.

El sabio español Arias Montano afirmaba en 1571 que los aborígenes de América descendían de Ophis y Jobal, biznietos de Noé, que habían emigrado a este Continente. Todavía en 1900 el historiador B. de Roo se hacía solidario de esta explicación. Fray Bartolomé de las Casas, Rodrigo García, el Padre Durán y, en el siglo pasado, Lord Kingsborough, con diferentes modalidades sostuvieron también la tesis del origen judío

25

El poblamiento de América

de los indios. Otros afirmaron que descendían de colonias fenicias establecidas en América y otros, en fin, como lo hacía John Ranking en 1829, prefieren recurrir a expediciones tártaras y mongólicas. Casi todas estas teorías daban por demostrada la autenticidad del mito de la Atlántida al que Platón y otros autores de la antigüedad habían hecho alusión en sus escritos.

La geología moderna ha comprobado por el estudio del suelo del Atlántico, que si algún continente hubo que uniera al Viejo Continente con el Nuevo, éste tuvo que hundirse durante la era Terciaria, o sea, antes de que apareciera el hombre sobre la Tierra. Cuando éste apareció, los continentes tenían ya la forma y posición que actualmente presentan y por ende las migraciones humanas se verificaron en las mismas condiciones geográficas que ahora existen.

A igual conclusión tiene que llegarse si se acepta la reciente teoría postulada por el geofísico alemán Wegener, que, basándose en la notable correspondencia que se observa en los perfiles continentales de América, por un lado y de Europa y África por el otro, afirma que originariamente estuvieron unidos, pues en todo caso la separación tuvo que producirse antes del cuaternario y, por consiguiente, serviría para explicar la semejanza de la flora y la fauna en los diversos continentes, pero no el paso del hombre de unos a otros.

Naturalmente en nuestros días ninguna de estas hipótesis, ni otras por el estilo, conservan ya la menor aceptación, pues, además de la carencia absoluta de pruebas positivas para fundarlas, tiene que desecharse la posibilidad de cualquier intervención de un pueblo civilizado en épocas relativamente recientes, porque los pobladores de América desconocían algunos elementos de civilización tan antiguos en otros continentes, como la rueda, el hierro, o el arroz y el trigo, y es inadmisible que habiendo emigrado individuos de pueblos que sí los conocían no los hubieran llevado consigo.

Aunque presentadas con mayor aparato científico también han perdido crédito las teorías autoctonistas, o sea, aquellas que pretenden demostrar que el género humano tuvo su origen en América, ya sea en forma exclusiva, como sostienen los monogenistas, ya en forma simultánea a su aparición en otros lugares del globo, como quieren los poligenistas.

El más caracterizado y laborioso representante de este género de teorías fue el antropólogo argentino Florentino Ameghino, que a finales del siglo pasado y principios de éste, realizó investigaciones con objeto de probar su tesis; pero posteriormente se ha demostrado que los datos en que se basaba para apoyarla son completamente erróneos. El «tetra-prothomo argentinus», el «diprothomo platensis», el «prothomo pampeanus» y con ellos toda su ingeniosa construcción, quedan como testimonio del esfuerzo imaginativo de Ameghino, pero desprovistos de validez científica.

Como ésta, todas las teorías autoctonistas se basaban en la atribución de edades antiquísimas a determinados fósiles hallados en el Continente, pero los sistemas de que dispone actualmente la ciencia para medir estas edades, principalmente el método del carbono 14, han destruido esas suposiciones (1).

La fecha más remota de vestigios humanos obtenida por este método la proporcionaron unos yacimientos en Illinois que revelaron 10.650 años de antigüedad aproximadamente. El hombre fósil de Tepexpan, en México, al que se habían calculado 12.000 años, reveló solamente 4.000. Los restos más antiguos, de los encontrados en México hasta el presente, son los de Tlatilco, que tienen una edad aproximada de 6.390 años. En América del Sur, la mayor antigüedad la proporcionaron unos huesos quemados de animal que se encontraron asociados a restos humanos en la gruta de Pallinaike, en Chile, que tienen 8.650 años. En Perú, la mayor antigüedad localizada es solamente de 4.380 años.

Del conjunto de los numerosos estudios realizados sobre esta materia se desprende que la aparición del hombre en América data a lo sumo del final del período Pleitocénico, pues es probable que no se remonte más allá del principio del Neolítico. «Conforme a lo que actualmente sabemos —concluye Walter Krickeberg, después de analizar la cuestión en su *Etnología de América*—, la inmigración del hombre en América se llevó a cabo, cuando más tarde, al retroceder los glaciares de Wisconsin, hace 12.000 o, con mucho, 15.000 años.»

Es posible que dado el incremento que han alcanzado en la actualidad las exploraciones antropológicas se encuentren restos humanos más antiguos que los hallados hasta la fecha, pero no es probable que la diferencia de edad con los que

---

(1) Los organismos vivos, en virtud de su intercambio con la atmósfera, conservan una radiactividad constante en el carbono 14 que contienen. Este equilibrio se interrumpe con la muerte y, por ello, la radiactividad de éste empieza a disminuir a una velocidad constante. Se puede determinar así que pierde la mitad de su radiactividad en 5.720; se reduce a la cuarta parte en 11.440 años y así sucesivamente.

El poblamiento de América

actualmente se conocen sea considerable. Paul Rivert, que ha dedicado a estos problemas acuciosos estudios, resume sus conclusiones así: «América en su conjunto es un continente de poblamiento relativamente reciente, hablando en sentido geológico. El hombre americano no es autóctono; venido del Antiguo Continente, no aparece en el Nuevo Mundo antes del fin del Cuaternario, después del retroceso de los grandes glaciares» (1).

Desde el punto de vista de evolución tampoco han encontrado los antropólogos elementos para sostener la aparición del hombre en el Nuevo Continente. A este respecto el prehistoriador mexicano Martínez del Río afirma: «El gran argumento que se ha esgrimido contra los que han asegurado que el hombre es originario de América, siempre lo ha proporcionado la pobreza, mejor dicho, la esterilidad absoluta del continente americano, de restos de monos antropoides o de tipos prehumanos».

Resuelta así esta cuestión, el problema se basa, pues, en explicar por dónde penetraron los primeros pobladores en América.

La posición geográfica del continente sugiere en forma inmediata una respuesta a este interrogante. El único punto en donde América se acerca considerablemente al continente euroasiático es en el estrecho de Behring. Ahí la distancia entre ambos es solamente de 80 kilómetros y, además las islas Diómedes, colocadas entre las dos riberas, hace relativamente fácil el paso de una a la otra. Además, un poco más al sur, el archipiélago de las islas Aleutianas se tiende entre los dos continentes como las piedras de un vado. A fines del período Cuaternario, como hemos visto, esta región se encontraba ya despejada de los hielos del último glaciar, de modo que el tránsito del hombre a través de estas rutas, aún con elementos muy primitivos, era perfectamente factible.

Es, pues, indudable que por este punto penetraron inmigrantes asiáticos en América. Esta penetración debió iniciarse en cuanto la retirada de los glaciares lo permitió, y seguramente se prolongó durante una larga etapa. Puede suponerse igualmente que constituyeron las primeras, más antiguas y más numerosas inmigraciones. Para muchos prehistoriadores esta solución resuelve totalmente el problema. Pero existen,

---

(1) Debe recordarse que la aparición del hombre sobre el planeta es el hecho que señala la iniciación del período Cuaternario; por consiguiente, con una gran anterioridad a su llegada al Continente Americano.

sin embargo, muchas circunstancias que no encuentran una auténtica explicación, si se acepta exclusivamente la penetración por el norte y, por lo mismo, sólo de origen asiático.

Un origen único debería reflejarse necesariamente, por una parte, en cierta comunidad de caracteres de los pueblos americanos entre sí, y, por la otra, en una determinada semejanza con los pueblos asiáticos de los que proceden.

A pesar de los esfuerzos realizados por los partidarios del origen unilateral de los indios para demostrar estos extremos, entre quienes figura en forma destacada el norteamericano Ales Hrdlicka (1), los resultados obtenidos no son concluyentes. Las semejanzas antropológicas, etnográficas y aun sanguíneas, que presentan los pueblos americanos en relación con los asiáticos, no son lo suficientemente claras; y por lo que hace a los grupos americanos comparados entre sí, atendiendo a sus caracteres etnográficos, existen en realidad entre ellos tantas diferencias y tantas semejanzas como las que puedan darse entre los pobladores de cualquier otro continente. Desde el punto de vista filológico, no se encuentra ningún substrato que sea común a las 125 familias lingüísticas que ha sido posible clasificar en América y, por lo tanto, no hay ninguna base para atribuirles un origen común. Por lo que hace a los rasgos comunes que ofrecen las diversas civilizaciones precolombinas, son realmente por rudimentarias y primitivas, comunes a todos los pueblos de la tierra y, en cambio, la etnografía ofrece algunas diferencias considerables en las características peculiares de cada grupo.

Es verdad que la antigüedad de las migraciones asiáticas, el hecho de haberse producido en varias y sucesivas oleadas y las influencias del nuevo ambiente geográfico pueden ser la causa de la diversificación de sus caracteres y de que se hayan diluido sus semejanzas con las razas asiáticas. «Sin embargo —agrega Paul Rivet, cuyo criterio seguimos aquí— esta evolución no basta, por sí misma, para explicar las diferencias tan profundas que se han producido.»

Para explicarlas, Rivet y varios otros estudiosos del problema, sugieren la inmigración de melanesios y australianos.

Se encuentran varios datos que permiten fundar la hipótesis de la participación de los melanesios en el poblamiento de América. El tipo antropológico denominado «paleo-americano» o de Lagoa Santa, del que se encuentran ejemplares

---

(1) ALES HRDLICKA «*The genesis of the american indian*». Washington. 1917.

en todo el Continente, presenta medidas y caracteres morfológicos que lo relacionan claramente con el tipo dominante en Melanesia. La etnografía comparada presenta también afinidades entre ambas razas y es de notarse que la distribución de elementos culturales afines a los melanesios guarda estrecha relación con la distribución de la raza de Lagoa Santa en el Continente. La filología, por su parte, ofrece algunas notas semejantes, tanto en el vocabulario como en las formas gramaticales, entre el grupo lingüístico americano «hoka» y el melanesio e, incluso, la patología ha demostrado que ciertas enfermedades son típicas y comunes a estos dos grupos humanos.

Aunque todos los autores aceptan con más o menos amplitud estas semejanzas, las diferencias surgen por el problema que representa el establecimiento de la vía de acceso de los melanesios al Nuevo Continente, pues hay también completo acuerdo en que esta no puede haber sido la del norte porque en el largo recorrido que supone la travesía desde la Melanesia hasta Behring y las Aleutianas no se encuentra la menor huella de su paso. No hay, en consecuencia, otro camino de acceso que el de las inmensas extensiones del océano Pacífico; y en cuanto a la posibilidad de ser surcado por los pueblos primitivos, es en lo que se dividen radicalmente las opiniones, pues, mientras algunos, como Martínez del Río, en su estudio denominado *Los orígenes americanos,* sostiene que «la llegada de melanesios y australianos a América no sólo no ha llegado a comprobarse, sino que debe reputarse dificilísima; otros, con Rivet, afirman: «El Pacífico no ha constituido nunca un obstáculo; por el contrario, ha sido un lazo de unión entre el mundo asiático y oceánico y el Nuevo Mundo». En apoyo de esta afirmación, quienes la sostienen, aducen las extraordinarias y bien probadas facultades que poseen los melanesios como navegantes, ya que siempre se han movido sobre las aguas que separan las islas de su archipiélago. Además, se han encontrado residuos melanésicos en gran parte de la Polinesia e, incluso, en la isla de Pascua; hecho que permite argumentar que si fueron capaces de navegar hasta esas distancias no hay por qué pensar que es imposible que lo hicieran hasta las costas de América. El etnólogo Walter Krickeberg, que se resiste a admitir esta hipótesis, llega a afirmar sin embargo: «Estudiando con más detenimiento la distribución de algunos elementos oceánicos en América, no puede negarse que hay muchos datos en favor de su importación de ultramar». Y en otro lugar agrega: «...No puede negarse la posibilidad de viajes por mar hasta los litorales americanos, realizados por los isleños del océano Pacífico.»

Más difícil de admitir es la inmigración de australianos, pues, aunque la antropología, la etnografía y la lingüística concuerdan en ofrecer rasgos de similitud entre éstos y algunas tribus del extremo meridional de América del Sur, como la de los patagones y la rama fueguina de los indios ona, el problema del itinerario seguido para llegar desde Australia hasta esta región americana es mucho más difícil de resolver que el de los melanesios, porque además de ser tan inadmisible el camino de Behring para éstos como para aquéllos, en este caso la ruta oceánica no encuentra ninguna clase de huellas o indicios en los que pueda apoyarse. En vista de ello, el antropólogo Mendes Correa ha propuesto y tratado de demostrar que estas migraciones se llevaron a efecto pasando de la isla de Tasmania, al sur de Australia, al continente antártico y de éste a la Tierra del Fuego. Como esas regiones se encuentran totalmente inexploradas desde el punto de vista arqueológico, cabe la posibilidad de que futuras indagaciones en ellas aporten pruebas en favor de esta hipótesis: sin éstas es muy difícil aceptarla por los obstáculos geográficos y climatéricos que ofrece esta ruta.

Sin embargo, aunque se admita la contribución de los melanesios y de los australianos, esto no debe hacernos olvidar ni restar importancia a las inmigraciones de los pueblos asiáticos, porque éstos, por su antigüedad y, sobre todo, por su número, fueron quienes constituyeron la base original y más amplia de la formación americana.

Quedan todavía algunos hechos en la América precolombina que a pesar de los esfuerzos realizados no han quedado debidamente aclarados. Entre otros y en primer término, el de la raza maya y su extraordinaria civilización, que por las características tan singulares que presenta, tanto étnica como culturalmente, no puede explicarse por las teorías expuestas. Pero mientras la ciencia y las investigaciones no aporten nuevos datos, no puede formularse ninguna hipótesis válida que contribuya a despejar éste y varios otros problemas.

Para concluir es oportuno agregar una última observación del ya varias veces citado americanista Paul Rivet: «Es en verdad curioso —dice en *Los orígenes del hombre americano*— que el período histórico de la evolución americana no sea sino repetición de los sucesos étnicos que condicionaron su poblamiento. Desde que fue descubierta, América ha seguido siendo un foco de atracción para los pueblos y razas más diversos, igual que lo fue durante su larga formación precolombina. Así como los pueblos y estas razas han constituido, desde el siglo xv, al mezclarse, una civilización nueva, con sus características bien determinadas y su originalidad propia, tanto en sus obras inspiradas por la cultura del Viejo Mundo, como en sus creaciones independientes, así el indio americano, al mismo tiempo que recogía la herencia de los pueblos y de las razas que contribuyeron a su formación, supo desarrollar una civilización propia sobre este fondo común, enriqueciéndolo con una serie de invenciones y creaciones que pueden parangonarse con las invenciones y creaciones del Viejo Continente».

La época indígena

Desde los puntos del Continente por donde penetraron —no importa al efecto que haya sido por uno o por varios— los primeros pobladores se empezaron a extender hacia el interior. Este proceso de expansión y penetración debió llevarse a cabo lentamente a través de muchas centurias, pero cuando llegaron los europeos en el siglo xv, el Continente estaba totalmente ocupado por los pueblos indígenas, desde Alaska hasta la Tierra del Fuego.

Ayudados por la lógica y por la comparación con el desarrollo que han seguido otros pueblos primitivos mejor conocidos, podemos reconstruir el proceso evolutivo de los pueblos americanos en esta etapa prehistórica, ya que las noticias que de ellos nos proporciona la arqueología no son suficientes.

Los hombres que vinieron de otros continentes se hallaban en un estadio cultural que corresponde al paleolítico de la clasificación europea de las edades prehistóricas (1).

Formando pequeños grupos fueron pasando, poco a poco, en busca de caza y de clima más propicio. Eran tribus que se hallaban en la etapa inicial de economía recolectora, alimentándose de semillas o frutos silvestres, de la pesca y, sobre todo, de la caza, y desconocían por completo la agricultura o la domesticación de algunos animales. Esto explica

---

(1) Según la clasificación generalmente admitida, la Prehistoria se divide en dos edades: la de la Piedra y la del Metal. La primera se subdivide en Paleolítico, que comprende la época más antigua, y el Neolítico, la más moderna. La del Metal, en Edad del Bronce y Edad del Hierro. Las fechas para determinar la duración de cada una de estas edades varían mucho de un lugar a otro, pero sobre todo son muy distintas en América de las de Europa, pues en aquélla se prolongan mucho más.

el que no hayan transportado los granos comestibles de otros continentes, como la avena, el trigo o el arroz, ni ganado vacuno o caballar.

Su única industria era la fabricación de puntas de piedra. hueso o madera, que utilizaban para confeccionar flechas, lanzas y hachas destinadas a la caza.

De acuerdo con ese tipo de economía estas tribus eran nómadas, pues para poder vivir tenían que trasladarse continuamente de un lugar a otro en busca de los elementos que las sustentaban. Esta circunstancia, que fue la que las impulsó a pasar al Nuevo Continente, fue también la que las empujó a su interior llevándolas cada vez más lejos. Los que penetraron por Alaska llegaron a la región de los lagos, al sur del Canadá, ricos en pesca, y de allí pasaron a las grandes praderas del centro de los Estados Unidos, en las que abundaban las manadas de búfalos, y luego a la rica cuenca del Mississipi. Así, en busca de mejores condiciones para la vida fueron avanzando hasta llegar a todos los confines de América.

Los arqueólogos han podido localizar los restos de algunos de estos pueblos primitivos, tales como «Seri» y «Huave» en México; los «Uro» y los «Changos» en Perú y los «Makú» y «Siriono» en el Amazonas.

Parece ser, con muchas probabilidades de certeza, que fueron los pueblos que ocuparon el centro de México y, más concretamente, la zona costera del golfo de México que se conoce con el nombre de la Huasteca, los que inventaron el cultivo del maíz que era hasta entonces una gramínea silvestre. Este hecho determinó un cambio extraordinario en las condiciones de vida de las tribus y un enorme avance en su civilización, pues al modificar sus bases económicas inauguró un nuevo estadio en su evolución cultural, pasando de la fase recolectora o de pura apropiación, a la de la agricultura, pues hizo que transformaran su vida nómada en sedentaria, requisito indispensable de todo desarrollo cultural superior.

El cultivo del maíz, naturalmente, sugirió el de muchos otros vegetales alimenticios y, al propio tiempo, exigió que los cazadores, obligados a residir en un lugar fijo, iniciaran la domesticación de animales, aunque esto, dada la carencia de mamíferos superiores que había en América, tuvo relativamente poca importancia, salvo en los Andes centrales en donde la domesticación de la llama constituyó un factor económico considerable.

La época indígena

Se calcula que fue a principios de la Era cristiana cuando se propagó a los demás pueblos del Continente el cultivo del maíz y con ello las transformaciones culturales que trajo consigo. Pero hubo muchas tribus a las que estos progresos no llegaron y permanecieron en la etapa primitiva. En términos generales puede decirse que permanecieron al margen de esta evolución los pueblos que habitaban los extremos del Continente al sur y al norte de los respectivos trópicos.

Esta etapa que se basa en el cultivo del maíz ha sido llamada por los prehistoriadores «cultura arcaica», y aunque su duración varía de un pueblo a otro, puede considerarse que se prolonga hasta el siglo VII de nuestra Era. En su principio los signos de civilización van apareciendo lentamente y son apenas incipientes. Más tarde nacen ya ciertas industrias rudimentarias, tales como la alfarería, la escultura y los tejidos. En su primera fase no existe ninguna arquitectura; las habitaciones son construidas con materiales ligeros que no dejan huella alguna a través del tiempo. Los únicos restos que se conservan de ella son los «mounds», pequeños montículos de tierra o piedra sin labrar que les servían de tumbas, de los que se encuentra gran número en los valles del Mississipi y Ohio. La fase posterior, en cambio, ha dejado algunas edificaciones mayores: habitaciones de piedra labrada y templos. A este período pertenecen, por ejemplo, las ruinas de Casas Grandes, en el norte de la República mexicana, y la pirámide de Cuicuilco, en las proximidades de la ciudad de México, y varias más en otros puntos del Continente.

Por lo que hace a la organización social, durante la Era arcaica, los primitivos clanes y fratrias, que agrupaban a reducidos grupos familiares, únicos que permitía la vida nómada, van constituyendo núcleos cada vez más amplios, hasta llegar en la época más avanzada, a formar amplias federaciones de tribus que pueden llamarse ya, con más propiedad, pueblos o naciones. En ellos aparece la diferenciación de la clase sacerdotal y gobernante haciéndose cada vez más marcada.

En Centroamérica y en los altiplanos de Perú y Bolivia esta evolución alcanzó un gran desenvolvimiento, señalando con ello el nacimiento a una nueva etapa caracterizada por el florecimiento de las grandes culturas indígenas, aunque esta evolución se contrajo, como veremos, sólo a determinadas zonas del Continente.

Desde épocas muy remotas, sin que haya podido averiguarse su origen, se extendió a lo largo de la costa del golfo

La época indígena

de México, la península de Yucatán, el Estado mexicano de Chiapas, Guatemala y Honduras, un pueblo de características antropológicas y culturales muy definidas y homogéneas.

Se dividió, no obstante, en tres grandes grupos: en el norte, desde la desembocadura del río Panuco a la del Grijalva, el *Huasteco,* que se encontró separado de los demás y no siguió su desarrollo; sobre la península de Yutacán, el Estado de Campeche y al norte de Chiapas, el *Maya,* que dio su nombre a todo el conjunto; y al sur de Chiapas, en Guatemala y Honduras, el grupo *Quiché.*

Fueron estos últimos los que desde una época muy temprana dieron indicios de una cultura original y los que primero elaboraron una civilización que en su madurez llegó a un grado de perfección, en muchos aspectos, que nunca fue igualado por las otras civilizaciones indígenas.

Podemos apreciar su cultura por las magníficas muestras que de ella dejaron, pero su historia, en cambio, nos es casi desconocida porque cuando llegaron los españoles, aunque el pueblo permanecía, su civilización había desaparecido totalmente. Los progresos que actualmente se están logrando para descifrar su escritura ofrecen la esperanza de que pronto podrán obtenerse mayores noticias sobre la vida de estos pueblos.

Su desarrollo cultural ofrece ya claras muestras desde el siglo IV de nuestra Era. Habiendo llegado a poseer una gran densidad de población esta área, ello dio origen a las primeras ciudades. En realidad, eran caseríos de viviendas rústicas diseminadas por los campos de labranza, pero en medio de ellos, constituyendo su centro, se levantaron magníficos edificios para los sacerdotes y gobernantes y para templos y observatorios, y se trazaron amplias plazas para las ceremonias, las fiestas y los mercados. La ciudad de Petén parece haber sido el primero de estos centros político-religiosos que cobró importancia y en donde floreció la arquitectura suntuaria. En uno de sus relieves se ha encontrado la fecha del año 328 de nuestra Era. Posteriormente van apareciendo las múltiples ciudades que cubrirán toda la zona. En los primeros tiempos destacan, entre otras muchas, Tikal y Copán y culmina este período con la fundación de Chichén Itzá y Palenque, hacia el siglo VIII. De todas ellas nos quedan espléndidos ejemplos de sus construcciones y sus bajorrelieves.

Pero súbitamente, cuando esta civilización se hallaba en el apogeo de su florecimiento y sin que mediara un período

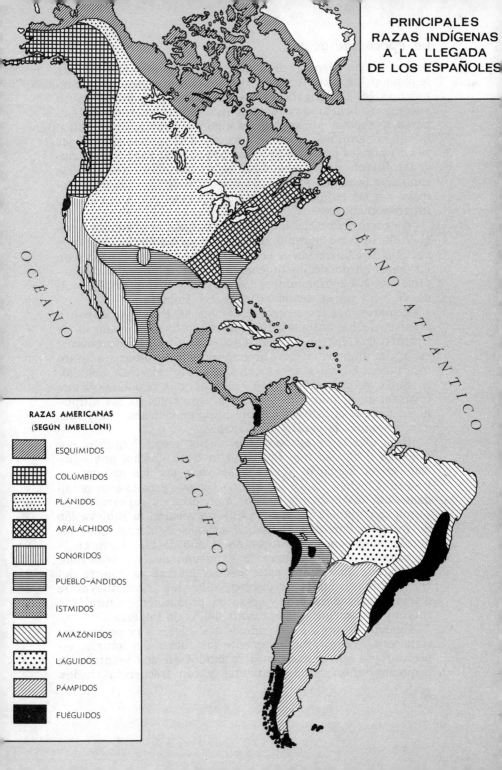

PRINCIPALES
RAZAS INDÍGENAS
A LA LLEGADA
DE LOS ESPAÑOLES

OCÉANO ATLÁNTICO

OCÉANO

PACÍFICO

RAZAS AMERICANAS
(SEGÚN IMBELLONI)

ESQUIMIDOS

COLÚMBIDOS

PLÁNIDOS

APALÁCHIDOS

SONÓRIDOS

PUEBLO–ÁNDIDOS

ÍSTMIDOS

AMAZÓNIDOS

LÁGUIDOS

PÁMPIDOS

FUÉGUIDOS

La época indígena

previo de decadencia, desaparece durante el siglo IX. Este fenómeno tan insólito en la Historia ha intrigado profundamente a los investigadores sin que hasta la fecha se hayan encontrado las causas concretas que lo ocasionaron; sin embargo se supone que se debió a algunos cambios en el clima, que lo hicieron más húmedo e insano y al agotamiento de las tierras por los sistemas de cultivo que eran usados. Las ciudades fueron siendo abandonadas y sus pobladores emigraron hacia la región montañosa del norte de Chiapas y Guatemala y a las enjutas planicies de Yucatán y la selva cubrió los ricos monumentos.

A este primer ciclo de la cultura maya que se conoce como el Viejo Imperio, sucedió, después de un tiempo en que todo vestigio de civilización se eclipsa, un pujante renacimiento en las zonas en donde los quichés inmigrados fueron a confundirse con sus consanguíneos los mayas, y dieron origen a un nuevo ciclo que se denomina el Nuevo Imperio.

Brotaron nuevos centros como los de Uxmal y Kabah y algunos de los antiguos que estaban próximos, como el de Chichén Itzá, fueron reconstruidos. La cultura alcanzó mayor esplendor aún que en el Viejo Imperio y la arquitectura levantó otra vez ricos testimonios del genio de esta raza singular.

Entre los años 1200 y 1250 irrumpió en la región maya una invasión de nahuas o mexicanos provenientes de las altiplanicies del norte. Estos se establecieron en Chichén Itzá y fundaron después la ciudad de Mayapán.

Poco más tarde aparece la población maya dominada por una liga o alianza que formaron la tribu Cocom, que habitaba en el Mayapán y estaba apoyada por los nahuas, los itzá, de Chichén Itzá y los xiú de Uxmal, pero fueron dominados por los primeros y éstos ejercieron su supremacía en forma tan tiránica y opresiva que provocaron la sublevación de los pobladores de Uxmal, a quienes siguieron todas las demás poblaciones, hasta que en el año de 1451 lograron la destrucción de Mayapán y la expulsión de los mexicanos. A pesar de su triunfo, estos hechos marcan la muerte del Nuevo Imperio, pues después de ellos las tribus mayas se dispersaron y decayeron y cesó su producción cultural tan súbita y totalmente como la caída del Viejo Imperio.

Cuando llegaron los españoles a Yucatán a principios del siglo XVII, encontraron solamente las ruinas del antiguo esplendor y a sus moradores distribuidos en una veintena de pequeños señoríos independientes y con frecuencia rivales.

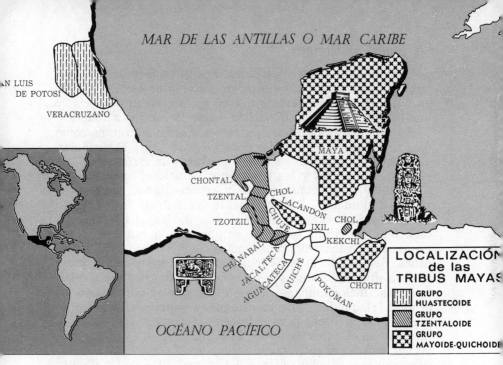

N LUIS
DE POTOSÍ

VERACRUZANO

CHONTAL

TZENTAL

CHOL

LACANDON

TZOTZIL

CHUJE

CHOL

IXIL

KEKCHI

CHANABAL

JACALTECA

AGUACATECA

QUICHÉ

POKOMAN

CHORTI

MAYA

OCÉANO PACÍFICO

**LOCALIZACIÓN
de las
TRIBUS MAYAS**

	GRUPO HUASTECOIDE
	GRUPO TZENTALOIDE
	GRUPO MAYOIDE-QUICHOIDE

Contrasta con las grandes dotes que demostraron los maya-quiché en muchas ciencias y artes su gran incapacidad para la organización política que les impidió formar un Estado unificado y fuerte. Si en muchos sentidos superan a los incas y a los aztecas, carecieron en cambio del talento organizador de aquéllos y de las dotes militares de éstos.

Como hemos hecho notar, el arte en que lograron mayor perfección fue en la arquitectura; baste citar para demostrarlo a fin de no extendernos en la mención de una serie larguísima de monumentos, las ruinas del templo llamado El Caracol, la plaza de las Mil Columnas y la Casa de las Monjas, en Chichén Itzá, y los templos de La Cruz, de El Sol o del Pontífice, en Palenque. Toda esta vasta zona arqueológica está poblada de sorprendentes restos arquitectónicos.

No sintieron atracción por la escultura independiente, pero realizaron obras magníficas de bajo relieve en la decoración de los edificios y en los monolitos labrados. El ejemplo más clásico de éstos lo constituye la denominada Cruz de Palenque. En cuanto a las ciencias, cultivaron especialmente la Astronomía y la Aritmética, y en ambas lograron alcanzar conocimientos muy avanzados. Supieron establecer el calendario con perfecta exactitud y determinar los movimientos

39

del Sol, la Luna y otros planetas. Fue el único pueblo precolombino que inventó un verdadero sistema de escritura ideográfica, con base en jeroglíficos, como la escritura egipcia, y que estaba en vías de evolución hacia la escritura fonética.

Su religión era politeísta, pero reconocían a Itzamná como dios supremo y padre de las demás deidades y a él atribuían el haberles trasmitido los conocimientos y la civilización que poseían. Los astros y los fenómenos naturales, como el rayo o la lluvia, eran considerados y representados como otras tantas divinidades. Posteriormente los nahuas introdujeron el culto a Kukulkán, que fue el dios de Mayapán y al que concebían como una serpiente emplumada, lo que indica que es una trasposición del dios Quetzalcoatl de las tribus mexicanas. Realizaban en su honor danzas y ceremonias y practicaban diversas y duras penitencias. En algunos casos realizaban sacrificios humanos, como el de arrojar doncellas a los cenotes (1), que los proveían de agua, y también el de abrir el pecho a las víctimas para extraerles el corazón, pero sólo lo practicaban en raras ocasiones. Eran muy comunes, en cambio, las deformaciones corporales; solían desde pequeños provocarse estrabismo o aplanamiento del cráneo, limarse los dientes y hacerse perforaciones en los labios y en la nariz.

Los quechuas

En los últimos siglos de la edad arcaica, o sea, en los primeros de la Era cristiana, la región que hoy ocupan Perú, Bolivia y Ecuador se encontraba habitada por tres pueblos: el Colla o Aimará, asentado en el altiplano perú-boliviano; el Quechua, en los valles andinos, y el Yunga, en las áridas costas peruanas.

Además del maíz y otras plantas comestibles habían aprendido a cultivar la papa o patata, que era la única que resistía las frías temperaturas de los Andes y por lo tanto constituía un alimento indispensable en esas alturas; sabían también

---

(1) Los cenotes son depósitos naturales de agua que se forman en el suelo calcáreo de Yucatán y que constituyen los únicos aprovisionamientos de agua, ya que la península carece totalmente de ríos.

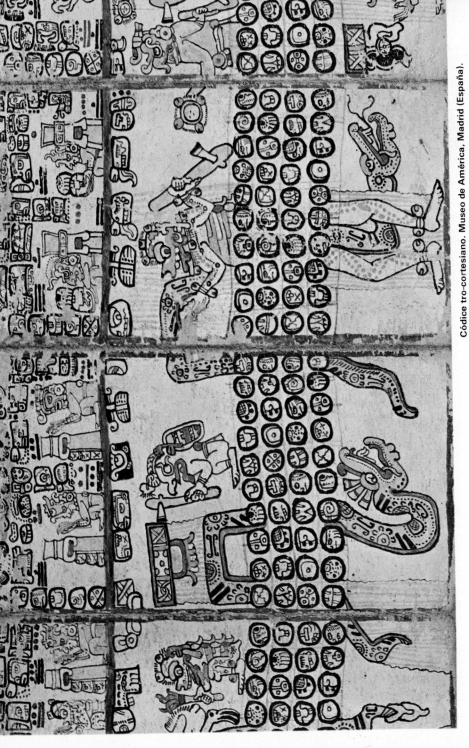

Códice tro-cortesiano. Museo de América. Madrid (España).

"Virgen de los navegantes". De un cuadro original de Alejo Fernández.

aprovechar la lana y la carne de las vicuñas y de las llamas que luego domesticaron para servirse de ellas como animales de carga, y pronto descubrieron la utilidad que podían prestar el cobre, el estaño y otros metales que con abundancia se encontraban en sus montañas. Estos elementos les proporcionaron la base para iniciar el desarrollo de una cultura que con el tiempo había de alcanzar una extraordinaria supremacía.

Como en el caso de los mayas, nada sabemos de su historia, salvo en su última época, y tenemos noticias de ellos únicamente por las obras que dejaron. Por eso, sólo podemos seguir vagamente su evolución a través de las modalidades que advertimos en sus restos arqueológicos.

El grupo Colla ofrece signos de una precoz civilización que levantó grandes construcciones megalíticas. Las ruinas más notables que de éstas se conservan son las de Tiahuanaco, por lo cual se ha dado este nombre a esa civilización. Destacan en ellas, entre otros monumentos, la Puerta del Sol, cuyo frontispicio se encuentra ricamente esculpido, y una gran escultura labrada en una sola pieza que se conoce con el nombre de El Fraile.

En el valle superior del río Marañón existen varios conjuntos de ruinas, así como de construcciones arcaicas de piedra, que se han estimado contemporáneas de la anterior y pertenecen a la llamada cultura Chavín. Las tribus yuncas no construyeron grandes edificios, pero han dejado abundantes muestras de alfarería y tejidos que revelan también, por su perfección, un gran avance. Estos objetos presentan dos estilos claramente diferenciados, por lo cual al que aparece en el norte y el centro de la costa se le ha denominado «estilo Mochica-Chimú», y la del sur «estilo Nasca» y son producto de dos civilizaciones distintas.

En muchos detalles estas viejas culturas permiten observar inequívocos puntos de contacto con las primeras civilizaciones de México y Centroamérica, lo que obliga a suponer que mantuvieron alguna relación entre sí.

Los dibujos con que decoraban las vasijas o las telas nos permiten conocer algunos aspectos de su vida cotidiana. Por éstos sabemos que adoraban a la Luna como creadora de los hombres y divinizaban los elementos y fenómenos naturales; creían en un principio del mal que solían representar en figura de jaguar y acostumbraban a sacrificar niños para atraerse

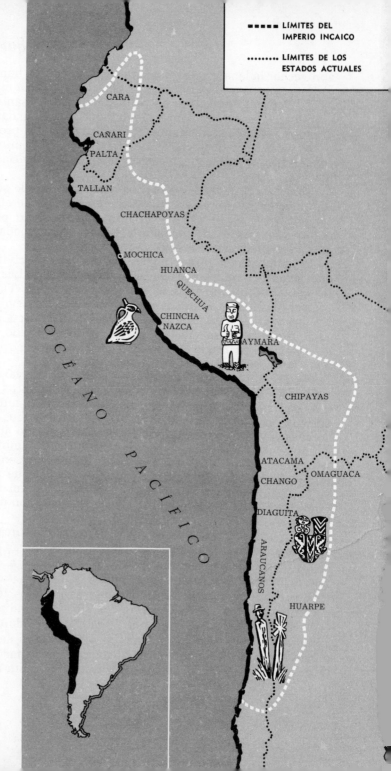

LÍMITES DEL
IMPERIO INCAICO

LÍMITES DE LOS
ESTADOS ACTUALES

CARA

CAÑARI

PALTA

TALLAN

CHACHAPOYAS

MOCHICA

HUANCA

QUECHUA

CHINCHA
NAZCA

AYMARA

CHIPAYAS

ATACAMA

OMAGUACA

CHANGO

DIAGUITA

ARAUCANOS

HUARPE

OCÉANO PACÍFICO

LOS
INCAS

el favor de los dioses. Los muertos eran objeto también de culto y por ello concedían gran importancia a la momificación, de la que hicieron un verdadero arte.

Su organización social descansaba en el grupo familiar. Este núcleo, que se llama «ayllu» en la lengua quechua, formaba una fuerte unidad política, económica y religiosa. Estaba gobernado por el «curaca», que lo dirigía, hacía justicia y mandaba al grupo en caso de guerra. La tierra era poseída en común por todos los miembros del ayllu, pero se atribuía en parcelas a los jefes de familia para que la explotaran. Y se creían descendientes de un animal totémico cuyo espíritu los protegía.

Este conjunto de pueblos, que atravesaron por múltiples etapas y presentan características que varían de una región a otra, fueron al fin unificados cuando los quechuas, bajo la jefatura de los incas lograron sobreponerse a sus vecinos.

La familia de los incas constituía originalmente un ayllu como los demás, que al reproducirse formó un conjunto de varios ayllus, pero se mantuvieron unidos reconociendo un solo jefe, al que llamaban Inca y se decían descendientes del Sol, que fue para ellos su totem. Más tarde el inca fue no sólo descendiente del Sol sino la encarnación misma de éste, por lo cual le era atribuido un carácter divino.

El inca Sinchi Roca, cuya vida se sitúa hacia la segunda mitad del siglo XIII, dio un gran impulso a la expansión conquistadora y organizó sólidamente a los pueblos sojuzgados, constituyendo así el imperio al que llamaron «Tahuantinsuyo», que significa el reino de los cuatro puntos cardinales. Los sucesores de éste continuaron ampliando sus dominios, unas veces logrando que los pueblos se les sometieran pacíficamente y, cuando no lo conseguían, recurriendo a las armas. Los incas Pachacútec, Tupac Yupanqui y Huayna Capac, que reinaron a lo largo del siglo XV, continuaron la expansión hasta dar al imperio una extensión que comprendió desde el sur de Colombia hasta el río Maule, en el centro de Chile.

Adoptaron el ayllu como base de su organización estatal; lo reglamentaron rígidamente, lo impusieron a los pueblos conquistados, y levantaron sobre él una estructura política perfectamente jerarquizada.

Integraron cada ayllu con diez familias que dirigía un «ayllucamáyac»; diez ayllus así formados integraban otra unidad superior que gobernaba un «curaca» designado por el inca y así sucesivamente iban constituyendo unidades más amplias hasta formar cuatro grandes sectores, que comprendían todo el imperio y estaban encomendadas a cuatro miembros de la nobleza que auxiliaban directamente al inca en el gobierno. Los nobles pertenecían al clan del inca y se distinguían por unos voluminosos adornos que se ponían en las orejas, lo que originó que los españoles les llamaran los «orejones». Todos ellos ocupaban los altos puestos directivos del vasto reino.

Las tierras de los ayllus fueron divididas en tres porciones; la del Sol, cuyos productos se destinaban al sostenimiento del culto y del sacerdocio; la del inca, al del Estado, y la tercera se dejaba para el mantenimiento del grupo; pero los miembros de éste tenían la obligación de trabajar también las otras. Los funcionarios del inca hacían periódicamente la distribución de estas porciones y de las parcelas individuales y eran los encargados de recibir y administrar los frutos. Los yacimientos minerales, los plantíos de coca (1) y los grandes rebaños de llamas pertenecían al inca y eran explotados directamente por el Estado. Los productos de las tierras del inca se almacenaban para quienes por algún impedimento no podían trabajar, y para el pueblo en general en los casos de escasez de víveres.

Para hacer producir la tierra en regiones tan escabrosas como las que ocupaba el imperio, emprendieron construcciones verdaderamente gigantescas, que sólo pudieron ser llevadas a cabo gracias a la obligación de todos los súbditos de trabajar en ellas en las épocas que no dedicaban a los cultivos y a la férrea disciplina con que eran dirigidos. Así realizaron la nivelación de inmensas extensiones de terreno en las laderas de las montañas por medio de terrazas sostenidas por muros y contrafuertes y amplios sistemas de riego.

Para mantener la centralización de un imperio tan amplio se hacían necesarias rápidas y eficaces comunicaciones y en este aspecto dieron muestras de una capacidad extraordinaria. Construyeron excelentes caminos que llevaban hasta los más lejanos confines del imperio, y sobre los abismos de la sierra tendieron puentes colgantes que son obras maestras de ingeniería. Rápidos equipos de corredores en relevos y bien concertados de señales de humo completaban el sistema

---

(1) Aún en la actualidad los indígenas de Sudamérica son muy aficionados a masticar las hojas del arbusto de la coca, que les produce efectos estimulantes. Por ello este producto tenía, y tiene todavía, una gran demanda.

y permitían al inca controlar desde Cuzco, en donde tenía su residencia, todos sus dominios.

Los incas completaron la unificación de sus pueblos imponiendo a todos ellos el idioma quechua y el culto solar.

La religión de los tiempos incaicos es una elaboración más compleja de las viejas creencias de las tribus primitivas. Su mitología atribuye la fundación del imperio a Manco Capac y su esposa Mama Ocllo, que personifican al Sol y a la Luna, y de ellos derivan los incas su dinastía. Éstos, que son sus sucesores, perpetúan en sus personas la presencia de la pareja divina sobre la tierra. Por esto el inca debía tomar por esposa a su hermana mayor que era la encarnación de la Luna.

Pero además de estos, existía una multitud de dioses menores: las estrellas, el mar, el aire, las montañas, etc. Poseían otros tantos espíritus divinos, llamados Huacas, y cada ayllu, como se ha visto en las tribus antiguas, poseía su propio dios tutelar. También se veneraba a los muertos y por ello las momias eran objeto de un culto especial. Pero en contraste con casi todos los pueblos precolombinos, entre los quechuas nunca se rindió culto a imágenes representativas de las divinidades.

Frecuentemente aparece en sus mitos la figura de un personaje llamado Huiracocha, que cumple el papel del héroe civilizador tan común en las religiones indígenas.

Normalmente se sacrificaban animales en honor de los dioses, pero en algunas ocasiones especiales, como la coronación de un nuevo Inca, se practicaba el sacrificio de niños y de doncellas.

Había gran número de sacerdotes encargados de dirigir los ritos y ceremonias en todo el imperio y que actuaban también como curanderos y adivinos, pero se hallaban sujetos a un sumo sacerdote, el Huillac Uma, que residía en el templo del Sol, en Cuzco.

En general, el pueblo era sumamente religioso y la religión presidía todos los actos de su vida.

Su desenvolvimiento cultural se vio gravemente limitado por la carencia de un sistema de escritura, no obstante esto, en muchas ramas logró un considerable adelanto. Para la difícil contabilidad que la administración de aquel reino exigía, se servían de un ingenioso instrumento formado por cordones llamado «quipu», en el que por medio de colores y nudos hacían sus anotaciones aritméticas.

La época indígena

En el Cuzco se había establecido una escuela para los jóvenes de la nobleza. En ella residían los «Amauta» y los «Harahuec», sabios dedicados a la literatura y a conservar y trasmitir verbalmente las tradiciones y conocimientos generales de su civilización a las nuevas generaciones.

El pueblo estimaba las diversas artes y de su seno surgían quienes las cultivaban. Perfeccionaron la cerámica y los tejidos y llegaron a ser excelentes artífices en el trabajo de los metales y en la construcción de joyas. Su arquitectura carecía de la riqueza característica de los mayas, pero demuestra una gran solidez por la perfección que lograban en el ensamble de las piedras. Construyeron grandes edificaciones de las que dan testimonio entre otras muchas las fortalezas de Ollantaytambo, Sacsahuaman, en el Cuzco esta última, Machu Picchu, en el norte, y la de Pisac, en el valle del río Urubamba.

A fines del siglo XVI el inca Huayna Capac, consumó la conquista del reino de Quito y permaneció durante algunos años allí. Durante su estancia tuvo un hijo de una de las hijas del cacique destronado, que se llamó Atahualpa, y por el cual llegó a sentir una gran afición.

Cuando después de varios años murió el inca en el Cuzco, rompiendo la inveterada tradición de sus antecesores, dividió su reino, dejando sus antiguos dominios a su legítimo heredero Huáscar, y los recientemente conquistados a Atahualpa. Esto provocó la guerra entre los dos hermanos. Huáscar, restando validez a las disposiciones de su padre que dividían el imperio, quiso someter por la fuerza a Atahualpa, y logró vencerlo y hacerlo prisionero; pero éste logró huir e invirtió la situación, pues derrotó al ejército del heredero legítimo y se apoderó de él. Sin embargo el triunfo no era decisivo pues el inca preso contaba todavía con la fidelidad de muchos de sus súbditos. Así se encontraban, aguardando un nuevo encuentro que decidiera la suerte de aquella guerra, y Atahualpa se hallaba a la expectativa en Caxamarca, cuando un factor inesperado vino a cambiar totalmente la suerte de todo el imperio de los incas: sobre las crestas de las serranías que encierran el valle de Caxamarca apareció Francisco Pizarro. Era el año de 1533.

MAR DE LAS ANTILLAS

La Quemada
HUASTECAS (Mayas)
TOLTECAS
TOTONACAS
Castillo de Tecuyo
Tula
Tenayuca
Teotihuacán
México
Cempoala
NAHUAS
Tres Zapotes
COLIMENSES
TARASCOS
OLMECAS
Teotitlán
ZAPOTECAS
MIXTECAS
Mitla
Tutepec

OCÉANO PACÍFICO

Los aztecas

Los yacimientos arqueológicos de las altiplanicies de México han revelado la existencia de una cultura arcaica que se inició con la aparición de la agricultura. Los investigadores han podido determinar dos etapas en la evolución de esta cultura; la más antigua ha sido denominada cultura de Zacatenco y la más reciente, cultura de Ticomán. Están representadas ambas por objetos de alfarería y pequeñas estatuillas de arcilla y se distingue la una de la otra, en términos generales, por el mayor grado de perfección que alcanza la segunda en la elaboración de sus obras. Esta era culminada con la aparición de los primeros monumentos, entre los que figura la ya mencionada pirámide de Cuicuilco, construida con piedras sin labrar y sin argamasa. Con estos progresos se da paso a la etapa de las culturas superiores.

La primera de éstas aparece en el siglo VII, y se la conoce como cultura de Teotihuacán, porque ha dejado como espléndidos testimonios de su presencia las ruinas de ese nombre. Entre ellas destacan las pirámides del Sol y de la Luna, que

47

La época indígena

datan de su primera época y el templo de Quetzalcoalt, que fue construido posteriormente. También aparece como característica de esta cultura una gran variedad de estatuas pequeñas modeladas artísticamente en barro cocido. Las magnas construcciones demuestran que para realizarlas era necesario que este pueblo poseyera ya una poderosa organización estatal. Sin embargo hacia el siglo XII, época en que aparecen en esa región las tribus nahuas, este pueblo se dispersa y su civilización desaparece.

Un poco más al norte, las tribus toltecas, formaron entre los siglos VIII y XI el llamado imperio Tolteca, cuyo centro fue la ciudad de Tollan o Tula. La leyenda atribuye su desaparición al descubrimiento del pulque que ocasionó que el pueblo se entregara al vicio de la embriaguez (1).

Desde tiempos inmemoriales merodeaban por las llanuras del norte de México unas tribus nómadas y cazadoras a las que sus descendientes llamaban después chichimecas, equiparando el término con el de salvajes. También desde épocas muy antiguas estas tribus habían emigrado hacia el sur llegando en su peregrinaje hasta Yucatán y América Central; en Guatemala y El Salvador constituyeron el grupo llamado «pipil» y en Nicaragua, el «nicaroa». Pero las nuevas migraciones verificadas por los chichimecas entre el año 1000 y el 1200 fijaron su asiento en los valles de México y Puebla, y aunque carecían casi por completo de cultura, lograron sobreponerse a las civilizaciones que ocupaban la región. Sin embargo, por contacto con éstas fueron adquiriendo sus conocimientos y elaborando su propia cultura. Por el año de 1200 iniciaron ya la construcción de la pirámide de Tenayuca.

Formaban varias tribus independientes entre sí que, al establecerse, fundaron otras tantas poblaciones y señoríos. Asi nacieron Xochimilco, Chalco, Tlacopán o Tacuba, Tlaxcala. Los acolhuas crearon un señorío cuyo centro fue Texcoco; los Texpanecas formaron el de Atzcapotzalco y los aztecas, el año de 1325, fundaron sobre un pequeño islote del lago de Texcoco la ciudad de Tenochtitlán o México. Según su leyenda allí habían visto a un águila sobre un nopal devorando a una serpiente, lo que constituía una indicación de los dioses para realizar en ese sitio la fundación.

Estas tribus estaban integradas por fratrias, poseían una relación familiar que las unía y se componían de varios

---

(1) El pulque es una bebida alcohólica aún en uso en México, que se obtiene por la fermentación del magüey (*Agave atrovirens*).

grupos parentales menores, llamados «calpulli», que presentan una gran semejanza con el ayllu de las tribus andinas. Como en éste, las tierras pertenecían al grupo; una parte de ellas se proporcionaba a los jefes de familia para que las explotaran individualmente, y otra la cultivaban en común para el sostenimiento del culto, de los jefes del calpulli y demás necesidades colectivas. El grupo constituía también una comunidad religiosa, que poseía sus propios dioses, ritos y sacerdotes. Estaba gobernado por un consejo de ancianos que era presidido por el «calpulec», que era electo de entre los miembros de una determinada familia. En la guerra, los miembros del calpulli formaban también unanimidad dentro del ejército.

Las ciudades nacieron como agrupación de estos pueblos gentilicios y se organizaron de acuerdo con los principios sociales que regían en ellos.

Tenochtitlán estaba integrada por veinte calpullis que se agrupaban en cuatro grandes barrios o distritos. Y estaba gobernada por un consejo, llamado «tlatocán» formado por los «tlatoani», o sea, por los representantes de cada uno de los calpullis. El consejo se encontraba presidido por un funcionario denominado «cihuacóhuatl» que era originalmente la autoridad suprema en el reino o señorío. Para dirigir la guerra el consejo elegía un jefe supremo del ejército, el «tlacatecuntli», pero como ésta se convirtió en la actividad principal y casi permanente del pueblo azteca, el jefe militar fue adquiriendo cada vez más poder y autoridad hasta convertirse en señor absoluto, por ello los españoles por transposición le llamaron «emperador». El puesto siguió siendo electivo, pero era vitalicio y la elección debía recaer en un miembro de la familia del antecesor, y los electores quedaron reducidos a los cuatro jefes de los barrios y los dos señores de los reinos aliados.

Los aztecas procuraron ampliar las estrechas superficies cultivables de que disponían en el lago construyendo balsas recubiertas de tierra —o sea, las «chinampas» que aún existen hoy día en los canales de Xochimilco—; pero esto no podía ser suficiente y la guerra contra los vecinos se les impuso como una necesidad vital. Así fueron ampliando sus conquistas hasta llegar a dominar casi todo el centro del país. Pero su dominación tenía un carácter muy distinto al de la dominación de los incas, pues los aztecas no procuraban imponer una organización ni regir la vida política o cultural de los pueblos sojuzgados, sino simplemente obligarlos a pagar tribu-

tos y a proporcionar prisioneros para emplearlos como esclavos o para sacrificar a los dioses.

Esta expansión vino a modificar profundamente la estructura social de Tenochtitlán, del mismo modo que alteró su
organización política. El pueblo azteca perdió su antigua base
agrícola y se convirtió en un pueblo de funcionarios y guerreros, sacerdotes, cobradores de impuestos, artesanos y mercaderes. Y apareció entre ellos una acentuada división de
clases: la casta noble o «tecutli», formada por los dignatarios
del reino, de los barrios y de los calpullis; los miembros
ordinarios de éstos que ejercían las industrias, el comercio y
la guerra; y los que no pertenecían a ningún calpulli y los
prisioneros de guerra que formaron la clase de los «macehua-
lli» a quienes quedó confiado el trabajo de la tierra y en general las labores más penosas.

De las nuevas tierras adquiridas por las conquistas, algunas se atribuían al emperador o a los nobles como posesiones
personales y otras, siguiendo el sistema del calpulli, se consagraban al sostenimiento del ejército y de los sacerdotes.

Como todas las religiones americanas, la de los aztecas
estuvo en un principio inspirada en los astros. El Sol representaba una deidad incorpórea que daba vida al universo y
había creado a los hombres. Pero más tarde la religión prolife-
feró en un vasto y complejo sistema politeísta en el que, de
acuerdo con la índole militar del pueblo, el dios de la guerra,
Huitzilopochtli, ocupó el primer lugar y su terrible culto
dominó la vida de Tenochtitlán. A él estaba dedicada la gran
pirámide, que ocupaba el centro de la ciudad y era el lugar
preferido para la celebración de los ritos en su honor. El fundamental de estos ritos consistía en los sacrificios humanos.
necesarios para mantener la fuerza de los dioses a fin de que
siguieran dando vida al universo. Había varias formas para
inmolar a las víctimas, pero la más común se realizaba abrién-
doles el pecho para extraerles el corazón, que era ofrecido a la
estatua del dios y rociada con la sangre. El pueblo participaba
en el sacrificio comiendo la carne de la víctima. Esta forma del
culto llegó a adquirir proporciones monstruosas; si en un prin-
cipo se sacrificaba a los prisioneros hechos en las guerras de
conquista, después se hizo la guerra con el único fin de hacer
prisioneros para sacrificarlos. Sus cráneos se amontonaban a
los lados del templo y Andrés de Tapia, compañero de Cortés,
pudo contar 136.000. Según algunas fuentes, para la consagración de ese templo se sacrificó a 20.000 víctimas.

Entre los muchos otros dioses, «Tlaloc», el dios del agua, recibía una especial veneración. También en honor de éste y de los demás solían realizarse sacrificios humanos, y la costumbre se extendió también a los dioses tutelares de las demás poblaciones del imperio. Todas ellas eran objeto de representaciones escultóricas en las que el artífice buscaba más que realizar una obra estética, inspirar sentimientos de terror. Sus templos, siempre en forma piramidal, se alzaban en toda el área que cubría su influencia.

En contraste con estas siniestras deidades, aparece la figura de «Quetzalcoatl», la Serpiente Emplumada, a cuyo mito los aztecas concedieron siempre una gran importancia. Ellos lo recogieron de los toltecas y constituyeron su propia interpretación de la creencia en un hombre justo y bondadoso que había civilizado a los pueblos, y que es tan común en toda la mitología americana. Según la leyenda azteca Quetzalcoatl había profetizado la venida por el mar del Oriente de hombres blancos y barbudos que destruirían el reino de Tenochtitlán.

Su sistema de computar el tiempo estaba íntimamente ligado con la religión. Según ésta el mundo terminaba cada 52 años y era nuevamente creado por los dioses; pero alguna vez, al fin de uno de estos ciclos el mundo desaparecería. Por eso cuando un ciclo acababa, esperaban la iniciación del nuevo con gran ansiedad; apagaban todo fuego y esperaban la muerte; pero cuando las estrellas anunciaban que se había iniciado otro período de 52 años, prendían un fuego nuevo sobre el cuerpo de una víctima recién sacrificada. Los aztecas creían que los sacrificios humanos eran necesarios para dar fuerza a los dioses a fin de que siguieran sosteniendo con su energía la vida. Por lo demás conocían el ciclo solar y lo dividían en 18 meses de 20 días, a los que agregaban 5 días adicionales para completar el año.

En la escritura habían realizado grandes progresos estilizando unos originales jeroglíficos para formar un sistema logográfico que en muchas palabras, principalmente en los nombres, había llegado ya a ser fonético. Sin embargo, la literatura, que cultivaron en forma de recitaciones rítmicas, se transmitía verbalmente.

En cada calpulli había un centro de enseñanza para la iniciación de los jóvenes en la cultura de la comunidad, y centros generales donde se cultivaban las ciencias y se preparaba a los sacerdotes, llamados «calmecac».

La época indígena

Algunas artes e industrias alcanzaron entre los aztecas un gran esplendor. Construyeron imponentes pirámides y palacios de piedra labrada con maestría. En ocasiones cubrían los muros interiores con pinturas al fresco. Sus códices, hechos con piel o papel magüey, varios de los cuales han llegado hasta nosotros, demuestran un gran talento para el dibujo y las descripciones gráficas, como también se manifiesta en la alfarería policromada, los tejidos y los ricos mosaicos de pluma que usaban en su indumentaria. Así mismo demostraron pericia en el trabajo de los metales, aunque sin igualar a la de los quechuas, de quienes parece que recibieron la técnica.

Tenochtitlán llegó a ser un gran centro comercial en el que se intercambiaban los productos de las diversas regiones y en donde se manufacturaban las materias primas. Sus mercaderes recorrían todo el país y llegaban hasta las lejanas tierras de Centroamérica. Usaban, a manera de moneda, canutillos de plumas rellenos de oro y granos de cacao para las operaciones menores.

Gracias a los códices y, sobre todo, a las recopilaciones realizadas por los primeros frailes que llegaron a México, sabemos más de la historia y costumbres de los aztecas que de cualquier otro pueblo de América.

Los aztecas, como hemos dicho, fundaron Tenochtitlán en 1325. Se habían establecido en el lago Texcoco en condición de tributarios de los tecpanecas, es decir, del ribereño cacicato de Atzcapotzalco y se distinguieron desde un principio como buenos guerreros ayudando a éstos en su lucha contra la tribu de Xochimilco. Así habían empezado a adquirir preponderancia entre el pueblo azteca los guerreros sobre los sacerdotes y jefes de los clanes que constituían el grupo gobernante. Acamapichtli fue el primer jefe del ejército que impuso su poder plenamente sobre los demás. En este sentido podríamos decir alegóricamente que fue el fundador de la monarquía (1). Su hijo, Hitzilihuitl, se casó con una hija del rey Atzcapotzalco, Tezozomoc, y elevó así a su pueblo de la calidad de tributario a la de aliado de éste. Unidos sometieron a la tribu nahoa establecida en Cuernavaca y atacaron a los acolhuas del señorío de Texcoco para arreba-

---

(1) En realidad todos los términos, tales como imperio, rey, señorío, etc., son empleados metafóricamente en relación con las instituciones europeas que ellos designan y que, obviamente, sólo guardan una relativa semejanza con las indígenas.

tarles la hegemonía que mantenían éstos en el valle de México, los derrotaron y destronaron a su rey Ixtlilxochitl.

Sin embargo, poco duró esta unión, y los aliados empezaron a luchar entre sí. Chimalpopoca, sucesor de Hitzilihuitl en el trono azteca murió prisionero del rey Atzcapotzalco, Maxtla. El nuevo rey de los mexicanos Itzcoatl, se unió entonces a Netzahualcoyotl, heredero del despojado señor de Texcoco y juntos derrotaron a Maxtla y sometieron a Aztcapotzalco que quedó desde entonces como tributario de sus vencedores. En 1430 éstos y el señor de Tlacopán o Tacuba formaron una alianza tripartita que bajo la hegemonía de Tenochtitlán había de durar hasta el fin del imperio; por eso se suele adoptar esta fecha para señalar el fin de la llamada Era chichimeca y el principio de la Era azteca.

Netzahualcoyotl reinstaurado en Texcoco, dejó memoria de sabio legislador y gobernante justo y compuso algunos poemas que la tradición ha conservado.

En México se sucedieron en el trono Moctezuma Ilhuica-mina, Axayacatl, Tízoc y Ahuizotl, que ampliaron enorme-mente las conquistas, sobre todo este último. Quedaron reducidos a tributarios, por el Poniente, los tarascos, que habitaban Michoacán; los mixtecos, de Oaxaca, que pelearon con los zapotecas y llevaron sus armas más al sur aún, hasta las tierras de Tehuantepec y Chiapas. Y, al este y sudeste sometieron a los Huastecos y a varias tribus más. Quedó así formado un gran imperio. Sólo los tlaxcaltecas, a pesar de su cercanía y de las continuas guerras que contra ellos promovieron, habían mantenido su independencia.

Al reinado de este conquistador sucedió el muy breve de Totoquihuatzín, que murió en 1502, y ascendió al trono Moctezuma Xocoyotzín, que había sido antes jefe del ejército y sumo sacerdote y era un hombre obsesionado por preocupaciones religiosas. Durante su reinado emprendió constantes guerras contra los pueblos comarcanos, principalmente contra Tlaxcala, con el único fin de hacer prisioneros para ofrendar al insaciable Huitzilopochtli.

Enzarzado en estas terribles luchas se encontraba en 1519, cuando sus ágiles correos le avisaron que los hombres blancos y barbudos que había profetizado Quetzalcoatl y que ya en años anteriores se habían dejado ver en sus palacios flotantes sobre las olas del mar de Oriente, habían desembarcado en las playas de su imperio y su jefe estaba decidido a llegar a Tenochtitlán.

La época indígena

Cuando Cortés entró en la ciudad quedó maravillado por su esplendor. Él mismo la describió diciendo: «Esta gran ciudad de Temixtitán (Tenochtitlán) está fundada en esta laguna salada, y desde la tierra firme hasta el cuerpo de la dicha ciudad, por cualquier parte que quisieren entrar en ella, hay dos leguas. Tiene cuatro entradas, todas de calzada, hecha a mano, tan anchas como dos lanzas jinetas. Es tan grande la ciudad como Sevilla y Córdoba. Son las calles de ella, digo las principales, muy anchas y muy derechas, y algunas de estas y todas las demás, son la mitad de tierra, y la otra mitad es agua, por la cual andan en sus canoas. Y todas las calles de trecho en trecho están abiertas, por do atraviesa el agua de las unas a las otras».

Los muiscas

La cultura de más reciente formación cuando fue descubierta América, era la de algunas tribus chibchas asentadas en el altiplano de Bogotá, sobre los Andes colombianos, que se llamaban a sí mismos «muisca», que quiere decir hombre. Mientras los imperios quechua y azteca databan de varias generaciones atrás y se encontraban ya en plena madurez, los muiscas daban apenas los primeros pasos para una organización política superior. Sin embargo, por ello y por los progresos que habían logrado en otros aspectos, merecen contarse entre las altas culturas autóctonas.

Sobre sus antecedentes hay una oscuridad casi absoluta, pero se han hallado restos consistentes sobre todo en tumbas que guardaban momias bien embalsamadas, joyas y vasijas de barro, que indican la existencia de algunas culturas anteriores. Entre éstas ha llamado especialmente la atención la llamada de San Agustín, ubicada en la provincia colombiana de Hila, en donde se ha encontrado un crecido número de estatuas de piedra de gran valor artístico, además de tumbas, sarcófagos y adoratorios construidos con megalitos. Se calcula que este florecimiento cultural es anterior aun al de los primeros mayas.

A principios del siglo XVI los chibchas o muiscas formaban varios señoríos o cacicazgos independientes entre sí, pero bien unificado cada uno de ellos. Eran poco aficionados a la guerra, pero tenían que defenderse frecuentemente de las tribus vecinas, y se dedicaban preferentemente a la agricultura. Construían terrazas para aprovechar mejor las tierras, calzadas y puentes, aunque no de la magnitud de las de los incas. Practicaban también el comercio, basando el intercambio en el oro y la sal, que era un artículo muy estimado. No conocieron la arquitectura, porque sus templos y sus habitaciones, aunque bien construidas y distribuidas, eran de madera o de bambú con techo de paja. Perfeccionaron en alto grado las estatuas, la alfarería y, sobre todo, la orfebrería que para muchos arqueólogos es la más fina y artística de la América precolombina.

Como en el sistema de los incas, el jefe de cada pequeño reino, personificaba la encarnación del Sol y era a la vez príncipe y sacerdote. La religión se inspiraba en la Astronomía. El Sol llamado «Bochica», era la divinidad superior, que había creado al pueblo y le había enseñado la agricultura y el empleo de los metales. Junto a él atraía su veneración una serie de deidades menores, entre ellas los lagos, que eran considerados como sagrados. Entre las ceremonias rituales figuraba el sacrificio de niños o jóvenes. Para representar al Sol el cacique de Guatavita al tomar posesión del trono, se cubría el cuerpo de polvo de oro y después se bañaba en la laguna del caserío. Esta ceremonia había de dar lugar entre los españoles a la fábula de El Dorado, que fue el acicate de muchas exploraciones y descubrimientos.

Cuando Jiménez de Quesada, Federmann y Belalcázar convergieron sin proponérselo en la meseta de Bogotá, que ellos llamaron de Cundinamarca, los principales señoríos eran los de Tunja y Bogotá, que gobernaban, respectivamente, el «Zaque» y el «Zipa».

Otros pueblos indígenas

Al margen de estos cuatro pueblos que habían alcanzado una cultura superior, existía en el Continente, cuando se efectuó el descubrimiento, una multitud de tribus cuyo nivel cultural se encontraba en los más diversos grados evolutivos.

La época indígena

Algunas se mantenían en el estado primitivo nómada y cazador, la mayoría habían llegado ya a la agricultura y a un sedentarismo disperso, y algunas otras, ya por evolución propia o por influencia de las grandes culturas, presentaban rasgos incipientes de una civilización más alta.

Se calcula que a fines del siglo xv había en América unos 45 millones de aborígenes que, salvo las grandes agrupaciones a que nos hemos referido, se encontraban atomizados en infinidad de grupos: se han identificado alrededor de 370 tribus superiores perfectamente diferenciadas y las familias lingüísticas independientes ascienden a cerca de 125.

En estas condiciones sólo citaremos algunas de las tribus más extensas y, sobre todo, aquellas que tienen mayor importancia para la Historia.

Las Antillas estaban ocupadas por dos pueblos muy diversos. Los taínos, que pertenecían al extenso grupo de los arahuacos, habitaban las grandes Antillas; eran pacíficos y vivían en un paradisíaco primitivismo. Fue a estos a quienes primero conoció Colón. Pero las Antillas menores, sobre todo las islas de Barlovento, habían sido ocupadas por los caribes que desalojaron de ellas a los taínos, siendo éstos uno de los pueblos más agresivos y belicosos de América. Usaban para la guerra lanzas fabricadas con varas quemadas, para darles consistencia, y mortales flechas envenenadas y practicaban la antropofagia.

En el sudeste de los Estados Unidos y el norte de México había numerosas tribus nómadas: las de los pima, tarahumaras, tepehuanes, apaches, navajos y muchas otras, y la cuenca del Río Bravo la habitaban los indios pueblo.

En torno al imperio de los aztecas había varios grupos, algunos de los cuales habían sido sometidos por aquellos. Al noroeste vivían los huicholes; en los Estados de Michoacán y Jalisco, los tarascos; al norte de Oaxaca, los mixtecas, y al sur los zapotecas. La costa del Golfo estaba habitada por los huastecas, rama maya que ya hemos citado, y más al sur los totonacas. Varios de estos pueblos poseían un grado de civilización relativamente avanzado.

En la América Central se reunieron las razas emigrantes de México y de Sudamérica y existía por ello un gran entrecruzamiento de tribus nahuas, caribes y chibchas, aunque todas se encontraban en un estado cultural muy bajo y semejante, y los sacrificios humanos y la antropofagia como parte de ellos eran práctica común. Los nahuas ejercían mayor influencia en el norte y habían dado origen al grupo pipil que vivía en El Salvador y al nicaroa que dio su nombre a Nicaragua. En esta última habitaban también los chorotegas. Costa Rica y Panamá estaban muy escasamente poblados; se encontraban allí algunas tribus caribes y los indios güetares que procedían de los chibchas. Estos ocupaban una enorme extensión que se prolongaba desde Costa Rica hasta Ecuador, pero sólo los muiscas habían alcanzado un nivel cultural superior; las demás tribus chibchas vivían diseminadas en pequeñas aldeas. Sin embargo han dejado algunas esculturas y objetos de metal bien trabajados y la tribu quimbaya produjo una joyería de altísima calidad artística y técnica. En el Ecuador había además otros pueblos como el cara, el scyri, el cañari. pero casi todos ellos se hallaban bajo la influencia de los incas.

La costa colombiana del Caribe, las islas de Sotavento y el litoral de Venezuela acogían a muchas tribus arahuacas y caribes que vivían en constante guerra y conforme a un patrón de vida muy primitivo. Los arahuacos y caribes se extendían además a las Guayanas y a casi toda la cuenca del Amazonas. En el oriente de Brasil aparecen otros grupos lingüísticos, como el coyapó, el bororo, el tupi y el tupaya y el de los indios botocudos.

El sistema fluvial del río de la Plata estaba cubierto por una gran familia que ha sido denominada tupi-gurani. En general se encontraban en un grado de civilización muy elemental; eran seminómadas; practicaban la agricultura muy poco y no usaban vestido. Esta familia de tribus se dividía en varios grupos. En el Chaco vivían los guaycurúes y los chaneses, y entre los ríos Paraguay, Paraná y Uruguay, el grupo chana-güenca.

La vertiente oriental del sistema andino estaba ocupada por los calchaquíes, y los diaguitas, los omaguacas y los aimarás, que poseían una cultura más avanzada por la influencia que sobre ellos ejercía el cercano imperio de los incas. En las llanuras del norte de Argentina vivían los puelches y algunas tribus de los araucanos. El centro de Chile lo ocupaban los araucanos y el extremo meridional del Continente unas tribus denominadas en conjunto patagonas y fueguinas, que vivían en el más rudo primitivismo.

A pesar de la gran variedad que distingue a unas tribus de otras en este enorme conglomerado, existen sin embargo ciertas condiciones culturales que son comunes a todas: se vieron gravemente limitadas por la ausencia de cuadrúpedos fuertes para el arado y la carga. Su alimentación, además de la falta de cereales como el trigo y el arroz, se vio privada de la leche y la carne, de la vaca y el toro, y su indumentaria de sus cueros y de la lana de las ovejas. En la mayor parte del Continente no había más animales domesticables que el perro y algunas aves, como el pavo entre los aztecas. Sólo los pueblos andinos dispusieron de la llama que les proporcionaba carne y lana y era usada como animal de carga, y ello hizo posible que superaran a todos los demás pueblos americanos en la construcción de grandes obras y la organización de su imperio. Sin embargo la llama, lo mismo que la vicuña o la alpaca, es mucho más débil que el caballo o el asno y su capacidad de carga o de tiro es muy inferior a la de éstos.

Las artes mecánicas tuvieron muy poco desarrollo entre los pueblos americanos, aun entre los más avanzados, porque ignoraron un elemento tan fundamental como lo es el uso de la rueda (1) por lo cual tampoco dispusieron del torno de alfarero.

En arquitectura no conocían el arco y, por lo tanto, tampoco la bóveda. Por esto es siempre muy pesada; las puertas y ventanas poco frecuentes, y su trazo, salvo algunas excepciones, rectangular.

A pesar de que los pueblos avanzados produjeron poemas y obras de teatro, la literatura y la cultura en general no pudieron desarrollarse plenamente porque no dispusieron de un sistema de escritura fonética desarrollado.

La base social de todos los pueblos americanos es el clan familiar. Hemos visto cómo en las altas culturas este núcleo básico fue articulado hasta alcanzar amplias y fuertes organizaciones, pero la mayoría de los demás pueblos sólo llegaron a constituir tribus más o menos numerosas, regidas en forma muy elemental por un jefe que ostentaba un carácter mágico o sagrado. En todos estos pueblos, casi sin excepción, se practicaban los sacrificios humanos, aunque con diversa intensidad, y también la antropofagia que, generalmente, tenía un sentido místico para ellos (2).

---

(1) Sería inexacto decir que desconocían la rueda como figura geométrica, pues aparece frecuentemente en sus dibujos y esculturas, pero no aprendieron a darle un uso práctico. Esto se debe también, en parte, a la falta de animales de tiro.

(2) Debe tenerse en cuenta, al hacer un enjuiciamiento de esta característica, que los sacrificios humanos se dan universalmente entre los pueblos primitivos y aun la antropofagia es muy común en ellos.

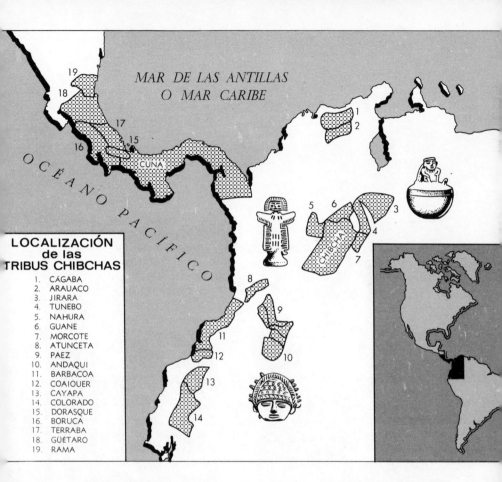

LOCALIZACIÓN
de las
TRIBUS CHIBCHAS

1. CÁGABA
2. ARAUACO
3. JIRARA
4. TUNEBO
5. NAHURA
6. GUANE
7. MORCOTE
8. ATUNCETA
9. PAEZ
10. ANDAQUI
11. BARBACOA
12. COAIOUER
13. CAYAPA
14. COLORADO
15. DORASQUE
16. BORUCA
17. TERRABA
18. GÜETARO
19. RAMA

Constituye además una nota común el carácter comunal que se atribuía a la tierra en beneficio del grupo familiar. Ni siquiera en los pueblos más avanzados aparece un concepto nítido de la propiedad privada, pues la que existe en ellos va ligada siempre a la función pública del guerrero, sacerdote o gobernante que la posee.

La agricultura, en muchos de estos pueblos, había realizado un extraordinario progreso y pudo aportar a la civilización universal una gran cantidad de productos. Entre los más importantes se cuentan la papa o patata, el maíz, el cacao, el maní o cacahuete, el tomate, la guayaba, la piña, la calabaza, el tabaco, la yerba mate, el sisal o henequén, el palo brasil, la vainilla, la coca, la ipecacuana, la quina y muchos más.

El descubrimiento

El descubrimiento de América no fue un hecho puramente fortuito. Fue la culminación de un proceso histórico realizado en la sociedad europea y del apasionado impulso de Cristóbal Colón.

El descubrimiento de América no coincide casualmente con el fin de la Edad Media, sino que es precisamente uno de los frutos del nuevo espíritu que estaba transformando el mundo medieval y fue una de las causas que dieron origen al mundo moderno.

El espíritu medieval se caracteriza por la absorbente devoción que sentía a las realidades extraterrenas, o sea, en las ciencias que de ellas tratan, en la teología, en la metafísica, en la filosofía, etc., alcanzó las más altas cumbres. Pero, por ello mismo, no concedió especial interés a las cosas terrenas y, por esto, las ciencias físicas y concretamente la geografía, cuyo objeto es el conocimiento del mundo, no lograron los mismos progresos que aquéllas.

El Renacimiento, esto es, el período de transición entre la Edad Media y la Moderna, consiste, en su más profunda esencia, simplemente en un cambio de dirección en la atención del espíritu de Europa; un cambio que radica en el interés cada día mayor por las realidades mundanas. No significa esto que el medievo no haya concedido la más mínima atención al mundo físico, ni que la Edad Moderna no preste ninguna al mundo espiritual, pero sí que se produce un cambio muy marcado en el énfasis, en la dedicación que se da en cada uno de ellos a esas diversas realidades. En el Renacimiento se empieza a pensar menos en cómo será el «otro mundo», y se piensa en cómo es realmente «este mundo». Así nace la observación de los fenómenos físicos y con ella empiezan a brotar los inventos y las técnicas modernas. Nada más lógico en este ambiente que el deseo de conocer cómo es el planeta en que vivimos: así surge la geografía en sus formas embrionarias: la Cosmología, la Astronomía, la Cartografía, etc.

En estas condiciones, Colón y su obra aparecen en el marco histórico más adecuado. Son el fruto legítimo y maduro de una gestación lenta y profunda.

Pero el Renacimiento es una época de crisis; siente la atracción de los nuevos objetivos, pero pesan también sobre ella concepciones. Esto se advierte sobre todo en los métodos de investigación, pues siendo los de las ciencias positivas radicalmente distintos de los de las especulativas, el Renacimiento, que no ha perfeccionado todavía estos nuevos caminos, mezcla y confunde constantemente los sistemas que sólo el tiempo y los fracasos irán señalando.

Pocos hombres como Colón han reflejado tan bien esta época de crisis y conflictos. Colón se apoya en la cosmología y en la náutica; pero se inspira en concepciones medievales. No es ya un escolástico del siglo XIII, mas tampoco es todavía un positivista del XIX. Por ello, aun en su época, a los místicos podría parecerles un científico, mientras que a éstos les parecía un místico. El continuo conflicto entre la mentalidad que deduce apriorísticamente y la que observa y acepta los hechos, es la sustancia de que está animada la gloria y la tragedia de Colón.

Cuando el comerciante veneciano Marco Polo regresó a su patria después de un largo recorrido por Asia lleno de aventuras, y publicó su relato a principios del siglo XIV, muy pocas y muy vagas eran las noticias que Europa poseía del Lejano Oriente y, a decir verdad, tampoco sentía ninguna curiosidad por conocer lo que hubiera más allá de Tierra Santa. La resonancia y divulgación que alcanzaron los relatos de Marco Polo y sus alucinantes descripciones del imperio del Gran Kan y de las fabulosas riquezas orientales, son ya un síntoma de la curiosidad geográfica que se empezaba a despertar y fueron un poderoso incentivo para acrecentarla.

A este impulso de los nuevos tiempos se asociaron otros relacionados con el mismo, pero de índole distinta. Uno de ellos que revistió mucha importancia, fue el que implicaban las necesidades del comercio europeo con Asia. Las vías abiertas por las cruzadas a través del Medio Oriente habían quedado cerradas con el resurgimiento del poder turco que culmi-

El descubrimiento

nó con la toma de Constantinopla por Mohamed II en 1453. Las especias, las sedas y otras telas orientales, los aceros de Damasco y muchas mercaderías más tenían una gran demanda en Europa, y el lujo que despertaba el Renacimiento las hacían aún más codiciosas. Este tráfico había hecho ricas a Génova y Venecia y a través de ellas llegaba a todas las ciudades europeas. Súbitamente se veía interrumpido, y ello obligaba a buscar otra ruta que fuera capaz de llevar a los países asiáticos sin pasar por los del Cercano Oriente. El camino más lógico y el que se encontraba más a mano era el de rodear el continente africano, por mar. Esto, además, podía realizarse costeando, que era la única manera de navegar en esa época, pues las naves y aparatos de navegación de que se disponía no permitían internarse en mar abierta. No se sabía qué dimensiones tendría África, pero sí que en algún punto debía terminar, y se suponía que no sería muy lejano

Por su posición geográfica, Portugal era el país más abocado para buscar este camino, y acogiendo el espíritu y las necesidades de Europa inició con tenaz empeño y resolución la empresa de circunnavegar África.

Esta empresa se apoyaba ya en algunos descubrimientos anteriores. Los españoles habían redescubierto en 1395 las Canarias, que la antigüedad había conocido con el nombre de Afortunadas. Madera fue descubierta por los portugueses en 1418 y las Azores en 1431. Un hermano del rey de Portugal, don Enrique, apodado por ello el Navegante, consagró su vida a impulsar las exploraciones navales y a él se debe en gran parte el haber creado las condiciones necesarias para realizar los descubrimientos geográficos que culminaron a fines de este siglo. Creó en Sagres un instituto dedicado a la preparación científica y técnica de estas empresas. Ahí se idearon muchas de las reformas que permitieron a las naves adentrarse con más seguridad en alta mar, se perfeccionaron los aparatos de náutica y las cartas de marear, y se adiestró a los pilotos y se recopilaron todas las noticias que podía aportar la ciencia en esos momentos para el objeto que se perseguía, y se estuvieron enviando constantemente exploraciones a la costa africana.

Fue una labor ardua y prolongada en que hubo que vencer mil obstáculos de los que no era el menor el miedo que infundían en la marinería las supersticiones y versiones fabulosas sobre el término de los océanos. Sin embargo, paso a paso se fue avanzando. En 1435 el capitán Eannes llegó al

El descubrimiento

Cabo Bojador, frente a las Canarias, y ello se consideró ya un gran avance. En 1443 Nuno Tristao llegó al Cabo Blanco y, cuando don Enrique el Navegante murió, en 1460, apenas se había alcanzado la desembocadura del Gambia; ese mismo año se descubriría el archipiélago de Cabo Verde; pero don Enrique había puesto las bases de las futuras conquistas, y las exploraciones continuaron avanzando.

Cuando la costa africana se curvó en el golfo de Guinea, tomando un rumbo directo hacia el Oriente, los exploradores creyeron que ahí terminaba el continente, y el camino a la tierra de las especias estaba expedito. Pronto sufrieron una gran decepción cuando el litoral después del recodo del golfo volvió a dirigirse al sur. Sin embargo, estaba ya en el África ecuatorial y el comercio de esclavos negros hacía productivas las exploraciones. Por fin el año de 1487 Bartolomé Díaz alcanzó el extremo meridional del continente y dobló el cabo de Buena Esperanza. Esta vez la esperanza era realmente buena, la ruta de Asia por mar estaba abierta. Viajaba en esta expedición Bartolomé Colón y cuando, en diciembre, regresaron a Lisboa con la buena nueva, encontró éste allí a su hermano Cristóbal, tal vez el único hombre en Europa para quien aquella noticia era muy mala. A los muchos inconvenientes que ofrecía su proyecto de buscar la ruta al Asia por Occidente se unía ahora la inutilidad de ella pues se había hallado ya un camino seguro y cierto bordeando África. Cristóbal regresaba precisamente de España en donde su proyecto no había recibido buena acogida tampoco.

Era Cristóbal Colón, según uno de sus contemporáneos que lo conoció, «alto de cuerpo, más que mediano; el rostro luengo y autorizado; los ojos garzos; la color blanca, que tiraba a rojo encendido; la barba y cabellos, cuando era mozo, rubios, puesto que muy presto con los trabajos se tornaron canos».

Hacía más de diez años que Cristóbal Colón andaba en Portugal y frecuentaba el ambiente de los marinos lusitanos. Sin embargo muy poco se sabía de su pasado y procuraba sospechosamente ocultarlo. Incluso, varias veces había modificado su apellido desfigurándolo. Sólo recientemente y después de apasionadas polémicas, los investigadores han llegado a esclarecer algo de este misterio que tan celosamente había guardado. Los Colón eran originarios de Génova. Cristóbal, cuyo nombre significa «portador de Cristo», había nacido en 1451. Su padre era un modesto artesano, cardador de lana y en su tiempo tabernero, llamado Doménico Colombo, y su

Escaleras de un templo de Chichén Itzá, uno de los centros culturales más importantes no sólo de México sino también de todas las culturas autóctonas de América.

En Sacsahuamán (Perú), en las ruinas de una antigua fortaleza se encuentra el llamado "trono del Inca" en que las enormes piedras hacen pensar en hazañas de titanes.

El Museo Arqueológico peruano, uno de los más ricos del mundo por sus valiosas piezas antiguas, guarda este bello vaso encontrado en las ruinas de Nasca. La decoración muestra un arte desenvuelto, rico en sugerencias.

Detalle de un muro perfectamente conservado de la llamada Fortaleza inca de Sacsahuamán, de Cuzco (Perú).

Una muestra de la cultura maya en la gran ciudad del Imperio Nuevo, la fabulosa Chichén Itzá. Estas hileras de cráneos esculpidos en el altar de las calaveras muestran la idea del triunfo guerrero, del sacrificio humano o de la misma muerte.

Arquitectura maya, en que la ornamentación geométrica da un tono de señorío a la pétrea construcción.

Esculturas ciclópeas o de los gigantes, pertenecientes a la cultura tolteca, existentes en Tula, estado de Hidalgo, en México.

La cerámica precolombina se caracteriza en casi todas las culturas americanas por las formas achatadas, panzudas, con figuras de animales y de hombres que le dan un carácter inconfundible.

La escultura, por su parte, tiene fuerza de expresión y un acierto de técnica como bien puede adivinarse en este rostro perteneciente al período tardío de la cultura maya.

La ciudad de Copán, en la actual Honduras, fue una de las más importantes de la cultura maya-quiché. Este monolito esculpido forma parte de una serie de estelas cuya perfección escultórica es admirable.

Detalle de un palacio. La decoración
maya es aquí más abigarrada y ofrece
un aire desafiante de majestad.

Pirámide del Sol en Teotihuacán, uno de los centros arqueológicos más interesantes del mundo entero.

La Piedra del Sol o calendario azteca es un monolito de 24 toneladas de peso. En torno a la figura solar van esculpidos el calendario civil y religioso.

Las ruinas de Macchu-Pichu pregonan la grandeza del imperio incaico, con sus vastas construcciones de piedra bien labrada, como un elevado nido de águilas.

Vaso inca con adornos simétricos de carácter geométrico.

Relieve de una cabeza hallada en las ruinas de la antigua metrópoli maya de Copán.

Esta multiplicidad de adornos hace pensar en ritos mágicos, religiosos y funerarios, cuyo simbolismo es un arcano para nosotros.

Este ídolo de la provincia de Darién, en la actual Panamá, tiene toda la primitiva originalidad de las culturas americanas, mezcla de ingenuo verismo y formas estilizadas.

La serpiente es un animal mitológico por excelencia, pero es en las culturas americanas, sobre todo en la maya, donde su figura tiene más variadas formas.

La cerámica tiene aquí una de las más bellas y originales formas, en que la decoración se compenetra con la singular figura.

El Chac Mool es una de las esculturas más famosas del arte maya, con su característica postura y su displicente serenidad.

Pirámide de Tikal, cuyas ruinas aún pregonan la sólida construcción monumental.

madre Susana Fontanerosa. El estudiado silencio que mantenía sobre su procedencia, unido a otros indicios, ha hecho pensar a muchos que los Colón eran de sangre judía, esto explicaría su actitud, por la animadversión que existía en esa época de la península ibérica en contra de los judíos.

El mismo hermetismo mantenía Cristóbal sobre su juventud, de la que al parecer tampoco se sentía orgulloso, y las pocas noticias que sobre ella daba, como la de sus estudios universitarios, eran completamente falsas. Entre las mil versiones que él y sus biógrafos dieron de sus primeros años, sólo ha podido aclararse con cierta seguridad que desde los 14 empezó a navegar como simple grumete. Después sentó plaza de pirata con el temible gascón Casenove, y bien podría ser que él mismo fuera el tal Casenove, pues éste usaba para sus aventuras el nombre de Coulombo, en italiano, Colombo. En 1476 estos piratas y unos mercaderes genoveses tuvieron un encuentro marítimo frente al Cabo de San Vicente y en él Colón fue a dar a la costa portuguesa sin que se sepa si participó en la lucha con los comerciantes o con los piratas. Fue a Lisboa, y de allí embarcó para Inglaterra, y una versión afirma que llegó hasta la lejana Islandia.

Al año siguiente regresó a Portugal y fijó allí su residencia abandonando su azarosa vida anterior. Seguramente en Portugal había encontrado el ambiente más acorde con su vocación marina.

Él y su hermano Bartolomé, que ya vivía en Lisboa, se dedicaron por aquella época al oficio de trazar cartas marítimas, y pronto Cristóbal ingresó en el círculo de los más conspicuos navegantes y cosmógrafos, casando con Felipa Moñiz, que era hija de un marino italiano que gozaba de mucho prestigio en Portugal, Bartolomé Perestrello, que había servido al príncipe don Enrique y había sido comisionado de la Corona para la colonización de Porto Santo, en el archipiélago de Madera.

Ahí, a Porto Santo, fue a vivir Colón con su esposa, y seguramente en este lugar fue donde concibió o confirmó su proyecto de ir a Asia por el Poniente a través del Atlántico, pues el año 1482, presentó formalmente su plan al rey don Juan II de Portugal.

Después de que una junta de cosmógrafos estudió el proyecto, como era costumbre en esos casos, éste fue rechazado. Además de las dificultades prácticas que ofrecía la propuesta de Colón, el plan era políticamente inaceptable para Portugal.

El descubrimiento

En la ruta de África había invertido muchos años y muchos esfuerzos y su culminación no podía estar ya muy lejana. Sus múltiples expediciones le habían permitido establecer fuertes y factorías sobre la costa africana, que le aseguraban la exclusividad de aquel derrotero, y por lo mismo el monopolio del comercio en Asia; mientras que una ruta abierta en el Atlántico podría ser accesible a todas las naciones. El proyecto de Colón significaba para Portugal el proporcionar a los otros países un camino para que compitiesen con él: no es extraño pues que la Corte de Lisboa lo rechazara.

El proyecto de Colón se apoyaba en el acervo de ideas y noticias geográficas que poseía Europa en ese tiempo y en los datos personales que el propio Colón había recogido en sus andanzas, que, en verdad, no siempre eran verídicas.

Entre el vulgo corrían mil versiones fantásticas sobre la forma y confines de la Tierra. Según éstas, el mar océano se precipitaba en sus términos en cataratas insondables; en esas latitudes el calor tropical mataba a los hombres y, por si ello no bastara, monstruos y endriagos acechaban a los irreverentes marinos que trataran de profanar los misterios de la Naturaleza. El mismo Colón participaba de algunas de estas creencias de la época. En su diario de navegación, en uno de sus viajes posteriores, nos cuenta que vio a unas sirenas, y añade, refutando así la voz popular, que no son tan hermosas como vulgarmente se cree. No era uno de los menores obstáculos que encontraban las exploraciones marinas, el que presentaban todas estas supersticiones tan arraigadas entre los marineros.

Pero los hombres de estudio poseían ideas geográficas más científicas, y Colón, aunque era un autodidacta y su cultura no era ni muy amplia ni muy sólida, pues carecía de la disciplina y el sistema que proporciona una formación adecuada, había recogido con avidez todos los conocimientos que se relacionaban con la idea que le obsesionaba.

Ya desde la antigüedad Aristóteles, en su tratado sobre el Cielo, y Séneca, en su tragedia «Medea», hacen referencia a la forma esférica de la Tierra. En los últimos tiempos esta idea, que constituía la clave del proyecto, era generalmente aceptada por los entendidos en la materia. Colón se inspira fundamentalmente en el libro del cardenal Pierre d'Ailly, titulado «Imago mundi», que había aparecido a principios del siglo xv, en el que expone la tesis de la redondez del planeta y hace cálculos sobre sus dimensiones, llegando a la conclusión de que las costas de Asia se encontraban relativamente cerca de Europa y por ende que el viaje por la ruta de Occidente era perfectamente factible. Conocía también Colón los libros de viajes.

En sus escritos cita el *Relato*, de Juan de Mandeville, en el que narra este viajero del siglo xiv sus andanzas, por las que llegó hasta China. Existe un ejemplar de *El Millón*, de Marco Polo, con anotaciones al margen de Colón, y debió conocer también los libros clásicos del siglo xiii sobre la materia, en los que expone la teoría de la esfericidad de la Tierra; el *Liber Cosmographicus*, de San Alberto Magno, el *Speculum Naturale*, de Vicente de Beauvais, y el *Opus Majus*, de Rogerio Bacón.

A fines del siglo xv estas teorías habían encontrado exponentes que les daban mayor precisión, e, incluso, ayudados por la fantasía, llegaban a señalar detalles que la realidad se encargó de desmentir, pero que sirvieron para impulsar al marino genovés. Aunque todos estaban acordes en la forma esferoidal de la Tierra, existían dos corrientes de opinión por lo que se refería a la nueva ruta para llegar a Asia. Una de ellas, apoyándose en las teorías de Claudio Tolomeo y Pomponio Mela, que reducían notablemente las dimensiones de África y, por lo mismo, pensaban que el viaje en torno de ella era mucho más corto que el de Occidente. Era la hipótesis sobre la cual se habían apoyado los portugueses para sus expediciones. La otra, en cambio, sostenía que la ruta a través del Atlántico era más corta. Es esta teoría la que se atribuye a las cartas y mapas de Toscanelli, cuya autenticidad tanto se ha discutido, y a la que se adhirió Colón con una confianza absoluta. Según ella, teniendo en cuenta los datos proporcionados por Marco Polo, la distancia entre Europa y Asia por el Atlántico tenía que ser relativamente corta; pero no contentos con esta afirmación, colocaban en el Atlántico con generosa fantasía numerosas islas: la Antilla, Catay, Cipango, Brasil, etc. El cosmógrafo alemán Martín de Behaim dio expresión gráfica a estas ideas en una esfera terrestre construida en 1492 en Nuremberg, pero antes había residido en Lisboa en donde Colón había tenido oportunidad de tratarlo.

Más tarde quedaría demostrado que ambas teorías se equivocaban por un amplio margen en el cálculo de las distancias, tanto en las dimensiones de África como en la cercanía entre el continente asiático y el europeo. Pues ambas atribuían a la tierra un volumen mucho menor del que en realidad tiene.

Por otra parte Colón había recogido versiones y noticias populares en sus viajes y, sobre todo, durante su estancia en Madera. Sobre ellas existe gran discrepancia entre los cronistas y biógrafos del descubridor: para Fernández de Oviedo y otros, un piloto náufrago que fue a morir a la casa de Colón en Porto Santo, le confió agonizante que había estado en una isla del Atlántico. Los isleños de las Azores y Cabo Verde decían ver hacia el Poniente las cumbres de las imaginarias islas de San Barandán y de las Siete Ciudades, y otros afirmaban que el mar traía de aquellas partes palos, cañas y hasta cadáveres. Indudablemente Colón debía haber oído muchas de estas noticias fantásticas que corrían de boca en boca y seguramente les concedía un gran crédito.

Colón, pues, tenía la seguridad de que el planeta era redondo, y en consecuencia de que navegando con rumbo al Poniente necesariamente llegaría a las Indias Orientales, como se solía llamar a los países del Lejano Oriente. En una carta a los reyes de España afirmaba él más tarde: «Yo siempre leí que el mundo, tierra e agua, era esférico, e las autoridades y experiencias que Tolomeo y los otros escribieron deste sitio, daban e mostraban para ello, así por eclipses de Luna y otras demostraciones» y por ello dice el cronista Bernáldez, que fue amigo de Colón, «...sintió que por cualquier parte del mar Océano andando y atravesando, no se podría errar tierra».

El mérito principal de Colón radica en su decisión de llevar a la práctica estas teorías, en el empeño inquebrantable que puso en ello y en la fe portentosa que tuvo siempre en el éxito de su empresa. Supo consagrar su vida a esa idea y en aras de ella sacrificarlo todo y arrostrar no sólo el peligro sino la humillación y la miseria. Por ello, más que un genio, Colón es un héroe.

Incompatible como era su proyecto con la política marítima de Portugal, lo indicado era ofrecerlo a España, su vecina y su rival, y fue lo que hizo Cristóbal Colón.

El momento histórico que vivía España era propicio para empresas como la que ofrecía Colón. El matrimonio de la reina de Castilla, doña Isabel, con don Fernando, rey de Aragón, había unificado de hecho los dos reinos, y el reducto moro de Granada no podría resistir ya mucho tiempo. España había entrado así en la edad de su fortalecimiento y expansión. Consolidada la unidad nacional sentiría forzosamente la necesidad de trascender espiritual y políticamente más allá de sus fronteras. Sin embargo, se presentaban dos ámbitos posibles para esta proyección extrapeninsular. Aragón, situado en la vertiente del Mediterráneo, se sentía impulsado a la expansión por Europa. Hacía mucho tiempo que tenía intereses en esa zona y tomaba parte en su complicada política. Ahora, sintiéndose robustecido por la solidaridad con Castilla, veía llegada la ocasión de aumentar su intervención y su influencia en las constantes disputas europeas. Castilla, en cambio, se sentía atraída hacia África y el Atlántico. Las Canarias y Melilla estaban ya en sus planes de expansión. Los Reyes Católicos encarnaban fielmente las divergentes tendencias de sus respectivos reinos; mientras don Fernando se veía absorbido por los problemas europeos, doña Isabel miraba hacia el Atlántico. Esta dualidad de impulsos contradictorios se ha de observar a lo largo de la historia del imperio español y en el conflicto que ella encierra se encuentra la explicación de muchos de sus avatares. En nuestra opinión, lo que tuvo de positiva y provechosa para España la política castellana, se vio siempre entorpecido y a la postre frustrado en buena parte por las ambiciones europeas de la política aragonesa.

No es de extrañar, pues, que cuando Colón presentó su proyecto en España en 1486 despertara inmediatamente el interés de la Corte de la reina y encontrara el apoyo y la protección de muchos personajes de ella, como su confesor, fray Hernando de Talavera; el tesorero, Luis de Quintanilla, y que fuera recibido con simpatía por la propia doña Isabel. Por lo demás la empresa de Colón era más adecuada para la intuición femenina de la reina, que para los fríos razonamientos políticos del rey.

Sus proposiciones fueron estudiadas minuciosa y repetidamente por los sabios consejeros de la Corona, que celebraron para ello juntas en Salamanca, y años después en Córdoba y en Santa Fe. Pero no ayudaba al genovés la forma en que presentaba su proyecto, pues no aparecía éste claro y convincente. Por una parte evitaba explayarse en su exposición por temor a que le robaran la idea, y por otra, mezclaba a su argumentación científica opiniones puramente intuitivas, noticias fabulosas y datos muy dudosos; entre éstos el de la distancia entre Europa y Asia, porque si ésta era mayor de la que Colón calculaba —y la que Colón calculaba no tenía ninguna base objetiva— la travesía era imposible para el tamaño de las naves y las posibilidades de abastecimiento de que se disponía en esa época. En general daba a su proyecto un carácter extraño, más propio de un iluminado que de un marino serio y, además, exigía a cambio de él recompensas y privilegios verdaderamente insólitos. A pesar de todo ello el atractivo que tenía para Castilla la empresa logró que el proyecto no fuera rechazado categóricamente como en Portugal, sino que más bien se propuso para ulterior estudio y mejor oportunidad, porque la campaña de Málaga contra los moros atraía en esos momentos toda la atención de la Corte. No obstante, el marino extranjero recibió el auxilio económico de la Corona.

Pero para Colón, que había puesto su vida en esa empresa, aquello exacerbaba su impaciencia y regresó a Portugal en busca de su hermano Bartolomé que, como vimos, volvía de la expedición que había alcanzado el cabo de Buena Esperanza. Bartolomé realizó en Lisboa algunas gestiones en favor del proyecto de su hermano, pero, como era de esperarse, ahora menos que nunca podían interesar a la Corona portuguesa.

En vista de ello, Cristóbal regresó a España. Bartolomé fue a Francia y a Inglaterra, en donde algunos suponen que ofreció a los gobiernos de esos países el proyecto, pero si así fue, lo cierto es que no tuvo el menor éxito.

En España continuó insistiendo Colón en sus proposiciones y obtuvo el respaldo de personajes tan importantes como el duque de Medina Sidonia, el Cardenal Mendoza y el duque de Medinaceli. Este último se entusiasmó tanto con la idea que estuvo dispuesto a realizarla por su cuenta.

Colón fue llamado por los reyes a Córdoba en 1489 y se volvió a juntas de estudio y a las discusiones.

Antes de salir de Portugal la primera vez, Colón había perdido a su esposa, dejándole a su hijo Diego que le acompañaba en aquellas andanzas, cuando no quedaba al cuidado de sus amigos y protectores los frailes franciscanos del monasterio de Santa María de la Rábida, en las proximidades de Huelva, y en agosto de 1488 Beatriz Henríquez de Arana, a quien había conocido en Córdoba le había dado otro hijo, al que llamaron Fernando. Ahora, mientras la Corona resolvía sobre sus nuevas instancias, Colón sirvió a los reyes en el ejército y desempeñó un papel brillante en el sitio de Baza.

El descubrimiento

Cuando al fin, en 1491, la Corte dio una resolución, ésta fue negativa, sobre todo porque las pretensiones de Colón eran de imposible aceptación para la Corona. Entre otras, crecidas pero aceptables, pedía el nombramiento de virrey y gobernador general de las tierras que descubriese en forma hereditaria a perpetuidad e intransferible, cosa que significaba poco menos que la formación de una monarquía y la pérdida de la soberanía de la Corona sobre aquellos hipotéticos territorios.

Decidido al parecer a probar fortuna en otro país, Colón se dirigió a la Rábida para recoger a su hijo Diego y marcharse de España. Pero allí le detuvo el prior del convento, fray Juan Pérez, que tenía un gran empeño en que el proyecto se llevara a cabo, y reunió en el monasterio a fray Antonio de Marchena, que era entendido en astrología, al médico del cercano puerto de Palos, don García Hernández, que sabía de ciencias físicas, al marino Pedro Fernández de la Frontera y a algunos otros entendidos en esos problemas para discutir el plan de Colón. Todos se mostraron partidarios de él, y entonces fray Juan, que había sido en un tiempo confesor de la reina le escribió instándola a otorgar su aprobación al proyecto. Ésta, dando una demostración más del interés que en el mismo tenía, contestó inmediatamente al prior llamándolo a la Corte. Allí consiguió fray Juan que se enviaran 20.000 maravedises a Colón y se le pidiese que regresara.

Cuando llegó éste en enero de 1492, al real de Santa Fe, plantado frente a los muros de Granada que acababa de rendirse a los Reyes Católicos, doña Isabel le ofreció tres navíos para la expedición y todo el apoyo necesario; pero se le hizo ver que sus pretensiones eran incompatibles con los derechos de la Corona. Después de seis años de insistencia, de pobreza y de impaciencia, Colón tuvo la arrogancia necesaria para rechazar la oferta y una vez más se marchó de la Corte. Fue necesario que sus amigos, viendo que el proyecto se esfumaba, intercedieran nuevamente ante la reina por conducto del escribano Luis de Santángel, convenciéndola de que en vista de lo aleatorio de la aventura, se otorgara al obstinado marino todo lo que exigía y él mismo prestó el dinero necesario para la empresa sin exigir garantía alguna, lo que evitó a la reina el empeño de sus joyas, según quiere la leyenda, cosa, que por otra parte, hubiera sido muy difícil, puesto que las alhajas de Isabel hacía tiempo que habían sido empeñadas para sostener la guerra contra los árabes.

El descubrimiento

Un mensajero tuvo que ir a alcanzar a Colón que ya iba por el puente de Pinos, a la salida de Granada, en camino con rumbo a Francia. Satisfechas todas sus pretensiones, el 17 de abril se firmaron las capitulaciones en las que se le nombraba Almirante del mar Océano, virrey y gobernador de las tierras por descubrir, juez de los pleitos que en ellas se suscitasen y se le concedía el diezmo de los provechos que de ellas se obtuvieran. Y se dieron órdenes al alcalde del puerto de Palos para que contribuyera a la expedición con dos carabelas.

El 12 de mayo salía el Almirante para Palos a fin de organizar el viaje llevando las providencias reales para ello y una carta de los Reyes Católicos para el Gran Kan a quien debía visitar a su arribo a las Indias.

Ya en el puerto, se presentaron todavía a Colón múltiples obstáculos, que pudo vencer gracias a la cooperación que le brindó Martín Alonso Pinzón. Era éste un experimentado marino, nacido en Palos en 1440, que gozaba de gran prestigio en la comarca. Tenía mucha afición a las exploraciones marítimas y, desde que tiempo atrás había conocido al genovés en la Rábida y había escuchado sus planes, los recibió con entusiasmo, pues compartía sus ideas geográficas.

Las carabelas que proporcionó el pueblo de Palos tuvieron que ser sustituidas por otras mayores, la Pinta y la Niña, que eran propiedad de Pinzón; hubo que adquirir otra, cuyo propietario era el piloto santanderino Juan de la Cosa, para nave capitana, a la que Colón cambió su nombre de Mari Galante o la Gallega, por el de Santa María, más propio para tan arriesgada empresa.

La mayor dificultad fue la de conseguir tripulación porque los marineros recelaban de la aventura y, sobre todo, del desconocido extranjero que la capitaneaba. Pero la confianza que inspiraba Pinzón, que alistó a sus hermanos en primer término, hizo posible llenar el número requerido sin necesidad de recurrir a las cárceles como afirma una versión.

Por fin, en la madrugada del 3 de agosto de aquel año de gracia de 1492 las tres carabelas levaron anclas en Palos, y surcaron la barra de Saltes y se lanzaron al misterio del mar Océano. En la ribera, los frailes de la Rábida y los vecinos del puerto, llenos de temor y de esperanza, los vieron desaparecer en el horizonte.

Eran 105 los audaces que tripulaban la flotilla. En la Santa María iba Colón como capitán y Juan de la Cosa como segundo piloto o maestre; en la Pinta, Martín Alonso Pinzón y su hermano Francisco como segundo, y en la Niña, Vicente Yáñez Pinzón, hermano de los anteriores, y Juan Niño.

El día 9 llegaron a Canarias en donde tuvieron que detenerse varias semanas para reparar algunos desperfectos de la Pinta, y el 6 de septiembre se hicieron nuevamente a la vela internándose ya definitivamente en la ruta desconocida, y tres días después perdieron de vista tierra.

Los días transcurrían sin mayor novedad, pero en aquellas circunstancias los más nimios detalles cobraban singular importancia. El día 13, por ejemplo, notaron con alarma la desviación de la brújula, fenómeno desconocido hasta entonces (1), y a partir del 16 empezaron a encontrar signos alentadores de la proximidad de tierra: cangrejos vivos, aves, hierbas frescas, una tonina, etc. Estos datos confirmaban plenamente las teorías de Colón, según las cuales aquellas aguas estaban pobladas de numerosas islas y tuvo por seguro que iba navegando entre ellas, pero no quiso buscarlas sino seguir directamente hacia las Indias. La alegría del Almirante, cuyo ánimo propendía normalmente a ser triste y oscuro, era ahora desbordante. «El mar era bonancible —decía—, y el tiempo como el de abril en Andalucía.»

Cuando pasó la región de aquellas islas intermedias ya no pensó sino en ver por dondequiera Ophires y Cipangos. Pero la travesía se alargaba, y aunque Colón y sus pilotos daban a la marinería datos falsos sobre la distancia recorrida, a éstos empezaba a parecerles excesiva, y les preocupaba también que los vientos que eran favorables para este viaje, impedirían el de regreso; las islas de Colón no se veían y sus señales dejaron de aparecer (2). El día 7 de octubre Martín Alonso creyó ver tierra, izó bandera y disparó una bombarda, pero sólo había sido una ilusión. El propio Almirante empezó a sentirse preocupado porque según sus cálculos el continente asiático debía estar muy próximo y las islas que lo rodean tenían que haber aparecido ya, por esto abandonó la idea de ir directo al continente y viró ligeramente el rumbo, siguiendo el que indicaba el vuelo de las aves, como lo había sugerido Pinzón, para tocar alguna de las islas.

---

(1) Como es sabido la desviación de la aguja de la brújula, en ciertas latitudes, se debe a que el polo geográfico no coincide con el polo magnético.

(2) Varios siglos después pudo saberse que esas señales provenían de unas rompientes que se encuentran en ese paraje conocido hoy como mar de los Zargazos.

El descubrimiento

El descontento y las protestas de la tripulación aumentaron, pero pudieron ser reprimidas por Colón con el apoyo de sus oficiales sin que hubieran alcanzado la magnitud de motín, con el que algunos quieren aumentar las emociones de este viaje incomparable. Por fortuna, pronto aparecieron señas inequívocas de tierras próximas; primero un junco, una caña, hierba de tierra, después un palo labrado y una tablilla. El día 11 por la noche creyó ver el Almirante una luz en lontananza, pero desapareció. No obstante mandó extremar la vigilancia y añadió un jubón de seda a las mercedes que los Reyes habían prometido a quien primero avistase tierra. A las dos de la mañana del siguiente día 12 de octubre, el vigía de la Pinta, Francisco Rodríguez Bermejo, a quien llamaban Rodrigo de Triana, percibió claramente una faja de tierra en la lejanía. El éxito coronaba la empresa y el nebuloso sueño de Colón se realizaba.

En las primeras horas del día desembarcaron, plantaron la cruz y tomaron posesión de la tierra en nombre de la Corona de Castilla.

Pronto se vieron rodeados de los naturales. Seguros como estaban los navegantes de haber llegado a las Indias, llamaron indios a los aborígenes americanos, y aunque después se descubrió el error, el nombre les quedó.

A Colón le parecieron «muy bien hechos, de muy fermosos cuerpos y muy buenas caras... de color de los canarios, ni negros ni blancos». Vivían en estado natural, sin vestido y sin armas; sería fácil hacerlos cristianos, y llevaban adornos de oro. Colón trazó en aquel instante todo el programa de la obra ibérica en el Nuevo Mundo; había almas y oro; campo para la caridad y la codicia, cosecha para misioneros y conquistadores. Es decir, aquello no sería sólo una misión apostólica ni exclusivamente una factoría mercantilista, tendría alma y cuerpo, sería un imperio. Respondía, pues, en todos sentidos al impulso de expansión que vivía la Península.

La tierra que habían tocado era un pequeño islote al que los naturales llamaban Guanahaní y que el Almirante cristianizó con el nombre de San Salvador. Hoy sabemos que pertenecía al archipiélago de las Lucayas; pero no se ha podido determinar con certeza cuál de las muchas islas que lo forman fue San Salvador.

Impaciente por llegar a Catay, como llamaban a China, o a Cipango, que era para ellos el Japón, el descubridor abandonó San Salvador y prosiguió viaje. Tocó otras islas de las

Lucayas, a las que bautizó como Santa María de la Concepción, Fernandina e Isabela (1), en honor de sus Reyes, y oyendo que los indios se refieren a una gran isla a la que llaman Cuba, se dirige hacia ella seguro de que «es la isla de Cipango, de que se cuentan cosas maravillosas, y en las espheras que yo vi y en las pinturas de mapamundos, es ella en esta comarca». Cuando llega a ella la denomina en un principio «Alfa y Omega» porque, según la cosmografía en que se mueve su imaginación, «se encuentra —dice Pedro Mártir cuando transmite el relato del Almirante— el fin del Oriente, poniéndose allí el Sol, y el del Occidente saliendo». Más tarde le da el nombre de Juana en homenaje a la heredera de los Reyes Católicos. Encontró y pensó que por lo tanto debía haber perlas, y del calor que en ella se sentía dedujo que se criaba el oro, según la teoría aceptada por todos en esa época; pero de estos indicios concluyó que de allí extraía sus tesoros el Gran Kan, y envió a un indígena con dos españoles «que sabían caldeo, judío y algo arábigo» a explorar tierra adentro para obtener noticias más precisas sobre el paradero del emperador amigo de Marco Polo.

Recorrió costeando un trecho del litoral y el 5 de diciembre abandonó aquella tierra que había de causarle en sus próximos viajes graves problemas cosmológicos, porque no encontraba la forma de interpretarla en sus mapas.

Ahora iba a la isla de «Bebeque», de la que le habían hablado los naturales de Cuba, en la que encontraría fantásticas riquezas y «hombres de un solo ojo y otros con hocicos de perros, que comían hombres, y que tomando uno lo degollaban y le bebían su sangre». Fuera del ojo único y las fauces caninas, ya tendría oportunidad de constatar el Almirante que la información no era del todo falsa cuando conociera a los caribes, que era a quienes se referían los pacíficos taínos de Cuba.

Pinzón con su carabela continuó la exploración de Cuba, y Colón entre tanto fue a dar con la de Haití, a la que dio el nombre de La Española, por parecerle muy semejante «a Castilla por octubre»; pero Pedro Mártir nos informa que el Almirante «afirma que es «Ophir» de que se habla en el libro tercero de los Reyes en la Biblia». En ella hizo amistad con el cacique Guacanagari que insistió en la agresividad de los

---

(1) Estas islas sí han podido identificarse y son las que hoy se denominan, respectivamente, Ackin, Long Island y Crocked.

caribes, pero Colón sacó sus propias conclusiones de acuerdo con su geografía: «no es otra cosa —explica él— sino la gente del Gran Kan, que debe ser aquí muy vecino y terná navíos y verná a captivarlos, y como no vuelven, dice que se les ha comido». Como puede observarse su concepción apriorística no cede jamás ante los datos positivos, sino que realiza todas las elucubraciones necesarias para que estos se amolden a aquellas. Este modo medieval de encarar la realidad nos dará la explicación de todos sus desaciertos y confusiones geográficas.

La noche de Navidad, mientras la tripulación dormía, la Santa María encalló en la costa de La Española y se perdió. Entonces, con sus despojos Colón construyó un fuerte, al que llamó de Navidad, y dispuso que 43 hombres de la tripulación quedaran en él, al mando de Diego de Arana, y el 4 de enero zarpó resignado para Europa. Su mayor anhelo era llegar a los alucinantes imperios asiáticos y ese era el objeto de la expedición, pero las circunstancias hacían imposible continuar las exploraciones. Había perdido una nave y las otras dos requerían reparaciones y, además, habían surgido serias desavenencias con Martín Alonso Pinzón, que se le acababa de reunir después de su separación en la que la suspicacia de Colón vio un intento de éste de buscar por su cuenta los reinos orientales. Pinzón había reconocido más extensamente Cuba y había tocado algunas otras islas, pero su separación fue accidental y no existía razón alguna para atribuirle otras intenciones.

El disgusto se agravó porque Pinzón trató de oponerse a que quedaran hombres en el fuerte, pues consideraba que era muy peligrosa su permanencia en la isla y muy aleatorio el regreso. El Almirante impuso su autoridad, pero los dos principales jefes de la expedición quedaron seriamente distanciados.

Antes de abandonar La Española fondearon, en su extremo oriental, en el golfo de Samaná y encontraron allí un grupo de indios muy distintos de los amables pobladores que hasta entonces habían conocido, pues éstos los atacaron violentamente y los españoles tuvieron un ligero combate con ellos. Eran los caribes antropófagos de que le dieran referencias los taínos, pero este episodio no disminuyó su optimismo sobre el excelente natural de los indios.

El día 16 levaron anclas definitivamente para emprender el retorno. Hasta el 12 de febrero navegaron sin novedad, pero ese día los sorprendió un fuerte vendaval que hizo que las dos naves se separaran. La Niña, en la que iba Colón, se vio dos días después en tan gran peligro que Colón, temeroso de naufragar y, sobre todo, de que la noticia de su maravilloso descubrimiento pereciera con ellos, escribió un relato del viaje y lo arrojó al mar en un barril.

Pero al día siguiente vieron tierra; era la isla Santa María, de las Azores. Hicieron escala allí y el 21 reanudaron la marcha. La tempestad no los abandonó hasta el 4 de marzo en que arribaron a la roca de Cintra, en las inmediaciones de Lisboa.

El rey de Portugal, don Juan II, invitó a su antiguo súbdito a visitarlo, para informarse del sensacional descubrimiento, pero éste tuvo buen cuidado de no revelar detalles. Era ahora a Portugal al que la buena nueva le parecía mala, pues podía frustrar todos sus trabajos y cuidados. En realidad la suerte no se mostraba muy justa con él, que después de tantos años y esfuerzos no había llegado aún a las Indias y en cambio parecía que Castilla lo había logrado en su primer intento.

El descubridor prosiguió su viaje y el día 15 de marzo cruzó de nuevo, esta vez triunfalmente, la barra de Saltes y ancló en Palos. Ese mismo día hacía otro tanto Martín Alonso Pinzón. La tempestad lo había llevado a Bayona, en Galicia, y de allí a Palos.

Pinzón podía considerarse legítimamente como coautor de aquella proeza porque con su generosidad, su energía y su extraordinaria pericia náutica, la había hecho posible. Pero ni la vida ni la Historia quisieron ser equitativas con él. El 31 de ese mismo mes moría en La Rábida sin disfrutar las satisfacciones del triunfo, y la Historia lo trató con desvío, sin que pudiera hacer valer ante ella sus altísimos méritos.

En cambio Colón en esos momentos recibía la entusiástica glorificación del pueblo español al atravesar la Península para ir a Barcelona, en donde los Reyes Católicos lo aguardaban.

Los monarcas le dispensaron un honroso recibimiento y Colón les mostró los indios, las exóticas aves y las piezas de oro que había traído y les hizo el relato de su afortunada aventura, de la que traía para la Corona de Castilla tierras en que abundaban los dóciles vasallos y los metales preciosos, y la nueva ruta por Occidente para el continente asiático aunque a decir verdad, ningunas señas se pudieron advertir en aquellas islas salvajes del esplendor de las civilizaciones orientales. Pronto estas noticias fueron conocidas por toda

El descubrimiento

Europa. Pedro Mártir, que la daba al conde de Arna en carta del 14 de marzo de 1493, le decía: «Cierto Cristóbal Colón, de Liguria, ha vuelto de las antípodas occidentales. Mis Reyes le dieron sólo tres naves para ese viaje, porque juzgaban fabulosas las cosas que él decía. Trae muestras de muchos artículos preciosos, pero en especial oro, que crían aquellas regiones de un modo natural.»

En la mentalidad europea causaron estas noticias un fuerte impacto. La crisis que sufrían las concepciones medievales se vio poderosamente robustecida con ellas. La cosmología tradicional, es decir, su visión del mundo, hasta entonces cerrada y completa, se abría súbitamente a horizontes inmensos en todos los campos. Aparecían otras tierras, otros hombres, otros animales y plantas; en fin, frente al mundo europeo hasta entonces conocido, aparecía un Nuevo Mundo. La inquietud renacentista que formó el ambiente propicio para las exploraciones, se sintió con este triunfo recompensada y vivamente estimulada.

Sin embargo, para los contemporáneos, la trascendencia del viaje aparecía en forma muy diversa a como la vemos ahora que conocemos todo lo que vino después, y sabemos qué significaba el descubrimiento de América. Nadie, y Colón menos que ninguno, imaginaba esto. Para ellos la importancia de la expedición radicaba en la nueva ruta comercial y, más que descubrimiento alguno, era la comprobación de los viejos mapas imaginados por los cartógrafos. El viaje de Colón demostraba que efectivamente el extremo oriental de Asia se encontraba relativamente próximo al extremo occidental de Europa, y las islas que el genovés visitó eran seguramente algunas de las muchas que pululaban en sus «mapasmundos». Así, pues, en lugar de demostrar la expedición la falsedad de estas teorías, aportaba aparentes pruebas para confirmarlas, y todavía faltaban muchos viajes para que pudiera apreciarse la verdadera trascendencia y significación de este primer viaje. Veremos cómo Colón se desespera por encajar la realidad de América en sus mapas y muere sin que éstos le hayan permitido ver aquélla.

Varias otras consecuencias produjo en Europa el regreso de Colón. Para la Iglesia traía una nueva responsabilidad misionera y a la Corona, aparte de los beneficios y el prestigio, le ocasionó inmediatamente un conflicto político con Portugal.

En efecto, desde que por boca del propio Colón se enteró Juan II de Portugal del resultado de su aventura, pensó que aquella expedición había invadido su jurisdicción y que por lo tanto, la ruta y las islas descubiertas pertenecían a la Corona portuguesa. Se basaba para ello en un viejo tratado. Cuando el rey de Portugal, que lo era en aquel entonces don Alfonso V, defendiendo con las armas los derechos de doña Juana «la Beltraneja» al trono de Castilla, fue derrotado en Toro en 1476 por don Fernando de Aragón, que sostenía los de su esposa, doña Isabel, para poner fin a la guerra firmaron Castilla y Portugal un tratado en Trujillo el año 1479 y otro en Toledo al año siguiente, en los que entre otras cláusulas, Portugal renunció a sus pretensiones sobre Castilla y cedió a ésta las islas Canarias, pero en cambio Castilla reconoció el derecho exclusivo de los portugueses para la navegación y los descubrimientos en la búsqueda del derrotero a las Indias. Como sabemos, el único derrotero en el que entonces se pensaba era en el de la circunnavegación al África; en realidad al firmar aquel tratado nadie pensó en la navegación con rumbo a Occidente. Esto era lo suficientemente oscuro como para que Portugal pudiera alegar sus derechos. Pero los Reyes Católicos encontraron la forma de salvar los suyos.

El tratado de Trujillo había sido confirmado a solicitud de las partes, como solía hacerse para dar mayor obligatoriedad a un compromiso de ese orden, por una bula del papa Eugenio IV. Una nueva bula podía, en consecuencia, aclarar y aun modificar los términos de la anterior y, por lo tanto, los del tratado. Con la debida diligencia y sigilo los Reyes Católicos tramitaron la nueva bula, y el Papa, que a la sazón lo era el español Alejandro VI, promulgó, no una, sino tres, los días 3 y 4 de mayo y 25 de septiembre. En ellas para satisfacer lo mejor posible a ambas partes y evitar conflictos entre las dos, se trazaba una línea que dividía el Atlántico de norte a sur y debía situarse a 100 leguas al poniente de las islas Azores, el de allá sería para Portugal y el occidente para Castilla. Pero los portugueses no estuvieron conformes y protestaron en todos los tonos, alegando entre muchas cosas que la faja marina que se les dejaba entre la línea de Alejandro VI y el litoral africano era insuficiente para la navegación; y en realidad estaban en lo cierto, pues para el viaje de regreso del sur de África los vientos exigían una derrota muy occidental a fin de evitar las calmas tan frecuentes en las costas del África ecuatorial. Para satisfacer esta necesidad y terminar la disputa, Castilla accedió a recorrer la línea al poniente y se convino en fijarla a 370 leguas de las islas de Cabo Verde, y así quedó establecido en el tratado de Tordesillas, que se firmó el 7 de junio de 1494, y fue confirmado a su vez por otra bula pontificia en 1504. Esta modificación a la línea alejandrina significa el principio de la historia de Brasil, pues su extremo oriental quedaba dentro de la zona portuguesa.

Cabe advertir que estas bulas no pretendían realizar una donación, como algunos autores han creído ver, sino señalar jurisdicciones en materia eclesiástica, ya que los soberanos gozaban de amplias facultades en ella, y, en lo civil constituían simplemente un arbitraje entre «príncipes cristianos». Es de notar, por otra parte, que los demás países europeos no fueron tenidos para nada en cuenta en todos estos tratos. Pero tampoco ellos lo pretendieron ni protestaron, sino hasta mucho más tarde, por la forma en que Portugal y España se repartían el mundo. Implícitamente aceptaban como legítimo el derecho de descubrimiento y conquista.

Los descubrimientos menores

El descubrimiento de América, como hemos visto, no se consuma el 12 de octubre de 1492 con el arribo de los españoles a San Salvador. Este hecho es la clave y el punto de arranque, pero el descubrimiento del Nuevo Continente, en su totalidad, es toda la dilatada secuela llevada a cabo por legiones de hombres a través de varios siglos que va revelando gradualmente toda la colosal dimensión continental. Cristóbal Colón fue el primero; pero tras él siguieron muchos otros y aún en nuestros días todavía hay exploradores que nos están descubriendo las ignoradas profundidades de las selvas amazónicas o los encubiertos contornos de las regiones árticas.

Sin embargo, los rasgos esenciales para obtener una idea general pero completa del Continente, se lograron con extraordinaria rapidez, en menos de medio siglo, gracias a la intrepidez de los descubridores.

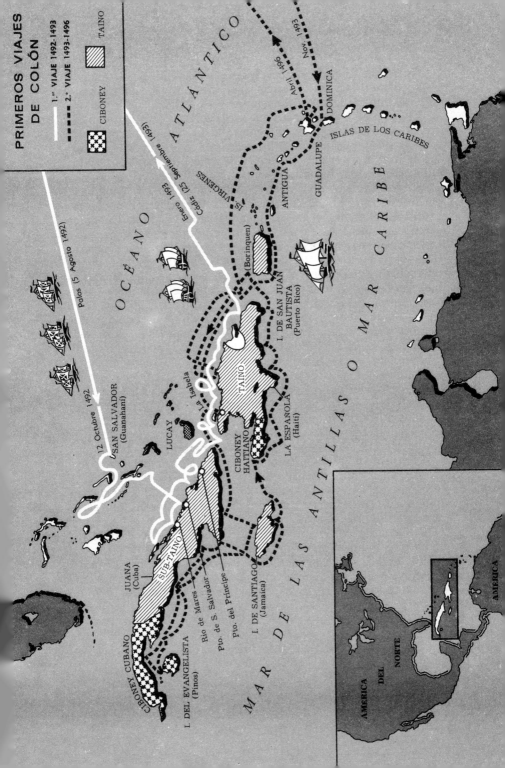

PRIMEROS VIAJES DE COLÓN

1.ᵉʳ VIAJE 1492-1493
2.º VIAJE 1493-1496

TAINO

CIBONEY

TAINO

CIBONEY

OCÉANO ATLÁNTICO

Palos (5 Agosto 1492)

Cádiz (25 Septiembre 1493)

Cádiz (Enero 1493)

Abril 1496

Nov. 1493

12 Octubre 1492

SAN SALVADOR (Guanahani)

LUCAY

La Isabela

IS. VIRGENES

(Borinquen)

DOMINICA

GUADALUPE

ISLAS DE LOS CARIBES

ANTIGUA

I. DE SAN JUAN BAUTISTA (Puerto Rico)

TAINO

LA ESPAÑOLA (Haití)

CIBONEY HAITIANO

SUB-TAINO

JUANA (Cuba)

Río de Mares

Pto. de S. Salvador

Pto. del Príncipe

I. DE SANTIAGO (Jamaica)

CIBONEY CUBANO

I. DEL EVANGELISTA (Pinos)

MAR DE LAS ANTILLAS O MAR CARIBE

AMÉRICA DEL NORTE

AMÉRICA

El descubrimiento

A tientas, como en un lugar oscuro, van penetrando y reconociendo las tierras que tienen en frente hasta formarse una idea clara de sus dimensiones y su figura.

El propio Colón inicia esta tarea y tras él muchos otros navegantes recorren los litorales hasta definir el perfil de aquella masa territorial. E inmediata y casi simultáneamente los exploradores y conquistadores empiezan a penetrar tierra adentro para revelar su interior.

El foco inicial de los descubrimientos es La Española; desde ella saltan a las demás islas antillanas y reconocen los litorales del mar Caribe, alejándose cada vez más. Luego se establecen otros focos o bases de exploraciones y de ellas irradian nuevos avances. Desde Panamá partirán las expediciones a la costa del Pacífico hasta ir a establecer una nueva base en el Perú. Desde Cuba, en un salto vertiginoso, establecerá Cortés otra en el corazón mismo del territorio mexicano. Desde esta se había de llegar hasta las Filipinas. Otra en las playas venezolanas permitirá remontar las cuencas del Orinoco y del Magdalena para ir a fijar una más en la meseta de Bogotá. En la profunda región donde confluyen el Paraguay y el Pilcomayo, se establece otra base; y así sucesivamente, y ramificándose sin cesar con una vitalidad prodigiosa, pronto queda descubierta y ocupada prácticamente toda América. Las exploraciones posteriores se reducirán solamente a precisar detalles. Los cartógrafos van siguiendo sus pasos y trazando el retrato del Nuevo Continente, inseguro y deforme al principio, hasta que consiguen reproducir su verdadera efigie.

Y sin solución de continuidad, al mismo tiempo que se explora y se descubre, se coloniza y se conquista, se organiza y se catequiza, se abren caminos y se fundan ciudades. Cuando concluya el primer medio siglo del 12 de octubre de 1492 estará construido el imperio.

De acuerdo con el proyecto de Colón, su primer viaje no había alcanzado el objetivo fundamental que era llegar a los reinos de Asia y a las islas de las especias: era por lo tanto urgente emprender una segunda expedición que le permitiera dar cumplido remate a su idea. Ahora gozaba de todo el apoyo y recursos necesarios sin regateos.

El 25 de septiembre zarpó de Cádiz el Almirante y virrey con 14 carabelas y 3 carracas. Se había autorizado a 1.200 hombres para partir en ellas, pero iban más de 1.500 —Colón no dejaría de recordar el trabajo que costó reunir a 105 para el primer viaje— y entre ellos algunos personajes importantes como Fray Bernardo Boyle, nombrado por el papa Vicario Apostólico de las Indias; fray Antonio de Marchena que iba como astrólogo; el hermano del Almirante, don Diego Colón y muchos otros cuyos nombres pronto serían famosos.

Como la expedición tenía por objeto, además de las exploraciones de Colón, fundar una colonia permanente en lo ya descubierto, se llevaban animales y plantas europeas, que no había allá y todos los complementos necesarios para ello.

Conociendo ya el derrotero, pudieron hacer cinco días menos en la travesía y llegaron más al sur que la primera vez, tocando en las Antillas menores o islas de Barlovento. Recorrieron un gran número de éstas, bautizándolas, y cuando llegaron a un nutridísimo archipiélago, cansados ya seguramente de discurrir nombres de santos, les llamaron las Once Mil Vírgenes. Inmediatamente después llegaron a otra mayor a la que denominaron San Juan de Puerto Rico y de ella pasaron a La Española en busca del fuerte de Navidad. Cuando encontraron el sitio donde estuvo sólo quedaban sus restos calcinados. Los indios lo habían asaltado; desgraciadamente los temores de Pinzón se habían cumplido; de sus moradores sobrevivía uno solo.

Escogido un buen sitio, se fundó allí la primera colonia, que se llamó Isabela. Colón envió a Alonso de Ojeda a explorar el interior de la isla y éste regresó con excelentes noticias de ríos auríferos y muestras del codiciado metal, y para explotarlo se envió a Pedro Margarite con 50 españoles para fundar otra colonia allá.

El 2 de febrero de 1494 salieron para España 12 de las embarcaciones para llevar noticias y traer más elementos para las colonias y el Almirante, con tres carabelas, emprendió el 24 de abril la exploración para encontrar el camino a los países de Mandeville y Marco Polo. Tocó en esta ocasión la costa sur de Cuba y la recorrió casi hasta su extremo occidental. Si hubiese seguido un poco más se habría percatado de que era una isla, pero viendo que el litoral se prolongaba en esa dirección abandonó el reconocimiento convencido de que era un saliente del continente asiático. Los naturales de ella le aseguraron que era isla, pero él necesitaba encontrar el Continente para confirmar su teoría y por ello dice enfadado que los indios «piensan que todo el mundo es isla y no saben qué cosa sea tierra firme». A fin de terminar con cualquier duda que pudiera quedar al respecto recurrió a un procedimiento no muy geográfico, pero sí muy jurídico: el 12 de junio levantó un acta ante escribano público en la cual declararon pilotos y marinos que Cuba era el extremo oriental de Asia bajo juramento y pena de diez mil maravedises y de que se cortaría la lengua al testigo que se desdijese de su juramento (1). Pero lo más grave era que a pesar de estar en Asia, no aparecía ningún signo ni de sus imperios ni de sus especias, que en última instancia, eran el verdadero móvil de aquella empresa. El Almirante seguía con la carta para el Gran Kan en su faltriquera, sin hallar a quien entregarla.

De acuerdo con esto era perfectamente posible seguir aquel litoral y dar la vuelta al mundo, volviendo a España por la ruta que en sentido contrario estaban buscando los portugueses. Pero seguro como estaba Colón de que así era, no creyó necesario confirmarlo experimentalmente, según dijo, porque la travesía era excesivamente larga y peligrosa y prefirió continuar sus exploraciones en aquella región. Descubrió Jamaica, reconoció la costa sur de La Española y el 29 de septiembre regresó a la colonia Isabela.

En su ausencia habían surgido en la colonia las primeras dificultades y disputas que más tarde hicieron fracasar su gobierno y amargaron los últimos años de su vida. La causa real de todo ello era que no había tanto oro como la ambición pedía y el que existía exigía trabajar para obtenerlo. Habían venido los colonos para ser ricos y libres; nadie quería trabajar ni obedecer y los indios, en quienes ellos pensaban descansar, tampoco. Algunos querían ya regresar a la Península. En esas circunstancias el virrey decidió someter a los indios por la fuerza y tuvo batalla con ellos en marzo de 1495. En ella hizo numerosos cautivos y envió 500 de ellos a España para ser vendidos como esclavos. Esta riqueza supliría el metal que escaseaba y las especias que no existían. Así lo hacían los portugueses en África para sostener sus colonias. Para la explotación agrícola y minera en la isla se ideó entonces el sistema del «repartimiento», a fin de obligar a los indios, que no estaban acostumbrados a trabajar, a que lo hicieran. Consistía el sistema en dar a un español un número determinado de indios que tenían la obligación de trabajar para él.

Se esperaba con esto que los indios, que se mantenían en un nivel cultural inferior se acostumbraran al trabajo y a

---

(1) El original de este curiosísimo documento se encuentra en el legajo 50, en el archivo de Indias, en Sevilla.

la vida sedentaria y fuera posible inculcarles la civilización europea y, al propio tiempo, crear un aliciente económico para los colonos para que la corriente migratoria aumentara. Este doble problema se prolongaría durante toda la vida del imperio y constituiría su aspecto más oscuro y doloroso.

Bartolomé Colón, que había llegado de Europa, y su hermano Diego compartían el gobierno con el virrey y esto contribuyó a exasperar el ánimo de los colonos en su contra y a enviar quejas a la Corte. Por otra parte el Vicario Apostólico y Pedro Margarite, inconformes con los repartimientos y, en general, con el trato que se daba a los naturales, se embarcaron para ir a protestar ante la reina. A poco tiempo llegó el visitador Juan de Aguado, enviado por ésta para recabar información sobre las acusaciones que se hacían a los Colón, y el 10 de marzo de 1496 salieron el visitador y el virrey juntos para España, quedando como gobernador de la isla Bartolomé Colón. El Almirante adoptó la ruta por la que había venido y en ella los vientos contrarios hicieron la navegación penosa y lenta. Hasta el 11 de junio no llegaron a Cádiz. El virrey esta vez fue recibido en la Corte con frialdad.

Pero esta frialdad no era exclusiva de la Corte, sino compartida por todos los que seguían de cerca las exploraciones de Colón, ni se debía solamente a sus dificultades en el gobierno de las nuevas colonias. Los resultados de este segundo viaje habían decepcionado a todos. Aunque el Almirante afirmaba que había llegado al Asia y que el camino para la vuelta al mundo estaba expedito, todo ello parecía cada vez más dudoso para los observadores. Por lo pronto, en consecuencia, su descubrimiento quedaba reducido al de unas cuantas islas en las que no había especias ni metales preciosos en abundancia ni los aborígenes eran dóciles y pacíficos.

Otras malas noticias esperaban además a Colón en España. Contra lo estipulado en las capitulaciones de Santa Fe, los Reyes, para impulsar los descubrimientos, el tráfico y la colonización, dispusieron el 10 de abril de 1495 que podía navegar por las nuevas rutas todo el que satisficiera determinados requisitos, lo cual anulaba el privilegio exclusivo que para ello poseía el Almirante. En cuanto al tráfico de esclavos, que constituía la única riqueza capaz de hacer atractivo el descubrimiento, los reyes, después de prolija discusión teológica llegaron a la conclusión de que era ilícito y lo prohibieron definitivamente.

El descubrimiento

Cuenta el P. Las Casas que en uno de estos viajes en el que regresaban 300 españoles a la Península, el Almirante les obsequió con un indio por esclavo a cada uno, seguramente para atraer más pobladores europeos —hoy concebiríamos esto como un plan de publicidad para las colonias—, pero cuando la reina lo supo «hobo muy gran enojo», diciendo estas palabras: «¿Qué poder tiene mío el Almirante para dar a nadie mis vasallos?»... mandó luego pregonar... «que todos los que hobiesen llevado indios a Castilla, que les hobiese dado el Almirante, los volviesen luego acá, so pena de muerte».

Contra el parecer interesado de algunos que sostuvieron que los indios no eran personas humanas, los teólogos y los funcionarios de la Corte los reconocieron como tales y por lo mismo como sujetos racionales y libres. Sin embargo, por lo que hace a la libertad, la mentalidad de la época admitía un caso de excepción; se permitía reducir a esclavitud a los infieles que cayeran prisioneros en justa guerra. La tesis se fundaba en un raciocinio que hoy nos parece extraño. Quien lo hizo prisionero, se argüía, podía lícitamente haberle dado muerte en el campo de batalla; al no hacerlo, se reservó un derecho sobre su vida y por esto puede mantenerle en calidad de esclavo. En esta forma la esclavitud aparecía no sólo como una institución aceptable, sino casi como un acto de magnanimidad. El caso de la guerra contra infieles se presentó inmediatamente en América, en cuanto los colonos se encontraron con los agresivos caribes en las Antillas Menores, y fueron éstos los encargados de justificar, con su belicosidad, la esclavitud. La tesis quedó oficialmente consagrada por Cédula Real el 30 de octubre de 1503: «Doy licencia —se lee en ella— para que si todavía los dichos caníbales —es decir, caribes— resisten... se puedan cautivar y cautiven para los llevar... a otras cualesquier partes... e para que los puedan vender e aprovecharse dellos, sin que por ello cayan ni incurran en pena alguna». Ya tendremos ocasión de ver cómo se las ingeniaron algunos para ampliar holgadamente este postigo legal y la campaña que contra ellos emprendieron los frailes.

Los viajes a La Española eran frecuentes y pronto empezaron a tomar auge las exploraciones en el Nuevo Continente valiéndose de la autorización que privaba a Colón de la exclusividad para ello.

Entre las primeras expediciones de esta etapa figura la que emprendieron Vicente Yáñez Pinzón y Juan Díaz de Solís, que salieron de España el 10 de marzo de 1497. Se ha dis-

cutido mucho sobre su itinerario; pero don Carlos Pereyra
(1), después de estudiar el problema con la minuciosidad y
capacidad crítica que le son características, llega a la conclusión de que partiendo del cabo de Gracias a Dios, en la costa
de Honduras, recorrieron el litoral hacia el norte, costeando
la península de Yucatán, todo el golfo de México y la península de Florida hasta la bahía de Chesapeake en las playas
del Atlántico. Si éste fue efectivamente el recorrido, su relevancia para la revelación geográfica del Nuevo Continente
no podía ser mayor. El hecho indudable es que estas costas
aparecen ya en el célebre mapa de Juan de la Cosa, que data
del año 1500. En este viaje participó Américo Vespucio, que se
inició así en el reconocimiento del Nuevo Mundo, a cuya iden-
tificación tanto había de contribuir.

Casi simultáneamente, el rey de Inglaterra Enrique VII,
enterado de los descubrimientos en el Atlántico, quiso participar en ellos a pesar de la oposición que presentaron a su
proyecto los reyes de España, y envió a los italianos Juan y
Sebastián Caboto, que salieron de Bristol en mayo de 1497 en
una carabela y con sólo 18 tripulantes. Dirigieron la proa
muy al norte, para no tropezar con los españoles, y parece
que estuvieron en Terranova, la península de El Labrador y
la desembocadura del río San Lorenzo. Muy probablemente
fueron ellos los primeros europeos que pisaron tierras propiamente continentales, aunque daban por sentado también que
se trataba de Asia. En julio de ese mismo año estaban ya de
regreso, y al siguiente emprendió otra expedición Juan, sin
que se volvieran a tener noticias de él, e Inglaterra se desin-
teresó por mucho tiempo del Nuevo Continente. Poco después
Portugal, a pesar de las bulas y tratados, envió a esas costas
del norte a Gaspar de Corterreal; pero al igual que Caboto
desapareció en una segunda expedición emprendida en 1502, y
su hermano Miguel, que partió en su busca, tampoco regresó.
Las exploraciones quedaron íntegramente en manos de España.

El 30 de mayo de 1498 emprendió el Almirante Colón su
tercer viaje, y decidido a levantar su decreciente prestigio,
en las Canarias se separó de la flota que iba a La Española y
con tres naves se lanzó resueltamente con dirección más al
sur que en las ocasiones anteriores, calculando que en esa latitud el paso estaría despejado para llegar al océano Índico. Esto

---

(1) Consideramos un deber de justicia asentar que en toda esta parte apro-
vechamos los excelentes análisis críticos de este gran historiador mexicano.

O C É A N O   A T L Á N T I C O

1504

1500

Sevilla

Cádiz

Is.
Canarias

1502

Is. de Cabo
Verde

1498

OCÉANO

PACÍFICO

O C É A N O   A T L Á N T I C O

VIAJES DE COLÓN

— 3.ª VIAJE 1498-1500

········· 4.º VIAJE 1502-1504

Los descubrimientos menores

era cada vez más urgente si Castilla quería llegar primero al Asia por Occidente, que Portugal por el Oriente, porque éste continuaba impulsando su avance en esa dirección. En realidad, aunque en Europa se ignoraba todavía, Portugal acababa de ganar esa carrera, pues precisamente ocho días antes de que saliera Colón para este viaje, el 22 de mayo, había llegado Vasco de Gama a la bahía de Calcuta, en las costas del Indostán.

La travesía de Colón fue muy penosa. Navegó por la zona ecuatorial en donde los vientos no le eran favorables; la marcha fue lenta, el calor sofocante y el agua escaseaba, pero al fin el 31 de julio avistaron tierra: era la isla de Trinidad. Prosiguió el viaje y encontró frente a él las costas venezolanas. Ahora sí era tierra firme; era el Continente que por primera vez alcanzaba. Pero sus conceptos geográficos le impidieron ver lo evidente, y así como declaró que Cuba era tierra firme, esta vez pensó que aquel territorio era una isla y así la bautizó: Isla de Gracia. Avanzó un poco hacia el oriente y descubrió las bocas del Orinoco. El caudal que arrojaban revelaba claramente que sólo una cuenca enorme podía recoger aquel volumen de agua; una cuenca de tal extensión que no podía caber en las dimensiones de lo que se considera una isla. El Orinoco gritaba por sus bocas que venía de un inmenso continente, pero Colón no puede desprenderse de su mentalidad medieval que en esta ocasión aparece más agudamente que nunca. En un principio se ve desconcertado y desamparado de sus viejos maestros y gracias a ello se acerca a la verdad que revelan los hechos. «Desta media parte (del Globo) no hobo noticia Tolomeo —advierte— ni los otros que escribieron del mundo por ser muy ignota.» Esa era toda la verdad y nada más que esa; pero acto seguido da él su interpretación de aquello que tiene frente a sí: esta tierra era una protuberancia del globo terrestre como «la figura del pezón de la pera» y «esta parte deste pezón sea la más alta e más propincua al cielo». Aquella cantidad de agua y esta rara circunstancia le llevan a una conclusión: «Grandes indicios son estos del Paraíso terrenal, porque el sitio es conforme a la opinión de estos santos y sanos teólogos, y así mismo las señales son muy conformes, que yo jamás leí ni vi que tanta cantidad de agua dulce fuese así adentro e vecina con la salada». En realidad no es solamente Colón el que aquí habla, es toda

105

una época que no ha llegado a distinguir entre el saber teológico y el saber empírico (1).

Con estas conclusiones tan poco útiles para la geografía, el Almirante abandonó el golfo de Peria, reconoció un tramo de aquella costa caminando por el occidente, durante el cual pudo adquirir de los nativos algunas perlas y objetos de oro, y sintiéndose enfermo puso proa a La Española a la que arribó el 30 de agosto de 1498.

Allí encontró algunos cambios. Apenas había partido él para España en su viaje anterior, se localizaron ricas minas auríferas en el sur de la Isla. Esto determinó a Bartolomé cambiar la cabecera de la colonia a esa zona y fundó la ciudad de Santo Domingo. Durante esta época, que fue la última de las pocas y breves en que ejerció el gobierno que se le concedió a perpetuidad en las capitulaciones, Colón repartió tierras entre los colonos, aplicando a cada finca un número determinado de indios para que las trabajaran en beneficio de su propietario al cual se «encomendaban». Era una modalidad más definida del «repartimiento» que se conoció con el nombre de «encomienda». Poco después fue prohibido por la reina este sistema, pero en realidad continuó el trabajo forzado para los indios. Pero si la colonia prosperaba económicamente, en cambio políticamente se encontraba sumida en la anarquía. Francisco Roldán, a quien el Almirante había nombrado alcalde mayor de la Isla, se encontraba en abierta lucha con el adelantado don Bartolomé Colón. La llegada del virrey no terminó con las rencillas, sino que por el contrario éstas se agravaron, pues solía tratar con excesiva dureza a sus subordinados, y terminaron por decidir a la Corona a enviar un juez pesquisidor para que investigara los múltiples cargos que unos a otros se hacían, e impusiera orden. El 23 de agosto de 1500 desembarcó con este encargo el comendador don Francisco de Bobadilla. Pero no se concretó a su comisión sino que procedió en contra del virrey con verdadera saña, ya que, cualesquiera que fueran sus errores en el gobierno de la colonia, y ciertamente los había cometido, sus méritos reclamaban un trato considerado y deferente. Sin embargo, el pesquisidor no vaciló en apresar a Colón, ponerle grillos y. junto con sus hermanos, deportarlos a la Península.

---

(1) No debe sorprendernos demasiado esta confusión si tenemos en cuenta que en nuestros días se cree con frecuencia en una muy semejante, aunque muy opuesta, tratando de explicar realidades espirituales por métodos propios de las ciencias físicas.

Los descubrimientos menores

Ya a bordo, su guardián, Alonso de Vallejo, quiso liberarlo de las cadenas, pero Colón, herido vivamente en su dignidad, se negó a ello y así, encadenado, desembarcó en Cádiz el 25 de noviembre de aquel año de 1500. Los Reyes ordenaron ponerlo en libertad inmediatamente. Pero Colón pudo advertir con amargura cómo su gloria se eclipsaba rápidamente. El Almirante era capaz de sacar de sus fantásticas quimeras realidades tan portentosas como todo un Nuevo Mundo, pero era ineficaz para manejar las pequeñas realidades cotidianas que exige el gobierno de los hombres.

Sin embargo, a partir del viaje del Almirante a las playas del Paraíso terrenal, las expediciones a Sudamérica se multiplicaron. Entre mayo y septiembre de 1499, Alonso de Ojeda y Juan de la Cosa, acompañados nuevamente por Vespucio, realizaron un extenso reconocimiento de aquella parte, pues abarcó desde cerca del cabo de San Roque, en el extremo oriental del Brasil, hasta el cabo de Vela. Pero no advirtieron la desembocadura del Amazonas por ir demasiado lejos de la costa a esa altura. En Maracaibo les llamaron la atención las viviendas de los indígenas construidas en el mar sobre postes y por esto le llamaron Venecia, de donde había de derivar Venezuela y por primera vez fueron atacados por una fuerza considerable y organizada de indios —más de 2.000 calcularon los españoles— que les hirieron a 20 hombres. Este viaje tuvo un gran interés geográfico, pues reportó un conocimiento más realista de la naturaleza y dimensiones de las tierras descubiertas por el Almirante.

Ese mismo año Pedro Alonso Niño y Cristóbal Guerra visitaron también las playas de Venezuela. Su viaje no aportó ninguna novedad geográfica, pero regresaron a España con 96 libras de perlas que era el mejor estímulo para nuevas exploraciones. Poco después Vicente Yáñez Pinzón ensanchó el reconocimiento de Ojeda y La Cosa doblando el cabo de San Roque y llevando sus naves hasta Pernambuco y encontró durante su recorrido las bocas del Amazonas. Diego de Lepe, a principios de 1500, sigue también esa ruta y llega un poco más al sur, hasta los 10 grados de latitud sur.

El 22 de abril de ese año, el marino portugués Pedro Álvarez Cabral llegaba casualmente a las costas brasileñas. Al regreso de Vasco de Gama de su exitoso viaje a la India, a Lisboa, en septiembre de 1499, el rey de Portugal se apresuró a enviar una nueva expedición al mando de Álvarez Cabral que zarpó el 9 de marzo de 1500. Pero queriendo evitar las temibles calmas del África ecuatorial, se apartó de sus costas excesivamente hacia el occidente y avistó tierra en esa dirección. Desembarcó en una bahía a la que llamó Porto Seguro y a aquel territorio, del que tomó posesión en nombre de Portugal, lo denominó «Isla de la Vera-Cruz», incurriendo en el mismo error geográfico que Colón. Para los marinos de esa época, sabedores de que existían solamente tres continentes, era ciertamente difícil reconocer un nuevo continente a primera vista, y por eso propendían a pensar que eran islas. Sin embargo, en este tiempo los exploradores se habían dado ya cuenta de que aquellas tierras formaban una gran masa continental. Álvarez Cabral siguió costeando con rumbo al sur y descubrió la bahía de Todos los Santos, la de Rio de Janeiro y llegó hasta el cabo de Santa Marta, dando así principio a las exploraciones portuguesas en América.

Los españoles, entre tanto, repetían y ampliaban paulatinamente sus reconocimientos en las costas de Venezuela. A fines de 1500 Rodrigo de Bastidas llevando como piloto al infatigable Juan de la Cosa, agregó un buen tramo a lo ya conocido, pues partiendo de la península de Peria marchó al poniente, rebasó el cabo de la Vela, que era el límite al que había llegado Ojeda en esa dirección y siguió su litoral pasando por la bahía de Cartagena, y el golfo de Urabá y llegó por la región del istmo de Panamá aproximadamente hasta Nombre de Dios. Allí abandonó la exploración para ir a Santo Domingo, de donde el pesquisidor Bobadilla lo envió preso a España, según era su costumbre, por lo visto. Pero había dado un gran paso para cerrar los litorales del Caribe.

Habiendo logrado Portugal su objetivo en los viajes de circunnavegación al África y habiendo encontrado tierras en Occidente dentro del espacio que le concedía la línea de Tordesillas, cayó en la tentación de Colón, buscar el camino para Asia por ese rumbo. Si lo conseguía, su triunfo sobre España sería aplastante, ya que ésta seguía fracasando en ese empeño. El rey de Portugal confió la empresa a Vespucio, ya viejo lobo de aquellos mares, y éste zarpó con ese designio en mayo de 1501. En sí misma, la exploración no sólo no logró su fin sino que no significó avance alguno en lo ya conocido, porque describió casi el mismo recorrido sobre el litoral americano que Álvarez Cabral; pero en cambio desde el punto de vista geográfico revistió gran importancia porque Vespucio supo integrar los conocimientos sobre el Nuevo Mundo, dispersos hasta entonces, en una concepción congruente y unificada aunque todavía imprecisa.

En estas circunstancias, nuevamente se encontraban España y Portugal frente al reto de la geografía, y la prenda más alta que en este duelo se jugaban era el prestigio del Almirante don Cristóbal Colón. Bien lo debió haber comprendido así éste y el 9 de mayo de 1502, antes de que regresara Vespucio de su viaje, se embarcó en Cádiz dispuesto a romper la malla de islas que le cerraba el paso a Oriente. En el tono de sus escritos se le percibe en este su postrer viaje, desesperado y febril.

Cuando llegó a Santo Domingo sus antiguos enemigos habían desaparecido. El nuevo gobernador, don Nicolás de Ovando, había hecho con Bobadilla lo que este hizo con él, sólo que Bobadilla corrió con peor suerte, pues el barco en que iba deportado naufragó y el severo pesquisidor pereció en el océano. Sin embargo el nuevo gobernador no fue tampoco muy cortés con el Almirante y le negó el permiso para desembarcar en la isla que él había descubierto. En vista de ello partió sin más con las cuatro carabelas que llevaba para las Indias Orientales. Ahora poseía una idea más clara de la ubicación de aquellos territorios. Al norte había palpado ya, en las costas de Cuba, el continente asiático; al sur, las tierras de Gracia, el continente que no conoció Tolomeo. Entre ambos en consecuencia debía encontrarse el paso al océano Índico y sin buscar ninguno de los dos litorales marginales para apoyarse en ellos, con una audacia digna de su primer viaje, se lanzó·por lo que él calculaba que debía ser la mitad de aquel estrecho. En realidad, como hemos visto, desde Honduras hacia el norte estaba explorado ya lo mismo que de Nombre de Dios al sur, quedaba en consecuencia un espacio desconocido y en él tenía que encontrar necesariamente el Almirante la salida.

Debió experimentar una gran desilusión, ahora que buscaba el horizonte despejado con la misma ansiedad con que buscaba tierra en su primer viaje, cuando ésta apareció frente a su proa cerrándole el paso. Extraña tragedia ésta de tropezar continuamente con el Continente que le daría gloria imperecedera y no reconocerlo.

Todavía guardaba una esperanza y puso la quilla al sur para recorrer el litoral hasta entonces inexplorado. Lentamente siguió aquellas costas «requiriendo puertos o bahías —cuenta uno de los que le acompañaron— pensando hallar el estrecho», hasta que llegó a Nombre de Dios a donde ya tenía noticias que había llegado Bastidas viniendo del sur. El contorno del Caribe se había cerrado, su recorrido era el eslabón que faltaba. Era indudable que no había paso. Pero Colón no se resignaba, inició una serie de viajes por el Caribe en que parece que caminaba a la deriva sin saber qué rumbo adoptar. Retrocedió de Nombre de Dios y una tempestad lo arroja al río Belén, en la provincia panameña que hoy lleva su nombre y que él denominó Veragua. Aquí se le inutilizaron dos de sus embarcaciones y se detuvo desde enero hasta abril de 1503.

El fracaso de la expedición es evidente, pero su voluntad y su fantasía no se rinden, y con mayor firmeza que nunca insiste en que ha llegado a las Indias. Desde Veragua escribe a los Reyes una carta llena de optimismo comunicándoles la buena nueva. Él no ha encontrado sino indios desnudos y salvajes, pero estos «dicen —afirma él— que la mar boxa a Ciguare, y de allí a diez jornadas en el río de Gangues. Parece que estas tierras —las de la India— están en Veragua, como Tortosa con Fuenterrabía, o Pisa con Venecia». Y, además, allí se encuentran las minas del rey Salomón: «Josefo —explica el Almirante— quiere que este oro se hubiese en la Aurea: si así fuese digo que aquellas minas de la Aurea son unas y se convienen con estas de Veragua». Admite que no ha encontrado el más mínimo indicio de esos coruscantes imperios, pero encuentra una razón convincente de ello en el hecho de haber visitado solamente las costas que «no requieren, salvo pescadores, ni yo me detuve porque andaba aprisa». El error procede de atribuir al globo dimensiones mucho menores de las reales. Y de acuerdo con esa falsa base, Asia debía quedar a una distancia de Europa aproximadamente igual a la que en las medidas verdaderas de la tierra separa a Europa de América. Si tenemos esto en cuenta el error de Colón nos parece explicable.

Su habitual dualidad entre la Biblia y la geografía y entre su mesianismo místico y su misión descubridora, alcanzan en este viaje la gravedad de lo patético. A pesar de su optimismo, como observa Humbolt «el estilo de esta carta tiene el sello de una profunda melancolía».

Pero todavía le esperan más penalidades. Por fin se decide a dejar Veragua sin haber llegado a la tierra prometida por los viejos cosmógrafos. Surca el golfo de Darién, luego va a Cuba y de allí a Jamaica, en donde otra tempestad da al traste con las dos naves que le restan y queda abandonado en aquella isla sin que el gobernador Ovando atienda las llamadas de auxilio que envía a Santo Domingo. La tripulación se rebela y llegan a las armas y aun a las muertes. Y, así, permanece en Jamaica hasta junio de 1504 en que puede trasladarse a Santo Domingo y de allí a España a la que llega el 7 de noviembre de ese mismo año, para no volver a navegar más.

Veinte días después de su arribo a la península moría la reina doña Isabel, posiblemente la única que comprendió que Colón, más que un marino o un geógrafo, era un gran visionario, un místico y un poeta, y que en ello residía su virtud y su valor.

Al llegar a Sevilla el Almirante cayó enfermo y no fue sino hasta mediados del año siguiente cuando pudo presentarse en la Corte. Ya no podía navegar, pero todavía podía pelear e iba a reanudar el litigio que de años atrás tenía entablado para que se le devolviera el gobierno de las colonias según lo estipulado en las capitulaciones de Santa Fe; pero la Corte no mostró ninguna disposición para ello. Sin embargo gozaba de todos sus demás privilegios y rentas. Todavía siguió al rey a Valladolid, pero allí enfermó gravemente, y el 21 de abril de 1506 expiró. Muchos en esas fechas sabían ya que Colón había descubierto un Nuevo Continente, pero él se mantuvo fiel a su concepción original. «Hasta el último instante —como hace notar Ernst Samhaber en su biografía— siguió afirmando que había llegado a Asia. El honor altísimo del descubrimiento de un Nuevo Mundo sólo las generaciones venideras se lo reconocerían.»

Este honor, por lo pronto, fue para Américo Vespucio, su émulo y competidor en este último esfuerzo por hallar el paso para las Indias. A mediados de 1503 emprendió un nuevo viaje al servicio de Portugal «llevando el propósito de descubrir la isla llamada Moluca, que está hacia la parte del Oriente» según afirma él mismo. Recorre desde el cabo de San Roque hasta el cabo Frío, cerca de Rio de Janeiro, o sea, una extensión menor que la que anduvo en su viaje anterior. Fundó allí un fuerte y regresó a Lisboa a donde llegó el 10 de junio de 1504, convencido de que el continente se extendía indefinidamente hacia el Sur sin ofrecer ningún paso.

Américo Vespucio había nacido en Florencia en 1452. Sirvió a los Médicis y por encargo de ellos fue a Sevilla en donde se inició en el dibujo de cartas geográficas y le tocó

El descubrimiento

vivir las emociones de los primeros descubrimientos, de donde nació su afición por ellos. Mantenía correspondencia con los principales personajes de su ciudad natal, que era entonces el centro intelectual del Renacimiento, y gracias a ello sus viajes obtuvieron mayor divulgación en Europa que los de ningún otro. Al regresar de este su último recorrido dirige el 4 de septiembre de 1504 una extensa carta al gonfaloniero de Florencia, Piero Sanderini, en la que hace una narración de sus cuatro exploraciones y dice concretamente que se ha descubierto «un Nuevo Mundo, que no es Europa, ni Asia, ni África»; es, agrega, «la Cuarta Parte de la Tierra». Cabe, pues, a Vespucio el mérito de haber interpretado correctamente aquella realidad geográfica descubierta por Colón y haberla expuesto ante la inteligencia de Europa en términos que fueran comprensibles. Estas revelaciones modificaban radicalmente las antiguas concepciones, produciendo una revolución en este campo que significó el paso de la cosmografía medieval a la geografía moderna. El valor científico de la obra de Vespucio es pues muy relevante.

Respetando el nombre que en su confusión había dado el Almirante a aquellas tierras, en España y Portugal se les siguió llamando siempre las Indias, y cuando se vio que no eran las Indias Orientales simplemente, se les · denominó Indias Occidentales para establecer la diferencia. Pero en el resto de Europa las narraciones de Vespucio alcanzaron gran difusión, y cuando Martín Waldseemüller publicó en 1507 su *Cosmographiae Introductio*, llamó a ese nuevo Continente «Americi Terra» es decir, la «Tierra de Américo»; pronto este nombre se tradujo en América y así se popularizó y quedó consagrado.

Vespucio volvió al servicio de España y todavía realizó dos viajes más. En el primero, acompañado de Juan de la Cosa, penetró en el golfo Urabá y remontó el río Atrato en el que encontraron oro en abundancia y ello les hizo regresar a esa misma región, que denominaron Castilla de Oro, en 1507. Pero estas expediciones no agregaron ningún dato nuevo al conocimiento del continente aunque marcaban la iniciación de una nueva etapa: la penetración del continente. Vespucio murió en 1512 en España cuando ocupaba el puesto de piloto mayor del Reino.

* * *

Los descubrimientos menores

Aunque ahora nos parezca que debió ser todo lo contrario, lo cierto es que las últimas conclusiones a que se llegó sobre la naturaleza de las tierras descubiertas al Occidente, no fueron nada gratas para la Corona española. Éstas significaban que el fin perseguido en toda aquella odisea se desvanecía definitivamente. En las tierras de América no se producía ni la canela ni el clavo ni la pimienta ni, en general, ninguna de las codiciadas especias. No había con quién comerciar, los naturales no producían sedas, ni aceros damasquinados, ni alfombras persas, ni mercadería alguna que fuera apreciada en Europa. Entre tanto Portugal se enriquecía ya con el comercio oriental.

En América se había encontrado oro, pero en cantidades que si bien parecían enormes a un aventurero, no significaban nada para el tesoro de un Estado. Aquellas colonias no pagaban ni siquiera lo que se había invertido en descubrirlas. Faltaban, en efecto, aún varios años para que el descubrimiento de los grandes imperios americanos viniera a satisfacer con creces todas estas esperanzas. Por lo pronto no había en las Indias Occidentales sino tierra para ser labrada. Esto naturalmente no constituía ningún atractivo para los caballeros y ni siquiera para los pobres ambiciosos. Para tierra de labor con la que había en España tenían suficiente los labriegos.

Por otra parte, la distancia, las condiciones de vida que allá imperaban, la clase de hombres que se aventuraban a ir allá y, sobre todo el encuentro de dos razas tan distintas y la defensa de la más débil, hacían extremadamente difícil el gobierno de las nuevas provincias. Momento llegaría en que Carlos V había de pensar seriamente en abandonarlas.

La Corte perdió interés en aquella aventura. En lo futuro no habría de invertir más recursos en ellas ni pondría especial empeño en el reconocimiento y ampliación de sus dominios indianos; con procurar mantener el orden y resolver los pleitos, es decir, con tratar de gobernarlos, tendría ya suficiente.

Sin embargo el avance en las Indias no sólo prosiguió sino que empezó a cobrar un impulso extraordinario. Había dos clases de aventureros que no razonaban políticamente: los conquistadores y los misioneros: al final éstos tomaron en sus manos la empresa. A la Corona lo único que le pedían para ello era el permiso, las disputadas «capitulaciones» que no costaban nada al Rey.

* * *

113

El descubrimiento

Entra pues en acción un nuevo tipo de hombres, tal vez el más audaz y el más vehemente que ha conocido la historia.

La ocupación territorial empezó, como hemos visto, por La Española. Durante los primeros años los colonos tuvieron que soportar penalidades y miserias sin cuento, porque para mantenerse dependían casi exclusivamente de los auxilios de ultramar, y éstos escaseaban. Este motivo los impulsaba a las discordias entre ellos y a la persecución de los indios. La isla estaba dividida cuando ellos llegaron en cinco cacicatos indígenas. Los colonos los atacaron sin clemencia para reducirlos a esclavitud y todos los jefes indios acabaron por morir a manos de ellos. El primero en perecer fue el cacique Caonaboa, en 1496, cuya tribu proporcionó aquellos primeros 500 esclavos que Colón envió a España.

Cuando la Corona definió que sólo era lícita la esclavitud para los prisioneros hechos en guerra justa, los colonos idearon la terrible técnica de las «entradas», que consistía en el ataque a los indios para provocar la «guerra justa». En esta forma las congregaciones de indios fueron desapareciendo en La Española. Una «entrada» organizada por el gobernador Ovando, en 1502, acabó con una de las últimas, la de la cacica Anacaona, pues realizó una tremenda matanza y ejecutó a la cacica, la cual poco antes había revelado dónde se encontraban los yacimientos auríferos de Santo Domingo.

Los indios que pudieron escapar de las «entradas» se remontaron en las sierras y los demás fueron reducidos a las encomiendas. Pero las esperanzas que los españoles pusieron en ellos como fuerza de trabajo fueron vanas. No estaban acostumbrados al esfuerzo y menos en la forma en que se les imponía. Esto, la viruela, que no existía antes en América, y la sujeción, que les era intolerable, los consumía rápidamente. El cronista Oviedo cuenta que «muchos de ellos se mataban con ponzoña por no trabajar». Cuando los indios empezaron a desaparecer en la isla se iniciaron las entradas en las otras Antillas, principalmente contra los caribes, a quienes no era ciertamente difícil provocar a la lucha. Otros colonos, sin embargo, se olvidaron de las quimeras de la fortuna fácil y milagrosa y se dedicaron al trabajo, y pronto la ganadería y la agricultura, en especial los plantíos de caña de azúcar, remuneraron abundantemente sus esfuerzos. Y la colonia, a pesar de todas las dificultades con que tropezaba, se fue consolidando; su población había crecido considerablemente y se habían fundado varias villas.

Los descubrimientos menores

Para atender los asuntos de las Indias, los Reyes Católicos crearon, a poco de iniciada la colonización, un departamento especial dentro del Consejo de Castilla y encomendaron la dirección de estos menesteres al obispo Juan Rodríguez de Fonseca, y a la muerte de éste fue cuando se creó el Consejo de Indias. Muerto Colón, su heredero, don Diego, que había sido criado en la Corte como paje de la reina y había emparentado con los grandes del reino al casar con doña María de Toledo, sobrina del duque de Alba, había logrado un fallo favorable del Consejo de Indias en el viejo pleito de su padre y obtuvo que se le devolviera el gobierno de las Indias, y en 1509 llegó a Santo Domingo con el carácter de almirante y virrey acompañado de su mujer, sus tíos don Bartolomé y don Diego, su hermano don Fernando y una pequeña corte virreinal.

A pesar de todos los tropiezos y dificultades, la colonia había prosperado notablemente; había aumentado mucho su población española; se habían fundado varias villas en diversos puntos de la isla y la colonización empezó a irradiar a otras islas vecinas.

La más próxima era la de Borinquén, que Cristóbal Colón recorrió en 1493 y bautizó con el nombre de San Juan Bautista de Puerto Rico. En 1508 Juan Ponce de León reconoció su interior y encontró indios pacíficos, buenas tierras y yacimientos de oro, y al año siguiente estableció en ella una villa que se llamó Caparra e hizo repartimiento de indios, y poco después Cristóbal Sotomayor estableció otra a la que dio su nombre.

Los indios se sometieron a la encomienda creyendo que los españoles eran seres sobrenaturales, como frecuentemente sucedía cuando los conocían por primera vez; pero en alguno de ellos surgió la duda y para salir de ella sumergieron en un río a un español apellidado Salcedo, con lo que quedó plenamente demostrado que eran tan susceptibles de morir como ellos mismos y la consecuencia fue un levantamiento en masa en 1511 que costó la vida a más de cien colonos. Con refuerzos de Santo Domingo fue posible dominar la insurrección; pero la pacificación de la isla tardó muchos años porque los indios se remontaron a las montañas, y además las colonias eran atacadas esporádicamente por los caribes que llegaban en enjambre de canoas lanzando sus mortíferas flechas envenenadas.

El descubrimiento

La isla de San Sebastián de Jamaica fue antes visitada varias veces por los exploradores, pero hasta 1509 no se inició su colonización, enviando para ello don Diego Colón a Juan de Esquivel. Su ocupación se realizó sin dificultad y pronto fue uno de los establecimientos más florecientes: se explotaban algunas vetas auríferas, producía caña y excelente algodón que dio origen a la fabricación de tejidos.

En 1508 el piloto Sebastián de Ocampo había dado la vuelta entera por mar a la isla de Cuba con lo que quedó demostrado plenamente su insularidad, por si alguien lo dudaba todavía. Pero hasta 1511 no llegó a ella la primera expedición pobladora que se componía de unos 300 hombres y estaba dirigida por Diego Velázquez como teniente del virrey Colón. En este grupo iban muchos de los hombres que animarían con sus hechos esta narración pero dos de ellos sobre todo polarizarán nuestra atención: don Bartolomé de las Casas, que aún no era fraile, y don Hernán Cortés, porque encarnaron con mayor profundidad y grandeza que ningún otro los dos tipos de hombres que escribieron esta gesta, orientando sus virtudes y defectos a la máxima expresión.

En Cuba se había refugiado con parte de su tribu uno de los caciques expulsados de La Española llamado Hatuey; pero fue sometido rápidamente y los aborígenes no presentaron oposición. Velázquez, que fue siempre aficionado a que otros ganaran tierras y fama para él, envió a reconocer el interior de la isla a Pánfilo de Narváez, que tomó posesión de ella sin dificultad y fundó establecimientos. Fueron surgiendo así las primeras villas, Santiago de Baracoa, Trinidad, Matanzas, San Salvador y otras. En 1515 Francisco de Montejo fundó por encargo del gobernador Velázquez La Habana. Hubo en un principio, como era ya habitual, pleitos por la forma en que éste hizo los repartimientos de tierras e indios entre los colonos, pero pronto la colonia inició una grata vida pacífica y progresista y fue ahí en donde los españoles conocieron el tabaco y aprendieron a fumar.

* * *

Ocupadas ya las grandes Antillas, el paso siguiente tendría que ser la penetración de las tierras continentales y ésta se inició por donde el oro y las perlas parecían abundar más, aunque fuera también en donde más abundaban los emponzoñados venablos de los caribes. Eran las costas aquellas del mar de las Antillas, que fueron recorridas por el propio descubridor, después por Guerra, Niño, Ojeda, Bastidas y más recientemente por Vespucio y La Cosa y sobre cuyos tesoros se habían formado ya una tentadora leyenda.

Alonso de Ojeda desde 1502 había intentado instalar un establecimiento en ellas y llegó a construir un fuerte en la península Guajira, pero no pudo sostenerlo por falta de recursos. Sin embargo no abandonó el proyecto y en 1508 se asoció con Juan de la Cosa al que habían entusiasmado las arenas auríferas del Atrato y con el bachiller Martín Fernández de Enciso, se dispuso a llevarlo a efecto. Para ello se procuró de la Corte el nombramiento de gobernador de la provincia de Castilla del Oro, o sea la región de Colombia que mira al Caribe, y de la isla de Jamaica, para apoyar en ella la difícil penetración proyectada.

Por esas mismas fechas Diego de Nicuesa, rico hacendado de La Española, obtuvo igual nombramiento y concesión para la provincia de Veragua, que comprendía la zona del istmo de Panamá, y ambos iniciaron simultáneamente los preparativos para las expediciones en Santo Domingo, pero antes de que éstos estuvieran concluidos empezaron las disputas. Primero con el virrey que consideraba, y no sin razón, que aquellos nombramientos otorgados por la Corona prescindiendo de su autoridad lesionaban sus derechos; y después, entre Nicuesa y Ojeda, por los límites de sus respectivas jurisdicciones, ya que ambos querían que el fabuloso río Atrato quedara dentro de sus dominios.

El virrey se apresuró y Juan de Esquivel ocupó Jamaica por orden de don Diego, como antes vimos, a pesar de que Ojeda le prometió ahorcarlo si lo encontraba en ella.

Luego logró detener el virrey a Nicuesa por cuestión de deudas; pero Ojeda se escabulló partiendo sigilosamente, en noviembre de 1509, con La Cosa y 300 hombres más —entre ellos, otro de los grandes personajes de esta época: Francisco Pizarro— mientras Enciso quedaba en la isla allegándose más elementos para alcanzarlo después. La expedición se detuvo en la bahía de Cartagena para hacer una «entrada» contra los indios y hacerse de esclavos y del oro que pudieran quitarles para la empresa. Saquearon el cacicato de Calamar, pero al atacar el de Turbaco fueron derrotados. Allí murió el célebre piloto Juan de La Cosa y muchos españoles más. En esta difícil situación se encontraba Ojeda, que milagrosamente había salvado la vida, cuando vio llegar la flota de su indignado rival Nicuesa, que al cabo logró zafarse de las manos del virrey. Sin embargo éste se portó noblemente y en lugar de valerse de su superioridad para resolver la disputa «a puñaladas y desafíos», como había querido Ojeda en Santo Domingo, le prestó su ayuda y castigó cruelmente a los indios de Turbaco. Después de este incidente cada uno marchó a tomar posesión de sus respectivas gobernaciones.

Ojeda arribó al golfo de Urabá y levantó allí el fuerte de San Sebastián —si recordamos que San Sebastián fue martirizado a flechazos, nos explicaremos esta particular devoción de los expedicionarios—, y habiendo perdido sus naves se mantuvo en él sin auxilios y prácticamente sitiado por los caribes con los que tenía que combatir constantemente. Un día una de las mortales flechas alcanzó al gobernador atravesándole un muslo. Raro era el que salvaba de su veneno; mas éste hizo que le aplicaran dos hierros incandescentes en los orificios de la herida y se curó al poco tiempo.

Pero Enciso no llegaba y la situación era ya insostenible. Por fortuna alcanzó a pasar la nave de un tal Talavera el cual la había robado en las colonias para huir de sus acreedores, y Ojeda decidió partir en ella en busca de ayuda, dejando a Pizarro como sustituto suyo con la consigna de que si en cincuenta días no regresaba abandonaran el fuerte.

La nave de Talavera fue arrojada por un ciclón contra las playas de Cuba sufriendo lo indecible los náufragos y teniendo que caminar durante semanas enteras entre la infectada manigua hasta que pudieron pedir auxilio a Jamaica; y su enemigo Esquivel envió por ellos. Cuando al fin pudo llegar Ojeda a Santo Domingo el oro ya no le tentaba, ingresando en el convento de los franciscanos en el que murió en 1515. Así empezaba aquella gesta de dominar el Continente y Ojeda fue uno de los primeros tipos dignos de ella.

Enciso con 150 hombres no salió con los recursos tan ansiados hasta febrero de 1510. Al llegar a la bahía de Cartagena encontró a Pizarro con un grupo de los macilentos pobladores de San Sebastián que pasados los cincuenta días de espera se habían aventurado en canoas por el mar que los había llevado hasta ese sitio, y con él regresaron a Urabá.

En una de las naves de Enciso, escondido, ya que no le permitían embarcar libremente, por ser como dice Las Casas, «uno de los que muchas deudas debía», se había agregado a esta expedición Vasco Núñez de Balboa. Por consejo de él, que ya había recorrido aquellas costas con Rodrigo de Bastidas, la colonia se trasladó a la ribera del golfo en donde los indios eran pacíficos y pronto encontraron oro, pero el nuevo establecimiento, al que llamaron Santa María de la Antigua del Darién, tenía el inconveniente de encontrarse dentro de la jurisdicción de Nicuesa.

Pero no bien los indios y la naturaleza dejaban en paz a estos hombres ellos buscaban la lucha entre sí. Balboa sentía su capacidad de mando y su vocación de descubridor y decidió realizarlas aunque fuera en perjuicio de Enciso. Nadie dudaba de que el bachiller era el jefe, faltando, como sucedía, Ojeda y La Cosa, y además la Corona lo había nombrado alcalde mayor de aquella provincia. Pero he aquí que Enciso había extraviado el diploma en que constaba el nombramiento y ello fue suficiente para que Balboa desconociera su autoridad y convocara a elecciones en cabildo abierto en las que la mayoría de los aventureros, que reconocían sus cualidades, lo eligieran a él por alcalde. Pero los declinados mantuvieron la pugna, y con la intención de terminarla surgió otro partido que vino a complicar aún más la situación, pues éste proclamó como única autoridad legítima a don Diego de Nicuesa, en cuyo territorio se hallaban, y cuando pasó por el Darién Rodrigo de Colmenares que conducía refuerzos para éste, sus partidarios considerándolo suficientemente dispuesto para imponer el orden, enviaron a pedir su intervención.

Colmenares halló a Nicuesa en Nombre de Dios a donde había llegado con sólo cien de los ochocientos hombres que trajera, después de padecer inenarrables trabajos. Una tempestad separó su barco del resto de la armada y lo arrojó sobre las costas de Veragua, en las que quedó aislado con un grupo de sus hombres durante muchos meses, y el hambre llegó a tal extremo que varios de ellos se comieron el cadáver putrefacto de un indio. Al cabo, Lope de Olano, que había quedado al mando del resto de la expedición y que había sufrido también grandes penalidades, los encontró en la isla del Escudo de donde se trasladaron al sitio en que Nicuesa dijo: «Paremos aquí, en nombre de Dios», y establecieron la colonia a que esta expresión dio nombre. Las malas noticias que Colmenares le llevaba del Darién, llenó a Nicuesa de ingenua alegría, y el primero de enero de 1511 se embarcó para ir a ocupar el gobierno. Pero no contaba con Balboa y su propia gente, comenzando por Olano, cuyas simpatías se había enajenado por sus malos tratos, y que adoptó el partido de aquél. Después de un complicado juego de intrigas y juicios amañados en contra de Enciso y Nicuesa, Balboa los expulsó de la provincia «para que fueran a España a apelar de la resolución del cabildo ante los tribunales competentes». Enciso pudo escapar en un barco de Colmenares y llegar a España, donde a la postre obtuvo justicia, pero el infortunado Nicuesa fue puesto en un maltrecho bergantín y no volvió a saberse nada más de él.

Mientras la justicia llegaba, Balboa cumplió su misión. Sin auxilio de ninguna clase y sólo con un pequeño puñado de hombres, en aquellas tierras que habían hecho fracasar, como hemos presenciado, a hombres de temple extraordinario, Balboa emprendió la conquista de aquella comarca. Organizó la colonia, llevó adelante la producción agrícola y la extracción de oro y perlas y realizó amplias correrías para someter a las tribus indígenas vecinas. En una de estas, un cacique le dio noticias de un gran imperio muy lejano y de la proximidad del mar del Sur. Balboa, decidido a encontrar aquel mar para ir por él en busca de aquel imperio, se aventuró tierra adentro abriéndose paso a través de la selva y de las tribus salvajes, y después de 19 días de dificilísima marcha a través del istmo pudo contemplar el océano Pacífico. El 29 de septiembre de 1513, cuatro días después de haberlo avistado desde la cumbre de las montañas, entró en él con el pendón de Castilla en la diestra y tomó posesión en nombre de los reyes de España.

Era aquel el primer punto descubierto del perfil occidental del Continente y de él partirían las exploraciones que debían reconocerlo y ensanchar la conquista del territorio.

El propio Balboa se dispuso a emprender aquella nueva y colosal empresa. Estableció la villa de Acla en las playas del Caribe y construyó en ella los barcos necesarios para las exploraciones del Pacífico que después hizo trasladar desarmados por encima de las montañas del istmo. Pero sus antiguas rebeldías y las nuevas envidias no le permitirían realizar tales designios.

El propio rey se ocupó directamente de los problemas del Darién o Castilla del Oro, y dos meses antes de que Balboa llegara al Pacífico, había designado como gobernador para aquella provincia, proporcionándole minuciosas instrucciones para el desempeño de su cargo, a Pedrarias Dávila. A pesar del empeño que puso don Fernando para la selección del hombre a quien confiaba tan delicada misión, ésta resultó por demás desafortunada, pues Pedrarias Dávila demostró en su cometido demasiada ambición y muy poco talento. Con 22

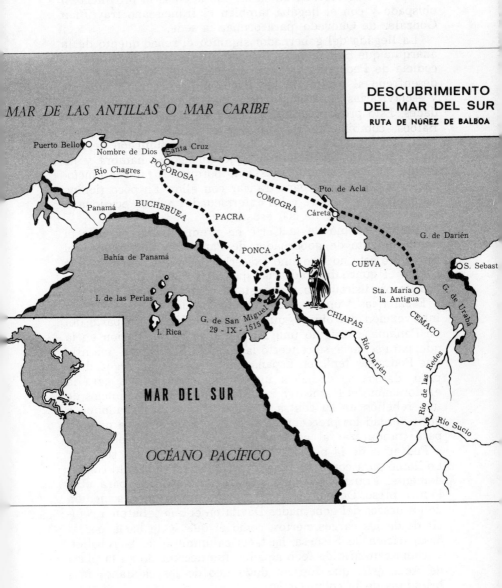

MAR DE LAS ANTILLAS O MAR CARIBE

DESCUBRIMIENTO
DEL MAR DEL SUR
RUTA DE NÚÑEZ DE BALBOA

Puerto Bello
Nombre de Dios   Santa Cruz
POCOROSA
Río Chagres
Pto. de Acla
COMOGRA
Panamá   BUCHEBUEA   PACRA   Cáreta
G. de Darién
PONCA
CUEVA   S. Sebast
Bahía de Panamá
Sta. María   la Antigua
I. de las Perlas   CHIAPAS   CEMACO
G. de San Miguel
29 - IX - 1515
I. Rica   Río Darién
Río de las Redes

MAR DEL SUR
Río Sucio

OCÉANO PACÍFICO

navíos y más de 2.000 hombres desembarcó en el Darién el 30 de junio de 1514. Se había erigido además la provincia en obispado y con él llegaba también el franciscano fray Juan González de Quevedo, para ocupar la sede.

La llegada del gobernador significó el renacimiento de la anarquía que Balboa había logrado suprimir. La desenfrenada codicia de Pedrarias hizo que sus capitanes se lanzaran con desenfreno al asalto de las tribus indígenas para robarlas y esclavizarlas cometiendo para ello todo género de crueldades. Esto provocó una rebelión general de los indios, que Balboa, combinando el rigor con el halago, había logrado mantener en paz y amistad, obteniendo la sumisión de más de 20 cacicatos. El desorden trajo consigo el hambre y no porque no hubiese alimentos, sino porque los nuevos funcionarios los ocultaban para traficar con ellos. En poco tiempo las guerras, el hambre y las enfermedades habían ocasionado la muerte de más de 500 españoles.

Balboa recibió de la Corte en premio a sus hazañas el nombramiento de gobernador de Panamá y adelantado del Sur. Pero esto no hizo sino exacerbar la secreta enemiga que contra él guardaba Pedrarias, por más que en un principio procuraba disimularla. Ésta estalló cuando Balboa denunció a España las tropelías del gobernador del Darién, pero la intervención del obispo, que se había colocado de parte del de Panamá, consiguió una momentánea reconciliación en la que, para sellarla, se concertó la boda de Balboa con una hija que Pedrarias tenía en España. Sin embargo, la tregua duró poco. Balboa se dedicó a ultimar los preparativos para la exploración del Pacífico y Pedrarias vio en ello los inicios de una rebelión en su contra totalmente imaginaria, aunque a decir verdad los precedentes de Enciso y de Nicuesa no eran para tranquilizar al gobernador del Darién. Ello no releva a Pedrarias de la perfidia que puso en obra contra su rival. Lo llamó para conferenciar y cuando éste se presentó confiadamente, Francisco Pizarro que fue comisionado para ello, lo hizo preso. Después se confeccionó un proceso a la medida de los deseos del gobernador Dávila en el que salieron a relucir desde los cargos ciertos, como el que se le hacía por la desaparición de Nicuesa, hasta el calumnioso de la rebelión y, como corolario de todo aquello, fue decapitado en la plaza de Acla, éste, que fue sin duda uno de los capitanes más brillantes de la colonización.

Los descubrimientos menores

Mientras así se iniciaba el avance tierra adentro y el conocimiento de la costa americana que ve al Pacífico, en el Atlántico continuaban avanzando las exploraciones y pronto encontrarían un remate digno en la gesta de Magallanes. Durante 1508 y 1509 Vicente Yáñez Pinzón acompañado esta vez por Juan Díaz de Solís había avanzado considerablemente en el recorrido hacia el sur del litoral atlántico alcanzando el río Colorado, en donde se inicia la Patagonia; pero pasaron desapercibidos el gran estuario del río de la Plata.

A la muerte de Américo Vespucio, en 1515, fue nombrado piloto mayor de España, Díaz de Solís, pues Yáñez Pinzón, el último superviviente de la generación que descubrió América, se había retirado ya de la navegación. Al nuevo piloto mayor se le confió el encargo de localizar un paso hacia el mar del Sur descubierto por Balboa. Para el comercio español seguía siendo de vital importancia encontrar la ruta de Oriente. Se sabía ya que las Indias Occidentales constituían una masa continental distinta de las Orientales y que se interponían entre los océanos Atlántico e Índico; pero el objetivo de Colón conservaba su vigencia y se tenía la esperanza de encontrar en el Nuevo Continente un paso para Asia. Con esta misión salió Díaz de Solís en octubre de 1515 y bordeando la costa descubrió la desembocadura del río de la Plata (1). Deseoso de averiguar el origen de tan gigantesco volumen de agua dulce se internó en el estuario para reconocerlo, pero al desembarcar en una de sus márgenes fue atacado por los indígenas y murió en la refriega. Francisco de Torres se hizo cargo de la exploración sólo para conducirla de regreso a España.

La localización del estrecho estaba pues en suspenso cuando, a principios de 1518, se presentó a Carlos V, recién llegado a España para ocupar el trono que la locura de su madre doña Juana le cedía, un experto marino portugués llamado Fernando de Magallanes —su apellido era Magalhaes pero fue modificado por la pronunciación castellana—, a ofrecer al gobierno español su pericia para realizar aquel cometido. Magallanes, nacido en 1480, se había educado en la corte portuguesa del rey don Manuel el Afortunado distinguiéndose desde muy joven en las ciencias náuticas y cosmográficas

---

(1) Para algunos historiadores, Solís había llegado ya al estuario del Plata, pero no lo había revelado. Esto es perfectamente posible, mas no está comprobado.

El descubrimiento

y había prestado relevantes servicios a su patria en el Oriente y principalmente en la conquista de Malaca, la codiciada tierra de las especias. Pero el soberano portugués no supo apreciar sus cualidades y recompensar sus méritos y ello lo indujo a colocarse bajo el pabellón español. El joven rey tenía, además de los tradicionales intereses castellanos, motivos personales para empeñarse en aquella empresa y brindó una excelente acogida al portugués a pesar de los recelos que en muchos despertaba. En efecto, Carlos, entonces rey de España, buscaba la corona del imperio alemán y para ello necesitaba el apoyo económico en gran escala de los comerciantes germánicos y flamencos. Éstos se habían beneficiado tradicionalmente por el tráfico que desde el Oriente venía por el Mediterráneo a Venecia y Génova y de estos puertos a los del norte en que ellos operaban. El desplazamiento de esta ruta a la de Lisboa les causaba en consecuencia un enorme perjuicio. Egipto había caído recientemente en manos de los turcos y esto implicaba el abandono de toda esperanza para reabrir el Asia Menor; su única expectativa se encontraba en las posibilidades de España para romper el monopolio portugués. Si esto se lograba, la unificación de España y Alemania en un solo monarca tendría un atractivo más para ellos. Por otra parte el genovés reveló al futuro emperador que las famosas Molucas se encontraban tan al Oriente, que bien pudiera ser que quedaran dentro de la zona española de Tordesillas, si la línea se prolongaba a ese hemisferio, como necesariamente tendría que hacerse cuando los españoles avanzando por el Poniente y los portugueses por el Oriente se encontraran en aquellas latitudes.

Todos estos intereses empujaban las naves de Magallanes el 10 de agosto de 1519, cuando con 237 hombres a bordo soltó las amarras de sus cinco embarcaciones.

El piloto portugués poseía ya los datos geográficos fundamentales, aunque sólo fuera aproximadamente, del problema a cuya solución se lanzaba. Conocía el emplazamiento de las Molucas, la configuración del Continente Americano y la existencia del mar del Sur revelada por Balboa. Pero sabía también que las distancias eran inmensas y los riesgos, en una navegación tan larga, infinitos. Hasta el 8 de diciembre no terminó de cruzar el Atlántico y empezó con toda minuciosidad el reconocimiento costero. El invierno sudamericano lo sorprendió a la altura de la Patagonia y decidió dejarlo pasar allí, para evitar los posibles hielos del Antártico, pero

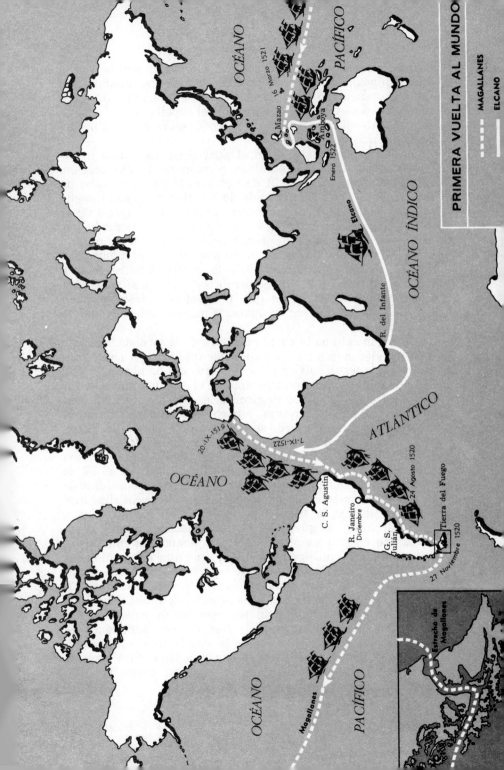

PRIMERA VUELTA AL MUNDO

MAGALLANES
ELCANO

OCÉANO PACÍFICO

Mazao 16 Marzo 1521

Amboya

Enero 1522

Elcano

OCÉANO ÍNDICO

R. del Infante

OCÉANO

ATLÁNTICO

20-IX-1519

7-XI-1522

24 Agosto 1520

C. S. Agustín

R. Janeiro Diciembre

G. S. Julián

Tierra del Fuego

27 Noviembre 1520

Magallanes

PACÍFICO

OCÉANO

Estrecho de Magallanes

parte de su tripulación se sublevó clamando por la vuelta a la Península. Magallanes procedió contra sus hombres con tanta energía como sabía hacerlo contra el mar: ejecutó a dos cabecillas y a otros dos, uno de ellos el capellán de la expedición, los abandonó en la costa. Poco después una tempestad destruyó uno de sus navíos.

El 24 de agosto abandonó el puerto en que había invernado, al que llamó San Julián, y reanudó la exploración. Avanzó lentamente y el 21 de octubre descubrió el cabo de las Vírgenes y con él la entrada de un estrecho cuyo fin nadie sabía en donde pudiera encontrarse, pero Magallanes, a pesar de los temores de la tripulación, penetró resueltamente por él. Sus elevadas riberas lo hacían imponente y misterioso: la tripulación de uno de los barcos no pudo vencer el temor y sin que el capitán lo advirtiera, dio la vuelta para regresar a España. Al fin, el 21 de noviembre de aquel año de 1521 Magallanes con las naves que le quedaban desembocó en aquel océano, al que por su aparente mansedumbre denominó Pacífico.

Pero aún faltaba la parte más dura de la jornada. Durante meses tuvieron que navegar sin asidero alguno en aquel infinito mar desierto, sufriendo las torturas del hambre y la sed. El 13 de febrero cruzaron nuevamente el ecuador, ahora de sur a norte, y el 6 de marzo llegaron a las islas de los Ladrones, que hoy se llaman Marianas, y poco después descubrieron el archipiélago que más tarde sería conocido como de las Filipinas. Magallanes quiso dominar algunas de estas islas para asegurar el paso por ellas a las Molucas, y al emprender una batalla contra los aborígenes de la isla de Mactán, el 27 de abril, encontró la muerte en ella, y Duarte Barbosa, que le sucedió en el mando, corrió la misma suerte pocos días después, por lo que la tripulación designó para jefaturarlos a Juan Carballo. Las guerras y las enfermedades habían reducido tanto el grupo que fue necesario abandonar una de las embarcaciones y prosiguieron el viaje en busca de las Molucas a las que llegaron por fin el 9 de noviembre. Se había alcanzado la meta de aquel viaje iniciado el 3 de agosto de 1492. En ellas encontraron las buscadas especias en abundancia y los reyezuelos que las habitaban reconocieron la soberanía del Emperador. Una de las naves no estaba en condiciones de continuar la travesía y por ello se decidió que el vizcaíno Juan Sebastián Elcano partiese con una nave para Europa, por la ruta portuguesa de circunnavegación al África. El 21 de

diciembre zarpó con sesenta hombres a bordo; las enfermedades y las penurias los acompañaron hasta el máximo diezmando la ya reducida tripulación, hasta que al cabo de tres
años de viaje el 6 de septiembre de 1522 hizo su entrada por
la barra de Sanlúcar la nave «Victoria» con dieciocho supervivientes de la temeraria aventura.

El objetivo inicial cuya persecución dio origen al descubrimiento de América y a todo lo que él trajo consigo, se
había al fin alcanzado. Se había llegado a las Indias Orientales caminando hacia Occidente como quería Colón. Pero
ahora que la ruta era conocida se veía que la distancia era
tan grande y las condiciones de navegación tan difíciles, que
la nueva vía no era comercialmente aprovechable. Pero cuando Elcano dio al Emperador las noticias de este nuevo desengaño de América éste tenía ya los datos de Cortés que demostraban cuál era el verdadero valor que encerraba el Nuevo
Continente.

No obstante, en julio de 1525 se envió una nueva expedición
por la ruta de Magallanes, dirigida por García Jofré de
Loaysa, a quien acompañó Elcano. Ambos perecieron en la
travesía, y cuando después de catorce meses de navegación
llegó a las Molucas la única embarcación sobreviviente de
las seis que salieron de España, las Molucas habían sido ya
ocupadas por los portugueses.

Aún persistiría durante siglos la duda sobre si América y
Asia no estaban ligadas en el norte. Esto no quedaría dilucido sino hasta el siglo XVIII en que Behring descubriría el estrecho que lleva su nombre y separa a ambos continentes. Pero sí
quedó en claro la enorme distancia que existía entre las
Antillas y las Molucas. Para la geografía de nuestro planeta
la hazaña de Magallanes fue de una inapreciable importancia.

El gobierno del Nuevo Continente

La vida se desbordaba en el Nuevo Continente con una
fecundidad y aceleración inauditas sin que la Corona poseyera
aún los sistemas adecuados para encauzarla. Ningún país ha
pasado por una experiencia tan desconcertante y tan ímproba
como la de España en aquellos primeros tiempos de su imperio

El descubrimiento

de ultramar. Los exploradores, pobladores y conquistadores caminaban con paso febril que difícilmente podrían seguir los juristas y gobernantes. Carecían éstos de cualquier precedente que pudiera servir de pauta para los problemas que presentaba un mundo en el que todo era nuevo y en el que estaban surgiendo relaciones sociales que por lo inusitadas y complejas ofrecían la máxima dificultad para regularlas de acuerdo con los dictados del orden y la justicia. Debían regularse las relaciones de los españoles entre sí; pero de un tipo de españoles en el que las mismas virtudes necesarias para llevar a cabo la empresa que se habían propuesto, exigían en sí mismas una fuerte dosis de ambición, agresividad y libre iniciativa. Debían también regir las relaciones de los indígenas incorporados a las nuevas sociedades, que constituían una raza totalmente desconocida para ellos. Pero, sobre todo, lo que presentaba dificultades insalvables era la reglamentación de las relaciones entre ambas razas, tan diferentes entre sí y colocadas en niveles de civilización tan desiguales, para permitir su convivencia salvaguardando los derechos del débil. Existen mil testimonios de las injusticias y crueldades cometidas contra éste, pero todos ellos palidecen frente al testimonio supremo y definitivo que presenta, la supervivencia del indio y el mestizaje.

Al principio los hechos de los hombres de armas opacan con su brillo la silenciosa labor de los de toga y se habla de éstos en términos peyorativos, aún en nuestros días, pero a la postre sería patente que éstos lograron elaborar una doctrina jurídica y dictar una legislación cuya elevación nadie ha podido negar y que si hubo desafueros y abusos, se dieron, precisamente en contravención de lo dispuesto, «pero la Iglesia, como Iglesia —dice el escritor norteamericano Waldo Frank— y el Rey, como legislador, no provocaron nunca estos crímenes».

Paulatinamente y no sin tropiezos hubo de ir construyéndose el nuevo régimen legal adecuado al Nuevo Mundo que culminaría en el siglo XVII con la «Recopilación de las Leyes de los Reinos de las Indias» y que habían de lograr, por una parte, la supervivencia y fusión de las razas y por la otra, lo que significa un mérito extraordinario, el haber formado con los hombres más individualistas, ambiciosos y centrifugados de su época, un imperio unido, sujeto a un orden moral y jurídico y a un principio de autoridad indiscutido.

El gobierno del Nuevo Continente

Lo primero que hubo que resolver fue la forma cómo se habían de gobernar las colonias. La reina Isabel tenía razón al resistirse a conceder a Colón el gobierno a perpetuidad de las tierras por descubrir. Don Diego Colón, como hemos visto, logró que el Consejo de Castilla fallara a su favor para que acataran las capitulaciones de Santa Fe, y el gobierno de las Indias le fue restituido. Este régimen limitaba gravemente las posibilidades de la Corte para gobernar las nuevas provincias. Por una parte, le impedía seleccionar al hombre que considerase más apropiado para el gobierno y por la otra, el descendiente de Colón, sabedor de que su puesto era vitalicio y hereditario, podía desentenderse de los mandatos del rey.

Con la llegada a Santo Domingo del nuevo virrey continuaron los abusos contra los indios y los pleitos entre los españoles y, como consecuencia, las quejas a la Corte de los frailes en defensa de los indios y de los colonos en contra de los gobernantes. La Corona se vio en un difícil dilema: o toleraba el mal gobierno o violaba las capitulaciones de Santa Fe. No sin escrúpulos jurídicos hubo de dedicarse por el criterio político. Empezó por reducir las facultades del virrey estableciendo desde su llegada un tribunal de apelación que se hallaba por encima de él. En 1511 los abogados del Consejo de Indias discurrieron otro modo de limitar su jurisdicción y se estableció que el gobierno de don Diego comprendía solamente las islas que su padre había descubierto, alegando que con ello se ajustaban estrictamente a la letra de las capitulaciones. A pesar de todo ello y no obstante que don Diego era hombre ponderado y razonable, la vida de las colonias ofrecía cada vez mayores dificultades y, sobre todo, había surgido con gran violencia la polémica entre frailes y encomenderos sobre la condición en que se hallaban los indígenas y el tratamiento que debía dárseles. Las encomiendas, suprimidas por la reina Isabel, como dijimos, fueron aprobadas nuevamente a instancias del gobernador Ovando, aunque se dieron múltiples disposiciones para proteger a los indios, y en 1514 se envió a Rodrigo de Albuquerque para que entendiese de todo lo relacionado con el gobierno de los indios. Pero esta duplicidad de autoridades no hizo sino agravar la situación. Esto determinó al cardenal Cisneros, que ocupó la regencia del reino a la muerte de Fernando el Católico, a enviar a las Indias con plenas facultades para el gobierno a tres religiosos de la Orden de San Jerónimo para que realizaran una investigación a fondo de la situación que prevalecía en las colonias y propusieran los mejores sistemas para regirlas. Don Diego, fue relevado de su cargo durante los dos años que estuvieron los jerónimos. Don Diego volvió al virreinato y lo ocupó hasta su muerte, en 1526; pero sus facultades fueron siempre disminuyendo, y cuando se estableció en 1520 la Real Audiencia de Santo Domingo, dando así forma definitiva al tribunal creado en 1511, fue de hecho ésta la que gobernó en esa jurisdicción mientras se iban creando otros tribunales y otras autoridades para los territorios que se incorporaron después. A la muerte de don Diego se extinguieron los derechos de la familia Colón al gobierno de las Indias (1).

El choque entre los intereses de la colonia y la conciencia moral, latente desde un principio, se encendió con viva pasión en 1511 cuando el dominico fray Antonio Montesinos predicó en Santo Domingo acremente contra los encomenderos. La polémica pasó a la Corte con el propio padre Montesinos como vocero de los protectores de los indios. Esto trajo consigo que en 1512 se dictaran las denominadas Leyes de Burgos que establecían varias medidas encaminadas a impedir los abusos de que eran víctimas los indígenas en las encomiendas.

Pero la lucha entre estas tendencias continuó y continuaría prácticamente a lo largo de toda la historia del Nuevo Continente, y aún en nuestros días. En 1514, Bartolomé de las Casas, entonces rico encomendero de Cuba, conmovido por los sufrimientos de los indios, vendió sus posesiones y se consagró a su defensa. Al año siguiente se presentó en la Corte y con su elocuencia y su inagotable actividad alcanzó una gran resonancia para su causa. Su tesis era absolutamente radical: la colonización y conquista debía realizarse exclusivamente por medios pacíficos, sin hacer uso alguno de la fuerza y, por lo mismo, habían de suprimirse totalmente las encomiendas, los repartimientos y en general cualquier sistema en el que se hiciera presión directa sobre los naturales.

Sus oponentes objetaban que esa política, aunque moralmente deseable, era prácticamente imposible, ya que por una parte sería del todo ineficaz para «reducir», o sea, para acercar a los indios a la civilización, pues si no se les forzaba a ello se mantenían alejados de los españoles continuando su vida

_____

(1) La familia Colón, sin embargo, siguió insistiendo en sus reclamaciones hasta que, en 1536, la Corona llegó a un convenio por el que éstos renunciaron definitivamente a sus derechos a cambio del ducado de Veragua, creado a tal efecto, en las provincias de ese nombre. El primero que recibió este título fue don Luis Colón.

primitiva; por otra, sin su trabajo las Indias serian económicamente improductivas, lo que obligaría a los colonos a abandonarlas. Ambas causas traerían como consecuencia que los indios no fueran evangelizados. Fue entonces cuando el regente Cisneros, envió a los padres jerónimos para estudiar mejor el problema. Éstos hicieron cumplir estrictamente las Leyes de Burgos, procuraron avivar en los españoles los sentimientos de caridad hacia los indios y suprimieron los repartimientos de indios de españoles que residían en España, abuso muy frecuente entre ciertos cortesanos poderosos; pero estimaron, como los oponentes de Las Casas, que la encomienda, purgada de sus excesos, era indispensable para la conservación de las Indias y, por ende, para la cristianización de los naturales. Por lo demás, la encomienda significaba un progreso sobre la primitiva explotación anárquica de los indios, puesto que exigía de éstos contraprestaciones, los hacía responsables de su conducta ante las autoridades y, en general, evitaba mayores arbitrariedades. No estaban en aquella época muy lejanos los tiempos feudales en que la sociedad entera fue estructurada conforme a una organización semejante. Los habitantes de un determinado territorio trabajaban para el señor o le pagaban algún tributo a cambio de la protección de éste contra los ataques que pudiera sufrir la población indefensa. Indudablemente la economía guardaba cierta semejanza con esa estructura y era, como aquélla, una forma de normar las relaciones entre los fuertes y los débiles. Como su mismo nombre lo sugería se «encomendaban», o sea, se ponían bajo el amparo del español encargado de protegerlos y civilizarlos a cambio de su trabajo. Nombrado por el regente «protector de los indios», y persuadido Las Casas de que la mano de obra de los naturales era necesaria para el mantenimiento de las colonias, para relevarlos de esta tarea, abogó por la importación de esclavos negros de las colonias portuguesas de África. Se había observado en algunos negros, que desde el principio de la colonización fueron llevados a América por sus amos, que mientras los indios enfermaban con el trabajo, los negros lo resistían perfectamente y producían mucho más que aquellos.

Se estimó entonces que cuatro mil negros serían suficientes para cubrir las necesidades de las colonias antillanas y Carlos V otorgó el permiso para comprarlos (1). Este número

---

(1) En 1501 se había dado una autorización para llevar esclavos africanos, pero fueron muy pocos los que se incluyeron en esa época.

El descubrimiento

fue del todo insuficiente, y como las poblaciones americanas crecían rápidamente, cada día fue necesario un número mayor de esclavos africanos. Por lo demás la venta de permisos resultó una buena fuente de entradas para la Corona, y así pronto este inicuo comercio adquirió proporciones enormes.

Resulta sorprendente y lamentablemente paradójico que los sentimientos humanitarios de Las Casas hayan sido los inspiradores de este cruel tráfico de hombres, y mientras se ponía tanto escrúpulo en el cuidado de los indios, se admitiera con tanta naturalidad la esclavitud de los negros. Los españoles se justificaban arguyendo que ellos solamente se concretaban a comprarlos a los portugueses y genoveses que eran principalmente los que se dedicaban a este comercio. El eminente tratadista del Derecho indiano, Solórzano Pereyra, lo explica así: «Ellos —los esclavos— se venden por su voluntad, o tienen justas guerras entre sí, en que se cautivan unos a otros, y a estos cautivos los venden después a los portugueses que nos los traen»; aunque el mismo Solórzano duda de este título de justificación «por los fraudes que en ella —en la trata de negros— de ordinario se suelen cometer». Y aunque no se cometieran fraudes, podríamos agregar ahora nosotros, en sí mismo el tráfico era repulsivo, pero entonces no se veían las cosas así.

Lo más triste fue que la importación de africanos no libró totalmente a los indios de sus penurias, porque un esclavo negro era muy caro, y a pesar de todos los que se introdujeron no fueron suficientes para las exigencias de América, por lo cual continuó el sistema de la encomienda y el trabajo forzado de los naturales.

Pero además Las Casas quiso demostrar experimentalmente a sus contradictores cómo era posible llevar a efecto la colonización y la civilización de los indios sin necesidad de recurrir a la fuerza, e ideó para ello la organización de una colonia y se comprometió a la cristianización de diez mil indios en dos años. También para esta empresa recibió el apoyo de la Corona. Sus pobladores no debían ser inquietos y ambiciosos aventureros, sino pacíficos labradores y artesanos. Con doscientos de éstos, a quienes para distinguirlos de los demás colonizadores, vistió de blanco con una cruz roja en el pecho, partió en 1521 para las playas venezolanas en donde los frailes dominicos tenían la misión de Cumaná. Pero antes de que los colonos llegaran a ella los indios asaltaron la misión y dieron muerte a varios frailes, y a pesar de la oposición de Las Casas, para castigarlos se envió de Santo Domingo una expedición militar al mando de Gonzalo de Ocampo que los atacó encarnizadamente, apoderándose de su oro y haciéndoles numerosos esclavos. Cuando después de este incidente Las Casas llegó con sus hombres a establecer su colonia, los indios enfurecidos los atacaron sin cesar hasta que habiendo perdido gran parte de sus colonos, La Casas tuvo que abandonar el proyecto y regresar a La Española. Pero ello no le desalentó en su misión de protector de los indios y para mejor consagrar su vida a tan noble empeño tomó hábito de la Orden de Santo Domingo de Guzmán.

Por esta misma época, para subrayar aún más el conflicto racial que vivía aquella incipiente sociedad, se sublevó en La Española un número considerable de indios y negros, que acaudillados por el indio llamado Enriquillo, a quien habían educado los franciscanos, se remontaron a las serranías para huir de sus opresores. Las huestes de Enriquillo se sostuvieron en aquella actitud durante más de 14 años, causando robos y estragos entre los colonos, sin que pudieran ser capturados. Al cabo de ellos Enriquillo mediante concesiones de las autoridades volvió voluntariamente a su obediencia.

La apasionada discusión sobre la encomienda trajo consigo la discusión sobre la licitud de la ocupación y más aún de la conquista, y ésta culminó con la de los títulos de la Corona para implantar su imperio en el Nuevo Mundo, como adelante habremos de ver. Pero antes de que teólogos, juristas y políticos llegaran a una conclusión y mientras en la Península se desarrollaba la apasionada polémica, en las tierras de América la dinámica de la Historia se imponía. Los expedicionarios marchaban hacia adelante por su personal iniciativa y los conquistadores confiaban en que la magnitud de los resultados justificaría su conducta. La ingente tarea de abrir el Continente a la civilización cristiana de Occidente iba a entrar por estos años en su fase decisiva, la que le daría su peculiar y trascendental sentido. Hasta el momento la penetración no había pasado de la periferia continental y sólo había entrado en relación con las tribus indígenas de cultura más primitiva; ahora entraría hasta el corazón del mismo Continente y se fusionaría con las altas civilizaciones autóctonas, y al propio tiempo encontraría los grandes tesoros y yacimientos de metales preciosos. Pero no tanto las verdaderas riquezas que en realidad existían, sino las maravillosas fábulas que sobre ellas se inventaban, fueron el aliciente constante de estas aventuras. El impulso lo daban las deudas que acosaban a los hidalgos en Castilla y Extremadura y el atractivo, las leyendas doradas.

Exploraciones del golfo de México

Juan Ponce de León, que tenía ya bastantes méritos a su favor —había venido con Colón en el segundo viaje y realizado la colonización y pacificación de Puerto Rico—, y una posición holgada, «oyó hablar de una fuente tan notable —como dice en una de sus cartas Pedro Martín— que bebiendo de sus aguas rejuvenecen los viejos. Y no piense Vuestra Beatitud que digan esto de burla o con ligereza». Así era en efecto; tan en serio lo tomó Ponce de León que en 1513 salió en su búsqueda. Recorrió las islas Bahamas examinando cuantos lagos, fuentes o ríos encontraba a su paso, y el 27 de marzo de ese año, fiesta de la Pascua Florida, encontró la península a la que bautizó con el nombre del día. Tampoco halló la fuente en ella, pero en 1521 regresó para fundar allí una colonia. Los ataques de los indios hicieron imposible llevar a cabo este propósito y Ponce de León murió poco después en Cuba, víctima de las heridas recibidas en aquellas luchas.

Dos años antes de esto, en 1519, Alonso Álvarez de Pineda había costeado toda la península de la Florida. Descubrió la desembocadura del Mississipí, al que llamó río del Espíritu Santo, y llegó hasta la del Panuco.

Al propio tiempo se habían iniciado las exploraciones del golfo de México desde su otro extremo, es decir, partiendo de la península de Yucatán, las cuales iban a tener una gran transcendencia.

El gobernador de Cuba, Diego Velázquez, comisionó para seguir ese derrotero al capitán Francisco Hernández de Córdoba que con tres naves y 110 hombres se hizo a la mar el 8 de febrero de 1517. Llevaba como piloto a Antón de Alaminos, quien había acompañado a Colón en su último viaje y exploración a Centroamérica. En aquella ocasión encontraron una canoa de indios que conducían llamativas mercancías y éstos les indicaron que hacia el noroeste, esto es, hacia Yucatán, encontrarían poblaciones grandes y ricas. Pero el Almirante tenía por misión encontrar el inexistente estrecho para Oriente y desatendió aquellas indicaciones. Ahora Alaminos guió las naves hacia el rumbo indicado por los mercaderes indígenas y, atravesando el canal, muy pronto dio con la isla de Mujeres y luego con el cabo Catoche, en el extremo oriental de Yucatán. En estos lugares advirtieron un nivel muy superior de cultura en los pueblos que allí habitaban en relación con los que hasta entonces habían visto en América. Observaron como gran novedad que los indios «andan vestidos» y pudieron ver una población y sus adoratorios. Pero los indios los atacaron y se trabó el combate del que salieron varios españoles malheridos. Pero consiguieron hacer cautivos a dos indios que después fueron muy útiles como intérpretes, a los que llamaron Melchorejo y Julianillo.

Durante dos semanas siguieron aquellas costas y al cabo de ellas llegaron a Campeche en donde encontraron poblaciones más ricas y adoratorios más suntuosos; en uno de ellos hallaron los despojos de un reciente sacrificio humano. Más adelante, en Champoton, encontraron un numeroso ejército indígena, y el encuentro que con él tuvieron costó a los exploradores muchos muertos y heridos, entre éstos el capitán Hernández de Córdoba. Después de avanzar un poco más decidieron regresar; pero las tempestades los desviaron hasta Florida, y cuando alcanzaron las playas de Cuba se hallaban en un lamentable estado. Pocos días después de arribar, Hernández de Córdoba falleció a consecuencia de las heridas del combate.

A pesar de lo desafortunado de esta expedición, las noticias que trajo de las tierras visitadas despertaron la curiosidad y el entusiasmo de los más inquietos colonos de Cuba, y el gobernador Velázquez quiso capitalizar para sí aquellos descubrimientos enviando una nueva expedición que salió de la isla el 1.º de mayo de 1518, jefaturada por Juan de Grijalba, con cuatro bergantines y 200 hombres. Acompañaban a Grijalba, Alaminos como piloto y Pedro de Alvarado, Francisco Montejo y Alonso de Ávila, como capitanes.

Llegaron a la isla de Cozumel y siguieron la ruta de la expedición anterior reconociendo minuciosamente la costa. En un desembarco, los naturales les dieron batalla hiriendo a varios españoles. El propio Grijalba recibió tres flechazos. Pero en varios otros puntos fueron bien recibidos y pudieron hacerse con valiosas piezas de oro. Al preguntar por la proce-

El descubrimiento

dencia de ese metal los naturales respondían insistentemente: Meshico, Meshico. Al proseguir la navegación costera, descubrieron y bautizaron los ríos Grijalba y Alvarado. Más adelante observaron que unos indios les hacían señales con unas banderas. Los españoles se acercaron y pudieron enterarse de que aquellos eran enviados del emperador de México, Moctezuma, que había tenido ya noticias del viaje de Hernández de Córdoba y los enviaba para ofrecer su amistad a los extranjeros. Éstos pudieron obtener un cuantioso rescate de joyas. El 24 de junio arribaron a los islotes de San Juan de Ulúa y de los Sacrificios, denominando a éste así porque vieron allí los restos de cinco indios sacrificados en los adoratorios existentes. En la playa frontera a éstos — en donde pronto se fundaría Veracruz— los indios los recibieron amistosamente y los de Grijalba continuaron aumentando su tesoro, con lo que les ofrecían a cambio de sus cuentas de vidrio. La manufactura de las joyas revelaba claramente la existencia de una civilización muy avanzada, y por ello muchos españoles quisieron fundar en ese punto un establecimiento, pero el número y organización de los habitantes de aquellas tierras hacía sumamente peligrosa la permanencia, y Grijalba adujo que no tenía autorización del gobernador para poblar. Alvarado regresó a Cuba con las buenas noticias y el mejor rescate y Grijalba exploró un poco más al norte, notando en todas partes la tierra muy poblada y rica. Cuando regresó a Cuba, después de seis meses de exploración, Velázquez lo reprendió por no haber poblado, pues quería asegurarse la gobernación de aquellas ricas provincias.

El gobernador había tramitado ya y obtenido de la Corona el permiso para conquistar aquellas tierras y el nombramiento de adelantado; pero como no gustaba de exponer personalmente, buscó para la empresa a un hombre a quien no impresionara el número de indios, y pronto dio con él. Así mismo vería que tampoco le impresionaban las órdenes del gobernador.

El hombre elegido fue su compadre y ex secretario Hernán Cortés, un hidalgo extremeño —nacido en Medellín en 1485— que abandonó los estudios de leyes en Salamanca para dedicarse a la milicia, y después de múltiples aventuras había embarcado en 1504 para el Nuevo Mundo. Había ayudado a su amigo Velázquez en la fácil ocupación de Cuba y a la fecha era alcalde de Santiago y poseía un buen repartimiento de indios.

Cortés recibió el encargo de muy buen grado e inició los preparativos con tanta resolución y eficacia que pronto comprendió Velázquez que si bien reunía las dotes de un capitán, no tenía las del dócil subordinado que él necesitaba para realizar la conquista sin levantarse de su hamaca. Pero cuando quiso quitarle el mando de la expedición, Cortés ya era demasiado fuerte y popular para consentir en ello, y a pesar de las órdenes que dio el gobernador para que lo prendieran, no encontró ninguna autoridad dispuesta a cumplirlas. Todavía recorrió Cortés con sus naves durante tres meses diversos pueblos de la isla para allegarse los elementos necesarios. Comprometió toda su fortuna en la empresa y logró alistar en ella a muchos de los mejores soldados de la isla, como Alvarado, Hernández Portocarrero, Francisco de Montejo, Cristóbal de Olid, Diego de Ordaz, y muchos otros, entre ellos el humilde soldado, pero gran historiador de aquella gesta, Bernal Díaz del Castillo.

El 18 de febrero de 1519 emprendió la aventura llevando once navíos, que transportaban a 570 soldados, 110 marineros, 200 indios de Cuba y algunos negros; 17 caballos, armas y bastimentos. Don Diego Velázquez se quedó organizando otra expedición que mandaría Pánfilo de Narváez para ir en pos de la primera.

En Cozumel encontró Cortés a Jerónimo de Aguilar que, junto con otro español, habían ido a parar a Yucatán cuando naufragó la expedición de Nicuesa. Aguilar, que ayudaría a Cortés con el conocimiento que había adquirido de la lengua maya, se unió gustoso a sus compatriotas, pero su compañero se negó a abandonar la tribu en que vivía, aduciendo que tenía allí familia y se había hecho tatuar la piel. Es éste un caso especial, y por ello notable, de la facilidad del español para asimilarse a la población indígena.

Al llegar la expedición a Tabasco los indios le hicieron frente y se produjeron dos sangrientos combates, pero al fin aquellos ofrecieron la paz y en prenda de ella obsequiaron a los españoles con veinte esclavas. Una de ellas que fue bautizada con el nombre de Marina y a la que los indios llamaron Malinche, pasó a ser concubina de Cortés y le prestó una extraordinaria ayuda en la conquista, pues hablaba el idioma de los aztecas y el de los mayas, con lo cual a través de Aguilar se podían comunicar perfectamente los españoles con los aztecas, y pronto doña Marina pudo traducir directamente al castellano. Esto significó una gran ventaja para Cortés pues por vez primera era posible el entendimiento inmediato con los indígenas sin estar sujeto al lenguaje mímico al que se tuvo que recurrir en las expediciones anteriores, que ocasionaba todas malas interpretaciones y errores, de los que algunos hemos podido observar. Gracias a esto Cortés pudo poner en juego su gran habilidad política para facilitar la conquista.

El Viernes Santo, 21 de abril, la flota ancló frente a los médanos de Veracruz, y no tardaron en presentarse los enviados de Moctezuma portando esta vez maravillosos tesoros en obsequio de los extranjeros. Cortés obtuvo de ellos noticias no menos valiosas del poderío y riqueza del imperio azteca y anunció a sus emisarios que deseaba ir a visitar al emperador indígena.

Aunque no lo había dado a conocer claramente a sus hombres, el proyecto de Cortés no se reducía solamente a fundar un establecimiento en la costa, sino que tenía decidido conquistar todo aquel territorio. Era, en realidad, la primera vez que se presentaba en América la posibilidad de una verdadera conquista, en la cual con las armas y la astucia se obtuviera la incorporación de un Estado indígena al Imperio Español, pues era ésta la primera vez que los españoles se encontraban con una nación organizada. Las guerrillas que hasta entonces se habían librado constantemente con los caribes, no habían sido propiamente una conquista, sino sólo una tarea de defensa o despeje para abrirse paso o sostener sus establecimientos o simplemente de asalto para despojarlos de sus joyas y hacer esclavos. Sin embargo todas estas actividades que comprende la ocupación de América crearon un singular tipo histórico que se denomina generalmente «conquistador», aunque en rigor su obra en la mayoría de los casos no constituya una conquista, sino sólo exploración, ocupación de territorio o cualquier establecimiento de nuevas colonias.

Pero antes de lanzarse al interior del país, Cortés tuvo buen cuidado de asegurar sus bases militares y jurídicas. Fundó en aquellos arenales la Villa Rica de la Vera Cruz y, como Balboa en el Darién, hizo que sus vecinos que no podían ser otros que los soldados de su campamento, eligiesen a sus autoridades.

Por su parte para no depender más del gobernador de Cuba, renunció al mando de la expedición que aquél le había encomendado y entonces el Ayuntamiento de la Villa lo designó capitán general de la Armada y justicia mayor.

Exploraciones del golfo de México

Algunos de los soldados protestaron por el procedimiento que privaba de sus conquistas a Velázquez y quisieron regresar a Cuba, pero el capitán y justicia mayor puso rápidamente en juego sus nuevas facultades; mandó ahorcar a dos descontentos y desarmó las naves para evitar toda tentación de retirada y al propio tiempo aprovechar la marinería en la conquista. Entre tanto, los emisarios de Moctezuma habían regresado después de llevar a éste los obsequios que le enviaron los españoles y el anuncio de su visita. Ahora traían la súplica del emperador de que se pasaran adelante y un tesoro aún más rico: entre los muchos otros valiosos objetos, traían un sol de oro y una luna de plata «del tamaño de una carreta». Indudablemente el emperador azteca no conocía la sicología de los conquistadores. Si alguna indecisión hubiera existido para seguir adelante, aquellos obsequios la habrían disipado.

Cortés fue más precavido que Balboa; mandó un barco a España, el único que se salvó al destruir la flota, para llevar al rey los tesoros recibidos y emisarios que tramitaran la confirmación real de sus nombramientos populares.

Después de esto se dispuso a dominar el país, pero por el camino de la diplomacia y no por el de las armas. Si hubiese recurrido a éstas desde un principio y sin ninguna preparación política, los pueblos indígenas de México unidos habrían desbaratado fácilmente su pequeño ejército. Cortés realizó una extraordinaria obra de prudencia y perspicacia. Se enteró inmediatamente de que el pueblo de Cempoala, de raza totonaca, que se encontraba vecino de su emplazamiento, se hallaba sojuzgado por los aztecas a quienes tenían que pagar tributos. Fue a visitarlo pacíficamente y ofreció su amistad al cacique, y le aconsejó que no pagara el tributo a sus opresores, logrando así su primer aliado. Acto seguido, dejó en su base de Veracruz a Juan Escalante con una guarnición de 100 hombres, y emprendió la ascensión hacia las mesetas en que se encontraba la capital del imperio, a pesar de los insistentes reclamos de Moctezuma para que no lo hiciera. Llevaba consigo poco más de cuatrocientos soldados españoles y mil cempoaltecas.

En el camino a México los conquistadores debían pasar por el reino de Tlaxcala, que, como vimos en la primera parte, aunque eran de la misma raza que los aztecas, se mantenían independientes y en constante guerra con ellos. Lo gobernaban los ancianos de la comunidad y Cortés procuró hacer alianza con ellos, pero un bravo guerrero tlaxcalteca, Xicotencatl,

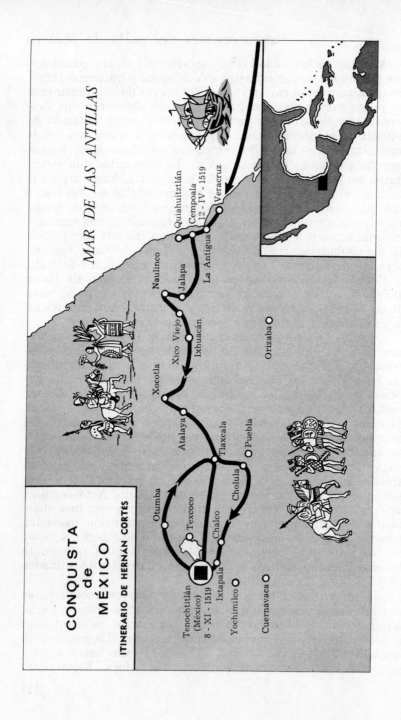

CONQUISTA
de
MÉXICO

ITINERARIO DE HERNÁN CORTÉS

MAR DE LAS ANTILLAS

Quiahuitztlán
Cempoala
12 - IV - 1519
Veracruz

Naulinco
Jalapa
La Antigua

Xico Viejo
Ixhuacán
Orizaba

Xocotla

Atalaya
Tlaxcala
Puebla
Cholula

Otumba
Texcoco
Chalco
Ixtapala
Yochimilco
Cuernavaca

Tenochtitlán
(México)
8 - XI - 1519

opúsose tenazmente a ello y se preparó a hacer frente a los españoles. Hubo varios encarnizados encuentros, pero al fin se impuso al número muy superior de los tlaxcaltecas, que atacaban en grupo cerrado sin usar recursos tácticos: la estrategia española, entonces la mejor de Europa y la superioridad de sus armas defensivas y ofensivas, y los caballos, que eran para los naturales monstruos desconocidos.

El gobierno de Tlaxcala hizo la paz con Cortés, aceptó someterse a la Corona castellana y prestar ayuda en contra de los mexicanos. Reforzado por 6.000 tlaxcaltecas pasó al cercano poblado de Cholula en donde a pesar de pertenecer a los aztecas se le recibió amistosamente, pero la Malinche y otros indígenas avisaron a Cortés que se les tenía tendida una celada. Éste tomó la delantera y a fin de amedrentar a sus enemigos realizó una terrible matanza de cholultecas cuando éstos se encontraban inermes y desprevenidos.

Aseguró el dominio de Cholula colocando en el gobierno a un cacique de su confianza, y el primero de noviembre emprendió la etapa final de su avance.

Subió por entre el Popocatepetl y el Ixtlaziuatl, los dos majestuosos volcanes que guardan el valle de Anahuac y pudieron los españoles contemplar desde la altura en «la región más transparente del espacio» el reverberante lago de Texcoco y en medio de él la magnífica ciudad de Tenochtitlán.

El día 8 llegó el caudillo extremeño a sus puertas y el emperador azteca recibió con muestras de amistad a las huestes castellanas, y les dio alojamiento en el amplio palacio del noble Axayacatl, situado frente al de Moctezuma, en la gran plaza en la que se levantaba el teocali de Huitzilopoxtli.

Los españoles no podían haber deseado una entrada más feliz en la capital azteca ni una acogida más amistosa de su emperador. Pero esta misma acogida creó para Cortés una difícil situación política que no pudo romper sino apelando a la violencia. En efecto, Cortés se había presentado como pacífico visitante, sin aducir pretensiones políticas de ningún género. Obviamente esta actitud no era sincera, sino todo lo contrario —¡Cortés era un conquistador no un turista!—; pero era necesaria para llegar a México sin resistencia militar. Moctezuma que necesariamente debía haber comprendido la verdad, siguió la ficción y lo recibió como huésped con todos los honores. Así neutralizó a los españoles en su posición. Eran obsequiados y atendidos regiamente, pero los días corrían y seguían siendo sólo huéspedes sin que su posición política avanzara en lo más mínimo. Se hizo evidente para Cortés la necesidad de un rompimiento que le permitiera conseguir su objetivo, que era la substitución de la organización y autoridades aztecas por las españolas o, en otras palabras, la desaparición del imperio azteca para convertirlo en una provincia del Imperio español. Establecidos así los términos del problema, se entabló una hábil lucha política entre el conquistador y el emperador; aquél para encontrar el motivo de ruptura que le era necesario; éste para evitarlo, comprendiendo con aguda claridad que si la situación derivaba al terreno militar, su imperio estaba perdido.

Había varios motivos para que Moctezuma adoptara esta política. Actuaba poderosamente sobre su ánimo la vieja profecía que por más que nos parezca extraña es históricamente auténtica, conforme a la cual «vendrían gentes de hacia donde sale el Sol, con barbas, que los habrían de señorear». Por esto ante lo indefectible el emperador trataba de acabar su reinado en paz. Así se lo había hecho saber a Cortés cuando llegó éste a Veracruz. Pero además sabía estimar la superioridad militar de los extranjeros y, sobre todo, tenía conciencia de que su imperio se apoyaba en la opresión de los tributarios, y que éstos y sus enemigos indígenas serían los primeros en aliarse a los invasores en contra suya, como lo estaban ya demostrando Cempoala, Tlaxcala y otros señoríos (1).

A los seis días de llegado, Cortés empezó por apoderarse de la persona del emperador, sin romper las formas de la cordialidad, y lo invitó a pasar al palacio que él ocupaba. Aunque Moctezuma se resistió acabó por ceder, esquivando así la tensión que el capitán buscaba. Pero Cortés se colocaba en situación de proceder con mayor resolución y seguridad. Así lo expresa él mismo cuando cuenta este episodio a Carlos V: «Convenía al real servicio y a nuestra seguridad que aquel señor estuviese en mi poder, y no en toda su libertad, porque no mudase el propósito y voluntad que mostraba en servir a

---

(1) El escritor norteamericano Prescott, en su «*Historia de la conquista de México*», dice de Moctezuma que «no puede uno menos que mirar con desprecio la cobardía del monarca azteca». A pesar de la notoria incomprensión que revela Prescott de los hechos y personajes de la conquista, sus opiniones han sido seguidas tradicionalmente y Moctezuma ha quedado con fama definitiva de traidor y cobarde. Sin embargo, su conducta parece revelar que actuó con talento y prudencia, procurando que un hecho inevitable, como era la conquista de su imperio, fuera lo más benigno posible. De haber triunfado su política, tal vez se hubiera evitado la sangrienta toma de Tenochtitlán y se hubiera conservado aquella extraordinaria ciudad. Las resistencias suicidas son siempre las más brillantes y heroicas y, por esto, como veremos, la prudencia de Moctezuma contrasta con el arrojo de Cuauhtemoc; pero no siempre son lo mejor para el pueblo.

vuestra Alteza, mayormente que los españoles somos algo incomportables e importunos, e porque enojándose podría hacernos mucho daño». Cortés, en efecto, necesitaba asegurarse en todo lo posible, pero además, para completar su obra, le era preciso también mostrarse lo suficiente «incomportable e importuno» para que el azteca se enojase y con ese motivo destruir su imperio. Cortés percibió la situación con cruda claridad. Pero su seguridad no dejaba de entrañar graves peligros; era una minoría insignificante en comparación a la población azteca— y por ello tampoco podía provocar imprudentemente la ira del monarca.

Pocos días después del disimulado cautiverio de Moctezuma se ofreció otra oportunidad a Cortés para aumentar su presión sobre él. Los cempoaltecas, siguiendo su consejo se negaron a pagar el tributo a los recaudadores aztecas y cuando éstos quisieron obtenerlo por la fuerza, Escalante, con la guarnición de Veracruz, salió en defensa de sus aliados y se trabó la lucha. Escalante murió poco después a consecuencia de las heridas que recibió en este encuentro. Cortés protestó enérgicamente ante el rey prisionero, deseando interpretar el incidente como un acto de hostilidad contra los españoles; pero Moctezuma se replegó una vez más; desautorizó a sus enviados y permitió que Cortés castigara con la hoguera a Cuauhpopoca y a quince más de los que lo habían acompañado en la acción de Cempoala; pero evitó la ocasión del rompimiento.

En aquella situación se mantuvieron durante cinco meses, desde noviembre de 1519 hasta abril de 1520. Moctezuma casi había logrado su objetivo, pues, aunque prácticamente prisionero, era él quien seguía gobernando y su carcelero continuaba siendo simplemente un huésped.

Por fin el conquistador se decidió a dar un paso que él juzgó definitivo y exigió que el emperador y los reyes de los señoríos circunvecinos, aliados de los aztecas, prestaran juramento de vasallaje a la Corona de España. Éstos se sometieron y en calidad de tributo entregaron el cuantioso tesoro que se les exigió. Pero entonces Moctezuma pidió a Cortés que se retirara, puesto que había ya logrado la sumisión de su imperio, y por lo tanto su presencia carecía ya de objeto. Cortés, previendo que necesitaría pequeñas embarcaciones para operar en el lago de Texcoco en caso necesario, arguyó que carecía de barcos para regresar a su patria, y pidió maderas para construirlas, pero en ese momento Velázquez vino involunta-

143

riamente a salvarlo. El propio Moctezuma le dijo que podría regresar en los barcos que acababan de llegar a Veracruz. Era la armada encomendada a Pánfilo de Narváez para prender a Cortés.

Había llegado el momento crítico temido y esperado por Cortés. Rápidamente salió de México al encuentro de Narváez, dejando una guarnición al mando de Pedro de Alvarado. Las fuerzas de Narváez eran muy superiores a las suyas: traía 1.300 hombres y 80 jinetes; pero, como siempre, Cortés dejó las armas sólo para el último momento. Por lo pronto, con dádivas y promesas fue ganándose a una gran parte de los hombres del lugarteniente de Velázquez y cuando el 29 de mayo con un pequeño grupo cayó de improviso sobre ellos, que se encontraban acampados en Cempoala, prácticamente no hubo resistencia; todos deseaban ser vencidos para incorporarse a la extraordinaria empresa de Cortés y Narváez quedó prisionero. En esta forma recibió un gratuito y magnífico refuerzo en los momentos en que le era más necesario.

La situación en México había hecho al fin explosión. Moctezuma y sobre todo la nobleza azteca, exigían cada vez con mayor energía la retirada de los españoles, y cuando Cortés salió de Tenochtitlán la exigencia se convirtió en amenaza para la reducida guarnición que quedó en ella, y Alvarado, sin las dotes políticas de su jefe, pensó que la única salvación estaba en un acto de intimidación como la matanza de Cholula, y un día en que los aztecas celebraban una fiesta y se encontraban desprevenidos, cayó ferozmente sobre ellos. Pero la reacción fue violenta y los conquistadores tuvieron que encerrarse en su palacio y permanecer sitiados. Cuando Cortés se presentó de nuevo en México el 24 de junio lo dejaron entrar y en seguida cerraron nuevamente el cerco.

La situación también había cambiado entre los aztecas pues la política pacifista del emperador prisionero ocasionó que fuera desconocido por sus súbditos y sustituido por uno de sus hermanos, llamado Cuitlahuac, partidario de la guerra contra los extranjeros. Acaudillados por éste trataron repetidas veces de tomar por asalto el bastión español, que sólo con grandes esfuerzos y pérdidas pudo resistir. Pero aquella posición era inútil y Cortés necesitaba salir de ella cuanto antes. Por última vez la política entró en juego. Cortés instó a Moctezuma para que ordenara a su pueblo que los dejara retirarse en paz. El monarca hizo su último intento para evitar la guerra. Salió a la terraza del palacio sitiado y mandó a

El descubrimiento de América, al menos en su etapa de lanzamiento, fue una empresa de corazón algo intuitivo, chispa de genio y de visión profética. Los principales actores fueron Colón y los Reyes Católicos.

La incomprensión o prudencia por parte de los organismos competentes no tuvo nunca caracteres trágicos, como han querido ver algunos pintores e historiadores del siglo XIX. Sin embargo, sí es muy posible que Colón se sintiera decepcionado ante la negativa de la Junta de Salamanca, como muestra el detalle del cuadro de Nicolás Barabino.

Colón en el convento de la Rábida explicando a frailes y marineros sus atrevidas y dudosas teorías.

La figura de Isabel la Católica se ve aureolada con la mejor presea que pudo jamás soñar. Como principal patrocinadora de Colón se ha granjeado la admiración del mundo entero hasta nuestros días.

La partida del pequeño puerto de Palos debió tener la emoción sentimental de toda despedida, pero al mismo tiempo la sencillez de un acto al que estaban tan acostumbrados: embarcar.

Primer desembarco de Colón y sus hombres en tierra americana, según un cuadro de L. Puebla. Las nuevas tierras suponían para los marineros el fin de su prolongado viaje y la respuesta a un descorazonado interrogante que se abrió el 5 de agosto y se cerraba aquel 12 de octubre que recuerda la historia como la fecha más importante de los tiempos modernos.

Si los primeros descubrimientos del Almirante, con las novedades que se ofrecían a los ojos de los españoles, causaron admiración entre patronos y marineros, en la corte, a la llegada de Colón a Barcelona, los reyes y los nobles no dejaron de sorprenderse ante las pruebas vivientes y maravillosas que les traía Colón.

Los españoles desembarcan en una isla que se llamará Española donde trafican con los naturales y clavan la cruz. Dos facetas que presidirán por mucho tiempo la idea de conquista.

La christiandad deue tomar alegria y fazer grandes fiestas y dar gradas solénes ala sancta tri
nidad có muchas oraciones solénes por el tanto en xalcamiento que hauran en tornando se
tantos pueblos a nuestra sancta fe :y despues por los bienes téporals q no solamête ala españa
mas atodos los christianos ternan aqui refrigerio y ganancia esto segun el fecho asi embreue
fecha enla calaueta sobre las yslas de canaria a xv de febrero año Mil. cccclxxxxiii.
Fara lo que mandareys   El Almiráte

Anima que venía dentro en la Carta.

Despues desta escripto:y estádo en mar de. Castilla salio tanto viéto có migo.sul y sueste que
me ha fecho descargar los nauios po con aqui en este puerto delisbona oy que fue la mayor
marauilla del mundo adóde acorde escriuir asus altezas.en todaslas ynoias be siempre hallá
do y los téporals como en mayo adóde yo fuy en xxxiii dias y volui en xxviii salio qudtas torme
tas me ade tenido xdiii dias corriendo por esta mar:dizen aqua todos los hôbres oda marqui
mas ouo tan mal yuierno ni ni tantas perdidas de naues fecha ba quatorze dias de marzo:

ESTA Carta enbio Colom A escriuano Deracio
De las Yslas Halladas en Las Yndias:Lótenida
A Dira De Sus Altezas

Final de la transcripción de una
carta de Colón para los Reyes
Católicos. Lleva como fecha
el 15 de febrero de 1493.

la multitud deponer las armas para permitir que los extranjeros se alejaran; pero había ya perdido totalmente su autoridad y la respuesta del pueblo fue una lluvia de piedras contra él, algunas de las cuales alcanzaron a herirlo. No es extraño que en aquel pueblo guerrero una política como la suya hubiera fracasado. Poco después Moctezuma moría (1).

En estas condiciones no quedó a Cortés otra alternativa que la de tratar de evadir el sitio saliendo subrepticiamente la noche del 30 de junio por la calzada de Tacuba. Pero cuando la vanguardia iba a medio camino fue descubierta la fuga por los mexicanos que se precipitaron contra ellos atacándolos desde sus canoas y cortando los puentes de la calzada. Su difícil posición y la confusión propiciada por la oscuridad ocasionaron una catástrofe que milagrosamente no fue definitiva, pues podían en ella haber perecido casi todos. Haciendo esfuerzos sobrehumanos lograron llegar la vanguardia y el centro a la ribera del lago. La retaguardia regresó a la ciudad y allí perecieron todos. La jornada costó al capitán cuatrocientos cincuenta hombres, poco menos de la mitad de sus fuerzas en ese momento, y miles de sus aliados. Perdió sus bagajes y el tesoro acumulado se hundió en el fango de la laguna. Cuando ya fuera del alcance de los aztecas Cortés pudo tomar un descanso junto al tronco de un árbol, al ver pasar frente a él los deshechos restos de su aguerrido ejército, recuerda la tradición que no pudo contener las lágrimas, y aquel árbol se conserva aún como testigo de la «noche triste».

Pero todavía le esperaba un peligro más cierto de exterminio total. Los aztecas no lo persiguieron inmediatamente, pero al dirigirse Cortés hacia Tlaxcala encontró en la llanura de Otumba un ejército formado por muchos miles de indios. Los cálculos varían a partir de los 10.000. No había salvación posible. Pocas veces en la Historia ha demostrado un capitán tanto conocimiento del medio en que se mueve y tanta agilidad mental y audacia como Cortés en aquella coyuntura. Sabía que entre los aztecas, cuando su estandarte o símbolo sagrado que les acompañaba caía en manos del enemigo, el

---

(1) Sobre la forma en que murió Moctezuma existe una polémica entre los tradicionales bandos históricos, en la que no deseamos participar. Los «indigenistas» afirman que los españoles le dieron muerte. Los «hispanistas» dicen que murió a consecuencias de la lapidación, basándose en los testimonios de los propios conquistadores que, ciertamente, pueden ser interesados. Aquéllos se basan en determinadas presunciones. Personalmente creemos que esta muerte no favorecía políticamente a Cortés, pues le privaba de muchas posibilidades de maniobrar con el emperador en su poder, entre ellas la de dividir a los aztecas formando partido con los leales a Moctezuma.

ejército se dispersaba y huía. Sin vacilar se lanzó en medio de aquella muchedumbre acompañado sólo de algunos jinetes en busca del portador de la insignia azteca, logró alcanzarlo, lo mató y se apoderó de ella, y en cuanto los soldados indígenas la vieron en sus manos emprendieron la desbandada. Cortés pudo al fin llegar al dominio de sus aliados los tlaxcaltecas, pero no pensó en seguir la marcha a Veracruz, sino que inmediatamente inició los preparativos para la toma de Tenochtitlán.

En Tlaxcala, mientras se preparaba para la campaña final, recibió algunos refuerzos de hombres, armas y municiones que la fama de su conquista había atraído de las Antillas. Construyó doce bergantines para dominar el lago, y consolidó sus alianzas. A fines de ese año marchó nuevamente al valle de México con 550 infantes, 40 jinetes y un numeroso ejército aliado y empezó a dominar a todos los pueblos circunvecinos hasta dejar totalmente aislada a la ciudad, y el 26 de mayo, de 1521, empezó definitivamente el sitio. Desde entonces el combate fue casi diario y con terrible empuje por ambos bandos.

Cuitlahuac había muerto víctima de la viruela negra y ahora los aztecas estaban acaudillados por un joven guerrero, Cuauhtemoc, que dio muestras de una tenacidad en la resistencia y un valor en el ataque realmente dignos de admiración. No existía ninguna posibilidad de salvación para los sitiados, pero resolvieron sucumbir heroicamente.

Dos meses y medio resistieron sin desmayo el asedio. Varias veces los españoles lograron penetrar hasta el centro de la ciudad, pero tenían que replegarse nuevamente ante la feroz resistencia azteca. Parte de la eficacia guerrera de éstos se perdía por su empeño en apresar vivos a los españoles para ofrendarlos en la piedra de los sacrificios del dios Huitzilopoxtli y ciertamente muchos de ellos encontraron allí la muerte. En uno de los ataques el propio Cortés cayó en manos de los sitiados, que podían haberlo matado inmediatamente, pero queriendo reservarlo para la ofrenda sagrada pudo ser arrebatado de las manos de los aztecas que lo conducían.

A principios de agosto la ciudad se hallaba casi totalmente devastada porque para evitar la resistencia era necesario ir demoliendo todos los edificios a medida que avanzaban los conquistadores. Pero aún entre las ruinas, sin alimento y en medio de cadáveres, se sostenía irreductible Cuauhtemoc. El día 13 de agosto fue imposible ya impedir que los españoles ocuparan toda la ciudad y el joven emperador trató de escapar por entre las filas sitiadoras, pero la canoa en que viajaba fue descubierta y cayó en manos de los vencedores.

Tomada la ciudad Cortés podía considerarse dueño de todo el territorio dominado por los mexicanos.

La sed de oro se volvió febril entre los que habían resistido las penalidades de la conquista. Cortés fue acusado de esconder parte del tesoro azteca y para librarse de la acusación permitió que se atormentara cruelmente al emperador vencido a fin de que revelara el sitio en que el imaginario tesoro se hallaba. Cuauhtemoc dio una prueba más de la firmeza de su temple al soportar estoicamente el dolor cuando le quemaron los pies.

El imperio de los aztecas había llegado a su fin y Hernán Cortés se dispuso a construir con grandiosidad un nuevo reino, engarzado a la Corona de Castilla, al que llamó Nueva España.

La ocupación de México y Norteamérica

Apenas ocupada la ciudad, Cortés mandó a sus capitanes a ocupar las diversas regiones del territorio dominado por los aztecas. Gonzalo de Sandoval fue enviado a ocupar la región de los ríos Papaloapán y Coatzacualcos, sobre el litoral del golfo de México y sometió a los pueblos de Tabascos; Alonso de Ávila y Álvarez Chico fueron a Colima, sobre la costa del Pacífico; Francisco de Orozco marchó a la región de Oaxaca, que habitaban los mixtecas y los zapotecas; Pedro de Alvarado a Toxtopec y después a Guatemala; Luis Marín a Chiapas y Cristóbal de Olid al reino de los tarascos en Michoacán. Después de esta expedición Cortés mandó a Olid al lejano territorio que llamaban las Hibueras, situado en lo que actualmente ocupa Honduras. Allí se encontró Olid, como hemos de ver, con los expedicionarios que, partiendo de Panamá, avanzaban por la América Central.

Ya en Honduras, Olid pretendió hacer a Cortés lo que éste había hecho a Velázquez, sin tener en cuenta que eran dos individuos radicalmente distintos, y, en efecto, no bien Cortés supo que su subordinado trataba de independizársele

El descubrimiento

marchó personalmente a someterlo. En octubre de 1524 se embarcó en Veracruz y desembarcando en Tabasco hizo la travesía por tierra hasta Honduras por entre pantanos y selvas. Cuando llegó, Cristóbal de Olid había muerto ya a manos de sus propios compañeros y Cortés emprendió el regreso. Fue éste un viaje especialmente penoso por el clima y las enfermedades y de lamentable memoria porque durante él el conquistador mandó ejecutar a Cuauhtemoc, que había hecho que lo acompañara, dejándose engañar por una baja intriga urdida contra el último emperador azteca.

Cuando Cortés regresaba de su expedición en 1526, uno de sus capitanes, Francisco de Montejo, que había obtenido de la Corona el nombramiento de adelantado por Yucatán, iniciaba la conquista de esta península, pero fracasó en su intento por la resistencia de los nativos y falta de elementos. Por otra parte, Francisco de Garay intentó conquistar la provincia del río Panuco, con independencia de Cortés, pero también fracasó a manos de los indios. Estos fracasos de conquistas independientes evitaron sin embargo que se desmembrara desde un principio la integración territorial de Nueva España.

Otras expediciones tuvieron por objeto reconocer el país y especialmente el litoral del Pacífico, pues aún pesaba sobre él la vieja ilusión de las riquezas orientales. «Descubriendo por estas partes la mar del Sur —dice en una de sus cartas— se habían de hallar muchas islas de oro y perlas y piedras preciosas y especería, y se habían de descubrir y hallar otros muchos secretos y cosas admirables». Pronto sus exploradores localizaron el puerto de Zacatula en aquellas costas, y para 1526 estaban listas ya tres naves en el Pacífico para iniciar el reconocimiento. Por esa época vino a recalar en el golfo de Tehuantepec una de las naves de Loaysa que se había separado de la flota de éste en su viaje a las Molucas.

Diego Hurtado de Mendoza y Diego Becerra, en diversas expediciones fueron los encargados del reconocimiento del litoral del Pacífico, pero ambos avanzaron poco y acabaron mal. Hurtado de Mendoza perdió los navíos en un naufragio. Becerra fue asesinado por su piloto y éste murió después a manos de los indios. En vista de ello Cortés decidió dirigir personalmente esas exploraciones que tanto le interesaban, y en 1535 descubrió el mar que lleva su nombre, o sea el golfo de California, y recorrió esa península. Todavía en años posteriores Francisco de Ulloa y Diego de Castilla volvieron a esas

156

regiones por orden suya, aunque sin mayor resultado que un mejor conocimiento de lo ya explorado.

Con la impracticabilidad de la ruta de Magallanes, se pensó en mantener el contacto con Oriente a través de México, como en efecto así se hizo; pero los primeros viajes ofrecieron también grandes dificultades. El primero de ellos fue organizado por Cortés siguiendo las instrucciones de Carlos V, y en octubre de 1527 envió tres naves con ese destino dirigidas por Álvaro Saavedra. De las tres embarcaciones sólo una llegó a su meta y Saavedra no pudo regresar porque no encontró las corrientes de vientos que se lo permitieran.

El gobierno de Nueva España

Apenas conquistada la ciudad de México, que como vimos quedó casi totalmente derruida por la guerra, Hernán Cortés puso toda su energía en la reconstrucción. Con una gran visión de la importancia que pronto alcanzaría, hizo una suntuosa traza de la nueva ciudad, convenció a los indios dispersos por la lucha para que volvieran a poblarla y pronto empezaron a alzarse las primeras iglesias y edificios civiles.

En 1522 recibió de Carlos V el tan esperado nombramiento de gobernador y capitán general de Nueva España, que regularizaba su dudosa situación y lo convertía en la máxima autoridad del territorio conquistado.

Cortés había sabido imponer su autoridad evitando la anarquía que entre los conquistadores seguía casi siempre al triunfo y logró que la vida del nuevo reino, a pesar de ofrecer dificultades muy superiores a la de otras provincias, se organizara y regularizara rápidamente. Al salir a la expedición de las Hibueras dejó el gobierno en manos de cinco funcionarios que la Corona había designado para diversos cargos; pero no bien hubo abandonado la ciudad empezaron las pendencias entre los gobernantes y la anarquía en la provincia. Dos de los cinco comisionados para el gobierno, Gonzalo de Salazar y Peralmíndez Chirino, eliminaron a sus colegas encarcelando a dos y expulsando al restante, y libres así de obstáculos se dedicaron a cometer toda clase de abusos.

El descubrimiento

A Rodrigo de Paz, que había quedado como administrador de los bienes de Cortés, le quemaron los pies, como a Cuauhtemoc, para que entregara un supuesto tesoro que aquel escondía. Los amigos del último emperador azteca deben haber quedado totalmente convencidos del profundo sentido de la igualdad que existía en los conquistadores. Pero después los depuestos lograron vencer a los que los habían encarcelado y entonces una ola de represalias mantuvo la zozobra en la ciudad, hasta que en junio de 1526 reapareció el capitán general y se impuso nuevamente el orden. Pero poco duró pues para entonces el Consejo de Indias estaba ya atiborrado de las consabidas quejas y acusaciones contra Cortés, y éste fue sometido a juicio de residencia, encargándose la autoridad a varios gobernadores que se sucedieron rápidamente sin que ninguno lograra hacerla respetar. Esto decidió a la Corona a sustituir el gobierno de los militares por el de magistrados, y en diciembre de 1528 llegaron los cinco oidores que integraban la primera Audiencia. Su gobierno fue igualmente desastroso y su presidente, Nuño Beltrán de Guzmán, cometió un sinnúmero de tropelías. Don Hernán Cortés entre tanto había pasado a España a defender su fama y sus derechos y fue premiado por el rey con el marquesado del Valle de Aaxaca.

Don Juan de Zumárraga, que había llegado como obispo de la nueva diócesis, interpuso su autoridad en contra de los abusos de los oidores y después de no pocas luchas consiguió que fueran sustituidos en sus cargos. En diciembre de 1530 formaron éstos la llamada segunda Audiencia y en ella figuraron como oidores hombres tan eminentes como el obispo de Santo Domingo, don Sebastián Ramírez de Fuenleal, y el licenciado Vasco de Quiroga. La paz volvió al país, la organización del reino avanzó notablemente y sobre todo, su labor en defensa de los indios conquistados libró a éstos de muchos excesos de los nuevos colonos. Don Vasco de Quiroga, designado años más tarde obispo de Michoacán, obtuvo pacíficamente la obediencia de los tarascos, que se habían sublevado provocados por Nuño de Guzmán y realizó entre ellos una gran obra civilizadora. La memoria de Tata Vasco, como le llamaron filialmente los indios, se conserva como uno de los más altos ejemplos de la obra misional de Nueva España.

La labor apostólica y caritativa de los religiosos había empezado desde la llegada de los primeros conquistadores a través de fray Bartolomé de Olmedo, que no olvidó su ministerio durante todas las guerras de la conquista, y el mismo día de la toma de Tenochtitlán fundó el primer hospital de Nueva España para atender a los heridos. El 13 de mayo de 1524, llamados por Cortés llegaron los primeros doce franciscanos, entre los que figuraban hombres tan notables por su virtud y su talento como fray Toribio de Benavente, fray Pedro de Gante y su superior, fray Martín de Valencia. Ellos fundaron poco después de su llegada la primera escuela de Artes y Oficios de América y a ellos se les deben valiosísimos escritos sobre historia, cultura y costumbres de los pueblos indígenas.

En 1531 tuvieron efecto las apariciones de la Virgen de Guadalupe al indio Juan Diego, hecho que ejerció una notable influencia en la nueva sociedad por lo que significaba como dignificación de la raza indígena y por constituir un elemento de fe común a conquistadores y conquistados, todo lo cual favoreció el mestizaje tanto en lo puramente racial como en términos más amplios en lo cultural.

La fama de las riquezas halladas en México hizo afluir con más rapidez que a otros lugares de América un gran número de colonos. Pronto empezaron a nacer otras ciudades españolas en diversos puntos del país y a desarrollarse su vida económica, su organización política y eclesiástica y a levantarse iglesias, escuelas, hospitales y caminos. Se empezaban a localizar las primeras vetas minerales que llegarían a constituir la riqueza fundamental del virreinato.

Cortés regresó de España con el cargo de capitán general de Nueva España; pero sin ningunas facultades en el gobierno civil. Consagró por ello su actividad a asegurar el dominio de los nuevos territorios y a extender las exploraciones, como hemos visto. Pero ello ocasionó algunas dificultades con la Audiencia y posteriormente con el virrey, sobre todo porque no se hacían efectivas concesiones que la Corona le había acordado. Por esto se embarcó nuevamente para España en 1540 en donde pasó varios años en estas gestiones y acompañó al Emperador en su expedición contra Argel. En 1547 se disponía a regresar a México cuando la muerte le sorprendió el día 2 de diciembre en Castilleja de la Cuesta.

El 15 de octubre de 1535 arribó a México don Antonio de Mendoza designado por la corona virrey de Nueva España, y con él entraba el país en la vida institucional que había de durar cerca de trescientos años.

Expansión en Panamá

Con la ejecución de Vasco Núñez de Balboa todos sus proyectos de exploraciones en el Pacífico quedaron en suspenso y el avance de la dominación española sufrió un retraso de varios años, porque el gobernador Pedrarias Dávila, que ya era conocido como el «Tigre del Istmo», era apto para mantener a raya al grupo de aventureros a quienes tenía que gobernar; sin embargo no era hombre para aquellas empresas.

Pero Panamá, que se había fundado por órdenes del gobernador en 1519, estaba destinada por su posición geográfica a ser uno de los puntos básicos en la irradiación de las exploraciones y conquistas. Para que estas bases de expansión pudieran apoyarla eficazmente, era menester que se desarrollara en ellas la colonización, el comercio, la artesanía y la ganadería y la agricultura para poder proporcionar a las expediciones los hombres, suplementos y comestibles necesarios. Panamá, como antes Santo Domingo y Cuba, se desarrolló con gran rapidez, y absorbió la población de la Antigua del Darién que había servido como cabeza de puente en la penetración del Continente, y que en 1524 había ya desaparecido emigrando sus pobladores al Istmo. En estas colonias los pobladores que podían resistir la tentación de la aventura se hacían de cuantiosas ganancias, pues el mismo oro que cosechaban los exploradores venía a parar a sus manos cuando tenían que surtirlos de todo lo que necesitaban.

Partiendo de Panamá se había iniciado la exploración de la América Central. Gonzalo de Badajoz, Luis de Mercado, Martín de Estete, Ruy Díaz y Hernando de Soto fueron algunos de los muchos que se internaron por esas regiones para saquear pueblos de indios, pero estas «entradas» poco fue lo que dejaron en ellas.

Por mar, las propias naves construidas por Balboa sirvieron para realizar los primeros reconocimientos por las aguas del Pacífico, que fueron revelando paulatinamente la otra cara del Continente.

En ellas, Gaspar de Espinosa, como lugarteniente de Pedrarias, recorrió en 1519 hacia el noroeste las costas centroameri-

160

Monumento a Pizarro en Trujillo, Cáceres (España).

Fundación de México. Manuscrito de Diego Durán. Biblioteca Nacional. Madrid (España).

canas llegando hasta el golfo de Nicuesa. Pero las esperanzas del gobernador de capitalizar los descubrimientos de Balboa se vieron frustradas aquel mismo año, porque la Corona celebró capitulaciones con el piloto Andrés Niño para que descubriese éste 1.000 leguas en la mar del Sur. Sin embargo no pudo salir a explorar hasta 1522 porque las primeras naves que para ello construyó se perdieron. Cuando al fin pudo emprender el viaje este año envió a Gil González Dávila por tierra mientras él avanzaba por mar. Niño recorrió todo el litoral occidental de Centroamérica hasta el golfo de Tehuantepec, y Gil González llegó hasta el lago de Nicaragua, en donde encontró el gran cacicato de los nicaroas. Después salió a las playas del Caribe y en ellas se embarcó para Santo Domingo. Dos años más tarde, en 1524, regresó con mejores elementos para poblar aquella comarca y fundó en el golfo de Honduras la villa de San Gil de Buenavista.

* * *

Pero en este intervalo, Pedrarias Dávila que había recibido noticias de sus exploraciones y tenía gran disposición para beneficiarse con el trabajo de los demás, envió a Francisco Hernández de Córdoba (1) a tomar posesión en su nombre de aquellas tierras. Hernández de Córdoba salió de Panamá a fines de 1523 y fundó en Nicaragua varias colonias: Granada, León y Bruselas, entre ellas. Pero no tardó mucho en presentarse González a reclamar sus derechos, aunque después de un encuentro con las fuerzas de Hernández de Córdoba, se retiró a Honduras dejando e éste en Nicaragua.

Pero allí fue a dar con la expedición de Cristóbal de Olid, recién llegada de Nueva España y que también tenía ambiciones personales sobre aquellas provincias. Y por si esto no fuera suficiente para provocar las luchas fratricidas, a poco llegó Francisco de Las Casas, a quien Cortés había enviado en persecución de Olid antes de ponerse él mismo en camino. Sin embargo, en un principio, poco pudo éste hacer porque su expedición naufragó en el golfo de Honduras y tuvo que entregarse como prisionero en manos de aquél a quien perseguía. Entonces vinieron a las manos Gil González y Cristóbal de Olid y, en la lucha, aquél vino a caer en las prisiones

---

(1) Homónimo del que realizó el primer reconocimiento de las costas mexicanas.

de éste en las que encontró a Las Casas. En la cárcel tuvieron oportunidad de ponerse de acuerdo, y fugándose de ella asesinaron a Olid. Siempre respetuosos de la forma, después de matarlo, celebraron un proceso en su contra en el cual fue condenado a muerte, la que ya había sido ejecutada para demostrar la eficacia de su sistema judicial. En 1525 llegó Hernán Cortés a Naco, en donde se encontraban los prisioneros victoriosos y fue recibido y agasajado por ellos, y como ya habían hecho lo que constituía el objeto del conquistador de México, éste regresó a Nueva España. Como era previsible la amistad entre Gil González y Las Casas desapareció en cuanto cesó el peligro común y Las Casas hizo preso a González, pero no queriendo exponerse a la suerte que corrió Olid lo remitió a España inmediatamente.

De este modo vino a quedar Gil González dueño de Honduras, mientras Hernández de Córdoba lo era de Nicaragua Pero el jefe de éste, el gobernador Dávila, vino a turbar su paz y a darle otra más definitiva.

Las múltiples quejas que llegaban a la Corona del gobernador de Panamá lograron al fin que se designara a Lope de Sosa para sustituirlo; pero la suerte favorecía a Pedrarias y el nuevo gobernador murió no bien hubo desembarcado, lo que le permitió a aquél prorrogar su jefatura. Pero no tardó mucho en llegar otro gobernador, don Pedro de los Ríos, y aquél se vio al fin depuesto, por lo que fue a instalarse en Nicaragua, de la que hizo su feudo, ya que temiendo que hernández de Córdoba diera aquella provincia a Cortés, lo acusó como era su costumbre, de traidor al rey y previo el adecuado proceso lo hizo decapitar. No obstante ello, al año siguiente recibió el nombramiento de gobernador y capitán general de Nicaragua. En ella, ya muy viejo y tullido, murió en 1531.

A Pedrarias Dávila sucedió en la gobernación Francisco Castañeda y después la ocupó en forma interina don Diego Álvarez Osorio, que había sido designado primer obispo de esa provincia, hasta 1535 en que llegó como gobernador Rodrigo de Contreras, que era yerno de Pedrarias y a quien la Corona se lo había concedido.

El territorio de Veragua, que comprendía parte de lo que es hoy Costa Rica, fue concedido en 1535 a Felipe **Gutiérrez**; pero a pesar de los grandes recursos que invirtió para llevar a efecto la colonización de esa comarca, su expedición terminó en el más espantoso desastre, muriendo de hambre muchos de los que lo acompañaban. En 1540 hizo otro intento de población Hernán Sánchez de Badajoz, mas Rodrigo de Contreras dio por invadida su jurisdicción y lo envió preso a España. Varios otros aventureros pasaron por aquellas tierras pero el hambre, que era el principal enemigo de los exploradores, los hizo fracasar a todos. Hasta 1562 en que fue designado gobernador de las provincias de Nueva Cartagena y Costa Rica, Juan Vázquez de Coronado, no pudo iniciarse en forma la colonización de aquellas tierras.

En el norte de la América Central fue Pedro de Alvarado quien, consumadas las expediciones de pacificación que se le encomendaron en el sur de México a la caída del imperio azteca, verificó la penetración y población de Guatemala y la República de El Salvador. Con trescientos hombres se abrió paso por entre la multitud de tribus que poblaban el istmo de Tehuantepec y Chiapas y en 1524 fundó la villa de Santiago de los Caballeros de Guatemala y, al año siguiente la de San Salvador. Las incipientes colonias se vieron gravemente amenazadas por una rebelión de indios a quienes capitaneaban los caciques Sinacam y Sequechul. Pero Alvarado pudo reprimirla y sus jefes cayeron prisioneros.

Deseando independizarse de Cortés, Alvarado fue a España y obtuvo allá el nombramiento de adelantado y capitán general de Guatemala. Poseía ya su provincia propia, pero su espíritu de aventura no lo dejaba tranquilo. Enterado de las magníficas conquistas que realizaba Pizarro en el sur, se embarcó con una expedición para aquellas tierras, pero, como hemos de verlo, cuando llegó ya no había lugar para él en aquellas conquistas. Poco después de haber regresado de aquella frustrada empresa a su capitanía, se presentó en ella para someterlo a juicio de residencia el licenciado Alfonso de Maldonado. Alvarado que por lo visto no tenía mucha confianza en el resultado de aquel proceso puso tierra de por medio marchándose a Honduras. Allí fundó Gracias a Dios y varias otras villas y después se embarcó para España. Durante su estancia en la Península se casó con doña Beatriz de la Cueva, dama de alcurnia en la Corte. En 1539, habiendo justificado su conducta ante el Consejo de las Indias, pudo regresar a su capitanía con su mujer y, además, con el título de almirante de la mar del Sur. Alvarado había resuelto ahora, puesto que en América ya no había campo para sus conquistas, emprender las expediciones marítimas al Asia. Y con esa idea marchó a Nueva España en 1541, pero allí se enteró de que Cristóbal de Oñate sostenía guerra en contra de los indios de Jalisco que le ofrecían resistencia, y Alvarado marchó a tomar parte en ella. En una de esas correrías con Oñate, su caballo se despeñó y el infatigable aventurero pereció.

La población de Centroamérica fue bastante lenta, porque la inmigración peninsular se sentía más atraída por los virreinatos que en ese momento se levantaban sobre los grandes imperios indígenas. Por ello es digno de estimación que desde un principio se haya concedido atención a esta zona, realizando en ella múltiples fundaciones y enviando funcionarios y misioneros a organizarla y cristianizarla. Entre éstos se encontró fray Bartolomé de las Casas, que con nuevos bríos se consagró a la evangelización de Guatemala logrando someter pacíficamente a tribus que hasta entonces se habían mantenido hostiles y realizando una amplia labor civilizadora, por lo que fue nombrado obispo de Chiapas.

* * *

En forma simultánea al avance centroamericano se inició desde Panamá el avance sobre la vertiente del Pacífico de la América del Sur. La fuerza que atrajo estas expediciones fueron aquellas vagas noticias que los indígenas daban de un rico imperio situado hacia el sur.

Poco después de Balboa, Francisco Becerra descubrió el puerto de Piñas, que fue de gran utilidad para las expediciones posteriores, y Pascual de Andagoya, en 1522, en un reconocimiento costero recogió más noticias sobre «la provincia del Birú»; pero fueron Pizarro y Almagro quienes haciendo acopio de una gran perseverancia extendieron y llevaron a su culminación estas expediciones.

Las enfermedades que aquejaron a Andagoya le impidieron continuar aquellas exploraciones para las que había obtenido de la Corona la concesión, y las cedió a Pedrarias, al padre Fernando de Luque, Francisco Pizarro y Diego de Almagro, que se asociaron para ello. Pedrarias pondría para la empresa su protección y poco más; el padre Luque aportaría fondos y serían Pizarro y Almagro quienes la llevaran a efecto, además de poner el dinero que pudieran. Eran éstos íntimos amigos, los dos de origen muy humilde y ambos analfabetos y habían trabajado juntos en una hacienda en Panamá.

Aprovechando todavía una de las naves que construyó Balboa y con otra que habilitó Almagro, salieron en su primer viaje en 1524. No pudieron reunirse las naves y cada cual exploró por separado y tuvieron combates con los indios: Pizarro salió herido en una de estas luchas y Almagro perdió un ojo. En estas condiciones y sin esperanza ninguna de auxilio tuvieron que regresar ambos a Panamá, pero habían obtenido fascinantes noticias sobre el imperio de los Incas y se dedicaron a preparar inmediatamente otra expedición, ya sin la participación de Pedrarias, que había perdido la gobernación y, por lo demás, bien poco les ayudaba. En 1525 se hicieron nuevamente a la vela con dos navíos y ciento sesenta hombres y llegaron hasta el río San Juan. Allí, mientras Almagro volvía a Panamá en busca de refuerzos y vituallas, Pizarro trató de penetrar tierra adentro; pero se lo impidió la tenaz resistencia de los indios. Entre tanto, Bartolomé Ruiz, que participaba en la expedición como piloto, continuó con el otro buque costeando hacia el sur por las playas del Ecuador. Una vez que Almagro regresó de Panamá emprendieron nuevamente el avance, pero la falta de abastecimientos los hizo detenerse una vez más, y mientras Pizarro quedaba esperando en la isla del Gallo, Almagro con los metales que habían podido obtener de los indios, iba por más elementos a Panamá. La expedición duraba ya dos años y la mayoría de los soldados que iban en ella quisieron regresar con Almagro y sus jefes se lo impidieron. Pero aquello se supo en Panamá cuando llegó Almagro y el gobernador De los Ríos envió dos barcos para recoger a los que quisieran regresar. Cuando las naves llegaron y Pizarro vio que todos se disponían a abandonarlo trazó con su espada una raya en la arena y les dijo: «Por aquí se va a Panamá, a ser pobres; por allá al Perú a ser ricos, después de correr peligros y pasar trabajos. Escoja el buen castellano lo que más bien le estuviere.» A pesar de la arenga, la mayoría no se sintieron buenos castellanos y optaron por la tranquila pobreza de Panamá. Sólo trece, que pasaron a la historia como los «trece de la fama», permanecieron en la isla decididos a acompañar a Pizarro en su aventura. De la isla del Gallo pasaron en una balsa a otra que llamaron Gorgona y permanecieron siete meses en espera de los ansiados refuerzos. Cuando éstos llegaron avanzaron los exploradores un poco más y llegaron hasta Túmbez. Allí encontraron una gran población indígena y las señales de una civilización avanzada y consiguieron noticias concretas sobre el ya próximo imperio de los Incas. Obtuvieron algunos objetos valiosos y varios indios, entre ellos uno llamado por ellos «Felipillo», que más tarde serviría de intérprete. Pero Pizarro comprendió que para emprender la conquista eran indispensables mayores recursos y si no la ayuda del gobierno, cuando menos su respaldo para que no significara un obstáculo más a los muchos que de por sí ofrecía la empresa. Por ello decidieron regresar a Panamá. Mas ya en Panamá, adonde llegaron a fines de 1527, el gobernador De los Ríos se opuso a que continuara aquella aventura que despoblaba su naciente colonia sin que se viera fruto alguno de ella. Los socios, sin cejar nunca, decidieron enviar a Pizarro a España para obtener directamente la autorización de la Corona.

Pizarro embarcó en abril de 1528 para la Península y se presentó a la Corte con algunos indios que llevaba, objetos preciosos y llamas; pero a pesar de ello hasta el 22 de junio del siguiente año no pudo firmar sus capitulaciones con la Corona. En ellas Pizarro fue nombrado adelantado, gobernador y capitán general de la provincia del Perú o Nueva Castilla en forma vitalicia; al padre Luque se le designaba obispo de Túmbez y su fiel amigo y compañero Almagro quedaba postergado nombrándolo solamente gobernador del fuerte de Túmbez.

Durante su permanencia en la Corte el oscuro pretendiente de Panamá conoció a su paisano y pariente Hernán Cortés, que llegaba con la aureola de su reciente y fabulosa conquista. Las experiencias que Cortés le transmitió le serían de gran utilidad para la que él preparaba, aunque sus limitaciones de carácter y educación le impidieron alcanzar la maestría que demostró aquél en la de México.

Con doscientos hombres que había animado y reunido para la aventura en España, entre ellos sus hermanos Hernando, Gonzalo y Juan y un medio hermano llamado Francisco Martín de Alcántara, regresó a Panamá a principios de 1530. Cuando Almagro, su leal amigo y compañero, pudo ver el egoísmo de su socio que demostraban las capitulaciones quiso separarse de la empresa. Era el principio de una pugna que había de envolver a todo el Perú en su tragedia. El obispo de la diócesis inexistente de Túmbez logró empero la reconciliación de los socios, cediendo Pizarro a Almagro el título de adelantado y algunos otros privilegios. Pero estas rencillas entre los jefes desanimaron a muchos y retrasaron la expedición que pudo hacerse a la mar en enero de 1531 y salió sólo con 180 hombres y 27 caballos en tres navíos. Almagro, el inagotable buscador de recursos, quedó en Pana-

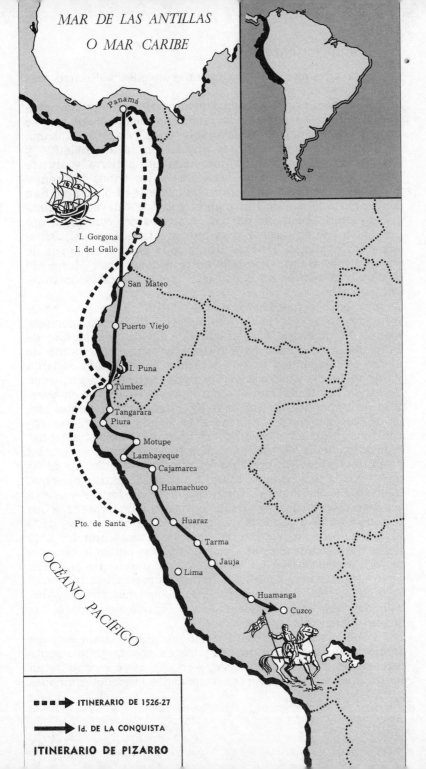

MAR DE LAS ANTILLAS
O MAR CARIBE

Panamá

I. Gorgona
I. del Gallo

San Mateo

Puerto Viejo

I. Puna
Túmbez

Tangarara
Piura

Motupe
Lambayeque
Cajamarca

Huamachuco

Pto. de Santa   Huaraz

Tarma

Jauja

Lima

Huamanga

Cuzco

OCÉANO PACÍFICO

▪▪▪▪▶ ITINERARIO DE 1526-27

━━━▶ Id. DE LA CONQUISTA

ITINERARIO DE PIZARRO

má para allegarse más y alcanzar con ellos a Pizarro más tarde.

Los vientos eran casi siempre contrarios en aquella navegación; había de pasar todavía mucho tiempo para que se encontrara un derrotero favorable en el viaje de Panamá al Perú. En esta ocasión les impidieron pasar adelante, y Pizarro con su gente tuvo que echar pie a tierra y abrirse paso por ella a través de las selvas y las tribus indígenas. Batallando sin cesar hizo el recorrido desde el puerto de San Mateo hasta la isla de Puna, en el golfo de Guayaquil. Mientras él caminaba había enviado a sus barcos con algún oro que había podido recoger para buscar más hombres en Panamá y en Nicaragua. De esta última se le unieron en la isla de Puna, ciento treinta hombres entre quienes iban Hernando de Soto y Sebastián de Benalcázar, que le prestaron un excelente auxilio.

Con estos refuerzos Pizarro se decidió a penetrar en el territorio inca y la población indígena los recibió pacíficamente. En junio de 1532 fundó la villa de San Miguel de Piura, cerca del mar, para que le sirviera como punto de enlace con Panamá y base de su penetración. Estaba al tanto ya de la guerra que se hacían los dos pretendientes al trono de los incas y decidió aprovechar aquellas divisiones en beneficio de su conquista. Con sólo 106 infantes y 67 jinetes emprendió la marcha a Cajamarca, en donde sabía que se encontraba Atahualpa, el Inca triunfante en esos momentos. Atahualpa tenía noticia de todos sus movimientos pero les permitió avanzar sin presentarles ningún obstáculo. Entre los incas existía una leyenda sobre la venida de extranjeros que habrían de dominarlos, semejante a la de los aztecas; ya sea por esta razón, ya por la curiosidad de conocer a los recién llegados o por excesiva confianza en dominarlos, dado lo reducido de su número, lo cierto es que el Inca les dejó llegar hasta donde él estaba, cuando hubiera sido relativamente fácil detenerlos en las escarpadas montañas que hubieron de transportar para subir al valle de Cajamarca. Por lo demás, la organización de su imperio era mucho más rígida y disciplinada que en el de los azteca y Pizarro no contaba con ningún aliado indígena.

El conquistador del Perú debió su triunfo a un acto de arrojo y audacia inauditos. Cajamarca no era propiamente una ciudad, sino un amplio valle en el que se levantaba un fuerte o palacio que los incas ocupaban sólo en determinadas ocasiones. Cuando los españoles llegaron, el 15 de noviembre de 1532, los edificios estaban deshabitados y pudieron ellos ocuparlos sin ninguna dificultad; pero cerca de ellos se encontraba emplazado el inmenso campamento en que se hallaba Atahualpa rodeado del ejército que había conducido para derrotar a su hermano y cuyo número se calcula conservadoramente que ascendía a unos 30.000 hombres.

La entrada en aquel valle cubierto de guerreros indígenas requería ya en sí misma una gran resolución, pero Pizarro estaba decidido a jugarse su destino en un solo y arriesgadísimo golpe de mano y recordando la táctica de Cortés decidió apoderarse del emperador. No bien se hubo instalado en el palacio de Cajamarca envió a Hernando de Soto con una pequeña escolta a invitar al Inca para que fuera a su presencia y fue recibido por Atahualpa con gran solemnidad. Pocos momentos después se presentó Hernando Pizarro y para asustar a los indígenas hizo cabriolar a su caballo muy cerca del Inca; muchos de sus súbditos huyeron espantados, pero éste permaneció impasible. Atahualpa envió a decir a Pizarro que al día siguiente iría a la fortaleza a visitarlo. Cuentan los españoles que participaron en aquella jornada que esa noche no hubo uno que pudiera conciliar el sueño.

Cuando amaneció, el ejército del Inca empezó a moverse con gran lentitud hacia la fortaleza. Por la tarde ésta se encontraba totalmente rodeada por el ejército indígena y el Inca, conducido en ricas andas por la nobleza y acompañado de una guardia de 5.000 soldados se dirigió a la residencia de los españoles. Pizarro había dispuesto sus escasas tropas lo mejor posible en los edificios que rodeaban la plaza del castillo. Cuando entró el Inca con su escolta, la plaza se llenó totalmente; entonces se adelantó a recibirlo fray Vicente Valverde, llevando en una mano un crucifijo y en la otra un misal e hizo que Felipillo le trajera el requerimiento en que se le exigía que acatara la autoridad del rey de España. Atahualpa le pidió el misal y después de observarlo lo arrojó al suelo. «¡El Evangelio en tierra! —gritó fray Vicente— ¡Venganza, cristianos!» «¡Santiago y a ellos!» fue la contestación a la llamada del fraile, y los españoles se precipitaron sobre la masa indígena. Las armas de fuego disparaban desde los edificios mientras la caballería abría brecha entre los desprevenidos guardias del Inca, y la infantería daba tajos a diestra y siniestra. Atahualpa cayó prisionero inmediatamente; los nobles «orejones» que permanecieron junto a él perecieron y los soldados que pudieron, huyeron poseídos de puro pánico. El grueso del ejército al ver huir a la guardia se contagió de su terror y emprendió también la fuga. En la plaza quedaron los cadáveres de dos o tres mil hombres aquella noche. Entre los españoles sólo Pizarro sacó una pequeña herida que él mismo se hizo al prender al monarca.

La conquista del Perú estaba consumada. No ofrece la Historia un caso de mayor osadía. Fue ésta la que perdió al Inca, pues jamás pudo imaginarse que aquel minúsculo grupo de extranjeros se atreviera a hacer lo que había hecho. Pero no perdió la serenidad y ofreció a Pizarro en rescate de su libertad llenar una gran sala de oro hasta la altura que alcanzó su mano. Pizarro aceptó el trato y lo hizo consignar ante escribano.

Acostumbrados los súbditos del Inca a una obediencia ciega, no hubo entre ellos la menor reacción cuando éste les ordenó que rindieran acatamiento a los conquistadores; y los de Soto y Pedro del Barco fueron a Cuzco donde encontraron a Huascar, el otro pretendiente al trono Inca, a quien Atahualpa mantenía en prisión. Huascar les refirió a los españoles el despojo de que lo había hecho víctima su hermano y les ofreció que si lo reponían a él en el trono llenaría de oro hasta el techo la sala que servía de medida para el rescate de Atahualpa. Pero éste fue informado por sus agentes de aquella oferta y temeroso de que los españoles le prestaran su apoyo hizo que lo asesinaran sus carceleros.

En diciembre llegó Almagro a San Miguel de Piura con ciento cincuenta hombres de refuerzo y en febrero fue a reunirse con Pizarro en Cajamarca. Antes de salir él de Panamá había muerto el padre Luque sin alcanzar a ver los maravillosos frutos de aquella empresa a la que con tanta constancia y generosidad había colaborado. Y, con la llegada de Almagro volvió a renacer la discordia entre los dos socios sobrevivientes. Pizarro había hecho asentar en el contrato de rescate, que Atahualpa lo ofrecía sólo a quienes habían estado presentes cuando cayó prisionero, y por lo tanto, aunque algo se dio buenamente a Almagro y a sus hombres, lo mismo que a la guarnición que había quedado en San Miguel, no tenían ningún derecho sobre aquel fabuloso tesoro.

El Inca había hecho traer oro de todo su reino y la cantidad acumulada en la sala era ya inmensa, pero no se alcanzaba a la medida fijada y, en verdad, era muy difícil que llegara a alcanzarse. Entre tanto, los que no tenían parte en ella veían con desesperación cómo el rescate absorbía todo el oro del Perú, y deseaban que aquella operación terminase cuanto antes, para ser partícipes en el botín.

Este fue uno de los motivos que incitaron a Almagro a pedir la muerte del Inca. Pero además había otras razones políticas que si bien no eran más justas que éstas, sí eran más poderosas. El Inca, aunque prisionero, seguía siendo el rey del país; a él y no a Pizarro era a quien obedecían los indígenas, y mientras él viviera sólo a través suyo podrían gobernar los españoles. Pero ya hemos visto cómo entonces, y también ahora, para esos casos difíciles se ideó el expedito y eficiente proceso por traición. Atahualpa fue acusado de pretender alzarse contra la Corona y hasta de haberse alzado contra el Inca Huascar. Hernando de Soto, hombre de espíritu justiciero, se opuso a aquella iniquidad, pero mientras hacía un viaje en busca de pruebas para demostrar la falsedad de las acusaciones, Atahualpa fue ejecutado el 29 de agosto de 1532.

Una vez que hubo muerto el Inca la anarquía se extendió por todo su imperio, porque sus súbditos no acataban la autoridad de los españoles y en varios puntos surgieron brotes de rebelión. Entonces Pizarro, que se había deshecho de Atahualpa para ejercer el mando, tuvo que designar un nuevo Inca a fin de poder por su conducto dominar al país. De acuerdo con los nobles del reino de Quito, que fueron quienes sostuvieron a Atahualpa, eligió a un hermano menor de éste llamado Tupac Inca, quien solemnemente se declaró vasallo de la Corona de Castilla. Pero la nobleza de Cuzco, que fuera partidaria de Huascar, no aceptó aquella designación y eligió a su vez como Inca a Manco, hermano de éste. Pizarro se vio así envuelto en las guerras intestinas que dividían al imperio desde hacía varios años, y tomando parte por Tupac marchó en contra de la facción de Cuzco. Sus tropas habían ya ascendido a 500 hombres, con los muchos inmigrantes que la fama de las riquezas del imperio que había conquistado estaba atrayendo. Hernando de Soto tuvo encuentro con los de Manco, pero éstos se replegaron y a poco en forma un tanto misteriosa murió el Inca de Pizarro, por lo cual éste, viéndose liberado de su compromiso con él, reconoció al de Cuzco rindiendo éste por su parte vasallaje al imperio español. El 15 de noviembre de 1533 las huestes de Pizarro hicieron su entrada pacíficamente en la capital del imperio inca y los soldados se entregaron a un devastador saqueo que acabó con muchos de sus tesoros.

El descubrimiento

Pero la sed de oro se había desbordado en los conquistadores y aventureros advenedizos sin que Pizarro pudiera poner freno a sus excesos, y los indios eran víctimas de exacciones, abusos y crueldades, que provocaron sus rebeliones. El pueblo de Quito, acaudillado por Rumiñahui, que aspiraba al trono inca, se alzó en armas. Fue aquella la ocasión que Sebastián de Benalcázar esperaba para cobrar fortuna y fama. Desde Panzalco, en donde estaba al frente de la guarnición, marchó sobre Quito. El ejército de Rumiñahui le presentó una tenaz resistencia y Benalcázar y sus hombres hubieron de batirse con denuedo para vencerla, y en diciembre de 1533 pudieron hacer su entrada en la ciudad de Quito que sus pobladores habían incendiado antes de abandonarla y sus codiciados tesoros habían desaparecido.

Benalcázar quedó dueño del país. En julio de 1533 fundó el puerto de Guayaquil, y después se lanzó al interior del continente, en donde habremos de encontrarlo más adelante.

A principios del siguiente año desembarcaba en las costas ecuatorianas Pedro de Alvarado, a quien vimos salir con este destino de su capitanía de Guatemala. Soportando los terribles sufrimientos que le causaron el hambre y el frío, atravesó las cordilleras, pero cuando descendió al reino cuya conquista ambicionaba, Pizarro, que tuvo noticia de sus pretensiones, había enviado a Almagro para reforzar a Benalcázar, y reunidas las fuerzas de ambos esperaron al invasor en Riobamba; entonces éste, agotado por el penoso viaje, en el que perdió a un buen número de sus soldados, desistió de la lucha y cedió sus tropas y recursos a los conquistadores del Perú a cambio de una buena indemnización.

En aquel viaje Almagro fundó a su paso la villa de Trujillo. A su regreso a Cuzco encontró a Pizarro en el valle del río Rimac y en él decidió éste erigir la capital del nuevo reino. La fundación se llevó a efecto el 6 de enero de 1535 y por ello la denominó, en atención al día, la Ciudad de los Reyes; sin embargo había de prevalecer el nombre de Lima, como derivación de la forma en que los españoles pronunciaban Rimac.

La ocupación del Perú estaba consumada. Afluían a la nueva provincia numerosos aventureros y colonos; surgían las primeras ciudades españolas; se descubrían ya las primicias de la minería, y en general se iban estableciendo las bases económicas y sociales de su organización permanente. Perú sería el centro del que partirían los descubridores de todas las regiones circunvecinas. Pero todavía las guerras civiles entre españoles y las insurrecciones indígenas teñirían de sangre por varios años el país. Pizarro, aunque realizó la conquista en una sola operación que hoy llamaríamos «relámpago», no pudo luego imponer su autoridad sobre españoles e indios como lo hizo Cortés en México.

Poco después de la fundación de Lima regresó al Perú Hernando Pizarro, que había ido a España a informar de las conquistas de su hermano. Traía para él el título de marqués de Atavillas y prudentes disposiciones de la Corona para evitar las pendencias ya conocidas por ella entre los dos socios conquistadores. Con ese objeto se creaban dos gobernaciones en el país: la de Nueva Castilla al norte, ya dominada, que se daba a Francisco Pizarro, y la de Nueva Toledo, que comprendía las regiones desconocidas del Sur, para Diego de Almagro. Pero la prudencia de la Corona era impotente ante el ánimo resuelto de los socios, y la pugna estalló porque al fijar la frontera entre las dos provincias ambos pretendían que Cuzco quedara dentro de la suya. Almagro marchó a Cuzco con la intención de proclamarse en ella gobernador, Pero Juan y Gonzalo Pizarro que la ocupaban se lo impidieron. La oportuna presencia del marqués pudo evitar que se llegara a las armas y una vez más hubo reconciliación entre ambos y nuevamente Almagro cedió en sus pretensiones. La delimitación de las fronteras se remitió a la decisión de árbitros y peritos y Pizarro convenció a Almagro de que explorara el sur de su gobernación, es decir, Chile, donde podría quizás encontrar mayores tesoros que los de Cuzco.

Almagro emprendió el viaje en julio de 1535 con 500 españoles y un gran número de indígenas por las heladas mesetas bolivianas y atravesó los Andes cubiertos de nieve, soportando con un extraordinario vigor el frío y la falta de alimentos. Al cabo de esa penosa travesía llegaron al valle de Copiapó donde encontraron un clima benigno y pobladores pacíficos; avanzando más al sur, hasta el río Malpú, hallaron tribus indígenas que les hicieron resistencia, pero Almagro los redujo sin piedad, haciendo quemar a treinta de sus jefes.

En Chile recibió Almagro los socorros que por mar le condujo Ruy Díaz; y Almagro el Mozo, hijo mestizo del gobernador, le llevó por tierra cien soldados de refuerzo y, posteriormente, también a través del terrible paso de las cordilleras llegaron Odoñes y después Juan de la Rada. De las penalidades que sufrió éste último en su viaje decía Almagro que las suyas habían sido «bonanza cotejadas con lo que este capitán contó de su camino». Entre tanto, Gómez de Alvarado se adelantó a reconocer la tierra más al sur del país, pero no encontró ninguna riqueza y sí la indomable agresividad de los araucanos.

A pesar de no haber hallado las esperadas riquezas, Almagro tenía la intención de poblar en aquel territorio, pero las noticias de Perú sobre su litigio con Pizarro y las incitaciones de sus capitanes para que regresara a defender sus derechos lo hicieron abandonar Chile sin dejar ninguna fundación permanente. En el viaje de retorno Almagro eligió la vía del desierto de Atacama para evitar los temibles pasos andinos. La travesía del desierto ofrecía también grandes peligros, pero gracias a las disposiciones que adoptó pudo cruzarlas felizmente. A principios del año de 1537 estaba en Arequipa y de allí marchó a la sangrienta contienda fratricida contra los Pizarro.

Por el otro extremo del reino, teniendo a Quito como base de operaciones, se ensanchaba también notablemente el reconocimiento de la tierra y también se acometían proezas. En 1536 Benalcázar recibió noticias de un rey que tenía sus dominios al norte de Quito y era tan inmensamente rico que se daba el incómodo lujo de cubrirse diariamente el cuerpo con polvo de oro, por lo cual los españoles empezaron a llamarle «el Dorado» y edificaron sobre esos rumores una de las leyendas a las que más debe la exploración del Continente. Benalcázar, antes de que Pizarro pudiera ganarle aquella conquista, echó a andar siguiendo la ruta que le señalaban los rumores y ya habremos de encontrarlo más adelante cuando llegue al término de su viaje.

En 1541 fue a Gonzalo Pizarro a quien le llegaron noticias del «país de la canela». Recordó seguramente que toda la odisea de América había empezado por buscar precisamente unas rajas de canela y salió a la conquista de aquel país maravilloso. Pero la selva amazónica le cerró el paso y tuvo que regresar a Quito sin haber encontrado el reino de la especiería y habiendo sufrido las más terribles penurias y calamidades. Salió de Quito con 200 jinetes europeos y 4.000 indios y regresaron sólo 8 hombres con él. Pero antes de emprender la vuelta, estando en las márgenes del río Coca, encargó a uno de sus capitanes, don Francisco de Orellana, que hiciera un reconocimiento fluvial para buscar víveres para sus hambrientas huestes. Orellana se lanzó por su corriente que lo condujo hasta que vierte sus aguas en el Napo y allí se olvidó de los víveres y decidió seguir por su cuenta río abajo hasta ver dónde paraban aquellas aguas que cada vez eran más caudalosas. Después de siete meses de navegación salvando mil peligros y 1.880 leguas, Orellana fue a salir al Atlántico sobre las aguas del Amazonas o Marañón como entonces le llamaron. Sin proponérselo, había atravesado el Continente de costa a costa en su parte más ancha. Sorprendido él mismo de su descubrimiento fue a España a dar cuenta de él y la Corona le otorgó en premio la provincia del Amazonas, pero al regresar, en 1544, a tomar posesión de ella, su flota naufragó y Orellana sucumbió.

De aquella exploración salió la leyenda del reino gobernado por temibles mujeres que defendían valientemente las inmensas riquezas que en él había; es decir el «reino de las Amazonas».

Los repartimientos y encomiendas que se efectuaron al terminar la conquista aumentaron el descontento de los indígenas. El Inca Manco, a pesar de su juramento de vasallaje, no se resignaba a la pérdida de su poder y cuando vio alejarse a Almagro con sus hombres creyó que había llegado la oportunidad de acabar con Pizarro y convocó a su pueblo a las armas. La rebelión se propagó en todo el país y los españoles tuvieron que hacerse fuertes en las ciudades. El Cuzco sufrió un estrecho sitio desde febrero a agosto de 1536 y en él murió Juan Pizarro. El gobernador se encontraba en Lima en parecidas circunstancias y los refuerzos que se le enviaron no pudieron llegar a su destino. Pero la prolongación de la resistencia hizo que los indios lo levantaran aunque la rebelión continuó; mas cuando Almagro volvió a aparecer en el escenario del Perú éstos se replegaron a las montañas. Entonces Almagro exigió a los Pizarro la entrega de Cuzco. Éstos se la negaron, pero aquél introdujo a sus hombres subrepticiamente y se apoderó de la plaza e hizo presos a Hernando y Gonzalo Pizarro. Una vez más se portó con ellos generosamente, pues no sólo se negó a matarlos, como muchos de los suyos le aconsejaban, sino que aceptando las ofertas de paz del marqués los puso en libertad.

Alonso de Alvarado había salido de Lima al frente de un cuerpo de ejército para combatir a los indios; pero al saber que Almagro se había apoderado de Cuzco marchó contra él, pero salió derrotado al encontrarse con «los de Chile» como se llamaba a los del bando almagrista, en la batalla del río Abancay.

Las negociaciones de paz por parte de Pizarro sólo tuvieron por objeto ganar tiempo para reunir una fuerza suficiente. Cuando la tuvo superior a la de su antiguo amigo rompió las hostilidades y avanzó contra Cuzco. Almagro salió a su encuentro y el choque se produjo en la llanura de Salinas el 6 de abril de 1538. Almagro se hallaba enfermo y no pudo dirigir la batalla, confiando el mando a Rodrigo Ordóñez. Hernando, mandaba las huestes del marqués. El encuentro fue encarnizado y breve y la superioridad de fuerzas y armamentos de los pizarristas decidió a su favor la victoria. Ordóñez y muchos otros capitanes fueron asesinados después de la batalla. Los indios contemplaron el espectáculo con entusiasmo, viendo cómo se mataban entre sí sus conquistadores. Almagro se encerró entonces en Cuzco, pero carecía de fuerzas para resistir y tuvo que rendirse. El consabido juicio por traición hizo el resto y el 8 de julio de aquel propio año se le ajustició a garrote en su calabozo y después su cadáver fue decapitado en la plaza.

Pizarro creyó que con este crimen vendría la paz y se consagró a la organización de la provincia. Persiguió a los indios que se mantenían alzados, impulsó el comercio y la minería y fundó varias ciudades, entre ellas Charcas, Guamanga y Arequipa.

Pero la división que habían causado las disputas entre los socios llegaron a dividir tan profundamente a todos los españoles del Perú, que a pesar de la muerte de Almagro las luchas continuaron, pues los partidarios de éste, encabezados ahora por Almagro el Mozo, a quien asesoraba Juan de Rada quisieron cobrar venganza de sus enemigos y principalmente de Hernando Pizarro, que había sido el principal instigador de su hermano. En vista de ello Hernando decidió poner el mar de por medio y pasó a España a informar al emperador de los sucesos del Perú. Pero el informe que dio no hubo de haber sido muy satisfactorio sobre su conducta, pues el emperador lo mandó enjuiciar y Hernando pasó 20 años encerrado en un calabozo en el castillo de Medina del Campo. Y, por otra parte, se envió al Perú a un magistrado de la cancillería de Valladolid para que realizara una investigación e hiciera justicia. Los de Chile esperaron confiados al representante de la Corona, pero el magistrado que lo era don Cristóbal Vaca de Castro, se extravió en la travesía y en Lima corrió la noticia de que había muerto. Por su parte, el gobernador Pizarro, nada hizo por atemperar los ánimos sino por el contrario discriminó de los beneficios a sus enemigos y exacerbó su odio con persecuciones. Por esto al saber que el representante de la justicia real había perecido, decidieron tomársela por propia mano y un día, el 26 de junio de 1541, Juan de Rada, acompañado de un grupo de almagristas, asaltaron la casa del gobernador en Lima y le dieron muerte a estocadas a pesar de que el viejo conquistador se defendió gallardamente. Acto seguido fue proclamado gobernador del Perú don Diego de Almagro el Mozo, y la guerra civil volvió a encenderse. Los de Chile se hicieron fuertes en Cuzco y los del marqués en Lima. El único hermano Pizarro que quedaba sobre la palestra era don Gonzalo, pero se hallaba en esa época, como acabamos de ver, en la azarosa expedición del Amazonas.

Así encontró la situación el licenciado Vaca de Castro cuando al fin alcanzó a llegar a su destino. Pero para aumentar las desgracias del país, no era este magistrado el hombre imparcial y justiciero que se requería para establecer la paz, sino que tomó partido por los de Pizarro y el joven Almagro, mal aconsejado por sus parciales, cayó en el error de resistir con las armas al enviado de la Corona. Nuevamente se avistaron los ejércitos y fueron a encontrarse cerca de Huamanga, en donde libraron la batalla llamada de Chupas el 16 de septiembre de 1542. Los de Chile fueron derrotados y el representante real celebró con crueldad su victoria haciendo ejecutar a casi todos los capitanes de don Diego. A éste, aunque quedó prisionero, se le perdonó la vida por lo pronto, pero poco después, temiendo Vaca de Castro que tornara a las revueltas, le mandó dar garrote como a su padre.

Para Gonzalo Pizarro, cuando regresó de sus andanzas, el castigo por las anteriores fue leve, pues se limitó a confinarlo en sus haciendas de Charcas. Pero aún faltaba mucha sangre para que el Perú encontrara la tranquilidad y el orden y el confinamiento de don Gonzalo habría de durar bien poco.

Entre tanto, mientras los conquistadores se atacaban entre sí, Manco y sus fieles mantenían su rebeldía en las montañas.

Tierra Firme

El éxito logrado en la conquista de México, el prestigio que alcanzaron los que participaron en ella y las rutilantes riquezas que ofreció, multiplicadas y adornadas por la fantasía popular que la conquista del Perú confirmó espléndidamente, dieron a la ocupación de América su impulso definitivo. La fiebre de conquistas, aventuras y tesoros se convirtió en verdadero frenesí entre los soldados españoles que las guerras de Italia iban formando en las armas. Las dos décadas que siguen a la conquista de México son de una actividad descubridora difícil de abarcar. Los exploradores se lanzan sobre el Continente por todos sus flancos y las doradas leyendas los atraen hasta sus más recónditas y mortíferas profundidades. Realiza esta epopeya una generación de hombres, que a veces parecen semidioses y a veces locos, realizan las proezas más inauditas y los mayores absurdos. Algunos pocos alcanzan la fama codiciada y sólo de ellos conservamos nosotros el recuerdo; mas la inmensa mayoría desaparecen oscuramente en la manigua, devorados por los insectos o las fieras o los indios y más frecuentemente por el hambre.

A pesar de haber sido la primera porción del Continente descubierta, aquella faja costera que va de la boca del Orinoco al golfo de Urabá y que por ello se denominaba generalmente Tierra Firme, su clima, su difícil geografía y sobre todo, la dispersión y belicosidad de sus pobladores autóctonos habían impedido la consolidación de establecimientos en la costa a pesar de que era constantemente visitada para rescatar perlas, oro y para hacer esclavos, y, con ello, las bases necesarias para avanzar tierra adentro.

Hemos visto cómo Alonso de Ojeda no pudo sostener la colonia de Santa Cruz en 1502 y cómo el fuerte de San Sebastián establecido más tarde, fue también despoblado. En 1516 fray Juan Garcés con intenciones misioneras fundó un convento de franciscanos en la desembocadura del río Cumaná y los dominicos fundaron otros dos en Piritu y en Chiribichi. Pero todos ellos fueron arrasados por los caribes en 1519. Poco después llegaba la expedición pacifista de Las Casas, que ya vimos cómo también acabó en el desastre.

Pero lo que no lograron los afanes apostólicos iba a conseguirlo la fascinadora leyenda de «el Dorado»: el rey cuya riqueza era tan abundante que se daba el incómodo lujo de revestirse diariamente con polvo de oro.

La gobernación que comprendía la cuenca del Orinoco se había otorgado en 1529 a Diego de Ordax, el valiente compañero de Cortés en la conquista de México, que en 1531 remontó las aguas del río hasta que éste lo «atajó con peñas». Pero no encontró indicio alguno de un imperio como el de México, que era lo que él buscaba, y abandonó la exploración y la estéril gobernación. Cuando navegaba de regreso a España, murió en la travesía; pero algunos de los que le acompañaban en la exploración del Orinoco, a pesar de las peñas, siguieron adelante. Jerónimo Dortal y Alonso de Herrera subieron por la corriente del Meta, afluente del Orinoco, pero en aquellas profundidades y sin ninguna organización indígena amplia, era imposible fijar ningún establecimiento permanente.

La antigua provincia del Darién fue concedida para la exploración y explotación a Pedro de Heredia, y a él se debe la fundación de la ciudad de Cartagena, efectuada el 21 de enero de 1533. Era Heredia veterano en exploraciones americanas y se dedicó a recorrer su gobernación en busca de tesoros, y efectivamente recogió una gran cantidad de metales y piedras preciosas. Sus hallazgos, esparcidos y aumentados por la voz de la fama, atrajeron gran número de aventureros que se esparcieron por todo el territorio enmarcado entre el Magdalena y el Atrato en busca del «cenú», legendario cementerio indígena que encerraba cuantiosos tesoros. Y, efectivamente, no uno, sino tres grandes cementerios hallaron, en los que abundaban los ídolos de madera recubiertos de láminas de oro en los templos y las joyas en las sepulturas. Pero los tesoros no son comestibles, y más de las dos terceras partes de aquellos aventureros perecieron de hambre, aunque cargados de tesoros.

Naturalmente, si los buscadores de cadáveres encontraban algún indio vivo, ello no era óbice para que también fuera despojado de las riquezas que poseyera, ocasionando que fray Tomás Toro, que llegó como primer obispo de Cartagena, elevara su voz denunciando los atracos de sus turbulentos feligreses, y que la Audiencia de Santo Domingo nombrara al licenciado Juan Badillo para que residenciara al descubridor de aquellas originales minas y pusiera a raya a sus secuaces. Sin embargo, las tumbas habían ocasionado que toda aquella vasta comarca fuera reconocida y numerosas fundaciones hechas durante aquella fugaz bonanza sobrevivieron, tales como Santa Cruz de Mompox, Cartago, Tamalameque, Pamplona, etc.

Sobre toda la costa del Caribe y en las islas de Sotavento se habían ido estableciendo desde los primeros años algunos puestos de rescate de oro y perlas, y, algunos de ellos, llegaron a convertirse en factorías estables. Así nacieron algunas de las primeras que alcanzaron a desarrollarse en aquel litoral y que tuvieron después importancia decisiva en la exploración y colonización de Tierra Firme. Así surgió Cumaná, establecida primero por Gonzalo de Ocampo y reconquistada por Jácome Castellón en 1523; y así echó los cimientos de Santa Marta dos años después el veterano explorador Rodrigo de Bastidas. Obtuvo éste magníficos rescates de los indios, pero el éxito fue su desgracia, porque los tesoros obtenidos provocaron entre los colonos pendencias, y en ellas Bastidas recibió varias puñaladas. Esto lo hizo retirarse a Santo Domingo, en donde murió poco después, y el nuevo establecimiento quedó sumido en la mayor anarquía. Para reprimir los desafueros que los colonos cometían en contra de los indios, envió la Corona como gobernador de Santa Marta a don García de Lerma, pero éste por lo visto interpretó las instrucciones a «contrario sensu», pues las entradas cobraron gran auge con su llegada. Cuando en España se tuvieron noticias de ello, mandaron al Dr. Rodrigo Infante para que abriera juicio de residencia al mal gobernador, pero los caribes se adelantaron a la justicia real y don García murió víctima de los ponzoñosos dardos de aquéllos, por lo que el Dr. Infante quedó al frente del gobierno hasta el año de 1535 en que arribó don Pedro Fernández de Lugo que tuviera anteriormente la gobernación de las Canarias y a quien el emperador había dado ahora la de Santa Marta. Con él llegaba con el empleo de Justicia Mayor el licenciado Gonzalo Jiménez de Quesada. Su expedición era una de las más grandes y mejor equipadas de cuantas hasta entonces habían llegado a América.

Santa Ana de Coro había sido fundada en 1527 por Juan Martínez de Ampíes, que fue comisionado por la Audiencia de Santo Domingo para que vigilara las costas de Venezuela a fin de impedir el tráfico de esclavos indígenas.

Pero por aquella época los Welser, unos de los banqueros y comerciantes alemanes que habían financiado la elección de Carlos V como emperador, y que vieron desvanecerse su esperanza de cobrarse con el comercio oriental, aceptaron en pago la provincia de Coro, comprometiéndose por su parte a establecer dos colonias y tres fuertes en un plazo de dos años. En 1529 arribó a Coro, Ambrosio Ehinger, o Alfinger, como le llamaban los españoles, con la representación de los Welser para hacerse cargo de la colonia se internó profundamente tierra adentro en dos ocasiones. Fundó en una de ellas Maracaibo y alcanzó a llegar hasta el río Magdalena, venciendo los mortales peligros de la selva y cosechando abundante oro de los indios. Alfinger debió haber sido bastante rudo en sus procedimientos como explorador, pues a los españoles les pareció cruel. Dicen de él que durante sus viajes cuando uno de los indios que llevaba como cargadores sujetos por una cadena de las colleras caía fatigado, a fin de no desintegrar toda la cuerda para sacar la cadena, hacía que le cortaran la cabeza. El historiador Samhaber aduce sin embargo en defensa de su paisano que si bien esto es rigurosamente cierto, la orden la ejecutaba un subordinado español de Ehinger. En realidad, en esa época, y sobre todo en ese medio, la crueldad no era cuestión racial.

Sustituido en la gobernación Ehinger por Georg von Hohermuth, o Jorge de Espira, para los españoles, emprendió éste una gran exploración que duró tres largos años y en la que padeció todo género de penalidades. Llegó a las fuentes del río Meta y obtuvo noticias maravillosas del reino de los chibchas y se dispuso a conquistarlo; pero a pesar de todos sus esfuerzos no pudo cruzar los contrafuertes de la cordillera. En mayo de 1538 regresó a Coro sin haber alcanzado el Dorado. Había perdido en la aventura las cuatro quintas partes de los hombres que lo acompañaron.

En su ausencia Hohermuth dejó como lugarteniente suyo en Coro al capitán Nicolás Federmann, pero éste no pudo resistir la tentación del Dorado y subrepticiamente, sin autorización de su superior, decidió conquistarlo y en junio de 1536, antes de que aquél regresara salió de Coro; cruzó el Meta, remontó la cuenca del Ariare y con formidable energía inició la ascensión de las cordilleras que aparecían inaccesibles.

Pero los colonos españoles de Santa Marta también estaban en esta competencia. Con el gobernador Fernández de Lugo había venido de España como Justicia Mayor un docto jurista llamado don Gonzalo Jiménez de Quesada, en quien nadie hubiera adivinado a un conquistador. Sin embargo a él confió el gobernador la exploración del país y, poco antes que Federmann, en abril del mismo año, se lanzó aguas arriba por el río Magdalena. Los obstáculos que encontró no fueron menores que los del alemán, pero la entereza del jurista supo irlos venciendo y mantener la disciplina entre sus hombres. Después de casi dos años de viaje, diezmados por las enfermedades tropicales y el hambre, arribaron a las altas mesetas de los Andes colombianos, en donde encontraron asentados los señoríos muiscas, de la familia Chibcha.

El primer cacicato que encontraron fue el de Bogotá. En ninguno de los otros pueblos causaron los españoles, sus armas de fuego y sus caballos mayor impresión, y creyéndolos seres divinos después de intentar débilmente resistirles, su jefe, el Zipa, huyó con sus tesoros. Quedó como cacique del señorío Sagipa, sobrino del Zipa y a él trataron de obligarle a revelar en dónde había sido ocultado el tesoro para lo cual se le dio tormento y pereció en él. La situación de Jiménez de Quesada no podía ser más peligrosa, pues sólo contaba con un puñado de hombres, y no tenía oportunidad de recibir auxilios y de retirarse en caso necesario. Además, con desventaja respecto a Cortés y Pizarro, no podía realizar combinaciones políticas, a pesar de que las divisiones entre los diversos señoríos las hubieran facilitado, porque carecía de intérpretes. Por consiguiente, no podía contar tampoco con aliados que le apoyaran, como lo habían hecho los otros conquistadores. A pesar de todo esto, marchó temerariamente sobre el gran señorío de Tunja. El Zaque que lo gobernaba opuso fuerte resistencia, pero los españoles tomaron la población por asalto y el Zaque y sus grandes tesoros quedaron en sus manos, y los indios les señalaron dónde estaban sus maravillosas minas de esmeralda. Después tomaron el cacicato de Iraca y con ello la región quedó prácticamente en su poder.

Después de reconocer la región Jiménez de Quesada fundó solemnemente el 6 de agosto de 1538 la ciudad de Santa Fe de Bogotá, destinada a ser la capital de aquel reino al que en memoria de su ciudad natal llamó Nueva Granada.

Se disponía ya a regresar cuando apareció sobre la meseta bogotana Federmann con su exhausta expedición. Podemos imaginar los sentimientos de éste cuyos esfuerzos eran estériles, pues los españoles de Santa Marta se le habían adelantado. Se trabó la discusión entre los dos caudillos sobre los derechos de aquella conquista y tal vez hubieran pasado de las palabras a las armas, como solía frecuentemente suceder en esos casos, cuando fueron avisados por los indios de que una columna de españoles avanzaba desde el sur. El licenciado Jiménez envió a su hermano Hernán Pérez de Quesada a averiguar, y el cual se encontró con Sebastián de Benalcázar. Este venía bien servido por numerosos indios peruanos y, conociendo ya la tierra, se había asegurado la alimentación haciéndose acompañar de una gran piara de cerdos. También a él le habían llegado a Quito los áureos. rumores de El Dorado, y sin ningún acuerdo con los exploradores de la otra vertiente, emprendió la ascensión. En 1536 en los mismos días en que lo hacían aquéllos. En el trayecto de Quito a Bogotá fundó Calí, Popayán, Pasto, Timaná y otras villas.

Benalcázar reclamaba también para sí los derechos de aquella conquista alegando, como los otros, que se encontraba dentro de la circunscripción otorgada a su jefe Pizarro. Es de notar que los tres actuaban como lugartenientes de sus respectivos gobernadores. Pero el mismo hecho de ser tres los pretendientes y con fuerzas iguales hizo la lucha imposible, porque no era posible la alianza entre cualesquiera de los bandos y si dos de ellos venían a las manos, el que permaneciera a la expectativa resultaría vencedor. En estas condiciones acordaron remitir el pleito a la Corona y juntos en sólo 12 días descendieron por la corriente del Magdalena. A la postre, el fruto de aquella proeza no fue para ninguno de los que la realizaron. En 1542 se otorgó el gobierno del Nuevo Reino de Granada a don Alonso Luis de Lugo, heredero del gobernador de Santa Marta, y cuatro años después se creó una audiencia dependiente del virreinato del Perú.

Con el país de los muiscas después de México y Perú, habían caído ya en poder de los españoles las tres grandes naciones indígenas, y al mismo tiempo las que atesoraban mayores riquezas e, incluso, las mejores posibilidades mineras. Si esto, que sabemos ahora, se hubiera podido adivinar entonces, la expansión española en América indudablemente habría decaído y su avance habría sido sumamente lento; pero, por lo contrario, los imperios conquistados confirmaron la expectativa de otros y fue aquella la época en que los mitos y las leyendas adquirieron mayor esplendor.

El descubrimiento

Por lo que hace a la gobernación de Coro, o sea, a la provincia de Venezuela, la concesión hecha a los Welser fue anulada por el Emperador en 1546, porque no habían cumplido las obligaciones que ella imponía, y se envió para gobernarlas al licenciado Juan Pérez de Tolosa. Éste dejó a un lado las aventuras y se consagró a la organización de las colonias impulsando la agricultura y la ganadería y estableciendo nuevas fundaciones. Juan de Villegas, como lugarteniente suyo, fundó Burburata en 1548, y el hermano de aquél, Alonso Pérez de Tolosa, exploró el interior de la región. A la muerte del gobernador, acaecida dos años después de su arribo, Villegas prosiguió su obra; descubrió las minas de Buria y fundó Bariquisimeto en 1552.

En 1554 llegó el licenciado Villacinda, nombrado gobernador por la Corona. A él se debe la fundación de Nueva Valencia del Rey. Nueva Trujillo fue fundada en 1557 por Diego García de Paredes. Francisco Fajardo, hijo de un español y de una cacica de la isla de Margarita, obtuvo permiso del gobernador para poblar y realizó múltiples fundaciones a lo largo de la costa, y en 1560, para protegerlas de las frecuentes asonadas de los indios, estableció en el lugar que actualmente ocupa Caracas, una colonia que denominó San Francisco; pero dos años después desapareció entre una furiosa acometida de los naturales acaudillados por Guaicaipuro. Los ataques dirigidos por éste fueron cada día más frecuentes y devastadores para los establecimientos costeros hasta que el gobernador de Coro, que lo era entonces don Pedro Ponce de León, comisionó a Diego de Losada para combatirlos. Éste logró derrotar al jefe indígena y reedificó la colonia de San Francisco en 1567 con el nombre de Santiago de León de Caracas. No por ello cesaron los ataques indígenas que se habrían de repetir todavía durante mucho tiempo, pero la colonización siguió adelante, y en 1578 se trasladó la cabecera de la provincia de Coro a Caracas.

La provincia del Orinoco, que ahora se llamaba de la Guayana, permaneció vacante después del fracaso de Diego de Ordaz, hasta que en 1568 la otorgó don Felipe II a Diego Fernández de Cerpa que organizó para posesionarse en ella una gran expedición en la que iban 650 hombres y 150 mujeres. Terminó trágicamente entre los ataques de los indios y las condiciones del trópico. El propio Fernández Cerpa pereció en una batalla y los que lograron salir vivos de la aventura se dispersaron entre las otras colonias.

Tras él vino, varios años después, don Antonio de Berrio, yerno del conquistador Jiménez de Quesada que junto con su fortuna había heredado el propósito de encontrar el paradero de El Dorado, y consiguió ser nombrado por la Corona gobernador del reino de «El Dorado», como ahora se le llamaba. Tres amplias expediciones realizó, a pesar de su avanzada edad, entre 1584 y 1591, recorriendo la cuenca del Orinoco en busca de su gobernación, sin jamás encontrarla. Fundó una colonia en la isla de Trinidad y la de Santo Tomé de la Guayana sobre las márgenes del río, para apoyar su conquista; pero murió cuando creyendo ya tener noticias exactas del paradero de su provincia se preparaba a salir nuevamente en su busca. Su hijo Fernando consolidó las poblaciones establecidas por su padre y porfió vanamente en el descubrimiento de «El Dorado», pereciendo al fin ahogado, en 1629, en una de las varias exploraciones emprendidas con ese objeto.

El río de la Plata y sus afluentes, el Paraná y el Uruguay, ofrecían una excelente vía de penetración en el Continente, pero se encontraban excesivamente alejados de cualquiera de las bases de la expansión española. A pesar de ello la vitalidad y la fantasía de los conquistadores hizo caso omiso de las distancias y poco después que en las demás regiones de Iberoamérica, se iniciaron las exploraciones en aquellas apartadas latitudes y fueron a establecer su nuevo foco de colonización y reconocimiento, no sobre la costa como era regla invariable y necesaria, sino en el corazón mismo del territorio, en donde confluyen el Paraguay y el Pilcomayo.

El estuario del Plata ya vimos que fue visitado por Solís y Magallanes; pero sólo como punto de paso y con la esperanza de que fuera el estrecho necesario para llegar a la mar del Sur. En 1526, Sebastián Caboto, que siendo muy joven había viajado a América con su padre por cuenta de Inglaterra, había recibido ahora el encargo de Carlos V de reconocer nuevamente la ruta de Magallanes a Oriente, con la esperanza, sin duda, de hallar condiciones que facilitaran aquel derrotero. Con este designio navegaba Caboto a lo largo de la costa sudamericana cuando al tocar en la isla de Santa Catalina encontró en ella unos supervivientes de las expediciones de Solís y de García Jofré de Loaysa. Éstos narraron a Caboto una extraña y maravillosa historia: Según ella, un portugués llamado Alejo García, con cuatro compañeros suyos que habían ido a dar a aquellas playas en un naufragio, se habían internado profundamente tierra adentro. Encontraron en una excursión tribus de indios que se mostraron amigables y les hablaron de un gran reino situado todavía más allá. Alejo García formó un ejército con indios de aquellas tribus y marchó a la conquista del imperio del Rey Blanco, como le llamaban. Pero al ascender la cordillera otros pueblos le cerraron el paso y tuvo que regresar. A pesar de ello, a lo largo del viaje habían ido reuniendo piezas de oro y plata y regresaban con un gran tesoro; pero entonces sus aliados les habían dado muerte para robarlos. Mas un hijo de Alejo pudo escapar de la matanza y había llevado la noticia a los náufragos refugiados en aquella isla.

Sebastián Caboto debió haber tenido poca fe en el éxito de su viaje al Oriente, o, en todo caso, tuvo más fe en la historia de Alejo García, pues decidió cambiar sus planes y llevar la expedición a la conquista de aquel resplandeciente reino. Penetró por el estuario del Plata y allí encontró a otro superviviente del desastre de Solís, Francisco del Puerto, que confirmó las noticias de los de Santa Catalina, aclarando que el nombre de Rey Blanco le venía de tener en su imperio una sierra que era toda de plata. Posteriormente el descubrimiento del imperio inca y del increíble cerro del Potosí, vinieron a dar verosimilitud a la leyenda de Alejo García.

Caboto estableció en el estuario el Real de San Juan como base de las expediciones, y en él dejó una guarnición al mando de Antón Grajeda y dispuso inmediatamente la partida de dos exploraciones. Una de ellas dirigida por Juan Álvarez Ramón subió con un navío por el Uruguay pero al llegar a la confluencia del río Negro naufragó su nave y tuvieron que emprender el regreso por tierra. Los indios los atacaron y el jefe y varios hombres más perecieron en el viaje. La otra, remontando el Paraná con Caboto a la cabeza, logró un increíble avance. En diciembre de 1527 llegó a la confluencia del Carcaraña, estableció allí el fuerte de Sancti Spiritus en el que dejó otra guarnición y prosiguiendo adelante por el Paraná dejando atrás el Paraguay, hasta que llegó a un lugar en que los arrecifes le impidieron seguir adelante: entonces desembarcó y emprendió la exploración del Paraguay, y luego, con lanchones para que el calado del barco no estorbara el avance, emprendió la ascendencia por el Pilcomayo, pero allí la carencia de provisiones y la hostilidad de los indios del Chaco le obligaron a retroceder.

Cuando bajaba por el río encontró otra expedición que lo remontaba, al mando de Diego García. Estuvo éste con Díaz de Solís en el río de la Plata y vuelto a España organizó una expedición para explorarlo que salió antes que la de Caboto, pero se había detenido largo tiempo en las costas de Brasil. Acordaron ambos unir sus fuerzas para continuar la búsqueda de la Sierra de la Plata y se dirigieron al fuerte de Sancti Spiritus donde construyeron embarcaciones adecuadas para la navegación fluvial y se lanzaron río arriba nuevamente, mientras que por tierra enviaban a varios otros expedicionarios a indagar el camino del fabuloso reino argentino. Caboto y García regresaron sin haber adelantado nada y lo mismo los exploradores por tierra; pero entre éstos había uno dotado de mejor imaginación que los demás a quien llamaban el capitán César, y éste volvió con noticias extraordinarias sobre aquel misterioso imperio. De ahí nació otra leyenda no menos dorada que las anteriores, y al reino del Rey Blanco vino a añadirse la «Tierra de los Césares». En el inmenso ámbito de aquella América había lugar para todos los imperios, pero no para la ambición de los descubridores, y Caboto y García vinieron a disputar por la propiedad de las quimeras. Entre tanto, mientras ellos recorrían aquellos peligrosos caminos de la fantasía, sobre Sancti Spiritus había caído la cruda realidad de los indios salvajes destruyéndolo totalmente y los exploradores decidieron regresar a España para atraer mejores recursos con sus noticias y dirimir ante la Corona los límites de sus ilusiones.

Sus informes en la Península causaron en efecto gran sensación, tanta, que la concesión de la provincia de la Plata la obtuvo el influyente cortesano don Pedro de Mendoza que en agosto de 1535 salió a destronar al Rey Blanco con una magnífica flota y cerca de 1.500 hombres.

Reconocieron el estuario del Plata y el 2 de febrero de 1536 fundaron el puerto de Nuestra Señora de los Buenos Aires, patrona de aquellos viajeros, cuya vida dependía de los vientos marinos. Pero pronto empezaron a faltar los alimentos y los indios al principio mansos se tornaron agresivos. Los españoles descubrieron con la muerte un arma desconocida para ellos; las temibles «boleadoras» que daban en tierra con los caballos, y también llegaron a conocer el sabor de la carne humana impulsados por la desesperación del hambre.

A pesar de ello, el adelantado Mendoza subió hasta el antiguo fuerte de Caboto que reconstruyó con el significativo nombre de Buena Esperanza; encontró allí a los pacíficos guaraníes, y Juan de Ayolas, enviado por él, llegó hasta la confluencia del Pilcomayo y el Paraguay. El 15 de agosto de ese año de 1536 echó los cimientos de lo que había de ser el efervescente centro de las grandes exploraciones: Nuestra Señora de la Asunción. Después, dejando en un punto del Paraguay, que denominaron Candelaria, una guarnición al mando de Domingo Martínez de Irala, Ayolas se internó con ciento treinta hombres por las tierras del Chaco, en demanda de la Sierra de Plata.

Entre tanto, en Buenos Aires continuaban las luchas con los indios. Un hermano y muchos de los principales miembros de la expedición murieron en esos encuentros y la naciente ciudad fue incendiada por los enemigos, teniendo los colonos que refugiarse en las naves.

Aquella no era empresa para cortesanos, y el adelantado don Pedro de Mendoza se embarcó de regreso a la Península; pero la muerte le sorprendió a la mitad del Océano. De su brillante y numerosa expedición quedaban solamente 70 vecinos en Buenos Aires, 100 en el fuerte de Buena Esperanza, 58 en Asunción y 38 en Candelaria, más los que acompañaban a Ayolas que no llegaban a 150. Pero éstos perecieron todos con su jefe a manos de los indios del Chaco.

El adelantado y su lugarteniente habían pues desaparecido. Irala, que al fin pudo averiguar el fin de la expedición de Ayolas, se hizo el jefe de aquel mermado grupo de españoles, disperso a lo largo del río.

Conociendo la Corona la angustiosa situación de aquellos exploradores envió como gobernador a Francisco Ruiz Galán con algunos refuerzos para que los auxiliase. De Buenos Aires prosiguió a la Asunción, pero Irala, en lugar de alegrarse por el auxilio, se disgustó porque llegaba un gobernador a despojarlo de su mando. Esta era la manera de los verdaderos conquistadores. Por supuesto, despojó al nuevo funcionario del mando y con el pretexto de ir en busca de su jefe, Ayolas salió a expedicionar. Lo que en realidad buscaba era la Sierra de la Plata, temeroso de que los enviados del Emperador pudieran arrebatársela, pero después de mucho bregar, las lluvias que inundaban la comarca, le obligaron a regresar.

Se dio entonces cuenta de que era imposible cubrir con tan pocos hombres tantos puntos sobre el río en especial donde los indios les eran hostiles, pues fue indispensable su ayuda para proveerse de alimentos. Por lo demás, dado lo espúreo de su autoridad, quería prevenir los brotes de rebeldía a su retaguardia y privar de bases a los gobernadores que

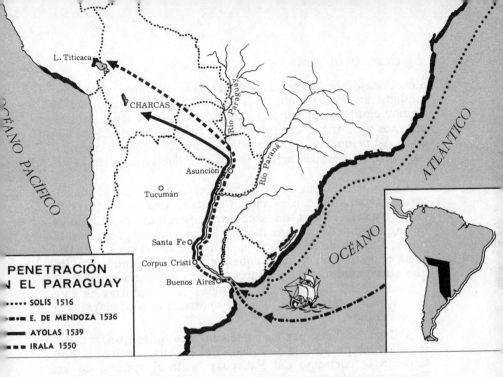

PENETRACIÓN
EN EL PARAGUAY

···· SOLÍS 1516
▪▪▪ E. DE MENDOZA 1536
▬▬ AYOLAS 1539
▪ ▪ ▪ IRALA 1550

enviaran de España. En consecuencia, bajó a Buenos Aires y en marzo de 1541 despobló Buenos Aires, y aunque sus pobladores se resistían, los obligó a concentrarse en la Asunción. Aquello equivalía a la destrucción de las naves de Cortés, pero sólo así, aislado y dueño de la situación, podía dedicarse sin cuidados a la conquista del país del Rey Blanco. Por lo demás en la Asunción los españoles habían hecho excelente amistad con los guaraníes, tanta que practicaban la poligamia a tal extremo que alguno de ellos llegó a llamar a la Asunción el paraíso de Mahoma.

Sin las escalas del río, Irala se sentía tranquilo, pero lo que nunca imaginó es que la Corona había designado meses antes como gobernador de su provincia al más extraordinario andarín de América, a Álvar Núñez Cabeza de Vaca, de quien ya veremos en otro lugar el fabuloso entrenamiento que había tenido para las caminatas.

Cabeza de Vaca llegó con su expedición y su nombramiento a la isla de Santa Catalina en los mismos días en que Irala despoblaba Buenos Aires. Envió desde allí dos barcos en busca de noticias al estuario del río de la Plata, y como no regresaron despachó su última embarcación para que fuera a la Asunción por el río y él con el grueso de su gente empren-

189

dió el viaje por tierra, a una distancia enorme y sin saber siquiera en dónde pudiera estar situada la Asunción. El 29 de noviembre emprendió la caminata, atravesó toda clase de terrenos y de tribus indígenas; y el 11 de marzo de 1542 llegó a la Asunción sin haber perdido uno sólo de sus acompañantes. Poco después arribaron los que habían seguido la vía fluvial.

Cuando el nuevo adelantado se presentó, Irala se encontraba preparando con el mayor cuidado una nueva expedición, y poco después, deseando anticiparse al adelantado se lanzó nuevamente a remontar el Paraguay. Llegó a sesenta millas al norte de Asunción y de allí, dejando el río, se internó hacia el oeste. Encontró en aquellas regiones a algunos indios que acompañaron a Alejo García en su legendaria expedición al imperio del Rey Blanco y noticias confirmatorias de éste y, con ellas, regresó a su base de operaciones a preparar una nueva salida.

Cabeza de Vaca por su parte tampoco quiso quedarse rezagado y emprendió la búsqueda del codiciado reino. Siguió también la corriente del Paraguay hasta el «puerto de los Reyes» y en ese punto se internó por tierra hacia el poniente. Al principio la marcha fue relativamente fácil, pero al llegar a la zona selvática se hizo tan difícil y penosa que el propio Cabeza de Vaca hubo de sentir la fatiga y decidió el regreso. No habían hallado el país buscado, pero en cambio Hernando de Rivera, que se había adelantado hasta el Mato Grosso, trajo las más alentadoras noticias, sobre todo para los más enamorados vecinos de la Asunción, acerca del reino de las Amazonas.

Nuevamente se encontraron allí Irala y Cabeza de Vaca. Estaba planteada entre ambos una formidable competencia para alcanzar la Tierra de los Césares; pero Irala no quiso arriesgar la conquista a la que había ya consagrado tantos años y con la experiencia que tenía de deponer gobernadores, prendió al adelantado de acuerdo con el contador Felipe de Cáceres, y lo remitió a la Península en una nave. Allá murió después de algunos años este hombre que midió con sus pasos las formidables dimensiones del Nuevo Mundo.

Pero una gran rebelión de los indios carios, que tuvo que reprimir, le impidió abandonar la Asunción.

Confió entonces las exploraciones a uno de los hombres venidos con Cabeza de Vaca y que había demostrado poseer las extraordinarias facultades necesarias para aquellas correrías. Era éste Ñuflo de Chávez que durante 1545 y 1546 exploró el Pilcomayo y llegó muy cerca de las cordilleras que indicaban la presencia de la Sierra de la Plata. Con estos indicios salió Irala al año siguiente con renovados bríos y dispuestos a trasmontar la cordillera a cualquier precio. Remontó el Pilcomayo hasta San Fernando, atravesó el temible Chaco y alcanzó las faldas de las montañas. Preguntó allí a los indios por el objeto de todos sus afanes y éstos le contestaron en castellano. Jamás soñó Irala que escuchar su lengua materna en aquellas profundas latitudes pudiera provocarle tan tremenda desesperación. Todas las leyendas, el imperio del Rey Blanco y la Sierra de la Plata y la Tierra de los Césares eran verdaderas, pero ya habían sido conquistadas por Pizarro y Almagro. Nunca la historia ha jugado a otro hombre una broma más pesada.

Se encontraba el defraudado descubridor cerca de Chuquisaca, fundada hacía poco por Peranzurez.

Si los españoles del Perú le habían ganado el reino de la Plata, le indemnizaron en cambio con otro mito magnético: el del reino de El Dorado. ¡Y Domingo Martínez de Irala pidió licencia al gobernador del Perú, que lo era don Pedro de la Gasca, para ir a descubrirlo!

Sus soldados se negaron a acompañarlo y en marzo de 1549 estaba de regreso en la Asunción. Esfumada la esperanza de las riquezas fabulosas, los conquistadores de la Asunción fueron convirtiéndose en colonos y empezaron a arrancar de la tierra sus riquezas menos brillantes pero más seguras. La Gasca nombró como gobernador de la provincia a Diego Centeno, pero esta vez la suerte ayudó a Irala, pues aquél murió antes de que pudiera tomar posesión de su puesto y la Corona nombró, al fin, a Irala gobernador en 1554. Formó 400 encomiendas en el territorio del Paraguay preocupándose por que se diese buen trato a los guaraníes encomendados, y fundó varias villas para distribuir mejor a la población. En 1555 la Asunción fue erigida en obispado y se inició de modo temático la catequización de los indios. Irala, sin una quimera que conquistar, murió al año siguiente en la Asunción.

Pero aún quedaba un superviviente de la generación descubridora, Ñuflo de Chávez, y éste había de seguir en la brega hasta morir en ella. En 1558 salió nuevamente a explorar, recorrió inmensos territorios batiéndose frecuentemente con los indios: su tropa cansada se le rebeló, pero con 45 hombres que le permanecieron leales prosiguió sus andanzas, hasta que topó en el país de los chiriguanos con Andrés Hanso, a quien el virrey del Perú había enviado para realizar allí una fundación que se llamó Barranca. Pero a Ñuflo de Chávez no le alcanzaba el continente para él solo y se dirigió a Lima para hacer valer sus derechos sobre aquella zona. El virrey don García Hurtado de Mendoza era un hombre comprensivo y aceptó dejarlo en posesión de aquel territorio, y Chávez volvió a sus interminables exploraciones. Se metió por la tierra de los gorgotoquis, y en febrero de 1561 fundó en aquellas lejanías Santa Cruz de la Sierra. Pero Manso invadió nuevamente la comarca que consideraba suya fundando en ella Santo Domingo de la Nueva Rioja y renacieron los pleitos y las apelaciones a Lima; mas los indios vinieron a terminar con las disputas definitivamente. En 1564 los chiguanos arrasaron Santo Domingo, matando a casi todos sus moradores y entre ellos a Manso y, poco después corrió la misma suerte Barranca.

Ñuflo de Chávez se encontraba en esos momentos en Asunción, pero sólo para preparar otra gran expedición: Cuatro, años duraba ya ésta y hubiera proseguido indefinidamente; pero una noche mientras dormía en su hamaca cayeron sobre su campamento los indios y le dieron muerte.

Era el último aventurero del Paraguay. La provincia hacía varios años que había iniciado su vida organizada y pacífica.

Chile

Las guerras civiles del Perú y particularmente la muerte de Diego de Almagro, paralizaron la expansión hacia el sur, hacia aquellas tierras de Chile, cuyo primer reconocimiento verificara éste. Pero sobre todo fueron las noticias de que en aquellas regiones no existían grandes imperios ni metales preciosos lo que ocasionó que muy pocos se interesaran en ellas.

La Corona, entre tanto, no sabía ya bien a bien las provincias que poseía y menos aún su situación y sus límites, por eso para distribuirlas entre los que solicitaban ir a conquis-

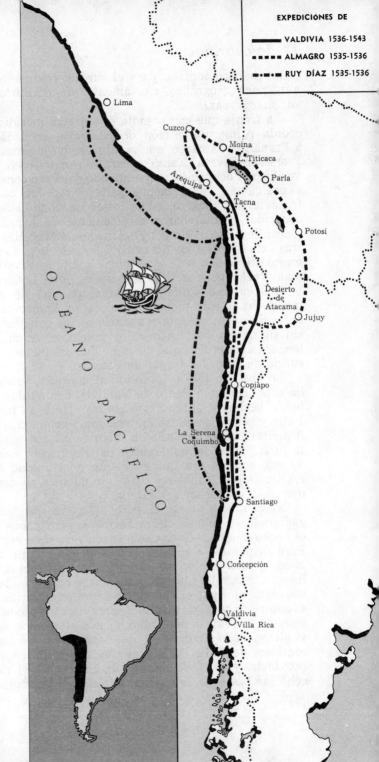

EXPEDICIÓNES DE

━━━━━ VALDIVIA 1536-1543

▄▄▄▄ ALMAGRO 1535-1536

▄·▄·▄ RUY DÍAZ 1535-1536

Lima

Cuzco

Moina

L. Titicaca

Arequipa

Paría

Tacna

Potosí

OCÉANO PACÍFICO

Desierto
de
Atacama

Jujuy

Copiapó

La Serena
Coquimbo

Santiago

Concepción

Valdivia
Villa Rica

EXPEDICIONES
A CHILE

tarlas, había adoptado para el sur del continente el sistema, muy poco geográfico, ciertamente, de dividirlo en franjas «de mar a mar».

La franja que comprendía el extremo meridional fue concedida primero a Simón de Alcazaba, en 1535, y después a Francisco Camargo, que nombró como lugarteniene suyo a Francisco Rivera. Tanto Alcazaba como Rivera trataron de verificar la ocupación prescindiendo del Perú como base de sus expediciones, seguramente para evitar las posibles interferencias de Pizarro, cuyos celos de conquistador eran ya conocidos, y marcharon directamente de España a su provincia llegando a ella por el estrecho de Magallanes. Pero una tras otra fracasaron. Alcazaba habiendo llegado a su destino murió allí a manos de sus propios hombres. Rivera ni siquiera pudo llegar, pues su flota se desintegró en la travesía.

En realidad Chile necesitaba un tipo de conquistador inédito hasta esos momentos; o sea, un hombre con todas las dotes de valor, energía y audacia de los conquistadores, pero sin su pasión por los metales preciosos. Aunque nadie entonces había creído que un individuo así pudiera existir, éste surgió de entre las tropas de Pizarro.

En abril de 1539 se presentó al marqués, solicitando aquella conquista, don Pedro de Valdivia, distinguido capitán que había hecho su aprendizaje en las armas en las guerras de Italia y poseía ahora una provechosa encomienda en Charcas. Aquellas tierras de Chile no caían de ningún modo dentro de la jurisdicción del gobernador del Perú, pero éste se percató de que aquella era una excelente oportunidad de extender los dominios españoles y sin parar mientes en demarcaciones otorgó la concesión a Valdivia.

Nada revela mejor el poco atractivo que tenía para los exploradores aquella tierra hermosa, pero pobre y dura, que el hecho de que Valdivia sólo encontrara doce españoles en el Perú dispuestos a acompañarle. Con ellos y mil indios auxiliares y una mujer, su inseparable e intrépida compañera Inés Suárez, salió el capitán de Cuzco en enero de 1540. Afortunadamente, por el camino se le unieron varias partidas de aventureros y llegó a sumar cerca de ciento cincuenta europeos en su expedición. Marchó por el camino de Arequipa y atravesando el desierto de Atacama entró en los valles centrales de Chile. El «Nuevo extremo» llamó a su remota provincia, y el 12 de febrero de 1541 sobre el río Mapocho, echó las bases de la ciudad de Santiago, destinada a ser su capital. La noticia de la muerte de Pizarro, que entonces era falsa todavía, le sirvió al capitán para que, siguiendo el democrático ejemplo de sus precursores en las conquistas, se convocara a los vecinos a cabildo abierto y en él se le eligiese gobernador de aquel reino. No ofrecía poco trabajo gobernar aquella pequeña pero inquieta comunidad. Como era frecuente en esos casos, surgió el partido de los descontentos que deseaban abandonar aquella conquista y, también como era costumbre, el flamante gobernador hizo ahorcar a cinco de los cabecillas. Pero entonces empezaron a inquietarse los indios del país que tenía trabajando en los lavaderos de oro de los ríos y en un astillero en que se construía un bergantín. Para aplacarlos Valdivia salió a hacer un recorrido por la tierra, dejando la ciudad a cargo de Alonso de Monroy. Pero no se había alejado mucho aún cuando el 11 de septiembre de aquel año de su fundación cayeron los indios sobre la ciudad y estuvieron a punto de acabar con sus moradores.

Cuenta Herrera en sus «Décadas» que la población se salvó porque tenían los españoles en calidad de rehenes a varios caciques indígenas y ante el furioso ataque de sus compañeros «doña Inés Suárez, porque los indios no se llevaran a los caciques presos, sin orden de nadie tomó un hacha y con ella mató a todos. Atrevimiento extraordinario —sigue el cronista en son de comentario— pero crueldad ya otras veces vista en mujeres». Muchos niegan la autenticidad de la anécdota, pero de cualquier modo revela que doña Inés era de armas tomar. Sea quien haya sido el que empuñó el hacha de partir, lo cierto es que cuando los sitiadores vieron que les arrojaban las cabezas de sus jefes se desconcertaron y esa oportunidad la aprovecharon los colonos para romper el cerco y huir. Cuando cuatro días más tarde regresó Valdivia, sólo encontró los escombros de la ciudad. Todos los elementos para la colonización habían sido destruidos. Sin embargo, Valdivia perseveró en su obra y empezó a reconstruir la ciudad. Desde aquella trágica rebelión en adelante los terribles araucanos no habían de dar paz a los colonos casi durante dos siglos. Con una tenacidad heroica se sostuvieron los vecinos de Santiago durante dos años sin recibir ningún auxilio. Con lo poco que habían sacado de los lavaderos envió Valdivia a Monroy al Perú en enero de 1542 en busca de refuerzos y suplementos. Monroy cayó preso de los indios copiapós, pero pudo escapar y cumplió fielmente su misión. Sin embargo no fue sino hasta septiembre del año siguiente, cuando, en medio del júbilo de los colonos que puede imaginarse, arribó a Chile un barco con socorros y poco después, en diciembre, llegaba Monroy por tierra con hombres de refuerzo.

Con aquellos elementos Valdivia se dispuso a extender y consolidar su colonización. Fundó la Serena en 1544 a fin de disponer de una escala de comunicaciones con el Perú y envió al piloto genovés Juan Bautista Pastene a explorar las costas del sur.

Pero ahora se presentaba otra grave dificultad que también era peculiar de aquel difícil país que sin un hombre como Valdivia hubiera pasado mucho tiempo antes de ser colonizado. Hemos observado cómo los aspirantes a conquistadores de grandes imperios acababan resignándose a ser colonos gracias al trabajo de los indígenas en sus encomiendas. Pues también de este atractivo se carecía en Chile, porque los araucanos irreductibles se replegaron hacia el sur antes de aceptar la servidumbre y privaron así a los españoles de su fuerza de trabajo. Valdivia fijó una guarnición al sur, en Itata, con el propósito de detener el éxodo, pero poca efectividad tuvo esta medida frente a la creciente agresividad de los araucanos. A principios de 1546 salió el propio gobernador con 70 jinetes dispuesto a obligar a los indios a volver. Cruzó el río Maule y llegó hasta el Biobío. Los araucanos le presentaron batalla y aunque logró derrotarlos comprendió que su situación era muy peligrosa y regresó a Santiago.

Desde 1545 había enviado nuevamente a Monroy por refuerzos al Perú para poder extender las colonias. Monroy murió en Lima, pero su piloto Pastene que lo acompañaba volvió en 1547 con los refuerzos. Y, con ellos, llegaron a Chile las noticias de las guerras civiles que se habían reencendido en Perú. Dado lo discutible del nombramiento de gobernador que ostentaba, según las normas entonces vigentes, Valdivia comprendió que aquellas luchas aunque lejanas podían afectar su situación y marchó al Perú para hacer méritos ante las autoridades peleando contra los rebeldes, que lo eran entonces los del partido de Pizarro, al que él había pertenecido en otra época. En diciembre de 1547 salió para Perú, dejando como lugarteniente suyo a Francisco de Villagrán; tomó parte en la guerra contribuyendo al triunfo de las armas del Emperador y ello le valió, como pretendía, el que el virrey La Gasca, aunque limitando su jurisdicción y reduciendo sus facultades, lo confirmara en el nombramiento popu-

lar de Gobernador de Chile, con lo que regresó a Chile
después de casi año y medio de ausencia. A su paso rumbo a
Santiago tuvo que repoblar la Serena con algunos hombres
que traía del virreinato y después envió a Francisco de Aguirre
a contener a los indios que avanzaban en sus incursiones y a
Villagrán al otro lado de los Andes a extender sus dominios,
mientras él con trescientos españoles insistía al sur del Biobío
en dominar el país de los araucanos; pero la resistencia que
encontró fue más violenta que nunca. Logró vencerlos sin embargo y trató de intimidarlos imponiendo a los prisioneros
castigos tan crueles como el de cortarles las manos o las orejas; levantó el fuerte de Penco, que después se convertiría en
la villa de la Concepción, y los de Arauco, Purén y Tucapel,
con los que consideró asegurado su dominio.

Y rechazando nuevos ataques de los araucanos penetró
más al sur y estableció las colonias de la Imperial, Villarrica
y Angol y más al sur aún fundó en febrero de 1552 la ciudad
de Valdivia, en la que dejó setenta soldados avecinados. Francisco de Ulloa, por encargo suyo, llegó por mar hasta el estrecho de Magallanes, y Villagrán, entre tanto, al otro lado de
los Andes, llegaba hasta el río Negro; pero el acoso de los
naturales le obligó a regresar mientras, también tramontando
los Andes, pero más al norte, Aguirre expulsaba a Juan Núñez
de Prado, que había descendido del Alto Perú para hacer
una fundación y establecía en cambio Santiago del Estero.

Don Pedro de Valdivia debió haberse sentido optimista
en esa época: había vencido los más duros obstáculos, sus dominios crecían y poco a poco iban llegando nuevos colonos,
superando así, aunque lentamente, la ausencia de mestizaje
ocasionada por la actitud de los araucanos y que, en casi todas
las otras colonias, tanto había ayudado a aumentar su población y sus recursos. Ante este halagüeño panorama Valdivia
mandó a un comisionado a España para que informara a la
Corona de su obra y obtuviera el decreto real nombrándolo
gobernador definitivamente.

Pero cuando más confiado se encontraba Valdivia sorpresivamente los araucanos cayeron sobre el fuerte de Tucapel
en diciembre de 1553 y sus guardianes se vieron forzados a
abandonarlo.

Los araucanos fueron uno de los pocos pueblos indígenas
que tuvieron el tiempo y la habilidad necesarios para apropiarse algunos de los elementos de guerra de los europeos,

el caballo en primer término, y para elaborar una táctica que les permitiera sacar ventaja de su superioridad numérica.

Por esta época dirigía a los araucanos un joven caudillo llamado Lautaro que había sido caballerango de Valdivia y durante su estancia entre los españoles había observado sus sistemas pensando en la venganza de su pueblo. Junto a él sobresalía también por su valor y destreza en la guerra, Caupolicán, otro de los jefes de aquella raza indomable. La nueva táctica indígena consistía en atacar por grupos sucesivamente, y no en conjunto y al mismo tiempo como lo hacían los otros pueblos, de tal manera, que cuando era vencido uno entraba otro en la lucha, y como sus reservas, en relación con las fuerzas españolas, eran inacabables, podían de este modo, escuadrón tras escuadrón, sostener la lucha indefinidamente hasta que los españoles, agotadas sus fuerzas, fuesen vencidos.

Valdivia recibió la noticia del ataque a Tucapel cuando se hallaba en Concepción y acto seguido se encaminó con sólo cincuenta hombres al fuerte creyendo que llegaría a tiempo de auxiliarlo. Cuando llegó sólo pudo contemplar sus ruinas y los sangrientos signos de la heroica lucha sostenida por la guarnición. Pronto el enemigo hizo su aparición y Valdivia tuvo que dar la pelea en una cañada en que la retirada era imposible. Se batieron con extraordinario denuedo durante horas y horas, vencieron a muchos cuerpos indígenas, pero siempre que derrotaban a uno aparecía otro de refresco. La mayoría de los conquistadores murieron en la batalla pero algunos, entre ellos Valdivia, cayeron vivos en su poder. Se contaba que al gobernador le hicieron sufrir una muerte lenta y atroz, arrancándole pedazos de carne que devoraban en su presencia.

La muerte del gobernador trajo de inmediato una crisis de autoridad en la colonia, porque se disputaron el mando Aguirre, que era al que designaba en su testamento en primer término para sucederlo, y Villagrán, a quien los cabildos eligieron como gobernador y capitán general. Éste inició desde luego una campaña contra los araucanos para vengar la muerte de su jefe, pero fue totalmente derrotado por Lautaro en el río Marigüeño y tuvo que replegarse y despoblar Angol, Concepción y Valdivia, mientras al sur quedaban aisladas Villarrica y La Imperial. Entonces avanzaron los araucanos, venciendo siempre, y atacaron las poblaciones supervivientes, inclusive Santiago. Con todo las principales pudieron resistir el embate, y al contraatacar Villagrán pudo al fin derrotar a sus enemigos parapetados en el río Mataquito en abril de 1557. Lautaro murió en aquella batalla. Sin embargo Villagrán no pudo avanzar sobre el territorio araucano, y el Biobío quedó como frontera inviolable de los dos pueblos.

Pero el virreinato del Perú había entrado al fin por la pacífica senda del orden, y por primera vez sus autoridades estuvieron en condiciones y en disposición de ocuparse de aquella heroica provincia de Chile, que durante casi veinte años se había mantenido por sí sola. El virrey del Perú, que lo era entonces el marqués de Cañete, envió a su propio hijo, llamado como él García Hurtado de Mendoza, con un bien pertrechado ejército de 600 infantes y 100 jinetes. Con el joven capitán general venía el más grande de los cronistas y el mejor de los poetas de la epopeya americana: Alonso de Ercilla, que en honor de españoles y araucanos había de escribir un poema de ellos, «La Araucana».

Hurtado de Mendoza abrió la campaña en junio de 1558. Hubo terribles batallas, pero el número y organización de sus fuerzas hizo fracasar la táctica indígena y salió victorioso en todos los encuentros. Sin embargo, a pesar de que recurrió a todos los medios para someterlos, desde las amistosas promesas hasta las crueles represalias, los araucanos nunca quisieron claudicar. Pero los españoles pudieron dar auxilio a las ciudades aisladas, repoblar las que habían abandonado e, incluso, fundar otras nuevas como Cañete y Osorno y Mendoza en la vertiente oriental de la cordillera de los Andes.

Todavía Caupolicán, sin darse por vencido, inició otro ataque, pero fue a caer prisionero ominosamente en una emboscada y fue cruelmente ejecutado. Sin embargo la rebeldía araucana se mantuvo viva siempre y para conjurarla fue necesario mantener en pie un ejército en forma permanente y a pesar de él sus asaltos se repitieron esporádicamente casi hasta los tiempos de la Independencia.

Don García, además de sus éxitos en la guerra, realizó una excelente labor administrativa y legislativa en la provincia, cuyo gobierno dejó en enero de 1561 y vino a ocuparlo Villagrán nuevamente, pues había logrado al fin la designación de la Corona a su favor, y las colonias continuaron prosperando a pesar del intermitente estado de guerra en que vivían.

Brasil

Después de que Álvarez Cabral descubrió casualmente las costas orientales del Brasil, fueron éstas muy visitadas por los marinos; tanto por los portugueses, que hacían escala en ellas en su viaje a las Indias Orientales, ya que el régimen de vientos los obligaba a hacer ese enorme rodeo, como por los españoles en sus viajes a las provincias del Plata. Pero la Corona portuguesa estaba totalmente ocupada y satisfecha con su comercio y exploraciones en Asia y dejó pasar muchos años sin apenas preocuparse por sus posesiones americanas, que sólo le interesaban para asegurar sus líneas de navegación al Lejano Oriente. En las primeras décadas del siglo XVI, pues, Portugal no tuvo en Brasil sino una escala para sus navíos y alguna que otra factoría en la que explotaba el famoso palo que había dado su nombre al país.

Fue hacia 1531 cuando el rey don Juan III, al ver la importancia que iban adquiriendo las colonias españolas, temió por la seguridad de sus territorios y envió una expedición con objeto de confirmar y afianzar su dominio sobre ellos. La expedición dirigida por Martín Alfonso de Sousa hizo su arribada a Pernambuco; allí se dividió en dos partes, una, comandada por Diego Leite, exploró la costa hacia el norte, hasta la desembocadura del Amazonas; y la otra, que mandaba el propio Sousa, siguió el litoral con rumbo al sur. Este último durante su viaje oyó hablar de la existencia de grandes riquezas en el interior del país y despachó un grupo de ochenta hombres tierra adentro a investigar, pero jamás regresó ninguno de ellos. Prosiguiendo más al sur fundó la colonia de San Vicente y envió a su hermano Pedro Lopes de Sousa a reconocer el estuario del Plata con la intención de establecer otra colonia en él a fin de disputar a España esos territorios, pero el proyecto no llegó a efectuarse.

Aquella expedición sirvió para demostrar al monarca portugués que la ocupación permanente de aquellas tierras exigía un esfuerzo humano y un gasto que no estaba ni en condiciones ni en disposición de llevar a efecto. Pensó por ello que el único modo, y el mejor, de llevar a cabo la exploración y ocupación de sus territorios americanos era el que había puesto en uso su vecino y pariente el rey de España: la Corona ponía el papel y la tinta en que se extendía el permiso para la conquista, y el conquistador ponía todo lo demás, incluso

...ón de Olinda, que alcanzó rápida prosperidad llegando
...to a ser la colonia más importante del Brasil.

...in embargo, dada la organización que se había dado a las
...tanías, pudo advertirse, cada vez en forma más patente.
...tendían a digregarse y no formarían nunca un conjunto lo
...cientemente fuerte como para poder rechazar los peligros
...las amenazaban, por lo que se vio que era necesario el
...blecimiento de una organización central que las unificara.
...esta idea el rey canceló las concesiones otorgadas y su...
...nió el régimen de las capitanías, creando un gobernador
...ral con autoridad sobre todas ellas. Fue designado pa...
...se puesto Tomás de Sousa, que en mayo de 1549 llegó
...seis naves, en las que transportaba a trescientos soldados,
...cientos colonos voluntarios y cuatrocientos presidiarios a
...enes se indultó con la condición de que pasaran a América.
...esta expedición venían también los primeros seis religio...
...de la Compañía de Jesús recientemente fundada, que lle...
...on al Nuevo Mundo.
...El gobernador Sousa fijó la capital general de todas las
...nias brasileñas en Bahia de Todos los Santos, que se con...
...ió así en el puerto de escala de la navegación portuguesa
... importante centro de población.
...Sousa desempeñó eficazmente su misión. Aumentó la in...
...ración de familias portuguesas y se inició en forma la
...quización de los naturales. En 1551 se creó un obispado
...s jesuitas lograron evangelizar algunas de las belicosas
...us indígenas que habitaban el territorio. En esta difícil
...ea les prestó gran ayuda un extraño personaje, Diego Ál...
...ez Correa, que, haciéndose pasar por una divinidad entre
...indios, llegó a convertirse en cacique de varias tribus que
...llamaban Caramurú, que significaba «creador del fuego».
...En 1553 el gobernador Sousa fue sustituido por don Duar...
...da Costa. Con él llegó un numeroso grupo de jesuitas que
...ablecieron un año después el Colegio de San Pablo, cuya
...olación empezó a adquirir con ello una gran importancia
...el desarrollo del país, llegando a convertirse en el foco de
...adiación de la civilización europea. Los jesuitas obtuvieron
...e la Corona reemplazara a Da Costa por un gobernador
...s enérgico que impusiera un orden más severo entre los
...ajados colonos y corrigiera muchos vicios y abusos que se
...ían hecho habituales, y esa difícil misión fue confiada a
...m de Sa. Su llegada en 1558 a Bahía no podía haber sido
...s oportuna, porque el peligro de una invasión francesa se

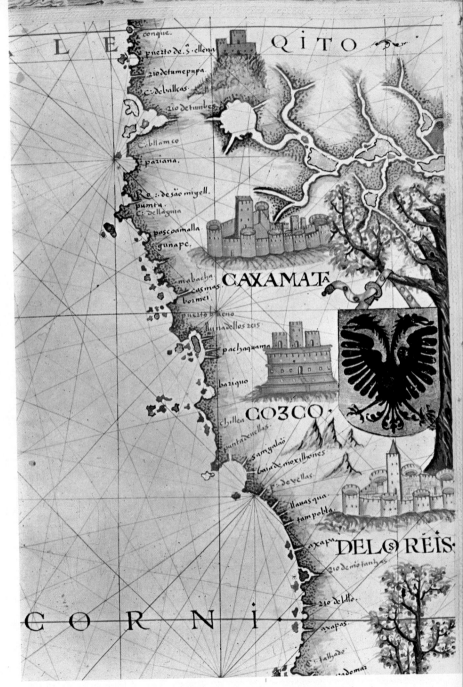

Mapa del Perú. Colección Duque de Alba. Palacio de Liria, Madrid (España).

Cómo los indios solemnizaban sus fiestas. Grabado de "Truxillo del Perú" de Martínez Compañón. Biblioteca Nacional, Madrid (España).

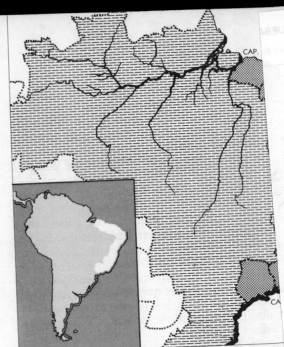

su vida, para verificar la empresa. Confor[...]
Juan III dividió el Brasil en doce grandes p[...]
nías que abarcaban cada una aproximac[...]
leguas de costa, y se extendían hasta el infin[...]
y otorgó cada una de ellas a un concesiona[...]
forma hereditaria y casi independiente, lo [...]
de ellos casi soberanos de sus respectivos te[...]
buco fue la única plaza que reservó la Cor[...]
trarla directamente, por ser punto de esca[...]

Muy poco fue lo que lograron estos capi[...]
tración del territorio, aunque algunos de e[...]
solidar sus establecimientos y hacerlos pros[...]
con el cultivo de la caña de azúcar, que res[...]
lente negocio por la creciente demanda [...]
tenía en Europa. Así florecieron San Vicent[...]
fundadas por los hermanos Lopes de Sousa; [...]
por Vasco Fernández Coutinho, y Bahia, p[...]
reira Coutinho.

Pero los colonos tuvieron que permanece[...]
y luchar frecuentemente contra los indios, qu[...]
por tierra, y contra los franceses, que preter[...]
tierras por mar.

El rey confió a Duarte Coelho la vigila[...]
franceses y éste afincó como base de sus op[...]

había ya realizado y era necesario un gobernador apto y enérgico que la rechazara.

El príncipe de Coligny, que era almirante del reino en Francia y jefe del partido rebelde de los hugonotes, apoyó el proyecto de crear una colonia en América para sus correligionarios perseguidos y envió a un grupo de ellos jefaturados por Durand de Villegagnon, que establecieron en 1555 en una de las islas de la bahía de Rio de Janeiro una colonia calvinista a la que denominaron «La Francia Antártica», con el propósito de formar un país independiente. En 1557 llegaron más franceses, a los que el propio rey Enrique II había auspiciado para su traslado al Brasil, y la colonia se empezó a extender sobre tierra firme. Pero inopinadamente Villegagnon se convirtió en enemigo del protestantismo y empezó a combatirlo, lo que originó disputas entre los colonos y, a la postre, el que su jefe regresara a Europa en busca de apoyo. No lo encontró allá, y en América el gobernador portugués inició la campaña contra la Francia Antártica, que el 20 de enero de 1567 cayó en su poder. Los hugonotes fueron expulsados y Mem de Sa estableció en la bahía la colonia de San Sebastián, que fue llamada corrientemente Rio de Janeiro.

En 1573 dividió el monarca portugués el territorio brasileño en dos capitanías, que tuvieron por capitales a Bahía y Rio de Janeiro, y sólo cuatro años después las unificó nuevamente bajo el gobernador de Bahía, don Luis de Brito.

Las colonias cubrían sólo la faja costera, enmarcadas en ella por las cordilleras que cierran el paso al interior del territorio. Éstas crecían y se enriquecían día a día atrayendo cada vez mayor inmigración, pero la penetración del Continente desde ellas fue sumamente lento. Como se ve la infiltración europea en el Brasil revistió una forma muy distinta a la de los territorios que ocupó España.

Las expediciones complementarias

Una serie de exploraciones menores realizadas simultáneamente a las grandes gestas de la conquista habían completado el conocimiento del Continente en su área hispánica.

En 1525 Esteban Gomes recorrió por mar desde la península de la Florida hasta la del Labrador, y un año después

El descubrimiento

Lucas Vázquez de Ayllón pretendió sin lograrlo, porque murió en el empeño y su gente se dispersó, fundar una colonia en la bahía de Chesapeake, en el actual Estado estadounidense de Virginia. Pánfilo de Narváez intentó en 1529 penetrar en la Florida; pero su expedición naufragó y quedaron perdidos en las selvas Álvar Núñez Cabeza de Vaca con dos españoles más y un negro llamado Estebanillo. Durante más de siete años caminaron buscando auxilios hasta que al cabo de ellos llegaron a Culiacán, en la costa occidental de México.

Siendo gobernador de Cuba, Hernando de Soto se puso al frente de una expedición que penetró por la cuenca del Mississipi en 1539, la exploró ampliamente a través de las selvas, soportando penalidades que a Soto le causaron la muerte durante la travesía, después de tres años de viaje llegaron al río Panuco en donde encontraron a las avanzadas de Nueva España.

En el Pacífico don Diego Hurtado de Mendoza reconoció, por orden de Hernán Cortés, los litorales partiendo de Acapulco hacia el norte y fue quien primero llegó a la península de la Baja California. Hemos visto ya cómo después el propio capitán general de Nueva España y más tarde Francisco de Ulloa completaron el conocimiento de las costas del norte de México que miran al Pacífico. Después, entre 1532 y 1542 Juan Rodríguez Cabrillo continuó el reconocimiento de aquellos litorales y llegó al norte de la bahía de San Francisco, aunque no reparó en ésta. En 1578 el pirata Drake llegó más al norte aún en su recorrido por el Pacífico.

El inusitado viaje de Cabeza de Vaca provocó la primera exploración por tierra del norte de México y del sur de los Estados Unidos, pues trajo noticias de que hacia esta parte se había enterado que existía no una sino siete ciudades, cuyas casas y templos estaban recubiertas de oro. El prudente virrey don Antonio de Mendoza no quiso creer tan fabulosa historia y comisionó a fray Marcos de Niza para que investigara lo que pudiera haber de cierto en ello. Fray Marcos también desconfiado no quiso dar fe a nadie y él mismo, llevando al negro Estebanillo por guía, emprendió la increíble caminata por los desiertos y sierras de los actuales estados mexicanos de Sonora y Chihuahua, pero lo más increíble es que encontró en el desierto el maravilloso reino de las Siete Ciudades. No penetró en él por temor a sus habitantes, pero lo vio de lejos con sus propios ojos. Ante el testimonio de un fraile tan dig-

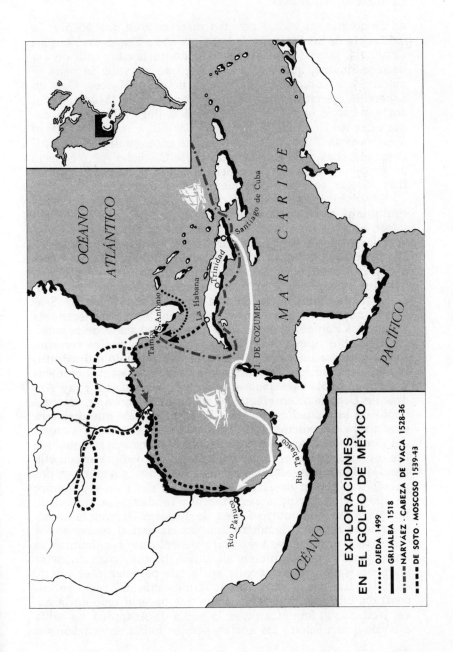

EXPLORACIONES
EN EL GOLFO DE MÉXICO

······· OJEDA 1499
━━━━━━ GRIJALBA 1518
─·─·─·─ NARVÁEZ - CABEZA DE VACA 1528-36
■─■─■─ DE SOTO - MOSCOSO 1539-43

OCÉANO
ATLÁNTICO

MAR   CARIBE

PACÍFICO

OCÉANO

Santiago de Cuba
Trinidad
I. DE COZUMEL
La Habana
Tampa/S. Antonio
Río Pánuco
Río Tabasco

El descubrimiento

no de crédito, el virrey no tuvo más remedio que aceptar la existencia de las Siete Ciudades, y ordenó a Francisco Vázquez Coronado, que se encontraba ocupado en la conquista de Jalisco y Sinaloa, que dejara aquello, que no valía la pena, y marchara a conquistar el imperio de fray Marcos. Con un aguerrido ejército partió Vázquez Coronado en 1540 rumbo al norte, recorrió la vertiente del Pacífico, llegó a la desembocadura del río Colorado y caminó desde allí a través de Nuevo México hasta Texas y Chihuahua. Dos años empleó en tan fatigosas marchas y no encontró las Siete Ciudades, pero conoció un amplio y desolado territorio. Cuando volvió a la capital fray Marcos se ausentó prudentemente del virreinato.

El establecimiento de la ruta de México a las Filipinas continuaba siendo una apremiante necesidad para la Corona y por órdenes de ella el virrey de Nueva España envió una flota dirigida por Ruy López de Villalobos que levó anclas en Barra de Navidad el primero de noviembre de 1542. La expedición descubrió el archipiélago de Coral y llegó a las Filipinas, que precisamente ellos bautizaron con ese nombre, pero, al igual que había sucedido a la anterior expedición de Saavedra, no encontraron los vientos que les permitieran «la vuelta del Poniente» como se le llamaba al viaje de regreso.

Ante este nuevo fracaso los funcionarios reales recordaron entonces a un viejo marino que había vivido mil aventuras en las Molucas, las había narrado en interesantes crónicas y después había cambiado el barco por el claustro. Fray Andrés de Urdaneta, en efecto, se encontraba ahora en un convento en la ciudad de México. El Rey le pidió que dirigiera una nueva expedición a las Filipinas para buscar la «vuelta del Poniente». Fray Andrés no aceptó el mando de la flota, que fue confiada a Miguel López de Legazpi, pero sí partir con ella para dirigirla con su experiencia. Con dos galeones y dos pataches zarparon de Barra de Navidad el 21 de septiembre de 1564. A su arribo a las Filipinas fundaron la ciudad de Manila y en ella murió López de Legazpi. Urdaneta reemprendió el regreso, demostró una pericia genial buscando los vientos favorables para el viaje de retorno y descubrió la ansiada ruta, pero también un ánimo heroico para soportar las penalidades de la travesía en la que perecieron el piloto, el contramaestre y muchos tripulantes más. El resto se encontraba enfermo, y el fraile tenía que hacerlo todo en la nave, y cuando al fin entraron en la bahía de Acapulco, no había a bordo quien echara las anclas, pero se había encontrado «la vuelta del Poniente», y aquella sería la vía por la cual llegara al archipiélago filipino la colonización española y con ella la cultura occidental.

Por aquella ruta partió años más tarde Francisco Galí, que por encargo del virrey de Nueva España iba hacia el Pacífico norte en busca del «estrecho de Anián», que según las teorías de la época separaba a China de California. Galí llegó hasta los actuales límites de Alaska y Canadá y reconoció aquellas costas; pero no pudo alcanzar el estrecho de Behring, que era el verdadero «Anián» (1).

En el Pacífico sur los marinos españoles emprendieron también atrevidas exploraciones que revelaron importantes descubrimientos. El archipiélago de Colón o de las islas Galápagos, frente a las costas de Ecuador, había sido descubierto en 1535 cuando el obispo de Castilla del Oro, fray Tomás de Berlanga, navegaba rumbo al Perú. En 1565, el piloto Juan Fernández, que estaba encargado del tráfico entre Perú y Chile, buscando un derrotero en que los vientos fueran más favorables para sus viajes encontró el archipiélago que lleva su nombre y logró reducir el tiempo de la travesía de noventa días, que duraba normalmente, a sólo treinta.

En el Perú pervivía una tradición según la cual en tiempo de los incas solían venir del Poniente, sobre las aguas del Pacífico, mercaderes de lejanos países para traficar con los indígenas. Con base en ella, pero sobre todo para deshacerse de los empedernidos aventureros, que como hemos visto eran la perenne amenaza de las autoridades, dispusieron éstas en 1567 que «por tener noticia, como se tiene, de las islas que acá llaman Salomón, y por echar parte de la gente haragana que anda en este reino», se enviara una flota a explorar el Pacífico. Esta gente haragana, dirigida por Álvaro de Mendaña y el sabio don Pedro Sarmiento de Gamboa, descubrió las islas Salomón, en la Melanesia, en el viaje de regreso las que actualmente se llaman Marshall. Tiempo después Mendaña realizó otra expedición, en la que descubrió la isla que lleva su nombre y durante la cual perdió la vida.

Desde el Perú se descubrieron en posteriores expediciones marítimas muchas otras islas de Oceanía. Merece recordarse el viaje que efectuó Luis Vélez de Torres, porque durante él,

---

(1) El estrecho que separa a Asia de América fue descubierto en 1728 por el navegante dinamarqués Vital Behring, del cual tomó el nombre con el que es conocido.

El descubrimiento

al surcar el estrecho que separa a Nueva Guinea de Australia y que en memoria suya lleva su nombre, fue descubierta esta última, hasta entonces desconocida por los europeos, aunque Vélez de Torres no tomó posesión de ella.

* * *

Con estas expediciones América quedaba localizada con toda precisión en el Globo. Sus costas habían sido reconocidas y sus perfiles delineados en toda su extensión ibérica y en gran parte de la que hoy es sajona (1). Sus inmensos territorios habían sido penetrados hasta los sitios más recónditos y sus principales accidentes geográficos localizados. Puede decirse que el descubrimiento de América, iniciado por Cristóbal Colón, el 12 de octubre de 1492, había sido consumado con plenitud en el área hispanolusitana.

Pero al propio tiempo se había verificado la toma de posesión del territorio por España y Portugal y los principales pueblos y tribus que lo habitaban eran ya súbditos de sus respectivas Coronas. En conclusión, los cimientos de Iberoamérica se encontraban ya firmemente afincados apoyándose sobre la amplia base de los estratos autóctonos, y había empezado ya a elevarse su prodigiosa edificación, que en muchos lugares estaba avanzando notablemente. Muchos miles de peninsulares se encontraban establecidos definitivamente en América. El mestizaje crecería fluida y rápidamente. Los naturales eran catequizados por el cristianismo y asimilados a la cultura occidental. Se organizaba su economía y se daba a la nueva sociedad una forma jurídica y política.

Esta acción ejercida por los pueblos ibéricos sobre los indígenas y la que a su vez éstos y el medio americano imprimieron sobre los inmigrantes europeos, fueron modelando las características que son comunes y peculiares a Iberoamérica, y constituyen su unidad y su originalidad, como afirmábamos en la introducción de este libro.

En la parte siguiente haremos la descripción de esta nueva entidad histórica y narraremos sus vicisitudes durante los años en que permaneció asociada a las naciones peninsulares y durante los cuales esas características cristalizaron.

---

(1) El extremo septentrional de Norteamérica tardaría aún mucho en ser reconocido. No fue, sino hasta 1905 cuando un barco, que dirigía el noruego Roald Amudsen, logró atravesar del Atlántico al Pacífico navegando por el océano Ártico.

La época ibérica

Introducción

Los períodos de la historia de un pueblo se distinguen por un cambio en la dirección de su desenvolvimiento. Cambio que es producido por algún acontecimiento que, precisamente por ello, adquiere un gran relieve histórico. En la historia de los pueblos iberoamericanos la época indígena se diferencia de la ibérica en el cambio que imprimió en su devenir el acontecimiento de la toma de posesión del Continente por los hispanolusitanos. Por ello, esta toma de posesión, formada por los descubrimientos, la penetración y la población de América, encarna en un conjunto de hechos brillantes y extraordinarios y de incuestionable relevancia histórica.

Mas cuando la vida se encauza por el nuevo derrotero y se asienta una situación histórica que, aunque siempre fluida y dinámica, se mantiene esencialmente en una misma dirección, los hechos humanos que la integran van perdiendo relieve, van perdiendo singularidad y por más fecundos y trascendentes que sean para el futuro, no se distinguen en la perspectiva histórica, porque no modifican la situación creada y el rumbo adoptado; mas, al contrario, lo confirman y continúan. Por ello, mientras las épocas revolucionarias son generosas en hombres y en hechos de primera magnitud, se desvanecen en los períodos de estabilidad.

La época ibérica es un largo proceso de crecimiento y madurez. La simiente sembrada rompiendo la tierra virgen de América va ahora a desarrollarse y sazonar lenta y silenciosamente, pero empleando en ello prodigiosos caudales de energía y vitalidad.

La inmensa transformación que sufre Iberoamérica en esta etapa que la conduce precisamente a ser lo que es, se verifica a través de una infinidad de hechos normales y cotidianos y que no alcanzan a destacar unos de otros en la escala que debe usar el historiador para seleccionar los hechos históricos, de tal modo que para narrar los hechos de esta época, sería necesario consignar cada orden de las autoridades españolas, cada inmigrante europeo y cada indio catequizado. Por ello, para obtener una idea comprensiva de esta época es necesario realizar generalizaciones para agrupar los hechos en amplios conjuntos y reducirlos a grandes líneas. Sólo podrán destacarse, más bien con la intención de ejemplificar, algunos hechos como típicos y característicos de lo común y general o aquellos que por su magnitud marcan jalones de especial importancia en este proceso histórico o, simplemente, aquellos otros que, aunque no tengan especial trascendencia, constituyan una nota de variedad precisamente por caer fuera de lo ordinario y normal, como pudieran ser los terremotos o los pleitos entre autoridades.

Debe advertirse, no obstante lo expuesto respecto a esa época, que en su última etapa, que comprende en términos generales el último siglo, se advierte en ella un viraje en su orientación histórica que justifica introducir en ella una subdivisión, para mejor comprender su proceso evolutivo. Este viraje, que constituye por otra parte el preludio de otra nueva época, está determinado por los cambios que introduce en la vida de las Indias Occidentales la Casa de Borbón, reinante en España a partir del siglo XVIII, y en general por una nueva tendencia que se va acentuando bajo su reinado. Por ello el cambio de casa dinástica es el acontecimiento más indicado para señalar esta separación. Dividiremos por lo tanto esta exposición en dos partes agrupando en cada una en capítulos separados las diversas categorías de hechos.

Conviene recordar por último que todas las demarcaciones de los periodos de la historia son siempre relativamente arbitrarios, pues los hechos que caracterizan a cada uno de ellos no cesan súbitamente en una fecha determinada, ni aparecen de improviso los que darán su peculiaridad a la siguiente; sino que hay un período de transición en el que se dan simultáneamente, sólo que mientras los de la época pasada son cada vez más espaciados y menos relevantes, los de la nueva van siendo más frecuentes y de mayor envergadura. Al correr del siglo XVI los hechos que fueron típicos del período de la llegada y penetración de los españoles van menguando desde los grandes descubrimientos y conquistas, como el primer viaje de Colón o el hallazgo del mar del Sur y las conquistas de México y Perú, hasta los descubrimientos y conquistas menores, como el de las islas Salomón o la reducción de alguna tribu salvaje. Aún continuarán produciéndose en los siglos siguientes hechos de esta clase, pero su dimensión y su trascendencia no les permitirá ya caracterizar a la época en que se producen. En cambio, los hechos que darán fisonomía a la época que llega, que en un principio aparecen con mínima relevancia, irán adquiriendo magnitud hasta ocupar el centro de la escena en la Historia y marcarla con su impronta. Así, en nuestro caso, las incipientes facultades del obispo Rodríguez de Fonseca para atender los negocios de América darán lugar al Real y Supremo Consejo de Indias y las humildes lecciones de los primeros frailes se convertirán en importantes universidades.

Al describir la etapa anterior, hemos apuntado ya incidentalmente algunos hechos que por su naturaleza corresponden a la que denominamos «época ibérica», trataremos ahora de exponerlos de modo sistemático en su desenvolvimiento histórico.

El gobierno de las Indias
Situación de América frente a la metrópoli

El término «colonias», que ha sido usado para expresar la relación que guardaban los países americanos con los peninsulares, es no sólo insuficiente para describir la realidad de que se trata, sino que ofrece una idea errónea de ella, porque sugiere un tipo de relación idéntico al que mantuvieron durante el siglo XIX los imperios coloniales europeos con los territorios que dominaban en ultramar. Pues, como afirma el historiador Vicente D. Sierra, «la colonización es un fenómeno de tipo económico, que aparece con las primeras manifestaciones de los factores expansivos del capitalismo, y se encuentra estrechamente ligado a la ideología liberal» (1).

Por lo demás, el término es históricamente impropio, puesto que nunca se usó con esa significación en aquella época.

_____

(1) VICENTE D. SIERRA «*Así se hizo América*». Madrid, 1955. Pág. 16 — ANTONIO GÓMEZ ROBLEDO «*Epopeya del Monroísmo*». México, 1932. Págs. 12 y 13.

La época ibérica

La palabra «colonia» tenía entonces solamente su acepción más restringida, que es la que le da el Diccionario de la Real Academia de la Lengua: «Conjunto de personas que van de un país a otro para poblarlo y cultivarlo, o para establecerse en él».

Sólo a fines del siglo XVIII se empezó a llamar a los reinos americanos «colonias», pero esto no hace sino confirmar lo antes dicho, puesto que para ese tiempo la mentalidad de las metrópolis había cambiado bajo el influjo de las nuevas corrientes ideológicas del liberalismo. «Colonia» sugiere, según esta otra connotación, la explotación de un país en beneficio de otro; y no era ésta, en verdad, la noción que tenía la Casa de Austria de sus posesiones trasatlánticas. El distinguido internacionalista mexicano don Antonio Gómez Robledo afirma categóricamente: «América no fue, mientras perduró el generoso pensamiento de los Austrias, una colonia, sino una porción viva del Imperio español», y agrega que esto se debe afirmar «no por razones sentimentales o de otra índole, sino con estricto apego a Derecho».

En cuanto a la forma de designar a aquellos territorios, Solórzano Pereyra dice sencillamente. «Nuestros reyes, cuando quieren reducir a breve compendio los títulos de los muchos reinos y dictados de que gozan por la Divina Clemencia, se contentan con llamarse reyes de España y de las Indias.» Por ello para ser más exactos en la terminología, y no incurrir en anacronismos que dan lugar a equívocos o falsas concepciones, habrá que denominar a los países americanos los Reinos de las Indias. Y, por lo mismo, parece más adecuado denominar al período histórico que abarca, «época ibérica» y no «época colonial», evitando así al propio tiempo la intención política y polémica que suele darse a esta expresión, y que no se compadece con la objetividad de la Historia.

Pero, además, la designación usada por los reyes, según Solórzano Pereyra, es la que nos ofrece un concepto más exacto de la relación que queremos indicar. Porque, en efecto, cuando nacieron los reinos de las Indias, no existía la idea de «nación» como ahora se entiende. Sería por esto falso decir que los países americanos fueron sometidos a la nación española. Existía en cambio un concepto patrimonial de los derechos reales. La Corona poseía sus reinos con un derecho semejante al de propiedad y, como éste, se transmitía por herencia. De este modo, un territorio determinado no pertenecía, en principio, al pueblo que lo habitaba, como acontece en una nación moderna, sino al rey, y sus pobladores se encuentran por ese hecho sujetos a su autoridad. Los teritorios de América por lo tanto no eran una pertenencia del pueblo o de la nación peninsulares, sino de la Corona, al igual que los propios territorios que tenían en Europa. Los reinos peninsulares se encuentran, pues, en la misma relación de dependencia de la Corona que los americanos y entre aquéllos y éstos no existía, en rigor, ninguna relación directa, sino sólo la circunstancia de pertenecer a una misma Corona, y por lo tanto estar gobernados por un mismo monarca, pero conservando cada uno su propia identidad y sus propias instituciones.

La Corona de Castilla había reunido ya, antes del descubrimiento de América, en su patrimonio, varios de los reinos de la Península, y los americanos vinieron a sumarse a ellos, siendo asimilados a la organización y al derecho castellanos. Esta forma es muy diferente, como es fácil advertir, a la del coloniaje decimonónico, en el cual un territorio extracontinental se encuentra efectivamente sometido a una nación y a un pueblo extraños.

La monarquía

En cuanto a la autoridad del monarca sobre los pobladores de esos territorios, se basaba, según las teorías imperantes en la época y que encontraron una excelente elaboración en los teólogos y juristas españoles del siglo XVI, en un tácito consentimiento del pueblo en el que, en principio, residía la potestad de designar al sujeto en quien debía recaer la autoridad, que, según la doctrina tomista, sólo viene de Dios. Mas esa autoridad sólo se justificaba y era legítima, cuando se ejercía para beneficio del propio pueblo. Esta última consideración era la única capaz de legitimar la autoridad real sobre los pueblos indígenas y, por ello, los monarcas insistieron tanto en la obligación de protegerlos y cristianizarlos. Puede discutirse si los monarcas eran sinceros o no, o sobre si esta doctrina se realizó en la práctica, pero esta era la concepción vigente en esos tiempos.

El rey era, pues, el depositario de la autoridad, y todos los funcionarios estatales eran «oficiales reales», que recibían la autoridad de que gozaban, por delegación del monarca.

Sin embargo, en el municipio, el pueblo conservaba aún el derecho original de designar directamente a sus autoridades y esto constituía un límite a la autoridad real. Las Cortes eran el cuerpo formado por los representantes de «las villas y lugares», o sea del pueblo, y servían para relacionar y coordinar la autoridad popular con la real.

Por otra parte, tanto los municipios como las cortes habían elaborado determinadas normas jurídicas conforme a las cuales se regían y antes de jurar lealtad a un nuevo monarca debía éste jurar que respetaría los «fueros» municipales o populares.

Todo esto no tenía una formulación explícita y precisa, puesto que no se conocía la moderna técnica legislativa de las constituciones escritas, pero era el sistema autorizado por la costumbre y acatado por la generalidad de los hombres.

Todavía a principios del siglo XVII podía decir Saavedra Fajardo al describir las formas de gobierno: «La segunda monarquía es la de rey que vive y gobierna según las leyes y fueros del reino... como en España, donde en muchos casos la resolución real pende de las cortes generales y está reservada alguna libertad, con la cual, corregido el poder absoluto, es menos peligrosa la autoridad y más suave la obediencia».

Pero casi simultáneamente al descubrimiento de América se había iniciado la siempre latente lucha entre las libertades populares y el poder real que irá ganando terreno al correr de este período hasta llegar en la segunda parte de éste, es decir, en el siglo XVIII, al absolutismo radical de los monarcas. Cuando la conquista del Nuevo Mundo se encontraba en su punto culminante, precisamente el año en que cayó el reino de los aztecas, las libertades populares sufrieron un rudo golpe, cuando el ejército de las «comunidades», o sea de los municipios, se enfrentó al del nuevo monarca, Carlos V, defendiendo algunos de sus derechos y fueron derrotados por las tropas reales en la batalla de Villalar.

Los primeros gobiernos de América

El primer gobierno de España en América lo constituyeron, como hemos presenciado, los propios descubridores y conquistadores, cuando éstos no llevaban especial nombramiento del rey, que era lo más común, en su fuerza y en su capacidad para dominar a los indios y a sus propios compañeros. Solían, en este caso, para legitimar su autoridad, recurrir a la antigua costumbre castellana: el «pueblo», que lo formaban los propios conquistadores, elegía un cabildo o ayuntamiento y éste nombraba al interesado gobernador o capitán general. Ya vimos como así procedieron, entre otros, Balboa y Cortés. Pero no seguros de su autoridad democrática, recurrían siempre, tan pronto como les era posible hacerlo, a la Corona para que los legitimara en el mando. En otros casos los descubridores y conquistadores salían de España investidos ya por el monarca con algún nombramiento para ejercer la autoridad en los países que descubrieran y ocuparan.

Pero pronto advirtió la Corona que este sistema encerraba múltiples inconvenientes. Los hombres mejores para conquistar no eran los más adecuados para gobernar y, además, encerraba el grave peligro de que se constituyeran feudos en detrimento de la soberanía real, y no poco trabajo costó a la Corona suprimir esa tendencia que se inició desde el primer momento con Colón y alcanzó su punto más álgido con la rebeldía de los Pizarro, pero que, con mayor o menor violencia, se dio en todas las provincias cuando, terminada su «pacificación», el «adelantado» o «capitán general» pretendía perpetuarse en el mando. Por ello la Corte decidió tomar en sus manos el gobierno de las Indias y creó para ello las instituciones y organismos necesarios, aunque los problemas que esto implicaba no eran pequeños y hubieron de resolverse después de múltiples dudas, discusiones, ensayos y tanteos, puesto que Europa no contaba con ninguna experiencia similar que pudiera servir a España de norma.

Inicialmente los reyes encargaron de los asuntos de las tierras recientemente descubiertas a su capellán, el obispo Juan Rodríguez de Fonseca, que actuó como «Consejero Real» para dichos negocios. Pero estos crecieron con tanta rapidez y alcanzaron tal complejidad, que la Corona resolvió crear un consejo especial para ellos. Los «Consejos» eran los organismos por medio de los cuales ejercían los monarcas su gobierno sobre los distintos reinos que les pertenecían. Más tarde, cuando los reinos peninsulares alcanzaron mayor homogeneidad, subsistieron solamente dos de estos consejos regionales, el de Castilla, para todos los negocios del Viejo Continente, y el de las Indias, para los del Nuevo.

La época ibérica

El «Real y Supremo Consejo de Indias» fue creado al morir el obispo Rodríguez de Fonseca, en 1524, y nació así una jurisdicción independiente de la de Castilla, que teóricamente la había tenido sobre América hasta ese momento. «Es nuestra merced y voluntad —reza la ley que le dio origen— que el dicho Consejo tenga la jurisdicción suprema en todas nuestras Indias Occidentales, descubiertas y que se descubriesen... y que en las cosas y negocios de Indias, el dicho nuestro Consejo sea obedecido y acatado...»

En sus inicios fue presidido por el obispo fray García de Loaysa y estaba integrado por cinco consejeros, dos secretarios, un fiscal y un relator. Cuando alcanzó su pleno desarrollo estuvo formado por tres departamentos: dos de gobierno y uno de justicia. Cada uno de los primeros tenía once consejeros, con un fiscal y un secretario para el Reino de Nueva España y otros para el del Perú. El de justicia se componía de siete consejeros, entre los que se contaba un teniente del canciller mayor. Poseía además el Consejo de Indias asesores, contadores, matemáticos, cosmógrafos, un cronista mayor de Indias y muchos otros servidores. Al igual que en el Consejo de Castilla, existía en éste una «Cámara» que ejercía el Real Patronato para las Indias, o sea, el conjunto de facultades de que disponía el rey en materia eclesiástica.

El Consejo desarrollaba por delegación del rey su actividad legislativa, judicial y administrativa. Preparaba las Ordenanzas, Pragmáticas o Decretos que el rey promulgaba para el gobierno de las Indias. En lo judicial actuaba como tribunal de apelación en causas criminales y civiles de determinada cuantía y en primera instancia en litigios de especial importancia. Y, sus departamentos de gobierno, atendían a todo lo relacionado con la administración de los territorios americanos y manejaban los ingresos de la Real Hacienda provinientes de ellos. A estos departamentos correspondía, v. gr. proponer al rey los nombramientos de virreyes, gobernadores, oidores y demás altos empleados, y confirmar los de los inferiores, designados por los funcionarios residentes en las Indias. Más tarde, en 1595, se le descargó de los asuntos fiscales, creando para atenderlos la Junta de Hacienda de las Indias, en 1597; de los militares que se confiaron a la Junta de Guerra de las Indias, y, poco después el Consejo de la Inquisición.

Portada de la "Década quinta" de la "Historia general de los hechos de los Castellanos en las Islas y Tierra Firme del mar Océano", del año 1739.

Hernán Cortés según un grabado conservado en la Biblioteca Nacional de México.

Xaltelolco.

Escenas de la vida de
Hernán Cortés y de la
conquista del imperio
azteca según un ma-
nuscrito mexicano.

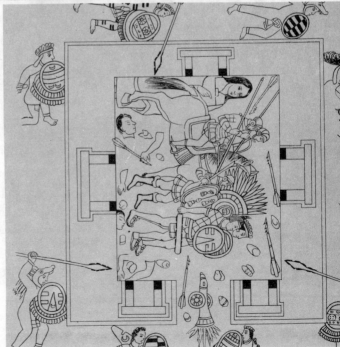

Concierto entre Francisco Pizarro, Diego de Almagro y Hernando de Luque, del que saldría la empresa más sobrehumana de la conquista americana.

La fantasía de los ilustradores
vio así la captura del Inca
Atahualpa por parte de Pizarro.

La obra descubridora y colonizadora
que llevó a cabo Pizarro no tiene pa-
rangón en la historia, y, pese a sus
defectos, no ha habido en la larga
lista de colonizadores, quien le iguale
en organización, humanidad y dotes
de gobierno.

Fernando de Grijalba

Juan Ponce de León

Pedro de Alvarado

Hernando de Soto

La historia nos ha conservado muchos nombres de personajes ilustres en la gran empresa americana. De algunos de ellos damos aquí su retrato según los grabados que nos lo han transmitido.

Vasco Núñez de Balboa

Diego Velázquez

Diego de Almagro

El clásico episodio de la vida de Cortés. Manda echar a pique las naves para que nadie pueda volverse atrás. Cuadro aconchado del siglo XVII-XVIII.

Una galera y una carabela del siglo XVI, barcos que tantas singladuras hicieron en aquel siglo, descubridor y marinero.

La Casa de Contratación

Para regular y controlar el comercio con las Indias la reina Isabel dispuso, en enero de 1503, la fundación de la Casa de Contratación de Sevilla. La reina había querido que sólo sus vasallos de Castilla disfrutaran los beneficios del descubrimiento y por ello sólo a éstos se permitió pasar al Nuevo Mundo o comerciar con él. La Casa de Contratación fue una corporación integrada por los comerciantes dedicados a este tráfico, a la cual se dotó de la autoridad necesaria para impedir que se violaran estos privilegios y para promover su mejor utilización. Para fiscalizar más estrechamente a los viajeros y las mercancías que salían para América y llegaban de ella, se estableció que únicamente de Sevilla podrían zarpar y allí tenían obligatoriamente que recalar todas las embarcaciones que cubrieran esa travesía. Con el tiempo, las funciones de la Casa se fueron ampliando: se creó, junto a ella, un departamento de cosmografía para dirigir y registrar los descubrimientos y una escuela de pilotos; en 1511 se le otorgaron facultades jurisdiccionales para resolver los litigios que se suscitasen entre los comerciantes o marinos en el tráfico de las Indias y para perseguir civil y criminalmente a quienes violasen las disposiciones promulgadas sobre esas materias. En 1524 se creó el cargo de Correo Mayor y en 1588 el de Proveedor General de las Flotas y Armadas.

La Casa de Contratación estableció varias agencias o delegaciones en América para ejecutar las actividades que le estaban encomendadas.

Cuando las coronas de Castilla y Aragón se unieron definitivamente con el advenimiento al trono de Carlos V, los privilegios castellanos en América se hicieron extensivos a todos los españoles, pero se mantuvo celosamente excluidos a los extranjeros. Sólo en muy raras ocasiones se hizo excepción en favor de algunos para intervenir en las Indias, como en el caso de la concesión de Venezuela a los alemanes, o, en algunos casos aislados, se dio licencia para pasar al Nuevo Mundo a técnicos o eclesiásticos, cuyos servicios hacían falta en él, pero nunca representaron una corriente considerable.

Este exclusivismo tenía por objeto no sólo canalizar los beneficios de América en favor del pueblo español, sino también impedir que se extendieran a ella las diferencias religiosas que conmocionaban a Europa o las luchas políticas que en ella sostenía España.

Sin embargo, el monopolio de Sevilla tuvo malas consecuencias para el imperio, pues obstruyó artificialmente el desarrollo de las fuerzas económicas; hizo imposible toda competencia estimulante; entorpeció el ensanchamiento mercantil e impidió, entre otras muchas posibilidades, la formación de una flota mercante poderosa, y, por consiguiente, la de guerra, que en esa época se apoyaba en aquella y se nutría siempre de ella. Y, por otra parte, exacerbó el empeño de las demás potencias europeas que deseaban comerciar con las Indias, buscando la ruptura del monopolio por todos los medios a su alcance.

La división administrativa del territorio de las Indias fue surgiendo paulatinamente determinada por las circunstancias geográficas y por la forma en que se realizó su ocupación y adoptando generalmente como base la distribución que guardaban los pueblos indígenas. En los dos grandes imperios precolombinos, el azteca y el inca, se establecieron los virreinatos; el de Nueva España, erigido en 1535 y el del Perú, en 1542, que teóricamente comprendían todo el Continente; pero en la práctica hubo que establecer numerosas gobernaciones, algunas de las cuales situadas en zonas muy remotas, constituían de hecho provincias autónomas de los virreinatos. En el siglo XVIII se llevó a cabo una división más racional y clara de las Indias.

Cuando la Corona quiso reducir a su autoridad a los conquistadores, todavía, sin despojarlos del poder político, que pronto se convertiría en puramente honorífico, creó las audiencias, que constituyeron de este modo las primeras autoridades integradas perfectamente dentro de la organización estatal.

Las audiencias eran, fundamentalmente, organismos judiciales, pero en un principio, y aún después, en los lugares en que no había autoridad política superior, el presidente de ellas asumía las funciones administrativas. Cuando había éstas, eran presididas por el virrey o el capitán general aunque su supremacía era casi puramente protocolaria, pues, en los negocios propios de la audiencia, éstos no tenían ni voz ni voto.

En la práctica, las audiencias tuvieron siempre una gran influencia en la vida de las Indias, ya que, además de sus funciones específicas, poseían las de asesorar a los virreyes o capitanes generales, vigilar su actuación y cubrir sus ausencias o vacantes, pero, sobre todo, la de revocar sus órdenes, pues, quien se sintiera afectado por ellas podía recurrir ante la audiencia para que las enmendara, si había lugar a ello. De este modo las audiencias se veían enfrentadas a las autoridades ejecutivas y constituían un elemento de equilibrio y una fuerte limitación para éstas, que les daba cierta preponderancia sobre ellas, aún en los casos en que las presidían.

Había algunas audiencias subordinadas a otras, que podían revisar sus fallos, v. gr. de los fallos de la de Guadalajara, podía apelarse ante la de México. Los fallos de las superiores sólo podían impugnarse ante el Consejo de Indias.

La audiencia estaba formada por un número variable de oidores, según la importancia del lugar en que se hallaba; y, para su funcionamiento se dividía en salas. Además había en ellas alcaldes del crimen, fiscales, un teniente del Gran Chanciller, un alguacil mayor y procuradores, abogados, alguaciles, escribanos, etc.

La primera Real Audiencia del Nuevo Mundo, como lo hemos visto en su lugar, fue la que se estableció en Santo Domingo en 1511; le siguió la de Cuba, establecida en 1526, y en seguida la de México, en 1527. Para poner fin a la anarquía que reinaba en América Central y terminar con los feudos que habían constituido en ese territorio los conquistadores, se creó en 1535 la Audiencia de Tierra Firme, con residencia en Panamá y jurisdicción que abarcaba, teóricamente, toda Centroamérica y Sudamérica, y fueron suprimidas todas las gobernaciones que se habían concedido, salvo la de Montejo en Yucatán. Al crearse en 1542 el virreinato del Perú, se trasladó a Lima la Audiencia de Panamá y se creó al año siguiente la de los «Confines» para la América Central, que residió, primero, en la ciudad de Gracias a Dios, en Nicaragua; poco después se trasladó a Santiago de los Caballeros, en Guatemala; en 1565 pasó nuevamente a Panamá pasando Guatemala y San Salvador a la jurisdicción de la de México y en 1570 regresó nuevamente de Panamá a Guatemala, recuperando su anterior jurisdicción.

En 1548 se creó la de Guadalajara, en Nueva España, y, al año siguiente, la de Santa Fe, para Nueva Granada; en 1559 la de Charcas o Chuquisaca, en la actual Bolivia; en 1563 la de Quito; en 1573 la de Cuzco; en 1609 la de Chile que antes había sido instalada en Concepción, la de Buenos Aires en 1661; y, por último la de Venezuela en Caracas en 1786 (1).

Además de las audiencias existían algunos tribunales especiales para diferentes materias. Ellos eran los eclesiásticos, los militares, los de minería y los consulados. Pero todos ellos se encontraban bajo la jurisdicción de la audiencia.

Los dos últimos presentan un interés particular porque revelan un aspecto de la constitución corporativa de la sociedad de las Indias. «Colegios» eran las agrupaciones formadas por los individuos que ejercían una misma profesión, así como los gremios y cofradías reunían a los que desempeñaban un mismo oficio. Pero los colegios de los mineros y de los comerciantes, sobre todo éstos, adquirieron tanta importancia en la vida económica, que el Estado delegó en ellos facultades para regir sus respectivos ramos; podían promulgar reglamentos y tenían un tribunal para resolver los negocios contenciosos que se suscitasen en la materia que les correspondía. Actuaban como órganos consultivos de las autoridades reales y podían adoptar medidas para el fomento del comercio, la industria o la minería, e incluso realizar obras de interés general como lo hizo el Consulado de México, que construyó la carretera de la capital al puerto de Veracruz. Los miembros del tribunal, que era además de órgano judicial, la autoridad suprema del colegio eran electos por los agremiados, mineros o comerciantes, registrados en el lugar. Los colegios de minería y los consulados que alcanzaron mayor desarrollo fueron el de México, que se fundó en 1603; el de Lima, en 1614, y el de Buenos Aires, a fines del siglo XVIII; pero los hubo en todas las principales ciudades de las Indias.

Los virreinatos nacieron cuando la Corona comprendió, por las conquistas de México y el Perú, que los países recientemente incorporados eran verdaderos reinos y que ameritaban una representación digna de su jerarquía, colocando al frente de ellos a un representante personal del monarca. Las múltiples dificultades con que tropezaron las primeras audiencias

---

(1) Esta monótona enumeración encierra gran interés y, por ello, la hemos incluido, porque así como los reinos y cacicatos indígenas sirvieron de base a la división política de las Indias, las audiencias cumplieron la misma función respecto a las naciones hispanoamericanas, porque vinieron a formarse sobre los territorios que cada una de aquéllas comprendía, salvo los casos de Uruguay y Paraguay, que no poseían audiencia, sino que pertenecían a la de Buenos Aires, y el de Centroamérica, en el que la de Guatemala se fraccionó en cinco Repúblicas. En el caso de México, dos audiencias, la de México y la de Guadalajara, formaron un solo país, lo mismo que en el Perú, la de Lima y parte de la de Cuzco. Pero la regla general, como puede observarse, es que los países independientes sigan las circunscripciones de las antiguas audiencias.

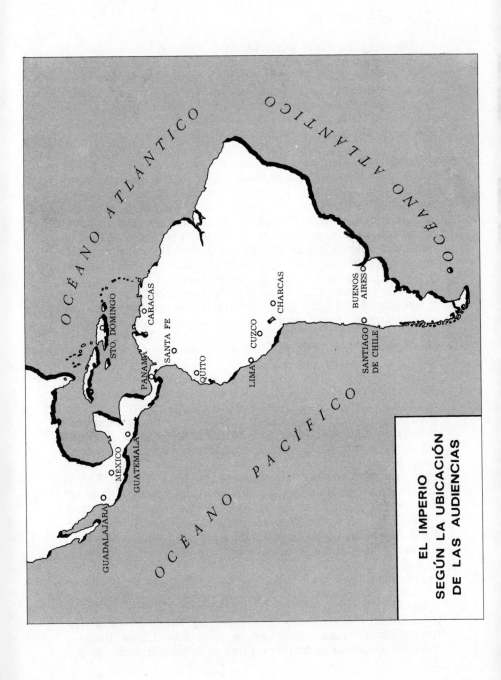

EL IMPERIO
SEGÚN LA UBICACIÓN
DE LAS AUDIENCIAS

en México y en Lima pusieron de manifiesto la necesidad de una autoridad que por representar directamente al rey pudiera sobreponerse más fácilmente que los funcionarios de la audiencia a los levantiscos conquistadores. En 1535 llegó a Nueva España su primer virrey, que lo fue, como se ha dicho, don Antonio de Mendoza, y en 1544 arribó al Perú con igual cargo el menos afortunado don Blasco Núñez de Vela.

Dentro de su demarcación territorial, el virrey era la máxima autoridad. En su persona asumía los cargos de gobernador, para los asuntos administrativos, capitán general, como jefe que era de las tropas, vicepatrono de la Iglesia, presidente de la audiencia, superintendente de Hacienda y protector de los indios. Sin embargo, su autoridad no era absoluta ni mucho menos, puesto que se encontraba limitada por la audiencia, según acabamos de verlo, por las cada vez más minuciosas instrucciones que se le transmitían desde España y por la continua vigilancia que sobre él se ejercía incluso enviando visitadores especiales para inspeccionar su gobierno y teniendo al término de él que rendir cuentas de su gestión en el llamado Juicio de Residencia. En la práctica, también las autoridades eclesiásticas fiscalizaron estrechamente la conducta de las autoridades civiles, sobre todo en lo que atañía al trato de los indios.

Los virreyes eran nombrados y podían ser removidos libremente por el rey, pero se les asignaba un período determinado de tiempo en el gobierno que normalmente cumplían, pero su duración fue modificada varias veces. Para garantizar al máximo su independencia e imparcialidad se dispuso que los virreyes no fueran originarios del territorio que se les confiaba y se les prohibió adquirir propiedades en él, comerciar, contraer matrimonio y hasta asistir a bodas. Por lo demás, recibían una buena remuneración y gozaban de un gran prestigio social, en las capitales de sus respectivos reinos. En México y en Lima, poseían una verdadera corte en pequeño, a imitación de la de Madrid: y la de Lima, sobre todo, alcanzó gran pompa y refinamiento.

Los capitanes generales y gobernadores tenían una función muy semejante a la de los virreyes, y sus mismas facultades y cargos dentro de la provincia que se les atribuía, pero ocupaban un rango inferior en la jerarquía del imperio. Entre gobernadores y capitanes generales no había ninguna distinción fundamental, sino que se daba este último título a quienes ocupaban el mando en una provincia amenazada por tribus salvajes o por piratas, porque en ellos sobresalía su carácter militar sobre el administrativo, aunque con uno u otro título ejercían siempre ambas funciones. Lo mismo puede decirse del título de «Adelantado», pues su única diferencia radica en que se le concedía una provincia que hasta ese momento no había sido sometida a la obediencia de la Corona.

La autoridad de estos altos funcionarios se ramificaba por todo el territorio de su jurisdicción a través de funcionarios dependientes de ellos, cuya categoría disminuía conforme a la importancia del lugar en que desempeñaban su empleo y cuyo nombre variaba también de acuerdo con esas condiciones. Las provincias, ya fueran virreinatos, gubernaturas o capitanías generales, solían dividirse en «partidos», al frente de los cuales se ponía a un funcionario denominado también «gobernador» o «teniente de gobernador», en las circunscripciones subordinadas a aquél. Lo mismo sucedía en las ciudades y poblaciones menores en las que adoptaban el nombre de «corregidores».

En las ciudades y pueblos las funciones judiciales se confiaban a los «alcaldes», que en las de alguna importancia se llamaban «alcaldes mayores». Pero en general el nombre que se daba a estos funcionarios menores variaba según la costumbre de cada región, pues igualmente se les llamaba «alcaldes del crimen», «justicias mayores», etc.

Todos los funcionarios tenían que pasar al fin de su mandato por el «Juicio de Residencia», en el cual todos los gobernados podían presentar acusaciones, y no fue raro el funcionario que recibiera en él severo castigo.

El municipio

Trasplantado a América el municipio, cuando en la Península, como antes vimos, empezaba a perder su significación política, surgió en ésta todavía con la relativa pujanza que conservaba del tiempo en que los reyes hubieron de fortalecerlo para destruir el poder feudal de los nobles, y la distancia y la escasez de comunicaciones protegieron su forzosa autonomía por encima de las leyes y de los esfuerzos centralizadores cada vez más empeñosos de la Corona, que, sin embargo, al fin, acabaría imponiendo sus propósitos.

El municipio se gobernaba por un ayuntamiento o cabildo, que se componía, por regla general, de doce regidores en las ciudades y seis en las poblaciones menores, y uno de ellos ejercía como presidente. El ayuntamiento tenía a su cargo el cuidado y policía del lugar y tenía autoridad para dar ordenanzas para su buen gobierno, imponer contribuciones para costear los gastos públicos, para tasar los precios de las mercancías e, incluso, para levantar fuerzas para su defensa. Para el desempeño de todas estas atribuciones el ayuntamiento designaba a los oficiales necesarios, tales como mayordomos, escribanos, procuradores, alguaciles, etc. y los «fieles ejecutores» para vigilar el cumplimiento de sus disposiciones y a los alcaldes encargados de la justicia. En algunas ocasiones, como en la segunda parte pudimos observar, los ayuntamientos nombraban al capitán de las fuerzas, al gobernador y al justicia mayor, mientras la Corona proveía a ello.

El ayuntamiento duraba normalmente un año en funciones y, en sus mejores tiempos, era electo directamente por el vecindario, y las autoridades superiores tenían prohibido intervenir en esta designación e interferir en su esfera de autoridad. Se denominaba «cabildo abierto» cuando ya todo el pueblo, como en algunos lugares y ocasiones, ya los vecinos más conspicuos, participaban en las deliberaciones para resolver algún asunto de especial importancia. Pero esta práctica fue cada vez más esporádica.

La autonomía municipal fue menguando, como antes dijimos, a medida que fue creciendo el absolutismo real y que la organización burocrática le fue permitiendo extender su acción. Primero se introdujo el nombramiento de gobernadores o corregidores nombrados por las autoridades superiores para hacer cumplir sus disposiciones, pero que poco a poco fueron absorbiendo las funciones municipales. Por otra parte, las constantes penurias de las cajas reales le sugirieron, como medio de recaudar fondos, el de vender determinados oficios municipales y aún los de regidor, llegándose en ocasiones a hacer de éstos propiedad vitalicia y hereditaria.

A pesar de todo, los cabildos conservaron cierta tradición de autonomía frente a la autoridad real y, aunque de hecho ya no lo fueran, el pueblo siguió viendo en ellos a sus representantes. Más adelante hemos de ver cómo en el movimiento de independencia estos sentimientos latentes afloraron nuevamente y fue en los cabildos en donde se inició ese movimiento.

Junto a los municipios españoles se conservaron, en los países en que existía una civilización autóctona, las poblaciones indígenas con sus autoridades propias, y la Corona ordenó que se respetara el derecho de sucesión de los caciques o se les permitiera elegir a sus autoridades en donde tuvieran esta costumbre. De este modo subsistieron en muchas partes las autoridades indígenas, aunque sometidas a las españolas superiores y generalmente manejadas por los corregidores.

Las Cortes indianas

En las Indias, al igual que en los reinos de España, las villas y lugares designaron desde un principio procuradores a Cortes, que en este caso, por no estar presididas por el rey, se denominaron «Congresos». Solían reunirse en la capital de cada reino o provincia y necesitaban para hacerlo la expresa autorización del monarca. Llegaron a celebrarse en América unos cuarenta congresos, durante los siglos XVI y XVII; pero en realidad nunca representaron un factor político digno de tomarse en cuenta pues se concretaban a desempeñar usos protocolarios, como el de jurar vasallaje al nuevo monarca cuando ascendía al trono.

Como habrá podido observarse, todas estas instituciones fueron trasplantadas de la Península, aunque en América revistieron características originales para adaptarse al medio.

En conjunto, este aparato estatal y los métodos de gobierno que puso en práctica, demostraron una satisfactoria eficiencia, puesto que pudieron regir los vastos territorios americanos con los complejísimos problemas que encerraban, sin que se hayan producido apenas trastornos sociales dignos de tenerse en cuenta y, aún éstos, cuando se presentaron, fue bien al principio, cuando el sistema no se había encauzado todavía, o bien al final, en la última parte del siglo XVIII, cuando había ya entrado en crisis el imperio en su totalidad; pero bien puede afirmarse que por lo menos a lo largo de dos siglos funcionó con plena atingencia y normalidad, manteniendo así la paz necesaria para que el laborioso y profundo proceso de mestizaje racial y cultural que había de constituir la esencia de Iberoamérica, pudiera cumplirse.

El derecho indiano

Asimiladas las Indias al reino de Castilla, regía en ellas, lógicamente, el derecho castellano que había alcanzado su plenitud con las Siete Partidas, promulgadas por don Alfonso X el Sabio, en 1265. A este cuerpo legal había agregado el mismo rey el Fuero Real, que tendía a suplir y uniformar los fueros municipales, pero era aplicable solamente en suplencia de éstos. Las leyes promulgadas con posterioridad fueron agrupadas en el «Ordenamiento de Alcalá», promulgado por las Cortes en esa ciudad el año 1348; en 1480 fue realizada otra recopilación ordenada por los Reyes Católicos, que se denominó «Ordenanzas Reales de Castilla» o más familiarmente el «Ordenamiento de Montalvo», por el jurista que lo llevó a efecto; a éste le siguieron las Leyes de Toro, del año 1505, y la Nueva Recopilación, promulgada en 1567 por Felipe II (1).

Al principio se pensó que los territorios recién adquiridos podrían gobernarse conforme a esta legislación y a ella se acudió para aplicarla en las Indias; pero inmediatamente empezaron a presentarse situaciones imprevistas por la legislación peninsular, la más grave y problemática de las cuales fue la convivencia de razas y civilizaciones totalmente dispares, que exigieron la elaboración de normas especiales para afrontarlas, que a poco llegó a constituir una copiosa y original legislación. De este modo el derecho castellano conservó su vigencia en las Indias como derecho común, al que debía acudirse sólo cuando no existiera disposición expresa para éstas.

En realidad, las primeras reglas jurídicas especiales para las Indias se encuentran ya en las capitulaciones que la Corona acordaba con los descubridores o conquistadores para aprobar sus empresas, pues en aquellas se establecía la conducta que éstos debían seguir en los nuevos territorios que son, en realidad, reglas de un incipiente derecho público para las Indias.

---

(1) En 1805 se promulgó una nueva compilación llamada «Novísima Recopilación».

234

A éstas les siguieron, en un esfuerzo de generalización y complementación de ellas, unas Instrucciones para los Descubridores y Pobladores emitidas por la Corona en septiembre de 1503. Y, simultáneamente, se fueron dictando numerosas Cédulas Reales, Instrucciones, Ordenanzas, para resolver las cuestiones que se iban presentando; y poco más tarde se hizo necesario promulgar cuerpos legales más amplios para reglamentar algunas materias que exigían ser tratadas en su conjunto y con más sistemática amplitud. Así nacieron las Leyes de Burgos, dadas en 1512; la Provisión de Granada, de 1526; las Nuevas Leyes en 1542, que por los trastornos que ocasionaron en el Perú tuvieron que ser enmendadas por unas Ordenanzas de Felipe II dadas en 1573. Pronto la abundancia y complejidad de esta legislación hizo necesaria su colección a fin de facilitar su manejo, dando ello origen a varios cedularios o compilaciones. Entre los que alcanzaron mayor predicamento pueden citarse el verificado por el oidor de la Audiencia de México, don Vasco de Puga, que fue publicado en 1563 y el Cedulario Indiano, que realizó Diego de Encinas y fue publicado en Madrid en 1596. En 1680 la «Recopilación de las Leyes de los Reinos de las Indias» vino a compendiar y sistematizar magníficamente toda la legislación dictada para las Indias, y constituye la obra jurídica que plasmó de manera más completa, perfecta y madura el Derecho Indiano.

El Derecho promulgado por la Corona fue complementado para su más puntual aplicación por las autoridades residentes en América; sus disposiciones, aunque para su vigencia permanente requerían la aprobación, podían aplicarse desde luego. Las autoridades inferiores y los ayuntamientos podían elaborar también los reglamentos convenientes, aunque quedaban sujetos a la aprobación de las superiores. Por otra parte los propios Reyes ordenaron que se respetaran e hicieran respetar los usos y costumbres por los que se regían los pueblos indígenas en todo aquello que no se opusiera a la moral cristiana o al derecho español, con lo cual puede considerarse que quedaron incorporados al Derecho Indiano.

Casi todas las normas dictadas para las Indias se refieren al gobierno de éstas y caen por lo tanto dentro del ámbito del Derecho Público; en cambio las materias de Derecho Privado, tales como la familia, o los contratos entre particulares, quedaron sujetas a las disposiciones del derecho común castellano. Pero las notas características del Derecho Indiano las constituyen, en primer término, su celo por la protección y expansión de la religión católica; y en segundo la protección de los indígenas, tema éste al que consagraron la más afanada y minuciosa reglamentación, para tratar de preservarlos de la opresión de los españoles.

Por el acendrado humanismo que lo anima, por el alto espíritu de justicia que lo inspira, y por el celo que patentiza en la defensa de los más débiles, el Derecho Indiano ha merecido elogio y admiración unánimes.

Si algún defecto pudiera señalársele, sería precisamente, el excesivo idealismo que, en ocasiones, deseando transformar forzosamente la realidad, provocó graves conflictos con ésta e hizo difícil su aplicación. Por ello, los propios reyes hubieron de autorizar a sus oficiales en América, para que cuando la gravedad del caso lo exigiese, suspendieran la aplicación de sus disposiciones a fin de adecuarlas mejor. Este fue el recurso legal que se ha hecho popular por la fórmula empleada por las autoridades indianas, que ante una orden real de este género, resolvían: «Obedézcase, pero no se cumpla», lo que se ha utilizado como argumento para deducir de él que si bien las Leyes de Indias son ejemplares en sí mismas, no tuvieron ninguna aplicación práctica, y la realidad de América fue todo lo contrario de lo que en ellas se prescribía. Pero estas afirmaciones han sido hechas siempre de un modo vago y general y sin apoyo en un estudio minucioso y objetivo de la forma en que se aplicaron. Por ello debe concederse mayor autoridad a juicios como el del historiador mexicano Luis Chávez Orozco, que al respecto dice: «Ha sido lugar común la afirmación de que las sabias y meditadas Leyes de Indias no se cumplían... ...Así también llegué yo a pensar hace años... (pero) ...un estudio muy penoso y lento del Archivo de la Real Audiencia de México, compuesto de más de dos mil legajos, me ha movido a modificar mi juicio: hoy pienso que aún en los casos en que la aplicación de la ley lesionaba los intereses de la Corona, la ley se cumplía» (1).

---

(1) Luis Chávez Orozco: «Fray Bartolomé de las Casas sigue peleando». — Artículo publicado en el diario «Excelsior» de fecha 3 de enero de 1963.

La Iglesia

Junto con el Estado, la Iglesia Católica fue el otro factor histórico de primera importancia en la conformación de Iberoamérica en este período. Debe tenerse presente que en el aspecto administrativo la Iglesia estuvo también dirigida por el rey, a través del Regio Patronato; pero en lo espiritual el celo apostólico de clérigos y misioneros quedaba fuera de toda posible atribución burocrática.

El Regio Patronato

Desde muy antiguo los reyes de España habían obtenido del Papa, en atención a sus luchas de reconquista contra los árabes infieles que invadieron la Península, varias atribuciones sobre la organización eclesiástica de sus reinos, tales como el de designar a los prelados, que les permitía intervenir directamente en ella. Al descubrir las Indias el papa Alejandro VI, confió, a los Reyes Católicos y a sus sucesores, su evangelización, y para que mejor pudieran cumplir este cometido los autorizó a cobrar y administrar los diezmos y demás ingresos que sostenían económicamente a la Iglesia, y en 1508 obtuvieron del papa Julio II el derecho de presentar a quienes debían ser designados para obispos en las Indias, así como el de promover y autorizar la construcción de iglesias y monasterios. Con el transcurso del tiempo esta intervención de la autoridad real en la vida eclesiástica se fue haciendo cada vez más amplia y exclusivista hasta convertir al rey de patrono en Vicario del Papa, lo que provocó graves dificultades con la autoridad pontificia, pues se llegó al extremo de que las bulas u otros despachos de Roma requerían la autorización de la Corona —el Exequatur o Pase Regio— para ser publicados o ejecutados en los dominios del rey y que los obispos tuvieran que jurarle obediencia, y necesitaran su autorización para cualquier resolución de alguna importancia que quisieran adoptar en su jurisdicción.

La época ibérica

En Portugal existía a este respecto una situación muy semejante.

Ya en la narración de los descubrimientos y conquistas presenciamos cómo desde un principio casi no hubo expedición en la que no figurara algún sacerdote, y en numerosos casos los frailes se adelantaron a los exploradores, sobre todo cuando al realizarse o desvanecerse los ricos imperios decrecieron los ímpetus de aquellos.

Por su parte la Corona, habiéndose impuesto como objetivo primordial la cristianización de los indios y siendo éste su mejor título para la posesión de aquellos territorios, puso el mayor empeño en impulsar la extensión eclesiástica en América, pues, por lo demás, eran los religiosos sus mejores colaboradores en la tarea de pacificar y civilizar a los pueblos aborígenes y en no pocas ocasiones aún en las de pacificar y gobernar a los propios españoles. En actividades como las de la educación y la beneficencia, que corrieron casi totalmente a cargo de la Iglesia, principalmente a través de sus órdenes religiosas, fue ella también un auxiliar inapreciable para el Gobierno.

Por ello se procedió de inmediato a organizar al clero secular y a fundar comunidades del regular, no bien se tomaba posesión de un país.

En el segundo viaje de Colón arribaron a la Isabela los primeros doce frailes capuchinos, cuyo superior era el padre Boil, que formaron la primera comunidad religiosa de América. En 1501 llegaron con Ovando doce franciscanos y en 1510 fray Pedro de Córdoba, con un grupo de dominicos estableció el primer convento. Poco después, en 1513, habiendo llegado más religiosos de España, tres de ellos fueron a fundar intrépidamente un convento en Cumaná, que fue el primero que se erigió en tierras continentales.

La actividad de los frailes se tradujo inmediatamente en misiones y parroquias, doctrinas y escuelas y ello ameritó que para orientar y organizar estas obras se erigiera, en 1508 la primera diócesis designando un obispo para Santo Domingo y a él siguen, poco después, el de Concepción de la Vega, en la misma isla y el de San Juan de Puerto Rico; siendo los tres sufragáneos del Arzobispado de Sevilla; pero en 1545 el de Santo Domingo fue elevado a Arzobispado.

Siguiendo a los exploradores pasó la Iglesia al Continente, encarnada en un grupo de franciscanos que con su prior, fray Juan de Quevedo, siguieron a Ojeda en la terrible aventura del golfo de Urabá y allí fue hecho obispo de Santa María de la Antigua el padre Quevedo en 1513; pero al despoblarse aquellos primeros establecimientos, la sede fue cambiada a Panamá en 1521 por su nuevo obispo, que lo fue fray Vicente Peraza.

La conquista de los grandes pueblos continentales impone al crecimiento de la Iglesia indiana un esfuerzo extraordinario para cumplir su misión.

Con Hernán Cortés llegó a Nueva España fray Bartolomé de Olmedo que, al día siguiente de la toma de México, fundó el primer hospital del país para atender a los heridos de la guerra. En 1523 el primer grupo de religiosos formado por doce franciscanos, entre los que figuraba fray Toribio de Benavente, llamado Motolinia por los indios en atención a su pobreza, y que realizó una extraordinaria obra de educación y catequesis. En 1533 llegaron los agustinos, y dos años después los dominicos y sucesivamente varias órdenes religiosas más, que distribuyeron a sus miembros por todo el territorio y lo poblaron de iglesias, escuelas y hospitales. El primer obispado se instauró en Tlaxcala en 1527, designando para él a fray Julián Garcés, eminente por su caridad para con los indios; y a éste siguieron el de México, que ocupó el sabio y prudente fray Juan de Zumárraga y varios más en diferentes provincias, entre ellos el de Chiapas, para cuya sede fue nombrado el exaltado y apostólico fray Bartolomé de las Casas.

El primer obispo criollo lo fue fray Gonzalo de Salazar, que en 1609 fue designado para la de Yucatán.

Este rápido incremento de la Iglesia en Nueva España hizo que en 1546 México ascendiera al rango de Arzobispado.

En esta primera época de la Iglesia mexicana, y en el año de 1535, el indio Juan Diego presentó al obispo Zumárraga la imagen de la Virgen de Guadalupe, suceso que debe registrar la Historia, porque influyó notablemente en la conversión de los aztecas al cristianismo a la vez que, por las características raciales de la imagen, propició el acercamiento de ambas razas.

El Perú tuvo obispo antes de ser conquistado, pues se recordará que fue otorgado el nombramiento a favor del padre Luque por su colaboración a la empresa de Pizarro; pero quien vino a ser en realidad su primer obispo fue el fraile dominico Valverde que lo acompañó en ella, cuando el Cuzco fue erigido en diócesis el año 1539, pues para entonces el padre

La época ibérica

Luque había muerto. En 1541 fue erigida la diócesis de Lima que ocupó fray Jerónimo de Loaysa y que seis años más tarde se constituiría en arzobispado con seis diócesis sufragáneas que se extendían desde la de Quito hasta la de Concepción en Chile.

Las posesiones portuguesas, aunque en forma más lenta, consecuente con el ritmo de su colonización, siguieron un proceso semejante. Bahia fue obispado en 1555 y arzobispado en 1676, con cinco diócesis sufragáneas que había ya en Brasil.

Los primeros religiosos que llegaron al Perú fueron también los franciscanos, apenas consumada la conquista: formaban parte del grupo fray Alonso Escarcena y fray Mateo Jumilla, que destacaron por su celo misionero, y también iba con ellos fray Marcos de Niza, cuyo celo por descubrir ciudades de oro ya conocimos en la Nueva España. Poco después los dominicos, mercedarios, agustinos y demás órdenes enviaron también misioneros a trabajar en la evangelización de los incas.

La labor de expansión y organización de la Iglesia en estas primeras décadas mantuvo un ritmo asombroso, y antes de que finalizara el siglo sus obispados y parroquias y sus misiones cubrían prácticamente todo lo hasta entonces conquistado y se adelantaban y penetraban en muchas zonas aún inexploradas. Con objeto de ordenar e impulsar esta actividad en México y en Lima se celebraron varios Concilios Provinciales de los que nacieron importantes acuerdos, tanto para la propagación del evangelio, como para la defensa y cuidado de las razas indígenas.

A los franciscanos, dominicos, agustinos y mercedarios, que hemos mencionado, vinieron a unirse poco después los de la orden hospitalaria de los hermanos de San Juan de Dios, llamados popularmente juaninos, y en la segunda mitad del siglo arribaron los primeros representantes de la recién fundada Compañía de Jesús, que pronto ocuparon lugar relevante en la educación y en las misiones.

La educación de los indígenas fue el sistema de evangelización usado por la Iglesia entre los pueblos sometidos que poseían cierto nivel de civilización. Se inició de inmediato por medio de las «doctrinas», en las que los indios eran instruidos en los principios de la religión católica; pero muy pronto se amplió, abarcando la enseñanza de las más diferentes ciencias y artes de la civilización occidental y se fue elevando para alcanzar niveles culturales cada vez más altos. En todas

ARZOBISPADOS Y OBISPADOS AL FINAL DE LOS VIRREINATO

■ ARZOBISPADO
▲ OBISPADO
••• LÍMITES DE LOS ESTADOS ACTUALES

OCÉANO PACÍFICO

OCÉANO ATLÁNTICO

1. DURANGO
2. GUADALAJARA
3. MICHOACÁN
4. ANTEQUERA
5. CHIAPAS
6. GUATEMALA
7. NICARAGUA
8. MÉXICO
9. TLAXCALA
10. MÉRIDA
11. PANAMÁ
12. POPAYÁN
13. QUITO
14. TRUJILLO
15. LIMA
16. HUAMANGA
17. CUZCO
18. AREQUIPA
19. LA PAZ
20. SANTA CRUZ DE LA SIERRA
21. TUCUMÁN
22. ASUNCIÓN
23. SANTIAGO DE CHILE
24. CONCEPCIÓN
25. BUENOS AIRES
26. SANTA FE DE BOGOTÁ
27. CARTAGENA
28. CORO
29. PUERTO RICO
30. SANTO DOMINGO
31. CONCEPCIÓN DE LA VEGA
32. JAMAICA
33. SANTIAGO DE CUBA
34. LA HABANA

las provincias sin excepción, la primera escuela de letras, para enseñar a leer y escribir a los aborígenes y también a los hijos de los colonizadores europeos, fue establecida por algún clérigo o fraile como ampliación natural de sus clases de catecismo. Las instrucciones dadas al gobernador Ovando en 1503 establecen claramente este principio cuando le ordenan: «Que se hiciese hazer una casa adonde dos vezes en cada día se juntasen los niños de cada población, y el sacerdote les enseñase a leer, a escribir y la doctrina cristiana».

Después como desarrollo de las anteriores fueron apareciendo los colegios y escuelas de artes y oficios, fundados casi siempre por las órdenes monásticas, que en forma más estable y sistemática se ocupaban de la educación de los jóvenes y les permitía realizar del mejor modo su misión apostólica, y que pronto culminaron en las universidades.

Así nacieron tantos que sería interminable enumerarlos. Sólo a guisa de ilustración podrán citarse algunos de los primeros o de los que alcanzaron mayor desarrollo y fama, y citarse a algunos de los religiosos que más destacaron como educadores.

La primera institución educativa de América fue la modesta escuela de letras que por el año 1505 empezó a funcionar fundada por fray Hernán Suárez en el convento de los franciscanos, en Santo Domingo. Y lo mismo hicieron luego las demás comunidades religiosas, alcanzando tal desenvolvimiento que ya en 1538 una bula pontificia dio el título de Universidad de Santo Tomás de Aquino al colegio de los dominicos. En 1511, apenas colonizada la isla de San Juan de Puerto Rico, el Rey ordenaba que se estableciera un convento de franciscanos para que «tuviese mucho cuidado de los niños para instruirlos», y lo mismo se hizo en todos los establecimientos de las Islas.

Nueva España recibió a algunos de los más eminentes educadores de las Indias, entre otros muchos, sobresalen: fray Pedro de Gante, que en 1523 fundó en Texcoco el Colegio de San Francisco para los hijos de los nobles aztecas, que llegó a albergar a más de mil alumnos y a enseñar los más diversos oficios y artes, y llegaron a salir de él latinistas, pintores, imagineros, músicos, etc. El obispo Zumárraga fundó el Colegio de Santa Cruz en Tlaltelolco para indígenas, en 1536, y el de San Juan de Letrán para mestizos en 1547.

El oidor de la Audiencia de México don Vasco de Quiroga, designado después obispo de Michoacán, realizó una admirable obra de civilización entre los indios tarascos de su diócesis, poniendo en práctica métodos tan originales como eficaces y se deben a él el Colegio de San Nicolás y varios otros que fundó en esa región de Nueva España. En 1575, fray Alonso de la Vera Cruz estableció el colegio de San Pablo, que con el tiempo fue uno de los centros de estudios filosóficos más acreditados del Nuevo Mundo.

Siguiendo el ejemplo de la capital, en la que estos centros se multiplicaron, se fundaron también institutos de estudios superiores, auspiciados por la jerarquía eclesiástica o por las congregaciones religiosas en todas las principales ciudades del virreinato.

En Guatemala iniciaron la enseñanza los padres mercedarios, y en 1582 los jesuitas fundaron el Colegio de San Lucas. En 1578 había abierto también la Compañía de Jesús un colegio en Panamá.

En Santa Fe de Bogotá los dominicos empezaron a dar lecciones en 1563 en su convento del Rosario. La Universidad Javeriana de los jesuitas, en la misma ciudad, tuvo también como origen el Colegio de San Bartolomé, que inició sus labores en 1604.

En Quito la primera escuela fue fundada por los franciscanos a mediados del siglo XVI. Los agustinos establecieron allí, poco después, una de artes y oficios de la que salieron algunos de los pintores y tallistas que darían fama a la «escuela quiteña» de arte.

En cuanto a los dominicos, abrieron casas en Lima, Trujillo y Cuzco; empezaron a impartir clases y su convento del Rosario en Lima fue la base de la Universidad de San Marcos. El obispo de Charcas, fray Tomás de San Martín, había creado ya para 1551 sesenta escuelas para indios en su obispado.

Los jesuitas abrieron las primeras escuelas del Brasil, cuando llegaron a Bahía a mediados del siglo XVI, y el padre Anchieta fundó el Colegio de San Pablo, que constituyó un factor de primera importancia en el desarrollo histórico del país.

En Buenos Aires, en fin, un modesto clérigo, Juan Gabriel de Lezcano, desde 1536, es decir, en el primitivo e incipiente Buenos Aires, estaba ya consagrado totalmente a enseñar la doctrina y a leer y escribir.

Estos ejemplos son valederos para todas las provincias del Nuevo Mundo, pues aun en el territorio que después ocuparon los Estados Unidos, la primera escuela que existió fue la que los padres franciscanos establecieron, a fines del siglo XVI, en San Agustín de la Florida.

Aunque en escala menor, concomitante con la índole de los tiempo, también las órdenes religiosas femeninas abrieron algunas instituciones para el cuidado y educación de las jóvenes.

Además de estos establecimientos, que podríamos llamar de proselitismo o divulgación doctrinal, aunque lo eran también de divulgación cultural en general, sostenía la Iglesia numerosos centros para la formación de su propios miembros. En muchos conventos existían noviciados y casi todas las diócesis tuvieron su propio seminario.

La cultura en general debe a la Iglesia y a las instituciones religiosas la aportación más valiosa en sus diversos campos, como podremos notarlo al referirnos directamente al desarrollo científico y cultural de las Indias. Los conventos y seminarios llegaron a reunir las mejores bibliotecas que hubo en América. Para la ornamentación del culto, promovió y alentó la Iglesia el desarrollo de las artes, y tanto en la arquitectura como en la escultura y la pintura y aún en la literatura y en la música, la mayoría y las mejores obras que produjo esta época estuvieron auspiciadas por la Religión o inspiradas por ella. Por lo demás, clérigos y frailes tomaron parte sobresaliente en esta elaboración cultural y a ellos se deben muchas de las obras fundamentales sobre todo en materias como las lenguas indígenas y la historia y costumbres de esos pueblos, así como en las ciencias naturales y en la creación literaria, amén de las obras filosóficas o propiamente religiosas. En su oportunidad consignaremos los nombres más eminentes; aquí señalaremos solamente los de aquellos que por sus virtudes y elevación mística han merecido la canonización de la Iglesia.

Santo Toribio de Megrovejo, que de la cátedra de Salamanca pasó a ocupar, en 1518, la sede episcopal de Lima en la que realizó una gigantesca labor en lo espiritual, logrando la conversión de millares de indígenas; y en lo material fundando escuelas y hospitales. San Pedro Claver, nacido en Cataluña en 1580, ingresó en la Compañía de Jesús y ejerció su apostolado principalmente entre los negros de Cartagena de Indias, dando constantes muestras de heroica caridad.

En el norte de Argentina San Francisco Solano, misionero franciscano llegado al Perú en 1589 conquistó la santidad evangelizando y defendiendo a los indígenas.

Y muy pronto la tierra de América hizo florecer la semilla de virtud sembrada por aquéllos, en varios de sus hijos, como la religiosa dominicana Santa Rosa de Lima, nacida en 1586; el mulato también limeño y dominico San Martín de Porres recientemente canonizado, que vivió de 1569 a 1639 y el franciscano mexicano San Felipe de Jesús, que haciendo trascender ya los frutos de América, había llevado la semilla evangélica al Oriente y murió martirizado en las playas del Japón, en 1597.

Las misiones

Pero el capítulo más brillante de la historia de la Iglesia y al propio tiempo de mayor entidad para la formación de Iberoamérica, lo constituye su labor misionera entre las tribus indígenas; pues no se contentó con cristianizar a los habitantes de las ciudades o regiones colonizadas, sino que quiso llevar el Evangelio y con él la civilización aun a las tribus más remotas y salvajes contribuyendo así extraordinariamente a la expansión territorial de los nuevos reinos, sobre todo en la segunda mitad del siglo XVII y durante el XVIII, época en que el impulso expansionista de los particulares había cesado y el del Gobierno era muy débil. Las misiones englobaron grandes territorios y llegaron a formar amplias provincias, exclusivamente misionales, en tierras y pueblos en los que, por su pobreza y lejanía, sólo el afán apostólico podía encontrar interés.

La obra misional fue encomendada especialmente a las órdenes religiosas y sus establecimientos fueron incontables y sus miembros llegaron a los más recónditos y extremos rincones del Continente. Citaremos de modo restrictivo solamente aquellas que tuvieron mayor importancia para el desarrollo histórico de las Indias.

Una vez que la colonización se encontró firmemente establecida en sus principales focos o bases y que los naturales de esas regiones se hallaban ya iniciados en la religión y civilización cristianas, los frailes, principalmente los franciscanos y poco después los jesuitas, iniciaron su expansión misional. En Nueva España, reducido ya el centro y sur del país, ésta se llevó a cabo sobre todo hacia las inmensas regiones del norte, habitadas por tribus dispersas, nómadas y salvajes. Los franciscanos avanzaron por el centro catequizando los actuales estados de Durango, Cohauila y Chihuahua y en los siglos XVII y XVIII llegaron a toda la zona sur y oeste de los Estados Unidos, fundando misiones y pueblos en Texas, Arizona, Nuevo México y California, que aún recuerdan su paso en el nombre de muchas de sus ciudades. Fray Junípero Serra fue uno de sus más extraordinarios organizadores y a él se deben fundaciones, como la de San Francisco, San Gabriel, San Luis y otras muchas.

Los jesuitas iniciaron su avance por la costa del Pacífico, empezando por Sinaloa, siguieron a Sonora y a la Tierra Tarahumara y después a las Californias Baja y Alta, en donde el padre Eusebio Kinosu, el más grande impulsor, encontró la muerte a manos de los indios pimas.

En Centroamérica inició la obra misional de vasto alcance fray Domingo de Betanzos en el siglo XVI y le imprimió renovado impulso a fines del XVII fray Antonio de Margil, que recorrió a pie desde esas latitudes hasta la Alta California. Nuevamente debe mencionarse aquí, por la magnitud evangelizadora de su empresa, el nombre de don Vasco de Quiroga que creó una maravillosa organización misional y civilizadora entre los tarascos.

En Nueva Granada los dominicos, partiendo de su convento de Santa Marta, llegaron a fundar cerca de quinientos centros catequísticos en la selvática zona atlántica de Colombia. En estas misiones trabajó durante algunos años San Luis Beltrán y en ellas, consagrado a la conversión de los feroces arahucanos y chimilas, vivió el padre Luis de Vero. Los agustinos cubrieron zonas tan apartadas como las de Casanare, las llanuras del Magdalena y Popayán, y los jesuitas, a partir de 1604, iniciaron la penetración de regiones aún hoy de difícil comunicación, como las hoyas del Orinoco y el Meta, y, partiendo de Quito, formaron en la cuenca del Marañón la provincia de Mainas, que llegó a tener cien mil indios en sus reducciones que gobernaban los propios indígenas bajo la dirección de los misioneros, que les dieron también una admirable organización económica comunal.

En el siglo XVIII los capuchinos, que habían iniciado su labor en Piritu Trinidao y Guayana, misionaron los llanos del Orinoco, teniendo que vencer dificultades inmensas por la falta de medios para subsistir y la hostilidad de los naturales.

En la región nordeste de Bolivia, sobre la cuenca del Mamoré, organizaron en forma similar la provincia misional de Mojos a fines del siglo XVII, y simultáneamente las de Chiquitos, al oriente de Santa Cruz de la Sierra. En general, en todos los territorios del virreinato del Perú, la catequización de los indios recibió un gran impulso a partir del gobierno de don Francisco de Toledo, que así cumplía las órdenes del Rey como se lo recordaba en una de sus epístolas: «Una de las cosas que principalmente por Vuestra Majestad me fue mandada —le decía a Felipe II— fue la doctrina y conversión de los naturales».

La labor de los jesuitas en el Brasil, como tendremos oportunidad de reseñar, constituye el resorte más destacado en la etapa fundamental de su evolución. Los primeros seis jesuitas llegaron con el gobernador Tomé de Souza en 1549 y cinco años después fundaba el padre Anchieta el Colegio de San Pablo, que pronto había de convertirse en uno de los centros principales del país. Poco después arribó con otro grupo de jesuitas el padre Antonio Vieira, uno de los oradores más grandes de su tiempo, e inició la predicación entre los indios del Amazonas. En fin, como afirma el historiador brasileño Renato de Mendoza, a fines del siglo XVI más de cien mil indios habían sido sometidos por el influjo de la Compañía de Jesús. Durante el siglo XVII colaboraron también en esta empresa los benedictinos, los mercedarios, los carmelitas y, al norte del Amazonas, los capuchinos.

Sólo los araucanos, irreductibles ante la espada lo fueron también a la predicación misionera. Después de algunos intentos frustrados de evangelizarlos, a principios del siglo XVII el padre Valdivia, de la Compañía de Jesús, logró que el Gobierno suspendiera totalmente sus ataques militares y se dejara en manos de los predicadores la pacificación y civilización de los indios. Con este objeto envió tres misioneros en calidad de emisarios, pero, como pronosticaron desde un principio los más impíos, fueron asesinados por los indios. A pesar de todo se mantuvieron algunas misiones al sur de Chile, mas sus frutos, a pesar del heroísmo de muchos misioneros, fueron siempre escasos.

En cambio los guaraníes acogieron dócilmente a los misioneros y permitieron a los jesuitas construir la obra más perfecta y culminante de la evangelización de América. Llegados a la región en 1588, en 1604 fue ya constituida en provincia y obtuvieron el privilegio de que las autoridades civiles se abstuvieran de intervenir en ellas, al igual que en las provincias de Bolivia, Ecuador y Colombia; el gobierno quedaba confiado a los propios indígenas, según el modelo de los municipios españoles y bajo la dirección del padre rector que residía en cada población. En ellas, sujetos a una austera disciplina, trabajaban la tierra, cuyos productos eran administrados por la comunidad, que después de satisfacer sus necesidades empleaba los excedentes en la adquisión de los implementos necesarios para la población y eran instruidos en la religión y en las artes y oficios. La provincia se extendió entre los ríos Paraná y Paraguay y llegó a contar con más de treinta poblaciones; pero fueron repetidamente atacados por los cazadores de esclavos de Brasil y hostilizados aún por los propios españoles del Paraguay que, con este sistema, se veían privados de la mano de obra indígena. Esta obra, como todas las de los jesuitas, terminó cuando fueron expulsados de los dominios españoles, el año 1767.

Debe tenerse presente además, para obtener una idea más completa del papel que representó la Iglesia en América, su egregia actuación en defensa de los indios, ya en lo general influyendo en la política de la Corona y en la legislación, ya en los casos particulares, oponiéndose a los abusos y crueldades cometidas en su contra y denunciándolos para que fueran corregidos por las autoridades superiores. Incidentalmente hemos visto ya algunas expresiones concretas de esta actitud que aparece en los sermones pronunciados por el padre Montesinos contra los primeros colonos que oprimían a los indios en la naciente colonia de Santo Domingo, y alcanza su manifestación más trascendente en las tesis de fray Francisco de Vitoria, que salvaron definitivamente su dignidad y consideración como seres humanos. La controvertida figura de fray Bartolomé de las Casas encarna hiperbólicamente esta actitud general a los hombres de Iglesia, y aunque pueda censurarse por exaltada la actitud del obispo de Chiapas y criticarse por exagerados sus escritos, no puede negarse que, dentro del marco de la Historia, cumplió una nobilísima misión equilibrando con su pasión y sus diatribas las no menos arrebatadas pasiones e intereses de quienes buscaban su enriquecimiento en la esclavitud y explotación del indio. Varones prudentes hubo que supieron encontrar, entre ambos extremos, si no la solución ideal al terrible problema de la convivencia de las dos razas, cuando menos el justo medio que permitió salvar a los pueblos autóctonos del exterminio y lograr al propio tiempo su incorporación a la cultura cristiana de Occidente. «Conciliar dos sociedades y dos mundos opuestos —dice el investigador venezolano Mariano Picón

Salas: el del conquistador ensoberbecido y el del indio me-
droso— es la difícil tarea de justicia y equilibrio que corresponde a la Iglesia en el pensamiento de un Zumárraga». Y
la síntesis final del mestizaje, que es la esencia de Iberoamérica, nos revela que la misión histórica que con genial intuición señalaba el primer obispo de México a la Iglesia, fue
dignamente cumplida.

La Inquisición

El capítulo más oscuro de la actuación de la Iglesia en las
Indias y que por ello ha dado origen a las más ásperas críticas
es sin duda el que ocupa la Inquisición.

El Tribunal de la Inquisición fue establecido en Sevilla por
los Reyes Católicos el año 1480 con el fin espiritual de mantener la pureza de la fe católica, y el objetivo político de
lograr la completa unidad de sus dominios, ambas en peligro
por la presencia en la Península de fuertes núcleos de moros
y judíos. La función del tribunal, como su nombre indica,
era la de inquirir qué doctrinas pugnaban con la religión
del Estado a fin de que éste reprimiera a quien osaba difun-
dirlas. En términos modernos podríamos decir que se trataba
de un cuerpo de investigadores y peritos que indagaba sobre
la difusión de doctrinas sospechosas y dictaminaba sobre su
heterodoxia, a fin de entregar a quienes resultaran culpables
al «brazo secular», es decir, al Estado, para que éste aplicara
a aquéllos su poder coercitivo. Pero, naturalmente, en sus
averiguaciones usaba todos los procedimientos que el Derecho de la época autorizaba, como el tormento, el proceso secreto, la denuncia anónima y demás recursos judiciales que
la conciencia moderna rechaza por inhumanos. Sin embargo
en el Tribunal de la Inquisición estos procedimientos estaban
mejor reglamentados —aunque hoy su misma reglamentación
nos parezca expresión de crueldad— y solían aplicarse con
mayor prudencia que en los tribunales comunes.

Por cédula real del 16 de agosto de 1570 se ordenó la creación de un Tribunal del Santo Oficio de la Inquisición en
México y otro en Lima, y el 8 de marzo de 1610 se mandó
la creación de un tercero en Cartagena para Nueva Granada,
Venezuela, y las Antillas, con el que se completaron los
tres únicos tribunales de la Inquisición que hubo en las Indias. Sus habitantes quedaron exentos de él y, dado el empeño

que se puso en impedir el paso de extranjeros a América, los casos de herejía que se presentaron fueron muy escasos; sólo muy de tarde en tarde llegaron a caer en sus redes algunos judaizantes; como en Nueva España, el fundador de Monterrey, don Luis de Carvajal, y con mayor frecuencia «luteranos», que eran casi siempre piratas apresados, que mejor hubieran sido ejecutados por esto que por herejes. La inmensa mayoría de los asuntos que ocupaban a la Inquisición eran casos sin importancia de «brujería» o «adivinación» o relacionados con la moral o disciplina de los clérigos. En estos procesos la pena consistía en cárcel o reclusión en un convento o en penas más pintorescas, aunque no menos denigrantes, como las de paseo por la ciudad en mula con sambenito y otras penitencias por el estilo, que tenían la virtud de proporcionar impiadoso solaz al pueblo. La investigación moderna ha rebajado mucho las cifras de condenados a muerte en la hoguera que los historiadores del siglo pasado habían elevado impresionantemente. Un investigador objetivo, como Salvador de Madariaga, concluye que el número de los que perdieron la vida por la Inquisición durante el período en los tres tribunales, «hace más cerca de los sesenta que de los cien —agrega— dejémoslo en noventa, o sea treinta por siglo» (1).

Por último, habría que añadir para tener una visión clara y completa del tema que nos ocupa, que el celo apostólico de los primeros tiempos fue decayendo, en términos generales —pues hemos visto también misioneros heroicos a fines del siglo XVIII— sobre todo en el clero urbano, y los bienes acumulados en el transcurso del tiempo que, aunque no eran superiores a las funciones que tenía encomendadas según ha observado Pereyra, sí eran abundantes, produjo cierto relajamiento en algunas comunidades e incluso se produjeron casos de religiosos extraviados de su misión.

Pero todo esto no impide que el juicio histórico sobre la Iglesia en las Indias sea altamente positivo como lo formula el historiador alemán Ernst Samhaber: «Era ante todo la Iglesia Católica —afirma— quien se arrogaba la defensa de sus feligreses indígenas y tomaba partido por ellos. Habrá habido clérigos indignos capaces de mancillar el hábito de su espiritual ministerio... Mas si en la gran perspectiva del con-

---

(1) SALVADOR DE MADARIAGA. — «*El auge del Imperio Español*». Pág. 20.

junto consideramos la línea cardinal de la historia colonial
española, se nos evidenciará como verdadero dechado de cura
de almas y paternal tutela» (1).

La población de las Indias

Las cédulas reales reglamentaban minuciosamente la fundación de las ciudades, villas y lugares en las Indias. «La
plaza mayor donde se ha de comenzar la población... se debe
hacer al desembarcadero del puerto, y si fuere lugar mediterráneo, en medio de la población... de la plaza salgan cuatro calles principales, una por medio de cada costado; y demás
de estas, dos por cada esquina.» Y así proliferaron por todo
el Continente multitud de ciudades y pueblos con su plaza
mayor, su iglesia a un costado y en el otro las Casas de Gobierno y sus portales para el comercio, y partiendo de ella
sus calles trazadas a cordel cuanto lo permitió la orografía.

Eran éstas las poblaciones de nueva traza fundadas por los
colonos y habitadas por los inmigrantes peninsulares y, cada
vez en mayor proporción, por criollos y mestizos. Junto a
ellas se mantenían las viejas poblaciones indígenas, que
fueron recibiendo progresivamente los rasgos urbanos de las
españolas y por último las nuevas poblaciones indígenas fundadas para las tribus antes dispersas que fueron reducidas
—de ahí su nombre de «reducciones»— a la nueva civilización.

La fundación de las ciudades fue completándose con la
construcción de los puertos que les daban salida, de fortificaciones, calzadas y caminos, de acueductos y muchas otras
obras públicas construidas para su comodidad, amén de los
templos y palacios que se iban levantando en las ciudades.

Al propio tiempo que se construía con ardorosa actividad
esta obra material gigantesca, se iba formando, con no menos
celeridad, la nueva y original sociedad indiana que habría de
ser algo distinto de las sociedades indígenas e ibéricas que le
daban su sangre y características de la nueva realidad histórica que se estaba gestando.

La aristocracia conquistadora, que fue después por breve
tiempo aristocracia política, había cedido los puestos de man-

---

(1) ERNST SAMHABER. — «*Sudamérica*». Pág. 176.

do obligada por la Corona a los funcionarios, llegados especialmente para ello de España. Ya no eran aventureros surgidos de las capas inferiores del pueblo, sino nobles segundones o burócratas pertenecientes a la clase media. Así nació una primera división en las Indias que a la larga tendría las mayores consecuencias. La aristocracia económica, la de los terratenientes y los mineros, y la de prosapia indiana, la que descendía, cierta o ficticiamente, de los conquistadores, fundadores y primeros pobladores, fue formando casta aparte la de los criollos, del grupo de funcionarios que ocupaban los puestos de gobierno, que aunque políticamente poderosos, eran para los criollos, pobres y advenedizos. Los criollos nunca pudieron resignarse a ser gobernados por una clase a la que creían tener motivos para menospreciar y que en la escala de aquella sociedad ocupaba un peldaño inferior al de ellos.

Después de estas clases altas, que radicalmente eran peninsulares o, en principio, descendientes de europeos, seguían en esa escala social las «castas». Coexistían en esta sociedad tres razas puras —hasta donde pueda considerarse pura una determinada raza—, la blanca, la indígena y la negra. Esta última, como hemos visto, fue atraída a América para reemplazar a los indios en los trabajos más arduos.

Hacia 1575 se calcula que había ya 40.000 negros en América y su introducción fue aumentando progresivamente. Según una estimación conservadora se ha calculado que en el siglo XVII fueron introducidos en América 900.000 individuos y 2.750.000 en el siguiente (1). La población negra se concentró principalmente en las islas y costas del Caribe, en Brasil y algunas ciudades populosas como Lima, Buenos Aires y México.

La ausencia de prejuicios raciales, que fue característica en esta sociedad, ocasionó que muy pronto aparecieran grupos raciales provinientes de la combinación de estas razas y de sus mestizajes, pero con mayor o menor cantidad de una u otra sangre: estas combinaciones formaron tres grupos derivados fundamentales: los mestizos, nacidos de la unión de sangre europea e india; los mulatos, de europea y negra, y los zambos, de india y negra, aunque éstos fueron considerados genéricamente como mulatos.

Sin embargo debe tenerse en cuenta que la división clasi-

---

(1) En el siglo XIX la cifra llega a 4.000.000; pero la mayor parte fueron a los Estados Unidos. Teniendo en cuenta que por cada negro que llegaba a América, morían dos al apresarlos y transportarlos, se llega a la conclusión de que este tráfico costó a la población negra del África treinta millones de almas

cista y la escala social obedecían más bien a razones económicas que a motivos raciales; aunque es claro que, por su origen, las clases adineradas coincidían con la raza blanca y las indigentes con la indígena y la negra.

Los mestizos, por ser descendientes directos de los peninsulares, ocupaban la capa más próxima a éstos y se confundían con mucha frecuencia con los criollos. Por otra parte, la misma abundante variedad de matices hacía imposible una demarcación clara y tajante de los grupos raciales.

Lo mismo puede decirse de su consideración oficial. Siempre ocuparon los puestos más altos los peninsulares, a los que siguieron en orden de preferencia los criollos y después los mestizos y, salvo casos raros y sin importancia, las «castas» estuvieron siempre excluidos de ellos, y dedicados a los trabajos más humildes y rudos. Debe recordarse a este respecto que el régimen de castas ya tenía un marcado procedente en la organización de los aztecas y de los incas.

Las castas nunca protestaron formalmente su descontento con esta situación, aunque, a su tiempo, había de explicar las insurrecciones populares que se produjeron al fin de este período. Pero los criollos desde un principio patentizaron su inconformidad y ya en los primeros años del siglo XVII los de Nueva España protestaron directamente ante el rey por esa discriminación. El rey la atendió y expidió una cédula ordenando que para las designaciones de los empleos públicos se tomaran en cuenta exclusivamente los méritos personales; pero es obvio que el propio rey desobedeció su orden pues continuó designando para los altos puestos solamente a peninsulares. De los 170 virreyes que hubo en las Indias, solamente cuatro fueron nacidos en América y de 602 gobernadores y capitanes generales, sólo lo fueron dieciséis.

Fueron éstos los gérmenes incipientes que a la larga habían de producir conflictos sociales que influyeron profundamente en la historia de Iberoamérica.

La situación de los indios

Dentro de este abigarrado cuadro social los indios ocupaban una situación muy particular, que merece por ello una consideración especial; pues, como ya hemos repetido, siendo su evangelización y civilización la conformidad moral y jurídica del dominio de la Corona sobre las Indias, y habiéndose reconocido plenamente los derechos de los indígenas a la libertad, y a la prosperidad, los reyes pusieron su máximo empeño en que se respetaran éstos y se cumpliera aquélla con lo cual se creó un régimen de absoluta excepción para éstos, tanto más acentuado cuanto mayores eran las presiones sociológicas que gravitaban sobre los indios en su convivencia con los europeos. A tal extremo llegó este empeño de los reyes por crear y hacer efectivo ese régimen privilegiado, que dio origen a la conocida cédula de Felipe II del 29 de diciembre de 1593, en la que ordenaba a las Audiencias «que de allí adelante castiguen con más rigor a los españoles que injuriaren, ofendieren o maltrataren a los indios, que si los mismos delitos se cometiesen contra los españoles». Las cédulas reales insistieron constantemente en que los indios gozaban de la libertad y demás derechos de igual modo que todos sus vasallos; mas no sólo eso, sino que disfrutaban de muchas ventajas que la generalidad de sus vasallos no tenían; pues estaban exentos de la Inquisición, del servicio militar, del pago de diezmos y otras contribuciones. Sólo los varones mayores de edad pagaban una única contribución denominada «capitulación». Además, estaba ordenado que se les respetaran sus usos y costumbres y «porque después de su conversión a nuestra Santa Fe Católica —rezaba una orden real de 1557—, es justo que conserven sus derechos, y el haber venido a nuestra obediencia no los haga de peor condición: Mandamos... que si es Cacique, o Principales descendientes de los primeros pretendieren suceder en aquel género de Señorío, o Cacicazgo, y sobre esto pidieren justicia, se la hagan...» Y otra del siguiente año agrega... «constándoles, que algunos están despojados injustamente de sus Cacicazgos y jurisdicciones, derechos y rentas, que con ellos les eran debidos, los harán restituir, citando las partes a quien tocare, y harán lo mismo si algunos Pueblos estuvieren despojados del derecho, que hubieren tenido de elegir Caciques».

Sin embargo, este anhelo ideal de justicia chocaba crudamente con gravísimos problemas que ofrecía la realidad americana.

El primero era el de la convivencia de dos razas con niveles culturales muy distintos, que ya se nos ha presentado en varias ocasiones. Esa convivencia entre quienes poseían una civilización más elevada y quienes carecían de ella, era indispensable si se quería la transmisión de aquélla a éstos;

pero esa desemejanza implicaba una constante propensión a que aquellos que por poseerla conocían el uso y manejo de sus elementos y recursos, los emplearan para oprimir y explotar a los otros. Para evitarlo se garantizaron repetida e insistentemente sus derechos en las leyes, pero esto no era suficiente, pues la ley no opera por sí misma y el derecho subjetivo, para que se haga actuante, necesita que su titular, el interesado, lo haga valer, lo defienda y lo imponga, y en el caso de las Leyes de Indias se tropezaba con el hecho de que sus titulares, por ignorancia muchas veces, por temor o por la ausencia de todo sentido del derecho, ocasionada por las ancestrales tiranías en que habían vivido o, simplemente, por la pasividad característica del temperamento de algunos indígenas, en muchas otras, no encontraban el motor necesario para hacer efectivas las normas jurídicas protectoras. Hubo la administración española de crear, para suplir esta fatal carencia, un sistema paternalista, de constante intervencionismo estatal, en el que el Gobierno trataba de reemplazar a los directamente interesados, para suplir su ausencia de iniciativa. Así nacieron los «procuradores de indios», los «protectores», y «corregidores», funcionarios encargados de hacer efectivos esos derechos, con todos los inconvenientes que esos sistemas tienen y que en muchos casos se tradujeron en nuevas ocasiones de abusos y violación de los mismos derechos cuya guarda tenían encomendados (1).

Desde otro punto de vista, este excesivo afán proteccionista, como el que puede observarse con mayor claridad en los regímenes misionales, en los que el paternalismo no encontraba el obstáculo de ambición, también traía consigo graves inconvenientes, porque al evitar a los indios un mayor esfuerzo de autodefensa, al preservarlos de la lucha social necesaria para sobrevivir y superarse, los incapacitaba o preparaba insuficientemente para la vida normal en sociedad, que exige siempre una cierta competencia y pugna entre sus miembros; con lo cual se retrasaba su asimilación a la civilización occidental. Un ejemplo muy claro de este fenómeno lo constituye la desaparición de las reducciones guaraníes cuando los jesuitas fueron expulsados de ellas. No obstante, a esta protección se debe que la raza indígena

---

(1) Vale la pena hacer notar, para comprender mejor aquella situación histórica, que esta modalidad de nuestros pueblos tiene todavía en nuestra época soterránea supervivencia que se manifiesta en la insistente aparición de «protectores», «redentores» y «padres» de la Patria.

no desapareciera en el choque con la europea, como aconteció con otros pueblos autóctonos, que se encontraron en una situación parecida, pero no contaron con una defensa semejante.

Pero el problema más inmediato y acuciante fue el de sostener económicamente una sociedad que para mantener un nivel de vida acorde con la civilización que se trataba de implantar y por lo tanto más elevado que el de los pueblos precolombinos, exigía de sus miembros un trabajo más intenso y disciplinado que el requerido por las culturas primitivas para sustentarse, por lo cual los indios no estaban acostumbrados a ese esfuerzo, sobre todo los integrantes de las tribus que se encontraban en un nivel muy bajo de civilización y que formaban la mayoría de la población autóctona.

En toda sociedad civilizada la gran fuerza que induce al trabajo es la necesidad de adquirir por medio de él un conjunto de bienes que la propia civilización ha hecho indispensables para el individuo, y esta coacción era ineficaz para los indígenas que se alimentaban con fáciles dones de una tierra pródiga, y gozaban de un clima que permitía casi prescindir del vestido y la casa y, que, por supuesto, carecía de todas las necesidades que crea una cultura más avanzada. Así se explica también que este problema fuera menor entre los pueblos indígenas, que como los de los altiplanos más áridos e inclementes del Perú, Colombia y México, poseían ya un cierto grado de progreso y fue más fácil por ello construir allí los centros de la nueva civilización. Pero aún entre éstos, su elevación cultural exigía un redoblado esfuerzo de todos sus miembros. La libertad absoluta conducía en consecuencia inevitablemente al estancamiento en los niveles precolombinos y aún, por la ruptura de la organización autóctona, al retroceso hacia la vida nómada y primitiva (1). El Gobierno pues, y con él la Iglesia, se encaraban con el arduo problema de crear y sostener una sociedad elevada para civilizar en ella al indio, que era objeto primordial de su dominación, y, al propio tiempo, respetar la libertad que como a ser humano le había sido plenamente reconocida. Para reconciliar estos extremos se buscaron, ensayaron y reglamen-

---

(1) No debe extrañarnos demasiado que los europeos se hayan encontrado con una situación así, pues también en este caso sus derivaciones se prolongan hasta nuestros días en que los economistas señalan que uno de los obstáculos para el desarrollo económico de Latinoamérica lo constituye, precisamente, la falta de ambición de una vida más rica en bienes, que se da entre algunos sectores de nuestro pueblo.

taron minuciosamente muchos sistemas, sin que se encontrara nunca la solución satisfactoria (1).

Después de varias órdenes prohibiendo la esclavitud de los indígenas, que luego eran anuladas, por el complejo de circustancias antes expuesto, en 1539 quedó definitivamente abolida en los términos de la Ley primera, del Título Segundo del Libro Sexto de la Recopilación de las Leyes de Indias. «Y así mismo mandamos —dice el texto— que ninguna persona, en guerra, ni fuera de ella pueda tomar, aprehender, ni ocupar, vender ni cambiar por esclavo a ningún Indio, ni tenerle por tal, con título de que le hubo en guerra justa, ni por compra, rescate, trueque, o cambio, ni por otra cualquier causa... pena de que si alguno fuere hallado que cautivó, o tiene por esclavo algún Indio, incurrirá en perdimento de todos sus bienes... y el Indio, o Indios sean luego vueltos y restituidos a sus propias tierras, y naturalezas, con entera y natural libertad...»

Pero junto a esta declaración hubieron de mantenerse sistemas que forzaran a los indios al trabajo. El más extendido de ellos fue la «encomienda», que ya vimos surgir para reemplazar al primitivo «repartimiento» más propicio a los abusos. La Corona sostuvo como política constante la de restringir y atenuar el sistema de las encomiendas, tendiendo a suprimirlas, y en este empeño llegó incluso a provocar conflictos tan graves como las rebeliones de los encomenderos del Perú contra la aplicación de las Nuevas Leyes. Con el tiempo, logró a pesar de las resistencias que hubo que vencer, reducir notablemente su extensión y rigor; pero no pudo extirparlas total y definitivamente, hasta el año de 1718, época en la que no encontró ya prácticamente ninguna oposición porque hacía tiempo que las encomiendas habían perdido su importancia económica y su función social.

Uno de los cambios fundamentales, que se introdujeron en ella desde sus primeros tiempos fue el de suprimir los servicios personales de los indios al encomendero, que en un principio constituían su forma sustancial, para sustituirlos por un tributo que los encomenderos debían pagar a éste a cambio de los servicios de defensa, catequesis, asistencia, etcétera, que se suponía que debía prestarles a cambio. Con ello se buscaba evitar la dependencia directa de los indios res-

(1) Algunas expresiones contenidas en la Ley Primera, del Título XII, del Libro VI de la «Recopilación de Indias», ponen de manifiesto claramente el terrible dilema en que se hallaban los gobernantes.

pecto del encomendero, que eran la ocasión constante de explotación y mal trato.

Pero esto tampoco solucionaba totalmente el problema porque la comunidad necesitaba la mano de obra, el esfuerzo y el trabajo material de sus integrantes, y sin esto los tributos y riquezas de nada servían, puesto que el aliciente del salario era inoperante para los indígenas. Una disposición del rey Felipe III, expresa este problema y la solución buscada por la Corona, con toda claridad: «...presupuesta la repugnancia que muestran los indios al trabajo, y que no se puede excusar el compelerlos, sea con tal temperamento, que no se introduzcan estos repartimientos, donde hasta ahora no se han acostumbrado, y si... fuera mejorando la naturaleza de los indios... habiendo suficiente número de naturales, ú otros que voluntariamente acudan al jornal, y trabajo de estas ocupaciones públicas... se irán quitando los repartimientos» (1).

La forma más típica de estos «repartimientos» de indios asignados a las actividades que se consideraban vitales para la comunidad, y que se diferencian de los primeros hechos en las Antillas en que éstos eran solamente temporales y sujetos a las autoridades, es la de la «mita», que no era, en realidad, sino una rehabilitación del viejo sistema incaico por el cual se obligaba a los indios a trabajar por un tiempo determinado en las obras públicas. Podría concebirse, pues, como un tributo pagado en forma de mano de obra.

La mita alcanzó su mayor volumen en las minas de Potosí y casi siempre se la recuerda unida a la minería, aunque no era exclusivo de ella como hemos visto.

Puesta la Corona en trance de aceptar estas fórmulas conciliatorias que la realidad imponía, procuró atenuar en lo posible sus efectos y se produjo con este objeto una abundante legislación laboral que se adelanta en varios siglos a su época y es por ello motivo de general admiración. Mucho se debe en este sentido al virrey del Perú don Francisco Toledo, que redactó unas sabias y generosas ordenanzas sobre el trabajo de los indios durante su gobierno.

El servicio, como hemos dicho, era temporal y su duración disminuía en atención a su intensidad. Los mitados, desde luego recibían un salario «los sábados por la tarde, en mano propia, para que huelguen, y descansen el domingo... y que

---

(1) Ley 49, Título XII, Libro VI.

tengan los Ministros muy particular cuidado de su salud, y buen tratamiento en lo espiritual, y temporal, y los enfermos sean bien curados» (1). Estaban reglamentadas las horas de la jornada, el trabajo de los menores y de las mujeres, y, en general, todos los casos y condiciones en que debían prestar sus servicios, procurando proteger al trabajador y evitar toda oportunidad de excesos en su perjuicio.

Vale advertir, por último, que la mita tuvo vigencia fundamentalmente en Perú y que en Nueva España apenas si se practicó en muy reducida cuantía en las obras públicas al principio de la colonización, pues los aztecas, ya acostumbrados en su organización a cierto régimen de intercambio pronto se asimilaron a la economía dineraria. Merece al respecto citarse la opinión del barón de Humbolt sobre el trabajo en Nueva España en los últimos tiempos del virreinato: «En ninguna parte goza el bajo pueblo más perfectamente del fruto de sus fatigas que en las minas de México; no hay quien obligue al indio a dedicarse a esta clase de trabajo o a preferir tal explotación o tal otra... el minero mexicano es el mejor pagado de todos los mineros... el labrador indio es pobre pero libre. Su estado es muy preferible al del campesino de gran parte de la Europa septentrional. En Nueva España no existen ni prestaciones personales obligatorias ni siervos».

En realidad, en el siglo XVIII la mita y otras formas de servicio forzoso habían desaparecido ya de todos los dominios españoles, desplazadas por la oferta de trabajo libre.

El imperio español

Para comprender mejor el desarrollo de los hechos en América, es conveniente volver por un momento la atención a Europa en cada coyuntura histórica, porque a partir del descubrimiento, América entra a participar del desenvolvimiento de la Historia Universal, lo que significa que los acontecimientos del Viejo Continente suelen influir y aún determinar los del Nuevo.

---

(1) Ley 4, Título XII, Libro VI de la Recopilación de Indias.

La época ibérica

Doña Isabel ha muerto en 1504. Los dominios castellanos no han pasado por ello a poder de su esposo don Fernando, sino al de su heredera, doña Juana, cuya condición mental le valió el sobrenombre de «la Loca», y al rey, su padre, la regencia y administración de la Corona de Castilla.

Esto significó para la orientación general de España una preponderancia de la política aragonesa que se inclinaba a la vertiente mediterránea buscando la expansión en Italia para obtener como último resultado la hegemonía en Europa. La política castellana de doña Isabel se orientaba en cambio hacia la vertiente atlántica buscando la expansión en África y el dominio de las rutas marítimas del Océano.

Ambos reyes tuvieron éxito en la realización de sus tendencias. Doña Isabel obtuvo en África la plaza de Melilla y las islas Canarias y su vocación atlántica le valió la revelación de América. Don Fernando, en la suya, obtuvo el Rosellón y la Cerdaña en 1493 y Nápoles en 1504.

El matrimonio de doña Juana la Loca, en quien se reunían la herencia paterna y materna, con don Felipe el Hermoso, hijo del Emperador de Alemania, Maximiliano, y heredero por su madre, María de Borgoña, de los Estados de Flandes, vino a acentuar los intereses europeos de la Corona española.

Tras sorda pero encarnizada pugna Felipe el Hermoso logró despojar a su suegro de la regencia y asumió el gobierno; pero la suerte del Rey Católico era tan brillante como su talento, y sólo dos meses y medio después, la muerte arrebataba a su yerno y él reasumía el mando en toda la Península, y continuaba su invariable política de intervención en Europa. En 1508 participó en la Liga de Cambray contra Venecia, y en 1511 en la Liga Santa, formada por los Estados italianos para combatir a Francia. Y en 1513 logró el viejo sueño de extender su dominio a todo el territorio de aquende los Pirineos, anexionándose el reino de Navarra.

Pero como todo gobernante de talento don Fernando no fue exclusivista y dejó que el cardenal Cisneros prosiguiera la política de la reina muerta, continuando con las conquistas en África y con los descubrimientos en América.

Cuando murió don Fernando, en 1516, las coronas de Castilla y Aragón vinieron a fundirse definitivamente en la trastornada cabeza de la reina doña Juana; por ello, mientras alcanzaba la edad suficiente para regir los inmensos dominios que heredaba, el Rey Católico dejó la regencia de

Castilla al cardenal Cisneros y la de Aragón a su hijo don Alfonso, arzobispo de Zaragoza, manteniéndose así la ambivalencia política de la Península, que a partir del descubrimiento de América ha de ser su característica esencial en la Historia Universal.

Pero aunque la dualidad política permanecería, la del gobierno terminó pronto, pues en 1518 el príncipe Carlos fue jurado como rey por las Cortes de Valladolid y las de Zaragoza y asumió el mando de todos sus dominios ibéricos.

En 1518 el príncipe Carlos, que había nacido en Gante el año 1500 asumió su herencia materna, que comprendía las coronas de Aragón, y en ella los dominios de Sicilia, Cerdeña y Nápoles, y la de Castilla con los territorios indefinidos de América. Al año siguiente, en que murió su abuelo el emperador Maximiliano, se vio dueño de su herencia paterna que abarcaba los Países Bajos y los Estados alemanes Y ese mismo año consiguió ser electo Emperador. Con el nuevo Monarca se instauraba la Casa de Austria en el trono español.

Cuando Carlos llegó a la Península ignoraba el idioma castellano y venía rodeado de una corte de nobles y funcionarios flamencos, y al marchar a Alemania a ceñirse la corona imperial, dejó como regente de Castilla al cardenal Adriano de Utrech, prefiriendo así a los nobles españoles.

Todo esto unido al menosprecio que el rey manifestaba por las Cortes y los Fueros Españoles, dispuesto como estaba a crear una fuerte unidad nacional en torno al trono, provocó el levantamiento de los comuneros, o sea, de las ciudades, que enfrentaron sus fuerzas con las del rey y fueron vencidos en la batalla de Villalar, en 1521. Ese mismo año y el siguiente los artesanos agrupados en los gremios o germanías se rebelaron contra la autoridad real, pero también fueron sometidos.

Estos hechos tuvieron trascendencia para la constitución política de la monarquía, pues significaba la derrota de los municipios y de los gremios con la consiguiente disminución de su autoridad autónoma en beneficio del poder central. Esta tendencia sería constante en todos los monarcas subsiguientes.

También en el ámbito europeo quiso Carlos lograr la unidad de las naciones occidentales en torno al imperio y en la persecución de este afán tropezó violentamente con Francia, que buscaba su consolidación nacional. El choque entre el viejo ideal medieval de la unidad de la cristiandad en el imperio y el nuevo concepto de las naciones independientes y soberanas, encarnados respectivamente en el emperador Carlos V y el rey de Francia, Francisco I y las guerras en que se tradujo, ocuparon el reinado de éstos y la primera mitad del siglo XVI.

Carlos obtuvo repetidos triunfos en el campo de batalla y alcanzó incluso su más acendrado anhelo al ser coronado por el Papa en Bolonia como Emperador de la Cristiandad. Pero aquello no pasó de ser una ceremonia puramente simbólica, porque en la realidad los monarcas europeos desconocían la autoridad imperial y hasta los propios príncipes alemanes hacían armas contra ella.

Y al mismo tiempo que luchaba por obtener la unidad interior de Europa, tenía que defenderla de la amenaza oriental de los turcos. Túnez había caído en poder de los berberiscos y Solimán el Magnífico había avanzado hasta el centro de Europa poniendo sitio a Viena. El Emperador tuvo que reconquistar Túnez y rechazar a Solimán.

Pero mucho más graves que las amenazas militares y las divisiones políticas, eran las religiosas, que la cundían en Europa, porque ellas destruían los fundamentos espirituales de su unidad. En 1520 Martín Lutero había declarado abiertamente su rebeldía frente al Papa, quemando la bula de excomunión contra él. Carlos V ensayó la vía de la tolerancia y la del rigor para salvar la unidad, pero nada fue capaz de impedir la ruptura y las feroces luchas que ella trajo consigo. En la Dieta de Augsburgo, en 1555, el Emperador hubo de admitir oficialmente que el ideal de la Edad Media que en él sobrevivía de un solo jefe espiritual, el Papa, y un solo jefe político, el Emperador, había sido derrotado en ambas esferas.

Ante esto Carlos se replegó sobre la parte de su imperio que permanecía intacta, es decir, sobre la monarquía española, dispuesto a salvar en ella lo que había fracasado en Europa, cediéndola a su hijo Felipe al abdicar en su favor en 1556 mientras que dejaba el imperio en 1558 a su hermano Fernando. Y poco después, moría, retirado de las luchas que sostuvo durante los cuarenta años de su reinado, en el monasterio de Yuste, en Extremadura.

Para el naciente imperio americano la política de Carlos V tiene dos incidencias relevantes entre otras muchas ocasionales. En primer término la postergación de los asuntos del Nuevo Mundo determinada por la absorbente atención de los del Viejo. Ello se traduce en que la ocupación de América se haga casi exclusivamente por iniciativa personal de los propios descubridores y conquistadores, sin que la Corona intervenga en esta primera época, sino sólo para autorizar o ratificar lo que en realidad ya está hecho. Ello ocasionó en muchas ocasiones la anarquía y el desafuero de los que se veían sueltos del freno de la autoridad, pero indudablemente, esta libertad de acción permitió las atrevidas aventuras que la empresa requería y la espontánea selección de los hombres capaces de llevarla a cabo. Es de notarse en el transcurso de la conquista cómo las pocas expediciones enviadas directamente por la Corona terminaron en el más completo desastre.

En segundo término, el deseo de salvar la unidad religiosa y política en América determinó que la Corona decretara su más completo aislamiento de cualquier contacto con las demás naciones europeas. Indudablemente esto hizo posible la formación material y cultural de los nuevos pueblos y les procuró para ello casi tres siglos de saludable y fecunda paz. Es un hecho que si las guerras europeas se hubieran hecho extensivas a América desde sus inicios, habría sido imposible crear en ella la civilización iberoamericana. Pero más tarde el aislamiento total se hizo imposible y, como podremos observar, provocó el ataque de las potencias europeas y en última instancia el conflicto en que había de disolverse el dominio español en América.

A pesar de todo, el éxito alcanzado en América por la acción de España bien podía compensar de los fracasos europeos; pero los sucesores del Emperador no siempre acataron la lección que una ingente experiencia había enseñado a éste, y se obstinaron en seguir interviniendo, cada vez con peores resultados en la política europea, ya no en defensa de los grandes ideales de Carlos V, sino casi siempre inspirados por miopes intereses dinásticos. A la postre, la vieja política de Doña Isabel dejaría una realidad histórica imperecedera; la política europea, por lo contrario, no lograría ni la ansiada supremacía en el equilibrio continental y ni siquiera la supervivencia de la dinastía.

Al recibir Felipe II la corona de España, que en vida le cedió su padre, no había cumplido los treinta años, pero contaba ya con una amplia experiencia en los negocios del Estado, porque Carlos V lo había mantenido cerca de ellos y varias veces lo había dejado al frente del gobierno, como regente, durante sus frecuentes viajes. Pero además heredó de éste una profunda consciencia de su misión en la historia y de su responsabilidad; por ello vivió exclusivamente para la Corona, consagrándole su infatigable capacidad de trabajo e incluso sus más íntimos sentimientos; por este concepto del deber sus enemigos le habían de acusar de frío y cruel, pero nadie negó que fuera un rey de cuerpo entero.

Las nuevas circunstancias creadas por el nacimiento de las nacionalidades y por la reforma protestante, no le permitieron ya aspirar, como su padre, a la unidad universal en la Iglesia católica y en el imperio; su objetivo fue mantener la unidad en el interior de sus reinos y, en lo exterior la hegemonía de España en Europa, aunque aceptando ya la política de equilibrio entre las naciones soberanas y sostener la integridad de la Iglesia.

Para conseguir estos objetivos tuvo que vivir en constantes guerras.

En primer término, contra Francia, que había logrado ya romper la unidad liberándose de la sumisión al imperio y ahora peleaba por arrebatar la hegemonía a España. Por ello él y Enrique II de Francia, continuaron las guerras por las posesiones italianas que, junto con el trono, les legaron sus progenitores. Y cuando ellas terminaron y murió Enrique II, se encendieron nuevamente por la oposición de Felipe II a que recayera la corona francesa sobre la cabeza de Enrique de Borbón, porque era hugonote, y después ya siendo éste rey, por el apoyo que España prestaba al bando católico. La paz no llegó hasta el año 1598 en que poco antes de morir Felipe II había logrado, aunque con inmensos sacrificios, su objetivo, pues a su muerte España conservaba la hegemonía sobre Francia.

Pero los adversos se habían multiplicado. Los Países Bajos formaban una nación con características propias; era natural que repudiaran el dominio de los españoles al que una serie de herencias dinásticas les había conducido y que aspiraban a ser gobernados por su propia gente. Esta situación se exarcebó con la división religiosa y en 1564 el pueblo se rebeló contra España. Fue una guerra terrible, larga y cruel, en la que los comisionados por Felipe II para solucionar el conflicto, principalmente el Duque de Alba, sólo confiaron para lograrlo en la fuerza bruta y en la represión sangrienta. Al fin en 1598 hubo de aceptar la separación de aquellos territorios: la guerra no había consumido inútilmente muchas energías peninsulares; pero sobre todo el odio sembrado en ella daba nacimiento a un enemigo que demostraría su poder, más tarde.

El Turco mantenía, por otra parte, su amenaza, y aunque logró sobre él la brillante victoria de Lepanto en 1571, eran victorias que también se lograban con dinero y con sangre de España.

Inglaterra había sido en el pasado frecuente aliada de España, y en esta amistad puso Felipe II grandes esperanzas. Se casó con su vieja y fea tía María Tudor cuando ésta heredó la corona inglesa, con la esperanza de crear una dinastía adicta al catolicismo y a España; pero la reina murió sin descendencia y el cetro pasó a Isabel, que aborrecía estas cosas. No hubo declaración de guerra, pero tampoco fue necesaria, porque la enemistad se manifestó pronto en mil detalles hostiles, la piratería inglesa entre ellos. Cuando éstos llegaron al asalto de Drake contra Cádiz, a la ejecución de la católica reina de Escocia, María Estuardo, por obra de Isabel, Felipe quiso eliminar a este enemigo y preparó una flota gigantesca para invadir Inglaterra y deponer a su implacable reina. Pero la Armada Invencible fue vencida y la enemiga exacerbada. En 1596 la marina inglesa saqueó Cádiz, y los corsarios casi bloquearon los dominios de América.

Pero en lo interior mantuvo la unidad con mano firme impidiendo la propagación del protestantismo en lo religioso y centralizando el poder y aumentando el absolutismo en lo político. Y, por otra parte, vio realizado el antiguo anhelo de los Reyes Católicos realizando la unidad peninsular al heredar la corona portuguesa, aunque también tuvo que luchar para ello derrotando al pretendiente don Antonio, que aspiraba a ella por ser también nieto del rey Manuel, aunque por línea bastarda.

Felipe II fue jurado como rey de Portugal por las Cortes de Thomar, en 1581.

Al morir en El Escorial, el 13 de septiembre de 1598, bien habría podido decir que los objetivos de su reinado se habían cumplido. El protestantismo no había avanzado y en cambio la Iglesia católica se había fortalecido realizando su propia reforma, y, en lo político, España era aún la primera potencia europea. Pero en el fondo la relación de fuerzas se había modificado en su contra. En la balanza, el platillo contrario había recibido el peso de nuevos enemigos que pronto alterarían el equilibrio a su favor.

En lo interior se advertían también signos negativos. El historiador español José Terrero resume así la situación: «Durante su reinado alcanzan gran desarrollo la literatura y las artes, pero en el orden material decayó la agricultura, por estar cada vez más recargada de tributos y ser cada día mayores los abusos del Consejo de la Mesta (que era la asociación de los ganaderos); las artes mecánicas fueron a menos, el comercio se perjudicaba grandemente con las guerras y los absurdos monopolios. Los brazos antes aplicados a las fuentes de riqueza, se emplearon en campañas o fueron a América en busca de fortuna».

Un genio político tal vez podría haber salvado todas estas dificilísimas circunstancias. La peor desgracia de Felipe II fue que su hijo, el heredero de su obra, no era ese genio, y ni siquiera como su padre, un rey de cuerpo entero.

Los reyes del siglo XVII

Felipe III heredó el trono en 1598, cuando tenía 20 años de edad, y lo ocupó durante veintitrés. Fue durante estos cuando se decidió el porvenir del imperio, y desgraciadamente el hijo de Felipe II no tenía capacidad para gobernar ni voluntad para reinar. El Rey Piadoso, como fue apellidado por los cortesanos, hubiera podido recibir con igual justicia el epíteto de Rey Inepto, si los cortesanos no lo hubieran sido. Ya se decía que su padre había sentenciado: «Dios, que me ha dado tantos reinos, me ha negado un hijo capaz de regirlos. Temo que me lo gobiernen». Y el Rey Prudente pocas veces se equivocaba cuando juzgaba a los hombres.

Aparecieron gobernándolo a él y desgobernando el reino, los favoritos y privados, que en adelante serían institución permanente de la Corona, y que sus regios antepasados no habían conocido: Primero lo fue don Francisco de Saavedra y después el duque de Lerma, que introdujo la corrupción en la administración y el despilfarro en la Corte.

En momentos en que la situación internacional requería una iniciativa dinámica, inteligente y constante, España se mantuvo a la defensiva. En aquella vertiginosa evolución política que vivía Europa, permanecer estático era perder un terreno que ya no se recuperaría nunca.

Sin embargo logró la paz en algunos flancos; y descargarse de enemigos, ya era alguna ventaja.

Desaparecidos los irreconciliables rivales, Isabel y Felipe II, pudo establecerse la paz con Jacobo I, que heredó el trono de Inglaterra. También se logró la paz con Francia y se establecieron con ella alianzas matrimoniales, que eventualmente pudieran abrir la oportunidad a una alianza, y se concertó una tregua de doce años con Holanda, reconociendo así prácticamente su independencia.

Si además de descargarse de enemigos se hubiesen hecho amigos, se habría completado la obra. El no hacerlo en aquel momento de equilibrio entre las potencias europeas, pronto conduciría fatalmente a que se rompiera en su contra.

' Felipe IV representa en la Historia la derrota de España en el juego de fuerzas de la Europa moderna. Ocupó el trono cuarenta y cuatro años largos, pero lo entendió como usufructo y no como misión. Frívolo y disoluto, aceptó los placeres que le ofrecía la Corona, pero no su peso, y descargó el gobierno en el imprescindible privado, que para él lo fue el conde-duque de Olivares.

Con él la monarquía española recuperó la iniciativa, pero exactamente en el sentido contrario al conveniente. Su empeño lo puso en revivir las enemistades, y a fe que lo logró cumplidamente.

Rompió la tregua con Flandes y reanudó aquella guerra como si no fueran ya suficientes los males que había traído. Tuvo que participar, aunque también sin fortuna, en aquella turbia guerra de los Treinta Años en Alemania, para tratar de apuntalar las ruinas que quedaban del imperio de Carlos V, y sobre todo para impedir que la diestra mano y los pocos escrúpulos del cardenal Richelieu inclinaran definitivamente el fiel de la balanza a favor de Francia. Y las buenas relaciones que se habían reanudado con Inglaterra en tiempos de Jacobo I volvieron a trocarse en hostiles con su heredero Carlos.

Como era de temer, los resultados de todo esto fueron desastrosos. La escuadra holandesa desbarató a la española y entorpeció gravemente las comunicaciones de España y Portugal con sus posesiones ultramarinas. Holanda empezó así a construir un imperio que forzosamente sería peligroso rival del español. En Flandes y en Italia se perdieron muchas plazas. Francia le arrebató el Rosellón y, sobre todo, el prestigio de sus armas, al vencerlas en Rocroy. Los dominios portugueses resultaron grandemente perjudicados en estas disputas. Se perdieron Java, Sumatra, Malaca, las Molucas y varios puertos de la India, esenciales al comercio lusitano. En América, como hemos de presenciar, aconteció algo semejante, tanto en los dominios portugueses como en los españoles.

En 1640, Cataluña se reveló; dio muerte al virrey, declaró su independencia de la Corona española y pidió la protección de la francesa; y Portugal seis meses después, hizo otro tanto proclamando como rey al duque de Braganza. Cataluña regresaría a la unidad; pero Portugal nunca jamás.

Felipe IV creyó conjurar la tragedia cambiando de favorito; el conde-duque fue reemplazado en la privanza por don Luis de Haro. Pero, desgraciadamente, no era posible cambiar del mismo al rey irresponsable.

Ahora España abdicaba expresamente de su hegemonía. En 1695 tuvo que firmar con Francia la Paz de los Pirineos, y en 1661 la Paz de la Haya con Holanda. Eran la constatación por escrito de que había perdido la primacía. Pero lo más grave era que los acontecimientos de Portugal y Cataluña anunciaban claramente que se estaba perdiendo lo único que quedaba: la unidad del imperio.

Carlos II el Hechizado

La lamentable figura del vástago heredero de Felipe IV era la personificación física del estado a que había llegado la monarquía de los Reyes Católicos, de Carlos V y de Felipe II, en poco más de medio siglo. Atrofiado física y mentalmente, el último de los Austrias marca al mismo tiempo el último escalón en el descenso de la Corona, el ominoso final de una gran parábola histórica. Los Reyes Católicos fueron la ascensión; construyeron la unidad de España y la colocaron como fuerza de primer orden en la Europa, que nacía al terminar la Edad Media. Carlos V fue la aspiración a la coronación de la obra, a la unidad absoluta de la Cristiandad y, por un momento, pareció que iba a lograrlo; pero el Renacimiento había abierto la puerta a la Edad Moderna y con ella a las naciones soberanas. Por ello Felipe II sólo pudo luchar, dentro de ese cuadro, por la supremacía española. Felipe III alcanzó a vivir con la fuerza de la inercia que imprimieron al reino sus predecesores; pero Felipe IV, como hemos visto, inició ya el camino del franco retroceso.

España había dejado el centro de la escena en la Historia; la hegemonía había pasado a Francia.

El nuevo rey tenía solamente cuatro años de edad cuando recibió la Corona. Su padre había dispuesto que en su minoría ejerciera el poder una Junta de Gobierno, pero, en la práctica, lo ejercieron los privados de la reina viuda. Primero lo fue su confesor, el jesuita alemán Juan Everardo Nitard, tan inexperto como imprudente; trabó nueva guerra con Francia sólo para perder en la Paz de Aquisgrán, que tuvo que aceptar en 1668, otro trozo de Flandes y la totalidad del Franco Condado.

Hubo que prescindir del confesor y le sucedieron otros favoritos que a la inepcia del jesuita unieron la corrupción y el desorden en la administración y no pudieron evitar una nueva guerra con Francia, que terminó, como siempre, con la aceptación de otro tratado de paz, ahora firmado en Nimega en 1678, con nuevas pérdidas para España.

En realidad España ya no podía ni siquiera soslayar estos conflictos; Francia tenía la superioridad y la iniciativa y atacaba sin cesar para consolidarla y engrandecerse. Así como en otros tiempos se formaban alianzas y ligas contra España para contrarrestar su inmenso poder, ahora España tuvo que entrar a formar liga para poder luchar contra Francia. En 1681 participó en la Alianza de La Haya, con el emperador de Alemania, Suecia y Holanda, pero no por eso evitó una nueva derrota y la subsiguiente Paz de Ratisburgo, que reunía a casi toda Europa contra Francia. Pero esta vez la fortuna favoreció a Luis XIV y las armas francesas entraron en Barcelona en 1694. Tres años después se puso fin a la guerra con la Paz de Ryswik. El Rey Sol quiso ser generoso con el español a fin de asegurar la sucesión, de que éste carecía, en favor de su nieto, y, puesto que aspiraba a todo, bien pudo devolver la parte de que se apoderara en la guerra. Sin embargo España tuvo que ceder la mitad de la isla de Santo Domingo, que los franceses habían ocupado sin derecho alguno, como habremos de ver.

El 1.º de noviembre de 1700 falleció el último descendiente del Emperador. Con él se extinguía la dinastía de los Austrias en España, y su corona pasaba a ser pieza en disputa en el ajedrez europeo, que Francia e Inglaterra jugarían en función de sus propios intereses.

Pero aunque la monarquía había perdido hasta su misma independencia y pasaba a ser patrimonio de un interés extraño, el imperio de ultramar conservaba en pleno vigor el formidable impulso que le dieron sus fundadores y que supieron mantener quienes les sucedieron. Las guerras europeas llegaron a sus playas y sus territorios se vieron afectados por los ataques extranjeros y por los tratados de paz en los que fueron cedidas algunas posesiones americanas, pero ni los unos ni la otra dañaron su integridad ni detuvieron su progreso. Por lo demás, las Indias no ofrecían grandes problemas políticos que ameritaran la atención de la Corte; por ello su gobierno y administración se dejaba, afortunadamente, al Consejo de Indias, formado por funcionarios de carrera que generalmente fueron lentos, pero sensatos y honestos. Así, cuando, la Corona española había entrado ya en plena decadencia y la vida en la Península era dura y difícil, los reinos de las Indias tenían por delante todavía muchos años, más de cien, de floreciente tranquilidad y constructivo avance.

Los principales sucesos en los reinos de las Indias

Como decíamos al iniciar la visión de esta época, los acontecimientos que destacan en la vida interior de los reinos de las Indias son de escasa relevancia histórica, puesto que no modifican fundamentalmente la situación existente; por ello puede concebírseles más bien como incidentes o anécdotas, que resaltan solamente por contraste con el fluir cotidiano en el que, repetimos, es donde en una serie infinita de pequeños actos se va operando oscuramente el trascendental cambio que determinó la presencia ibérica en América y se va tejiendo el destino de Iberoamérica. Sin embargo, la observación de algunos de esos hechos anecdóticos puede ayudar a darnos una visión más completa de lo que fue la vida de las Indias durante los siglos XVI y XVII.

El reino de Nueva España

Nueva España fue seguramente la provincia más tranquila de todas las que abarcaba el imperio español en América. Por ello, muchos de los acontecimientos que señalaremos en este periodo son típicos y generales a la vida de las provincias en las épocas normales. La misma reducida proporción de estos hechos denota la normalidad del contexto que les permitió, a pesar de ello, ser notables.

Las circunstancias se conjugaron en México para cimentar y mantener este fecundo sosiego. Los aztecas, tras de su tenaz y desesperada resistencia, nunca después de su derrota se rebelaron contra el régimen español, antes bien, su nivel cultural les permitió acomodarse mejor a la nueva civilización y vivir en ella, si no felices, cuando menos en paz. Por otra parte, el conquistador, Hernán Cortés, fue sin duda de los más capaces de su clase y supo organizar y encauzar la nueva sociedad, evitando en gran parte las grandes conmociones que esto ocasionó en otras partes. Después de él, tras el agitado, pero breve gobierno de la Primera Audiencia, vino, en 1531, el prudente y recto de la Segunda, encomendada a hombres de la calidad del obispo de Santo Domingo, don Sebastián Ramírez de Fuenleal, y a la del más tarde obispo de Michoacán, don Vasco de Quiroga.

Los primeros virreyes que se sucedieron en el mando fueron también de los mejores que conocieron las Indias.

Don Antonio de Mendoza gobernó con extraordinario tino y probidad desde 1535 hasta 1550 e hizo progresar notablemente al país. Introdujo la imprenta, que fue la primera del Continente; fundó la casa de la moneda para acuñar los metales que producía el virreinato; importó la morera y el gusano de seda y, en colaboración con el obispo Zumárraga y con los franciscanos principalmente, fundó varias escuelas y hospitales.

Durante su gobierno se realizaron las expediciones de Vázquez de Coronado, del capitán general Hernán Cortés y del piloto Ulloa por las tierras y mares del noroeste. Pacificó con la ayuda de don Vasco de Quiroga la provincia de

Michoacán y fundó su capital con el nombre de Valladolid, y tuvo que hacer la guerra a los indios de la provincia de Nueva Galicia (hoy Jalisco), que en 1538 se rebelaron contra el dominio español. En la revuelta fue muerto el gobernador de esa provincia, el Lic. Pérez de la Torre, a quien reemplazó en el mando Cristóbal de Oñate, que continuó la lucha, en la que como hemos visto, perdió la vida el conquistador y entonces gobernador de Guatemala don Pedro de Alvarado. Sometidos por de momento, volvieron a levantar armas dos años más tade, y el propio virrey tuvo que ir con fuerzas de México para someterlos. En esa ocasión se fijó definitivamente el emplazamiento de la ciudad de Guadalajara como capital de la provincia y que pronto sería también sede de una audiencia.

El problema más grave con que tuvo que enfrentarse Mendoza y en el que reveló su gran habilidad política fue en el que creó la promulgación, en 1542, de las llamadas Nuevas Leyes que tendían a la abolición de las encomiendas, suprimiendo un gran número de las que existían e introduciendo considerables limitaciones en las que permitían temporalmente que subsistieran. Para hacerlas cumplir fue enviado especialmente por la Corona con carácter de visitador don Francisco de Tello, pero encontró en Nueva España una viva oposición por parte de los colonizadores. Intervino entonces con prudencia el virrey y logró una transacción entre los encomenderos y el visitador evitando con ello los graves males que acarreó al Perú la pretensión de aplicarles en todo su rigor, la Corona tuvo que aceptar que su aplicación era imposible en las circunstancias existentes y acomodó a ellas sus disposiciones por medio de las ordenanzas del año siguiente.

El acierto de don Antonio de Mendoza hizo pensar al rey que era el hombre indicado para poner orden en el agitado virreinato del Perú, y fue trasladado allá el año 1550.

Le reemplazó en Nueva España don Luis de Velasco, cuya primera medida fue poner en libertad a muchos millares de indios de «repartimiento» que servían ilegalmente en las minas. Estableció el Tribunal de la Santa Hermandad que cumplía los oficios de la moderna policía para la guarda de los caminos y la persecución de los malhechores. Durante su gobierno, el año 1553, empezó a funcionar la Real y Pontificia Universidad de México, que había sido creada dos años antes por cédula del emperador Carlos V. Ese mismo año se produjo la primera inundación de la ciudad de

México, que había de ser percance frecuente y constante preocupación de todos los virreyes. Como en las regiones del norte quedaban muchas tribus indígenas salvajes que cometían incursiones depredatorias —y esto había de durar hasta finales del siglo pasado— fundó una cadena de poblaciones, entre ellas San Miguel el Grande, en la sierra de Guanajuato, con objeto de reducirlos o, por lo menos, contenerlos.

En 1555 se celebró el Primer Concilio eclesiástico provincial en el que se adoptaron importantes resoluciones para la protección de los indios.

El 6 de junio de 1557 el floreciente virreinato realizó con gran pompa y solemnidad la jura del rey don Felipe II que ascendía al trono por abdicación de su padre el Emperador.

En 1564, después de catorce años de acertado gobierno, falleció don Luis de Velasco, evitando así que lo promovieran al difícil virreinato del Perú como iba a ser costumbre con los de Nueva España. El gobierno recayó como estaba mandado para tales casos, en la Audiencia que presidía a la sazón el Lic. Ceynos, bajo el cual se denunció en 1566 una supuesta conspiración encabezada por el marqués del Valle de Oaxaca, don Martín Cortés y sus hermanos, hijos del conquistador, la cual nunca fue puesta en claro, pero que costó la vida a tres amigos del marqués, el empleo al nuevo virrey, el marqués de Falses, a quien se acusó de connivencia con los conspiradores y motivó para el juez Alonso Muñoz que vino expresamente de la Península a enredar más aún el embrollo aquella fulminante reprimenda de Don Felipe II que le dijo «Os envío a gobernar y no a destruir», a consecuencia de la cual es conocido que el susceptible visitador falleció al día siguiente.

Durante el gobierno del virrey siguiente, don Martín Enríquez de Almansa, que duró doce años, se inició la construcción de la catedral de México. En 1572 llegaron los primeros quince jesuitas a esa provincia.

La recién instalada Inquisición realizó su primer Auto de Fe. Y la ciudad padeció una nueva inundación y una terrible epidemia de viruela. Pero don Martín Enríquez demostró buenas dotes de gobierno y en vista de ello fue trasladado el año 1580 al Perú. Le sucedió don Lorenzo Suárez de Mendoza que murió después de tres años de pacífico gobierno en el que no hubo mayor novedad que la fundación del Consulado de la Ciudad de México. Su fallecimiento provocó otro de los interinatos de la Audiencia que siempre causaban trastornos; por ello fue pronto designado como virrey el arzobispo de México don Pedro Moya de Contreras que tampoco permaneció mucho tiempo, porque en vista de sus excelentes dotes fue promovido a presidente del Consejo de Indias, y fue remplazado por don Álvaro Manrique y Zúñiga, poco conocedor de los asuntos de las Indias que, según la sagaz sentencia de don Antonio de Mendoza, se arreglaban por sí mismos, quiso meterse en complicaciones y deponer a un oidor de la Audiencia de Guadalajara porque violó la ley que prohibía a los gobernantes casarse en su jurisdicción, haciéndolo con una vecina de aquella provincia. Mas no advirtió el celoso virrey que aquélla no caía dentro de la suya y que por lo tanto se extralimitaba en sus funciones. Hubo movilización de fuerzas por ambas partes, mediación del obispo de Guadalajara para evitar el encuentro y a la postre deposición del inexperto virrey y sustitución por uno que traía la experiencia en la sangre, pues era hijo de don Luis de Velasco. Éste, en efecto, empleó su celo en mejores causas que las de impedir matrimonios. Fundó varias poblaciones en el norte del país, envió la expedición que se posesionó de las islas Filipinas e hizo un buen gobierno. En 1595 fue trasladado al gobierno del Perú. El virrey siguiente que lo fue don Gaspar de Zúñiga, continuó la política de expansión de su antecesor enviando al territorio de Nuevo México una expedición mandada por Juan de Oñate, que tomó posesión de él sin dificultad, fundó la ciudad de Monterrey para que fuera cabecera del Nuevo Reino de León y comisionó a Sebastián de Vizcaíno para que continuara las exploraciones marítimas de la costa californiana.

Cuando pocos años después volvió al gobierno de Nueva España don Luis de Velasco hijo, envió a Vizcaíno al Japón pero el remoto país oriental se negó a todo trato con los embajadores. En este su segundo período de gobierno tuvo don Luis que reprimir una rebelión de esclavos negros que se concentraron en el valle de Orizaba. Lo hizo con humanidad, ofreciéndoles una ventajosa capitulación y permitiéndoles fundar el pueblo de San Lorenzo.

En 1616 se produjo un levantamiento de los indios tepehuanes en el reino de Nueva Vizcaya, que ocupaba aproximadamente los actuales estados mexicanos de Durango y Sinaloa, y varios misioneros jesuitas fueron sacrificados durante ella; pero el gobernador de aquella provincia pudo al cabo someterlos.

El virrey don Diego Carrillo de Mendoza, marqués de
Gálvez llegado en 1622, fue protagonista de uno de los característicos conflictos entre las autoridades civiles y las eclesiásticas en el pleito que tuvo con el arzobispo don Juan
Pérez de la Serna. Iniciado el conflicto por causas de no mayor importancia, pronto se pasó a las excomuniones por parte
del arzobispo y a las órdenes de aprehensión por parte del virrey. El pueblo tomó partido por aquél, y al grito de «¡Abajo
el luterano! ¡muera el hereje!» se lanzó sobre el palacio del
católico virrey que no contaba para su defensa sino con la
fuerza que era normal en esos tiempos y que consistía solamente en los veinte hombres de su guardia de honor, por lo
cual se vio obligado a huir. Tuvo que venir de España un
visitador a poner paz, lo que logró fácil y salomónicamente
enviando a ambos contendientes a la Península.

El nuevo virrey, don Rodrigo de Pacheco, no quiso verse
en las mismas dificultades y organizó por primera vez en el
virreinato tropas regulares formando tres compañías de infantería. Pero ello ofendió profundamente el honor de sus habitantes que lo interpretaron, y así se lo hicieron saber al virrey, por conducto del Ayuntamiento, como falta de confianza
en su lealtad a la Corona. Después de mucho discutir el tema,
aceptó éste disolver aquella pequeña fuerza reconociendo, en
el oficio que para comunicárselo envió al cabildo de la ciudad
que «no pudiendo poner duda en los amigos tan honrados y
fieles vasallos que Su Majestad tiene en este reino son la verdadera defensa de sus virreyes y ministros... había resuelto
se reformaran las tres compañías que a la presente se hallaban en Veracruz y se borre la memoria de su fundación».
El incidente, aunque baladí, no deja de ser significativo para
comprender la permanencia de las Indias en la monarquía
española.

A los pocos años de estos incidentes el obispo de Puebla,
don Juan de Palafox, tuvo también contienda con el virrey a
quien logró sustituir en el gobierno y vuelto a su diócesis
después de algún tiempo tuvo allí con los jesuitas grave pleito
que provocó el escándalo de los pacíficos feligreses de la
ciudad. Entre tanto moría en el cadalso de la Inquisición el
célebre impostor Martín Garatuza, que, haciéndose pasar por
sacerdote, había estafado a muchos devotos.

Por esos años de mediados del siglo se lanzaron a la guerra los indios rahumaras en la sierra de Chihuahua y mantuvieron la resistencia frente al capitán Narváez que fue a someterlos durante más de dos años. Pero no obstante ello el gobierno virreinal impulsó la colonización de California, Nuevo México y Texas, y se establecieron nuevas misiones y presidios, o sea, puestos de guarnición, en esos vastos territorios. También en el sur los mayas de Yucatán fueron ocasión de una sangrienta revuelta y más incitante represión. Y poco después aconteció lo mismo con los indios de la provincia de Tehuantepec, pero esta vez se obvió la represión por la intervención del obispo de Oaxaca que obtuvo su pacífica sumisión.

Siendo virrey el conde de Baños, don Juan de Leyva, que ocupó el gobierno de 1660 a 1664 los ingleses desembarcaron en Yucatán, pero el capitán Maldonado, con doscientos españoles y seiscientos indios, los obligó a retirarse. Por lo demás, el conde de Baños tuvo constantes litigios con las autoridades eclesiásticas, uno de ellos porque ordenó el cambio de itinerario de la procesión del Corpus, a fin de que la virreina pudiera presenciarla desde su balcón; pero ninguna de estas fricciones pasó de dar materia de conversación al vecindario.

En cambio fray Payo Enríquez, que siendo arzobispo de México tuvo que encargarse del gobierno por la falta del virrey duque de Veragua, que murió a los cinco días de haber tomado posesión, realizó uno de los períodos que mejor memoria dejaron en el pueblo, a pesar de las dificultades que tuvo que afrontar, como la rebelión de los indios de Nuevo México en la que perecieron asesinados veintiún misioneros franciscanos. Al fin de su gobierno fue designado presidente del Consejo de Indias. Bajo el de su sucesor, el capitán Diego Vargas, recuperó las poblaciones de Santa Fe, San Diego y otras, en las provincias del norte que habían sido tomadas por los indios. Este virrey, don Tomás Antonio de la Cerda y Aragón, conde de Paredes, fue uno de los pocos a quienes el pueblo tachó de honesto, en el manejo de los fondos públicos, tanto que, faltándole un brazo, por lo cual usaba uno postizo, la maledicencia popular le apodó «brazo de plata». En su época, el pirata Agramont, guiado por el mulato Lorencillo, que a partir de entonces hizo fama como asaltante, se posesionó durante cinco días del puerto de Veracruz llevándose cuantiosa fortuna y asesinando a más de trescientos vecinos.

Las insurrecciones indígenas cobraron brío en las postrimerías del siglo. Los tarahumaras, los tepehuanes y los pimas causaron graves preocupaciones al virrey Gaspar de la Cerda y a sus sucesores. En el esfuerzo para civilizar a estas tribus bárbaras realizaron una heroica labor los misioneros jesuitas, entre quienes destacaron el padre Kino y el padre Salvatierra. También participaron en estas luchas el erudito don Carlos de Sigüenza y Góngora, que fundó el fuerte de Panzacola en un punto clave para la dominación del territorio de Texas; el padre Damián Masanet, que fundó varias misiones en él, y el gobernador de Coahuila, que realizó amplias expediciones pacificadoras.

Al conde de Gálvez tocó enviar a las tropas mexicanas, que tan brillante papel desempeñaron cuando la flota de Barlovento, expulsó a los franceses de la isla de Santo Domingo, y también afrontar los motines populares que provocó la escasez de víveres, otro de los azotes periódicos de la época, que se produjo el año 1592 y en uno de los cuales el palacio virreinal fue incendiado por la turba desesperada.

El año de 1696 vino a encargarse del virreinato don José de Sarmiento, conde de Moctezuma, título que heredó de su esposa que era descendiente del desdichado emperador azteca. Tuvo el conde un gobierno pacífico que sólo fue interrumpido por un tumulto popular y una erupción volcánica del Popocatepetl, ambas sin consecuencias, y el 6 de marzo de 1701 llegó un buque a Veracruz trayendo la noticia de la muerte del rey Don Carlos II, con lo cual terminaba para el imperio español la dinastía de la Casa de Austria y se iniciaba para las Indias otra época en la que había de aparecer un nuevo tipo de vida.

La Capitanía General de Guatemala

La vida indiana fue aún más tranquila en las provincias menores. Las que ocupaban Centroamérica, después de los sucesos a que dio lugar su ocupación y el borrascoso temperamento de sus capitanes, tuvieron una existencia apacible y laboriosa, sólo sacudida algunas veces por los temblores de tierra que, para la ciudad de Guatemala, fueron lo que las inundaciones para la de México.

Cuando en junio de 1540 salió don Pedro de Alvarado para su postrer aventura, dejó como teniente suyo en la gobernación a su cuñado don Francisco de la Cueva, que al morir aquél fue confirmado en ella por el virrey de México. Pero al recibirse en Guatemala el 29 de agosto del año siguiente la notica de la muerte de Alvarado, su viuda, doña

Beatriz de la Cueva, dio grandes muestras de dolor «lágrimas, gemidos, voces, gritos, locuras y desatinos», según refiere la crónica, y entre estos últimos el de pintar su palacio de negro, asumir la gubernatura de la provincia y blasfemar. Pero sólo diez días después, a consecuencia de las torrenciales lluvias y terremotos, se produjo una avalancha de agua que arrasó la ciudad, dando muerte a la desdichada doña Beatriz y a seiscientos vecinos más. Unos días después de la catástrofe se reunió el vecindario en cabildo abierto y designó para que se encargaran del gobierno al obispo, don Francisco Marroquín y a Francisco de la Cueva, y se decidió el traslado de la ciudad que en noviembre de ese mismo año se empezó a construir sólo media legua más lejos del volcán del Agua que había provocado la tragedia.

A principios de 1544 llegaron los oidores de la recién nombrada Audiencia de los Confines a quienes presidía el licenciado Alonso de Maldonado, que la instaló en la población de Gracias a Dios.

* * *

Cuando el virreinato del Perú se halló en grave conflicto por la rebeldía de los encomenderos en contra de las Nuevas Leyes, la Audiencia de los Confines envió refuerzos al mando del oidor Ramírez de Quiñones, que ayudaron al virrey La Gasca en la batalla de Xaquixahuana. Pero el obispo fray Bartolomé de las Casas no estuvo de acuerdo con las complacencias que el presidente Maldonado tenía para con los encomenderos y obtuvo de la Corona su sustitución por el enérgico don Alonso López de Cerrato, que tomó posesión de su puesto a mediados de 1548 y, escarmentado por el ejemplo de su predecesor, empezó a aplicar las leyes protectoras de los indios con todo rigor, lo que bien pronto le acarreó muy graves complicaciones. Pues fue el caso que entre los muchos a quienes privó de sus repartimientos de indios se encontraba el gobernador de Nicaragua, don Rodrigo de Quevedo, el yerno de Pedrarias, que como opusiera resistencia fue también desposeído de su cargo. Marchó él a España a defender su causa legalmente; pero quedaron en Nicaragua sus hijos, Hernando y Pedro, que decidieron hacerlo por medio de la fuerza, y aconsejados por algunos de los antiguos encomenderos rebeldes del Perú, que al ser derrotados allá, habían buscado refugio en Centroamérica, concibieron el absurdo plan que ya había fracasado en el Perú de alzarse contra el rey e independizar aquellas tierras de su autoridad para explotarlas a su antojo sin los constantes frenos que la Corona les imponía. La aventura empezó con el asesinato del obispo de Nicaragua, fray Antonio de Valdivieso, cometido en enero de 1549, quien había salido en apoyo del presidente y en defensa de los indios. Los insurrectos se posesionaron de León y de Granada, y Hernando Contreras fue proclamado «príncipe de Cuzco y capitán general de la Libertad». Luego, con el designio de cerrar el paso al Perú para poder dominarlo posteriormente, marcharon sobre Panamá que, tomada sorpresivamente, cayó en sus manos, pero no así el virrey La Gasca, que a la sazón se encontraba en el Istmo de regreso a la Península conduciendo la inmensa fortuna que había hecho durante su gobierno en el Perú. Cuando marcharon en su persecución la ciudad de Panamá reaccionó y se liberó de sus opresores y cuando el grueso de éstos quiso volver sobre ella, fueron derrotados y los hermanos Contreras terminaron trágicamente, con lo que volvió la paz a aquellas provincias.

La Audiencia de los Confines no acababa de acomodarse y fue por aquella época casi un tribunal ambulante. En 1549 el licenciado López de Cerrato la trasladó a la ciudad de Guatemala, estimando que en ella podría desempeñar mejor sus funciones, pues en Gracias a Dios «ni letrados había». Allí continuó su labor en beneficio de los indios, suprimiendo los repartimientos que había en Chiapas, exonerando a los indios del tributo real en los años de mala cosecha y estableciendo cabildos indígenas.

Pero de Panamá pedían que se les concediera una Audiencia —que ya habían tenido desde 1539 hasta 1543, año en que se la trasladó a Lima— y accediendo a su súplica fue llevada a esa ciudad la de los Confines. Entonces protestaron los de Guatemala y el propio virrey de Nueva España apoyó sus peticiones. Para resolver el dilema se dejó aquélla en Panamá, aunque en los asuntos de gobierno y defensa quedó la provincia bajo la autoridad de Lima y se creó una nueva en Guatemala, que fue instalada en 1570 por su presidente el doctor Antonio González.

Las regiones que más tardaron en ser colonizadas, pues en ese intento fracasaron muchas expediciones, fueron las de Costa Rica y Veragua.

La de esta última fue iniciada por el capitán Francisco Vázquez en 1557 en compañía del dominico fray Pedro de

Santa María, que fueron comisionados para ello por el gobernador de Panamá don Juan Ruiz de Manjaraz. Realizaron
en efecto varias fundaciones que empezaron a progresar
cuando fueron descubiertos algunos yacimientos de oro y con
ellos surgieron las discordias por aquel ducado de Veragua
que los descendientes del descubridor habían vendido al rey
por estéril. El capitán Vázquez y el gobernador Manjaraz
entraron en una contienda que costó a éste el puesto y lo
heredaron el hijo del capitán, Alonso Vázquez, y el sucesor
del gobernador, don Rafael de Figuerola, que también salió
perdiendo en la contienda, pues años más tarde, en 1563,
cuando el antiguo escribano real don Rodrigo Méndez tuvo
la humorada, que le costó la cabeza, de rebelarse contra las
autoridades y fue dueño de Panamá por una noche, los hombres de Vázquez aprovecharon el interludio de anarquía para
dar de puñaladas al ex gobernador Figuerola.

La provincia de Costa Rica fue concedida al capitán Juan
Vázquez Coronado, hijo también de Francisco Vázquez, en
1562. Él fundó la ciudad de Nueva Cartago, que fue cabecera
de la provincia, y dio nombre a la región e inició en forma la
colonización de ella, aunque siempre se realizó ésta en forma
muy lenta.

Todas estas provincias, salvo Veragua, que perteneció a
Panamá, compusieron la capitanía de Guatemala, y después
de estas conmociones iniciales, llevaron una apacible existencia en la que apenas hay hechos que destaquen de su vida
cotidiana. En 1620 se inauguró el Colegio de Santo Tomás
de Aquino en la ciudad de Guatemala y en 1681 empezó a
funcionar la Universidad de San Carlos Borromeo. En 1660
el obispo fray Payo Enríquez de Rivera hizo traer de México
la primera imprenta. Ya en el siglo XVIII se establecieron la
administración de correos, el Consulado y una casa de la
moneda.

Los piratas atacaron frecuentemente las costas centroamericanas e hicieron de Honduras uno de sus reductos. Entre
otros muchos asaltos se recuerda el de 1564, uno de los primeros, contra el castillo del Río San Juan, porque habiendo
muerto su comandante creyeron fácil los piratas apoderarse de
él, pero la joven hija de aquél, doña Rafaela de Herrera y
Sotomayor, organizó heroicamente la defensa del fuerte y rechazó a los asaltantes a cuyo jefe mató de certero cañonazo.

El último acontecimiento digno de notar durante el período español en Guatemala fue la destrucción total de la

Señora y mulata de Lima en 1793.
Grabados coloreados de ambiente.
Museo de América, Madrid (España).

Planta de algunas Yslas, y puertos delas coſtas de Chile.
Puerto de Valparaiſo.

Puerto de Valparaíso. Grabado de la Historia general de las Indias Occidentales de A. Herrera, impresa en Amberes en 1728 por Juan Verussen.

ciudad por un terremoto más, en 1773, con lo que nuevamente hubo de ser cambiada al sitio que actualmente ocupa, encargándose de su construcción el capitán general don Martín de Mayorga, después de larga pendencia con el arzobispo que era partidario de reconstruirla en el mismo lugar.

La provincia de Tierra Firme

Fue seguramente la provincia de Castilla del Oro, Tierra Firme o Panamá, como sucesivamente se la llamó, la más agitada durante el período imperial. Hemos visto cómo pronto sustituyó a Santo Domingo como base principal de exploraciones y conquistas y, por su condición geográfica de puerta del Pacífico y paso obligado del Perú, fue siempre punto codiciado y vulnerable.

Después de los turbulentos días de Pedrarias Dávila, siguieron los no muy tranquilos pero breves de don Pedro de los Ríos, que llegó en 1526 y dejó el poder en 1529 a don Antonio de la Gama, a quien tocaron los ajetreos y problemas que suscitaron las conquistas del Perú y que, entre otros efectos, tuvieron el de dejarle la gobernación casi despoblada. A pesar de ello realizó un gobierno constructivo, reedificó Natá e inició el camino transístmico entre Panamá y Nombre de Dios. En 1534 asumió la gobernación don Francisco Barrio Nuevo, que fue sustituido dos años después por Pedro Vázquez de Acuña, quien lo entregó a la primera Audiencia constituida en 1539.

En 1544 pasó por Panamá con destino al Perú el primer virrey designado para aquel reino, quien traía el difícil cometido de poner en práctica las Nuevas Leyes. Hombre que carecía de la flexibilidad y experiencia política de don Antonio de Mendoza, empezó a ponerlas en obra desde Panamá del modo más riguroso, y provocando el descontento de los encomenderos que en Perú había de conducir a la rebelión que le costó la vida y dio el dominio del país a Gonzalo Pizarro. Dueño del Perú éste, quiso asegurar la retaguardia cerrando el paso de Tierra Firme, y para ello envió a Hernando Bachicoa con una pequeña flota que casi sin oposición se apoderó de Panamá, pero en lugar de retenerla se conformó con saquearla y regresó a Lima, por lo cual Pizarro se vio obligado a enviar una nueva, esta vez dirigida por Pedro de Hinojosa, que aseguró su posesión en octubre de

1545, y envió a su yerno, Hernando de Mejía a resguardar. Hubo un intento de reacción por parte de los fieles al rey, pero sus armas pudieron sofocarlo; por ello se consideraron seguros cuando vieron desembarcar al nuevo enviado de la Corona, el visitador don Pedro La Gasca, que era un modesto clérigo inerme. Sin embargo, por medio de la persuación logró éste con gran habilidad que los ánimos se tranquilizaran, prometiendo el perdón y la 'rectificación de algunas de las disposiciones de las Nuevas Leyes. Mejía se dejó convencer y poco después el mismo Hinojosa volvió a la obediencia del rey y entregó a su representante la flota de Pizarro. Con ella pudo efectuar el sagaz visitador su viaje de pacificación al Perú.

Luego vinieron las revueltas de los Contreras en Nicaragua que, como acabamos de ver, también fueron a recalar a Panamá; y cuando al fin los blancos se tranquilizaron, empezaron las insurrecciones de los negros.

Como puerto de tanto tráfico, había sido llevado a Panamá gran número de esclavos africanos, muchos de los cuales habían desertado de sus amos, refugiándose en las selvas en las que formaron peligrosas bandas que asaltaban a los transeúntes del Istmo. En 1549 una de ellas, comandada por Felipillo, formó en el archipiélago de las Perlas, un populoso palenque que constituía una verdadera tribu independiente. Pero fue desbaratada por el capitán Francisco Carreño. Mas cuando éste cayó, ya otro grupo, cuyo caudillo se llamaba Bayano, había sentado sus reales en la sierra. Derrotó al capitán Morcilla, que salió a combatirlo, pero Carreño logró prenderlo.

Las autoridades le perdonaron la vida a cambio de su promesa de pacificar a sus compañeros; pero Bayano en lugar de ello volvió a acaudillar a los cimarrones, como se llamaba a aquellos africanos que buscaban la libertad en la vida montaraz. Dos años empleó el capitán Pedro de Ursúa en la campaña contra ellos, al cabo de los cuales Bayano cayó nuevamente prisionero. Pero indudablemente era un hombre con suerte, pues se le remitió a España para su castigo y allá no sólo se le perdonó la vida sino que se le dio la libertad y una pensión de la Corona para que viviera. Murió muchos años después en Sevilla.

Pero el problema de los negros cimarrones, con algunas épocas más tranquilas, como la que siguió a la «jubilación» de Bayano y otras más agitadas, duraría lo que duró la esclavitud. En 1575 un vecino de Panamá hacía la cuenta de que había 8.629 negros en la provincia, y calculaba que de ellos unos 2.500 se habían fugado de sus amos.

Todas estas calamidades empero palidecerían junto a otra que ya aparecía en el horizonte de los mares, y que pronto caería sobre las ciudades istmeñas: los piratas. La piratería había de ser para Panamá durante todo el siglo XVII la plaga endémica, como para Guatemala los terremotos o para México las inundaciones; pero aún más devastadora y cruel. Las incursiones de consideración en territorio panameño se iniciaron con la que se llevó a efecto en 1571 por un grupo de piratas franceses que remontaron el río Chagres y asaltaron la Venta de las Cruces, apoderándose de valiosas mercaderías. A partir de éstos no hubo pirata que se respetase que no probara fortuna contra los puertos de Tierra Firme, y tuvieron su punto de oprobiosa culminación, cuando Morgan con 36 buques y más de 2.000 hombres cayó sobre el Istmo en abril de 1671, y se posesionó de la ciudad de Panamá durante tres semanas. Los españoles al retirarse le prendieron fuego y entre éste y el saqueo de los piratas la ciudad quedó totalmente destruida, por lo cual hubo de reconstruirse aprovechando esta circunstancia para erigirla en un lugar más adecuado. La ceremonia de su nueva fundación llevóse a cabo el 21 de enero de 1673.

Pero las agresiones de los piratas se comprenderán mejor enmarcadas en conjunto y dentro del complejo político y militar del que forman parte en capítulo distinto, que bien se ganaron con sus depredaciones.

A pesar de todo también tuvo Panamá sus días de esplendor cuando arribaban las naves con los tesoros del Perú o las mercancías de Europa; y las ferias de Portobelo, que en esas ocasiones se celebraban, fueron las más famosas de todas las Indias. Y, por supuesto, también tuvo sus pleitos entre autoridades, su colegio de jesuitas, su Consulado y su representante del Santo Tribunal de la Inquisición.

Guerras civiles del Perú

En todos los territorios de las Indias, los primeros años de colonización fueron anárquicos y turbulentos. Hemos visto cómo la ocupación se llevaba a efecto por iniciativa particular de los conquistadores y cómo las mismas virtudes necesarias en éstos para realizar su misión, implicaban una fuerte dosis de individualismo y ambición. El paso del gobierno de estos hombres al régimen administrativo de la Corona y la sustitución de los conquistadores por los magistrados y los prelados, tenía necesariamente que originar conmociones y trastornos. En varias ocasiones la Corona pretendió realizar la conquista con hombres escogidos por ella entre los funcionarios de la Corte, pretendiendo así evitar que quedara en manos de los aventureros; pero salvo muy raras excepciones los cortesanos siempre fracasaron trágicamente y acabó tomando el mando el aventurero surgido de la tropa. El carácter y las cualidades del conquistador eran tan singulares y difíciles de poseer, que sólo el propio medio ambiente podía escoger con acierto a los hombres capaces de dominarlo.

La lucha entre los Pizarro y los de Chile tiene estas características; pero las guerras que vinieron después encierran un fondo político que las hace muy distintas y más graves. Fueron éstas un conflicto, el único de consideración en trescientos años, entre la Corona y sus súbditos. Fue una lucha que se asemeja más a la que sostuvieron los reyes contra los señores feudales o Carlos V contra los comuneros, que a cualquiera de las demás luchas sostenidas en América mientras existió el imperio.

La guerra, en realidad, se inició en la propia Península, en las cátedras, en los púlpitos y en los libros, lo que revela así su profundo contenido político, y tuvo su origen en la vieja disputa que se inició con el problema del trabajo y de la cristianización de los indios, se exacerbó con los abusos cometidos por los encomenderos y la apasionada defensa de los oprimidos emprendida por los frailes, y culminó cuando de la discusión del derecho de los encomenderos sobre los naturales se pasó a discutir el derecho de la Corona para imponer su dominio sobre las Indias, o sea, la base misma del imperio español en América.

Por otra parte, en la discusión sobre la encomienda, como institución social, existía además de los tópicos humanitarios o de caridad cristiana, también un aspecto político. La encomienda vitalicia, que es el poder perpetuo de los encomenderos sobre un grupo de hombres que eran súbditos de la Corona, implicaba una limitación para ella y engendraba un poder frente a ella, parecido al que tuvieron los señores feudales en Europa y que tanto trabajo les costó suprimir para instaurar la supremacía del monarca y hacer posible con ello la estructuración de las unidades nacionales modernas sobre la atomización desintegradora de la sociedad feudal. Si en España la sumisión de los señores había exigido largas y cruentas luchas, de las que no hacía mucho acababa de salir, el rey no podía por menos de darse cuenta del peligro que encerraba una organización así a la distancia en que estaban sus dominios indianos.

Pero frente a estos motivos, más que suficientes para la Iglesia y el rey para suprimir la encomienda y toda forma de opresión de los españoles sobre los indios, se erguía el hecho de la convivencia de dos razas en estadios de evolución cultural muy distinto, y la necesidad económica y moral de incorporar a los naturales a la civilización occidental, sin lo cual ni era posible sostener las colonias españolas en América, ni se justificaba el dominio castellano sobre ella.

En torno de estas posiciones se formaron verdaderos partidos de opinión que llevaron los términos y el tono de la polémica a los extremos a que se llega siempre, y sobre todo en los pueblos latinos, cuando la pasión y el interés intervienen en la discordia. La «conciencia real», o sea, el criterio del monarca, fue sometido a las más encontradas presiones llenándolo de escrúpulos, incertidumbres y vacilaciones.

Fray Bartolomé de las Casas había publicado un opúsculo cuyo título indica ya cuál era el tenor del contenido: «Brevísima Relación de la Destrucción de las Indias». Después aparecieron los que negaban a la Corona todo derecho sobre las Indias, lo cual implicaba que España se retirara de ellas.

Conocemos ya la argumentación aducida frente a la escuela del padre Las Casas, que sostenía la necesidad de la encomienda para cristianizar y civilizar a los indios; en cuanto a los defensores de los derechos de la Corona en el Nuevo Mundo, tratando de encontrar argumentos para refutar a sus contradictores, que cayeron en una grave desviación doctrinal que se conoció más tarde con el nombre de «regalim» cuyas duraderas y perniciosas consecuencias habremos de observar después de mucho tiempo. Uno de los primeros portavoces de esta escuela fue Juan Ginés de Sepúlveda, que, como único título para justificar la ocupación de América, aducía las bulas papales de Alejandro VI, en las cuales, según esta interpretación, el Pontífice hacía donación del Nuevo Mundo a los reyes de Castilla, y no solo ello sino que al propio tiempo delegaba sus poderes espirituales en ellos para su gobierno eclesiástico. Esta tesis conducía lógicamente al más radical absolutismo real y a la perniciosa confusión de los poderes eclesiásticos con los civiles.

Por fortuna, cuando tan peligrosamente derivaba la argumentación de los defensores de la Corona, se dejó oír, desde su cátedra en la Universidad de Salamanca, la sabia voz de fray Francisco de Vitoria, que en 1532 dedicó la recopilación de su curso académico a la cuestión de las Indias resolviendo el problema con admirable valor y luminosa claridad. Comenzó por asentar que «el Papa no es señor civil o temporal del Mundo», por lo cual no tenía ninguna propiedad sobre América ni autoridad civil sobre sus habitantes, y de donde se desprende que las bulas no podían significar una donación, puesto que nadie puede dar lo que no es suyo. Las bulas sólo constituían una demarcación de jurisdicciones en lo eclesiástico y en lo civil, un laudo para dirimir el conflicto entre España y Portugal a ruego de los propios interesados. Refutaba igualmente el llamado «derecho de conquista», ya que la fuerza no puede engendrar ningún derecho y así sucesivamente destruía todos los falsos títulos aducidos a favor de la Corona. Sin embargo justificó la presencia de España en las Indias, y al hacerlo dejó sentadas las bases del Derecho Internacional en general. Los españoles tenían derecho a permanecer en América porque el mundo es de todos los hombres y por ello todo hombre tiene derecho de transitar, fijar su residencia, comerciar o trabajar en cualquier parte. Tiene derecho también de instruir o predicar a sus semejantes y por lo mismo tenían los misioneros derecho de tratar de evangelizar a los indios. En nuestros días, tal vez menos aún que antes, se respetan estos elevados principios; pero no por ello dejan de ser ciertos. Si injustamente alguien, continuaba el padre Vitoria, trata de privar a un hombre de estos derechos naturales —que ahora llamaríamos los «Derechos del Hombre»—, a éste le asiste el derecho de hacerlos respetar empleando la fuerza. En ese caso, pues, se justificaba que la Corona hiciera uso de su poder en servicio del Derecho. Por lo demás, era evidente que los indios también disfrutaban de estos derechos y que por lo mismo la esclavitud y cualquier forma de violencia injusta contra ellos era inadmisible.

Ya anteriormente esta idea de realizar la penetración en forma pacífica y voluntaria había llevado a los reyes a disponer que antes de que los conquistadores entraran en un país indígena se les explicara esta doctrina, para lo cual el licenciado Palacios Rubio, miembro del Consejo de Indias, redactó con ingenuo formalismo jurídico un «requerimiento» que los españoles debían leer a los indios al entrar en contacto con ellos y que se hizo famoso por las graciosas anécdotas a que dio lugar, porque era iluso pensar que los indios pudieran comprender aquellas teorías jurídicas ni aún cuando los conquistadores se tomaban el cuidado de hacérselas traducir a su idioma.

Todas estas doctrinas, que habían sido ya objeto de múltiples e instructivos decretos de la Corona, fueron plasmados formalmente en las llamadas «Nuevas Leyes», promulgadas por el emperador Carlos V en 1542. En ellas quedó absolutamente prohibida la esclavitud de los indios sin excepción alguna, pues aún la de los prisioneros de guerra quedó abolida, y también la servidumbre en las minas, criaderos de perlas, en el transporte de carga y otras actividades penosas o trabajo que no fuera voluntario. La encomienda era ya una situación creada, y la Corona, temiendo, con razón, como en seguida veremos, graves trastornos, no fue suprimida inmediatamente, pero se reducía considerablemente y se daban las providencias conducentes para que desapareciera en breve término. Se ordenaba así a las Audiencias que revisaran los títulos de las que existían, a fin de suprimir las que no fueran legales, y para que redujeran los repartimientos que se juzgaran excesivos. Se suprimían todas las encomiendas pertenecientes a instituciones o funcionarios civiles o eclesiásticos. Se prohibía además la constitución de toda nueva encomienda en favor de quien fuese, y por lo que hacía a las que después de esta depuración subsistiesen, se revocaba la concesión vitalicia, debiéndose extinguir a la muerte de su actual propietario. Y, para hacer respetar estas disposiciones, que era un problema muy otro, pero no menos difícil, se enviaron a las Indias funcionarios seleccionados por su severidad.

Aún así a algunos críticos modernos parecen estas ordenanzas demasiado condescendientes con los encomenderos en detrimento de los encomendados. Veamos, pues, lo que les parecieron a los encomenderos del Perú.

Para asegurar mejor su cumplimiento se erigió el Perú en virreinato y se creó la Audiencia de Lima, designando como virrey y presidente de la Audiencia a un hombre que por tan severo era peligrosamente inflexible y, a fuer de ello, desacertado y torpe: era él don Blasco Núñez de Vela, que acompañado de los cuatro oidores de la Audiencia se trasladó a América en 1542 y llegó a Túmbez el 4 de marzo del año siguiente, solo, porque había tenido ya desavenencias con los oidores y los abandonó en Panamá. No bien hubo pisado su virreinato empezó a suprimir y reducir encomiendas y a reñir con sus gobernados. Al visitador Vaca de Castro le confiscó los cuantiosos bienes que en breve tiempo había reunido para evitarse el regresar «al infierno de la Cancillería de Valladolid», como él decía. Más tarde, huyendo de los conflictos del Perú volvió a España, pero no ciertamente a la infernal «Cancillería» sino a la cárcel, en donde le tuvo durante doce años un proceso por peculado.

El resultado de todo esto fue que cuando el virrey llegó a Lima se había formado ya una fuerte oposición contra él alegando, no sin razón, que actuaba ilegalmente, puesto que la revisión de las encomiendas correspondía a la Audiencia y debía verificarse a través de un procedimiento judicial y la Audiencia había sido desintegrada por su propio presidente. Pero Núñez de Vela era militar y no abogado y no entendía de formulismos. Pronto se declaró abiertamente la rebelión y Gonzalo Pizarro, perjudicado en sus intereses por las Nuevas Leyes y resentido contra la Corona por su confinamiento, salió de él, se apoderó de Cuzco convirtiéndolo en centro de la resistencia armada, y se proclamó capitán general y justicia mayor, ya que esos cargos habían sido otorgados a su hermano Francisco a perpetuidad y él era su legítimo heredero.

Por lo demás el efecto de las nuevas ordenanzas aplicadas sin ninguna prudencia empezó a producir resultados desastrosos, porque, relevados los indios de la obligación de trabajar, se trastornó todo el sistema económico, llegando a escasear los abastecimientos en las ciudades. Tan afecto era de los métodos expeditos y directos que a un prominente vecino de Lima en una discusión lo mató a estocadas en el propio despacho virreinal. La Corona no se había equivocado: realmente el señor Núñez de Vela era un hombre severo.

Cuando al fin pudieron llegar los oidores a Lima depusieron al virrey, lo apresaron y lo embarcaron para España bajo la custodia del oidor Juan Álvarez. Pero el prisionero logró ganarse a su guardián, y éste le condujo a Túmbez en donde desembarcó para organizar sus fuerzas y combatir a los rebeldes.

MEXICO

México, ciudad noble y regia de Nueva España,
según un grabado de E. Hoejnagle.

Página de un manuscrito hecho por los misioneros franciscanos de Michuacán y atribuido a B. de Sahagún.

La obra misionera de la época de la conquista y de la época virreinal ha merecido los aplausos de todos los historiadores. En el presente cuadro aconchado se representa a Bartolomé de Olmedo bautizando a siete indias.

Mitra hecha con plumas de colores en la ciudad de Michuacán. El arte, el buen gusto, la finura y la perfección se han dado cita en esta hermosa obra del siglo XVI.

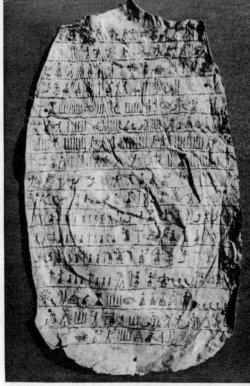

La escritura jeroglífica, con su ingenua sencillez pregona siempre un grado de cultura original. En esta piel que se conserva en el museo universitario de Cochabamba (Bolivia) están transcritos el Ave María, el Padrenuestro y los Mandamientos.

Las defensas levanta-
das por los españoles
recuerdan el gran em-
peño que pusieron en
defender sus nuevas
tierras. Son recias,
complicadas, a prueba
de asaltos y de con-
quistas.

Manuel Amat, virrey del Perú

Blasco Núñez Vela

García Hurtado de Mendoza

Pedro de Valdivia

Francisco Villagra

Pedro Porte, virrey de Chile

Virreyes y gobernadores representaban la autoridad y la política de la metrópoli; la justicia, la legislación y el orden dependerían también de su privilegiada situación.

El comercio fue, una vez amansadas las aguas tempestuosas del descubrimiento, una de las causas que más hicieron florecer las tierras vírgenes de América. Sevilla y su puerto eran un hormiguero, como puede apreciarse en este cuadro de la época.

Con la ingenuidad que se puede advertir en estas muestras de un manuscrito del Palacio Real de Madrid, la minería, la pequeña industria, el comercio y la agricultura empezaban a tener su importancia y hasta hubo momentos en que se iba a la cabeza del mundo. Las dificultades posteriores segarían en flor estos ambiciosos proyectos.

El P. las Casas, polémico, fogoso, gran misionero, ha sido muchas veces mal entendido y su celo ardoroso interpretado como denuncia de unos hechos.

Bernardino de Balbuena, escritor, cuya obra "Grandeza Mexicana" nos demuestra la compenetración espiritual con las nuevas tierras.

El arte grandioso de las catedrales, iglesias y conventos pregona una época próspera, pacífica y trabajadora. Las órdenes misioneras sentaron plaza de organización y sabiduría. Templo y aula para una cultura original, acogida a la sombra protectora de estas vistosas torres y estos atrevidos claustros.

El gusto popular es semejante en casi toda Iberoamérica, obedeciendo a una rica vena nacida de la misma entraña aborigen.

Entrada típica a una hacienda en la extensa
sabana de Bocatá, en Colombia.

Ruinas de la torre de la iglesia de Panamá la Vieja (1535).

La primera Universidad de América fue fundada por los españoles en 1538, en Santo Domingo, prodigándose así la cultura que iniciaran los misioneros desde sus humildes iglesias y casas de misión.

La primera imprenta de todas las Américas fue introducida por los españoles en 1535 en México y en 1584 en Perú, completando así la civilización autóctona de las primitivas culturas.

Iglesia franciscana (1710). Nuevo México.

Los restantes oidores entre tanto suspendieron la aplicación de las Nuevas Leyes, queriendo así poner fin al conflicto; pero ello no detuvo a Pizarro que se apoderó de Lima y fue proclamado gobernador el 28 de octubre de 1544.

Pero Núñez de Vela logró que se pusieran de su parte Diego Centeno en Charcas, y Benalcázar en Quito, con lo cual Pizarro se vio colocado entre dos fuegos y decidió marchar cuanto antes sobre el virrey. El 18 de enero de 1546 se encontraron los dos ejércitos de los contendientes frente a frente en la llanura de Añaquito. El virrey peleó como buen militar que era, pero fue vencido por los rebeldes y decapitado en el propio campo de batalla. Mientras tanto, el «Diablo de los Andes» como llamaban a Francisco Carvajal, que a pesar de sus 80 años era en realidad el alma de la revuelta, derrotaba también a Centeno en el sur.

El reino había quedado en manos de Pizarro. Había eliminado al virrey, pero la justicia del rey no había muerto. El viejo y sagaz Carvajal conocía bien el mecanismo de su patria: «No esperéis obtener jamás el perdón de la Corona —le decía a Pizarro—. Habéis ido demasiado lejos para deteneros o para retroceder. Proseguid adelante y proclamaros rey». Políticamente, en efecto, independizarse de la Metrópoli era la única salida posible, pero en este incidente se manifiesta con toda nitidez la fuerza moral de la Corona: Pizarro no se atrevió. Por el contrario, se dirigió al emperador tratando de justificar ante él su conducta y pretendiendo que lo confirmara en el puesto de gobernador.

En España hubo de reconocerse que fue error tratar de proceder en forma tan drástica, y para enmendar los entuertos del gobernador severo, se buscó a un sutil y apacible político. Fue designado como gobernador de la Audiencia de Lima el licenciado Pedro de La Gasca, clérigo que ocupaba un cargo en el Consejo de la Inquisición. El Emperador le otorgó los más amplios poderes para pacificar la provincia, incluso aplazando la aplicación de las Nuevas Leyes, si era necesario.

El modesto clérigo no requirió acompañamiento militar ninguno y partió prácticamente solo. En realidad, intentar una acción militar desde España era muy difícil y peligroso. Por lo demás Pizarro se sentía completamente seguro porque Hernando Mejía, capitán de su ejército, dominaba en Nombre de Dios y la flota que unía a ésta con Perú estaba al mando de Pedro de Hinojosa, como lugarteniente suyo.

Cuando llegó a Nombre de Dios, el capitán Mejía lo vio tan inofensivo y venerable que no se atrevió a impedir que desembarcara, y poco después convencido por el representante del emperador, se sometió voluntariamente a su obediencia; más tarde otro tanto acaecía con Hinojosa y la armada del Perú. La Gasca estaba demostrando ser un admirable diplomático, y sin la menor violencia había ganado un importante avance, pues ahora Pizarro se veía confinado en el Perú. Desde Panamá prosiguió La Gasca su tarea política haciendo llegar a los colonos promesas de perdón y ofertas de considerable reacción a favor del rey.

Diego de Centeno, que se había ocultado, salió de la sierra y se precipitó sobre Cuzco apoderándose de él: poco después fue derrotado por Carvajal en una batalla terriblemente cruenta de la que milagrosamente pudo escapar con vida. Mientras tanto, el enviado de la Corona, con algunas tropas que reunió en Centroamérica, desembarcó en Túmbez en junio de 1547 y no sólo no encontró resistencia por parte de la población, sino que recibió muestras de adhesión de muchos y en el campo de Pizarro se empezaron a producir deserciones. Benalcázar y Valdivia ofrecieron sus servicios a La Gasca, pero éste no quiso precipitar los acontecimientos y siguió pacientemente minando el terreno a Pizarro para evitar la eclosión de sangre, al propio tiempo que se iba internando en el territorio y poniendo orden en el que dominaba. Al fin, cuando el presidente poseía ya un numeroso ejército y tuvo la certeza de que contaba con el apoyo de la población avanzó al encuentro de Gonzalo Pizarro. Éste se produjo cerca de Cuzco, en el valle de Xaquiseahuana, pero aun entonces La Gasca detuvo la batalla. Al día siguiente Pizarro quiso iniciar la lucha y envió a Garcilaso de la Vega con la caballería para que atacara. Garcilaso atravesó el campo de batalla para ir a rendir acatamiento al representante de la Ley y aquel acto provocó la desbandada en las fuerzas rebeldes. La mayoría se pasaron al bando enemigo y el gobernador quedó con un pequeño grupo. Alguien de ellos ante la desesperada situación en que se hallaban aconsejó a Pizarro: «Acometamos, para morir como romanos». «Más vale morir como cristianos» repuso éste, y fue a rendir su espada ante el enviado de la Corona. Juzgado sumariamente, el último de los Pizarro, que quedaba sobre la palestra del Perú moría como lo deseó, ejecutado por la justicia del rey, al día siguiente de la frustrada batalla, que era el 10 de abril de 1548.

Carvajal, que había conseguido huir, fue alcanzado por Valdivia y sufrió la pena de la horca poco después.

El hábil funcionario había vencido al conquistador: el peso de la Ley y el prestigio de la Corona se imponían sobre las fuerzas telúricas de la conquista. Así se habían de gobernar aquellas provincias durante más de los dos siglos y medio siguientes: hasta que la Ley perdiera su fuerza moral y la Corona hundiera su prestigio en la ignominia.

En Nueva España, las Nuevas Leyes provocaron también descontento y oposición entre los españoles, pero no se llegó nunca a la violencia; ante todo porque desde un principio Cortés estableció con firmeza el principio de autoridad, evitando la etapa de anarquía que precedió e hizo posibles las guerras civiles del Perú, pero también porque gobernaba allí el virrey don Antonio de Mendoza, que supo guiar al enviado especial don Francisco Tello de Sandoval para aplicarlas, y éste aceptó sus prudentes consejos para efectuar las ordenanzas con moderación.

Para evitar los malos tratos que pudieran sufrir los indios por sus encomenderos, pero al mismo tiempo para impedir que éstos se rebelaran o abandonaran América, los funcionarios reales encontraron un sistema intermedio que consistía en la obligación de los encomendados de pagar determinado tributo al titular de la encomienda, pero prohibieron a éste que los hiciera trabajar o siquiera que tratara con ellos directamente, debiendo entenderse sólo con los jefes de los indígenas. Con el tiempo la encomienda acabó por desaparecer totalmente.

La Gasca integró la Audiencia y gobernó como presidente de ella hasta enero de 1550, en que considerando que el país se encontraba definitivamente pacificado, embarcó para España dejando el gobierno en manos de los oidores.

Sin estridencias, no sólo había logrado restablecer el orden sino poner en práctica en buena parte las disposiciones de las Nuevas Leyes, mejorando así notablemente la condición de los indios y reduciendo el poder de los encomenderos. Sin embargo, el orden no era aún muy firme y algunos de ellos, inconformes siempre por ver cómo habían menguado sus privilegios, apenas vieron partir al presidente volvieron a las revueltas, aunque desde un principio se advirtió que estaban condenadas al fracaso.

La época ibérica

Un rico encomendero del Cuzco, llamado Sebastián de Castilla, fue esta vez quien encabezó los disturbios. Cayeron los rebeldes sobre Charcas, mataron al corregidor, que lo era Pedro de Hinojosa, y Castilla se hizo proclamar capitán general y justicia mayor; pero fue asesinado poco después por Vasco Godínez, que figuraba en su propio bando, y repuso éste a las autoridades legítimas. No le valió sin embargo el arrepentimiento, pues, Alonso de Alvarado, enviado por la Audiencia para sofocar la rebelión, lo prendió y lo hizo ejecutar.

En vista del contraste que ofrecía Nueva España, gobernada en inalterable paz durante quince años por don Antonio de Mendoza, con las turbulencias del Perú, decidió la Corona cambiarlo al antiguo imperio de los incas para lograr el mismo resultado. En septiembre de 1551 tomó posesión don Antonio de su nuevo virreinato, pero no tuvo tiempo de encauzarlo porque antes de un año, en julio del siguiente, le sorprendió la muerte. Sin embargo, durante su breve gobierno pudo inaugurar la Universidad de San Marcos. El gobierno volvió a manos de la Audiencia y los gobernados a las andanzas.

El caudillo en esta ocasión fue Francisco Hernández Girón, encomendero a quien las ordenanzas habían arruinado y las deudas impulsaban a la aventura. La mayoría de sus partidarios no fueron sin embargo encomenderos, que ya estaban escarmentados de estos procedimientos, sino soldados y aventureros caídos en la vagancia y en la miseria por la decadencia de las conquistas y el imperio del orden. Como era ya secuela conocida, se apoderaron de Cuzco, y Girón se proclamó capitán general y justicia mayor. Pero éste supo dar al movimiento un sentido de reivindicación social liberando a los esclavos negros que vinieron a reforzar sus filas y prometiendo gobernar en beneficio de los desheredados. Arequipa y Huamanga se le unieron y Hernández Girón, a pesar de la inferioridad de sus fuerzas, logró derrotar a un ejército de mil hombres que mandaba Alonso de Alvarado. La Audiencia se vio obligada a suspender nuevamente la aplicación de las ordenanzas a fin de ganarse el apoyo de los encomenderos. Pudo reunir un nuevo ejército que puso ahora bajo el mando de Pablo de Meneses, que obtuvo la victoria sobre los rebeldes y, también, conforme a la secuela conocida, Hernández Girón y sus principales colaboradores sufrieron la pena capital.

El 29 de junio de 1556 tomaba posesión del gobierno un nuevo virrey, don Andrés Hurtado de Mendoza, marqués de Cañete.

Durante su gobierno tuvo lugar la aventura del «tirano Aguirre», que es interesante porque la tragedia que encierra demuestra que la época de la conquista había terminado y quienes se empeñaban en continuarla se veían arrastrados a los más infecundos y absurdos desastres.

El nuevo virrey, deseando deshacerse de aquellos aventureros hambrientos que entrañaban un peligro latente para la paz de la provincia, auspició una expedición más en busca de imperios fantásticos y dio el mando de ella y la «gobernación de Omagua y Eldorado» a un joven militar llamado Pedro de Ursúa.

El cuerpo expedicionario se formó, naturalmente, con la hez de las conquistas, y se añadió a él un tal López de Aguirre que entre sus seleccionados compañeros tenía fama de malo. Ursúa con su gente y su amante, Inés de Atienza, se embarcó en el río Huallaga y descendió por él hasta su confluencia con el Amazonas en pos de su gobernación. Pero allí se encontraron perdidos y encerrados por la selva y los pantanos y hostilizados por el clima y las fieras. Pues fue esa la circunstancia que Aguirre escogió para tramar una conjuración contra el capitán y darle muerte, y en aquellas remotas profundidades se declaró formalmente en rebeldía contra el rey y coronó a uno de sus secuaces, que se llamaba Fernando de Guzmán, como «príncipe del Perú y Tierra Firme». Mas pudiendo poco contra don Felipe II, Aguirre quiso darse el lujo de deponer a un monarca y auxiliado por un grupo, que lo obedecía ciegamente, hizo asesinar al flamante príncipe y a varios de los capitanes de la expedición y hasta a Inés de Atienza. Siguiendo la red fluvial con los supervivientes, logró pasar de un río a otro y fue a salir por la boca del Orinoco. Ya allí se dispuso a poner en práctica sus propósitos separando a las Indias de la Corona española y empezó por apoderarse de la isla Margarita con el designio de adueñarse de Panamá; mas como ello era poco menos que imposible, se lanzó con su grupo de forajidos, que ya eran conocidos como «la banda de los marañones», sobre la provincia de Venezuela cuyo gobernador huyó atemorizado. Pero cuando el gobierno ofreció el perdón a sus secuaces si se sometían, éstos empezaron a abandonarlo. Ante ello Aguirre asesinó a su propia hija, que lo había seguido fielmente en aquella sangrienta aventura, y poco después sus propios hombres le dieron muerte a él.

Ya no era éste ciertamente el tipo de conquistador que había descubierto y ocupado el Continente. Habían empezado otros tiempos y se requerían otros hombres y otras empresas.

Con mejores planes que la anterior envió otra expedición a Chile, mandada por su propio hijo, don García Hurtado de Mendoza, para prestar auxilio a aquella acosada provincia. Y otra por mar, a cargo de Juan Fernández Ladrillo, para reconocer el estrecho de Magallanes.

Por otra parte, aplicó severos castigos, en los que perdieron la vida algunos de los compañeros de Hernández Girón, para imponer su autoridad y evitar nuevos brotes de rebeldía. Formó además una fuerza permanente y procuró tener a todos satisfechos y ocupados.

Otro motivo de inquietud lo era la permanencia irreductible de los sucesores del Inca y de sus leales en su retiro de la sierra de Vilcacamba, que mantenía latente la rebeldía indígena; ofrecía refugio a los españoles revoltosos y constituía un embarazoso obstáculo en las fórmulas jurídicas justificatorias del dominio español sobre el antiguo imperio incaico, puesto que aquellos aducían la legitimidad de su dinastía para gobernar el país.

Vimos ya cómo Manco II murió víctima del fugitivo almagrista Gómez Pérez durante una partida de bolos en la que la discusión del juego pasó a más y el refugiado golpeó al Inca con un bolo. El visitador La Gasca aprovechó la coyuntura para proclamar como sucesor de los incas a don Cristóbal Paullo que se encontraba sometido a los españoles. Pero éste murió a poco y la maniobra resultó a la postre inútil porque un hijo de Manco-Capac, llamado Siri Túpac, asumió el título de sus antepasados y siguió reinando en las montañas de Vilcacamba. El marqués de Cañete logró mediante negociaciones y halagos que Siri Túpac se sometiera e hiciera cesión de sus derechos reales a don Felipe II, recibiendo a cambio el título de adelantado y una crecida renta. Con ello las fórmulas jurídicas y la conciencia de los letrados del Consejo de Indias quedaron plenamente satisfechas.

A don Andrés Hurtado de Mendoza le sucedió en 1561 en el virreinato don Diego de Acevedo y Zúñiga, que murió a poco de llegar, por lo que asumió el mando el presidente de la Audiencia, don García López de Castro, en cuyo período de gobierno se creó la Audiencia de Quito, en 1563, se verificó la expedición de Álvaro de Mandaña a las islas Salomón; arribó al país la Compañía de Jesús y se descubrieron en 1566 las minas de azogue de Huancavélica que permitieron incrementar enormemente la producción de plata del Potosí utilizando el método de purificación del metal por medio del azogue, que había inventado en Nueva España Bartolomé de Medina.

En 1569 arribó al virreinato don Francisco de Toledo cuya gestión dejó profundas huellas. Como primera providencia y para proceder con verdadero conocimiento del país realizó un minucioso recorrido por su territorio en el que empleó varios años y con base en sus experiencias dictó sabias ordenanzas de gobierno en las que se procuraba, sobre todo, proteger y mejorar la situación de los indígenas, en particular la de los que trabajaban en las minas. Fue él quien reglamentó el régimen de la mita, estableciendo entre otras varias disposiciones benéficas que los grupos de mitados sólo sirvieran en las minas cuatro meses al año cada uno.

Sin embargo el problema de los incas volvió a suscitarse, y el virrey lo resolvió en cambio por la vía del rigor. Pues muerto en el Cuzco Siri Túpac, su hermano **Túpac Amaru**, volvió a levantar la bandera de la legitimidad y de la soberanía en Vilcacamba, con lo que tanto entre indios como entre los españoles desasosegados surgió de nuevo la alteración y la inquietud. Toledo intentó una vez más el recurso de la sumisión voluntaria, como lo habían hecho sus antecesores, pero como en esta ocasión la diplomacia no surtiera el efecto que buscaba, hizo prender al Inca, le formó proceso y fue degollado.

En tiempos de este virrey se produjo el ataque de Drake al Callao, por lo cual formó aquel una escuadra de defensa que con el tiempo fue aumentada y prestó grandes servicios en la lucha contra los piratas.

En 1581 don Francisco de Toledo fue reemplazado por don Martín Enríquez de Salamanca, que implantó el servicio postal, y, después de un breve interregno en que gobernó la audiencia, fue virrey don **Fernando de Torres** de 1585 a 1590, cuya época se recuerda por los terremotos, el hambre y los asaltos de piratas que sufrió el país.

A pesar de ello en 1586 fue enviado un grupo de colonos, dirigidos por Juan Ramírez de Velasco, para consolidar las fundaciones que se habían hecho en lo que es ahora el norte de Argentina, pues debemos recordar que toda aquella amplísima región dependió de la Audiencia de Charcas y del virreinato del Perú hasta que fue creado el de la Plata.

Entre 1590 y 1596 ocupó el palacio virreinal de Lima don García Hurtado de Mendoza, cuya amplia experiencia en los asuntos del Perú y sus provincias conocemos ya. Tocó a él reprimir los desórdenes que se provocaron en Quito con motivo de un alza en los impuestos y rechazar los ataques de los piratas, logrando prender al célebre Hawkins. Además patrocinó las expediciones marítimas de Mendaña y de Juan Fernández. Le sucedió don Luis de Velasco, que gobernó hasta 1604 en paz y concordia y fue magnánimo para los indios; a él siguió el conde de Monterrey, don Gaspar Zúñiga y Acevedo hasta 1606, luego don Juan de Mendoza, marqués de Montesclaros, hasta 1615 en que asumió el mando el príncipe de Esquilache, don Francisco de Borja y Aragón, que realizó una excelente labor cultural, fundando escuelas para los indígenas; impulsó los reconocimientos marítimos y construyó las fortificaciones del Callao. Un nuevo interinato de la audiencia suplió la ausencia del virrey, pero en 1522 arribó don Diego Fernández de Córdoba que estuvo hasta 1529 y luego don Luis Gerónimo Fernández de Cabrera, hasta 1539. Así prosiguió la sucesión regular de los virreyes que tuvieron la fortuna de que no se produjeran bajo su mandato hechos notables, dignos de mayor nota, pues éstos siempre consistían en trastornos públicos o calamidades, aunque nunca dejó de haberlas de una y otra clase, pero sin que revistieran especial trascendencia. Respecto a los alborotos populares, Potosí ofreció frecuentes novedades, pues su población minera era propicia y aficionada a las contiendas. Solían formarse por simples rencillas personales, y a propósito de los pretextos más baladíes, grandes bandos que se denominaban generalmente por la región de España de la que provenían sus integrantes, y armaban fenomenales trifulcas y contiendas y hasta batallas campales de «vascongados» contra «andaluces» o los famosos «Vicuñas» que era la parcialidad de los criollos, pero que se aliaba indistintamente con cualquiera de los grupos peninsulares para entablar contienda. Pero éstas, más que verdaderas revueltas, eran desahogos de temperamentos bélicos que ya no podían emplearse en las conquistas y los realizaban casi como un deporte, sólo que un deporte sumamente bárbaro, pues muchos perdieron la vida en él.

En cuanto a las calamidades que enviaba la naturaleza, el Perú fue tan sacudido por los terremotos como Guatemala y, en general, como lo fue y lo sigue siendo toda la costa americana del Pacífico. Los hubo especialmente fuertes en 1582 y en 1586. En 1655 abarcaron desde Quito hasta Santiago y se repitieron en 1678 y varias veces durante el año de 1687. Pero el peor para Lima fue el de 1746 que dejó en pie solamente veinticinco edificios.

El último virrey bajo la dinastía de los Austrias fue don Melchor Portocarrero y Laso de la Vega, conde de la Monclova, que tomó posesión en 1689 y murió, siendo virrey, el 22 de septiembre de 1705.

El nuevo Reino de Granada

En realidad Nueva Granada fue una provincia tranquila pero con oidores de la audiencia sumamente inquietos. Posiblemente en cuanto a gobernantes fue la que corrió con peor suerte, aunque también es verdad que los conflictos nunca pasaron de la intriga, y el reino, a pesar de su difícil situación geográfica, se fue desarrollando.

Ya vimos que los problemas empezaron desde la conquista que dio lugar a que tres caudillos se la disputaran, y cómo vino a ganar la gobernación Alfonso Luis de Lugo que no había tomado parte en aquella. Jorge Robledo fue otro esforzado capitán que exploró y conquistó una gran parte de su territorio. Recorrió el Chaco y la cuenca del Cauca y fundó Antioquia. Pero tampoco obtuvo el beneficio de mandar en sus descubrimientos. En 1550 la Corona resolvió prescindir de conquistadores y encargar el gobierno del nuevo reino a una Audiencia, que vino a englobar en su jurisdicción las regiones de Santa Fe de Bogotá, Santa Marta, Cartagena, Antioquia, Popayán y Venezuela, es decir, Maracaibo y Caracas. El primer presidente de la Audiencia fue don Miguel Díez de Armendáriz, que al año entrante puso en manos del visitador Juan Montaño, quien lo retuvo hasta el de 1558 y en tal lapso fueron tantos los desafueros que cometió que se hizo necesario el envío de otro visitador, don Alonso de Grajeda, que viniera a residenciar al anterior que fue enviado preso a España, en donde juzgado por la justicia del rey mereció ser degollado en la plaza mayor de Valladolid. Con esto la Audiencia quedó literalmente acéfala y gobernaron los oidores en medio de las consabidas desavenencias y riñas.

La época ibérica

Durante este período tocó su turno a los encomenderos inconformes de Nueva Granada rebelarse contra la autoridad real, lo que hicieron encabezados por el prófugo del Perú Álvaro de Oyón. Se apoderaron de las poblaciones de la Plata, de Timaná y Villavieja, y, halagados por sus primeros éxitos, pensaron llevar hasta Santa Fe la rebelión; pero al marchar sobre Popayán fueron derrotados y sus cabecillas murieron en el cadalso poco después.

Pero estos trastornos no fueron suficientes para detener el empuje de la colonización, y a pesar de ellos en este período nacieron las ciudades de Ibaqué, Villeta, Mariquita y otras.

En vista del mal resultado de la Audiencia en forma colegiada y deliberativa como estaba organizada, se dieron amplias facultades a su presidente, en las funciones de gobierno, reservándose la intervención de los oidores sólo para los negocios judiciales, pues, como había hecho notar el presidente de los de Panamá a la Corona, era necesario que contara él con la suficiente autoridad «para que prevea con presteza lo que fuere necesario y con brío lo ejecute, porque a causa de tener que ponerse de acuerdo los cuatro oidores, todos se impiden los unos a los otros y nunca se acaba de resumir lo que se ha de hacer». Y ya se puede imaginar lo que esto sería cuando los oidores congeniaban tan mal como los de Bogotá.

Nació así el régimen presidencialista de las audiencias, en que éste asumía plenamente las facultades de Gobernador, capitán general y demás aunque supeditado siempre al virrey. La presidencia de don Andrés Díaz Venero de Leiva, que fue el primero en asumirla, según la nueva reglamentación y que duró en ella desde 1564 hasta 1574, pareció confirmar plenamente la conveniencia de las reformas, pues hizo un excelente gobierno; puso orden y paz en la provincia, protegió a los indios, fundó escuelas y construyó caminos y echó los cimientos de más de treinta poblaciones, entre ellas Ocaña y Villa de Leiva. Durante su mandato, el viejo conquistador, don Gonzalo Giménez de Quesada, que tenía ya más de 70 años, emprendió una nueva exploración en busca de El Dorado, en la que recorrió inútilmente durante tres años selvas y llanuras, padeciendo toda clase de penalidades. Y todavía, al regreso de ella, tomó el mando de una expedición para someter a los indios gualíes, lo que realizó eficazmente.

Don Francisco Briceño, que vino a sustituir a Leiva, prometía un buen gobierno, pues contaba con buenos antecedentes como presidente que había sido de la Audiencia de Guatemala, pero murió al poco tiempo de haber llegado y cayó el gobierno nuevamente en manos de los oidores hasta 1578 en que llegó don Lope Díez de Aux de Armendáriz, pero no tuvo la energía necesaria para someterlos y por el contrario se vio envuelto en sus rencillas, por lo que se hizo necesaria la presencia de un visitador, don Juan Bautista Monzón; pero éste, en lugar de juzgar tomó parte también en las intrigas y el que llevó las de perder fue el débil pero recto presidente, que murió en la cárcel. Sin embargo tampoco Monzón se salvó de aquellos temibles oidores que lo acusaron de conspirar contra el rey y lo encarcelaron también hasta que llegó un nuevo visitador, don Juan Prieto de Orellana, que sacó de la cárcel a Monzón y metió a los oidores; pero éstos se quejaron a la Corona, la que sin entender ya lo que pasaba en Nueva Granada ordenó que visitador y oidores se presentaran en la corte. Los oidores aquellos debieron haber sido verdaderos maestros de la intriga, porque el visitador Prieto de Orellana acabó sus días en una prisión.

Por esta época, concretamente en 1578, la cabecera de Venezuela, que hasta entonces había estado en Coro, fue trasladada a Caracas por su gobernador, Don Juan de Pimentel, y cinco años después se hizo otro tanto con la sede episcopal.

Pero para Nueva Granada esto tuvo la ventaja de dejarla sin presidente, sin oidores y sin visitadores, por lo que hubo de asumir el gobierno el fiscal de la Audiencia, que lo era el doctor Francisco Guillén Caparro, que en el tiempo que lo ejerció, de 1585 a 1589, lo hizo con rectitud y devolvió la paz a la provincia, a pesar de los ataques que de los piratas sufrieron sus costas en este tiempo y de una terrible epidemia de viruela que se declaró el año 1587.

Continuó esta época de buen gobierno con la presidencia de don Antonio González de 1589 a 1597; pero no con la de su sucesor, don Francisco Sande, pues además de las sublevaciones de los indios carares y pijaos, el nuevo presidente cometió abusos y arbitrariedades que le acarrearon la peligrosa inspección de un visitador, y con ella las acostumbradas intrigas. El presidente calumnió al visitador don Andrés Salierna de haberle recibido cinco mil pesos a cambio de exonerarlo de toda culpa, lo cual, según entonces comentaron los vecinos de Bogotá, ocasionó que éste muriera por la pena que el infundio le causó, pero antes emplazó a Sande ante el Tribunal Eterno, y a poco tiempo éste efectivamente pereció también. Lo cierto es que con la muerte de ambos terminó aquel juicio de residencia, y el gobierno fue encomendado a don Juan de Borja, que actuó como presidente desde 1605 hasta 1628 instaurando otro paréntesis de orden en la desasosegada Audiencia y poniendo fin a la guerra contra los pijaos que, dirigidos por el famoso caudillo Calarcá, llevaban ya muchos años de insurrección y amenazaban las fundaciones de Calí e Ibagué.

Pero vino a reemplazarlo el rijoso marqués de Sofraga, don Sancho Girón, que la emprendió contra las autoridades eclesiásticas buscando para ello los más risibles motivos. Con el arzobispo don Bernardino de Almansa entabló gran pleito que culminó en motín popular en su contra, porque el atrio que aquel construyó frente a la Catedral incomodaba el paso de su coche. Una asoladora epidemia de «tabardillo», que actualmente se diagnosticaría como tifus, vino a calmar los ánimos y a cortar la vida del arzobispo, pero el presidente no se libró de la residencia de un visitador que lo remitió a España. Un nuevo presidente, don Martín de Saavedra y Guzmán, continuó su causa de parecido género, porque no estaba de acuerdo en que los señores canónigos de la catedral usaran quitasol durante las procesiones. Su sucesor, don Juan Fernández de Córdoba, logró la proeza de no tener contienda con nadie durante los nueve años, de 1645 a 1654, que ocupó la presidencia. A ello se debió, seguramente que los habitantes de la provincia ofrecieran a la Corona una crecida suma para que no aceptara la renuncia que el presidente presentó a su empleo. Y su empeño no era para menos, pues don Dionisio Pérez Manrique que lo reemplazó pronto entró en conflicto con los encomenderos, lo que trajo al visitador Juan Cornejo, que lo depuso; el presidente a su vez quiso confirmar a éste en Cartagena y la ciudad de Santa Fe se dividió en bandos; el pleito fue y vino a la Corte y continuó en Nueva Granada con diferentes alternativas. La llegada de un nuevo presidente puso fin a éste pero no a otros incidentes que se suscitaron, y varios gobernadores desfilaron por la presidencia en medio de embrollos y pleitos que sería interminable narrar. Hubo un oasis de relativa calma entre 1686 y 1703 con don Gil de Cabrera y Dávalos, por más que se le acusó de incompetente, a quien siguieron otros que pudieron mantener la paz; pero en 1713, habiendo partido a España el arzobispo don Francisco Cossío y Otero, que provisionalmente tenía a su cargo el gobierno, recayó éste en los oidores y con ellos la provincia en la anarquía. En 1715 llegó a hacerse cargo de la presidencia don Francisco de Meneses, lo que naturalmente no gustó a los oidores que lo acusaron de «borracho, adúltero y ladrón», y dieron con él en la cárcel, lo cual aprovecharon para robarle cuanto tenía «hasta la cama y el vestido», afirma un historiador, y después, los traviesos oidores de Bogotá, «montado en una burra y descalzo, lo enviaron a Cartagena». Enterada la Corte de aquello que ya pasaba de falta de respeto al presidente, lo restituyó en el cargo, pero con tan mala suerte para el infortunado don Francisco de Meneses, que murió en Cartagena cuando se disponía a emprender su vindicativo retorno.

Además de la actitud insubordinada de los oidores, los gobernadores de Cartagena se rebelaron frecuentemente contra los presidentes. Los conflictos más graves de este género fueron el que tuvo el gobernador Diego de los Ríos contra el presidente don Gil Cabrera y la rebeldía del gobernador Jerónimo Vadillo en contra del propio Meneses.

Se encargó de la presidencia don Nicolás Infante de Venegas, pero habiendo sido constituida la provincia en virreinato en 1717, asumió el gobierno provisionalmente el arzobispo de Santa Fe, don Francisco del Rincón, para transmitirlo a su vez al primer virrey.

Pero debemos mantener presente, para que estos incidentes no nos ofrezcan una imagen falsa de este período, que ellos destacan en él precisamente por anormales y que, en Nueva Granada, como en todas las provincias por debajo y al margen de estos trastornos, los hechos cotidianos y normales iban tejiendo su verdadera historia que era la de la construcción de una sociedad y una cultura en la que Nueva Granada alcanzaría pronto un nivel admirable.

Por lo demás, las autoridades, en medio de todos estos trastornos, realizaron sus funciones esenciales. Defendieron el territorio de los constantes ataques de los piratas, construyendo grandes defensas en sus puertos, principalmente en Cartagena, y de las incursiones de las tribus bárbaras, que poco a poco fueron siendo evangelizadas por los misioneros. La provincia floreció en multitud de colonias y nuevas fundaciones, se organizó su economía y la educación fue notablemente extendida.

Buenos Aires

Las inmensas planicies que se extendían al poniente y al sur del sistema fluvial del Plata, encerraban un tesoro de fertilidad más valioso que el de las ilusorias conquistas; pero la rutilante mitología de la Asunción había atraído toda la atención de los exploradores y aquellas llanuras fueron despreciadas por ellos. Aunque geográficamente sea ilógico cuando empezaron a poblarse, fue o desde el Alto Perú o, como acabamos de ver, brincando los Andes desde Chile. El estuario del Plata no fue, como parecería lo más indicado, el principio y la cabeza de puente de la penetración hispánica, sino, sólo muy efímeramente en un principio con el primitivo Buenos Aires, el remate y la culminación de todo el sistema colonial de aquella porción del Continente. Buenos Aires se repobló definitivamente, no como entrada a él, sino como salida de las regiones interiores y de las del Pacífico.

Los primeros intentos de colonización de aquellas comarcas se verificaron al pie mismo de la cordillera a partir de 1543, cuando el Perú envió hombres para ello al territorio del Tucumán. Primero lo intentó Diego de Rojas y después Francisco de Mendoza, pero ambos fracasaron desastrosamente. A Rojas lo mataron los indios de la región y a Mendoza los españoles que lo acompañaban. En 1549 salió del Perú Juan Núñez del Prado con sesenta hombres y estableció en el territorio de Tucumán su pueblo del Barco, pero, acabamos de ver cómo Francisco de Aguirre, enviado por Valdivia, lo expulsó de esas tierras, y en lugar de la colonia de aquél fundó la de Santiago del Estero, en 1554, y varias otras que desaparecieron bajo el acoso de los indios. Hemos visto también cómo Villagrán penetró en el territorio de Cuyo, y en 1561 se echaron los cimientos de la ciudad de Mendoza, con la idea de que sirviera de escala entre Chile y el estuario del Plata, con la misma intención fundaron al siguiente año San Juan de la Frontera, y después, en 1596, para proteger esta comunicación de los ataques de los indios, promovieron los de Chile el establecimiento de San Luis.

En septiembre de 1561 se estableció en el Alto Perú, es decir, en lo que es actualmente el sur de Bolivia, la Audiencia de Charcas, para gobernar aquellos territorios, y dos años después pasó a depender de ella el de Tucumán, en el que la acción del Perú había fracasado hasta esos momentos. La Audiencia de Charcas sería en adelante la que impulsaría el poblamiento del norte de Argentina. En 1565 fue fundada la villa de San Miguel de Tucumán, y en torno de ella se fue esparciendo la colonización. Años después, siendo gobernador de Tucumán don Luis de Cabrera, se afincó la Córdoba de los Comechingones, también como resultado de la necesidad de unir Tucumán con el estuario del Plata, ya que evidentemente resultaba más fácil el tráfico con España por esa vía que no por la de Panamá, sobre todo por la costosa y difícil tarea que imponía el transbordar por tierra a través del Istmo de un mar a otro. Después, sobre el camino de Tucumán al Perú surgieron otras poblaciones: Jujuy en 1539, Salta en 1582, Rioja en 1591, y otras más que formaron una cadena que unía el río de la Plata con el virreinato del Perú.

Sin embargo, a pesar de que esta colonización del interior revestía ya considerable importancia, en el estuario del Plata no había una población que sirviera de remate a esa cadena de poblaciones. Se habían realizado varios intentos de reconstruir Buenos Aires, pero todos habían fracasado. La Audiencia de Charcas, desde su fundación y con particular empeño el licenciado Juan de Matienzo, había insistido ante el Consejo de Indias para que repoblara el puerto, pero no había sido posible llevar a efecto el proyecto.

Las colonias del Paraguay, cuando fueron desvaneciéndose los sueños de oro, colaboraron también a la población de las provincias ribereñas del Paraná. Al morir Martínez de Irala había dejado en el gobierno de la Asunción a uno de sus yernos, Gonzalo de Mendoza, que sólo le sobrevivió un año, y al desaparecer éste la población eligió a otro yerno de Irala, Francisco Ortiz de Veragua. Salió éste, llevando como segundo al capitán Juan de Garay a explorar con Ñuflo de Chávez en su última expedición, y mientras tanto, Felipe de Cáceres, aquel que ayudó a Irala a embarcar a Cabeza de Vaca para España contra su voluntad, aprovechó la ausencia para intrigar la Audiencia de Charcas contra el gobernador cuyo puesto él ambicionaba. El licenciado Matienzo depuso, en efecto, a Ortiz de Veragua, pero designó como nuevo gobernador al acaudalado hacendado don Juan Ortiz de Zárate. Éste pasó a España para reclutar colonos y designó entre tanto como teniente suyo a Cáceres, que regresó al Paraguay en 1569. Hasta 1572 ocupó la gubernatura y durante ella exploró minuciosamente el sistema fluvial, pero al cabo de este tiempo, como el gobernador propietario, Zárate, no llegara, la población, encabezada por su obispo, fray Pedro de la Torre, siguiendo el sistema establecido ya en la Asunción para la renovación del gobierno, hizo con Cáceres lo que éste había hecho con Cabeza de Vaca. La gobernación quedó por lo pronto en manos de Martín Suárez de Toledo. Éste volvió sobre el proyecto de repoblar Buenos Aires, que era indispensable para regularizar la comunicación de Paraguay con la Metrópoli y terminar con la vida de anárquica independencia instaurada por Irala. Con ese objeto envió a Juan de Garay con 80 hombres en 1573, para que estableciera en el estuario del Plata una colonia que sirviera de escala en la ruta hacia Asunción. De todas las provincias de la América meridional convergía esta necesidad. Garay encontró a medio camino un lugar adecuado para poblar sobre la margen izquierda del Paraná, cerca del viejo fuerte de Sancti Spíritu, y estableció allí la colonia de Santa Fe. A poco llegaron gentes del gobernador de Córdoba, don Luis de Cabrera, con el mismo cometido y fundaron el puerto de San Luis de Córdoba.

En noviembre de ese mismo año de 1573, al fin, el gobernador del Paraguay don Juan Ortiz de Zárate arribó al estuario del Plata. Nuevamente se vieron interrumpidos con esto los planes para el establecimiento de una colonia en el estuario. Ortiz de Zárate remontó el Paraná para ir a tomar posesión de su cargo en la Asunción. Pero había tardado tanto para ello, que poco duró en él, pues dos años después de haber llegado murió, y con su muerte se creó una situación muy singular, pues había obtenido la gobernación «por dos vidas», y no teniendo hijos varones ésta correspondía a su hija Juana; pero como era menor de edad no podía entrar en posesión de ella hasta que no tomase estado. En estas circunstancias su mano se vio solicitada. El virrey del Perú don Francisco de Toledo pedíala para un ahijado suyo; el presidente Matienzo para su hijo, y el oidor Juan Torres de Vera para sí, y fue quien triunfó en la disputa y quien se quedó con doña Juana y con Paraguay. Dio éste amplios poderes a Juan de Garay para gobernarlo, y éste salió nuevamente para el Plata a fin de llevar a efecto el interrumpido proyecto de poblarlo. Así, el 11 de junio de 1580, cerca de la primitiva fundación de don Pedro de Mendoza, estableció el puerto de la Santísima Trinidad de Buenos Aires. Garay murió al poco tiempo a manos de los indios cuando exploraba las riberas del Paraná. Pero al fin Buenos Aires había renacido.

* * *

Juan Torres de Vera renunció en 1593 al nombramiento de Adelantado con lo cual este puesto desapareció.

Tras varios encargados interinos del gobierno de Buenos Aires, en 1597 fue designado como teniente de gobernador un criollo de la Asunción llamado Hernando Arias de Saavedra, mejor conocido por Hernandarias simplemente, que fue confirmado en el mando por el virrey del Perú y que ejerció, con algunas interrupciones, hasta 1618. Este año, precisamente a instancias suyas, aquella provincia fue dividida en dos gobernaciones, que fueron la del Paraguay y la de Buenos Aires. Por lo demás, Hernandarias realizó una excelente labor en el gobierno, organizando la provincia, construyendo obras públicas y defendiendo y extendiendo su dominio. En su tiempo se inició la fábrica de las catedrales de Buenos Aires y de la Asunción, y se iniciaron las reducciones de los jesuitas en la región de Guayrá. A partir de él tuvo Buenos Aires 27 gobernadores hasta 1776 en que fue creado el virreinato. Hasta entonces dependió del Perú aunque con bastante autonomía, debido a la distancia que la separaba de aquél y sobre todo a la particular índole de sus problemas.

El antiguo centro de penetración que fue la Asunción empezó a decaer cuando las doradas consejas fueron sustituidas por las tangibles riquezas de las tierras de las provincias del Cuyo y Tucumán, que favorecieron en cambio el crecimiento de Buenos Aires.

Pronto el comercio de las provincias interiores y el del Alto Perú empezaron a canalizarse a través de Buenos Aires, de donde partían las grandes caravanas de carretas conduciendo las mercancías, por lo cual Panamá y la propia Lima, que vieron decrecer su tráfico, presionaron en España y obtuvieron la creación de una aduana en Córdoba en 1622 para impedir el comercio del interior con Buenos Aires, lo que, desde luego, no se consiguió del todo, pues siempre hubo alguna manera de salvar aquella molesta barrera; ni fue causa para impedir el desarrollo de la agricultura y de la ganadería que proporcionaron a toda la región gran riqueza.

Córdoba padeció como otras ciudades el asedio de las tribus indígenas. En 1627 los vejámenes que les ocasionó el gobierno local de Felipe de Albornoz provocó el levantamiento de los calchaquíes, que duró diecisiete años y costó mucho sofocarlo.

En 1655 el aventurero Pedro Chamijo, haciéndose llamar Hualpa-Inca, los sublevó nuevamente, causando graves perjuicios a la economía de la región y una larga lucha para reducirlos que terminó con la ejecución de los jefes indígenas.

Córdoba tenía ya universidad en 1622, y en 1661 fue establecida una Audiencia en ella.

El Paraguay, por el contrario, tuvo un desarrollo mucho más lento y una vida mucho más agitada. Hubo allí siempre una sorda pugna entre peninsulares y criollos, que se manifestó en múltiples incidentes; por otra parte, la hubo también entre las autoridades civiles, sobre todo porque los colonos trataban de aprovechar la mano de obra de los indígenas que los jesuitas mantenían en sus reducciones, y la hubo, por último, entre las mismas órdenes religiosas, como la que se entabló a mediados del siglo XVII entre jesuitas y franciscanos, originada por la oposición de aquéllos a que fuera elegido obispo fray Bernardino de Cárdenas, que pertenecía a la de éstos, y que una vez vencida esta oposición y habiendo sido designado también gobernador tomó represalias en contra de sus oponentes. La lucha no tuvo fin hasta 1657 en que arribó como gobernador don Sebastián León y restableció la paz.

Pero lo que constituyó el mal endémico de estas colonias, tanto en el Paraguay como en Buenos Aires, fue la constante invasión de bandas de aventureros procedentes de São Paulo, del Brasil, que atacaban las reducciones misionales y aun los establecimientos españoles para hacer redadas de indios para llevarlos como esclavos a sus factorías o para ampliar los dominios portugueses. Pero estas luchas, por su importancia y trascendencia para la frontera entre las posesiones españolas y portuguesas, merecen ser narradas en capítulo aparte.

Chile

La historia del período ibérico en el reino de Chile es la historia de la guerra contra los araucanos. Las asoladoras acometidas de los indios y las acometidas militares de los españoles opacan todos los demás hechos acontecidos en las colonias, aunque hayan sido éstos realmente los que dieron configuración al país.

Después de las victorias de don García Hurtado de Mendoza sobre los araucanos, los colonos pudieron creer que al fin se había conquistado la paz. Pero la tregua duró poco; los indios volvieron a la carga; derrotaron a los españoles en Lincoya y arrasaron las fundaciones de Angol y Arauco. Hasta los pobladores de Cañete juzgaron prudente evacuar la plaza. El gobernador Villagrá poco pudo hacer con los escasos recursos de que disponía. Su sucesor, Rodrigo de Quiroga, en cambio, recibió los auxilios de Perú y pudo recuperar el terreno perdido, pero no impedir que las incursiones se repitieran esporádicamente.

En 1565 la Corona quiso regularizar el gobierno de aquel reino y designó una Audiencia, pero las condiciones del país no toleraban el lento y disperso gobierno de los oidores y éste siguió prácticamente en manos de un gobernador que era ante todo capitán general y escogido entre la gente de espada y no de toga.

Por si las desdichas del país no fueran bastante, por el año de 1570 fue afligido por varios terremotos y maremotos que causaron innumerables daños, especialmente en Valdivia.

El gobernador Ruiz de Gamboa realizó nuevos esfuerzos por someter a los araucanos y fundó la población de Chillán, al norte del Biobío para mayor seguridad de aquel territorio. Pero en 1598, cuando un nuevo gobernador, García de Loyola, hacía un viaje de reconocimiento por el sur, mientras dormían, cayeron sobre él y sus acompañantes los indios acaudillados por Pelantaru y les dieron muerte a todos. Después se lanzaron devastando todas las poblaciones situadas al sur del Biobío, e incendiaron Chillán.

En un esfuerzo más por terminar con aquellas depredaciones, la Corona envió como gobernador a don Alfonso García Ramón afamado como buen militar, pero su acción fue poco efectiva, porque carecía de recursos económicos y de suficientes fuerzas armadas. A partir del gobernador siguiente, don Alonso de Rivera y Zambrano, que llegó en 1601, se aumentó notablemente el subsidio que el Perú daba para la gobernación de Chile, y Rivera pudo formar un ejército permanente de 1.500 hombres, relevando al propio tiempo a los colonos del servicio de las armas que hasta entonces habían prestado para formar las fuerzas de defensa, con lo que, por otra parte, se perjudicaba la economía, pues tenían que abandonar sus labores para atender a la guerra. En estas condiciones pudo el gobernador tomar la ofensiva y construir una línea de fortificaciones bien resguardada. Por ello, cuando en 1605 se hizo nuevamente cargo del gobierno García Ramón, avanzó con 1.300 hombres dispuesto a someter definitivamente a los araucanos. Pero la ofensiva se topó con la inagotable resistencia de éstos, ahora más eficaz que nunca, porque tenían ya caballos y armas españolas y conocían la técnica europea de la guerra. Frustrada la acometida, hubo de volver al sistema defensivo mantenido desde el pricipio de la colonización.

Sin embargo, a pesar de todo, la economía de la provincia prosperaba satisfactoriamente. Había ya abundante ganado, y el trigo, la vid, y el cáñamo se daban con abundancia. Lo único que faltaba para hacer de aquél un país dichoso era la paz y se intentaron todos los sistemas para acabar con la resistencia araucana. El año de 1608 el rey Felipe III decretó la esclavitud de los araucanos, para estimular las guerras contra ellos con el aliciente de apresarlos, y al año siguiente el padre Valdivia logró la tregua de que ya hablamos para intentar su sumisión por medios pacíficos. Pero ni el rigor ni la blandura fueron capaces de domar a los araucanos.

En 1629 se realizó otra ofensiva y nuevamente las tropas españolas fueron derrotadas en Yumbel por los indios, mandados ahora por Lientur. Pero dos años después los españoles las vengaron suficientemente causándoles una derrota, cerca de Arauco, que costó a los vencidos ochocientos muertos y seiscientos prisioneros. Esto sirvió para que los araucanos aceptaran el pacto que el marqués de Baides les propuso en 1641.

Esto permitió vivir al reino de Chile algunos años de tranquilidad, sólo conturbada por los terremotos del año de 1647 y por las epidemias que siguieron a éstos.

Pero el afán de hacer esclavos, pues en Chile un africano valía muchísimo, indujo a algunos colonos a hacer algunas entradas por su cuenta y ellas provocaron que los araucanos hicieran otro tanto. En 1653 degollaron a toda la tripulación de un barco que varó en las costas del sur. En represalia, el gobernador Antonio de Acuña envió imprudentemente una expedición militar que no sólo fue derrotada, sino que trajo consigo una terrible contraofensiva de los araucanos, que arrasó todas las fundaciones españolas entre el Maule y el Biobío y obligó a evacuar hasta la misma fortaleza de Chillán. Para que la desgracia fuera completa, Concepción, que era la única plaza del sur que había resistido, fue arruinada por un temblor de tierra. El gobernador, que tuvo la temeridad de desatar la ofensiva, no tuvo el valor de afrontarla, por lo que el cabildo de Concepción lo depuso y nombró como capitán general al veedor Francisco de la Fuente, mientras que el de Santiago designaba a una junta de guerra para sustituir al indigno gobernante.

A esta desdichada época sucedió un largo período de paz que duró cerca de cuarenta años durante los cuales la provincia no sólo se repuso, sino que adelantó notablemente. Y en esto radicó su desgracia, pues alentados por la pasividad de los indios, los colonos fueron penetrando cada vez más al sur, hasta que aquéllos, viendo amenazado su territorio, reaccionaron violentamente. A esta nueva acometida sucedió otro período de relativa paz hasta 1723 en que atacaron otra vez; pero las fuerzas españolas mandadas por el gobernador Cano de Aponte lograron contener la ofensiva, aunque hubo que retirar las fundaciones y las misiones de los jesuitas al norte del Biobío, y en 1726 se concertó solemnemente un acuerdo de paz con ciento treinta jefes araucanos, por el cual éstos juraban lealtad a la Corona, como vasallos libres y los españoles se comprometían a dejarlos vivir en libertad en sus territorios.

Aunque la paz definitiva no se alcanzó nunca en este período, las treguas se fueron haciendo cada vez más prolongadas. Esta de 1726 no fue rota sino hasta 1766 en que hubo una nueva acometida seguida de una nueva tregua. Todavía en el siglo XIX hubo que rechazar algunos ataques, sobre todo al otro lado de la cordillera en donde se prolongaron las correrías por la pampa todavía durante muchos decenios.

La piratería

Los piratas, los asaltantes de los mares, como los asaltantes de caminos en tierra, existieron desde que hubo riquezas codiciables que transitaran por ellos. De este género, simples bandidos marinos, fueron los primeros que aparecieron en las rutas de América, pero pronto fueron utilizados como ele-

mentos de lucha en las pugnas políticas de Europa, y esto
es lo que vino a darles categoría e importancia histórica,
ascendiéndolos a corsarios y creando un nuevo y característico tipo en el que es difícil saber en dónde termina el
bandido para dar paso al guerrero, y distinguir entre un
ataque militar y un atentado depredatorio. Por ello puede afirmarse que las naciones que los utilizaron para sus propósitos
políticos, introdujeron en la guerra un elemento innoble y
dieron lugar, como veremos, a crímenes injustificables.

Los bandidos codiciaban el rico cargamento de las naves
que venían de las Indias, y del mismo modo las naciones
europeas codiciaban el comercio con ellas, del que se veían
rigurosamente excluidas por el monopolio que mantenían
los castellanos, principalmente las que, como Inglaterra
y Holanda, por sus condiciones geográficas, tenían que buscar
en el comercio el apoyo de su economía.

El arbitraje o concesión del Papa a favor de España y
Portugal no constituía ya obstáculo alguno, puesto que por
la reforma protestante las naciones del norte se habían separado de la obediencia de Roma y las frecuentes guerras contra esas potencias, que la monarquía española no supo evitar,
les ofrecieron la ocasión propicia de atacar a España en su
flanco más vulnerable, y al propio tiempo entorpecer su
comercio para favorecer el suyo, que bajo la forma de contrabando iba a constituir el segundo capítulo de la piratería. Y
todavía, como premio adicional a conducta tan poco digna de
recompensa, piratería y contrabando proporcionarían a las
naciones que los prohijaban, los territorios americanos de que
tuvieron que apropiarse para base de sus operaciones.

Ya Cristóbal Colón, al regreso de su tercer viaje tuvo que
escapar de unos piratas que lo aguardaban a la altura del
Cabo de San Vicente, y Alonso de Ojeda en su primer viaje
avistó a unos piratas ingleses.

En 1521 varias carabelas que venían de las Indias, cayeron
en manos de unos piratas franceses y la Corona tomó las
primeras providencias para defender sus comunicaciones,
creando una armada para perseguir a los ladrones del mar;
pero no logró intimidarlos, sino que, por lo contrario, en 1523,
el francés Jean Fleury, capturó dos naves de la armada y las
carabelas que ellas iban custodiando. La Corona española tuvo
que aumentar sus fuerzas y sus precauciones. En 1526 prohibió los viajes de naves aisladas, ordenando que la travesía
la hicieran reunidas en una flota, y en 1536 determinó que

las flotas se compusieran por lo menos de diez embarcaciones, y más tarde exigió que todas las embarcaciones que hicieran el viaje a América fueran artilladas y creó, en 1552 otra armada para vigilar exclusivamente el Caribe, además de la anterior que tenía por objeto proteger la arribada a España.

Pero los tesoros de América y los intereses políticos y económicos hacían que en mayor proporción aumentaran los piratas y perfeccionaran su estrategia. Se hacía muy difícil combatirlos porque constituían una fuerza dispersa y movediza que usaba la táctica que hoy algunos creen haber inventado con el nombre de guerra de guerrillas del ataque sorpresivo, buscando el punto más débil del enemigo y la retirada inmediata antes de que llegase la reacción de éste. Así, el que está a la defensiva, aunque sea mucho más fuerte puede ser constantemente hostigado y aun vencido, pues le es imposible cubrir todos los puntos durante todo el tiempo. Fue lo que aconteció con el imperio español en relación con los piratas y corsarios.

Ello explica también que se desplazaran de los alrededores de la Península al mar Caribe, como teatro principal de sus actividades, pues además de cruzar necesariamente por el camino de la Península, ofrecía con sus múltiples islas y la sinuosidad de sus costas el escenario ideal para agazaparse y para la «emboscada» marítima, si vale la paradójica expresión.

En esta primera época los protagonistas más conspicuos de la rapiña marina fueron los franceses, pero siempre por iniciativa privada, o como entonces se les clasificaba, «sin bandera», aunque estando Francisco I en constante guerra con España, es natural que no viera con mucho enojo el Rey Caballero las iniciativas de los «caballeros del mar».

Fleury, el gran iniciador, fue atrapado y murió en la horca, en Cádiz, pero dejó escuela. En 1537 la armada del honorable naviero francés Jean d'Ango dio un espléndido golpe apoderándose de nueve galeones que venían del Perú trayendo un fabuloso tesoro. Con menor botín hubo muchos otros asaltos en esos años.

Estos éxitos constituían la mejor propaganda para el azaroso oficio de la piratería. Las Antillas se vieron pronto infestadas de bandoleros, que, sintiéndose cada vez más seguros de su fuerza y de su táctica, se atrevieron a pasar del simple asalto a los buques, al de los puertos, lo que significaba un progreso sumamente grave para el imperio. Apenas firmada la Paz de Niza, en 1538, los corsarios franceses empezaron el asalto de los establecimientos españoles, iniciándose en los más desamparados, como lo eran los de Tierra Firme en donde Cubagua y Santa Marta tuvieron las primicias del nuevo capítulo. Pero visto el resultado positivo de estos ensayos, fueron aumentando la categoría de sus presas. Entre otros muchos asaltos, algunos de los más resonantes fueron el de San Germán, en Puerto Rico, en 1540, y al año siguiente el de la Barbuta y, en 1546, trescientos franceses cayeron sobre Cartagena de Indias que era uno de los puertos principales del Caribe. Jacques de Sore o de Soria, como le llamaban los españoles, y François La Clerc, el famoso «Pata de Palo», que se hizo clásico del género, fueron los caudillos más afamados de esta época. Entre varias otras insignes fechorías pudieron contar el asalto a Santiago de Cuba, a pesar de ser una de las plazas mejor defendidas, y los dos que realizaron sobre La Habana que quedó prácticamente arrrasada por las llamas y el saqueo.

Cuando las hostilidades entre España y Francia decrecieron, pues, en realidad nunca cesaron del todo, también decayeron un tanto los corsarios franceses; pero para muchos que habían encontrado en esa actividad su modo de vivir y tal vez su vocación, el cambio político sólo significó un «cambio de matrícula», como ahora podríamos decir, pues las relaciones peninsulares con Inglaterra iban en aumento con la creciente antipatía que entre la reina Isabel y Felipe II había nacido.

Los piratas ingleses habían de llevar la profesión a su máximo esplendor, pues contaría con un apoyo de su gobierno mucho más efectivo y real que los franceses, llegándose a establecer la costumbre de extender «patentes de corso» a los marinos para que lucharan en el mar con la venia oficial de la Corona. Por lo demás, la marina inglesa iba a alcanzar una importancia muy superior a la de Francia.

Los piratas ingleses se iniciaron también como empresa particular, pasando a ella desde el negocio de la trata de negros, que era una excelente antesala del otro, y que, a mediados del siglo XVI, había cobrado gran auge.

Así empezó su carrera John Hawkins, el primero de los grandes piratas ingleses, que en 1563 llegó con su primer cargamento de esclavos a La Española, donde los cambió por productos nativos; pero al año siguiente en que quiso hacer el mismo trato tuvo que emplear la violencia en Tierra Firme para hacer el trueque que la Corona había prohibido. Por ello, en sus futuras expediciones no se molestó ya en transportar esclavos, puesto que podía tomar directamente las mercancías sin necesidad de negocio alguno, así lo hizo asaltando Río de la Hacha, y apropiándose de una buena cantidad de perlas que le sirvieron de estímulo y capital para organizar una flota en toda forma, a la que pudo agregar además dos barcos que le dio la reina. Con ellos y acompañado por su sobrino Francis Drake, que así empezaba su aprendizaje, hizo una nueva correría en 1568 que lo llevó hasta el golfo de México, pero allí un temporal le obligó a recalar en la isla de San Juan de Ulúa, frente al puerto de Veracruz, en momentos en que llegaba la flota española conduciendo al nuevo virrey, don Martín Enríquez, y la del pirata fue destruida. Pero tanto él como su sobrino lograron evadirse.

Esto marcó el comienzo de las operaciones en gran escala y reveló las dotes de Drake, que pronto había de superar a su tío, distiguiéndose como extraordinario marino, y figura más insigne de la piratería de todos los tiempos. En 1572 hizo su primer viaje como capitán con dos pequeños barcos; pero se concretó a reconocer el terreno y puso sus miras en la «conducta del Perú», el tesoro que periódicamente se remitía a España y que era trasladado a través del istmo de Panamá a lomo de mula. Por ello, en 1572, atacó Nombre de Dios; pero fracasó en su intento, porque el tesoro no había llegado aún. Agazapado en un refugio esperó mejor oportunidad, aunque sin dejar de asaltar de cuando en cuando buques y poblaciones, y, al año siguiente, calculó mejor el golpe y desembarcó a su gente; esperó a la conducta en el camino y se hizo con un fabuloso tesoro. Su teniente, John Oxenham, atravesando el istmo se aventuró por el Pacífico y logró apresar dos barcos; pero el volumen de las riquezas que obtuvo fue tal que entorpeció y desorganizó la retirada, y él con otros muchos fue hecho prisionero y ajusticiado. Drake, en cambio, ya con riquezas y fama, inició en 1577 la expedición que lo había de consagrar. Con cinco naves se lanzó hacia el sur, surcó el estrecho de Magallanes y apareció en el Pacífico, que hasta ese momento se consideraba relativamente seguro, recorriendo toda su costa hacia el norte y asaltando, con diversa fortuna, cuanto buque o puerto cruzaba por su camino. Llegó hasta las costas de México en busca de la nao de Filipinas, que no encontró (1). Remontó las costas de California y desde allí se dirigió a proseguir sus abordajes a Oceanía y entre asalto y asalto llegó a Inglaterra por Oriente, en 1580, siendo así el segundo navegante, después de Magallanes, que daba la vuelta al globo. La reina Isabel, que había cooperado económicamente a su empresa, lo armó caballero, como premio no sólo a su proeza, sino también a sus agresiones contra España, que reaccionó violentamente pero sin fortuna con la Armada Invencible tres años después. También en el combate contra la Armada estuvo presente el ya Sir Francis Drake.

Durante la guerra con Inglatera, Drake sirvió a la reina como corsario en las Antillas y en 1595 se le ordenó apoderarse del Istmo, dándole para ello 20 naves y 2.500 hombres. Incendió Río de la Hacha y saqueó Santa Marta, Cartagena y Nombre de Dios, y tomó Portobelo; pero fracasó ante Panamá. Poco después murió afectado por las enfermedades tropicales, y la misma suerte corrió su viejo maestro Hawkins, que lo acompañaba en esta expedición.

Pero la gloria y la riqueza alcanzadas por Sir Francis Drake fueron magnífico aliciente para la piratería inglesa, y los mares de América se poblaron con sus émulos; y sus puertos fueron asolados por el fuego, la rapiña, la muerte y todo género de atrocidades. Cumberland, Clifford, Cavendish, Chistopher Newport, Granville, Jackson, son algunos de los nombres que llenaron de terror a fines del siglo XVII, a las pacíficas gentes de las Indias, que nada tenían que ver con las complicaciones de la política europea y nada sabían de ella.

España hizo lo posible por defenderse y defenderlas, pero poco pudo hacer contra aquella plaga. Se creó una flota más para vigilar el Caribe, situando una en Cartagena y la otra en Santo Domingo y se organizaron batidas para atrapar a los piratas, pero no fueron suficientes para desterrarlos de aquellos mares y, en cambio, se llegó al extremo de que en 1596 los ingleses Essex y Howar se apoderaran del propio puerto de Cádiz, y en 1607, los holandeses destruyeran la flota española en pleno Gibraltar.

---

(1) Pero Drake había abierto con este viaje el Pacífico a la piratería, y pocos años después, en 1587, la nao «Santa Ana», que regresaba de Asia cargada de ricas mercancías, cayó en manos de Tomás Cavendish.

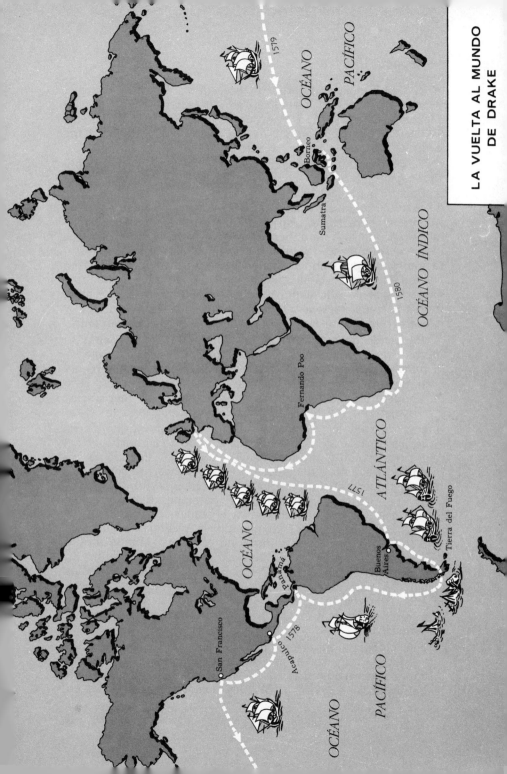

LA VUELTA AL MUNDO
DE DRAKE

OCÉANO PACÍFICO

OCÉANO ÍNDICO

Borneo

Sumatra

1579

1580

Fernando Poo

ATLÁNTICO

OCÉANO

1577

Tierra del Fuego

Buenos Aires

Panamá

San Francisco

Acapulco 1578

OCÉANO PACÍFICO

OCÉANO

La época ibérica

Las provincias hubieron de proceder a levantar enormes y costosísimas fortificaciones en sus puertos y a aprestar fuerzas para rechazarlos; pero éstas eran medidas puramente defensivas que en el mejor de los casos sólo bastaban a impedir el ataque; pero no a extirpar el mal.

En el fondo el problema tenía sus raíces en la mala política comercial seguida por la Corona, pues, por una parte el monopolio atraía el ataque exterior, y por otra impedía el desarrollo de la marina española, porque el monopolio no sólo regía para los extranjeros, sino para los propios nacionales, ya que lo detentaban en forma exclusivista y cerrada, los comerciantes de Sevilla a través de la Casa de Contratación, y no pudiendo formarse por esa causa una poderosa marina mercante, la de guerra, que en aquella debía apoyarse y que de ella debía nutrirse, nunca tuvo la suficiente fuerza para oponerse a Inglaterra y Holanda, cuyo comercio y marina, por el contrario, progresaron extraordinariamente.

Partiendo de este principio, todas las medidas adoptadas fueron contraproducentes. Se creó, por ejemplo, para sostener la marina militar, un impuesto especial sobre las mercaderías que se transportaban por mar llamado de «avería»; pero él, añadido a los altos precios que ya tenían las mercancías en España por efecto de la inflación que ocasionó la abundancia de metales preciosos, vino a aumentar aquéllos en América de tal modo, que el contrabando se convirtió en un negocio altamente productivo. Fue entonces cuando el capitalismo naciente en el norte de Europa formó sociedades para explotarlo en forma organizada y honorable.

La política y la economía, que ya empezaban a ser una misma cosa, se conjugaron contra el imperio español; el comercio de esclavos, el contrabando, la piratería y el corso y el deseo de obtener territorios en el Nuevo Mundo fueron solamente líneas especializadas de un interés común. En 1599 se había constituido la Compañía Británica de las Indias Orientales para arrebatar a los portugueses su comercio con la India y Oceanía, y en 1606 fue fundada la Compañía de Londres y de Plymouth para hacer otro tanto con el de España en América.

Sin embargo en estos primeros años del siglo XVII las hostilidades de los corsarios ingleses decrecieron, pues habían ya muerto los monarcas rivales, Felipe II en 1598 y la reina Isabel en 1603, y los reyes que les sucedieron, Felipe III en

España y Jacobo I en Inglaterra, hicieron las paces y el inglés se comprometió a respetar los dominios españoles.

Pero esto, como cuando la paz con Francia, sólo significaba cambio de turno de la nación enemiga y cambio de bandera en los mástiles corsarios. Ahora era Holanda la que entraba en acción. Después de una guerra tan larga como cruel, Holanda, acaudillada por Guillermo de Orange, había logrado su independencia en 1598, y ya ese mismo año dos flotas holandesas, con escaso intervalo de tiempo, cruzaron el estrecho de Magallanes; pero el botín que obtuvieron fue escaso y en cambio sufrieron grandes pérdidas. Por ello, en los años siguientes prefirieron las rutas del Oriente, aunque sin renunciar a las de América, que poco después conoció entre ruinas y sangre muchos nombres flamencos. Entre ellos sobresalió el de Peter Heyn, por haber asestado uno de los golpes de mano más fabulosos de la historia de la piratería, apoderándose del convoy español —la única vez que el convoy fue vencido— formado por treinta y dos naves cargadas de mercancías y metales que se dirigían a La Habana para integrar la flota de regreso a España.

Por esos años, en 1621, había nacido la Compañía Holandesa de las Indias Occidentales para impulsar éstas y también otras actividades.

El dominio de los mares condujo con toda naturalidad al dominio de las tierras, que fue el paso culminante y más trascendental de esta secuencia, porque significó la adquisición de territorios americanos por parte de Inglaterra, Francia y Holanda.

Fue Inglaterra la primera en interesarse por tomar parte en los beneficios del descubrimiento de Colón y enviar a los Caboto al nuevo Continente. Los infructuosos viajes de éstos desalentaron momentáneamente a la Corona inglesa; pero cuando las grandes conquistas produjeron tan fabulosos tesoros y tan magníficos relatos, Inglaterra sintió nuevamente la tentación de tomar parte en ellos, y a pesar de su tradicional pragmatismo, cayó también en la tentación de El Dorado y envió al Orinoco a Robert Dudley, el cual regresó con fabulosas noticias, por lo que sir Walter Raleigh, que ya en 1584 y 1587 había intentado sin conseguirlo fundar colonias inglesas en Norteamérica, se apoderó en 1595 por breves días de la isla de Trinidad y remontó el Orinoco sin más resultados que la publicación, a su regreso a Inglaterra, de su libro «Descubrimiento de la Guayana». Pero la publicidad que con él logró para aquella región, cuyas bellezas y feracidad ponderaba, inspiraron la formación de la Compañía del Amazonas en Londres, en 1617. Pero era aquella una de las efímeras épocas de buenas relaciones con España, y ante las protestas de ésta el gobierno inglés impidió la empresa.

En cambio, las playas septentrionales de América se encontraban abandonadas. España pensaba que aquellas tierras caían dentro de la demarcación portuguesa, y Portugal, como hemos visto, no tenía interés ni elementos para ocuparlas. Por ello fue posible que sin ningún tropiezo se establecieran en ellas numerosos colonos expulsados de Inglaterra por las persecuciones religiosas. El primer grupo, los famosos peregrinos del May Flower, arribaron en 1620 y a él le sucedieron muchos otros que, ya en 1643, formaron la conferencia de Nueva Inglaterra.

Hoy día nos es fácil comprender la inmensa riqueza que encierra esa parte del Continente; pero en aquella época todos soñaban con los tesoros de las latitudes meridionales; y, sobre todo, en ellas estaban las prósperas fundaciones españolas, cuyos productos era más fácil aprovechar. Por ello, los ingleses insistieron en establecerse en la zona española pese a todas las protestas y todas las oposiciones.

En 1524, un socio de la Compañía del Amazonas, el capitán Warner, pese a la prohibición de su monarca, se trasladó al Caribe, en el que abundaban las islas abandonadas, que era imposible para los españoles proteger, y sentó sus reales en la de San Cristóbal; poco después acogieron en ella a algunos franceses y la colonia se consolidó, constituyendo con ello el primer establecimiento permanente de los ingleses. Pues, aunque en 1629 los desalojó don Fadrique de Toledo, algunos se ocultaron y otros regresaron, y la colonia renació.

La compañía de contrabandistas angloholandesa de los hermanos Courteen, que desarrollaba amplios y turbios negocios en el Caribe, fundó en 1627 un establecimiento en la isla Barbuda para que le sirviera de base de sus operaciones. Esta fundación representa un ejemplo típico del origen de muchos establecimientos extranjeros en el Continente. Otros tuvieron su origen en la explotación clandestina de productos americanos, como las maderas finas, que fueron el motivo de los establecimientos en Honduras, de los que había de resultar Belice o en otros casos, como ya hemos dicho, nacieron como refugio de piratas.

El imperio español

A mediados del siglo XVII los ingleses contaban ya con varias colonias de esta índole en las islas Bahamas, en las Bermudas, en Trinidad, en la isla Providencia, frente a Nicaragua, y en varias otras de las pequeñas Antillas, y en 1651 se introdujeron por fin en la Guayana de sus viejos sueños. Pero si hasta ese momento la intromisión se había verificado de modo clandestino y, cuando menos, sin la aquiescencia del gobierno, la revolución inglesa, que costó la vida al rey Carlos I, y que llevó a Oliverio Cromwell al poder, cambió la situación, pues éste puso especial empeño en fundar grandes colonias en la América española, y en 1655 mandó una poderosa armada con diez mil hombres, al mando del almirante Penn, que se dirigió contra Santo Domingo; pero fue rechazada. Entonces atacó a Jamaica que por contar con fuerzas muy inferiores, cayó en su poder a pesar de la defensa que opusieron los españoles mandados por Francisco de Provenza y Cristóbal Isasi, que fueron obligados a evacuarla. Con esto, pudieron ya los ingleses contar con una gran base de operaciones en las Indias.

Los franceses, por su parte, no quisieron quedarse al margen de este botín territorial, y en 1562 el príncipe de Coligny envió a un grupo de hugonotes, a establecerse en la Florida; y en 1564 otro grupo dirigido por René de Laudonniére, edificó el Charles Fort y desde él se consagraron a la cacería de los navíos españoles. Por ello la Corona envió una armada al mando de Pedro Menéndez de Avilés, nombrado para el efecto adelantado de la Florida, que arrasó los establecimientos franceses y pasó a cuchillo a sus moradores. Después fundó el fuerte de San Agustín para proteger aquellas playas y realizó una exploración por aquel territorio, protegiendo además el establecimiento de misiones de jesuitas y franciscanos. En venganza del ataque de Menéndez, en 1567 el pirata Dominique de Gourges asaltó San Agustín y mató a sus defensores; pero ya no pretendió establecerse allí, porque Menéndez, que fue nombrado gobernador de Cuba, tuvo buen cuidado de impedir nuevas invasiones en esos territorios.

Esta cruel experiencia sirvió para que por algún tiempo no intentara Francia nuevas colonizaciones en América, pero no para que desistiera de obtener en ella cuando menos algunos puntos de apoyo, y durante el siglo XVII pudo lograr su empeño aprovechando, como los ingleses, las pequeñas Antillas, que por su número hacían imposible para España man-

335

tener una vigilancia constante sobre ellas. La Sociedad de las Islas Americanas, fundada bajo el amparo del cardenal Richelieu y financiada por los mercaderes de Dnieppe, establecieron en 1635 colonias en las islas de Guadalupe y Martinica que, después se extendieron a otras pequeñas islas, y en 1655 otro grupo francés logró asentarse en la Guayana.

Mientras tanto, sus colonias del norte se habían afirmado, y explorando el interior del Continente llegaron en 1682 a la desembocadura del Mississipi, en donde lograron al fin afincar una colonia llamada Luisiana, sin que hubiera un nuevo adelantado Menéndez que los expulsara de ella.

La misma secuela siguieron los holandeses, en cuanto su independencia de España se lo permitió, que desde 1615 recorrieron el Caribe y las costas de Chile buscando un asentamiento; pero sin lograrlo definitivamente en pleno litoral del Brasil, pues al amparo de las guerras con España y puesto que en esa época estaba unida a Portugal, una poderosa flota financiada por la Compañía Holandesa de las Indias Occidentales, compuesta por ventiséis naves, y con más de tres mil tripulantes se apoderó de Bahia.

La escuadra hispanolusitana logró expulsarlos de Bahía al año siguiente, pero aquella posición era muy útil a Holanda sobre todo para proteger su navegación a las Indias Orientales, y por ello en 1630 insistió; y con una armada de treinta y ocho buques y siete mil hombres, se apoderó de la ciudad de Olinda, capital de la provincia de Pernambuco, y edificó el fuerte de Recife. Las plantaciones de tabaco y caña que establecieron prosperaron rápidamente, y la Compañía pensó ampliar sus dominios enviando como gobernador al conde Mauricio de Nassau, que no pudo reconquistar Bahía, como pretendió, pero sí ampliar los territorios de Pernambuco, dar gran impulso a las colonias, fortificarlas convenientemente y crear un poderoso ejército para defenderlas. Pero en 1643 Nassau fue retirado del puesto por la Compañía y los colonos portugueses aprovecharon la ocasión para rebelarse contra los holandeses. Jefaturados por João Fernández Vieira mantuvieron las hostilidades en forma permanente hasta que el rey de Portugal Juan IV, rotos los compromisos que había trabado con Holanda en la lucha para independizarse de España, pudo al fin ayudar a los brasileños, y en 1654 fue recuperado el territorio de Pernambuco. Por la Paz de La Haya, firmada algunos años después, Holanda renunció formalmente a sus pretensiones sobre el Brasil, a cambio de algunas ventajas comerciales.

Por lo que hace a las posesiones españolas, también buscaron acomodo en ellas. Sólo gracias a las magnifícas fortificaciones de Puerto Rico, pudo el gobernador don Juan de Haro rechazar el ataque holandés en 1625; pero en 1634 se apoderaron de la desguarnecida isla de Curazao y poco después de las de Aruba, Tobago, Bonaire y otras. Por último, en 1664, creyeron realizar un magnífico negocio dando a los ingleses su colonia de Norteamérica, Nueva Amsterdam, después Nueva York, a cambio de una faja de la Guayana inglesa.

En fin, hasta los daneses se hicieron con las islas Vírgenes en 1671.

Los piratas, que en el siglo XVII habían proliferado enormemente en las aguas del Caribe, cooperaron con eficacia en esta tarea de penetración. Una de sus primeras bases fue la pequeña isla de la Tortuga, que a ellos debe su celebridad. En ella, como en muchos otros sitios, llegaron a formarse verdaderas repúblicas de piratas. Esta de la Tortuga tuvo un famoso jefe, un hugonote francés llamado Le Vasseur que la gobernó hasta 1652 en que su propia gente lo asesinó y pasó repetidas veces de ingleses a franceses. Desde ella se fueron introduciendo poco a poco en la Española hasta llegar a dominar una gran parte de ella, a la que Francia envió un gobernador. De éstas, como de muchas otras madrigueras, fueron expulsados repetidas veces por la marina española, pero otras tantas regresaban a ellas.

En esta abigarrada constelación de establecimientos extranjeros en que unos eran oficialmente administrados por los gobiernos, otros por las compañías mercantiles o por simples particulares, y muchos por anárquicas sociedades de maleantes y aventureros, florecían los más extraños tipos humanos. Junto a los grandes piratas y poderosos corsarios surgieron los filibusteros, los pechelingues y los bucaneros, agrupados en sociedades, como la de los «hermanos de la costa»; los «mendigos del mar», y otras muchas sociedades y bandas que asaltaban pequeñas embarcaciones y que, mientras más miserables eran, mayor ferocidad y degradación manifestaban. Cerca de ellos, física y moralmente muy próximos, vivían los comerciantes que dirigían el contrabando y los dueños de las plantaciones de caña, algodón o tabaco que, sin leyes de Indias ni presidentes o virreyes que lo estorbaran, explotaban con esclavos africanos o blancos «enganchados» en Europa entre prófugos de la justicia o infelices a los que ofrecían el paraíso de América y sometían en la realidad a dura servidumbre.

Todos estos sitios eran especialmente estratégicos para el ataque de la navegación española y de los puertos indianos. El acoso y las agresiones fueron en constante aumento a lo largo del siglo XVII. Los asaltos fueron incontables y casi no hubo puerto ni entre los más grandes y mejor fortificados como El Callao, Cartagena o La Habana, ni entre los más pequeños e indefensos, que se viera exento del saqueo. Siniestro renombre alcanzaron en esta segunda mitad del siglo XVII, Sommers, que asaltó Caracas; Grammont, Lauret de Graff y Vanhorn, que se unieron para asaltar Veracruz en 1683, como antes vimos; Mansfield Picore, y en el Pacífico, Guarlem, Blemen y Sharp: este último realizó la proeza de cruzar el Istmo y organizar su armada en el Pacífico, en donde cometió múltiples atrocidades, como la de incendiar La Serena; pero la suerte y el talento no le ayudaban, pues en los asaltos que realizó el botín fue pobre y cuando al fin apresó un buque cargado de plata la confundió con plomo, por lo que la fundió para municiones y su artillería consumió el inmenso tesoro. Hasta los mulatos y aún los españoles llegaron a participar en este oficio, como Lorencillo, en el golfo de México; Diego el Mulato y Miguel el Vasco que saqueó Maracaibo y se hizo con un galeón que conducía un millón de pesos. Pero sin duda el más famoso de la época fue Henri Morgan, que desde la condición de «enganchado», se elevó a corsario y coronó sus fechorías con la toma de Panamá en 1670, a la que ya nos referimos en otro lugar. Para esta empresa contó con la valiosa cooperación de sir Thomas Modyford, gobernador de Jamaica, y empleó para ella veintiocho naves inglesas y ocho francesas. Consumida la ignominiosa hazaña, sir Henri Morgan fue nombrado vicegobernador de Jamaica.

España y las Indias hacían todo lo posible para combatir este mal, pero sus fuerzas eran del todo insuficientes. No obstante, muchos ataques fueron rechazados con éxito; se evitaron muchos desembarcos y muchos establecimientos fueron desalojados, pero también otros, como hemos visto, se estacionaron definitivamente, como consecuencia de las dos grandes debilidades de la monarquía española en este período: la flota y la diplomacia. La primera llegó a un estado de postración que comerciantes españoles preferían encargar sus mercancías a navieros extranjeros, y llegó un momento en que hubo que pedir a los ingleses que transportaran el correo de Canarias. Por lo que hace a la diplomacia, más que calidad en sus hombres lo que faltó fue una política internacional definida y firme, quedando sujeta a versátiles intereses dinásticos e inestables equilibrios circunstanciales. Por la Paz de La Haya concertada en 1661, se reconoció tardíamente la independencia de Holanda y con ella sus posesiones ultramarinas. En el Tratado de Madrid firmado en 1670 fue cedida a Inglaterra la importante posesión de Jamaica, y en 1697, mientras la escuadra francesa tomaba a sangre y fuego Cartagena, en Riswick le fue reconocida la posesión de la mitad de Santo Domingo, que habían invadido los bucaneros, de donde se originaría más tarde la República de Haití. Así fueron legalizadas todas las posesiones extranjeras que habían nacido del despojo.

La piratería empezó a decaer a fines del siglo XVII y desapareció en el XVIII, como efecto de las mismas causas que la produjeron. Los intereses creados en América por las naciones que la alentaron, provocaron que ellas mismas la combatieran. Por los tratados de Windsor y de Ratisbona, concertados en 1680 y 1683, se comprometieron a renunciar al corso.

Por lo demás, los fines que con aquella perseguían habían sido realizados en buena parte. El monopolio de los países ibéricos sobre el Nuevo Continente había sido ya roto, y el comercio con la América hispanolusitana aumentaba notablemente por la vía legal. Jamaica había sido convertida por los ingleses en el principal centro de la trata de negros, y en 1713, por los acuerdos de Utrecht, España concedió a Inglaterra el derecho de introducir esclavos negros en sus dominios, lo que se llamó el «derecho de asiento», y el de enviar un buque anual con mercancías al río de la Plata. Los piratas, pues, se convirtieron en comerciantes, y los buques de corso se transformaron en «navíos de registro». Pero ello no significó que las Indias se vieran libres de toda amenaza y que sus puertos pudieran derribar sus murallas, pues pronto los acontecimientos demostraron que el peligro era ahora mucho mayor y los ataques no cesarían hasta nuestros días.

Las primeras manifestaciones culturales

Los hechos fundamentales acaecidos en este período son de tal magnitud y notoriedad que no requieren ninguna exposición especial. Baste tener presente que durante él entraron en contacto los elementos culturales, de cuya fusión había de nacer la cultura iberoamericana.

Fue traída al Nuevo Continente la cultura grecolatina y cristiana de Europa en su peculiar forma ibérica y se trasmitieron a sus moradores sus idiomas —el castellano y el portugués—, su religión, su organización social y política, sus ciencias, su arte y su técnica, sus costumbres y, en general, todo el acervo de conocimientos y vivencias acumulados por el Viejo Continente a lo largo de su milenaria evolución histórica. A su vez, los europeos llegados a América sufrieron la penetrante influencia de las culturas vernáculas, del paisaje y el clima, de los elementos de vida y de la idiosincrasia de los indígenas. Por ello se ha afirmado que los primeros colonizadores fueron los primeros iberoamericanos y que los conquistadores resultaron a la postre ser los conquistados por el medio americano.

El contacto, intercambio y fusión de estos dos mundos se inició de inmediato y se cultivó del modo más intenso, puesto que los europeos traían el expreso designio no sólo de explotar las riquezas del Nuevo Continente, sino de «convertir», es decir, de asimilar a los indios a su cultura.

Pero además, tuvo este hecho el mérito inapreciable de fusionar el multiforme mosaico de pueblos, lenguas y culturas existentes en América, en una civilización común que constituye la esencia de su unidad.

Al atender a las obras culturales que produce este período, no lo hacemos buscando su valor estético intrínseco, puesto que tratamos de hacer una historia del arte iberoamericano, sino porque ellas significan una magnífica manifestación de la situación histórica que queremos conocer y de su desenvolvimiento.

Más tarde, cuando los indios aprendiesen los nuevos medios de expresión y cuando apareciesen los primeros criollos y mestizos, harían su aportación a este momento cultural, por lo pronto los europeos fueron los que plasmaron los sentimientos y las ideas de aquella etapa histórica.

Su primer movimiento es de asombro y fascinación ante la inusitada realidad que han encontrado. Es un movimiento espontáneo y entusiasta que no admite análisis ni elaboraciones detenidas, por contar a sus coterráneos europeos lo que han visto y lo que han hecho en el Nuevo Mundo; por lo tanto su forma será una literatura narrativa, emotiva y precipitada, hecha por improvisados escritores, que suplirá la falta de corrección o pulimento con la intensidad de su emoción y la grandiosidad de su tema.

El capítulo se inaugura dignamente con el «Diario de Navegación» de Cristóbal Colón, del que lamentablemente sólo conocemos el resumen hecho por el padre Las Casas, y los relatos epistolares del propio almirante, cuyo valor, no sólo histórico, sino también literario, hemos podido entrever durante los viajes del descubridor. A las suyas siguieron muchas otras descripciones y narraciones epistolares, como las de Vespucio, que son fiel reflejo de la sin igual situación que vivían sus autores y entre las que sobresalen las de los grandes conquistadores como Balboa, Jiménez de Quesada, Carvajal, Valdivia y, en lugar prominente, Hernán Cortés con sus Cartas y relaciones al emperador Carlos V. La primera reseña del Brasil fue también una carta escrita por uno de los que viajaban con Álvarez Cabral, cuando lo descubrió, llamado Pedro Vaz de Caminha. Y, como natural paso evolutivo, aparecieron pronto formalmente las crónicas americanas, primero en la propia Península, hechas por los expertos cronistas con los datos recibidos de los viajeros. Entre ellas destacan las «Décadas de Orve Novo», redactadas por el cronista real Pietro Martire d'Angheria en 1511 y las que más tarde compondría Francisco López de Gómara, en 1552, en su «Historia General de las Indias» y de la «Conquista de México»; el cronista oficial de las Indias Antonio de Herrera (1542-1625) en la «Historia General de los hechos de los castellanos en las islas y tierra firme del Mar Océano», que constituye realmente la primera historia general, y Antonio de Solis (1610-1684) con la «Historia de la Conquista de México».

Pero mucho antes que estos últimos, los propios residentes en Indias habían ya empezado a elaborar crónicas más extensas y metódicas, que como la muy valiosa «Historia

General y Natural de las Indias» que escribió en Santo Domingo Gonzalo (1478-1557), que fue la primera de ellas, y a la que siguieron, entre otras, la de fray Tomás de Ortiz y las varias de fray Bartolomé de las Indias. Estos dos frailes expresan además el otro tema que ocupó a los primeros escritores indianos: el de la defensa de los indios y la disputa sobre la licitud de la ocupación española, que produjo obras como la de fray Tomás de San Martín, titulada «Parecer sobre si son bien ganados los bienes adquiridos por los conquistadores, pobladores y encomenderos».

Las conquistas, cuya primera manifestación fueron las narraciones epistolares de sus capitanes, que hemos mencionado antes, dieron fecundo origen a gran cantidad de crónicas llenas de portentosas aventuras, y de apasionante interés. De las primeras y más cautivadoras fue la del modesto soldado Bernal Díaz del Castillo con su «Historia Verdadera de la Conquista de Nueva España», escrita en 1552, que es clásica en su género, como lo son los «Naufragios y Comentarios» de Álvar Núñez Cabeza de Vaca, contando sus fabulosas aventuras, o la muy erudita «Crónica de Nueva España» del catedrático Francisco Cervantes de Salazar, y como para la conquista del Perú la «Crónica del Perú», de Pedro Cieza de León y la «Historia del Descubrimiento y Conquista del Perú», de Agustín de Zárate, y para el Brasil la «Historia de la Provincia de Santa Cruz», de Pedro de Magalhanes de Gandavo, publicada en 1576, y el «Tractado descriptivo do Brasil», de Gabriel Soares de Souza, aparecido en 1587. La dura conquista de Chile dio ocasión a numerosas crónicas: citaremos tan sólo para ejemplificarlas la «Crónica del Reino de Chile», de Pedro Mariño de Lobera; la interesante «Crónica», de Miguel de Olavarria, y la de Mendoza de Monteagudo, titulada «Las Guerras de Chile». Pedro de Aguado narra la «Historia de Santa Marta y del Nuevo Reino de Granada», y la «Historia de Venezuela».

Cuando de este primer contacto puramente superficial con América se pasó a un conocimiento más profundo de sus realidades, y los indios y mestizos ingresaron en el ámbito de la nueva cultura, empezaron a aflorar las noticias, los elementos culturales y la historia de los pueblos indígenas. El mérito de haber encontrado este riquísimo mundo de conocimientos corresponde a quienes supieron acercarse a los inspirados por el amor y la comprensión, es decir, a los primeros misioneros. Su obra representa un valor inestimable para las ciencias y constituye el conducto más palpable de la trasmisión de los conocimientos indígenas a la cultura europea. En Nueva España las grandes producciones de este género son la «Historia de los indios de Nueva España», de fray Toribio de Benavente. «Montolinía»; la «Historia General de las cosas de Nueva España», de fray Bernardino de Sahagún, y la «Historia de las Indias de Nueva España», de fray Diego Durán, en las que recogieron la historia y multitud de noticias de los pueblos precolombinos, que habitaron ese territorio; en el Perú cumplieron esta función la «Historia y Genealogía real de los Reyes Incas del Perú», de fray Martín de Morúa; la «Suma y Relación de los Incas, Reyes del Perú», de fray Juan de Betanzos, y las recopilaciones realizadas por Sarmiento de Gamboa de las narraciones verbales de los indios que reunió en su «Historia Índica». Sobre los indios y cosas del Brasil escribió Fernão Candim un «Tratado da Terra e Gente do Brasil», que no fue impreso sino hasta este siglo. También constituyen valiosísima aportación los muchos vocabularios, y gramáticas de las lenguas indígenas elaborados por los misioneros, así como sus catecismos. De esta clase de obras se elaboraron una gran cantidad que abarca a muchos de los idiomas que se hablaban en América.

Desde el punto de vista de las ciencias físicas, el cronista mayor de las Indias, Juan López de Velasco, había compuesto ya con los datos recibidos de América una «Geografía y descripción universal de las Indias», y en 1590 publicó en Sevilla, después de mucho viajar por América, su monumental «Historia natural y moral de las Indias» el padre José de Acosta, jesuita, en la que sabe reunir a su vasta erudición, una acertada crítica y un excelente estilo.

Ya en la segunda mitad del siglo XVI aparecen los primeros escritores nativos de las Indias. En Nueva España el criollo Juan Suárez de Peralta redacta su «Tratado del Descubrimiento de las Indias»; y los indígenas Hernando Alvarado Tezozomoc (1520-1598) y Fernando de Alba Ixtlixochitl (1568-1648) componen sendas historias, de los aztecas, el primero, y de los chichimecas, el segundo; y en igual caso están los quechuas Diego de Castro y Huaman Poma de Ayala; el mestizo neogranadino Lucas Fernández de Piedrahíta (1624-1688) escribe una «Historia General de la conquista del Nuevo Reino de Granada». Son también mestizos Cristóbal de Molina que escribe en el Perú una «Relación de las fábulas y ritos de los Incas»; y Ruy Díaz de Guzmán en

Paraguay que cuenta la conquista del río de la Plata, en «La Argentina»; el primer gran escritor originario del Nuevo Mundo, el inca Garcilaso de la Vega, (1539-1615) hijo de un español y de una princesa quechua que con sus «Comentarios Reales» sobre la historia de los incas y la conquista del Perú constituyen desde el punto de vista literario la obra más perfecta de este tipo.

El género ya propiamente literario más próximo a la clase de obras que hemos mencionado y más acorde con el ambiente indiano de aquella época es sin duda la poesía épica, y es por ello natural que haya sido éste el que más pronto floreció sobre el suelo de América, primero en la pluma de los inmigrados españoles y muy poco después en la de los nacidos en ella. En México, compuso sus poemas sobre la conquista Francisco de Terraza, y escribió Bernardo de Valbuena (1568-1627) «El Bernardo» y «La Grandeza Mexicana»; en Nueva Granada, Juan de Castellanos sus larguísimas «Elegías de Varones Ilustres de Indias»; en Perú, fray Diego de Ojeda su poema épico religioso «La Cristiada»; pero fue Chile y sus sangrientas guerras con los indios los que inspiraron la obra más bella producida por la epopeya americana: «La Araucana», escrita por Alonso de Ercilla (1533-1594), cuyas tres partes aparecieron en España sucesivamente en 1569, 1578 y 1589. El éxito que alcanzó propició imitaciones en todas partes; en el propio Chile su primer poeta criollo, Pedro de Oña, escribió el «Arauco Domado»; en México, el también criollo Saavedra de Guzmán «El Peregrino Indiano»; en Perú, Miramontes y Zuazola «Las Armas Antárticas», y hasta en España, el propio Lope de Vega compuso un «Arauco Domado».

Es así cómo ha empezado a nacer una forma de expresión propia para esta nueva realidad histórica que se está formando y que es Iberoamérica.

La producción artística

La producción artística de esta época demuestra mejor que ningún otro aspecto el grado de madurez logrado por las Indias durante ella, a la vez que traduce con extraordinaria nitidez su espíritu y sus modos de evolución: por eso es interesante atender a ella independientemente de los valores estéticos que encierra.

La primera característica que esta formación cultural nos ofrece es la identidad sustancial, en todos los amplios territorios que abarca y en todos los pueblos que comprende Iberoamérica, con las naturales variantes accidentales propias de cada uno de ellos.

Nace esta cultura por efecto de ese fenómeno que se ha convenido en llamar «transculturación», y que consiste no en el simple trasplante de una cultura de una región geográfica a otra, como en el caso de las colonias anglofrancesas de América, sino en el injerto de la cultura ibérica en las americanas. Y es esto precisamente lo que le infunde su intrínseca originalidad.

Al propio tiempo, esta forma de gestación le brinda la característica de yuxtaposición y conflicto que puede advertirse en muchos aspectos del mestizaje, sin que esto implique, desde luego, incompatibilidad entre los elementos que la integran o que su fusión sea imposible, sino solamente que en la consustancialidad resultante se mantiene la presencia de los factores originales. Por lo demás se trata de una síntesis dinámica que tiende constantemente a su conjunción y a la afloración permanente de nuevas formas.

Pero debe tenerse también presente que la cultura europea, en el momento de su traslado a América, estaba viviendo a su vez una de las crisis o conflictos más profundos de su historia, ocasionado por la aparición de reacciones opuestas a la tradición medieval. Aunque esta transición cultural de Europa revistió en la Península modalidades muy especiales, la cultura traída a América, aunque filtrada por el tamiz ibérico, fue la cultura del Renacimiento. Y precisamente por esta resistencia ibérica a aceptar todo el bagaje del Renacimiento, la pugna entre los elementos tradicionales y las nuevas corrientes que se producen en su seno es más violenta.

La producción cultural de las Indias habrá de reflejar también esta circunstancia. Por ejemplo, en su profunda religiosidad mezclada a su delectación en la naturaleza, en su devoción por las disciplinas clásicas y en su afán por encontrar nuevas formas de expresión. Estos movimientos espirituales explicarán, mejor que muchos hechos políticos escuetos, la marcha de la Historia.

Hemos mencionado ya ocasionalmente el modo en que se realizó la aportación indígena a la cultura ibérica, y el mérito eminente que en ello tuvieron los misioneros que, por una parte, aprendieron su cultura, estudiando sus lenguas, escribiendo su historia y, en general, traduciendo sus ideas y sus obras. Por su parte, y esto fue de capital importancia para que el aporte indígena fuera recibido y estimado, exaltando sus cualidades y haciendo su apología, con lo que cumplieron una valiosa misión las exageraciones de fray Bartolomé y las más justas y fundadas ponderaciones de muchos otros. Y, en fin, capacitando técnicamente a los indios para que por sí mismos participaran en esta elaboración cultural.

Las primeras manifestaciones culturales colectivas tuvieron motivo en las fiestas religiosas. Los misioneros incorporaron a ellas expresiones puramente indígenas, como la danza, que aún perviven en varios lugares del Continente. Además introdujeron el teatro como sistema de catequización para representar los misterios de la Fe. Para ello escribieron los frailes numerosas obras, tanto en español como en lenguas indígenas, y emplearon como actores a los propios indios. Se recuerda, por ejemplo, la grandiosa representación en Tlaxcala en 1538 del pecado de Adán y Eva. En 1541 Fernández de Oviedo escribía: «Las representaciones e farsas de devoción que los niños e muchachos indios representan e recitan en lengua castellana e latina, en verso e prosa, que en Italia ni en Castilla no se podría hacer mejor».

Siguiendo la evolución general del teatro, a estas primitivas representaciones siguieron los Autos, de los cuales se han conservado algunos escritos en las Indias como el «Auto del Juicio Final», escrito por fray Andrés de Olmos en lengua indígena en 1533, o el de «La Adoración de los Reyes», también en castellano de los primeros años de la evangelización, y varios otros. Después aparece ya el teatro profano, cuyo primer producto americano son los entremeses escritos en Santo Domingo en la primera mitad del siglo XVI por Cristóbal de Llerena y los coloquios de Hernán González de Eslava en Nueva España, a fines de ese mismo siglo. Para principios del siguiente, México tenía ya tres teatros. Había también teatro en Lima, y en Potosí «cuatro compañías de farsantes».

En el Cuzco se desarrolló un interesante teatro indígena que cuenta entre sus primeras obras el notable auto titulado «El hijo Pródigo», y que culminó en el siglo XVIII con la tragedia escrita en quechua «Ollantay», que ha merecido general admiración.

El imperio español

En 1580 nació en Nueva España don Juan Ruiz de Alarcón, que llegó a ocupar la cúspide del drama español junto con Lope de Vega, Calderón de la Barca y Tirso de Molina, que, por cierto, residió por algún tiempo en Santo Domingo.

La poesía tuvo su primera y exuberante expresión en la época a que ya nos referimos en su lugar. En cambio la novela no tuvo representantes en la primera época de las Indias, fenómeno explicable puesto que la realidad era suficiente para satisfacer a la imaginación y para ocupar las plumas de los autores.

La aparición del estilo barroco, que ocupó al siglo XVII y la primera mitad del XVIII, vino a dar nueva vitalidad a las letras y en general un extraordinario impulso a todas las artes. Porque en el barroco encontró la naciente cultura iberoamericana la forma en que pudo ya expresarse con plena propiedad, traduciendo a través de su estilo su novedad y sus peculiares características, ya que el barroco, por su originalidad frente a los moldes clásicos, por su gran complejidad, en la que puede fundir los elementos más disímbolos y por su exuberancia y su subjetivismo, se prestaba perfectamente para que el alma mestiza se manifestara.

En él encontraron los poetas amplio campo para verter su sensibilidad, y por ello su producción fue tan abundante y, en algunos, de tan alta calidad. Entre los primeros que buscan nuevos horizontes, todavía dentro del siglo XVI, merecen citarse en México a Rosas de Oquendo y al ya mencionado Bernardo de Valbuena, y en el Perú a Juan de la Cueva y a Eugenio Salazar, porque su poesía castellana refleja ya con mucha claridad los efectos de la aclimatación americana. Pero se desarrolla durante el siglo XVII, en el que aparecen en Lima, Diego Martínez de Rivera y Luis de Rivera; en México, fray Miguel de Guevara, y en Bogotá, Domínguez Camargo. En esta generación las mujeres ocupan destacado lugar. La primera que sobresale es sor Leonor de Ovando, a fines del siglo XVI, en Santo Domingo; le siguen sor Jerónima de Velasco, en Quito; la madre María Josefa del Castillo, en Tunja de Nueva Granada; Clarinda y Amarilis, a quienes sólo se las conoce por estos seudónimos, en el Perú, y culmina la poesía barroca con la monja mexicana sor Juana Inés de la Cruz, que figura entre los grandes poetas del Siglo de Oro de la literatura castellana.

En la última época del barroco apunta sus primeros ensayos la novela en escritores costumbristas, satíricos, y aún mordaces, en los que ya se percibe una sintomática crítica de la sociedad en que viven, que anuncia la inconformidad y el afán de cambio que vendrá en la segunda mitad del siglo XVIII. Entre estos escritores, y los más característicos, fueron el neogranadino Juan Rodríguez Freile, con su obra «El Carnero»; el peruano Juan de Caviedes, con el «Diente del Parnaso», y el conocido con el nombre de «Concoloncorvo», autor de «El lazarillo de ciegos caminantes».

Las letras místicas tuvieron también durante el barroco gran florecimiento. Pueden servir como ejemplos «La Cristiada», de fray Diego de Ojeda; «La Vida de Cristo», de Fernando Valverde; el «Tratado Apologético», de Juan de Espinosa y Medrano, o los escritos del obispo de Santiago de Chile, don Gaspar de Villarroel, oriundo de Quito; pero la producción de este género literario es abundantísima.

En la literatura, como en las otras artes, el barroco fue degenerando por la desorbitada exageración de sus complejas formas que lo llevaron a hacerse artificioso, recargado y oscuro. En las letras, este vicio recibió el nombre de gongorismo: no pocos de los autores que hemos citado se vieron afectados por él en cierto grado.

Las ciencias especulativas, fundamentalmente la Filosofía y la Teología, aunque no alcanzaron especial originalidad, encontraron buenos expositores. Merecen recordarse entre ellos, Pérez de Menacho y Diego de Avendaño, en el Perú; y en México, López de Agurto y Bernardo de Bazán. Pero sin duda el pensador más profundo que escribió en las Indias fue fray Alonso de la Veracruz, que residió en Nueva España a mediados del siglo XVI. Hubo también latinistas notables, entre los primeros, en tiempo y en perfección, pueden ser mencionados el doctor Frías y Cervantes de Salazar.

Los tratadistas de Derecho dejaron obras muy valiosas para el conocimiento del régimen jurídico de las Indias. Entre ellos destacan las obras de Polo de Ondegardo y de Juan de Matienzo, que escribieron en el Perú en el siglo XVI y durante el XVII Gaspar de Escalona, autor del «Gozofilacio real del Perú»; el peruano Antonio de León Pinelo, autor de unos «Comentarios a las Leyes de Indias», y Juan de Solórzano Pereira, de su «Política Indiana», que, como afirma Picón Salas «es la obra más destacada del pensamiento jurídico barroco».

Fueron notables por su enorme erudición, que los llevó a escribir de los más variados temas, don Carlos de Sigüenza y Góngora en México, en la segunda mitad del siglo XVII, y don Pedro de Peralta y Barnuevo, en el Perú, durante la primera del XVIII. Son ellos, junto con el padre Acosta, de los pocos autores que se ocuparon durante este período de las ciencias físicas o naturales, pues constituye también una de sus características la poca atención que se les presta debido a una falsa incompatibilidad que cree advertirse entre ellas y las ciencias especulativas o, lo que es peor, se pretende estudiar aquéllas con métodos propios de éstas y explicar sus leyes de acuerdo con principios apriorísticos, como en los mismos Sigüenza y Peralta puede advertirse. Este último llegó a escribir un «Tratado del Origen de los monstruos», que es muy revelador de esta errónea actitud mental.

Por lo que hace a las artes plásticas, que ya habían alcanzado un considerable desarrollo en las culturas precolombinas, tuvieron un gran florecimiento en las Indias y fueron especialmente propicias para la participación de los indígenas en ellas y para plasmar la sensibilidad mestiza. Pero siendo muchas de sus realizaciones obras colectivas, los nombres de sus autores, tanto indios como españoles o mestizos, fueron cubiertos por el anonimato.

La producción pictórica, dedicada casi siempre a temas religiosos y empleada en la decoración de las iglesias, fue enorme y logró en muchas ocasiones una gran belleza y originalidad. En México consiguen sobresalir los nombres de algunos pintores indígenas de los primeros tiempos, como Miguel Texochicuic, Pedro Quauhtli, Marcas Cipac y otros cuyas obras perduran. En la época barroca sobresalieron en México, Sebastián de Arteaga y Juan de Herrera «el divino»; en el Cuzco, Juan Espinosa de los Monteros; en Bogotá, Gregorio Vázquez de Arce; en Quito, Miguel de Santiago, autor del célebre cuadro «Cristo en la agonía»; y Montúfar, en Guatemala. Durante el siglo XVIII destacan los nombres de Pérez de Holguín, en Charcas, y en México, Miguel Cabrera.

La escultura estuvo representada magníficamente por las tallas de madera policromada y dedicada a realizar imágenes religiosas, de las que guardan obras admirables las iglesias de Iberoamérica, como las de Alonso de la Paz, Evaristo Zúñiga y Quirico Castaño, a quien se debe el famoso «Cristo de Esquipulas», en Centroamérica, y en Quito el padre Carlos, Gaspar de Zangurima y Miguel Chilli, apodado «Caspicara»; pero sin duda el más genial de esta época fue el brasileño Antonio Francisco Lisboa, llamado el «Aleijadinho», que fue además un gran arquitecto.

En muchas ciudades de las Indias estas actividades llegaron a formar verdaderas y fecundas escuelas. Las que alcanzaron mayor prestigio fueron las de Quito, en primer término, y las de México y Guatemala; pero hubo también un intenso movimiento artístico en Puebla y Guadalajara, en el norte y en Lima, el Cuzco, Potosí y Bogotá, en el sur, y en el Brasil, en Bahía, Recife y Río de Janeiro.

En una época febrilmente constructiva como ésta, la arquitectura recibió un inmenso impulso y exigió, como ninguna otra creación artística, la colaboración de la mano de obra indígena, al propio tiempo que la adiestraba en la técnica europea (1).

Durante los primeros tiempos de la colonización, las grandes obras fueron diseñadas en la Península y se enviaron a América maestros de obras y oficiales para ejecutarlas. Por ello constituyen simplemente una proyección de los estilos y las obras que se realizaban en Europa. Todavía las catedrales de Santo Domingo y San Juan de Puerto Rico, y algunos edificios tanto religiosos como civiles de las Antillas y los conventos e iglesias de los franciscanos en el Continente, sobre todo en México, reciben el postrer influjo del gótico, que estaba desapareciendo en Europa, y se iba transformando en España en el renacentista isabelino, que también dejó algunas huellas en América. Después, en la época en que se construyeron las grandes catedrales de las Indias, priva la influencia de El Escorial y la escuela de su realizador, Juan de Herrera. Dentro de ella se realizan con magnificencia y sobria elegancia las catedrales de México y de Puebla y las de Lima y el Cuzco, a más de otros edificios de menor envergadura. El arquitecto más destacado de este tiempo fue Francisco de Becerra, que dejó obras tanto en Nueva España como en el Perú.

Pero, como señala Picón Salas, «cuando la acción religiosa se difunde a través de las numerosas misiones y se emplea una abundante mano de obra indígena, el motivo europeo se transforma, o bien, las necesidades del ambiente le impo-

---

(1) Es muy revelador de esto el detalle contado por los frailes, según el cual los indios se espantaron cuando le ordenaron que quitaran la cimbra de la primera cúpula construida en México, pues creían que caería sobre ellos. Mas, muy pronto, las ciudades de Nueva España se vieron coronadas por multitud de hermosas cúpulas.

nen un imperativo de adaptación. En ese fenómeno de aflo-
ramiento de lo nativo y compenetración con lo indígena se
cifra lo más original de nuestra cultura desde el siglo XVI» (1).
Es entonces cuando aparece un estilo original, que es el
barroco americano. Alcanza su plenitud en el siglo XVIII y
logra obras maravillosas. «En opinión de un crítico europeo
—dice Enríquez Ureña—, cuatro de las ocho obras maestras
de la arquitectura barroca en el mundo se hallan en América:
el Sagrario de la Catedral de México, el Colegio de los Jesuitas, en Tepotzotlan, el Convento de Santa Rosa, en Querétaro,
y la iglesia de San Sebastián y Santa Prisca, en Taxco (2).»

Su fecundidad dio lugar a la formación de estilos locales
entre los que destaca por su singularidad, el talaveresco,
característico de la ciudad de Puebla.

Este estilo empezó a decaer cuando la exageración de sus
formas ornamentales lo condujo al excesivo abigarramiento
del churrigueresco.

Brasil en este aspecto siguió fielmente el barroco portugués, que logró obras de fina factura en Río de Janeiro, en
Recife, en Bahía, etcétera.

Anotemos para concluir que las artes menores, como la
orfebrería, la alfarería, los tejidos, los trabajos en madera o
en hierro y varias otras, que tuvieron también una producción muy rica y variada, conservaron desde un principio en
forma muy marcada el sello indígena de la mano que las
ejecutaba.

El siglo XVIII

Durante el siglo XVIII se produce en el mundo occidental
un trascendental cambio que conduce a una nueva etapa histórica, que será bautizada más tarde con el nombre de Edad
Contemporánea. El cambio se produce, ante todo, en la mentalidad de los hombres, en su manera de pensar y de ver
los aspectos más esenciales de la vida personal y colectiva.

Este cambio se origina como un movimiento de reacción
contra el estado de cosas vigentes entonces. Exagerando un

---

(1) MARIANO PICÓN SALAS. — *De la conquista a la independencia.*
(2) PEDRO ENRÍQUEZ UREÑA. — *Historia de la cultura en la América Hispánica.*
Página 49.

poco la generalización podríamos decir que ante la rigidez de las formas sociales, ante el absolutismo político y el dogmatismo filosófico, es decir, ante la excesiva minimización de la libertad, nace un afán no menos excesivo de libertad. Por esto, la edad contemporánea se levantará bajo el signo de esa doctrina que por fundarse exclusivamente en ese afán de libertad, recibió el nombre de Liberalismo.

Aunque inspirados en anteriores pensadores ingleses, fueron principalmente escritores franceses los que le dieron forma —y hermosa forma, por cierto— a este anhelo general de liberación y precisamente, por ser algo que se encontraba latente en todos los hombres, su voz encontró inmediato eco y despertó el entusiasmo en todas partes. La historia del siglo XVIII y de buena parte del XIX, es la historia de la lucha contra los viejos moldes anquilosados, para substituirlos por estructuras sociales, políticas y aún mentales en las que el hombre disfrute del máximo de libertad.

No cabe en esta reseña entrar en los pormenores del desarrollo teórico del liberalismo, ni seguir su evolución filosófica, pero la descripción de los hechos históricos en que cristalizó dentro del área geográfica que nos ocupa, es decir, en el mundo iberoamericano, nos permitirá conocer mejor esta doctrina que contemplándola en su forma abstracta.

La historia de España y de las Indias durante este período está determinada por la germinación de esta idea de la libertad y por los rompimientos que va produciendo en su crecimiento hasta culminar, en las guerras de independencia, con la desintegración del imperio.

La monarquía española en el siglo XVIII

Si la influencia intelectual de Francia sobre la Península ibérica hubiera requerido todavía mejor conducto y mayor ascendencia, éstos los encontró inmejorables en los propios monarcas que ocuparon el trono español durante este siglo.

Al morir sin sucesión en noviembre del año de 1700 el rey Carlos II, heredó la corona, por testamento, el duque de Anjou, hijo segundo del delfín de Francia y, por lo mismo, nieto de Luis XIV; éste estaba casado con María Teresa de Austria, hermana de Carlos II.

El heredero, que a la sazón contaba 17 años, fue entronizado en Madrid en febrero de 1701 con el nombre de Felipe V. De este modo el cetro del imperio español pasó de la Casa de Austria, que desde Felipe el Hermoso lo retenía, a la Casa francesa de Borbón.

Pero esta transferencia venía a romper el equilibrio de las potencias europeas, en el cual, como hemos visto se basaba toda la política internacional; pues significaba la sólida alianza de España y Francia y con ello la constitución de una potencia incontrastable en manos de Luis XIV.

La reacción de las demás naciones no se hizo esperar y conforme a la rutinaria mecánica de la Europa de las patrias, provocó la coalición de Inglaterra, que se sentía la más afectada, con Austria, Holanda, Dinamarca, Saboya y Portugal. Para destruir la alianza dinástica, la coalición proclamó en Viena como rey de España al archiduque Carlos, hijo segundo del emperador Leopoldo de Austria.

Así se inició, a fines de 1701, la guerra de Sucesión que se prolongó con terrible devastación para Europa, y sobre todo para España, durante 12 años, al cabo de los cuales el cambio de las circunstancias políticas, más que la decisión militar, vino a ponerle fin. Aconteció que por muerte del heredero de Austria vino a recaer la corona del imperio en el pretendiente de la de España. En estas condiciones el triunfo de los aliados habría significado la destrucción del poder borbónico, pero la reconstrucción del imperio de Carlos V al reunir en la testa del archiduque las coronas de España y de Austria, cosa que rompía igualmente el equilibrio europeo.

Por lo demás, también Francia, agotada por las guerras, deseaba la paz y fue posible de este modo llegar a firmarla en Utrecht. Se procuró en ella restablecer el equilibrio europeo debilitando a España hasta el extremo de anularla como potencia. Para ello, el Peñón de Gibraltar y la isla de Menorca fueron cedidos a Inglaterra; Sicilia fue dada a Saboya y Milán, Nápoles y Cerdeña a Austria. A cambio de todo esto bien se podía permitir que Felipe V se quedara en el trono de los Austrias. Fue así como España perdió todos sus territorios extrapeninsulares y aun dos girones de su propio suelo.

En estas circunstancias, la monarquía española debió haberse vuelto hacia su vertiente atlántica, para atender a los muchos y graves problemas que presentaban sus reinos de ultramar, manteniendo una actitud neutral en la política europea, a la que ya ningún interés esencial podía atraerla.

Pero lejos de eso, como ya desde la misma guerra de Sucesión pudo constatarse, la nueva dinastía cambió el concepto tradicional de las Indias dentro del imperio, para considerarlas simplemente como colonias y, contra todo lo dispuesto por los anteriores monarcas, ponerlas al servicio del juego político y de las ambiciones dinásticas.

Aunque Felipe V fue aceptado desde un principio en América y no se produjo el menor trastorno en ella con motivo del conflicto sucesorio, el nuevo monarca no le guardó la menor gratitud. Para atraerse a Portugal le cedió la colonia de Sacramento, en la margen izquierda del río de la Plata, que con gran esfuerzo había sido conquistada para proteger aquella región contra las incursiones portuguesas desde el Brasil. A Inglaterra se le otorgó el derecho de introducir esclavos y mercancías en las Indias.

El reinado de Felipe V

Felipe V reinó durante 46 años. Personalmente era tan incapaz como el último de los Austrias, pero el gobierno fue confiado a ministros franceses y la política fue dirigida desde París y, en los últimos años de su vida gobernó su segunda mujer y los ministros italianos que ella designó.

En primeras nupcias estuvo casado con María Luisa de Saboya, de la que tuvo cuatro hijos. Durante esta época, Francia ejerció su influencia a través de la sagaz princesa de los Ursinos, que era camarera de la reina y dado el carácter del rey era más importante el valimiento de aquélla que el de éste. Por lo demás, la princesa era asistida por los consejeros franceses Orry y Amelot, a quienes hay que atribuir las primeras reformas que se introdujeron en la administración del imperio.

En 1714 murió la reina María Luisa y Felipe V hizo nuevo matrimonio con Isabel de Farnesio, sobrina del duque de Parma, que apenas llegada a la corte tomó imperiosa ingerencia en los asuntos de gobierno y, por primeras providencias, expulsó a la de los Ursinos y a sus ministros franceses sustituyéndolos por el cardenal Alberoni y otros italianos que, por principio, anularon todas las reformas realizadas por sus antecesores.

Los hijos habidos de este segundo matrimonio no tenían ninguna esperanza de heredar la corona de su padre, por ello

Isabel consagró toda la política exterior de España a conseguirles alguna posición en Europa. Para lograrlo llevó al país a las más peligrosas situaciones que, a fin de cuentas, el único resultado positivo que trajeron fue la caída y la expulsión del servicial Alberoni.

La debilidad de Felipe V lo llevó a abdicar en enero de 1724 en favor de su hijo Luis, que tenía apenas 16 años, pero éste murió inesperadamente en agosto de ese mismo año y Felipe se vio obligado a ceñir la corona nuevamente.

El gobierno fue entonces encomendado al nuevo hombre de confianza de la reina, que lo era el aventurero holandés barón de Riperdá y que, también por causa de las ambiciones maternales de Isabel, condujo a España a nuevas intrigas y nuevos conflictos. Al fin, a la caída de éste fueron llamados para asumir la responsabilidad del gobierno los españoles Patiño, Campillo y el marqués de la Ensenada.

A pesar de las veleidades de la reina, en las cuestiones de política exterior realmente importantes, Francia había conservado toda su influencia, y para mejor ejercerla fue consagrada oficialmente en los tratados concertados entre ambos países que son conocidos como los «Pactos de Familia». El primero fue firmado en 1735 y el segundo en 1743 y, en pocas palabras, lo que se aseguró en ellos fue el apoyo de España a Francia siempre que ésta lo necesitara y aunque España no sacara ningún provecho de ello y se expusiera en cambio a muchas dificultades.

Tal fue el caso, durante el reinado de Felipe V, de la participación de España en las guerras que sostuvo su vecina contra el imperio austriaco, primero, por la sucesión al trono de Polonia y después, al de la propia Austria.

En lo interno, se realizaron al fin algunas reformas administrativas, como veremos con mayor detalle, pero que no fueron suficientes para sacar al imperio de la postración en que iba declinando y que se agravó y prolongó durante todo este reinado.

Felipe V murió el 9 de junio de 1746.

El reinado de Fernando VI

Sucedió a Felipe V su hijo Fernando VI. Éste tuvo la energía suficiente para apartar a su real madrastra de la Corte y el buen juicio necesario para encargar el gobierno a hombres capaces, como lo fueron don José de Carvajal y el marqués de la Ensenada. El primero, al frente de la política exterior, terminó tan pronto como fue posible la guerra que el reinado anterior había legado y en adelante mantuvo la neutralidad de España en los conflictos europeos. En 1750 pudo llegar a un acuerdo con Portugal, que se concretó en el Tratado de Madrid, por el cual España recuperó la colonia de Sacramento; pero a cambio de 500 leguas en las misiones del Paraguay que se adjudicarían al Brasil. Esto provocó una tenaz resistencia de los jesuitas que no se avenían a pasar a la jurisdicción portuguesa. Por otra parte, este tratado reviste una importancia singular desde el punto de vista del Derecho internacional, porque se consagró en él el principio de la neutralidad de Iberoamérica en los conflictos europeos, aun en el caso de que los países metropolitanos se encontrasen en guerra entre sí.

Por su parte, Ensenada realizó un serio esfuerzo por sacar a la economía española del estancamiento en que se hallaba desde hacía ya tanto tiempo. Introdujo con ese fin importantes reformas en la política económica, efectuó numerosas obras públicas y formó una flota para defender el comercio con las Indias de las asechanzas de Inglaterra.

Fue así que durante el reinado de Fernando VI, que murió en 1756, el imperio experimentó un cierto resurgimiento en su situación material.

El reinado de Carlos III

Fernando murió sin haber tenido descendencia y por ello vino a sucederle en el trono su hermano Carlos, hasta entonces rey de Nápoles.

Carlos III, como afirma su biógrafo el conde Fernán Núñez, «fue el mejor y más inteligente de los príncipes de la casa de Borbón» y cuando llegó a España tenía además la ventaja de ser viudo, evitándose así los peligros de las inoportunas ingerencias de las reinas.

Trajo de Italia para el gobierno a algunos funcionarios, entre ellos al marqués de Esquilache, que se hizo cargo del ministerio de Hacienda y Guerra, y a Grimaldi, que ocupó la Secretaría de Estado. Pero en realidad quienes dieron la tónica a su gobierno fueron los ministros españoles: el conde de Aranda, el de Floridablanca y el de Campomanes.

En materia de política internacional se mantuvo y consolidó la alianza con Francia firmando un nuevo Pacto de Familia en 1761 y provocando de este modo la reacción bélica de Inglaterra, que, durante esta contienda, se apoderó de La Habana y de Manila, mientras que Portugal, aliado de ella, reconquistaba la colonia de Sacramento. La lucha terminó con la paz de París, firmada en 1763. En ella obtuvo España la devolución de La Habana y Manila, pero tuvo que ceder a Inglaterra los inmensos territorios de Florida y del Mississipi. En compensación por esta mutilación, recibió de Francia la Luisiana. En relación con Portugal, sólo hasta 1777 pudo llegarse al acuerdo que se conoce como «Tratado de San Ildefonso» en el que España pudo recuperar nuevamente la colonia de Sacramento, a cambio de más territorios traspasados al Brasil.

Naturalmente, el gobierno español no pudo quedar conforme con todas estas pérdidas y quiso tomar la revancha de Inglaterra cuando se sublevaron contra ella sus colonias americanas, prestando a éstas, juntamente con Francia, todo su apoyo. Aunque políticamente esta intervención había de ser fatal para ambas ramas borbónicas, por lo pronto España logró sus objetivos. Salvo el Peñón de Gibraltar, que no pudo ocupar, se apoderó de la isla de Menorca, de la Florida y de los territorios que los ingleses retenían en el golfo de Honduras y, en la Paz de Versalles, obtuvo la sanción de estas conquistas.

En cuanto a la política interna, Carlos III, auxiliado por sus ministros, sobre todo por el conde de Aranda, llevó a su más acabada realización ese estilo de gobierno, típico del siglo XVIII, que se llamó el «despotismo ilustrado», que se definía a sí mismo como «un gobierno en favor del pueblo, pero sin el pueblo».

Fue durante este reinado cuando se introdujeron las reformas más radicales en la organización de los dominios españoles.

Carlos III murió en 1788 dejando en el trono a su hijo Carlos IV. A éste tocaría vivir la etapa culminante de este proceso histórico que habría de rematar en la disolución del imperio.

Pero ésa es una época que merece capítulo aparte.

El despotismo ilustrado

En verdad, desde los primeros Austrias se dejó ya sentir la tendencia de la monarquía hacia el absolutismo y la centralización administrativa. Recuérdese, por ejemplo, la batalla de Villalar y las consecuencias que tuvo la derrota de los comuneros para las autonomías municipales. Pero fue en tiempo de los de Borbón cuando esta evolución alcanzó su máxima algidez, por medio de las reformas que aplicaron al régimen social, político y económico del imperio.

Estas reformas, que en muchos hombres de aquella generación llegaron a constituir una verdadera obsesión, se inspiraban, como hemos dicho, en las doctrinas surgidas contra el sistema imperante y que entonces se conocían como «la filosofía de la Ilustración» o de «la Enciclopedia», y encontraban su justificación, especialmente en España, en el innegable atraso y decadencia que mostraban las estructuras de la nación. Es perfectamente explicable que de la crítica al sistema, se deseara pasar a poner los remedios adecuados. Pero todos éstos, sobre todo en lo político, fueron encaminados a acentuar el despotismo ilustrado.

Las reformas administrativas

Para mejor centralizar las funciones administrativas, que anteriormente habían ejercido los reyes por conducto de los consejos, fueron creadas las secretarías, responsabilizando de cada una de ellas a una sola persona. Aunque los consejos no desaparecieron, de hecho sus facultades fueron transferidas a dichas secretarías. En 1705 fueron establecidas las dos primeras; en 1714 se crearon dos más, y, en 1787, fueron elevadas a siete.

Gran trascendencia tuvo para este efecto centralizador el decreto llamado de Nueva Planta, promulgado en 1716, que suprimió los fueros locales, es decir, las leyes, costumbres y privilegios que hasta entonces habían regido en las diversas regiones de España. Se logró así la uniformidad del régimen jurídico y quedaron prácticamente anuladas las autonomías provinciales y municipales.

Las Cortes, que en otro tiempo limitaban en alguna medida el poder real, perdieron totalmente su misión. Durante el siglo XVIII se reunieron muy pocas veces y éstas solamente para fines protocolarios, como el juramento de un nuevo monarca u otro motivo semejante.

Aunque no formalmente, de hecho se operó también un cambio en el carácter de los funcionarios de las Indias y más señaladamente en el caso de los virreyes. De representantes personales del rey, como su mismo nombre lo indica, pasaron a ser simplemente los directores del aparato burocrático de las colonias. En términos generales puede afirmarse que los virreyes del siglo XVIII fueron menos escrupulosos que sus antecesores, pero más eficaces como administradores.

Especial importancia tuvo para la administración la introducción del sistema de intendencias, copiado del que se usaba en el ejército francés. Los intendentes tenían a su cargo los ramos de hacienda, guerra y justicia. A través de ellos se buscaba proporcionar mayor agilidad y mayor responsabilidad a los encargados de estas materias que, como puede observarse, eran las más importantes. Por otra parte, los intendentes permitían al gobierno central ejercer una vigilancia y un control más directo sobre las autoridades locales y sobre los ayuntamientos. Para su implantación fue dividido el territorio en circunscripciones especiales, distintas de la división política tradicional.

El sistema de intendencias fue iniciado en 1718 por el cardenal Alberoni, pero se fue aplicando muy lentamente. Sólo hasta 1749 fue aceptado como definitivo en la Península, y en América no fue nombrado el primer intendente para La Habana hasta el año 1764. En los años sucesivos se fue extendiendo el sistema a todas las demás provincias indianas.

En general, esta medida fue provechosa porque perfeccionó la administración pública, pero provocó el descontento de los cabildos y de las autoridades civiles y eclesiásticas, ya que los intendentes vinieron a limitar considerablemente su autoridad.

Las nuevas demarcaciones

Se consideró también que era imposible administrar tan vastos territorios solamente con los dos virreinatos que hasta entonces existían: el del Perú y el de Nueva España. Por esta razón fueron erigidos dos más: en 1717 el del Nuevo Reino de Granada, que originariamente comprendió el territorio de las actuales repúblicas de Venezuela, Colombia y Ecuador. En 1723 fue suprimido este virreinato, por sugerencia de su primer virrey, don Jorge de Villalonga, pero en 1739 fue reimplantado, ya en forma definitiva, añadiéndole la Audiencia de Panamá. Más tarde, se estableció una presidencia en Quito y Venezuela se constituyó como capitanía general.

En 1777, a instancias del gobernador de Buenos Aires, que lo era el criollo mexicano don Juan José Vertiz, se creó el virreinato de Buenos Aires, que abarcó los territorios que hoy forman las repúblicas de Argentina, Uruguay, Paraguay y parte de Bolivia.

Quedaron como capitanías generales: la de Guatemala, que comprendía toda Centroamérica, salvo Panamá; la de Chile, la de Venezuela, establecida en 1777 y la de Cuba, que incluía a la Florida o a la Luisiana, según cambiaban de dueño estos territorios. Cuando España recuperó la Florida en 1783, se formó con ésta y la Luisiana una capitanía general, pero al perderse la Luisiana, en 1800, desapareció.

Por lo que hace a las audiencias, sólo se introdujeron algunos cambios de poca importancia, pero su localización definitiva es interesante porque, como ya hemos advertido, su demarcación sirvió de base para las futuras naciones independientes y sigue sirviendo para esclarecer los problemas de límites entre ellas. Al finalizar la época virreinal existían las siguientes audiencias: la de México y la de Nueva Galicia, —que integrarían después la República mexicana—, la de Guatemala, que se fraccionaría en cinco repúblicas; la de Panamá, que fue suprimida en 1718, restablecida en 1722 y suprimida definitivamente en 1751; la de Santa Fe de Bogotá, que hoy ocupa Colombia, comprendía a Venezuela hasta que fue creada la de Caracas en 1787; la de Quito, suprimida en

VIRREINATOS Y CAPITANÍAS GENERALES EN EL SIGLO XVIII

••••• LÍMITES DE LOS ESTADOS ACTUALES

VIRREINATO DE NUEVA ESPAÑA Y CAPITANÍA GENERAL DE GUATEMALA

CAPITANÍA GENERAL DE CUBA

CAPITANÍA GENERAL DE VENEZUELA

VIRREINATO DE NUEVA GRANADA (1717)

VIRREINATO DEL PERÚ

VIRREINATO DE BUENOS AIRES (1777)

CAPITANÍA GENERAL DE CHILE

1718 y restablecida cuatro años después, es hoy la república de Ecuador; la de Lima y la de Cuzco, creada ésta en 1782, forman ahora el Perú; la de Charcas, ahora Bolivia; la de Santiago de Chile y la de Buenos Aires, restablecida definitivamente en 1782 y que se fraccionó en las repúblicas de Argentina, Uruguay y Paraguay.

En su funcionamiento interno las audiencias sufrieron una grave alteración cuando se introdujo en ellas, en 1776, a un «regente» designado por el rey para mejor controlarlas.

Los Ayuntamientos

Desde mucho antes del advenimiento de los Borbón, los Ayuntamientos habían ido perdiendo su representatividad popular por la venta que se hacía de sus puestos u oficios, que llegaron a ser considerados como regalías de la Corona. Pero en el siglo XVIII este antiguo vicio llegó a tal extremo que Carlos III instituyó los «diputados del común» para que representaran al pueblo ante el Ayuntamiento, cosa que en condiciones normales habría sido un absurdo, ya que cabalmente el Ayuntamiento debía ser el representante del pueblo. Naturalmente, esta innovación, que sólo representaba un remordimiento de la real conciencia, por haber desvirtuado la institución básica del sistema político del imperio, no tuvo el menor resultado práctico.

Las milicias

En lo militar se efectuó una reforma de la mayor importancia con la creación de las milicias. Estaban éstas formadas por los propios vecinos de las Indias y mandadas por los más distinguidos de entre ellos. De este modo contaron las provincias de ultramar por primera vez con un ejército, ya que hasta entonces sólo tenían algunos destacamentos de fuerzas regulares españolas para guarnecer los puntos más importantes, tales como los fuertes costeros o fronterizos.

La formación de las milicias se hizo necesaria para las constantes guerras en que la metrópoli se vio envuelta durante esta centuria y tuvo una influencia en el proceso político de las Indias, pues les permitió contar con una fuerza militar propia.

Economía y comercio

El despotismo ilustrado concedió mucha atención a las obras materiales. Tanto en la Península como en América se realizaron gran número de ellas. Siguiendo el ejemplo del marqués de Esquilache, que saneó y embelleció a Madrid, algunos virreyes y gobernadores de Indias hicieron otro tanto en las ciudades de éstas.

Sin embargo, la economía del imperio, que era el soporte material en que tenía que apoyarse toda su estructura social y política, se encontraba desde mucho antes del cambio de dinastía en condiciones cada vez más comprometidas.

Aunque pueda parecer paradójico, la ruina económica del Imperio la ocasionaron las riquezas de América. La abundancia de metales preciosos provocó una gran inflación, elevando los precios desmesuradamente. Se ha calculado que entre 1550 y 1600 los precios se duplicaron, y después continuaron subiendo constantemente. A esto debe añadirse la elevación del costo de la mano de obra, producida, no sólo por el alza de los precios, sino principalmente por la escasez de ella que traía consigo la emigración a América, el reclutamiento para las guerras y el exagerado crecimiento del clero y de la nobleza, que, por su rango, no ejercían ningún oficio productivo (1). Y a todas estas circunstancias debe añadirse el permanente aumento de los impuestos para sostener los gastos de la monarquía y, principalmente, los de la guerra, cosa que cooperaba también a subir los precios.

En estas condiciones la producción industrial se había hecho absolutamente incosteable y no podía en modo alguno competir en precios con las manufacturas producidas en otros

---

(1) El catedrático español don José Terrero, en su «Historia de España» ilustra esta circunstancia con los siguientes datos. En 1800 había 125.000 religiosos y 478.000 nobles e hidalgos ociosos, que ocupaban para su servicio a 276.000 criados, pajes, dueñas, etc.

países de Europa. La carestía de los artículos españoles y la abundancia de metales preciosos inducía pues inevitablemente a comprar los artículos extranjeros y de este modo España quedaba eliminada, no sólo de los mercados americanos, sino incluso de sus propios mercados peninsulares.

Las barreras aduaneras, con las que quiso frenarse las importaciones, hicieron más productivo el contrabando y, por lo mismo, vinieron a estimularlo, y como la amplitud de los territorios y la venalidad de los funcionarios lo hacían inevitable, aumentó cada vez más.

De este modo España y las Indias se convirtieron en un lugar de tránsito para las riquezas, que iban a parar a los países productores de artículos elaborados, arrasando a su paso las industrias nacionales y, junto con ellas, naturalmente, las finanzas y el comercio. Es realmente patético constatar cómo el oro y la plata de Potosí y Zacatecas acarrearon la miseria y la ruina.

De las remisiones metálicas que América enviaba a la metrópoli, sólo un 25 % correspondía a las rentas de la Corona, los envíos de particulares eran muy escasos, todo el resto iba destinado a cubrir las importaciones.

Una posterior y amarga experiencia nos ha revelado la tragedia que significó para Iberoamérica y para España el haber sufrido este fenómeno precisamente cuando otros pueblos iniciaban su industrialización. Esto nos ha condenado, hasta la fecha, a continuar como productores de materias primas y compradores de las mismas, ya manufacturadas, a precios mucho más elevados, permaneciendo así en una condición de dependencia o colonización económica respecto a los países industrializados.

Las reformas económicas

Desde el reinado de Fernando VI, pero sobre todo durante el de Carlos III, se iniciaron una serie de esfuerzos tendentes a remediar esta situación, aunque, en verdad, era ya demasiado tarde para corregirla del todo.

Al fin pareció decidirse la corona a dar el temido paso hacia una mayor libertad de comercio, aliviándolo de algunas de las muchas reglamentaciones y cargas fiscales que pesaban sobre él. Hasta entonces, y en forma cada vez más acusada, la economía del imperio se había caracterizado por el intervencionismo de la Corona y por el monopolio comercial a favor de la metrópoli, o más concretamente, de la Casa de Contratación de Sevilla.

La Casa de Contratación, que fue trasladada a Cádiz en 1717 porque el calado de los barcos modernos les impedía remontar el Guadalquivir, sufrió un rudo golpe en 1765, cuando se amplió el privilegio de comerciar con las Indias a otros puertos españoles. En 1778 se había facultado ya a 13 puertos peninsulares y a 24 americanos para el tráfico trasatlántico. Por fin, en 1790, desapareció la Casa de Contratación después de casi trescientos años de vida en los que, si bien en un principio prestó notables servicios, después estranguló durante mucho tiempo el comercio con las Indias.

También fue autorizado el comercio de las provincias indianas entre sí, cosa que hasta entonces estuvo rigurosamente prohibido y en 1790, se autorizó el tráfico con potencias extranjeras neutrales mientras durara la guerra con Inglaterra.

En 1740 fue suprimido el sistema de flotas, que, como se recordará, hacía la travesía de las Indias, y se permitió la libre navegación de los llamados «navíos de registro», aunque por supuesto, se mantuvo la prohibición para todo buque extranjero, con la exacción acordada por Felipe V para los ingleses en el «asiento» de 1713, que los facultaba para introducir 4.300 negros anualmente durante 30 años y a llevar 500 toneladas de mercancías a Portobello cada año.

Pero en realidad, desde que las potencias extranjeras poseían colonias en las Antillas introducían sus mercancías ilegalmente sin necesidad de ningún «asiento».

Uno de los mejores efectos que las nuevas corrientes doctrinales trajeron consigo, fue sin duda el de despertar la curiosidad y el interés por las ciencias positivas y, entre ellas, por la economía. En la segunda mitad del siglo XVIII destacaron en España, en esta disciplina, muchos hombres que se preocuparon por remediar la situación del país; entre ellos destacan Jovellanos, Campomanes, Ustáriz y varios más.

A ellos se debe la fundación de las «Sociedades Económicas de Amigos del País», que se extendieron por la Península y los virreinatos, y que tenían por misión divulgar los conocimientos científicos y técnicos necesarios para impulsar la producción y también los principios del liberalismo económico, del que entonces se esperaban verdaderos milagros.

Como recordaremos, la conquista y el principio de la colonización de América se realizó casi exclusivamente a impulsos de la iniciativa particular. Pero, más tarde, para evitar los desafueros y abusos a que esta libre iniciativa dio lugar, fue interviniendo cada vez más la Corona, hasta un grado que llegó a ser realmente excesivo, en el que, cuando menos teóricamente, casi toda la vida de las Indias venía a estar bajo su vigilancia y la fiscalización de la burocracia. Como reacción contra esto, el pensamiento económico del siglo xviii ponía toda su esperanza en el afán del lucro individual, en la iniciativa privada irrestricta y el libre juego de las fuerzas económicas.

Pero estas ideas tropezaron con una estructura demasiado rígida y todavía inconmovible en aquella época. El tradicional desafecto del pueblo español por los asuntos financieros y comerciales, los prejuicios de la nobleza para ocuparse en actividades industriales, la mala distribución de la riqueza, la concentración de ella en pocas manos y su estancamiento en instituciones como los mayorazgos y las fundaciones caritativas y religiosas; todo ello, agregado a la imposibilidad de competir con las industrias extranjeras, hacía imposibles las ilusiones progresistas de los economistas de la ilustración.

Por eso, los adelantos obtenidos en la agricultura y en la industria fueron muy limitados; pero, en cambio, el comercio sí experimentó un considerable desarrollo debido a las reformas implantadas.

Ejemplo de esto, fue la constitución de las compañías mercantiles como las establecidas en Inglaterra, Francia y Holanda para el comercio con las Indias. Así nacieron, la «Compañía Guipuzcoana de Caracas», a la que se otorgó el monopolio del comercio con Venezuela y operó de 1729 a 1783; la «Real Compañía de Comercio de La Habana», de 1740 a 1765; la «Real Compañía de Barcelona», creada en 1751 para el tráfico con Puerto Rico, Cumaná y Margarita; la de Burgos; la de Filipinas, y aun algunas otras. Pero en la práctica sólo la Guipuzcoana alcanzó un éxito digno de mención.

No obstante, como ya hemos dicho, el imperio experimentó cierta prosperidad material en la segunda parte del siglo xviii. A ello también contribuyó la buena suerte, que brindó a la monarquía el descubrimiento de las ricas vetas argentíferas de Guanajuato, en México, salvándola así, aunque como vimos, de un modo artificial, del peligroso déficit al que los gastos de las constantes guerras la habían conducido.

Las relaciones con la Iglesia

El siglo XVIII fue ciertamente nefasto para la Iglesia. Ésta padecía, en lo intelectual, un excesivo conservadurismo y pasividad y, aún en lo apostólico, una cierta atonía, hecho que se hacía más notable en las Indias por contraste con los siglos anteriores, aunque esto último deba afirmarse más bien del clero alto y excluyendo del todo a las misiones, sobre todo a las de los jesuitas, que en este siglo se encontraban en pleno florecimiento.

Pero, sobre todo, las corrientes ideológicas en boga eran hostiles a la Iglesia, tanto desde el flanco absolutista como desde el liberal, y en muchos hombres de la época se reunieron las razones de ambos bandos para adoptar una postura excéptica en materia religiosa y activamente anticlerical.

La concepción de la autoridad de los reyes como un poder absoluto, tenía que llevar necesariamente a la pretensión de suprimir o sojuzgar a cualquier otro poder existente dentro de la nación, así fuera un poder que se ejerciera en otro nivel o ámbito tan diferente del de la autoridad civil, como era la jurisdicción espiritual de la Iglesia. De esta tendencia surgió en la monarquía española esa política seguida por la Corona en sus dominios para controlar también a la Iglesia, que se conoce con el nombre de «regalismo», por los derechos o «regalías» que les concedía el «regio patronato» otorgado por los papas a los Reyes Católicos y que sus sucesores habían ido ampliando constantemente. Con los reyes de Borbón esta lucha se hizo más sorda y violenta y se manifestó en las frecuentes interferencias de los gobernantes en la vida de la Iglesia, ya sea para la designación de sus dignatarios, ya para la publicación de los documentos pontificios, para lo cual era necesario el «pase» de los reyes, ya, en fin, para la administración del patrimonio eclesiástico, pues, por ejemplo, el diezmo eclesiástico era cobrado por la Corona.

La expulsión de los jesuitas

El punto culminante de esta lucha lo constituye la expulsión de la Compañía de Jesús de los dominios españoles. Aunque, para ello, se unieron tanto los liberales como los absolutistas. Este hecho, por lo demás, tuvo una notable influencia en el desarrollo de los acontecimientos posteriores en las Indias.

Los filósofos de la Ilustración habían atacado virulentamente a la Compañía de Jesús, por ser la orden religiosa que mayor ascendencia tenía sobre la sociedad de aquel tiempo, y por poseer un gran poder económico. Y los regalistas los atacaban por el tesón con que defendían la autoridad del Papa. Los políticos recogieron todas estas ideas y se dispusieron a llevarlas a la práctica a pesar de las enormes dificultades y peligros que ello implicaba.

El primero en ponerlas por obra fue el marqués de Pombal, ministro del rey de Portugal, José I, quien aprovechó un atentado que se produjo contra la vida del monarca para cargar la culpa a los jesuitas y logró la expulsión de sus dominios en 1759.

En España esto era mucho más difícil y para obtenerlo fue necesario que el conde de Aranda, el duque de Alba, el conde de Campomanes y el de Floridablanca y varios otros personajes de la corte, pusieran en juego toda su capacidad de intriga. Comenzaron por responsabilizar a los jesuitas de un motín popular que se produjo en Madrid contra el ministro Esquilache, y como esto no fuera suficiente para decidir la voluntad del rey, fraguaron entonces una carta, que hoy nos parece ridícula, en la que se hacía aparecer que el general de la Compañía, el padre Ricci, afirmaba que él tenía pruebas de que Carlos III no era hijo de Felipe V, sino del cardenal Alberoni. Esto sí fue ya suficiente para el rey, que «por motivos reservados en su real ánimo», según rezaba el decreto, ordenó en abril de 1767 la expulsión de todos los miembros de la Compañía de Jesús de sus reinos.

Aranda preparó minuciosa y sigilosamente la ejecución del decreto y ésta se verificó en todas partes con extraordina-

En la metrópoli se denominó movimiento insurreccionista al levantamiento patriótico de las que habían de ser pujantes naciones en el consorcio de los pueblos. Simón Bolívar fue el adalid más preclaro cuyas hazañas bélicas se parangonan con las de los grandes estrategas.

SIMON BOLIVAR

Casa natal de Bolívar en la ciudad de Caracas. La señorial mansión es
hoy un rico museo con recuerdos del gran padre de la patria.

El general Sucre, prestigioso militar que se cubrió de gloria con las victorias de Pichincha y Ayacucho. Atacado por sus enemigos en Berrueco (Colombia) cuando se dirigía a Ecuador, fue muerto alevosamente, traición que parece haber comprendido su noble cabalgadura en este cuadro del pintor venezolano Arturo Michelena.

El libertador de Argentina, Chile y Perú fue el prestigioso José de San Martín. Las victorias de Chacabuco y Maipú están vinculadas a su gloria.

Los lugares donde se declaró la independencia de la patria es en cada República motivo de orgullo, como la de Tucumán (arriba), Bogotá (abajo) y Sucre, en Bolivia (página siguiente).

Monumento a Bolívar en la ciudad
de Quito, Ecuador

Cuadro de la revolución del 19 de abril de 1810, en Caracas,
pintado por Juan Lloveras.

"Mi delirio sobre el Chimborazo" es el título de este cuadro en el que Tito Salas se imagina al genio bolivariano contemplando la gran patria que surge de su obra.

Detalle del cuadro que el venezolano Martín Tovar y Tovar pintó representando la firma del Acta de Independencia de Venezuela. Se encuentra en la Sala del Consejo Municipal, en Caracas.

"La toma de las Fle-
cheras", cuadro de Tito
Salas, en la Galería de
las Batallas, en la casa
natal de Bolívar.

La figura de Bolívar pa-
rece agigantarse a tra-
vés de sus hechos de
armas. La batalla de
Ararure está represen-
tada en este cuadro de
Tito Salas conservado
en la Galería de las Ba-
tallas de la casa natal
de Bolívar.

Abordaje del bergantín
"Intrépido" en la expe-
dición a los Cayos en
1817.

Detalle de la "Capitulación de Ayacucho", por Martín Tovar.

"Batalla de Boyacá", por Martín Tovar.

"Batalla de Carabobo", librada el 24 de junio de 1821.

José Rufino Echenique, presidente del Perú

Francisco Miranda, político venezolano

Benito Juárez, político mexicano

Miguel Hidalgo y Castilla, Sacerdote y patriota mexicano

Agustín de Itúrbide, primer emperador de México independiente

José Antonio Páez que en 1820 se apoderó de Puerto Cabello asegurando así la independencia de Venezuela

Manuel Belgrano, militar argentino

Bartolomé Mitre general y político argentino

José G. Artigas, general uruguayo

Francisco de Paula Santander, político y militar colombiano

Bernardo de O'Higgins, político chileno

José Batlle, político uruguayo

Monumento al general San Martín
en Buenos Aires

ria exactitud y rapidez, para no dar oportunidad a ninguna reacción popular. A pesar de ello la expulsión produjo agitaciones en muchas ciudades americanas, pero el descontento pudo ser dominado con facilidad.

Sin embargo, en el ánimo acendradamente religioso de los habitantes de las Indias, la autoridad moral de la monarquía sufrió un grave quebranto, y, además, causó grandes perjuicios a la sociedad colonial. Tuvieron que salir de América alrededor de 3.000 jesuitas y ello ocasionó el abandono de las numerosas misiones que tenían, algunas de ellas tan extensas como las de los guaraníes; el abandono de sus múltiples colegios y universidades y, en general, de la valiosa labor intelectual que desarrollaban puesto que, entre sus miembros, se encontraban algunos de los talentos más esclarecidos del continente. También quedaron abandonadas las haciendas y factorías que poseían y que en algunos lugares, como Chile, representaban un elemento muy importante de su economía.

Pero el efecto más considerable que esta medida produjo fue el hecho de que algunos de los jesuitas expatriados empezaron a pensar en la conveniencia de que se separaran las provincias españolas de América de una monarquía que tan injustamente los había tratado, y en la que ahora advertían todos sus defectos y errores. Es muy significativo en este sentido, que el primer manifiesto conocido en que se aboga francamente por la independencia de las Indias, haya sido redactado por el jesuita Pablo Vizcardo.

Expansión y defensa de las Indias

Consolidadas plenamente las regiones ocupadas por la colonización y asimiladas o sometidas las principales tribus indígenas, la expansión de la dominación española se verificó en escala muy reducida durante el siglo XVIII. Sólo en algunas zonas fronterizas se ocuparon nuevos territorios y esto, más por necesidad de defensa contra tribus salvajes o más comúnmente contra invasiones extranjeras, que por necesidad de crecimiento.

La época ibérica

Fue en Nueva España en donde esta expansión fue mayor, extendiéndose sobre los amplios territorios del norte. Siendo virrey el primer conde de Revillagigedo fue ocupada la zona que hoy forma el estado de Tamaulipas, fundándose ahí la provincia de Nueva Santander. Posteriormente para evitar la invasión de los franceses desde la Luisiana, fue también ocupado el territorio de Texas. Durante mucho tiempo se produjeron en la frontera de éste frecuentes choques con los franceses. Aunque la ocupación de California ya se había iniciado desde el siglo anterior, entre 1769 y 1786 se extendió ésta a toda la Alta California para prevenir el avance de los rusos, que ya se habían instalado en Alaska y empezaban a hacer incursiones hacia el Sur.

Sin embargo, la colonización de estas regiones fue muy raquítica y la ocupación se verificó casi exclusivamente estableciendo puestos militares, que se llamaban «presidios», y misiones de religiosos jesuitas y franciscanos principalmente. A estos últimos pertenecía el más grande de los misioneros de esta época, Fray Junípero Serra, a quien se debe el establecimiento de un sinnúmero de fundaciones en toda California y Texas.

Otro tanto se hizo, aunque en menor escala, en varias otras regiones del Continente, v. gr. en la Guayana y en los llanos del Orinoco, en la pampa argentina y en el sur de Chile, en donde la resistencia de los araucanos se mantenía aún invencible.

En el río de la Plata y en el Paraguay fue necesario mantener y reforzar la defensa contra las constantes invasiones de los brasileños. En el siglo XVIII esta lucha se hizo más violenta por el empeño de éstos para hacerse de la «banda oriental», o sea, de la ribera izquierda del estuario del Plata, a fin de tener una base para el comercio a la entrada de esa red fluvial.

Para mejor asegurar la posesión de esos territorios y rechazar los amagos del Brasil, el gobernador de Buenos Aires, Zabala, fundó en 1726 la ciudad de Montevideo. Después de muchas vicisitudes militares y diplomáticas, fue por fin reconocida la jurisdicción española sobre ese territorio en el tratado de San Ildefonso, de 1777, al que ya nos hemos referido.

Pero las mejores energías del imperio, las que en otros tiempos se emplearon en acrecentar sus dominios, tuvieron ahora que consagrarse casi por entero a su defensa; porque la codicia de las potencias europeas y la imprudencia belicosa de los Borbones lo exponían constantemente a los ataques de aquéllas.

En 1703 descubrió el gobierno de Nueva España un asentamiento clandestino de los ingleses en el territorio de Belice, en el golfo de Honduras, y envió tropas que los desalojaron de ahí. Pero en la imposibilidad de vigilar bien aquellas alejadas costas, volvieron a invadirlas y volvieron a ser desalojados varias veces, hasta que por los tratados de París y de Versalles, de 1763 y 1783 respectivamente, se les otorgó el derecho de cortar maderas en esa zona, pero con el reconocimiento expreso de la soberanía española. Pero dicho reconocimiento se tradujo en la ocupación inglesa de Belice hasta nuestros días.

También en otros puntos de las costas centroamericanas fijaron establecimientos los ingleses, pero se logró desalojarlos. En 1779 el capitán general de Guatemala, don Matías de Gálvez realizó una exitosa campaña contra ellos, y al año siguiente el gobernador de Nicaragua, don Juan de Ayssa, rechazó un ataque del almirante Nelson al castillo de la Concepción, situado sobre el río de San Juan.

Durante la guerra de los Siete Años, en la que España tomó parte por Francia en contra de Inglaterra, el almirante Vernon, con una poderosa escuadra, se lanzó sobre América. Atacó las costas de Yucatán, aunque sin mayor resultado, después se apoderó temporalmente de Puertobello, y pensaba coronar su campaña con la conquista de Cartagena; pero la flota española, mandada por el almirante Blas de Lezo, obtuvo una brillante victoria sobre los ingleses aunque tuvo que pagarla con la vida.

Simultáneamente otra armada inglesa, dirigida por el almirante George Anson, asaltó y saqueó varios puertos en la costa del Pacífico, aunque sin consecuencias perdurables.

Bien sea por tratados diplomáticos o por ocupaciones subrepticias, Inglaterra logró hacerse con más posesiones en el área española de América. En 1786 desembarcaron en las islas Malvinas —llamadas por ellos Falkland— y aunque al ser descubiertos fueron arrojados de ellas, posteriormente, como en el caso de Belice, acabaron por apropiárselas. De igual modo se hicieron de la parte occidental de la Guayana en 1796 y al año siguiente de la Isla de Trinidad y de otras pequeñas Antillas, al socaire de las guerras europeas.

La época ibérica

Podría incluirse aquí el ataque de los ingleses contra Buenos Aires en 1806, pero se encuentra tan relacionado con la iniciación de la independencia de esa provincia, que es preferible, para su mejor comprensión, tratarlo al estudiar aquélla.

En 1795, por la Paz de Basilea, España, derrotada por el gobierno de la Convención de Francia, tuvo que ceder a ésta una gran faja de terrenos situada al oriente del río Mississipi y la mitad que aún le pertenecía en la isla de Santo Domingo Pues como se recordará, la parte occidental de la isla, que hoy ocupa la república de Haití, había sido ya transferida a Francia desde 1697. Posteriormente, cuando el pueblo español se levantó contra la invasión napoleónica, los habitantes de Santo Domingo siguieron su ejemplo y se revelaron contra la dominación francesa. Acaudillados por Juan Sánchez Ramírez, su improvisado ejército derrotó a los franceses el 7 de noviembre de 1808 y los expulsó de la isla. Juan Sánchez reconoció a la Junta de Sevilla y ésta le confirió el cargo de capitán general de Santo Domingo. De este modo volvió éste a la jurisdicción española.

Por último, el ministro Godoy cedió a Napoleón la Luisiana en 1800, quien poco después había de venderla a los Estados Unidos, y Fernando VII a su vez les vendió en 1819 las Floridas.

Como se verá, los últimos años del imperio, dada la irresponsabilidad de los hombres que lo gobernaban, no sólo no fueron de expansión sino de franca desintegración. Así cumplían estos reyes de la decadencia aquella disposición de su antecesor Carlos V que decía: «Empeñamos nuestra real palabra, por nosotros mismos y los reyes nuestros sucesores, de que sus ciudades y establecimientos jamás serán enajenados ni separados, en todo ni en parte, bajo pretexto alguno, y en favor de quienquiera que sea».

Expansión y organización del Brasil

El descubrimiento de ricos yacimientos de oro, en el siglo XVIII, vino a proporcionar al Brasil una gran afluencia de colonos y a impulsar su expansión hacia el interior del país, pues como hemos visto, en las épocas anteriores, cuando su economía se basaba en las plantaciones, la población había permanecido solamente en los litorales.

En 1694 los paulistas encontraron las minas de Itaberaba, en la provincia que fue bautizada más tarde con el nombre de Minas Gerais —Minas Generales— y posteriormente las de Ouro Branco, y las de Ouro Preto.

São Paulo fue erigido en capitanía en 1709. Sus inquietos moradores continuaban la búsqueda de tesoros y la fortuna recompensó con generosidad su ambición. En 1722 descubrieron el oro de Goiás y poco después los deslumbrantes depósitos de diamantes, esmeraldas y otras piedras preciosas.

El desarrollo del Brasil experimentó un gigantesco crecimiento dando lugar a la formación de las provincias de Minas Gerais, Santa Catalina, Goiás, Mato Grosso y Rio Grande do Sul. Mientras tanto la ganadería iba provocando la población de los territorios de Piauí y de Maranhao.

Esta penetración colonizadora unida a las incursiones de los bandeirantes sobre las misiones jesuitas del Paraguay, y a las de los propios misioneros portugueses que profundizaban cada vez más en las selvas amazónicas, fueron extendiendo inmensamente los límites brasileños, y apoyados por la acción diplomática y militar del gobierno portugués lograron colocar sus fronteras en latitudes muy distantes de la antigua línea de Tordesillas.

Pero en el sur, Brasil pretendía alcanzar sus límites naturales en el río de la Plata. Esto le permitiría, por lo demás, tener acceso comercial a los amplios territorios de aquel sistema fluvial. Con esta intención fundaron los portugueses en 1680 la Colonia de Sacramento, sobre la margen septentrional del Plata, que dio lugar a tantas batallas y tratados diplomáticos como ya vimos anteriormente.

Al fin del Tratado de Madrid de 1750, celebrado entre España y Portugal, para resolver el insoluble laberinto de las demarcaciones anteriores adoptó el principio de la ocupación efectiva del territorio para fijar las respectivas jurisdicciones, quedando así establecidos los límites que, salvo ligeras enmiendas, conservan el Brasil hasta la fecha.

Por este tratado renunció Portugal en definitiva a la margen izquierda del río de la Plata a cambio del territorio de las Siete Misiones de los guaraníes, o dicho en términos geográficos, España se quedó con la cuenca del Plata mientras Portugal se reservaba la del Amazonas.

El virreinato del Brasil

La extensión y riqueza alcanzadas por el Brasil en el siglo
XVIII decidieron a la Corona a elevarlo a la categoría de virreinato en 1763 y la capital fue trasladada de Bahia a Rio de
Janeiro porque el crecimiento de las colonias hacia el sur
hacía más céntrica la posición de esta ciudad.

El primer virrey fue D. Antonio Alvares, conde da Cunha,
que gobernó con buena aptitud hasta el año 1767 en que fue
relevado del puesto. En general el virreinato se desenvolvió en
la normalidad. Salvo las luchas mantenidas contra los españoles en tiempos del virrey don Luis de Almeida Portugal en
que los territorios brasileños de Santa Catalina y Rio Grande
do Sul fueron invadidos por aquéllos al mando del general
don Pedro de Cevallos, y recuperados para Brasil en 1777 por
el Tratado de San Ildefonso.

Sólo siete virreyes gobernaron el país. El último de ellos
fue don Marcos da Noronha e Brito. Pues en 1806 el propio
trono de Portugal fue trasladado a sus dominios americanos,
como después veremos.

Las rebeliones populares

En contraste con el siglo anterior en el que reinó una paz
casi absoluta en las Indias, en el siglo XVIII se produjeron
graves rebeliones populares en algunas de sus provincias.

Los historiadores han discutido largamente sobre si éstas
deben ser consideradas como antecedentes de la independencia, sin haber llegado a ninguna conclusión unánime. Como
a continuación veremos, el carácter de estas asonadas, en las
que no llega a plantearse claramente por lo menos, el propósito de separación de la corona española, parece indicar
que no puede considerárseles como un antecedente directo
de ella, pero sí denotan con toda certidumbre que existían
graves motivos de descontento y desasosiego en la población
y que se estaba formando un clima propicio para una rebelión
más amplia y más decidida.

De modo directo estas sublevaciones obedecieron a causas
bien definidas y circunscritas a regiones determinadas, lo que
impidió que se generalizaran y que fueran planteadas en
términos más radicales.

Los comuneros del Paraguay

La primera rebelión de dimensiones considerables en este siglo se produjo en 1725 en la siempre inquieta provincia del Paraguay. Su tradición política y su aislamiento la impulsaban a querer designar a sus gobernantes por sí misma, y, como en los tiempos de Juan de Garay, se resistía a someterse a las órdenes y nombramientos que le llegaban desde Lima o desde Madrid. Indudablemente todo esto influyó; pero también debe admitirse que hubo otros móviles menos democráticos y legítimos, como lo era el deseo de los terratenientes de dominar la provincia para poder llevar libremente a los guaraníes a trabajar a sus haciendas, cosa que les era impedida por los jesuitas y por las autoridades virreinales.

La rebelión principió cuando el vecindario de la Asunción, encabezado por el regidor Avalos, se negó a aceptar al nuevo gobernador, don Diego de los Reyes Balmaceda, designado por el virrey del Perú. En vista de ello, la Audiencia de Charcas envió al Paraguay a uno de sus magistrados, don José de Antequera, para que hiciera respetar el nombramiento de Reyes. Pero, lejos de hacerlo así, Antequera encarceló a Reyes y asumió el gobierno él mismo. El virrey insistió en la reposición del gobernador y llamó a Lima a Antequera, pero éste, ya en franca rebeldía en contra de su superior, se negó a ambas cosas. Mandó entonces tropas el virrey para someterlo, pero Antequera, apoyado por los hacendados de la región derrotó a las fuerzas reales. Fue necesario que el gobernador de Buenos Aires interviniera con sus tropas para reducir a los levantiscos partidarios de Antequera. Éste logró escapar, pero poco después fue hecho prisionero y se le mantuvo encarcelado en Lima.

Pero no acabaron con esto los trastornos, pues el descontento continuaba en el Paraguay y Antequera, que desde la cárcel había seguido alimentándolo, envió para que acaudillara a sus partidarios a Fernando de Mampox. Éste cumplió extraordinariamente bien su cometido, pues al frente de los «comuneros», como a sí mismos habían dado en llamarse, resucitando así la vieja tradición castellana, se apoderó de la provincia. Lo interesante aquí es que para justificar su actitud sacaron a relucir las tesis españolas del siglo XVI sobre el derecho del pueblo para derrocar a un mal gobierno y para elegir a sus autoridades. Con base en esto formaron una «Junta de Justicia» y designaron a un presidente de la provincia. Son estos los hechos que le han dado a esta sublevación un especial sentido político, ya que revelan la conjunción de las antiguas costumbres democráticas españolas y los nuevos anhelos de autonomía que iban naciendo en América. Otro dato significativo es el de que, cuando llevaban al cadalso en Lima a Antequera, tuvo que ordenar el virrey que lo mataran rápidamente de un tiro antes de llegar a la horca, porque el pueblo se había amotinado en favor del rebelde.

Pero entre otras medidas adoptadas por el gobierno autónomo del Paraguay, expulsó a los jesuitas de sus misiones, y esto revela que también deseaba esta autonomía para poder explotar a los indios sin el freno que la Corona y la Iglesia le imponía.

Nuevamente envió tropas el gobenador Zabala de Buenos Aires y con el apoyo de los guaraníes, logró restablecer la autoridad real en el año 1735.

Otras sublevaciones

Por la misma época, en 1730, hubo en Venezuela un levantamiento que se prolongó durante dos años y que, aunque dirigido por el antiguo esclavo Andresote y formado por gente de las castas, fue propiciado por los terratenientes como protesta contra la Compañía Guipuzcoana por los precios que señalaba a sus productos. En 1741 se produjo el motín de San Felipe el Fuerte, por causas semejantes, y en 1749 la sublevación del rico hacendado don Juan Francisco de León, que había sido destituido de su cargo de teniente de justicia para dar el puesto a un vizcaíno de la confianza de la Guipuzcoana. La rebelión tomó grandes proporciones porque contaba con la simpatía de todos los grandes señores de la colonia que querían terminar con la Compañía y que odiaban a los vizcaínos. Juan Francisco de León se apoderó de Caracas sin que las autoridades pudieran ofrecer ninguna resistencia, pero mediante algunas concesiones terminó por someterse voluntariamente a la autoridad real.

En muchos lugares hubo por esta época levantamientos de indios como protesta contra los abusos de las autoridades, y principalmente de los corregidores, contra el cobro de los tributos, contra los trabajos forzados y en general contra los malos tratos de que eran víctimas. En Quito, en 1736 y después en 1765, estos desórdenes revistieron gran violencia, pero ninguno de ellos alcanzó mayor desarrollo.

Lo mismo puede decirse de los brotes de rebeldía que se dieron en Catamarca y en Tucumán, también por cuestión de tributos, en 1752 y 1754. En 1764 y 1767 los hubo en Salta y en Jujuy contra un gobernador impopular y contra las levas que se hacían para la guerra contra los portugueses.

La rebelión de Tupac Amaru

Pero la rebelión más sangrienta del siglo ocurrió en el Perú. Ahí el abuso de los «repartimientos» había llegado realmente a excesos intolerables. Los «repartimientos» consistían en la concesión otorgada en forma exclusiva a los corregidores de indios, para que proveyeran de mercancías a los pueblos confiados a su cuidado. Esto daba lugar a que se obligara a sus vecinos a comprar las mercancías que los corregidores disponían y el precio que ellos arbitrariamente fijaban.

Cabe señalar aquí la complacencia que las autoridades superiores demostraban en esta época hacia los abusos que sus subordinados cometían, lo mismo que para el contrabando, porque el empobrecimiento de la real hacienda, ocasionado por los dispendios y las guerras, le impedía atribuirles sueldos decorosos a los funcionarios y por lo mismo se les toleraban los negocios ilícitos para que pudieran aumentar sus ingresos.

El malestar se había acentuado por la crisis económica que padecía el Perú debido a la caída del precio de la plata.

Ya desde 1724 hubo brotes de violencia. Fue asesinado el despótico corregidor de Castrovirreina y poco después corrió la misma suerte el de Catamarca. En Cochabamba estallaron en 1730 sangrientos desórdenes motivados por los tributos impuestos a los indios y a los mestizos, y en Perú se descubrió una conspiración dirigida por un tal Juan Santos, que se hacía pasar por descendiente de Atahualpa. El virrey Amat y Junient con su vida licenciosa y sus disputas con el clero provocó el disgusto y la intranquilidad de la población de Lima. Pero la gota que rebasó el vaso la vino a constituir el inspector de finanzas don José Antonio de Areche, que llegó de la Península con la misión de aumentar los ingresos de la Corona. Ciertamente cumplió su cometido a la perfección, pero con la consiguiente protesta de la población. Los corregidores de Chumbibilca y de Llata fueron asesinados y en las zonas mineras de Huancavélica y de Pasco el temor de un levantamiento en masa fue tal que fueron convocadas las milicias de Arequipa y del Cuzco.

El nuevo virrey, Guirión, trató de frenar los rigores del recaudador Areche, pero sólo logró su propia destitución para ser reemplazado por don Agustín de Jáuregui.

Todo esto había dispuesto el ambiente para la gran rebelión. Desde hacía tiempo el acaudalado cacique de Tungasuca, don José Gabriel Condorcanqui, que había obtenido de la Corona el título de marqués de Oropesa, venía preparando un levantamiento en forma para reivindicar los derechos y las libertades de los indios, conculcadas por las autoridades virreinales. En noviembre de 1780 se apoderó de la ciudad de Tinta e hizo colgar en la plaza al odiado corregidor don Antonio de Arriaga. Fue esta la señal para que las muchedumbres indígenas se lanzaran a la violencia acaudilladas por Condorcanqui, quien, para dar prestigio incaico a su movimiento adoptó el nombre de Tupac Amaru, como continuador del último inca, ajusticiado por el virrey de Toledo.

Marchó contra los rebeldes el corregidor de Quispicauchi con 600 hombres de sus milicias, pero fueron sorprendidos mientras pernoctaban en una iglesia a la que los insurrectos prendieron fuego. Según se afirma, sólo 28 personas alcanzaron a salir con vida de aquella hoguera. Las autoridades se alarmaron y movieron contra Tupac Amaru a las milicias de varias provincias, pero todas las fuerzas que se le opusieron fueron arrolladas y las turbas rebeldes avanzaron arrasando cuanto hallaban a su paso con un feroz desenfreno. Por otra parte, el éxito alcanzado ocasionó que la rebelión se propagara a muchos otros puntos del virreinato.

Los extremos a que el odio condujo a los sublevados provocaron en la sociedad peruana una viva reacción en favor del orden. El propio Condorcanqui se sintió desbordado por las pasiones que había desatado y que ya no podía dirigir. En estas circunstancias la intervención de la Iglesia fue decisiva para evitar nuevos levantamientos y aún para lograr que muchos sublevados volvieran a la obediencia.

Ante esta situación Tupac Amaru quiso dar el golpe definitivo y lanzó a 15.000 hombres sobre el Cuzco, en donde estaban concentradas las milicias del gobierno. En el encuentro la muchedumbre insurrecta fue dispersada por las tropas y su caudillo cayó prisionero. Poco después, en mayo de 1781 fue ejecutado usando para ello de una crueldad que colocaba a las autoridades al nivel de las turbas salvajes del ajusticiado.

Con esto la rebelión quedó dominada, pero persistieron partidas belicosas que atacaron esporádicamente a varias ciudades, entre ellas a La Paz, que mantuvieron sitiada durante 109 días. En 1783 se recrudecieron los brotes de violencia, pero fueron paulatinamente cediendo gracias a la inteligente y conciliadora actitud, tanto del doctor Moscoso, obispo de Cuzco, como del virrey Jáuregui.

Fue esta la única rebelión, que llegó a plantear más o menos explícitamente la independencia del país de la monarquía, para reconstruir el imperio de los incas. Pero esto mismo indica que sus proyectos no eran claros y que se movían más bien por impulsos instintivos. La sublevación de Tupac Amaru denuncia evidentemente un peligroso estado social y psicológico en la población indígena; pero sería ver la historia de adelante hacia atrás, considerarla como la primera señal de la independencia.

Los comuneros de Nueva Granada

El movimiento de Tupac Amaru tuvo resonancia en Nueva Granada. En ésta el descontento provino de la reimplantación del impuesto de «barlovento», destinado a cubrir los gastos de la defensa marítima del Caribe. Los vecinos de la villa de Socorro, encabezados por Ambrosio Pisco, que para imitar a Condorcanqui se proclamó descendiente de los zipas de Bogotá, se lanzaron a la revuelta en 1781 y en su marcha hacia la capital fueron seguidos por una creciente muchedumbre que, según lo ya tradicional, se dieron el nombre de comuneros. A pesar del indigenismo de Pisco, ésta no fue una sublevación indígena. Los impuestos habían disgustado a todas las castas y todas ellas tomaron parte en la rebelión. Los lugartenientes del sedicente sucesor de los zipas eran dos criollos, Berbeo y Galán.

Después de ocupar varias ciudades, los rebeldes que ya sumaban más de 20.000 se presentaron frente a Bogotá. En la imposibilidad de hacerles frente, las autoridades, en suplencia del virrey que se encontraba en Cartagena en la defensa contra los ingleses, prometieron a los comuneros satisfacer todas sus demandas. Pero una vez que sus contingentes se hubieron dispersado y habiendo regresado a la capital el virrey, no sólo no se cumplió lo pactado, sino que ejerció venganza y persecución contra los insurrectos. Sin embargo cuando fue designado virrey el arzobispo Caballero y Góngora, que antes sirviera como mediador en la transacción con los comuneros, atendió a satisfacer muchas de sus reclamaciones logrando borrar los restos de aquel levantamiento.

Podemos concluir este capítulo observando que aunque todas estas rebeliones pudieron ser dominadas, es indudable que prepararon el ambiente y señalaron el camino a las que habían de venir más tarde. Ya resonó frecuentemente durante ellas, el grito con que se iniciarían las guerras de emancipación. «¡Viva el rey y muera el mal gobierno!»

Las rebeliones en Brasil

Las mayores rebeliones que se produjeron en Brasil durante la época colonial y que además fueron casi constantes, las protagonizaron los esclavos africanos en su afán de recuperar la libertad; y debemos recordar que en la América portuguesa existía la mayor concentración de negros por aquellas épocas.

La fuga de esclavos de los ingenios azucareros y de las haciendas fue un hecho casi cotidiano y que en ocasiones se producía en forma colectiva, ocasionando motines y tumultos.

Los fugitivos se remontaban a las montañas o selvas y organizaban en ellas sus poblaciones, a las que se daba el nombre de «quilombos». Entre los muchos quilombos que existieron, tal vez el que mayor desarrollo y fama alcanzó, fue el de «Palmeras». En 1630 constituía ya una verdadera ciudad independiente regida por un jefe al que denominaban Zambi. Varias expediciones fracasaron en el intento de reducir este quilombo, hasta que al fin fue sometido por el bandeirante Domingo Jorge Velho, que con esa ocasión fundó la capitanía de Alagoas.

Pero este es sólo un ejemplo. La fuga de negros y la lucha para someterlos, tanto en Brasil como en las colonias españolas, principalmente en el Caribe, fueron endémicas por concomitantes a la esclavitud.

Pero también hubo en Brasil revueltas promovidas por los colonos blancos.

En la Semana Santa de 1684 estalló una en Maranhao encabezada por el terrateniente don Manuel Becman, que reflejaba el descontento contra los abusos comerciales de la compañía del Estanco a la que dos años antes se había otorgado el monopolio para el tráfico mercantil con las capitanías de Pará y Maranhao. La muchedumbre, reunida por los estancieros y dirigida por el exaltado portugués Manuel Serrao de Castro, depuso al capitán don Baltasar Fernandes y estableció una Junta de Gobierno presidida por Becman. Una de las primeras disposiciones de ésta fue la expulsión de los jesuitas, que por su constante oposición a la esclavización de los indios en las haciendas constituían otro de los motivos de la rebeldía de los terratenientes.

La Corona envío a Gomes Freire de Andrade como gobernador de Maranhao con la comisión de reimplantar el orden, cosa que consiguió sin mayor dificultad, pues el pueblo le brindó su apoyo en contra de los hacendados. Becman acabó en el cadalso, los jesuitas regresaron y la Compañía del Estanco continuó sus operaciones, aunque poco después, a sugerencia del nuevo gobernador, fue suprimido el monopolio comercial.

Parecidos móviles y desarrollo tuvo la sublevación promovida por el poderoso minero don Pascual da Silva Guimaraes como cabeza de los de su gremio en 1720 en la provincia de Minas Gerais. La causa en esta ocasión era el establecimiento de una Casa de Moneda para acuñar el oro de sus minas, que a ellos les perjudicaba. El gobernador de la capitanía, don Pedro Miguel de Almeida Portugal los sometió fácilmente.

Si estos brotes de rebeldía nos reflejan la oposición de intereses que se iban creando entre la Corona y los colonos, los que en seguida veremos nos muestran ya el choque entre los criollos, que en Brasil se llaman «paulistas» o «mamelucos» y los «reinols» o «emboabas», como apodaban a los portugueses.

Estas tensiones encarnaron en la rivalidad que existía entre la aristocrática ciudad de Olinda y la plebeya pero próspera población de Recife, que administrativamente dependía de aquélla. Cuando en 1710 alcanzó ésta de la Corona su ansiada independencia de aquélla, estalló la llamada «guerra de los Mascates». Los ciudadanos de Olinda en masa se lanzaron sobre Recife, la dominaron y le impusieron un gobernador. Pero los «mascates», como denominaban despectivamente a los de Recife, se organizaron para la contraofensiva. Sin embargo la lucha, que amenazaba ser a muerte, no pasó de algunos choques aislados y el nuevo gobernador, don Félix Machado de Mendoza, solucionó el conflicto salomónicamente prometiendo a las ciudades rivales residir seis meses al año en cada una de ellas.

La inconfidencia mineira

La ciudad de Ouro Preto, llamada en aquel entonces Villa Rica, gozaba a fines del siglo XVIII de extraordinaria prosperidad y en ella residía el grupo de intelectuales más brillantes de Brasil, agrupado en la «Arcadia Ultramarina».

La filosofía revolucionaria había sido acogida por ellos con gran entusiasmo y pronto algunos de sus miembros, pasando de la teoría a la práctica, organizaron una conspiración con el designio de buscar la independencia de Brasil de su metrópoli y la implantación de una república. Entre los más entusiastas conspiradores se hallaban los poetas Claudio Manuel da Costa, Ignacio José de Alvarenga y el portugués Tomás Antonio Gonzaga; el naturalista José Alves Maciel, y, sobre todo, el dentista Joquín José da Silva Xavier, apodado «Tiradentes», en atención a su oficio, que era quien hacía cabeza en la conjura. Muchos otros escritores, frailes y soldados se les habían unido y sólo esperaban el momento oportuno para realizar sus planes.

Juzgaron que éste se presentaba cuando llegó a Villa Rica en 1788 un nuevo gobernador, don Luis Antonio Furtado de Castro, vizconde de Barbacena, con instrucciones de aumentar los impuestos y extremar el rigor para su cobro, ocasionando con ello, como era de esperarse, un notable descontento en la población.

Pero la conjura republicana fue traicionada por el coronel Joaquín Silverio dos Reis, que denunció los planes al gobernador y éste adoptó las medidas oportunas. Derogó los impuestos impopulares, con lo cual tranquilizó a la población, hizo venir auxilios militares de Rio de Janeiro y posteriormente aprehendió a los conspiradores. Claudio Manuel da Costa fue asesinado en la prisión, «Tiradentes» ejecutado después de largo proceso, y muchos más, deportados.

Así terminó aquel primer sueño revolucionario que sólo muchos años después alcanzaría su realización.

Por esa misma época, algunos jóvenes brasileños que estudiaban en París, trazaban planes semejantes y se habían entrevistado con Tomás Jefferson, embajador de Estados Unidos en Francia, para solicitar su apoyo para la independencia del Brasil.

Aunque, como podemos observar por estos síntomas, existía en las posesiones portuguesas una inquietud revolucionaria parecida a la que se daba en las españolas, aunque siempre mucho menos intensa, los acontecimientos se desarrollarían en ellas de muy diversa manera.

La cultura del siglo XVIII

La evolución cultural del siglo XVIII reviste especial interés histórico porque representa el origen y el preludio de los grandes acontecimientos que se avecinan.

Por esta misma razón, la cultura indiana de esta época ofrece un cariz político mucho más acusado que en los siglos anteriores, y se concede mayor atención a la filosofía y a las letras que a otras disciplinas menos adecuadas para la trasmisión de las ideas. Es característico de este período, por otra parte, el desarrollo de las ciencias prácticas o naturales, que anteriormente despertaron poco interés, sobre todo en la cultura hispánica.

En el siglo XVI la cultura tuvo un espíritu fundamentalmente apostólico. Sin abandonar éste del todo, en el XVII el afán estético se fue sobreponiendo a aquél, pero ahora, en el XVIII, se produce un giro más rápido para darle una orientación más política y más positiva, con lo cual la calidad puramente estética de la creación artística sufre, naturalmente, un notable descenso. La cultura barroca del XVII es sustituida por una cultura enciclopédica y revolucionaria, que llevará más tarde al liberalismo y al romanticismo.

El agotamiento de los últimos elementos religiosos, escolásticos, medievales, que alentaron todavía en el barroco, ocasionó un rápido decaimiento cultural. No fue fácil al espíritu ibérico adaptarse a las exigencias que imponía al intelecto la nueva época. No fue fácil, ciertamente, sustituir la pasión por la razón, la contemplación por la observación, la inspiración por la elaboración. Hay en ello, en términos generales, un debilitamiento de las artes en favor de las ciencias, y dentro de éstas, una considerable preponderancia de las ciencias positivas sobre las puramente especulativas.

En este siglo la arquitectura barroca pierde su espontaneidad para caer en las formas artificiosas y recargadas del churrigueresco y el plateresco. A finales del siglo cuando la ilustración ha triunfado ya plenamente, se inicia un renacimiento de la arquitectura con el estilo neoclásico, del cual es un buen ejemplo el Palacio de Minería, construido por el arquitecto catalán don Manuel de Tolsá en la ciudad de México.

En poesía y literatura en general, sucede otro tanto, y el equilibrio del barroco se rompe con la oscuridad y el pesado recargamiento formal y conceptual del gongorismo.

Por todo ello es conveniente consagrar en este capítulo toda nuestra atención al movimiento de las ideas, por todos conceptos más importantes que el de las artes.

El humanismo jesuita del siglo XVIII

Lo expuesto anteriormente explica otra de las características de la cultura española en esta época, que estriba en su extranjerización, y, más concretamente, en su afrancesamiento. En las Indias, la carencia de descollantes valores artísticos y culturales en la Península, favoreció su receptividad hacia los autores y las ideas de Francia.

Unido esto a la madurez y elevación que alcanzó América en el barroco, propició, un cierto desprecio frente a la Península, cosa a la que ya se sentían inclinados los criollos por razones sociales y políticas y que señala un principio de emancipación intelectual que deberá influir considerablemente en el proceso histórico posterior. Humbolt pudo apreciar claramente esta actitud: «se abandonan —dice, hablando de los criollos— a la creencia de que la cultura intelectual realiza progresos más rápidos en las colonias que en la Península».

Se fue produciendo, así, en consecuencia, un fenómeno de la máxima importancia: la independencia cultural de las provincias de ultramar respecto de la metrópoli.

Naturalmente estos cambios se fueron produciendo paulatina y evolutivamente, y el escritor venezolano Picón Salas ha demostrado cómo el primer paso dado en ese sentido

Entrada del virrey del Perú, 2.° detalle, el 25-4-1716 pintado por Melchor Peres Holguin. Museo de América. Madrid (España).

HISTORIA GENE
RAL DE LOS HECHOS
DE LOS CASTELLANOS
EN LAS ISLAS I TIERRA FI
RME DEL MAR OCEANO ES
RITA POR ANTONIO DE
HERRERA CORONISTA
MAYOR DE SV Md. DE LAS
INDIAS Y SV CORONIS:
TA DE CASTILLA
En quatro Decadas desde el Año de
1492. hasta el de 1531.
De Cada primera
Al Rey Nuro. Señor.

Fernando V. el Catolico Rey de

Isabel Reyna de Castilla y Leon &

El Almirante sala de Palos villa del de Miranda a descubrir

El Alm.te descubre las yslas delos Lucayos que fueron las primeras d Indias

se despide del Rey Guacanagari cada la torre de Nauidad

La Gran batalla q.s tubo el Alm.te con el Rey Guarinoex y cien mil yndios en la vega Real

el Alm. y hallo quemada la torre d ad y los Castellanos muertos

Las yndios procuran derribar, y quemar la Cruz de la vega y el Adelan. pelea con ellos los vence

Don Xpoual Colon

Adelantado d las indi q Don Bartme Colon

del Prete Laguna

lo constituyó lo que él llama «el humanismo jesuita del siglo XVIII».

Frente al estancamiento filosófico y científico de los siglos precedentes, fueron en efecto los jesuitas los primeros en abrirse a la búsqueda de una renovación intelectual y a los nuevos conocimientos que las ciencias modernas ofrecían.

En la primera mitad del siglo XVIII destacaron en las ciencias naturales, el P. Vicente Maldonado, que escribió las «Cartas del territorio ecuatoriano»; el P. José Gumilla, con su «Orinoco Ilustrado», y el P. Juan de Velasco, con la «Historia del Reino de Quito».

Pero la importancia de esta generación radica, más que en sus aportaciones originales, en haber abierto el camino, principalmente desde la cátedra, a las nuevas teorías que iban surgiendo en Europa, introduciendo en las Indias el pensamiento de Descartes, de Leibnitz, de Newton y de todos los pensadores que estaban realizando la gran revolución intelectual de su tiempo.

A partir de la mitad del siglo, se concedió cada vez mayor atención al estudio de la naturaleza y empezaron a surgir en todas partes los observatorios astronómicos, los jardines botánicos, los museos, las bibliotecas y las escuelas de matemáticas. En México se fundó la Escuela de Minería y en Buenos Aires la de Náutica. Aparecieron las «sociedades económicas» y las de «amigos del país», a que ya aludimos, y las academias de Bellas Artes, como la de San Carlos en México y la de San Luis en Chile.

Los hombres de ciencia

Proliferaron los hombres consagrados al estudio tratando de abarcar las más diversas materias, de acuerdo con las inquietudes enciclopédicas de la Ilustración. Sólo a manera de ejemplo pueden citarse, en Nueva España, a don José Antonio Alzate, a don Antonio León Gama y a don Joaquín Velázquez Cárdenas, que destacaron principalmente en la astronomía, igual que en el Perú don José Eusebio de Llano Zapata, autor de una «Resolución físico-matemática sobre los cometas», y, en Buenos Aires, a don Buenaventura Suárez de Altamirano. La provincia de Quito produjo a un destacado grupo de científicos: don Antonio de Alcedo publicó un monumental «Diccionario geográfico de las Indias occidentales» y don Pedro Antonio Maldonado, fue un esclarecido geógrafo e ingeniero.

Pero, sin duda, el grupo que produjo científicos más eminentes fue el que reunió en Bogotá en torno suyo el sabio naturalista gaditano don José Celestino Mutiz, que llegó al país como jefe de una expedición botánica y realizó una gigantesca labor de investigación; pero, sobre todo, supo comunicar a otros su curiosidad científica. De este grupo descollaron, entre otros, don Francisco José de Caldas, que abarcó múltiples conocimientos, don José Tadeo Lozano, como zoólogo, don José D'Elhuyar, en mineralogía, don Eloy Valenzuela, en matemáticas, y don Francisco Zea que, como varios de sus compañeros, había de figurar más tarde en la política de modo sobresaliente.

Fue aquélla también la época de las expediciones científicas enviadas por Europa al Nuevo Continente. Hemos visto ya cómo Mutiz llegó al frente de una de ellas. En otra vinieron los españoles Jorge Juan y Antonio de Ulloa, a quienes se debe una valiosísima información sobre la situación social de las Indias. Muchas otras realizaron geógrafos y naturalistas, pero seguramente la que alcanzó mayor renombre fue la que emprendió el sabio alemán Alejandro de Humbolt, que recorrió el continente de 1793 a 1803 realizando inapreciables observaciones que dejó consignadas en varias obras y a quien debemos los más calificados testimonios del panorama cultural de Iberoamérica al finalizar su etapa indiana. «Por todas partes se observa —nos dice— un gran movimiento intelectual y una juventud dotada de excepcional facilidad para comprender los principios de las ciencias», y en otra parte asienta, «el progreso de la cultura es de lo más notable en México. La Habana, Lima, Santa Fe, Quito, Popayán y Caracas», «no hay ninguna ciudad en el Nuevo Continente —afirma después— sin exceptuar las de los Estados Unidos que presenten establecimientos científicos tan grandes y sólidos como los de la capital de México».

La cultura brasileña del siglo XVIII

Como en la América española, en la portuguesa, la primera mitad del siglo XVIII vive del impulso decreciente de la época anterior, degenerando el barroco en un estilo cada vez más recargado y oscuro.

En la literatura brasileña son características de esta época la «Historia de la América Portuguesa», publicada en 1730 por Sebastián da Rocha Pitta y la primera novela brasileña, «Compendio Narrativo do Peregrino da América» de Nuno Marques Pereira y las obras de teatro de Antonio José da Silva.

El interés por las ciencias naturales tan significativo de las nuevas orientaciones del pensamiento se encuentra representado por el jesuita italiano de larga residencia en Brasil, Juan Antonio Andreoni, que en 1711 publicó bajo el seudónimo de Antonil su «Grandesa do Brasil por suas drogas e minas».

También correspondiendo a la moda de la época nacieron numerosas academias, y círculos literarios y las típicas «arcadias». La primera de éstas fue la establecida en Bahía en 1724 con el nombre de «Academia de los Esquecidos», correspondiente de la de Historia, fundada en Lisboa cinco años antes. También en Bahía se organizó en 1759 la de los «Renascidos» y en Rio de Janeiro se hallaba funcionando desde 1736 la de los «Felices». En 1786 fue establecida la Sociedad Literaria de Rio de Janeiro, pero poco después cerró sus puertas por orden del virrey, conde de Resende.

A estas arcadias pertenecían los talentos más ilustres de Brasil, pero en muchas poblaciones proliferaron los salones y tertulias literarias que fueron el conducto para la difusión de las corrientes ideológicas provenientes de Europa y que adquirieron con el transcurso del tiempo un matiz político cada vez más acentuado.

Estas nuevas corrientes doctrinales vinieron a dar a la cultura brasileña en la segunda mitad del siglo XVIII un estilo y un contenido peculiares, que identifican a la llamada «escuela mineira» por haber tenido su origen y principal centro en la provincia de Minas Gerais, y su grupo más representativo fue el de los intelectuales que participaron en la Inconfidencia Mineira.

Si en literatura el barroco se hallaba ya en decadencia, en cambio en arquitectura, escultura y pintura alcanzó en esta segunda mitad del siglo un maravilloso florecimiento gracias a la aparición de un genio extraordinario llamado Antonio Francisco Lisboa y mejor conocido como el «Aleijadinho», que logró dar al barroco extranjero una interpretación netamente brasileña. Entre la multitud de obras ejecutadas por él pueden citarse a modo solamente de ejemplo las iglesias de San Francisco y del Carmen en Ouro Preto ; la del Carmen, en Sabará y las magníficas estatuas de los profetas en el santuario del Buen Jesús, en Congonhas do Campo.

Junto a él destacó notablemente en la pintura Manuel da Costa Ataide, que decoró muchas de las iglesias construidas por aquél.

Bajo la inspiración del Aleijadinho florecieron muchos otros artistas entre los cuales merece citarse especialmente el arquitecto y escultor Valentim da Fonseca e Silva, que dejó en Rio de Janeiro, grandes monumentos, tales como las iglesias de Nuestra Señora de las Victorias, San Francisco de Padua y varias más.

Las ideas revolucionarias

Merece aquí particular atención el movimiento intelectual revolucionario por sus inminentes consecuencias políticas.

Fue un importante factor para que ése se desarrollara, la afición a la lectura que existía entre las clases altas en todas las provincias. Tres datos solamente nos pueden dar una idea de esta característica. La primera edición del Quijote se colocó casi íntegramente en América. A principios del siglo XIX, únicamente las prensas de Nueva España, habían editado ya más de 12.000 títulos de libros, sin contar los folletos y otros escritos. En una sola remesa llegaron al Callao 37.612 volúmenes.

Entre los libros que se leían en las Indias, los que alcanzaron mayor influencia fueron, desde luego, los de los autores franceses divulgadores de las «nuevas ideas», los autores de la «Enciclopedia» y adalides de la Ilustración, con Voltaire, Rousseau, Montesquieu y el abate Raynal, en primer término. Todos ellos y sus seguidores, como es sabido, atacaban los conceptos religiosos, filosóficos y políticos más esenciales en que se había apoyado el imperio español. Por esto, estaban severamente prohibidos y la Inquisición dedicó los últimos años de su vida casi exclusivamente a perseguir su circulación. Pero es el caso que los clérigos y los funcionarios eran quienes con mayor avidez los buscaban y leían. En general puede afirmarse que sus ideas, ya directa o indirectamente, llegaron a todos los hombres cultos de la época.

Los medios de difusión eran cada vez más intensos y rápidos. Fue ésta, por lo demás, la edad de oro de las tertulias, los salones a la moda de París, las logias y los viajes a Europa de los criollos adinerados. Como hemos de ver, la mayoría de los próceres de la independencia habían pasado largas temporadas en Europa.

Las imprentas se multiplicaron, y es ésta, también, la época de los folletos y los panfletos y pronto llegará la de los «manifiestos» y la propaganda política abierta. Las publicaciones periódicas se multiplicaban también en todo el Continente y aunque las autoridades trataban de frenarlas, fueron un excelente medio de divulgación ideológica y de comunicación de las provincias entre sí. A principios del siglo habían ya aparecido el «Mercurio» en Perú y la «Gaceta» de México y, para fines de él, casi no había provincia de las Indias que no contara con un periódico.

La producción literaria de la segunda mitad del siglo refleja con perfecta claridad la mentalidad imperante en la América española. Tiene en ella primacía absoluta el género político y como características generales de éste, la crítica cada vez más violenta contra las instituciones vigentes y el afán de reforma en todos los órdenes.

La crítica adopta los más diversos estilos. Su forma más destructiva, la sátira, encuentra numerosos portavoces, entre éstos sobresalen el quiteño don Francisco Javier Espejo, autor del «Nuevo Luciano» y multitud de artículos y panfletos; Concolorcorvo, con su «Lazarillo de ciegos caminantes» y Simón Ayanque, que entre otras varias obras publicó «Lima por dentro y por fuera», haciendo blanco de sus burlas aun a lo que se tenía hasta entonces por más respetable.

En un plano superior puede situarse a los propagandistas y polemistas que también proliferaron por entonces y que más adelante formarían la falange intelectual de la lucha por la independencia.

Pero también se formula la crítica más severa y se proponen cambios radicales en el terreno de la filosofía y de las ciencias políticas y sociales. En este campo debemos recordar, no sólo por su particular significación, sino por su valor intelectual, a los jesuitas desterrados que en el extranjero publicaron numerosas obras sobre América, en las cuales al mismo tiempo que acentúan el nacionalismo americano, censuran vigorosamente el régimen existente.

La época ibérica

Descolló entre ellos el grupo mexicano en el que figuraban el P. Francisco Javier Clavijero, Francisco Javier Alegre, Andrés de Guevara, Pedro José Marquez y Diego José Abad entre varios más. De los originarios de otras provincias son dignos de mención el guatemalteco Rafael Landivar, autor de la célebre «Rusticatio Mexicana», el quiteño Velazco, y Juan Ignacio Molina que escribió entre otras obras un «Compendio de la historia geográfica, natural y civil del reino de Chile». Y podrían citarse muchos otros ejemplos.

Aunque en su producción los jesuitas exiliados abarcan las más diversas materias desde la poesía a la teología, en toda ella se advierte una exaltación de lo americano frente a lo europeo y particularmente frente a lo español, e incluso en los historiadores, una apología de las culturales precolombinas. Representa esta obra en conjunto una afirmación de un patriotismo iberoamericano contrapuesto al antiguo sentimiento de unidad que privaba en el imperio y que indica una ruptura nacional respecto de éste, es decir, de una emancipación del sentimiento emocional americano.

Al observar este panorama deben tenerse presentes dos circunstancias particularmente, para evitar una visión errónea de él. Es la primera que esta cultura y estos movimientos intelectuales sólo se daban en una reducida capa social formada por los criollos terratenientes, los funcionarios, los oficiales del ejército y el clero. Junto a esta clase y a pesar de todas las realizaciones culturales de dos siglos y medio, la masa de la población permanecía en el analfabetismo y ajena a todas estas cuestiones intelectuales, formando así un negro contraste con el desarrollo de las clases superiores.

La otra circunstancia radica en que no todos los individuos de las clases cultas estaban totalmente de acuerdo con esas corrientes ideológicas y esos planteamientos políticos. Entre los peninsulares, entre el alto clero y los altos funcionarios de la Corona, lo corriente era la repulsa a esos modernos modos de pensar. Pero lo cierto es que este sector careció de grandes figuras intelectuales.

Se fueron formando, pues, a lo largo del siglo XVIII y de modo cada día más definido y más contrapuesto, dos bandos: el de los que querían un cambio y el de los que no lo querían, el de los leales al sistema tradicional y el de los partidarios de la revolución, o dicho con la nomenclatura que pronto habían de adoptar: los liberales y los conservadores.

La francmasonería

Para pasar del mundo de las ideas al de la práctica, el liberalismo requería una organización adecuada para las luchas políticas, y ésta la encontró en la francmasonería. Fue ésta, por así decirlo, el partido político que agrupó y estructuró a los hombres de ideas liberales y en el que se elaboraron sus programas de acción. Sus logias equivalían a los «comités» de los partidos modernos y servían para extender su doctrina y mantener las relaciones entre todos los que comulgaban con ella en los más diversos países del mundo. El carácter revolucionario del liberalismo, ya que pretendía romper el orden existente, llevó a la masonería a actuar clandestinamente convirtiéndose en una sociedad secreta y creando así en torno suyo un ambiente de misterio propicio para atribuirle un poder casi mágico y omnipotente. Por este mismo carácter revolucionario la masonería fue enemiga mortal de la monarquía y de la Iglesia, puesto que el alto clero hacía causa común con el trono en muchos casos, y por lo tanto adoptó una postura violentamente anticatólica.

Su carácter secreto dio lugar en Iberoamérica a que fueran tachadas de masónicas muchas juntas revolucionarias y aun «logias» que en realidad no tenían ningún nexo con la organización internacional. Por otra parte, ingresaron en la masonería muchos hombres que simplemente buscaban en ella la cohesión indispensable para la lucha por la independencia y por un cambio político, pero que de ningún modo pretendían atacar a la Iglesia ni destruir la religión. Son necesarias estas distinciones, porque en nuestra enconada y ya centenaria polémica histórica, se suele calificar a un personaje sencillamente por haber pertenecido a una logia, y en la realidad, las intenciones y las circunstancias de todo hombre suelen ser demasiado complejas para poder ser valoradas de modo tan simple y extrínseco.

La masonería fue introducida en España el año 1726, cuando la Gran Logia de Inglaterra estableció una sucursal en Gibraltar. Al año siguiente se estableció la primera logia masónica en Madrid, que rápidamente hizo muchos prosélitos. Pronto se fundaron otras más en la capital y en otras ciudades de la Península y en poco tiempo pasaron de ahí a América en donde se organizaron logias en las principales ciudades.

La época ibérica

Fernando VI prohibió la masonería, que no por eso desapareció, y Carlos III la rehabilitó. En 1780, el conde de Aranda, independizó a la masonería española de Inglaterra, y fundó el Gran Oriente español, del cual fue él mismo el Gran Maestre. Pertenecieron a éste los más destacados reformistas de la época, como Campomanes, Jovellanos, el duque de Alba y muchos más.

Cagliostro fundó en España otras logias más populares y más radicales y revolucionarias que las aristocráticas del conde de Aranda. De éstas salieron, como veremos, los primeros que organizaron una conjuración republicana en las Indias, el año 1797, en la Guaira.

A fines del siglo XVIII don Francisco de Miranda fundó en Londres la logia Lautaro, que jugó un papel muy importante en el proceso de la independencia, pues estableció filiales en Madrid, en Cádiz y en muchas ciudades de América del Sur y pertenecieron a ella los más destacados personajes de la revolución.

La población de las Indias a finales del siglo XVIII

El demógrafo Rosenblant ha calculado que las provincias españolas de América tenían a fines del siglo XVIII una población de 15.258.000 de habitantes y, en general, todos los historiadores aceptan el cálculo de quince millones en números redondos.

Esta población se componía, según el factor racial, de un 20% de blancos, de los cuales el 95% eran criollos y sólo el 5% restante eran originarios de la Península; un 46% estaba formado por indígenas puros, un 26% por mestizos y un 8% por negros. Pero estas proporciones variaban mucho de unas regiones a otras. En México existía un mayor mestizaje y en Perú y Ecuador la población indígena era mucho mayor, mientras que en el Río de la Plata y en Chile la población era casi exclusivamente blanca y en cambio, en el Caribe, la proporción de sangre negra era muy superior a la del resto del Continente.

El mestizaje formado por las tres razas fundamentales admitía una amplia variedad de matices y dio lugar a un número infinito de combinaciones. Pero todas las razas de color fueron designadas con el nombre genérico de «castas».

Pero la importancia real de esta clasificación estriba en la estratificación social a que dio lugar y que llegó a ser excesivamente rígida y marcada. En ella ocupaban la capa inferior los negros, que eran esclavos en su mayoría y sufrían los trabajos más rudos y las peores condiciones de vida. Había algunos negros, y muchos mulatos, que eran libres, pero su situación no difería mucho de la de los esclavos.

Los indios podían considerarse en un plan superior por los privilegios y la protección que la Corona les otorgaba. La mayoría de ellos estaban dedicados a la agricultura y su condición variaba mucho de los lugares en que se había logrado efectivamente su elevación cultural y su incorporación a la civilización occidental, a la de las regiones apartadas en que se mantenían totalmente al margen de ésta, situación, por lo demás, que ha llegado hasta nosotros en muchos casos.

Los mestizos mantenían una posición intermedia entre los indios y los blancos y, en general, constituían la casta más elevada en el campo y la más baja en las ciudades. Tanto por sus antecedentes raciales como por su situación social, vivían en una posición de inestabilidad, de tal modo que, a decir verdad, más que lazo de unión entre indios y blancos, eran factor de roces y conflictos con los otros grupos. Eran ellos frecuentemente quienes más abusaban de los indios y quienes mayor resentimiento abrigaban contra los blancos. Pero sólo mucho más tarde habría de tener este fenómeno su manifestación en lo político.

Los criollos

En las postrimerías del imperio el choque violento se producía precisamente en el seno de la raza blanca, entre quienes más alta posición social, cultural y económica poseían: entre criollos y peninsulares.

Los criollos formaban una aristocracia basada en la propiedad de la tierra y con poderes de tipo feudal sobre ella. También era criolla la burguesía, los comerciantes, los profesionales y los clérigos y religiosos. Era la clase más culta y poderosa. Sin embargo, los altos puestos del gobierno y de la Iglesia se confiaban, salvo muy raras excepciones, a españoles enviados expresamente de la Península. De 170 virreyes que hubieron durante el período indiano, solamente 4 habían nacido en América y de 602 capitanes generales, solamente 14.

Este fue uno de los motivos, sino de los más graves sí de los más concretos, de queja de los criollos contra la Corona. En cambio, como los cargos municipales se vendían, los criollos se fueron posesionando de ellos, ocasionándose así una rivalidad entre los ayuntamientos y las autoridades superiores. Rivalidad que vino a agravarse a medida que creció la centralización administrativa y se hizo más rigurosa a través de los intendentes. Por esto será tan importante el papel que desempeñarán los cabildos durante la pugna que desembocó en la independencia.

En resumen, los criollos se sentían dueños de su patria, capaces por su cultura para gobernarse por sí mismos; dignos, por su posición social y su poder económico, de ocupar las más altas dignidades y, por todo esto, experimentaban una humillación al verse postergados por la Corona.

Las milicias, formadas por los propios vecinos y la defensa que habían realizado, tanto frente a las rebeliones internas como contra los ataques extranjeros, mientras que los diplomáticos cortesanos entregaban el territorio en Europa, contribuyó también a fortalecer la conciencia de su autosuficiencia.

Por lo demás, dada la extensión de las provincias de ultramar y su lejanía de la metrópoli, no había ejército capaz de mantenerlas sometidas por la fuerza. Su adhesión a la corona fue y tenía que ser voluntaria. Para esto era necesario que por lo menos los grupos sociales más poderosos estuvieran convencidos de la bondad y utilidad de la unión al trono español. En el momento en que estas motivaciones faltaran y, por lo contrario, se pensase que esa asociación les causaba perjuicios, les impedía tomar parte en el gobierno y les cerraba el paso al progreso que el liberalismo les prometía, la consecuencia tenía que ser necesariamente la rebelión.

Si a lo anterior agregamos la notable declinación que sufrió España en Europa hasta llegar a ser una potencia de segundo orden, mediatizada por Francia; la inferioridad de sus monarcas, que descendieron a lo vil y lo grotesco y la ausencia de grandes estadistas; el obscurecimiento intelectual que padeció durante el siglo XVIII, e incluso, su mala situación económica, podremos comprender perfectamente por qué la animadversión contra el imperio que iba en constante aumento y por qué los criollos se agrupaban en el bando liberal, mientras los peninsulares, deseosos de mantener la unidad de la

monarquía, se parapetaban en el conservador, aunque tal
división no sea siempre muy rigurosa.

Pero no debemos olvidar que todo el mundo occidental
atravesaba por una crisis y que toda Europa, y con ella España,
se encontraba dividida en bandos semejantes: por una parte,
el que quería la revolución para implantar el liberalismo; por
la otra, el que trataba de impedirla para conservar el absolutismo. Las «nuevas ideas» contra el «antiguo régimen».

Desde este punto de vista más elevado el conflicto que vivía
Iberoamérica debe concebirse como la versión particular de
un conflicto universal, como la concreción americana de una
transformación histórica general. La guerra de independencia
fue, pues, parte de una gigantesca guerra civil que abarcó a
todo Occidente. La revolución se precipitó en cadena y la
emancipación de la América española fue uno de sus eslabones.

El ambiente estaba preparado por todas las condiciones que
en este capítulo hemos señalado y las conmociones ocurridas en
Europa vinieron a ofrecer la ocasión del desenlace.

La población en el Brasil

Se ha calculado que, a principios del siglo xix, los inmensos
territorios abarcados por el Brasil contenían solamente a unos
tres millones y medio de habitantes. Toda la enorme zona
selvática del Amazonas se encontraba prácticamente desierta,
pues sólo algunas escasas y aisladas tribus de indígenas salvajes habitaban en ella. La gran mayoría de la población se
hallaba concentrada en las capitanías de Río, Bahía, Pernambuco y Minas Gerais.

El mestizaje fue muy intenso en el Brasil desde sus principios porque los colonos muy rara vez llevaron consigo a su
familia. Sin embargo también la inmigración portuguesa fue
muy nutrida durante el siglo xviii, por la atracción de las
minas, de tal modo que la raza blanca, formada por portugueses y criollos representaba unos 800.000 individuos, mientras
que los mestizos o «mamelucos» sumaba alrededor de 600.000.

Estos dos grupos representaban las castas privilegiadas,
aunque naturalmente eran los portugueses los que retenían
los altos puestos de la administración y gran parte de la
riqueza. En todo caso, la división entre portugueses, criollos
y mestizos, nunca llegó a ser tan cortante como en las provincias españolas y sus relaciones tampoco fueron tan enconadas.

En cambio, el abismo que separaba estas clases de las de color era aún más profundo que en las Indias españolas. Los indios asimilados a la organización social, que sumaban un cuarto de millón, nunca contaron con una protección tan decidida de la Corona como en aquéllas, y aunque el rey don Sebastián prohibió en 1570 hacerlos esclavos, hemos visto cómo bandeirantes y hacendados pudieron de hecho violar esta disposición sin mayor represión de las autoridades, hasta 1755 en que el marqués de Pombal decretó terminantemente su liberación.

Al margen de la civilización y, por lo mismo, de toda clasificación social, medio millón más de indígenas salvajes se repartían en las vastas extensiones en las que aquélla no había llegado.

Los esclavos negros constituían el grupo más numeroso; había 1.850.000 a principios del siglo XIX y su importación de África se mantendría todavía muchos años más. Obvio es decir que su situación social y sus condiciones de vida eran las más deprimidas y estaban dedicados a los trabajos más arduos.

Existía, además, un número difícil de apreciar de antiguos esclavos y mulatos que, aunque libres, tenían restringidos sus derechos y se ocupaban de los oficios urbanos y otros menesteres serviles.

La independencia

La Revolución en Europa

Europa había entrado desde hacía tiempo en un profundo proceso revolucionario.

En 1649 los ingleses, sin teorizar mucho, conforme a su estilo pragmático de hacer política, le cortaron la cabeza a su rey, Carlos I. Con ello terminó en las Islas Británicas el gobierno absoluto del trono. Los descendientes del monarca decapitado aceptaron limitaciones cada vez mayores a su autoridad hasta llegar a perderla por completo, conformándose desde entonces con llenar un papel puramente decorativo.

Los escritores franceses se inspiraron en el nuevo sistema inglés para realizar amplias y brillantes elucubraciones intelectuales y para divulgarlas con encandilador estilo literario por todos los rincones del mundo occidental y aún más allá.

El ejemplo de Inglaterra y los consejos de Francia encontraron su primer campo de realización en las propias colonias inglesas de Norteamérica, que presentaban condiciones inmejorables para la aplicación de las nuevas teorías libertarias. El motivo para echar a andar la revolución se presentó a partir de 1746, cuando el parlamento inglés, en el que no estaban representadas las colonias, decretó una serie de impuestos sobre ellas. Si los propios miembros del parlamento habían ejecutado al rey para que no gobernara sin los representantes de la nación; si los tratadistas habían desplazado la soberanía de la realeza al pueblo: ¿cómo podrían admitir las colonias que se aprobaran leyes que les afectaban tan gravemente sin tomar en cuenta a su pueblo y sin que éste estuviera representado en el parlamento?

Pero el rey Jorge III de Inglaterra trataba de no perder los últimos restos de su autoridad y no transigió ante las soli-

413

citudes de las colonias. La disputa se fue agravando hasta que, para defender su soberanía y libertad, el 4 de julio de 1776 las colonias declararon su independencia de la corona inglesa. La guerra se prolongó durante seis años, al cabo de los cuales vencidos los ejércitos ingleses, fue firmada la Paz de París en 1783, por la cual quedó reconocida la autonomía de las colonias.

En 1783 se coronó la obra con la promulgación de la Constitución de los Estados Unidos de América, que venía a dar forma jurídica definitiva al sistema político inspirado por las ideas revolucionarias.

España y Francia prestaron todo su apoyo a los colonos, no por simpatía para su causa, sino por doblegar a Inglaterra. Pero inevitablemente contribuyeron con esto de modo decisivo al triunfo de las ideas revolucionarias, cosa que constituía una absurda paradoja política, puesto que eran precisamente los reyes de Francia y de España los que con más obcecación sostenían el régimen absolutista.

El éxito de las doctrinas liberales en Norteamérica les proporcionó un prestigio y un impulso formidable, como muy pronto tendrían ocasión de experimentarlo en carne propia las madrinas de la flamante república.

El ejemplo de la independencia de los Estados Unidos, fue uno de los factores que más contribuyeron a acelerar el proceso separatista que ya se gestaba en la América española. Unos cuantos años después de consumarse aquélla, el jesuita Vizcardo decía en su célebre manifiesto: «El valor con que las Colonias Inglesas de la América han combatido por la libertad de que ahora gozan gloriosamente, cubre de vergüenza nuestra indolencia. Nosotros les hemos cedido la palma con que han coronado las primeras, al Nuevo Mundo, de una soberanía independiente. Agregad el empeño de las cortes de España y Francia en sostener la causa de los ingleses americanos. Aquel valor acusa nuestra insensibilidad. Que sea ahora el estímulo de nuestro honor, provocado con ultrajes que han durado trescientos años».

Pero antes le tocó su turno a Francia. Los Estados Generales, que se suponía encarnaban la representación del pueblo, convocados por Luis XVI en 1789, reclamaron para sí la soberanía de la nación, proclamaron la «Declaración de los Derechos del Hombre y del Ciudadano» y, en 1791, promulgaron una constitución que consagraba los nuevos sistemas políticos propugnados por el liberalismo. En septiembre de 1792 constituyeron a Francia en república y, para hacer más patente el cambio, en enero del siguiente año pasaron por la guillotina a Luis XVI.

Alarmados ahora los demás monarcas europeos por los éxitos de la revolución se coaligaron España, Inglaterra, Alemania y Holanda en contra del nuevo gobierno francés. Pero éste salió victorioso en la guerra. No podía haber ya nada que detuviera el curso de los tiempos y la revolución tendría que extenderse a todo el hemisferio.

La independencia de Haití

La primera consecuencia de la revolución en América se produjo en la isla de Santo Domingo. Proclamada la igualdad entre los hombres y la abolición de la esclavitud, los esclavos negros de la isla, que sumaban más de medio millón se sublevaron contra los blancos que se negaban a aceptar la legislación revolucionaria. La lucha se inició en 1790. acaudillada por Jorge Ogé y después por Toussaint-Louverture, antiguo esclavo y genial jefe que, habiendo vencido a los franceses en 1801, se proclamó gobernador vitalicio. Pero al año siguiente desembarcaron en Haití las tropas de Napoleón y el gobernador vitalicio fue remitido preso a Francia. Sin embargo los negros continuaron la lucha y con el auxilio de los ingleses y el más eficaz aún de la fiebre amarilla, derrotaron a las tropas napoleónicas y el 1 de enero de 1804, su nuevo jefe, Jean Jacques Dessalines, declaró la independencia de Haití y poco después se coronó emperador.

La monarquía española

Carlos IV sucedió a su padre en el trono en 1788. El nuevo monarca poseía una inteligencia inferior a la mediana, por lo cual una vez más fue la reina, ahora la descocada María Luisa de Parma, la que impuso su influencia en el gobierno. Por intrigas suyas cayó del poder el conde de Floridablanca en 1792, a pesar de las recomendaciones del rey difunto que comprendiendo las limitaciones de su hijo, había pedido que se le mantuviera al frente del ministerio. Después de ocupar por breves meses el gobierno el conde de Aranda, en los cuales hubo de reconocer al régimen de la Convención francesa, nuevamente por instigaciones de María Luisa fue depuesto para nombrar como primer ministro a su amante, Manuel Godoy.

Fue éste quien declaró la guerra a Francia por la ejecución de Luis XVI. Los ejércitos franceses invadieron la Península y Godoy tuvo que firmar en 1795 la paz de Basilea, en la que, como ya hemos visto, fue entregada a Francia la otra mitad de Santo Domingo. En premio a ello Godoy fue hecho Grande de España, y seguramente por la eficacia con que perdía las guerras, se le otorgó el título de Príncipe de la Paz.

Ante esta derrota, Godoy cambió diametralmente de política e hizo alianza con el Directorio de Francia, cosa que provocó la guerra con Inglaterra y un desastre aún mayor para España, que entre otras desgracias tuvo que sufrir la pérdida de la isla de Trinidad y otras pequeñas Antillas en favor de Gran Bretaña.

A pesar de estas trágicas lecciones en 1801 el Príncipe de la Paz se entregó por entero a Napoleón, que desde 1799 era Primer Cónsul y prácticamente el amo de Francia. De este modo España fue ligada servilmente a las terribles guerras que desató el gran corso.

Con él hizo Godoy la guerra a Portugal y naturalmente, gracias a su aliado, supo por primera vez lo que era una victoria. Ya en 1800 había obsequiado a su protector la Luisiana para asegurar su amistad y en 1803 firmó con él un tratado llamado de «neutralidad» que hacía consistir ésta en el pago de seis millones mensuales a Francia. Más tarde logró que Carlos IV aprobara la destitución de su hermano, que ocupaba el trono de Nápoles, para colocar en él a José Bonaparte. Un nuevo «Convenio de Alianza», firmado en 1805 con Napoleón, que desde el año anterior era ya emperador, ocasionó a España, entre otros varios desastres, la derrota marítima de Trafalgar, en la que los marinos españoles derrocharon heroísmo en aras de ambiciones ajenas.

Para quebrantar a Inglaterra, Napoleón decidió invadir Portugal, siempre fiel aliado de aquélla. Con la aquiescencia del gobierno español Napoleón ocupó España y se apoderó de Portugal.

Entre tanto la familia real daba demostraciones de ser digna de su ministro. El primogénito del rey, Fernando, conspiraba contra su padre y para lograr sus propósitos, buscaba en la forma más indigna la protección de Napoleón. En estas condiciones el Emperador consideró fácil suprimir a los Borbones y trasladar a su hermano José del trono de Nápoles al de España. Sólo que en sus cálculos no tomó en cuenta Napoleón al pueblo español y la reacción de éste vendría a desquiciar sus planes no sólo en la Península sino en toda Europa.

Atemorizada la corte por los acontecimientos que se veían venir pensó en trasladarse a México, como ya lo había hecho la portuguesa al Brasil, pero ello dio pábulo a que el pueblo se amotinara en Aranjuez, en marzo de 1808, y exigiera la caída del favorito de la reina. Godoy fue hecho prisionero, y poco después el pusilánime Carlos IV, asustado por estos hechos, abdicó en favor de su hijo, Fernando VII, llamado «el Deseado» por las esperanzas que en él había puesto el pueblo y a las que tan mal correspondería.

Lo sucesos que siguieron, fueron de la máxima importancia para América porque proporcionaron la ocasión y el motivo inmediato para poner en marcha la revolución de independencia.

Por indicación de Murat, el mariscal que mandaba las tropas de Napoleón que ocupaban España, el nuevo rey se trasladó a la población francesa de Bayona para entrevistarse con el Emperador y otro tanto hizo su padre que, arrepentido de la abdicación, iba a solicitar el apoyo de éste para recuperar la corona. En Bayona los Borbones llegaron al colmo de la ignominia: Fernando, por órdenes de Bonaparte, devolvió a su padre la corona y éste abdicó en favor del Emperador que, acto seguido, nombró como «Rey de España y de las Indias» a su hermano, José I.

En Bayona improvisó Napoleón una parodia de asamblea de representantes, entre los que figuraban algunos que había conseguido Murat en Madrid para que concurrieran en nombre de las Indias, para que aceptara la constitución y el rey que se le otorgaba al imperio español.

La guerra contra Napoleón

Al salir para Francia, Fernando VII había dejado el gobierno a una Junta Suprema de Regencia que presidía su tío, el infante don Antonio Pascual cuyas «únicas habilidades consistían en bordar sobre cañamazo y tocar la zampoña». Naturalmente quien mandaba era Murat. Contra éste se levantó en masa y sin armas el pueblo de Madrid en la gloriosa jornada del 2 de mayo de 1808. Así empezó la larga y sangrienta lucha que duraría cinco años contra la invasión napoleónica. Durante este período se desarrolló en América la primera fase del movimiento de emancipación.

Frente a la claudicación de las autoridades superiores y, en primer término, de la Junta de Regencia, el pueblo fue creando por propio impulso juntas en las diversas provincias, para organizar la resistencia, y el 25 de septiembre del 1808, se constituyó en Aranjuez la Junta Central Gubernativa del Reino, presidida por el conde de Floridablanca. Sin embargo, no todas las juntas reconocieron a ésta como superior y varias otras se disputaron la prioridad solicitando el reconocimiento de las demás provincias y de las Indias. Esta circunstancia vino a aumentar en América todavía más la confusión que ya existía respecto a la situación de la metrópoli.

Para dominar la resistencia española tuvo que trasladarse a la Península el Emperador en persona llevando consigo 250.000 hombres. Llegó en efecto a ocupar todo el país y a instalar en Madrid al rey José, pero la resistencia popular no cesó y las partidas de guerrilleros mantuvieron en constante jaque a las tropas imperiales.

Ante el avance francés la Junta Central tuvo que trasladarse a Sevilla y, por último, refugiarse en la isla de León, junto a Cádiz. Poco después fue sustituida por un Consejo de Regencia que ejerció la autoridad en nombre de Fernando VII, prisionero entonces de Napoleón.

En consejo convocó a Cortes y éstas se reunieron en Cádiz. A ellas concurrieron unos cincuenta americanos en representación de los reinos de las Indias, varios de los cuales tuvieron una activa participación en sus deliberaciones. Otros se negaron a concurrir porque el número de representantes asignado a las provincias americanas era muy inferior al que proporcionalmente les correspondía en relación con los representantes peninsulares.

En 1812 las Cortes promulgaron una constitución por la cual se realizaba en muchos aspectos, dentro de la monarquía española, la revolución política; pues, aunque se conservaba al rey, se ponía fin al régimen absoluto y se consagraban muchas de las reformas pregonadas por el liberalismo.

Mientras tanto la suerte de la guerra había ido cambiando. Napoleón se estrellaba ese mismo año en el otro extremo de Europa contra una resistencia similar a la española que le presentó el pueblo ruso, y en la Península, portugueses y españoles, auxiliados por el ejército inglés al mando del duque de Wellington, fueron empujando a los franceses hasta expulsarlos del todo de su territorio en julio de 1813.

En diciembre le fue devuelta por el Emperador a Fernando VII la corona que tan mal había defendido. En marzo del siguiente año regresó el rey a España y el 4 de mayo daba un decreto anulando la Constitución de Cádiz y restaurando el «antiguo régimen», la monarquía absoluta (1). Después emprendió despiadada persecución contra los liberales, que eran los mismos que habían luchado por su restauración al trono. En términos generales su gobierno fue inmoral, torpe y desastroso.

Y este gobierno era el que tenía que hacer frente a la insurgencia de las provincias de ultramar.

La iniciación de la independencia

Teniendo en cuenta todo el contexto anterior, es fácil comprender que el deseo de separar a los reinos de las Indias de la corona española, apareciera ya en la segunda mitad del siglo XVIII en muchas voluntades y fuera cada día más general y más intenso. Es por lo tanto labor de inútil y engorrosa erudición la de rastrear todos los indicios o expresiones que puedan significar un antecedente de la independencia.

(1) En Francia, al caer derrotado definitivamente en 1815 Napoleón, recuperaron el trono los Borbones, con Luis XVIII, y trataron de restaurar el absolutismo, pero no lograron esto del todo, y en 1830, terminaron por perder el trono para siempre.

La independencia

Ya en 1743 un grupo de mexicanos, en el que figuraba gente principal, como el marqués de Guardiola y los condes de Santiago y de la Torre Cosío, propusieron al gobernador de las Antillas británicas un plan para independizar a Nueva España. Éste lo recibió con simpatía pero su gobierno lo rechazó.

En 1766, un sujeto que se hacía llamar marqués D'Aubarède, también a nombre de unos conspiradores mexicanos, ofreció a Inglaterra el puerto de Veracruz a cambio de su apoyo para la emancipación. Y al mismo tiempo un tal Duprex representaba un proyecto para constituir un gobierno independiente en Perú y Chile. Inglaterra era la preferida para apadrinar estos proyectos por sus intereses comerciales y ser tradicional enemiga de España. A fines del siglo XVIII y principios del XIX abundaron los aventureros que soñaban con imperios en América y llovieron sobre la corte inglesa los proyectos de emancipación iberoamericana. Sin embargo aunque la idea ciertamente era grata a Inglaterra, nunca se decidió a prestarle un apoyo franco, contentándose con estimularla y dar esperanzas a sus autores.

En el Cuzco se descubrió y desbarató una conspiración en la que figuraban algunos clérigos y funcionarios. Y, en 1797, se hizo abortar otra de mayor envergadura en Venezuela, instigada por los españoles Sebastián Andrés, Manuel Cortés y Juan Bautista Picornell, que se hallaban en los calabozos de la Guaira precisamente por haber participado en una conspiración republicana que organizó en Madrid el célebre Cagliostro. A ellos, que lograron fugarse de la cárcel, se les unieron los criollos Manuel Gual, José María España y otros; sin embargo, pronto fueron atrapados por las autoridades y, algunos de ellos, ajusticiados.

Pero el precursor de la independencia por antonomasia y el más constante y activo de los conspiradores de la época fue don Francisco de Miranda. Hijo de un comerciante canario, nació en Caracas en 1750, fue educado en el Real Seminario y en la Universidad y en 1771 pasó a España. En la Península ingresó en el ejército, tomó parte en la campaña de Marruecos de 1774 y después participó en las operaciones del ejército español para auxiliar a los colonos norteamericanos en su guerra de independencia, en la que alcanzó el grado de teniente coronel. Al concluir la guerra viajó por el territorio de los Estados Unidos, conoció a sus prohombres y desde entonces consagró su vida a procurar la emancipación de la América española buscando para ello el apoyo de alguna de las potencias europeas. Con este objeto viajó extensamente por el Viejo Continente, llegando hasta Rusia y Turquía, pero concentró sus actividades en Londres. El ministro William Pitt entró en tratos con él sin darle una solución concreta. Miranda, entonces, pasó a Francia, en donde tomó parte con el grado de general, en la campaña de Bélgica, en defensa del gobierno revolucionario, pero cuando éste y el de España se reconciliaron tuvo que volver a Inglaterra. Ahora se presentó a Pitt con la representación de una junta que había reunido en París con representantes de Buenos Aires, Chile, Perú, Venezuela, Nueva Granada y México, pero el ministro inglés lo engañó dando largas indefinidamente al asunto. Sin embargo, en estos viajes conoció a muchos de los que habían de ser principales caudillos de la independencia y logró darles una organización dentro de la logia Lautaro.

Al fin, cansado de aguardar la ayuda inglesa, en 1805 regresó a los Estados Unidos. Allí, a pesar de que tampoco logró obtener el apoyo del gobierno, pudo allegarse algunos recursos, con los que adquirió dos corbetas y otras naves menores y con 200 hombres a bordo de ellas se lanzó sobre Venezuela, a principios de 1806, confiado en que al presentarse en su tierra natal el pueblo se levantaría en favor de su causa.

El capitán general de Venezuela, don Manuel Guevara Vasconcelos, que ya tenía noticias de la expedición la atacó cuando ésta se aproximaba a Ocumare y le hundió dos embarcaciones. Sin embargo, con el apoyo del almirante inglés Cochrane, pudo Miranda desembarcar en Vela de Coro y lanzar su proclama libertaria. Pero el pueblo no se levantó y ante los preparativos bélicos del capitán general, tuvo que refugiarse en la base inglesa de la isla de Trinidad y posteriormente regresar a Londres.

Como podrá verse, la voluntad de emancipación no contaba aún con suficientes adeptos y aun éstos carecían todavía de la decisión necesaria. Sólo después de varios años y de sucesos que conmovieron las bases de la monarquía, se extendió y afirmó esa voluntad y, aun entonces, no llegó a ser unánime entre los habitantes de Iberoamérica. De aquí que la lucha se estableciera, en muchos casos, entre ellos mismos.

La invasión inglesa al Río de la Plata

Ese mismo año de 1806, aprovechando el estado de guerra contra Napoleón y Godoy, el almirante inglés, Sir Home Popham, por iniciativa propia, aunque inmediatamente contó con la aprobación de su gobierno, ocupó con su escuadra, que conducía a 6.000 hombres, el estuario del Plata y una brigada al mando del general Beresford se apoderó de Buenos Aires. La ciudad apenas si pudo ofrecer resistencia, porque el virrey, don Rafael de Sobremonte carecía de tropas y de valor para ello. Sólo presentó frente, el criollo don Juan Martín de Pueyrredón con un puñado de gauchos, pero fue fácilmente rechazado.

Pueyrredón se dedicó entonces a reclutar más hombres y el gobernador de Montevideo, don Pascual Ruiz Huidobro, envió al marino francés don Santiago de Liniers con tropas para combatir a los invasores. Aunque unidos ambos grupos apenas si llegaron a sumar 1.800 y éstos mal adiestrados, por lo que su inferioridad frente a los ingleses era muy considerable, pudieron recuperar Buenos Aires y obligaron a capitular a Beresford, que quedó prisionero junto con un crecido número de sus soldados.

El gobierno inglés destituyó a Popham y envió en su relevo al general Whitelock con más fuerzas. Con éstas y la marina que había quedado a salvo, tomaron Montevideo a principios de 1807, aunque la victoria les costó más de 600 hombres.

Dejando una fuerte guarnición en Montevideo, los ingleses se lanzaron nuevamente contra Buenos Aires. Liniers quiso cerrarles el paso, pero los invasores pudieron salvar el obstáculo y se precipitaron sobre la ciudad que, en esas condiciones, se encontraba casi desguarnecida. Pero el primer alcalde, el peninsular don Martín de Alzaga, improvisó la defensa. Los ingleses se estrellaron contra ella y el 7 de julio hubieron de pedir nuevamente la capitulación incluyendo en ella la entrega de Montevideo.

El general Whitelock fue degradado al volver a su patria, pero Inglaterra desistió de sus conquistas en América y pronto, como hemos visto, se convirtió en aliada del pueblo español en contra de Napoleón, lo cual le impidió prestar ayuda, cuando menos abiertamente, a los partidarios de la independencia.

Sin embargo, los acontecimientos políticos a que dieron ocasión estos sucesos fueron de la mayor importancia para las provincias del Plata.

Dada la actitud asumida por el virrey, después de recuperada la ciudad, se consideró que el virreinato había quedado acéfalo. Citóse entonces a «cabildo abierto», que consistía en una reunión del ayuntamiento con la participación de los representantes de las corporaciones civiles y eclesiásticas y los vecinos más calificados, y éste resolvió, el 14 de agosto de 1806, confiar el mando militar al general Liniers y que la audiencia se hiciese cargo del gobierno. Una «junta militar», convocada por Liniers en febrero del año siguiente para prevenir el nuevo ataque que preparaban los ingleses, adoptó, entre otras medidas, la de remitir a España al virrey depuesto.

Todo esto era contrario a los cánones de la monarquía absoluta, pero nadie podía negar los méritos de los rioplatenses y del general Liniers, de modo que la corte no sólo hubo de aceptar lo hecho sino que otorgó a éste el grado de mariscal y lo nombró virrey interino. A los peninsulares de Buenos Aires, no sin motivo, les pareció sumamente peligrosa esta política y más aún las pretensiones de autonomía que ella les permitió adoptar a los criollos. Quedaron así bien definidos dos bandos en pugna: los peninsulares o realistas, capitaneados por don Martín de Alzaga, y los criollos o liberales, dirigidos por Cornelio Saavedra, Mariano Moreno y otros.

La monarquía sin rey

El 17 de mayo de 1808, el ministro de negocios extranjeros del emperador Napoleón I, dirigió una circular a todas las autoridades de las Indias comunicándoles el cambio de dinastía en España y la asunción al trono del rey José I.

Cuando esta comunicación llegó a América, las provincias preparaban los festejos para la jura de Fernando VII y ni una sola aceptó la autoridad del monarca Bonaparte. Simultáneamente llegaron las noticias de todo lo ocurrido en la Península durante aquel infausto mes de mayo de 1808 y provocaron en todas ellas la más viva inquietud, porque la situación planteaba graves problemas de fondo; pues mientras para los liberales constituía una excelente oportunidad que había que aprovechar, para los realistas era un peligroso escollo que debían superar.

El problema medular consistía en que preso el rey legítimo, había desaparecido el titular de la monarquía. Los criollos, resolvían la cuestión diciendo: si falta rey, al cual estamos unidos, nuestra nación queda automáticamente libre, y la soberanía, que había sido depositada en él, revierte al pueblo que puede, por lo mismo, darse el gobierno que mejor le plazca. En este raciocinio coincidían tanto la tesis liberal del contrato social, como las doctrinas de los teólogos españoles del siglo XVI. Pero, en cambio, los realistas sostenían: la prisión del rey no implica la desaparición de la monarquía, por lo tanto, deben mantenerse las cosas como siempre hasta que se resuelva el problema en España y después continuar como si nada hubiera pasado.

Pero, en la realidad, la polémica se hizo mucho más compleja. En un principio nadie se atrevió a dar finiquitada definitivamente a la monarquía ni la sumisión a ella. Por el contrario el grito general fue el de «¡Viva Fernando VII!». Pero se añadían a éste otros que denunciaban bien a las claras las intenciones del partido criollo, el de «Muera el mal gobierno» y todavía otros más categóricos y agresivos, como «mueran los chapetones» o «mueran los gachupines», que ciertamente no se referían ya al problema constitucional surgido en España, sino a los problemas latentes en las Indias.

El Ayuntamiento de México

En México, al tenerse noticia de la prisión del rey, el Ayuntamiento, por voz del licenciado Francisco Primo de Verdad, planteó la cuestión constitucional con toda lucidez. Si no había rey en España, no podía haber virrey en México, ni ninguna otra de las autoridades que la recibían de aquél, sino sólo los ayuntamientos porque éstos eran representantes directos del pueblo. No obstante, para evitar trastornos el propio ayuntamiento proponía que el virrey, don José de Iturragaray, continuara al frente del gobierno, pero sin depender de ninguna autoridad peninsular hasta que se resolviera la situación por la que atravesaba la monarquía.

Al virrey le pareció aceptable esta solución, pero la Audiencia, la Inquisición y en general el partido peninsular, se opusieron enérgicamente a ella, porque deseaban que el virrey se sometiera a las autoridades peninsulares que gobernaban en nombre del rey cautivo. Por su parte los criollos, dirigidos por el fraile peruano Melchor de Talamantes, dieron un paso más hacia adelante pidiendo que se reuniera un Congreso Nacional del Reino de Nueva España y Talamantes sostuvo abiertamente que «desde el punto mismo en que se nos hizo saber que los reinos de España se habían cedido a una potencia extranjera, que las Américas a una voz han resistido a esta nueva y violenta dominación; han desaparecido para ellas como de improviso los Tribunales Supremos destinados para el arreglo y conservación de las Indias, se han roto del todo para nosotros los vínculos con la metrópoli y no subsisten para dirigirnos sino las leyes puramente regionales».

Se podrá advertir, en lo antes transcrito, un equívoco que viene a aumentar más la confusión y que los criollos sabrán aprovechar, como ya lo apunta Talamantes, muy hábilmente. Ellos no conciben la situación de España como algo transitorio, sino que piensan que las Indias, junto con España, han sido cedidas a los Bonaparte y, naturalmente, no están dispuestos a acatar a éstos. Así, para ellos, luchar por la independencia, era luchar contra el dominio napoleónico, y luchar contra la monarquía era luchar contra José I. Este principio no era exacto, el partido peninsular no pedía la sumisión a los Bonaparte, sino a quienes gobernaran en lugar de Fernando VII, pero, para los liberales, Fernando VII ya no existía y el único camino para librarse de Napoleón era la independencia. Pero lo importante era que, aunque la tesis no fuera exacta, les permitía iniciar la lucha por la emancipación de la Península, gobernara quien gobernara, que en el fondo, lo confesasen o no, era lo que deseaban.

Ante estas perspectivas, en México, el partido español, capitaneado por el rico hacendado don Gabriel de Yermo, desconfiando del virrey, asaltaron el palacio y lo aprehendieron. Fueron también apresados muchos de los dirigentes criollos, entre ellos Verdad y Talamantes, que murieron en la cárcel. Y fue colocado como virrey el decrépito mariscal don Pedro Garibay.

En México como se ve, fue el bando legitimista el que subvirtió el orden y recurrió primero a la violencia.

Pero los criollos siguieron agitando. Se descubrió una conspiración en Valladolid en la que participaban personas prominentes y otras en diferentes lugares del país.

Al bando realista le pareció demasiado débil el virrey Garibay para reprimir aquellos brotes y fue sustituido, en julio de 1809, por el arzobispo don Francisco Javier de Lizana, que tampoco les satisfizo y en mayo de 1810 le fue confiado el gobierno a la Audiencia mientras llegaba el nuevo virrey enviado de España.

En el virreinato de Nueva Granada

En Nueva Granada al conocerse los sucesos de la Península, el virrey, don Antonio Amar y Borbón convocó a una junta que se reunió el 5 de septiembre de 1808, para discutir la actitud que debía adoptarse ante ellos, y sin mayor dificultad se acordó reconocer la autoridad provisional de la Junta Central de Aranjuez.

Sin embargo, aunque así pensasen los notables que acudieron a esa reunión, existía ya en Nueva Granada un fuerte partido independentista y las ideas liberales y republicanas habían alcanzado ya gran difusión. El patriarca del partido era don Antonio Nariño.

Nariño, nacido en Bogotá en 1765, había ocupado los empleos de colector del diezmo y alcalde. Hombre culto y muy aficionado a la lectura, estaba compenetrado con el pensamiento de los enciclopedistas, el mismo que difundió en un «Círculo Literario» fundado por él. En 1794 tradujo e imprimió la «Declaración de los derechos del Hombre y del Ciudadano», cosa que le valió ser remitido a presidio a España. Pero logró fugarse, estuvo en Francia e Inglaterra solicitando apoyo para la independencia de su país; pero, al no obtenerlo, regresó a éste donde nuevamente fue encarcelado, en 1797, hasta 1802 en que fue puesto en libertad.

Aunque por lo pronto Nariño y sus correligionarios no protestaron por la decisión de la junta, pronto darían señales de su existencia.

En Caracas los criollos propusieron la creación de una junta representativa de la provincia, a semejanza de las creadas en España, puesto que no existía en verdad ninguna razón para no reconocer a las provincias americanas, el derecho que asumían las peninsulares al designar juntas que las gobernasen en ausencia del rey. Pero, a pesar de ello, se impuso el criterio del bando conservador manteniendo en el mando al gobernador, don Juan de las Casas y aceptando la autoridad de la Junta Central de España.

En esta discusión, que fue general en todas las provincias, el bando peninsular tenía un argumento de peso en contra de la formación de juntas provinciales autónomas en América y era que esto rompería la unidad del imperio. Pero esto era precisamente lo que querían muchos de los liberales. Por lo demás, llevando ese argumento al extremo, cualquier junta americana podría haber alegado que todas las demás la obedecieran a ella, a fin de conservar así la unidad.

En las provincias del Plata

En las provincias del Plata, el gobernador de Montevideo, don Francisco Javier Elío, proclamó a Fernando VII, y, adelantándose a la reacción criolla, constituyó una junta que reconoció a la Junta Central de España.

El bando peninsular de Buenos Aires quiso hacer otro tanto para deshacerse de Liniers, que además de estar apoyado por el bando americano les causaba desconfianza por su origen francés. Con este objeto, el Cabildo, que presidía don Martín de Alzaga, citó una reunión para el 1 de enero de 1809, pero Saavedra, con el batallón de patricios que mandaba, impidió la realización de dicha junta y apresó a Alzaga y a varios otros de sus partidarios, los confinó a la Patagonia, de donde hubo de rescatarlos poco después el gobernador Elío.

Liniers continuó en el mando, pero, a instancias de Elío, la Junta Central envió como virrey al teniente general de marina don Baltasar Hidalgo de Cisneros, que llegó a Buenos Aires en junio de 1809. Liniers, a pesar de las instancias de los criollos para que resistiera, le hizo entrega del gobierno, con lo que quedaron frustradas de momento las aspiraciones autonomistas de los liberales.

Así, pues, aquel año de 1808 aunque recurriendo a las más diversas medidas, se había salvado la autoridad española en América.

Las juntas conservadoras de los derechos de Fernando VII

Pero, como ya vimos, a partir de 1808 las fuerzas napoleónicas fueron ocupando toda la Península con lo cual la agitación separatista en vez de ceder fue en constante aumento, pues se reforzaba la tesis criolla de la desaparición de la monarquía tradicional en España. Las provincias podrían mantener su fidelidad al rey, pero con absoluta independencia de cualquier autoridad residente en España, puesto que se daba por hecho que ésta había pasado a formar parte del imperio napoleónico.

El 26 de mayo de 1809 una revuelta popular depuso al presidente de la Audiencia de Charcas y formó gobierno propio, que, aunque afirmaba su lealtad a Fernando VII, se declaraba independiente de toda otra autoridad.

El movimiento se extendió a La Paz. El 16 de julio se desconoció a las autoridades y se instaló una «Junta Tuitiva», queriendo indicar con ese nombre que tenía por misión defender los derechos del monarca secuestrado en Bayona.

El virrey del Perú puso un fuerte ejército a las órdenes de don Juan Manuel Goyeneche, que había venido de España como representante de la Junta Central, y los insurrectos, que apenas si pudieron oponer resistencia, fueron sometidos y recibieron duros castigos. Uno de éstos, don Pedro Domingo Murillo, antes de morir en la horca pronunció palabras que fueron proféticas: «Yo muero —dijo— pero la tea que dejo encendida nadie la apagará».

Las juntas conservadoras

Ese mismo año, Quito dio violentas señales de la inquietud reinante. En el mes de agosto un grupo en el que figuraban las más destacadas personalidades de la ciudad y que estaba encabezado por el marqués de Selva Alegre, don Juan Pío Montúfar, declararon a esa provincia formalmente independiente del rey de España, José Bonaparte, y como consecuencia de ello, depusieron al presidente de la audiencia, don Manuel de Urriez, e instalaron una «Junta Conservadora de los derechos de Fernando VII» que fue presidida por el propio marqués de Selva Alegre.

Pero los virreinatos vecinos enviaron tropas para someter a los celosos defensores del rey prisionero y la junta hubo de capitular y sus miembros fueron sometidos a encarcelamiento. Sin embargo las cosas no pararon ahí. En agosto de 1810 el pueblo quiso liberar a los presos, se produjeron desórdenes callejeros y las tropas virreinales para reprimirlos causaron una terrible matanza y saquearon la ciudad. Esto trajo consigo una ola de crímenes y venganzas en la que perecieron muchos de los protagonistas de este episodio.

Ese mismo mes de agosto, aún fresca la sangre de la masacre, llegó a Quito, como enviado del Consejo de Regencia de España, don Carlos de Montúfar, que era hijo del marqués de Selva Alegre. Quiso éste conciliar los ánimos para restablecer la paz y con ese fin restableció la Junta Conservadora, el 22 de septiembre, y colocó como presidente de ella al que lo era de la audiencia, Urriez, y como vicepresidente a su padre.

La paz parecía al fin haberse alcanzado cuando arribó a Guayaquil don Joaquín de Molina, nombrado presidente de la audiencia por el Consejo de Regencia. Éste desconoció lo hecho por Montúfar e inició operaciones militares contra la Junta Conservadora, ante lo cual la junta proclamó la independencia total de España el 11 de diciembre de 1811.

Se produjeron nuevos desórdenes, el presidente Urriez murió asesinado y en julio de 1812, llegó un nuevo presidente de la audiencia enviado de España, que era el mariscal don Toribio Montes. Éste venció a las fuerzas independientes en Mocha el 2 de septiembre y el 4 de noviembre entró en Quito, con lo que la rebelión quedó totalmente dominada.

El año 1810

El año 1810 fue decisivo en los destinos del imperio español. Casi simultáneamente, y sin que hubiese organización ni acuerdo alguno entre las provincias, se produjo la insurrección de casi todas ellas. Esta circunstancia viene a demostrar hasta qué punto la independencia fue consecuencia lógica de las condiciones existentes, más que obra de determinadas personalidades.

El hecho concreto que desató esta reacción lo constituyeron las noticias llegadas a América a principios de 1810, según las cuales la Península había sido totalmente ocupada por Napoleón, la Junta Central había tenido que refugiarse en la isla de León y el 29 de enero había desaparecido para dar paso al Consejo de Regencia.

Como antes dijimos, estos acontecimientos reforzaban la tesis criolla. El partido peninsular no tenía nada que objetar, sino al contrario, a la negativa de los criollos para someterse a la dinastía Bonaparte; pero no podía ignorarse que a éstos les había sido cedida la corona precisamente por los reyes de España. Napoleón podía aducir, al ocupar la Península, un derecho más firme que el de conquista.

La doctrina al mismo tiempo tradicional y liberal, de la reversión de la soberanía al pueblo, tomó, pues, este año, mayor predicamento. Para asumir la soberanía los americanos recurrieron a los organismos que, cuando menos teóricamente, representaban al pueblo, o sea, a los ayuntamientos y para darles mayor representatividad celebraron las reuniones del cabildo «abiertas», de acuerdo con la vieja tradición castellana. Cabe insistir aquí, para tener una idea más exacta de este movimiento, en que a los cabildos abiertos no asistía la masa del pueblo, y no sólo por la dificultad práctica que ello implicaba, sino fundamentalmente por el concepto de democracia que tenía la aristocracia criolla. Fue, sin embargo, frecuente que mientras los «vecinos principales» deliberaban en el salón de cabildos, en el exterior se congregara el pueblo para manifestar su manera de sentir, y más de una vez fueron usadas estas manifestaciones populares para presionar a los renuentes durante las discusiones del cabildo abierto.

En Caracas

El 18 de abril llegó la noticia a Caracas de que había caído Andalucía en poder de los franceses y que la Junta Central se había dispersado. Al día siguiente era Jueves Santo y el cabildo debía reunirse para ir a la catedral. Durante esa junta surgió la discusión sobre las recientes novedades de la Península, los cabildantes hicieron venir al capitán general, don Vicente Emparán, y esa misma noche fue relevado del mando y se constituyó una «Junta Conservadora de los derechos de Fernando VII» que se encargó del gobierno.

Los criollos moderados insistirán en esta posición a lo largo de las luchas de independencia. Aunque la soberanía corresponda al pueblo, están dispuestos a conservar su unión a la Corona, porque ésta tiene sobre América los títulos que le confiaron el descubrimiento, la conquista, la población y civilización de esas tierras. Pero no pueden admitir que ningún otro, sin título alguno, quiera convertirse en su amo y señor. Ni siquiera las juntas constituidas en España, pues éstas eran representativas de la nación española, y según hemos visto al estudiar la constitución del imperio, los reinos de América lo mismo que los peninsulares, estaban unidos a la Corona, pero no eran de modo alguno dependencia o posesión de España como nación o como pueblo. En la Península muchos de estos conceptos se habían perdido o modificado, pero en América, como lo revelan muchas circunstancias, se conservaban vivas las viejas doctrinas y tradiciones.

En el desarrollo de las luchas, sin embargo, estas actitudes moderadas irán perdiendo terreno mientras se van imponiendo las más radicales, que exigen el rompimiento total con la monarquía y el establecimiento de la república.

La Junta Conservadora de Caracas fue aceptada por todos los departamentos de la capitanía salvo Coro, Maracaibo, Barcelona y Angostura, que se pronunciaron por el Consejo de Regencia establecido en Cádiz. Quedó así planteada la lucha entre «patriotas» y «realistas».

431

La independencia

Por su parte, la Junta Conservadora asumió desde luego atribuciones propias de una nación independiente y soberana. Suprimió impuestos, declaró la libertad de comercio, pidió el reconocimiento y el respaldo de potencias extranjeras, enviando para ello misiones diplomáticas a los Estados Unidos y a Inglaterra. La que fue a Londres estaba formada por don Luis López Méndez, el eminente literato don Andrés Bello y el joven terrateniente don Simón Bolívar. Ambas comisiones obtuvieron, como siempre, respuestas sumamente ambiguas. Además, la junta hacía planes para «la confederación de todos los pueblos españoles de América», que aunque no tuvieron mayor desarrollo merecen recordarse como un testimonio de este anhelo que ya se manifiesta desde los inicios de la independencia.

Al conocer lo acordado en Venezuela, el Consejo de Regencia declaró rebelde a la Junta Conservadora, y en diciembre de ese mismo año se produjeron los primeros choques de armas entre ambos bandos, al mismo tiempo que regresaba la comisión de Inglaterra trayendo consigo a don Francisco de Miranda, al que de inmediato se confió el mando de las tropas.

La exacerbación de la pugna condujo a que se impusiera la opinión separatista sobre la de los que sólo aspiraban a la autonomía de gobierno dentro de la monarquía. Se convocó por lo tanto a un congreso de representantes de las diversas regiones de la provincia y éste, el 5 de julio de 1811, declaró la independencia absoluta de las «Provincias Unidas de Venezuela» y en diciembre promulgó una constitución de tipo federal y claramente inspirada en la de los Estados Unidos, aunque el poder ejecutivo se confiaba a un triunvirato.

Muchos de los que hasta entonces habían apoyado a la junta por ser «conservadora de los derechos de Fernando VII», se pasaron al bando peninsular y se desató con mayor violencia la lucha armada. Aunque los republicanos pudieron ganar al principio algunas acciones, en seguida se vieron rodeados por las fuerzas realistas y en Coro desembarcó el general Juan Manuel Cajigal con un refuerzo de tropas. Para colmo de sus desgracias el 26 de marzo de 1812 un violento terremoto devastó a Caracas y otras ciudades, contribuyendo a minar el estado moral de la población.

Ante la inminencia de una derrota inevitable Miranda capituló y el 29 de julio de 1812 el general realista Domingo Monteverde entró en Caracas.

Aprehendido Miranda, fue remitido a España en donde murió en el presidio de Cádiz el 14 de julio de 1816.

Este desenlace nos revela que, a pesar de todo, la opinión general no estaba aún dispuesta para un rompimiento total con la monarquía.

Las primeras campañas de Bolívar

Reconquistada, pues, Caracas, volvió la provincia a la obediencia de la Corona y Monteverde fue nombrado gobernador de ella. Pero el impulso libertador estaba dado y ya no se detendría, aunque requeriría tiempo y esfuerzo para desarrollarse. Muy pronto, algunos de los jefes rebeldes que habían podido escapar con vida, como Santiago Mariño, Manuel Piar y Juan Arizmendi, y se refugiaron en las islas vecinas, tornaron a la lucha. El 13 de enero de 1813 desembarcaron en el poblado de Guiria y derrotaron a la guarnición española apostada allí; empezaron a reclutar gente y a hostilizar a los realistas con operaciones de guerrillas. El propio Monteverde salió a combatirlos con un ejército de dos mil hombres, pero en el mes de mayo sufrió un grave descalabro a manos de Piar.

Entre tanto, Simón Bolívar buscaba la ocasión de entrar nuevamente a la pelea. (1) Durante la anterior revolución había hecho un papel poco brillante como defensor de Puerto Cabello. Después vivió refugiado en la isla de Curaçao y de ahí pasó a Cartagena para ofrecer sus servicios a los revolucionarios que se habían alzado con esa plaza. En ella le confiaron un pequeño destacamento y le enviaron a luchar contra los realistas que dominaban en el río Magdalena. Bolívar luchó denodadamente durante diciembre de 1813 y enero siguiente y logró limpiar de enemigos aquella zona, restableciendo de ese modo la comunicación entre Cartagena y Bogotá y fue aumentando su pequeña tropa.

---

(1) Simón Bolívar nació en Caracas en julio de 1783 y pertenecía a una de las más antiguas y acaudaladas familias de Venezuela. Desde muy joven fue iniciado en el pensamiento liberal por su mentor, Simón Rodríguez. A los 15 años fue a España y permaneció largo tiempo en Europa. En 1807 visitó los Estados Unidos y regresó a su patria.

La independencia

El congreso de los revolucionarios neogranadinos reunido en Tunja le dio el grado de brigadier y lo autorizó para extender sus operaciones a la región occidental de Venezuela. Con quinientos hombres se lanzó entonces Bolívar a una marcha sobre Caracas que la historia conoce como «la campaña admirable». Batiendo constantemente a las partidas realistas, aunque no sin sufrir algunos contratiempos, fue penetrando en el territorio de la capitanía, ocupó Mérida y después Trujillo, en donde, el 15 de junio, decretó la «guerra a muerte» que hizo terriblemente encarnizadas aquellas luchas. Prosiguió su avance venciendo en repetidas ocasiones a las fuerzas españolas que trataban de cerrarle el paso hasta que, derrotado el grueso de ellas el 13 de julio, Monteverde se vio obligado a abandonar Caracas. El 7 de enero entró Bolívar triunfalmente en su ciudad natal. En enero fue proclamado «Libertador» y presidente de la república.

Mariño y Piar habían conquistado ya el oriente del país, de modo que la revolución pudo por un momento considerarse dueña del mismo. Pero no tardó en surgir la reacción realista y ahora con más fuerza que nunca, pues encarnó en los propios hombres de la tierra, principalmente en los tremendos jinetes de los llanos del Orinoco que, acaudillados por el comerciante asturiano Tomás Boves, se lanzaron contra los republicanos.

Hechos como este, vienen a confirmar una vez más, el carácter de guerra civil que tuvo la lucha por la independencia.

Mientras Boves atacaba por el Sur, los realistas parapetados en Puerto Cabello recibieron refuerzos de España y Monteverde fue reemplazado por el general Cajigal, que inmediatamente recuperó la ofensiva.

Por lo demás, en el bando independiente, las imprescindibles rencillas internas, en esta ocasión entre Mariño y Bolívar, hacían aún más comprometida la situación de los patriotas.

Todavía a principios de 1814 Bolívar pudo alcanzar señaladas victorias, como la de Bocachica, sobre los llaneros de Boves, y la de Carabobo, contra el ejército de Cajigal; pero en junio de ese mismo año las fuerzas unidas de Bolívar y Mariño fueron dispersadas en el paraje denominado La Puerta, por la tropa de Boves. Los insurgentes tuvieron que capitular en Valencia e incapacitados para resistir, Bolívar ordenó la evacuación de Caracas. El 6 de julio salieron de la capital sus tropas seguidas de una gran parte de la población que huía de las temidas hordas de los llanos. Fue aquella una marcha trágica en la que Bolívar perdió los últimos restos de su ejército y pereció gran número de los indefensos civiles que lo acompañaba bajo el constante ataque de los realistas.

Para colmar sus desgracias, sus propios hombres quisieron asesinar a Bolívar en Carúpano y tuvo que embarcarse para regresar nuevamente a Cartagena, adonde llegó en septiembre de 1814, encontrándose así, después de aquella gloriosa y dramática campaña, en la misma situación y en el mismo punto en que había empezado.

Todavía tomó parte en las guerras de Nueva Granada, como en seguida veremos, pero decepcionado por las divisiones y rencillas que también ahí existían entre los independientes, optó por retirarse a Jamaica, en mayo de 1815.

En Venezuela todavía se mantuvieron en la lid algunos de los jefes republicanos, como Piar y Rivas, que dieron la última batalla a Boves el 5 de diciembre en Urica. Boves murió en el encuentro, pero las fuerzas insurgentes también perecieron en él.

A principios de 1815 sólo quedaba en manos de los insurrectos la isla Margarita, en donde se habían refugiado Arizmendi y Bermúdez. Sobre la tierra asolada de Venezuela imperaba otra vez la autoridad del rey.

En estas condiciones encontró la capitanía el nuevo gobernador enviado por la metrópoli, que era el general Pablo Morillo, quien arribó a sus costas en abril con un poderoso ejército de 10.000 hombres para someter a las provincias rebeldes.

Ante esta potencia militar Arizmendi hubo de rendir el último reducto mantenido en la isla Margarita. Sólo en lo profundo de los llanos orientales algunos núcleos guerrilleros mantenían una resistencia que era casi puramente simbólica.

Morillo consideró pacificada definitivamente aquella turbulenta provincia y dejando el gobierno al general José Cevallos, partió en julio de 1815, a la reconquista del virreinato de Nueva Granada.

Nueva Granada en 1810

La forma en que se inició el proceso separatista en Bogotá, constituye una excelente ilustración de cómo, cuando el ambiente está dispuesto, el hecho concreto que desencadene la evolución de los acontecimientos puede ser cualquiera. En Bogotá lo fue una disputa ocasionada por un florero.

Desde la celebración de las juntas para decidir sobre la invitación que hacía la Junta Conservadora de Quito en 1809, para que Nueva Granada siguiera su ejemplo, la agitación del partido americano o liberal había ido en aumento. La palabra de Camilo Torres, que exponía la tesis criolla alcanzaba cada vez mayores resonancias.

Ya en mayo de 1810 tuvo el virrey que ahogar en sangre una revuelta en los llanos de Casanaré. En abril se había producido el alzamiento de Caracas, y en Cartagena, Pamplona y el Socorro fueron depuestas las autoridades españolas y asumieron el gobierno los cabildos.

El virrey extremó la represión. Nariño fue encarcelado desde luego y por enésima vez. Pero todo esto no hizo sino aumentar el descontento de la población.

Así las cosas, el 20 de julio de 1810, día de mercado en Bogotá y por lo mismo de gran afluencia de gente, un conocido patriota, don Pantaleón Santamaría, fue a pedir a la tienda del español don José González Llorente un florero para adornar la mesa en el banquete que se iba a dar al comisario del Consejo de Regencia, don Antonio Villavicencio que era visto con desconfianza por el partido peninsular. Entonces, se dice que el comerciante insultó a los americanos y ello fue suficiente para que se iniciara un creciente tumulto en la plaza principal en el que el pueblo lanzaba mueras y pedradas a los españoles y pidiera cabildo abierto.

El virrey Amar y Borbón no tuvo más remedio que aceptar y esa misma noche quedó instalada una Junta Suprema del Nuevo Reino de Granada, mientras don José Acevedo, principal protagonista de aquella reunión, asentaba en el libro de actas del Cabildo de Santa Fe, el Acta de Independencia. En ella se aceptaba la autoridad de Fernando VII, pero con la condición de que viniera a reinar en Bogotá, lo que equivalía en la práctica a rechazar la autoridad real. En este sentido fue Nueva Granada la provincia que procedió con mayor claridad y decisión en el primer momento de las luchas libertarias.

Poco después el virrey y algunos oidores de la audiencia fueron enviados a Cartagena para ser remitidos a España.

La junta trató de dar organización al país y convocó a un congreso, pero le fue imposible imponer su autoridad porque, como ya pasaba en otras provincias independizadas, las mismas razones dadas por la capital de cada reino para rechazar la autoridad de las juntas peninsulares, valía ahora para que las comarcas o departamentos rechazaran la de la capital y reclamaran su autonomía. Esto tenía una gran y negativa importancia, pues significaba el principio de la anarquía.

En el caso de Nueva Granada, ante la rebeldía de las demás regiones del país, Bogotá tuvo que conformarse con constituirse como el Estado de Cundinamarca, con miras a lograr después una república federal.

Por otra parte, quienes habían luchado juntos por la emancipación se dividieron ahora en dos partidos irreconciliables: el centrista, que abogaba por un gobierno central fuerte, encabezado por Nariño, y el federalista, que pedía la autonomía de las regiones, jefaturado por Camilo Torres.

De hecho, Cartagena declaró su autonomía y muchas otras ciudades y hasta aldeas siguieron su ejemplo, eligiendo cada una su junta suprema.

La patria boba

Don José Miguel Pey, que ocupaba la presidencia de la Junta Suprema, después del fracasado intento de reunir a un congreso nacional, logró reunir en febrero de 1811 a un «Colegio Constituyente» que circunscribía su representación a Cundinamarca. Este colegio promulgó una constitución para el Estado y designó como presidente al sabio naturalista don Jorge Tadeo Lozano. Pero ante los ataques de los centristas tuvo que renunciar y ocupó el poder su principal opositor, Nariño, el 19 de septiembre de 1811.

La independencia

En noviembre se produjo en Cartagena una revuelta, dirigida por don Gabriel Piñárez, que declaró ese departamento soberano e independiente.

En cambio, Santa Marta y Panamá se pronunciaron por las autoridades peninsulares y a esta última fue a instalarse el nuevo virrey enviado de España, el general Benito Pérez. Desde Santa Marta los realistas mantuvieron constante lucha contra los revolucionarios de Cartagena. En enero de 1813 éstos se apoderaron de aquella plaza, pero en marzo la recuperaron los realistas.

Mientras tanto se reunieron al fin en noviembre de 1811 los diputados de algunos departamentos y adoptaron la forma federal para la nueva nación. Camilo Torres redactó el acta de la «Confederación de las Provincias Unidas de Nueva Granada» inspirada en el sistema estadounidense y creyendo muy ingenuamente que bastaba con copiar sus formas políticas para obtener la estabilidad y la prosperidad que ya empezaban a caracterizar a la república norteamericana. En abril del siguiente año se proclamó la república de Cundinamarca, prcmulgándose una nueva constitución para ella.

Pero entonces vino la disputa por los límites de la república de Cundinamarca y Nariño tuvo que recurrir a las armas para anexionar a ella algunas de las regiones vecinas. Tan formalmente habían tomado la soberanía de las provincias, que se hacían la guerra como si se tratara de potencias enemigas y esto, cuando todavía su independencia de la corona era tan precaria.

Nariño perdió la guerra y terminó por renunciar a la presidencia, que fue ocupada, en agosto de 1812, por el docto Manuel Benito de Castro. Pero amagada Bogotá por las fuerzas federalistas, al siguiente mes Nariño fue erigido en dictador.

Por su parte el Congreso federal, formado por once diputados que se reunieron en Leiva, eligió como presidente de las Provincias Unidas a Camilo Torres, y en respuesta, Nariño, separó de ellas a Cundinamarca, «rompiendo así el pacto federal» y se puso nuevamente en campaña para ser nuevamente vencido por los federales, pero Bogotá pudo resistir.

El 16 de julio de 1813 fue declarada solemnemente la independencia de Cundinamarca de la Corona española.

Poco después tuvo que salir Nariño a combatir al ejército realista que avanzaba desde Quito mandado por don Juan Samano. Se había apoderado ya de Popayán y marchaba sobre

Bogotá. En diciembre de 1813 lo derrotó Nariño en Palacé y recuperó Popayán sin dificultad, pero en lugar de aprovechar estas victorias para avanzar contra Quito, suspendió la campaña hasta marzo del siguiente año, lo que dio ocasión a las tropas realistas de recuperarse y derrotarlo totalmente cerca de Pasto el 10 de mayo de 1814. Pocos días después cayó Nariño prisionero y fue remitido a Cádiz en donde permaneció preso hasta 1820.

Quedó al frente del gobierno en Bogotá, primero en forma provisional, después definitiva, don Manuel Bernardo Álvarez.

La derrota de Nariño y los refuerzos que recibieron de España los realistas indujeron a muchos a sobreponerse a las divisiones intestinas y el Congreso federal, reunido en Tunja, propuso una transacción aceptable: se mantendría la forma federal pero se atribuirían al poder central los asuntos de Hacienda y Guerra. No obstante ello, el obstinado presidente Álvarez se negó a aceptar la proposición.

En estas condiciones se presentó Bolívar derrotado en Nueva Granada y el Congreso le confió el mando de sus tropas para someter por las armas a Cundinamarca. El 12 de diciembre de 1814, Álvarez tuvo que rendirse ante las fuerzas de Bolívar y, al fin, Cundinamarca volvió a formar parte de las Provincias Unidas. Cabe advertir que Bolívar no simpatizaba en modo alguno con el sistema federal en el que veía un elemento más para favorecer la anarquía, pero en esa ocasión era la única forma de lograr la unión entre las provincias neogranadinas.

Poco después Bolívar tuvo que luchar contra los separatistas de Cartagena, pero hastiado de estas pugnas internas, depuso el mando y se exilió a la isla de Jamaica.

Entre tanto el general Morillo, como hemos visto, pacificada Venezuela se disponía a hacer otro tanto con Nueva Granada.

El 18 de agosto de 1815 inició el bloqueo de Cartagena y después de un terrible sitio que sus defensores sostuvieron durante 106 días con grandes pérdidas para ambas partes, entró en la ciudad el 6 de diciembre.

Con Cartagena tenía Morillo la llave de todo el país. Dividió su ejército en cuatro cuerpos y fue ocupando metódicamente todo el territorio. Desde Quito avanzaron también las fuerzas del general Samano. El antiguo partido realista resurgió entre la población, fortalecido ahora por la amarga experiencia de aquellos años de independencia. Y, el 6 de

La independencia

mayo de 1816, entraron las fuerzas del rey en Santa Fe de Bogotá y el pueblo les tributó una entusiástica recepción.

Pero aquellos años de guerra habían desatado la crueldad entre ambos bandos y Morillo ejerció una sangrienta represión al obtener el triunfo. Camilo Torres, el sabio José Caldas, Manuel de Bernardo Álvarez y muchísimos más padecieron la última pena; y la cárcel, y la confiscación de bienes aterrorizaron a la población.

La República, o la «Patria Boba» como llamaron entonces a este período de independencia, había concluido. Ocupó el cargo de virrey don Francisco de Montalvo, que posteriormente fue sustituido por el general Samano.

La resistencia de los patriotas había también terminado; sólo algunas guerrillas remontadas y aisladas, mantenían el espíritu de independencia.

En el Río de la Plata

En Buenos Aires se produjo la consabida secuela al conocerse las alarmantes noticias de la Península. Pero ahí el ambiente estaba mejor preparado para afrontar la situación.

Debe tenerse también en cuenta que los intereses comerciales del puerto, que eran muy fuertes, se inclinaban por la independencia para poder traficar sin ninguna cortapisa. Habían fortalecido esta opinión Belgrano y Mariano Moreno con sus escritos sobre economía y el virrey Hidalgo de Cisneros vino a corroborarlos al permitir el comercio libre con Inglaterra mientras durara la guerra contra Napoleón, pues esta medida produjo un gran auge comercial en Buenos Aires.

Queriendo prevenir la reacción de la opinión pública ante las noticias procedentes de Europa, el virrey lanzó un manifiesto exhortando al pueblo a mantener su fidelidad a España. Los criollos quisieron interpretar esto en el sentido de que Hidalgo de Cisneros estaba dispuesto a aceptar el cambio en la monarquía y aprovecharon hábilmente esa circunstancia para exigirle que citara a reunión de cabildo abierto, porque «el pueblo quería reasumir sus derechos». El virrey se encontró sin apoyo porque el comandante de las fuerzas, don Cornelio Saavedra, declaró que el gobierno español «había cadu-

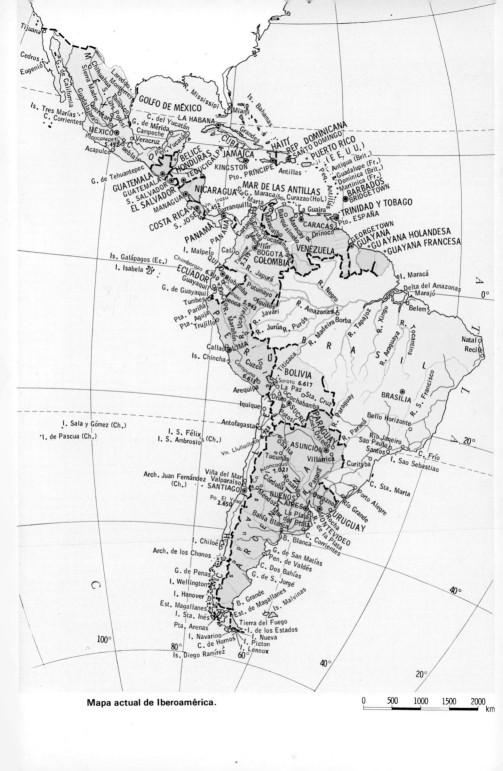

Mapa actual de Iberoamérica.

El papa Alejandro VI. Galería de los Uffizzi, Florencia (Italia).

cado», y tuvo que acceder a la reunión del cabildo, que se llevó a efecto el 25 de mayo de 1810. Bajo la presión de las manifestaciones del vecindario, el virrey no tuvo más alternativa que la de deponer el mando y éste fue confiado a una «Junta Gubernativa provisional del Río de la Plata» que debía gobernar mientras el rey permaneciera privado de libertad. Saavedra fue designado presidente de la junta y figuraron en ella también Belgrano y Moreno.

La reacción realista se produjo en Córdoba, en donde el intendente, don Juan de la Concha, contando con la colaboración de algunos jefes militares, entre los que estaba el mariscal Liniers, salió a combatir a los rebeldes. Pero fue derrotado por las fuerzas de Buenos Aires y habiendo caído preso fue pasado por las armas junto con el propio Liniers, sin que valieran a éste sus anteriores méritos.

Desde este momento Buenos Aires conservó ya definitivamente su independencia, cosa explicable, además de las razones antes expuestas, porque era la única provincia en la que los criollos contaban con un ejército en forma, organizado durante la invasión inglesa. Por lo contrario, fueron las fuerzas argentinas las que tomaron la ofensiva contra el dominio realista en otras provincias.

Las pugnas políticas internas

Pronto apareció en la Junta Gubernativa Provisional la división entre las dos fuerzas que se habían unido ocasionalmente para constituirla: por una parte los conservadores, capitaneados por Saavedra, que aún mantenían la fidelidad al rey, y por la otra los liberales dirigidos principalmente por Moreno, que fingía como secretario de la junta, que querían el rompimiento total con la monarquía.

Pero además se planteaba la tensión, ya antigua, entre el puerto y el interior del país. Los conservadores se inclinaban por el federalismo, para satisfacer a los departamentos del interior, mientras que los liberales, apoyados por los intereses comerciales de Buenos Aires, sostenían el criterio unitario.

La independencia

Por lo pronto Saavedra contaba con una mayoría conservadora en la junta y Moreno se vio obligado a renunciar. (1) Los liberales trataron de reaccionar contra la hegemonía de Saavedra, pero éste se les adelantó. Propició un movimiento popular y apoyado en él, eliminó a todos los radicales de la junta y tomó el mando supremo del ejército en abril de 1811.

Pero los negocios de la guerra iban mal, como en seguida veremos, y ello permitió a los liberales atacar a la junta que se vio obligada, en diciembre, a nombrar un ejecutivo compuesto por tres miembros, en el que dominaba la figura de su secretario, don Bernardino Rivadavia.

El partido español de Alzaga quiso aprovechar estas disensiones para dar un golpe contra los revolucionarios pero la conspiración fue descubierta y Rivadavia hizo fusilar al antiguo alcalde y a varios más de sus correligionarios.

Sin embargo los radicales no estaban conformes con la integración del triunvirato y apoyados por la guarnición de la plaza, el 8 de otubre de 1812 sustituyeron a sus miembros por don Bernardo Monteagudo, que ahora jefaturaba al partido, don Carlos Alvear y don José de San Martín.

El nuevo gobierno convocó inmediatamente a una Asamblea Constituyente, que inauguró sus sesiones el 31 de enero de 1813. La asamblea no declaró todavía la independencia pero actuó como si lo hubiera hecho. Decretó la abolición de la Inquisición, de los títulos nobiliarios, la libertad de los hijos de los esclavos e, incluso, adoptó una bandera nacional.

En enero de 1814, las exigencias de la guerra y los peligros por que atravesaba el país, hicieron ver la necesidad de concentrar el poder en una sola persona y dotarla de amplias facultades. La asamblea designó entonces como «Director Supremo» a don Gervasio A. Posadas, del bando liberal, y dio el mando del ejército a San Martín.

Posadas, anciano y débil, acosado por los ataques exteriores y las intrigas internas, dimitió el cargo un año más tarde y la asamblea designó para sustituirlo al general Carlos Alvear. En el fondo, todo esto significaba que los radicales se posesionaban cada vez con mayor firmeza del gobierno y según algunos autores, todas estas combinaciones se dirigían desde la logia liberal. El caso es que se produjo una reacción

_____

(1) Para alejar a Moreno del país fue enviado en misión diplomática a Inglaterra, pero murió durante la travesía, el 4 de marzo de 1811. Es este el primer caso de destierro diplomático, un recurso muy usado hasta nuestros días en la América Latina para alejar a los enemigos políticos.

de los federalistas contra el gobierno que destituyó a Alvear y llevó al puesto de director al general Ignacio Álvarez Thomas en abril de ese mismo año.

Los reveses militares del año de 1815 desacreditaron al gobierno y hundieron al país en la anarquía. Varias provincias se declararon independientes y brotaron caudillos indisciplinados por doquier. Álvarez renunció al cargo el 16 de abril de 1816 y fue ocupado éste interinamente por el general Antonio González Balcarce.

Desde el 24 de marzo de ese año se hallaba reunido en Tucumán el congreso prometido por la revolución de Álvarez para satisfacer a los federalistas. El 3 de mayo designó éste como director supremo a don Juan Martín Pueyrredón, y el 9 de julio, al fin, hizo la declaración solemne de la independencia del país de la monarquía española.

La forma de gobierno que debía darse a la nueva nación era otro motivo de división. Sin embargo, la idea monárquica que desde un principio contaba con muchos adeptos, se había fortalecido ante la anarquía reinante y contando con el apoyo de personajes tan relevantes como Belgrano, Pueyrredón y el propio San Martín, triunfó en el congreso. Se iniciaron entonces largas y complicadas negociaciones para conseguir un monarca, pero al fin fue imposible lograrlo.

Se abría así el período de la inestabilidad política y de las luchas intestinas pero el de la independencia había concluido.

Las campañas militares

La Junta Gubernativa Provisional se dio perfecta cuenta desde el primer momento de que su autonomía no podría estar nunca segura mientras tuviera a los españoles al frente, en el baluarte de Montevideo y a la retaguardia en el Alto Perú, por eso dedicó todo su esfuerzo a liberar esas dos provincias. Los realistas por su parte, estaban también percatados de ello y los ejércitos del virrey del Perú se empeñaban en emprender la reconquista desde allá. De aquí las luchas que se trabaron en estos dos frentes.

La independencia del Uruguay

En Montevideo, el gobernador Elío, en una reunión convocada al efecto en junio de 1810, había desconocido a la Junta de Buenos Aires. Poco después el propio Elío fue designado virrey del Río de la Plata y se dispuso a atacar al gobierno independiente, contando para ello con el auxilio de tropas brasileñas y con una flota española. Pero en febrero de 1811 se produjo un alzamiento en el interior del Uruguay, acaudillado por don José Artigas a favor de la independencia de la provincia. Buenos Aires envió en su ayuda a un ejército que primero mandó el general Belgrano y después el coronel Rondeau. Reunidas sus fuerzas pudieron derrotar a los realistas en Las Piedras, el 18 de mayo de 1811 y poner cerco a Montevideo, pero la marina española bloqueó entonces a Buenos Aires.

La situación se mantuvo indecisa hasta mayo de 1812 en que el general español Vigodet se decidió a atacar a los insurgentes y sufrió una completa derrota que les valió a aquéllos el dominio de todo el territorio. Pero la plaza de Montevideo se mantuvo inexpugnable y lo sería mientras los españoles tuvieran el dominio del mar. Pero, a principios de 1814, el director supremo, Posadas, armó cuatro buques mercantes que puso a las órdenes del irlandés Guillermo Brown. Las fuerzas navales españolas eran muy superiores, pero Brown supo aprovechar muy hábilmente los movimientos del enemigo y después de derrotar a una parte de ellas el 16 de marzo en la isla de Martín García, bloqueó a Montevideo, mientras por tierra las tropas independientes, mandadas ahora por el coronel Carlos Alvear, emprendieron el ataque que vino a resolverse con la capitulación de la ciudad, que fue ocupada por Alvear el 22 de junio.

En cambio las relaciones políticas entre los uruguayos y el gobierno de Buenos Aires no iban tan bien. Artigas había formado un gobierno provisional en abril de 1812 y el triunvirato argentino lo desconoció, pues pretendía que esa provincia se sometiera a su autoridad. Ello dio lugar a largas luchas entre ambas regiones que terminaron con la segregación del Uruguay. Pero ellas pertenecen al período histórico que entonces se iniciaba con la consumación de la independencia uruguaya de la Corona española.

La independencia del Paraguay

Cuando se supo en la remota provincia de Paraguay lo ocurrido en España y las consecuencias que había tenido en Buenos Aires, las autoridades, que encabezaba el intendente don Bernardo Velasco, se negaron a reconocer a la Junta Provisional. Entonces ésta, en su deseo de mantener la antigua jurisdicción del virreinato, envió al general Belgrano al mando de una división para que sometiera a aquella región. Pero Belgrano fue totalmente derrotado por las fuerzas de Velasco el 9 de marzo de 1811 en Tacuarí.

Sin embargo, el proceso separatista se había iniciado con estos hechos. Pero la opinión se encontraba dividida en tres corrientes distintas. Unos deseaban mantener la fidelidad a la monarquía española, otros abogaban por la unión a Buenos Aires y un tercer grupo, capitaneado por don José Gaspar Rodríguez de Francia, pedía un gobierno propio e independiente de cualquier otro.

El 14 de mayo de 1811 un movimiento revolucionario que contaba con el apoyo de las milicias, derrocó a las autoridades, sin que éstas tuvieran oportunidad de oponer ninguna resistencia, y se constituyó una Junta Gubernativa compuesta por tres miembros, uno de los cuales era el doctor Francia. Éste terminó por eliminar a sus compañeros y a los partidos opuestos y se hizo dueño absoluto de la situación.

En octubre reunió un congreso que por órdenes suyas dio una constitución inspirada en la antigua Roma y nombró a dos cónsules, siendo el doctor Francia, naturalmente, uno de ellos. Pero en 1814 decidió eliminar a su colega y reunió a otro congreso que, siguiendo también el ejemplo de Roma, pues al fin Roma tiene ejemplos para todos los gustos, le nombró dictador por tres años y, más tarde, dictador vitalicio.

Las campañas militares en el Alto Perú

Apenas instalada la Junta Gubernativa envió a un ejército al mando del general Francisco Antonio Ortiz del Campo contra el Alto Perú. Sufrió éste un revés en Catagaita, en octubre de 1810, pero logró una gran victoria poco después en Suipacha y avanzó hasta el río Desaguadero que marcaba los límites de la provincia. Entonces fueron atacados por las fuerzas de Goyeneche y el 30 de julio de 1811 sufrieron una derrota que puso su ejército en dispersión.

El gobierno argentino dio el mando de las fuerzas a Belgrano y abrió una nueva campaña. En mayo de 1812 avanzó Belgrano hasta Jujuy, pero amenazado por el ejército virreinal que ahora dirigía el general Pío Tristán, tuvo que retroceder hasta Tucumán. Ahí se hizo fuerte y no obstante la superioridad de los realistas logró infringirles una grave derrota en febrero de 1813, que los rechazó a su vez hasta Salta, pero permitió después que se retiraran sin perseguirlos y sólo dos meses después emprendió la marcha para ocupar la ciudad de Potosí.

El virrey del Perú encargó entonces de las operaciones al general Joaquín de la Pezuela y éste se lanzó sobre los argentinos venciéndolos en la pampa de Vilcapugio el 1 de octubre de 1813 y desbaratando su ejército con una nueva victoria el 4 de noviembre en Ayohuma. Nuevamente avanzaron los realistas hasta Salta y nuevamente los independientes fueron a situarse en Tucumán.

En estas condiciones el gobierno dio el mando del ejército del norte al general San Martín, que se presentó en Tucumán en enero de 1814 (1).

Con sus amplios conocimientos y experiencias militares, pudo darse cuenta San Martín inmediatamente de que aque-

---

(1) El general San Martín nació en 1778 en Yapeyú, en el territorio de las misiones jesuíticas. Era hijo de un coronel español y desde muy pequeño fue llevado a la metrópoli en donde se educó en el colegio de nobles de Madrid. Siguió después la carrera militar, y tomó parte en la guerra contra la invasión francesa. Convencido de la bondad de las ideas liberales, ingresó en la logia «Lautaro» y en 1812 regresó a su patria de origen para luchar por su independencia.

llas tropas mal armadas y mal disciplinadas no constituían propiamente un ejército, por ello solicitó su relevo y fue nombrado gobernador de Cuyo, en donde se consagró lenta y concienzudamente a formar un verdadero ejército, como el que las circunstancias exigían.

Quienes evitaron en aquel trance el avance de los realistas fueron los guerrilleros del caudillo de Salta, don Martín Güemes, que mantuvieron un infatigable asedio sobre el enemigo. La caída de Montevideo, que venía a alterar los planes militares del virrey del Perú y el brote revolucionario que se produjo en el Cuzco en agosto de 1814, obligaron a De la Pezuela a replegarse hacia el norte y el general Rondeau, que había suplido a San Martín en el mando del ejército, pudo avanzar sin oposición hasta Jujuy y ocupar más tarde Potosí. Pero excesivamente confiado por esta ausencia de oposición, continuó avanzando hacia el norte y permitió que De la Pezuela lo sorprendiera en Sipe-Sipe el 28 de noviembre de 1815 y le causara una derrota tal que sus fuerzas quedaron deshechas.

Nuevamente descendieron los realistas sobre las provincias argentinas y fueron nuevamente las guerrillas de Salta las que les cerraron el paso, salvando así una vez más al naciente país de un gravísimo peligro.

De este modo, aquella guerra, que era vital para ambos contendientes y su solución decisiva para el curso de la independencia de las Indias, se hallaba en un punto muerto, porque si los realistas eran invencibles en el Alto Perú, los argentinos lo eran en su territorio.

Sólo un talento militar superior podía encontrar la solución de aquel problema que parecía insoluble y ese fue el mérito del general San Martín.

La Patria Vieja

En Chile, al igual que en las demás provincias, las noticias de la abdicación de Fernando VII, alentaron al grupo liberal y se iniciaron las conspiraciones contando, como era de rigor, con el beneplácito del cabildo de Santiago. El capitán general, don Francisco García Carrasco, quiso cortar por lo sano e hizo prender y deportar a Lima a los principales personajes del partido criollo: don José Antonio Rojas, don José Antonio Ovalle y el doctor Bernardo Vera.

Pero esta medida produjo un efecto totalmente contrario al que el gobernador esperaba. El 11 de julio de 1810 el vecindario se agolpó en la plaza y el cabildo y la audiencia intervinieron para evitar mayores conflictos. El general Carrasco, ante esta situación quiso rectificar sus órdenes, pero el barco que conducía a los presos había ya zarpado. Las manifestaciones populares fueron entonces en aumento por lo que la audiencia convenció a García Carrasco de que dimitiera, como único medio de calmar la indignación de la ciudad. Una junta de altos funcionarios celebrada el 16 de julio, nombró para sustituirlo en el puesto a don Mateo del Toro Zambrano, conde de la Conquista.

El conde de la Conquista tenía ochenta y seis años y ninguna cualidad para el mando y se trabó en torno suyo la lucha entre realistas y revolucionarios. Al fin, estos últimos lograron convencerlo de que citara a una junta para discutir los acontecimientos de la Península. La reunión fue muy numerosa y salvo el voto de algunos españoles, acordó casi por unanimidad la formación de un nuevo gobierno, por la misma razón aducida en todas partes de que no podía haber autoridades que representaran al rey puesto que no había rey.

El 18 de septiembre de 1810 renunció al mando el conde de la Conquista y se nombró una Junta Gubernativa compuesta por siete miembros, en la que quedó como presidente el propio conde y como vicepresidente el obispo de Santiago, don José Antonio Martínez de Aldunate. Pero a la sombra de tan altas personalidades, tomaron posiciones los ideólogos del partido criollo, como don Juan Martínez de Rozas, el padre Camilo Henríquez y don Juan Egaña, que presentó un plan para la federación de todos los pueblos de América.

La Junta Gubernativa, dirigida en realidad por Rozas, desplegó una gran actividad, abrió los puertos al comercio libre, levantó tropas y obtuvo el reconocimiento de todos los departamentos y ciudades de la capitanía.

El obispo Aldunate, también octogenario, no intervenía para nada en los negocios políticos y en febrero de 1811 murió el conde de la Conquista, de modo que el gobierno vino a quedar totalmente en manos del grupo liberal. Entonces la junta convocó a un congreso y ello ocasionó un levantamiento realista en la capital, pero fue reprimido y su instigador, el

Alonso de Ercilla, militar y escritor,
autor de La Araucana

Sor Juana Inés de la Cruz,
poetisa mexicana

Olegario Andrade Muñiz,
poeta argentino

Camilo Enríquez, escritor y político
chileno

José Hernández, célebre cantor
del gaucho argentino

José Mármol, conocido poeta
y escritor argentino

Antonio García Reyes, magistrado y escritor chileno

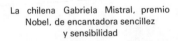

La chilena Gabriela Mistral, premio Nobel, de encantadora sencillez y sensibilidad

Miguel Antonio Caro, poeta y escritor
colombiano

José Asunción Silva, inspiradísimo
poeta colombiano

Ricardo Palma, castizo escritor
peruano

Jorge Isaacs, poeta colombiano

Joaquín N. Aramburu, periodista
y escritor colombiano

Juan Montalvo, escritor ecuatoriano

Daniel Muñoz, literato uruguayo

Juan Zorrilla de San Martín, célebre
poeta uruguayo

José Martí, sensibilísimo poeta y
patriota cubano

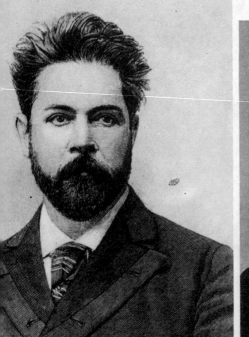

Andrés Bello, una de las mentes más preclaras de las letras hispánicas. venelozano

Rómulo Gallegos, conocido escritor y político venezolano

Rubén Darío, la gloria más preclara de las letras hispánicas del siglo XIX

José de la Luz Caballero, escritor
y filósofo cubano

Pablo Neruda, poeta chileno,
premio Nóbel de Literatura.

Miguel Angel Asturias, novelista guatemalteco premio Nóbel
de Literatura.

coronel Tomás de Figueroa, pasado por las armas. La junta aprovechó la coyuntura para suprimir la audiencia, en la que perduraba la autoridad real.

El congreso fue inaugurado el 4 de julio de 1811 y en él apareció ya la consabida división entre los radicales, acaudillados por Rozas, y los moderados, que dominaban en el cabildo. En el congreso se impusieron estos últimos y la Junta Gubernativa fue sustituida por un Directorio Ejecutivo, de carácter más conservador, compuesto por tres personas.

En vista de ello, Rozas se retiró a Concepción para preparar el contragolpe.

Había regresado de España por esos días un joven militar llamado Miguel Carrera y fue éste quien llevó a efecto los designios de los radicales en Santiago. Apoyado por algunas tropas, el 4 de septiembre de ese mismo año, de 1811, derrocó al Directorio y lo sustituyó por otra junta. Otro tanto hizo Rozas en Concepción deponiendo a las autoridades y lo mismo aconteció en Valdivia. Además, fueron eliminados del congreso todos los diputados que no eran de su agrado, quedando así restablecida por completo la hegemonía de los radicales.

Pero Carrera, que antes que radical era un caudillo, no quedó conforme al verse relegado por el grupo de Rozas a un segundo plano y el 15 de noviembre dio un nuevo golpe y formó una junta en la que figuraba él, pero ofreció un puesto a Rozas, tratando así de neutralizar su enemistad. Sin embargo, Rozas no aceptó y su puesto fue dado a don Bernardo O'Higgins (1). Después, Carrera disolvió el congreso, persiguió a sus enemigos y de hecho se erigió en dictador. O'Higgins desaprobaba este proceder y se retiró de la junta.

Rozas levantó tropas en el sur para derrocar a Carrera y hubieran llegado seguramente a las armas si una subversión que estalló en Valdivia y restituyó en ella el régimen español, no los hubiera inducido a unirse contra el común peligro de una reacción monárquica. Pero esto fue sólo una breve tregua que aprovechó Carrera para organizar en Concepción una conjura contra Rozas. El 8 de julio de 1812 se apoderaron los carreristas de la plaza e hicieron prisionero a Rozas, que fue deportado a Mendoza, en donde murió meses después. De este modo Carrera quedó dueño absoluto del país.

---

(1) Don Bernardo era hijo de don Ambrosio de O'Higgins, un afortunado irlandés que fue a Chile como mercader y llegó a capitán general y en 1786 a virrey del Perú. Bernardo nació en 1778.

La independencia

En octubre de 1812, bajo la inspiración de Carrera, se dictó una constitución que, aunque no declaraba la independencia de esa provincia ni repudiaba expresamente la autoridad del rey, de hecho establecía principios incompatibles con la monarquía.

El virrey del Perú, don Fernando de Abascal, juzgó entonces que ya era tiempo de terminar con aquella revolución y envió para ello al general Antonio Pareja. Éste llegó en enero de 1813 a Chile, en donde empezó a reclutar a un ejército que luego engrosó en Valdivia y marchó con él sobre Santiago. Carrera lo atacó en un sitio denominado Yerbas-Buenas, cerca del río Maule, alcanzando sobre él una victoria parcial, pero ello provocó que varios cuerpos del ejército realista se insubordinaran y que Pareja tuviera que retirarse hasta Chillán seguido por los chilenos.

Pero Carrera perdió la oportunidad de atacar en ese momento y cuando al fin lo hizo, en agosto, el enemigo, ahora mandado por el capitán Juan Francisco Sánchez, porque Pareja había muerto, se había hecho fuerte y el ataque fracasó, por lo que la guerra se prolongó en combates parciales y acciones indecisas.

Esto dio lugar a que Carrera fuera acusado, y no sin algo de razón, de incompetente para dirigir la campaña y en noviembre la junta lo despojó del mando para confiárselo a O'Higgins. A los pocos días cuando Carrera regresaba a Santiago acompañado de su hermano Luis, cayeron prisioneros de una partida realista y fueron confinados a Chiloé.

En enero de 1814 llegó de Lima, para hacerse cargo del ejército español, el general Gabino Gainza, trayendo consigo refuerzos e implementos. Inmediatamente emprendió las operaciones y el 4 de marzo se apoderó de Talca. El vecindario de Santiago, alarmado por este triunfo, pidió un gobierno más vigoroso y la junta fue suprimida para concentrar el poder en un Director Supremo, designando para ese puesto a don Francisco de la Lastra.

Gainza sufrió algunos reveses pero pudo reponerse y avanzó sobre Santiago; sin embargo, O'Higgins le cerró el paso y lo rechazó a Talca en el mes de abril. Iba a atacarlos O'Higgins en ese reducto cuando recibió órdenes de Santiago de transar con el enemigo.

En verdad, la situación política de la monarquía había cambiado notablemente en ese año. Fernando VII estaba nuevamente en el trono y sus ejércitos se estaban imponiendo en América. Con la vuelta del rey, por lo demás, toda la argumentación de los criollos se venía por tierra.

Sirvió de mediador entre los beligerantes el comodoro inglés Hilleyar, y el 3 de mayo de 1814 se firmó el tratado de Lircay. Por éste, los patriotas aceptaban la autoridad del rey pero conservaban el derecho de gobernarse por sí mismos y el ejército realista se comprometía a abandonar el territorio de Chile.

La paz valió la libertad de los hermanos Carrera que inmediatamente regresaron a Santiago y a poco José Miguel se había convertido en el caudillo de los descontentos con el tratado de Lircay y apoyado por ellos se daba un golpe de mano el 23 de julio y se hacía presidente de la Junta de Gobierno que él mismo designó.

Una parte de la población y del ejército, con O'Higgins a la cabeza, se negaron a tolerar el proceder de Carrera y las tropas de O'Higgins marcharon contra Santiago. Se habían iniciado ya las hostilidades el 26 de febrero a orillas del Maipo, cuando llegó la noticia de que el virrey Abascal rechazaba el tratado de paz y enviaba tropas al mando del coronel Mariano Osorio para reforzar a las que, contra lo pactado permanecían en Chillán, a fin de someter a Chile incondicionalmente a la Corona.

O'Higgins, demostrando una excepcional grandeza moral, se ofreció a las órdenes de Carrera para defender juntos a la patria.

Avanzó el ejército realista, bien pertrechado y compuesto por cinco mil hombres, hasta Rancagua, en donde O'Higgins que sólo tenía dos mil, le hizo frente esperando que Carrera llegaría a reforzarlo. Pero éste no se presentó y a pesar del valor que desplegaron los patriotas en la batalla, fueron totalmente batidos.

Con ello terminaba aquella efímera independencia de Chile, a la que llamaron la Patria Vieja. O'Higgins con los restos de su ejército y un gran número de adictos a la revolución, transpusieron la cordillera para buscar refugio en las tierras argentinas de Cuyo, mientras las tropas del rey hacían su entrada en Santiago el 6 septiembre de 1814.

Los dos grandes virreinatos

En los dos grandes virreinatos de las Indias, el Perú y Nueva España, el proceso de la independencia se desarrolló de modo muy diverso al de las demás provincias, como a continuación hemos de ver.

Lima y México eran los centros más firmes del poder real en América, no sólo en lo militar, sino también en lo político, en lo administrativo y aún en lo cultural. Por ello, aunque existían las mismas causas de inconformidad contra el gobierno peninsular e idénticos anhelos de autonomía, como quedó de manifiesto en 1808 con las rebeliones del Alto Perú y las conspiraciones de Nueva España, estos impulsos no pudieron manifestarse a través de cabildos abiertos ni de juntas formadas por los potentados criollos, pues en estas capitales estaban los intereses de éstos más ligados a la Península que en las otras. Por otra parte, asentados estos virreinatos sobre las dos naciones indígenas, la oposición de razas y clases sociales era mucho más acusada en estos países y ello mismo dificultaba la formación de un sentimiento nacional, puesto que los criollos en muchos aspectos se sentían más próximos a España que a los pueblos indígenas. Sólo mucho más tarde y a costa de incesantes convulsiones se irá produciendo esa integración nacional que, en algunos aspectos, aún no termina.

Sofocadas las rebeliones indígenas que se produjeron en Perú el siglo anterior, el movimiento autonomista sólo pudo cristalizar al amparo de la presión ejercida por las provincias vecinas, y en Nueva España las luchas de la independencia adquirieron un carácter más marcado de revolución social que impelió a los criollos a colocarse en el bando realista.

El Perú

No es de extrañar, pues, que en el Perú se haya mantenido inalterable la fidelidad a las diversas autoridades que se sucedieron en España por aquellos años y que haya sido la base de operaciones desde la cual los ejércitos de la monarquía lanzaran sus ataques contra Argentina, Chile y Quito.

Sólo en lo alto de los Andes, en donde las características antes señaladas eran menos vigorosas, se producen esporádicamente brotes de insurrección, como los de 1808 en Charcas y La Paz, o la tentativa de apoderarse de Cuzco realizada por algunos vecinos de esa población la noche del 5 de noviembre de 1813. En agosto de 1814 se produjo en esa misma población una nueva asonada que depuso al presidente de la audiencia y estableció una junta, encabezada por don Juan Angulo y el cacique indígena don Mateo García Pomacagua. Puesto este último al frente de sus hombres se apoderó por las armas de varias otras poblaciones, entre ellas La Paz. Pero el general Pezuela, jefe del ejército del Alto Perú que mantenía la campaña contra los argentinos, destacó contra Pomacagua una división mandada por el mariscal Ramírez, que venció a los rebeldes en varios encuentros, ejecutó a Pomacagua y a otros jefes insurgentes y sofocó totalmente la revolución.

Nueva España

No pudiendo encauzarse por el camino normal de los cabildos abiertos y las juntas conservadoras por las razones antes expuestas, el movimiento separatista se inició en Nueva España con una violenta revolución popular. A diferencia también de lo ocurrido en las demás provincias, no se originó éste en las clases altas ni fue acaudillado por hombres prominentes, sino que prendió entre las castas y fue suscitado por un modesto cura del pequeño poblado de Dolores, don Miguel Hidalgo y Costilla.

Hidalgo era el animador de un círculo formado por hombres que cultivaban las ideas de la Revolución francesa. Ante los acontecimientos ocurridos en España aquel año de 1810, la tertulia adquirió caracteres de conspiración dirigida a dar al país un sistema político acorde con aquellas teorías.

Fue descubierta la conjura, pero antes de dar tiempo a ser aprehendidos, la noche del 15 de septiembre, Hidalgo lanzó el «grito de Dolores»: «¡Viva Fernando VII y muera el mal gobierno!» y se lanzó a la revolución.

461

La independencia

Como en el resto de las Indias, en este primer momento no se proponía la separación de la Corona, sino la sustitución del sistema absolutista por el liberal, y con él la supresión de las castas y la separación del gobierno de los peninsulares para entregarlo a manos del partido americano.

Con Hidalgo se levantaron en armas algunos oficiales del ejército virreinal, como Abasolo, Aldama, Allende y otros más, y con la masa campesina de su feligresía y los presos que rescató de la cárcel improvisó su ejército y emprendió la lucha, llevando como bandera un estandarte de la Virgen de Guadalupe.

Al día siguiente se apoderaron de San Miguel el Grande, el día 20 ocuparon Celaya y el 28 tomaron Guanajuato, que era la capital de la intendencia; todo ello sin encontrar resistencia considerable y aumentando sus huestes constantemente, hasta llegar a formar una verdadera muchedumbre que, sin posibilidad de ser disciplinada, se entregaba al saqueo de las ciudades por donde pasaba.

Sólo un día antes de estallar la rebelión, había hecho su entrada a la capital el nuevo virrey enviado por el Consejo de Regencia, que era don Francisco Javier Venegas. Éste confió la defensa al brigadier don Félix María Calleja.

A principios de octubre llegó Hidalgo a Valladolid, capital de la provincia de Michoacán, con una turba, que algunos observadores calcularon en 20.000 almas, y de ahí marchó sobre la ciudad de México. El ejército de Calleja, que se hallaba en el norte del país, no había aún llegado y salió a hacerle frente un cuerpo de 3.000 hombres que fue desbaratado por los revolucionarios en el monte de las Cruces, en las inmediaciones de la capital. Hidalgo podía considerarse ya dueño de ella, pero por causas que no han sido esclarecidas, en lugar de atacarla se retiró nuevamente hacia Valladolid.

El 7 de noviembre se encontró con las tropas de Calleja y sufrió su primer descalabro y se trasladó a Guadalajara, que ya había sido ocupada por el insurgente José Antonio Torres. En Guadalajara trató Hidalgo de dar cierta organización al movimiento; estableció dos ministerios, decretó la abolición de la esclavitud y de los tributos que pesaban sobre las castas y envió a un comisionado a los Estados Unidos en busca de auxilios y de elementos de guerra. Pero su actuación fue ensombrecida por el asesinato de varios centenares de civiles españoles que ninguna intervención habían tomado en el conflicto.

El 25 de noviembre derrotó Calleja a Allende que defendía Guanajuato y después se dirigió sobre Guadalajara. Hidalgo salió a esperarlo en el río Calderón con 30.000 hombres aproximadamente; Calleja atacó con 7.000 y puso en desbandada al ejército insurgente, hecho que nos revela el estado de armamento y disciplina en que se encontraba.

Hidalgo, con algunos de sus oficiales, se dirigió hacia el norte procurando alcanzar la frontera, pero fueron aprehendidos y ejecutados en la ciudad de Chihuahua en julio de 1811.

Pero aunque los iniciadores de la revolución cayeron, ésta se había propagado a muchas regiones del país, surgiendo multitud de caudillos y partidas insurgentes.

Don Ignacio López Rayón, que quedó como sucesor de Hidalgo, formó en Zitacuaro una Junta de Gobierno que todavía se ostentaba como «conservadora de los derechos de Fernando VII» y que tenía como misión unificar los esfuerzos revolucionarios. Pero esa plaza fue tomada por los realistas y la junta prácticamente se dispersó.

En cambio, en el sur se iba destacando la figura de don José María Morelos y Pavón, antiguo párroco de la pequeña aldea de Caracuaro, y que pronto se impondría como jefe del movimiento por su capacidad organizadora, su talento militar y sus ideas revolucionarias.

En una brillante campaña batió a las fuerzas realistas que le salieron al paso y llegó hasta la ciudad de Cuautla, cercana a la capital. Pero allí lo cercó Calleja y después de resistir largo sitio, hubo de romperlo el 2 de mayo de 1812 y retroceder. Inició después una amplia correría sosteniendo constantes encuentros con partidas realistas y se apoderó, aunque sólo transitoriamente, de importantes poblaciones, tales como Orizaba, en agosto de 1812, Oaxaca, en noviembre y el puerto de Acapulco en abril del siguiente año.

Para hacer más eficaz la campaña contra los patriotas, en febrero de 1813 fue nombrado como virrey el general Calleja, que como hemos visto, había tenido hasta entonces a su cargo las operaciones militares.

Morelos se daba cuenta de la necesidad de dar forma al gobierno revolucionario y con ese fin reunió un Congreso Nacional en septiembre de 1813. El congreso designó a Morelos como capitán general y depositó en él el poder ejecutivo y el 6 de noviembre promulgó un decreto por el cual «El Congreso de Anáhuac, —según reza textualmente— legítimamente instalado en la ciudad de Chilpancigo de la América Septentrional, por las provincias de ella declara... (que) ha recobrado el ejercicio de su soberanía usurpada; que en tal concepto, queda rota para siempre jamás y disuelta la dependencia del trono español...»

Pero el congreso marcó el principio de la declinación del caudillo. En diciembre sufrió una grave derrota a manos del jefe realista don Agustín de Iturbide, al intentar tomar Valladolid (ciudad que en su honor lleva hoy el nombre de Morelia). Desde entonces se sucedieron los encuentros desfavorables para las armas insurgentes.

Por su parte, el congreso tuvo que cambiar constantemente de sede, a pesar de lo cual el 22 de diciembre de 1814, promulgó en Apatzingan la primera constitución política que tuvo el país. Pero al tratar de proteger Morelos el traslado del congreso a Tehuacán, el 3 de noviembre fue atacado por el coronel Manuel de la Concha y cayó prisionero en manos de los realistas. Fue fusilado el 22 de noviembre de 1815.

Con Morelos perdió la revolución al hombre que hubiera sido capaz de encauzarla.

Los insurgentes nunca llegaron a retener de modo estable ningún territorio determinado, pero las partidas rebeldes se multiplicaron y mantuvieron en constante actividad durante aquellos años. También a diferencia de lo que acontecía en Sudamérica, no hubo en Nueva España grandes operaciones militares. Fue una guerra de constantes encuentros parciales, grandes correrías y ataques sorpresivos, más semejante a la guerra de guerrillas, circunstancia que viene a confirmar el carácter eminentemente popular y campesino que tuvo la revolución de independencia en esta primera fase.

Pero en los años que siguieron a la prisión del general Morelos la revolución empezó a declinar. Muchos de sus mejores jefes cayeron en el campo de batalla o fueron hechos prisioneros. En 1817 tuvo un fugaz resurgimiento. En abril desembarcó en el río Santander el guerrillero español don Francisco Javier Mina, que había peleado en la Península, primero contra los franceses y después contra el absolutismo reimplantado por Fernando VII. Perseguido por esa causa en España, decidió continuar la lucha en América, «contra la tiranía —según él mismo afirmaba—, no contra los españoles».

Con un pequeño grupo que fue aumentando a medida que avanzaba, inició Mina su marcha y venció en repetidas ocasiones a los cuerpos realistas que le salieron al paso, pero al fin cayó prisionero y tan brillante como breve campaña terminó con su ejecución el 11 de noviembre del propio año. Este incidente ratifica desde otro ángulo el carácter de guerra civil de la independencia, ya que no era precisamente la lucha de una nación contra otra, sino una lucha de ideologías distintas. Así se explica el que tantos americanos hayan peleado en el bando realista, mientras algunos españoles, como lo demuestra el sobresaliente ejemplo de Mina, lo hicieran en el campo independiente.

A partir de entonces sólo algunos insurgentes como Nicolás Bravo, Vicente Guerrero, Guadalupe Victoria y otros, con pequeñas partidas, se sostuvieron en las montañas, principalmente en el sur. Pero el gobierno virreinal podía considerar, si no extinguida la rebeldía, sí perfectamente controlada la situación. Los efectivos del ejército realista habían ascendido durante la guerra a más de 80.000 hombres, con lo cual el régimen podía considerarse seguro. Aunque también contribuyó a la pacificación, la política conciliadora del nuevo virrey, don Juan Ruiz de Apodaca, que sustituyó a Calleja en septiembre de 1816.

Los primeros brotes revolucionarios en Centroamérica

La invasión napoleónica en España y el ejemplo de las reacciones que ello causó en las demás provincias, ocasionaron en las centroamericanas algunas conspiraciones y algunos motines populares, aunque estas agitaciones fueron reprimidas con relativa facilidad por el capitán general de Guatemala, don José Bustamante.

En San Salvador fue descubierta una conjura que animaba el párroco don Matías Delgado. En León, en Granada y en otras poblaciones de Nicaragua se produjeron en diciembre de ese mismo año tumultos que depusieron al intendente, don José Salvador y a todos los empleados peninsulares. Los sediciosos se apoderaron del castillo de San Carlos, pero el obispo García Jerez logró restablecer la paz y que se formara una Junta Gubernativa. Sin embargo, el capitán general

La independencia

Bermúdez se negó a reconocerla, y en abril de 1812 envió tropas que sometieron por las armas a los rebeldes y apresaron a sus dirigentes, entre ellos a don José Manuel de la Cerda, a don Pedro Guerrero y a don Silvestre Selva.

En enero de 1812 hubo también un motín en Tegucigalpa que depuso del ayuntamiento a los españoles, pero fue también solucionado el conflicto.

En la propia Guatemala fue descubierto en 1813 un grupo en el que figuraban algunos vecinos prominentes, que se reunía en el convento de Belén, presidido por fray Juan de la Concepción y que se había conjurado para luchar por la independencia. Al año siguiente nuevamente en San Salvador, el pueblo atacó la intendencia y fue necesario enviar tropas de Guatemala para restablecer el orden.

Como podrá observarse, el fermento revolucionario había penetrado ya en estos años a todas las regiones de la América española, y la inquietud iba en aumento sin que las represiones armadas fueran remedio suficiente y eficaz para contenerla.

La consumación de la independencia

El año de 1816 Fernando VII y sus consejeros podían considerar que habían alcanzado un éxito absoluto tanto en su política exterior como en la interior. En Europa, el triunfo de España sobre Napoleón y la restauración de la monarquía francesa favorecían notablemente su posición en el continente. En lo interno estaba reimplantado el antiguo régimen absolutista y reprimida toda oposición. Y, por último, en América, salvo el virreinato del Río de la Plata, todas las provincias se hallan reconquistadas y, como gustaban decir en la corte, «pacificadas».

Una rápida recapitulación cronológica nos permitirá constatar, en efecto, hasta qué punto la corona había podido superar la revolución y recuperar su imperio en aquellas fechas: Quito fue una de las primeras en levantarse, pero también la primera en ser sometida, en noviembre de 1812; Caracas cayó por segunda vez en julio de 1814 y las fuerzas reales poseían nuevamente la provincia toda; en octubre de ese mismo año el general Osorio entró en Santiago de Chile. Bolívar, el libertador por antonomasia, se hallaba exiliado en Jamaica desde mayo de 1815. En noviembre la derrota de las fuerzas rioplatenses en Sipe-Sipe, parecía haber frenado definitivamente las intenciones expansionistas de Buenos Aires. En diciembre de ese mismo año moría fusilado el caudillo mexicano Morelos, que personificaba la mejor esperanza de la revolución en Nueva España; y, por último, el 6 de mayo de 1816 el general Morillo entraba en la última capital que poseían los rebeldes, Santa Fe de Bogotá.

Por lo demás no quedaban en todos aquellos territorios núcleos insurrectos fuertes, ni caudillos relevantes, sino sólo reducidas y atomizadas guerrillas que el tiempo mataría por sí solo.

Naturalmente en el terreno político toda la obra revolucionaria, la abolición de la esclavitud, la libertad de comercio, el sistema constitucional, etc.; fué borrada de un solo plumazo y suprimidas todas las instituciones nacidas de ella, aun periódicos y bibliotecas.

La Corona tenía, pues, motivos para sentirse optimista, la secular monarquía española se había salvado, el imperio parecía inmortal.

Y, tal vez, en verdad, algo de él podía haberse salvado si precisamente en ese momento el gobierno metropolitano no hubiese sido tan optimista. Si hubiese advertido que se hallaba abierto un proceso revolucionario y hubiese comprendido que las revoluciones no son susceptibles de ser frenadas, sino solamente pueden ser orientadas y encauzadas. Pero el no entenderlo así ha sido el error de los conservadores de todos los tiempos.

Bien pronto se disipó la ilusión. La paz de 1816 no era sino una tregua, que cerraba una etapa del movimiento emancipador. Ahora se iniciaría la etapa definitiva con características totalmente distintas. En cuanto al planteamiento político, ya no pediría cierta autonomía de gobierno conservando la unión a la Corona, sino clara y terminantemente la independencia absoluta. En lo militar, no se lanzarían ya los americanos a románticas aventuras libertarias, sino que prepararán concienzudamente sus ejércitos y planearán con lucidez sus campañas y no llevarán ya al frente a fogosos oradores sino a grandes soldados.

San Martín, en Cuyo, y Bolívar, en Haití, meditaban la próxima guerra. Tal como si se hubiesen puesto de acuerdo previamente, ambos iniciaron en enero de 1817 campañas que habrían de convertirse en una operación militar de proporciones colosales, en un gigantesco movimiento de pinzas que partiendo del sur y del norte del Continente Sudamericano, de Argentina y de Venezuela respectivamente, se cerrarían sobre el Perú, sobre el reducto inconmovible de la monarquía. Las guerrillas que habían quedado olvidadas en aquellas tierras serían el alma del nuevo levantamiento y el núcleo de sus futuros ejércitos.

La liberación de Chile

Durante más de dos años estuvo el general San Martín en la provincia de Cuyo consagrado a la creación de un ejército, y para finales de 1816 tenía ya perfectamente organizado uno de 3.000 hombres, entre los que figuraban muchos de los exiliados chilenos, perfectamente pertrechados y disciplinados.

Para romper la situación creada en el Alto Perú, San Martín había optado por la solución que a primera vista parecía menos lógica; la de atacar al virreinato partiendo desde Chile. Pueyrredón, que ocupaba el poder en Buenos Aires, le otorgaba todo su apoyo para la realización de su audaz proyecto.

Para preparar la invasión San Martín procuró reanimar las guerrillas en territorio chileno a fin de despertar la conciencia revolucionaria y mantener ocupadas y dispersas a las tropas realistas. Un joven abogado de Santiago, Manuel Rodríguez, fue el caudillo infatigable de las operaciones guerrilleras, que, a principios de 1817, alcanzaban ya considerable importancia.

El 17 de enero de 1817 salió San Martín con su flamante ejército de los cuarteles de Mendoza y con gran precisión y orden realizó el ímprobo paso de los Andes por tres puntos distintos para desconcertar al enemigo. El 8 de febrero se hallaba el ejército independiente al otro lado de la cordillera, en el valle del Aconcagua.

El capitán general de Chile, don Francisco Casimiro Marcó de Pont, que desde diciembre de 1815 sustituyera al general Osorio, disponía de un ejército de 5.000 hombres, pero las guerrillas y la división de las tropas patriotas, lo obligaron a mantenerlo disperso y sólo pudo enfrentarse a San Martín con un cuerpo de 2.000 soldados, que confió al mando del brigadier español Rafael Moroto. El general argentino no quiso dar tiempo a que pudiesen reunir más fuerzas los contrarios y lanzó contra ellos a su vanguardia dirigida por el general O'Higgins. El encuentro se verificó el día 12 de febrero en Chacabuco y los insurgentes alcanzaron una victoria definitiva.

Esa misma noche fue abandonada la capital por los realistas y al día siguiente hizo su entrada el general San Martín. En cabildo abierto se le ofreció la jefatura del Estado, pero éste la declinó y fue electo como director supremo don Bernardo O'Higgins.

El gobernador Marcó de Pont había caído prisionero y fue confinado a Mendoza, pero quedaron algunos núcleos realistas y el coronel José Ordóñez mantuvo la bandera del rey en el sur todo aquel año, hasta que a principios del siguiente, llegó de Lima en su auxilio un poderoso ejército de 3.000 soldados, mandados por el general Osorio, que venía dispuesto a reconquistar la capitanía como lo hiciera tres años antes. Y, en un principio, pareció que iba a lograrlo. El 18 de marzo de 1718 sorprendió al ejército independiente cerca de Talca y le causó una grave derrota en un ataque nocturno.

Esto provocó el pánico en Santiago y el vecindario se disponía ya a huir, pero el guerrillero Manuel Rodríguez hizo renacer los ánimos. El coronel Las Heras cubrió la retirada del destrozado ejército que se replegó a Santiago y pudo reorganizarse para resistir el embate de los españoles. Éstos llegaron hasta las llanuras de Maipo, casi en los aledaños de la ciudad, pero ahí fueron totalmente vencidos, el 5 de abril, sin que pudieran salvar nada de su ejército.

Esta batalla tendría gran trascendencia para la independencia de Iberoamérica, pues, a partir de ella, el virreinato del Perú se vio obligado a ceder la ofensiva a los independientes.

Días antes de la batalla, el 12 de febrero, se había celebrado solemnemente la jura de la independdencia de Chile.

Sin embargo, la guerra no terminaba todavía. Aunque Ordóñez cayó preso y Osorio se embarcó para el Perú, en el sur quedaron destacamentos realistas que, bajo el mando del coronel Sánchez, el irreductible defensor de Chillán en 1813, continuaron la resistencia.

Su esperanza era la llegada del ejército enviado a Chile desde la Península, pero la incipiente marina chilena, mandada por el coronel de artillería don Manuel Blanco Escalada, con una gran audacia y no poca fortuna, evitó su desembarco y aún logró capturar a algunas naves españolas, entre ellas a la fragata «María Cristina», que capitaneaba a la escuadra.

Después de esto, las fuerzas realistas tuvieron que replegarse hasta Valdivia. Todavía allí, el terrible caudillo Benavídez, con tropas irregulares, se sostuvo en el sur con operaciones de guerrillas durante tres años, hasta que murió a manos de sus propios hombres.

Por último, el 3 de febrero de 1820, cayó Valdivia en un ataque sorpresivo de la marina patriota. Sólo quedó en poder de la Corona la lejana isla de Chiloé.

La sublevación de Riego

El régimen despótico implantado por Fernando VII había ya provocado varias intentonas subversivas en España, aunque ninguna pudo triunfar. Pero el 1 de enero de 1820 un ejército formado por 10.000 hombres que se hallaba cerca de Cádiz en donde iba a ser embarcado para América a fin de aplastar a la renaciente insurrección separatista, se pronunció, con su comandante, el general don Rafael Riego a la cabeza, a favor de la Constitución de 1812 y en contra del sistema absolutista sostenido por el rey. Varias ciudades importantes se sumaron al movimiento y las mismas tropas enviadas por el gobierno para dominarlo se adhirieron a él.

Fernando VII no tuvo más remedio que jurar la Constitución y aceptar un gobierno formado por los liberales a quienes él con tanto encono persiguiera.

Pero el régimen constitucional no pudo consolidarse. Los propios liberales se dividieron en moderados y progresistas y estos grupos a su vez en otras facciones. El gobierno adoptó medidas extremistas, como la supresión de las órdenes religiosas, que fueron mal recibidas por el pueblo y, por otra parte, el rey y el partido absolutista conspiraban continuamente para derribarlo.

La consumación de la independencia

A pesar de todo esto, el rey tuvo que pedir la ayuda del extranjero para poder vencer a sus rivales. La Santa Alianza, formada por los principales monarcas de Europa para defender el antiguo régimen en la embestida revolucionaria, se aprestó a socorrer a Fernando, y el rey de Francia, Luis XVIII, envió al duque de Angulema con los «cien mil hijos de San Luis», que invadieron la Península, y el 1 de octubre de 1822 caía en su poder Cádiz, que era el último reducto de la Constitución.

Ese mismo día, en el campamento francés, Fernando VII dictó un decreto abrogando la Constitución y declarando nulos todos los actos del gobierno constitucional. Nuevamente había triunfado el absolutismo y ahora se sostendría en España por espacio de muchos años.

San Martín en el Perú

La marina debía jugar un papel esencial en el plan de San Martín para invadir el Perú, por ello pusieron desde un principio tanto empeño en organizarla tanto él como O'Higgins, que estaba vivamente interesado en la realización de aquella campaña, pues bien sabía que Chile nunca se podría considerar seguro mientras Perú estuviera en poder de la monarquía.

La flota chilena fue puesta bajo el mando de aquel Lord Cochrane, que protegiera el primer desembarco de Miranda en Venezuela. Cochrane era un aventurero tan audaz como desprovisto de escrúpulos, pero fue de gran utilidad para la causa libertadora en esos momentos. Ya en 1819 realizó dos incursiones contra las costas peruanas, aunque sin mayor fruto. Pero a él se debía la toma de Valdivia.

El 20 de agosto de 1820 se hizo a la vela en Valparaíso la expedición contra el virreinato peruano. Se componía de ocho barcos de guerra y dieciséis de transporte, que llevaban a bordo un ejército de 4.000 hombres bien equipados y armamento suficiente para poder levantar en el Perú un ejército de hasta 15.000 plazas.

Según el plan original de esta campaña, al mismo tiempo que San Martín atacaba por mar, debía hacerlo por el Alto Perú el ejército argentino. Esto habría abreviado considera-

La independencia

blemente aquella guerra, pero las rencillas políticas y la anarquía que reinaban en las provincias unidas del Plata, impidieron que este proyecto se llevara a efecto.

El 8 de septiembre desembarcó el ejército expedicionario en el puerto peruano de Paracas y avanzó hasta Pisco sin encontrar resistencia alguna.

Pero en España acababa de volver al poder el partido liberal. El virrey del Perú, que lo era ahora el general Pezuela, restableció la Constitución de Cádiz y tenía instrucciones de la metrópoli de buscar un avenimiento con los insurgentes. Creía el nuevo gobierno peninsular que siendo la lucha americana fundamentalmente, una lucha contra el absolutismo, al suprimir éste en España sería fácil llegar a un entendimiento con los revolucionarios, tanto más cuanto que ahora el gobierno español compartía sus ideas liberales.

Con este objeto se realizó un parlamento entre representantes de las fuerzas contendientes en la población de Miraflores. Pero en el fondo el acuerdo era imposible pues la situación había evolucionado mucho desde 1810. Los españoles pedían, como base de todo arreglo, el reconocimiento del gobierno metropolitano y los americanos, por lo contrario, exigían el reconocimiento de su total independencia como punto de partida para cualquier convenio.

En consecuencia debían iniciarse las hostilidades. Pero, antes, San Martín hizo proclamar solemnemente la independencia del Perú y envió al general Arenales a recorrer el interior del país para fomentar la insurrección del pueblo. El primer fruto de esta táctica lo obtuvo en Guayaquil, en donde el 9 de octubre de 1820, un levantamiento republicano depuso al gobernador de la plaza y formó una junta de gobierno.

San Martín no podía exponerse a un encuentro con el ejército virreinal que era muy superior y por ello se concretó a hostilizarlo en acciones limitadas a rehuir el peligro hasta contar con fuerzas peruanas suficientes. Por ello, en octubre se trasladó por mar a Ancón, cerca de Lima, y en diciembre al poblado de Huara, cosa que le permitió separar a la capital de las regiones del norte y facilitar en ellas la rebelión popular, como ocurrió en Guayaquil y posteriormente en Trujillo en donde el intendente, que lo era el marqués de Torre-Tagle, se puso de parte de los patriotas. Además el general Arenales logró derrotar a varias partidas realistas en su correría y se produjeron numerosas deserciones entre las tropas del rey.

Pero el general Pezuela tampoco parecía decidido a empeñarse en una operación a fondo. Dándose cuenta de la comprometida situación política de la monarquía se esforzaba por encontrar una solución pacífica para evitar los horrores de aquella guerra. Pero su inteligente actitud no fue comprendida por los jefes de su ejército que eran en su mayoría absolutistas intransigentes y el 29 de enero de 1821 lo obligaron a entregar el gobierno al general José de la Serna. Como se ve, también en el partido realista cundía la división interna entre liberales y absolutistas.

En estas circunstancias llegó de la Península un enviado especial, don Manuel Abreu, para buscar nuevamente una transacción con los rebeldes. Hubo pláticas y una entrevista entre La Serna y San Martín, en la que éste propuso la independencia del Perú bajo el reinado de un príncipe de la casa real de Borbón. En principio el virrey aceptó la solución, pero los demás jefes del ejército se opusieron terminantemente y se reanudó la guerra, que, sin embargo, se concretó, como antes, a correrías y ataques parciales para hostilizar al ejército español.

La situación política se hacía en el bando realista cada vez más compleja y difícil por los acontecimientos de la Península, pues del mismo modo que los liberales españoles sentían alguna simpatía por la causa americana, los elementos conservadores experimentaban ahora una profunda aversión por el gobierno que dominaba en España y algunos de ellos reaccionaron contra él inclinándose hacia la independencia de América, todo lo cual venía a debilitar grandemente la causa monárquica.

La Serna se percató de la dificultad que significaba sostener militarmente su posición en la costa y del peligro que corría de ser cortado desde el interior del país y optó por abandonar Lima a los separatistas y refugiarse en los Andes, dejando sólo una guarnición poderosa en la inexpugnable fortaleza del Callao.

El ejército de San Martín hizo su entrada en la capital del virreinato el 12 de julio de 1821. San Martín convocó a un cabildo abierto en el que se acordó la independencia absoluta del Perú, que fue proclamada solemnemente el día 28 del mismo mes y San Martín fue designado jefe del gobierno y del ejército con el título de «Protector del Perú».

La independencia

Las operaciones militares continuaban. San Martín atacó El Callao sin éxito. El general realista José Canterac en una incursión emprendida desde el interior llegó hasta la fortaleza del puerto, pero no formalizó batalla. Al fin, el general José La Mar, gobernador del Callao, la entregó por capitulación, sin trabar combate, el 21 de septiembre de 1821.

Pero la guerra continuó indecisa. San Martín no se afanaba en precipitarla, pues sabía que el tiempo trabajaba a su favor, ya que el ejército realista tendría que debilitarse, como en efecto ya sucedía con las riñas internas y el cambio a las fuerzas independientes de varios de los jefes monárquicos.

Hubo numerosos encuentros, pero sólo merece citarse el que se produjo el 7 de marzo de 1822 en Ica, porque en él Canterac causó una terrible derrota al general independiente Tristán.

Entre tanto, por el norte, Bolívar había llegado en su movimiento convergente a lo largo de los Andes hasta Guayaquil. Las pinzas, pues, se habían cerrado y San Martín dejó Lima para entrevistarse con el libertador venezolano en aquel puerto.

La marcha de Bolívar

Propiamente la marcha de Bolívar se inició cuando desembarcó en Barcelona el 1 de enero de 1817, y aprovechando las lecciones que en las campañas anteriores le diera Boves, decidió penetrar hasta los llanos del Orinoco para formar su ejército e iniciar desde ahí la guerra.

Después de permanecer un tiempo en Jamaica, en donde meditó y escribió abundantemente sobre el modo de unir a las antiguas colonias españolas para formar la «anfictionía americana», había pasado a Haití en donde, con la ayuda y protección del presidente negro Petión, pudo reunir a un grupo de oficiales venezolanos y neogranadinos también exiliados e iniciar los preparativos para una expedición libertadora a su patria.

Con siete barcos mercantes que le proporcionó el armador de Curaçao Luis Brión y 250 hombres desembarcó el 3 de mayo de 1816 en la isla Margarita, en donde Arizmendi, que nuevamente se había rebelado, mantenía un fuerte núcleo de patriotas.

Sin embargo, dos desembarcos que realizó en la tierra firme fracasaron porque no encontró en el pueblo la respuesta que esperaba y sus escasas tropas no podían resistir al ataque realista. En un nuevo desembarco en Cumaná, las propias fuerzas independientes que ahí se hallaban mandadas por el general Bermúdez, desconocieron su autoridad y tuvo que retirarse otra vez a la república de Haití.

Pero, en cambio, los generales Piar y Mariño lograron penetrar hasta el Orinoco y el inglés Mac'Gregor, con un cuerpo de 600 hombres, se batió con suerte venciendo a las tropas del general realista Morales y fue a establecerse en Barcelona.

En el otro extremo del país, en la región occidental, un nuevo caudillo insurgente, el capitán José Antonio Páez, se sostenía con éxito y al frente de sus temibles jinetes había conquistado ya dos brillantes victorias en febrero y en julio de ese año 1816.

Pero Bolívar, entre tanto, no desmayaba en el exilio y contando otra vez con la ayuda del armador Brión volvió a Barcelona en enero de 1817, como antes dijimos, y con los buques de aquél, que penetraron por el Orinoco, pudo hacerse de la plaza de Angostura que ya tenía sitiada Piar y fincar en ella su cuartel general para aplicarse a estructurar su gobierno y sus tropas.

Las disensiones, ya endémicas en el bando independiente, tornaron a renacer. Mariño convocó a un congreso que lo designó a él como jefe del ejército libertador y Piar reconoció su autoridad. Bolívar entonces logró apresarlos, envió a Mariño a su feudo de la isla Margarita y a Piar lo hizo fusilar. Era una forma de lograr la unidad en las filas revolucionarias, aunque ella le valió la censura de muchos de sus compañeros de armas.

Al tener noticias de los nuevos brotes de rebelión en Venezuela el general Morillo regresó con su ejército de Nueva Granada. Durante esta marcha la caballería de Páez, no obstante su incomparable inferioridad numérica, le asestó un duro golpe en la batalla de Macuritas. Morillo empezó por tratar de someter a la isla Margarita, pero fracasó en su intento y fue a estacionarse en Calabozo para cerrar a Bolívar el paso sobre Caracas. Bolívar lo hizo retroceder, pero en el paraje denominado La Puerta, porque da entrada a las llanuras de Caracas, sufrió un completo desastre el 15 de marzo de 1818. Nuevamente su precipitación lo conducía al fracaso. Y, a éste, siguieron otros; sólo la oportuna llegada de Páez pudo evitar que los restos del ejército libertador desaparecieran del todo.

Tuvo que regresar Bolívar a su base de Angostura para reconstruir sus tropas. Para ello contó con el auxilio de un número considerable de oficiales extranjeros, sobre todo ingleses, que sus agentes habían reclutado en Europa.

Morillo tomó entonces la ofensiva penetrando a los llanos del Apuré a principios de 1819. Pero su campaña fue estéril; los insurgentes no ofrecieron resistencia frontal, pero lo hostigaron sin cesar hasta que, al fin, hubo de retirarse con grandes pérdidas.

En cuanto a la política, Bolívar reunió un congreso que fue instalado el 15 de febrero de 1819 en el cual se ratificó una vez más la independencia, lo que revela lo poco seguros que aún estaban de ella, y lo designó a él presidente de la república y jefe del ejército.

El paso de los Andes

La retirada de Morillo permitió a Bolívar reiniciar el ataque y así lo hizo, pero, con una sagacidad y una audacia que acreditan su genio militar, no se lanzó nuevamente sobre las regiones costeras de Venezuela, sino que decidió dejar éstas en poder de los españoles y cruzar los Andes para caer sobre Nueva Granada. Como San Martín, al dejar el Alto Perú para atacar por Chile, así Bolívar dejó el ensangrentado campo de batalla venezolano, en donde parecía que la guerra no tendría fin, y apuntó hacia el rumbo en apariencia inaccesible de Bogotá.

Dejó el gobierno a don Francisco Antonio Zea, que era vicepresidente de la república y confió a Páez la misión de mantener la atención de los realistas en Venezuela, y en julio de 1819 emprendió la marcha contra Nueva Granada. Fue una marcha terriblemente difícil en la que hubo de cruzar pantanos, selvas y escarpadas montañas y sufrir considerables pérdidas de efectivos y bagajes, pero a principios de julio se encontraba ya en los territorios del virrey Samano.

La consumación de la independencia

Salió a su encuentro el general realista José María Barreiro con tropas superiores a las independientes, pero Bolívar en un hábil rodeo logró cortarle la retirada hacia Bogotá, y, en el arroyo de Boyacá, al enfrentarse ambos ejércitos el 7 de agosto, los venezolanos alcanzaron una victoria total y decisiva para la independencia de Nueva Granada. El virrey abandonó la capital y el Libertador entró en ella el 10 de agosto.

Coronado por este inaudito triunfo, Bolívar dejó como vicepresidente para Nueva Granada, pues la presidencia la ostentaba él mismo ya que ambas provincias formaban una sola república, al general Francisco de Paula Santander y regresó a Angostura, para que el congreso allí reunido diera forma jurídica a sus conquistas y a sus proyectos políticos. En efecto, el congreso proclamó el 17 de diciembre de ese año de 1819 la integración de la república de la Gran Colombia, así llamada en honor del descubridor de América, que debería comprender a Venezuela, Nueva Granada y Quito, es decir, una nación que abarcara desde la desembocadura del Orinoco hasta el puerto de Guayaquil.

La tregua

Pero la monarquía contaba todavía con considerables fuerzas para resistir. Ocupaba aún toda la zona litoral de Venezuela, y en Nueva Granada disponía de numerosas tropas y esperaba la llegada del ejército expedicionario que venía de la Península en su refuerzo.

Pero la insurrección del general Riego determinó que ese ejército peleara en contra de la monarquía absoluta en España y no a favor de ella en América.

Esto vino a facilitar notablemente la tarea de los patriotas, no sólo porque los realistas se vieron privados de esos auxilios, sino principalmente por el desaliento y la confusión que produjo entre el partido peninsular la nueva situación de la Península.

Bolívar se hallaba consagrado a preparar su ofensiva contra Morillo cuando recibió instrucciones de su gobierno de iniciar pláticas con los republicanos para buscar el fin de aquella guerra. En junio de 1820 el jefe realista proclamó la Constitución de 1812 en Caracas, y pocos días después inició las negociaciones. Los patriotas aceptaron la suspensión provisional de las hostilidades, pero se negaron a admitir cualquier convenio que no fuera sobre la base del reconocimiento de la independencia absoluta de la Gran Colombia; único punto, naturalmente, en el que Morillo no podía ceder.

Sin embargo se concertó una tregua de seis meses que fue firmada el 25 de noviembre, y al día siguiente Bolívar y Morillo, después de cinco años de combatirse sin descanso y encarnizadamente, celebraron una amistosa entrevista. Poco después el general español pidió su retiro y se embarcó para Europa, convencido de la inutilidad de continuar una guerra que, en ningún caso, podría volver las cosas a su antiguo estado, puesto que en su propia patria también cundía la revolución. Quedó al frente del ejército realista el mariscal de campo don Miguel de la Torre.

La conquista de Venezuela

La tregua fue aprovechada por Bolívar para disponer la próxima campaña y para extender las ideas revolucionarias entre la población. Ello dio por resultado que en enero de 1821 la ciudad de Maracaibo se pronunciara por la independencia. El general De la Torre protestó y dándose cuenta de que el armisticio sólo podía favorecer a sus contrarios, fijó el 28 de abril para que se reanudaran las hostilidades.

El comandante español salió a esperar al Libertador en el ya célebre campo de batalla de Carabobo. El general insurgente Bermúdez aprovechó esta circunstancia para caer por el oriente sobre Caracas, apoderándose de ella el 14 de mayo, aunque tuvo que abandonarla ante la reacción del ejército español. Sin embargo, este ataque por la retaguardia favoreció el avance de Bolívar. Por fin el choque de los dos ejércitos se produjo en Carabobo el 24 de junio y tras reñido combate los realistas quedaron derrotados y en dispersión. La Torre se encerró con los restos de sus tropas en Puerto Cabello y Bolívar entró en Caracas cinco días después de esta victoria que fue decisiva. La independencia de Venezuela estaba consumada.

La liberación de Quito

Dominada Venezuela, podía ahora el Libertador dedicar su esfuerzo a la única provincia que faltaba para completar el soñado territorio de la Gran Colombia. Casi sin tomar descanso, el 1 de agosto de ese mismo año, emprendió el camino de Bogotá, dejando al frente del gobierno en Caracas al general Soublette.

El general Santander había iniciado ya las operaciones contra Quito y había logrado el repliegue de las fuerzas realistas, dejando en su poder el norte de esa provincia. Por lo demás, la presidencia de Quito, que ocupaba el general don Melchor Aymerich, se hallaba en la situación más difícil, tomado a dos fuegos; por el sur la «república libre» de Guayaquil, que presidía el poeta don José Joaquín Olmedo, enviaba tropas contra la capital de la provincia y por el norte atacaban los colombianos. Sólo la destreza de Aymerich pudo hacer posible la resistencia en trance tan comprometido. Abandonó la campaña del norte para enfrentar a las fuerzas de Guayaquil, derrotándolas en Huachi el 22 de noviembre de 1820 y entonces se revolvió contra Santander, en febrero de 1821, obligándolo a retirarse en desbandada.

Pero su posición era insostenible por encima de cualquier proeza. En mayo de 1821 desembarcó en Guayaquil el joven y brillante general venezolano don José Sucre con una división colombiana, enviada por Bolívar para sostener la acometida contra Quito desde el sur. Aymerich se anotó una nueva victoria el 12 de septiembre de 1821 infringiendo a Sucre una derrota de la que sólo pudo salvarse gracias a un armisticio concertado con los realistas y que aprovechó para fortalecer su posición con los auxilios solicitados a San Martín y que éste le envió desde el Perú.

Cuando se consideró rehecho del anterior fracaso rompió la tregua, en enero de 1822, y marchó contra Quito. Por el norte Bolívar había avanzado hasta Bomboná, en donde logró una victoria parcial en abril de 1822. Pero el encuentro decisivo se produjo cuando se encontraron, en las faldas del Pichincha, Aymerich y Sucre y éste logró un triunfo completo. Al día siguiente, mediante honrosa capitulación, el general Aymerich hizo entrega de la capital de la presidencia, con lo cual quedó asegurada su independencia y días después se unía a la Gran Colombia.

Poco más tarde Bolívar tomaba la ciudad de Pasto, que constituía el último y más sólido reducto de la monarquía.

Ahora podían ya converger libremente sobre el virreinato del Perú los dos grandes ejércitos de la independencia, pues de las plazas fuertes que aún poseían los realistas en La Gran Colombia, Cartagena había capitulado ya el 10 de octubre de 1821 y el general Bermúdez había tomado Cumaná el día 16 de ese mismo mes. Sólo quedaba en aquellos territorios, la pertinaz resistencia que en Puerto Cabello mantenía el general Morales. Desde esa base emprendió todavía una atrevida campaña que le permitió dominar gran parte de la región, pero en agosto de 1822 tuvo que capitular en Maracaibo haciendo entrega de esa plaza. No obstante, el general Calzada, que se encontraba en Puerto Cabello, se negó a rendirse y se sostuvo hasta el 8 de noviembre de 1823 en que Páez tomó ese reducto por asalto.

La independencia de Panamá

También la importante provincia de Panamá había conseguido ya su separación de la Corona el año de 1821 y ello sin derramar una sola gota de sangre.

Su gobernador, don Juan de la Cruz Murgeón, se vio obligado a abandonar Panamá para ir en auxilio de la presidencia de Quito llevando consigo todas las fuerzas que tenía a su mando. Dejó al frente del gobierno al coronel don José de Fábrega, que era criollo panameño y adicto a un grupo que desde tiempo atrás conspiraba con miras a la independencia del Istmo.

En estas condiciones, no bien se vieron libres de las tropas monárquicas, se produjo un levantamiento el 10 de noviembre en la villa de Los Santos, encabezado por don Segundo Villarreal, y a éste siguieron muchos otros pronunciamientos en varias poblaciones.

Ante tal situación el coronel Fábrega reunió el día 28 del mismo mes a los principales vecinos de Panamá en cabildo abierto y les comunicó el plan de separarse de la monarquía española para unir la provincia a la Gran Colombia. El proyecto fue aceptado sin oposición alguna por los presentes y entre las aclamaciones del pueblo reunido en las calles y con el levantamiento del acta respectiva quedó consumada la independencia de Panamá.

El cambio de dueño de Santo Domingo

A pesar de que la situación en las Antillas era muy distinta en muchos aspectos a la del continente y el dominio de la Corona mucho más sólido, frente a pueblos pequeños y aislados por el mar, las guerras de independencia encontraron en ellas eco en varias conspiraciones y en la inquietud que la población manifestó en varias ocasiones. Pero la situación fue fácilmente controlada por las autoridades españolas y sólo en Santo Domingo pudo cristalizar en un movimiento eficaz de independencia, pero aún ésta fue sumamente precaria.

Desde que don Juan Sánchez devolvió al imperio de España la parte occidental de la isla, los trastornos y conjuras se sucedieron con frecuencia. Al fin, el 30 de noviembre de 1821, una sublevación dirigida por don José Núñez de Casares, derrocó al gobernador español, don Pascual Real y proclamó la independencia de la soberanía española.

El movimiento se había realizado ante todo por emulación de las luchas de Bolívar, y esto influyó para que la nueva nación resolviese su incorporación a la Gran Colombia. Pero ésta no estaba en condiciones de ofrecerle ningún apoyo, de tal modo que cuando el dictador haitiano Boyer, viendo al nuevo país privado de la protección española y sin poder obtener la colombiana, se lanzó sobre él y lo invadió; Santo Domingo apenas si pudo ofrecer alguna débil resistencia.

Así, pues, el movimiento de independencia significó para esa provincia, la más antigua de la monarquía, salir del dominio español para caer en el de la república negra, que había de durar hasta el año de 1843.

La consumación de la independencia de Nueva España

A diferencia de la independencia de Sudamérica, en Nueva España la separación de la Corona fue una operación política más que militar, que se originó como reacción contra el triunfo del liberalismo en España.

Como antes vimos, después de 1817 sólo quedaban algunas partidas insurgentes dispersas en algunos puntos remotos, entre ellas una de las más importantes era la que acaudillaba don Vicente Guerrero en el sur del país. Pero el gobierno podía considerar que estaba lograda la «pacificación», puesto que poseía el control absoluto del virreinato.

Pero en México las clases dirigentes eran más tradicionalistas y conservadoras que en otras partes del continente, y se rebelaron airadamente contra la metrópoli cuando triunfó el liberalismo en ella, con la revolución de Riego. Se opusieron a que fuera reimplantada la Constitución de Cádiz y decidieron que, mientras el rey no fuera dueño de su voluntad, el país sería gobernado autónomamente por el virrey don Juan Ruiz de Apodaca, rigiéndose por antiguas leyes. A pesar de todo el virrey proclamó la Constitución.

La monarquía, pues, se encontraba en una situación insalvable ya que cualquiera que fuese el sistema que rigiera en ella, habría siempre una parte de la población que se rebelaría contra él, lo cual es manifestación de la profunda división existente dentro de ella y que se traducía en la guerra civil.

El grupo más radical y decidido de México organizó la «conspiración de la Profesa», en la que participaban personas como el canónigo don Matías Monteagudo, el ex inquisidor Tirado, el auditor Bataller y otros que se proponían luchar contra el régimen liberal y mantener la independencia de Nueva España hasta que aquél fuera suprimido en la Península.

Los conspiradores buscaron como brazo fuerte para la realización de sus designios al coronel don Agustín de Iturbide que había ganado reputación de buen militar en las luchas contra los insurgentes, y lograron que el virrey lo nombrara brigadier y le encargara las operaciones del sur contra los guerrilleros rebeldes.

Iturbide aceptó el plan, pero él tenía el suyo propio. Para ejecutar el de la Profesa debía primero vencer a los revolucionarios, pero con gran astucia comprendió que era más fácil atraerlos al suyo ofreciéndoles la independencia y así lo hizo. En febrero de 1821, celebró con don Vicente Guerrero una entrevista y el 24 del mismo mes proclamaron juntos, en la ciudad de Iguala, el «Plan de las Tres Garantías», que consistía en la independencia, pero con un régimen monárquico moderado cuya corona se ofrecería a Fernando VII; la religión católica como única en el país y la unión de los peninsulares y americanos en la nueva nación.

Este plan tenía la extraordinaria virtud de complacer por igual a los bandos en pugna evitando todos los radicalismos que los separaban. Hablaba de independencia de la corona, pero con el rey; de la monarquía, pero con una constitución, y de la unión entre las razas que formaban el país.

Su efecto fue realmente prodigioso y sólo a la larga pudo verse que era ilusorio e Iturbide lo defendió con un gran talento político, desarrollando una campaña más epistolar que militar y atrayéndose a las personalidades más influyentes del virreinato.

Don Juan Ruiz de Apodaca, sin embargo, se mantuvo fiel al gobierno español, pero sus tropas empezaron a disgregarse pasándose al ejército «trigarante» que fue ocupando las principales plazas casi sin combatir.

Apodaca, acusado por sus propios partidarios de incompetente, fue sustituido por el general Pedro Novella, que quiso organizar la resistencia de la ciudad de México, pero el 30 de julio desembarcó en Veracruz un nuevo virrey enviado de España, don Juan de O'Donoju. Iturbide avanzó hasta la ciudad de Córdoba para encontrarlo y ahí se entrevistó con él. Ante una situación ya consumada el virrey pensó que lo único factible e inteligente era aceptarla y tratar de sacar de ella el mejor partido, asegurando el nuevo trono para un príncipe de la casa de Borbón. De este modo se firmaron el 24 de agosto de 1821 los tratados de Córdoba, en los que se aceptaba el Plan de Iguala, introduciendo como única modificación que, en caso de no aceptar el trono el rey, se le

La independencia

ofrecería a sus hermanos, y si también lo rehusaban éstos, el país elegiría libremente a un monarca.

La intransigencia y ceguera de la Corte rechazó los tratados y tildó de traidor al virrey, pero la independencia se había consumado sin derramamiento de sangre y sin exacerbar los odios partidarios.

El 27 de septiembre hizo su entrada en la capital don Agustín de Iturbide al frente del ejército Trigarante.

La independencia de Centroamérica

La independencia de México determinó la de Centroamérica. La provincia de Chiapas, que entonces pertenecía a la capitanía general de Guatemala, se adhirió desde un principio al Plan de las Tres Garantías e invitó a las otras regiones centroamericanas a hacer otro tanto. Esto ocasionó que el partido criollo de Guatemala indujera al capitán general que entonces era el irresoluto y débil brigadier don Gabino Gainza a convocar a todas las autoridades, corporaciones y vecinos principales a una junta que se celebró el 15 de septiembre de 1821. Como había sucedido en México, tanto liberales como conservadores, aunque por muy diversos motivos y con intenciones muy diferentes, estuvieron de acuerdo con la separación de la Corona española y en el mismo acto fue proclamada la independencia. El propio Gainza fue designado para encargarse del gobierno, auxiliado por una junta provisional consultiva, hasta que se reuniera el Congreso Constituyente, que fue convocado para el 1 de marzo del siguiente año, y diera forma definitiva al gobierno de la nueva nación.

En las demás provincias los efectos que esto produjo fueron muy diversos y acusaron ya la anarquía que pronto se había de posesionar de aquellas provincias.

Gainza ordenó la proclamación de la independencia en las demás comarcas de la capitanía y así se verificó a pesar de la oposición que en algunas poblaciones opusieron los peninsulares fieles al gobierno español. Pero la decisión respecto al destino que debía seguir cada región no fue unánime y se produjo una gran confusión. Mientras Guatemala pretendía formar con todas ellas una sola nación independiente, cosa que aceptaron San Salvador y Granada; otras provincias, como Chiapas y Camayagua, se adhirieron a México. Costa Rica, en cambio, se declaró independiente de todas las demás y formó gobierno propio. En fin, el Ayuntamiento de León decidió esperar «hasta tanto que se aclarase lo nublado del día», esperanza que aún no se realiza en la América Latina.

La entrevista de Guayaquil

Pero al cerrarse las tenazas sobre el Continente Sur, las puntas de sus brazos no sólo se reunieron sino que chocaron.

Se planteó, aunque en forma implícita y discreta, un conflicto entre los dos grandes caudillos y lo que cada uno de ellos representaba. Entre los intereses políticos y económicos del Río de la Plata y los proyectos de integración de la Gran Colombia.

Guayaquil era el punto exacto en que ese conflicto se hacía patente. Se había declarado «república independiente», pero el puerto era esencial para Quito y al mismo tiempo codiciado por el Perú. En él se reunieron San Martín y Bolívar el 26 de julio de 1822. Dos días duraron las conversaciones sin que pudieran llegar a ningún entendimiento y si el choque entre ambos no se produjo, fue porque San Martín, en un gesto de nobleza y generosidad que es digno remate de su labor en servicio de la independencia, decidió dejarle el campo libre a Bolívar.

La anarquía en el Perú

Bolívar quedó en Guayaquil preparando la futura conquista del Perú mientras San Martín regresaba a Lima. En su ausencia se habían producido ahí trastornos políticos, pues su ministro, el radical don Bernardo Monteagudo, exacerbó la paciencia de la población limeña con sus persecuciones y arbitrariedades y una revuelta popular, apoyada por el cabildo, lo había hecho prisionero y deportado. Por otra parte, en el gobierno, que presidía el marqués de Torre-Tagle, reinaba la división y la desorganización más completa.

La independencia

Tal vez estos hechos acabaron de afirmar la decisión de San Martín de retirarse de la lucha. Convocó a un congreso y el 20 de septiembre de 1822 dimitió el mando militar y civil y poco después abandonó el país.

Con la partida del Protector el país acabó de hundirse en la anarquía y ésta se reflejó inevitablemente en los campos de batalla.

El congreso designó, para suplir a San Martín, a una junta compuesta por tres miembros que presidía el general La Mar. Éste envió al sur un ejército mandado por el general argentino don Rudesindo Alvarado que fue deshecho en enero de 1823 por los realistas Canterac y Valdés. Ante este fracaso, el congreso pensó en unificar el mando en una sola persona y eligió como presidente de la república al coronel José de la Riva Agüero, que tomó posesión de su cargo el 28 de febrero de 1823. Riva Agüero reunió un nuevo ejército que confió al general Santa Cruz y envió nuevamente al sur, lo que permitió que, al dejar Lima desguarnecida, fuera ocupada por el general Canterac en julio de ese año, pero en cambio no pudo tomar la fortaleza del Callao.

Esto vino a consumar el caos entre los independientes. Riva Agüero fue acusado por una facción de traidor y tuvo que retirarse con sus partidarios a Trujillo, mientras sus enemigos confiaban el gobierno al general Sucre que acababa de llegar al Perú precediendo a Bolívar.

Canterac abandonó Lima el 17 de julio para ir a reforzar a Arequipa y Cuzco, amenazadas por el ejército de Santa Cruz, y Sucre se embarcó tres días después para ir en auxilio de este último, dejando al frente del gobierno en Lima al marqués de Torre-Tagle.

Santa Cruz entre tanto había penetrado casi sin encontrar resistencia, hasta el Alto Perú proclamando la independencia en La Paz el 7 de agosto. Pero el general Valdés realizó una vertiginosa marcha contra él y a finales de ese mismo mes logró derrotarlo dejando su ejército prácticamente deshecho.

Esta derrota obligó a Sucre, que se había apoderado ya de Arequipa, a abandonar la campaña y a reembarcar sus tropas y otro tanto tuvo que hacer el general Francisco Antonio Pinto, que había desembarcado con una división chilena para auxiliar a los peruanos.

Bolívar en el Perú

En estas lamentables condiciones encontró el Libertador al Perú cuando al fin, el 1 de septiembre de 1823, se presentó en Lima. El congreso le otorgó la jefatura militar, pero Torre-Tagle conservó la presidencia.

Por su parte, Riva Agüero mantenía su gobierno en Trujillo, hasta que el coronel Gutiérrez de la Fuente lo apresó y lo expulsó del país.

El congreso había promulgado el 13 de noviembre una constitución pero de hecho Bolívar asumió facultades dictatoriales como la situación exigía. Sin embargo se hallaba enfermo y tuvo que retirarse a Parivilca.

El ejército virreinal victorioso era entonces más fuerte que nunca y Bolívar tenía que empezar por crear el suyo, por esto Torre-Tagle abrió negociaciones con los españoles para ganar tiempo, pero fue acusado de traición y tuvo que buscar refugio entre los realistas.

Y, por si todo esto fuera poco, la guarnición del Callao, que constituía el punto invulnerable de los revolucionarios, se sublevó el 5 de febrero y entregó la fortaleza al virrey, y Lima fue ocupada nuevamente por los realistas el 29 de febrero de 1824.

El panorama no podía ser más sombrío para los patriotas, la independencia del Perú parecía imposible, pero una vez más las conmociones políticas que sufría España, igual que América, vinieron a salvar su situación.

El gobierno constitucional, como ya vimos, no había logrado consolidarse en la Península, y en octubre de 1823 se reimplantó el poder absoluto a Fernando VII.

Este nuevo vuelco de la política peninsular vino a desquiciar la última y vigorosa resistencia de la monarquía en América, pues introdujo un elemento más de división entre los militares realistas. El general don Pedro Antonio Olañeta, absolutista recalcitrante, se rebeló contra el virrey La Serna, que era liberal y constitucionalista, porque se atribuía a éste el deseo de separarse de la monarquía para librar al Perú del absolutismo. Olañeta se apoderó de Potosí y de Chuquisaca, el virrey mandó a someterlo al general Valdés y se vio obligado a retirar sus fuerzas de Lima y a concentrarlas en el valle de Jauja, puesto que ahora se encontraba acosado por dos frentes.

Las últimas batallas

Bolívar entre tanto había gozado del tiempo que necesitaba para organizar su ejército. Y a mediados de 1824 tenía 10.000 hombres en condiciones de entrar en campaña, y abrió ésta en seguida.

El primer encuentro de importancia se produjo en la pampa de Junín. El general insurgente don Guillermo Miller, al mando de la caballería trató de cortar a Canterac de su base de operaciones, que se hallaba en el Cuzco. Los realistas tuvieron que dar la batalla el 6 de agosto de 1824 y salieron derrotados. El desorden que se produjo entre ellos al efectuar la retirada acabó por desorganizar sus tropas.

El propio La Serna tomó entonces el mando del ejército para emprender la contraofensiva. Llamó a Valdés que se encontraba frente a Olañeta en el Alto Perú y concentró a todas las guarniciones realistas, logrando reunir así un cuerpo de 10.000 soldados.

Bolívar había dejado el mando de las fuerzas insurgentes, que ascendían en ese momento a 6.000 hombres, al general Sucre y él se retiró a Lima, pues no esperaba que los españoles atacaran.

Pero La Serna inició su marcha. Ante la superioridad de éste, Sucre quiso replegarse y evitar el encuentro, pero el virrey le estorbó el paso. Durante varios días, como dice un autor, jugaron los dos ejércitos una gigantesca partida de ajedrez entre las cumbres de los Andes buscando cada uno el jaque mate.

Éste se produjo al fin el 9 de diciembre en la llanura de Ayacucho. La desproporción de fuerzas a favor de los realistas era muy considerable, pero su moral muy inferior. De los 9.300 hombres que llevó La Serna a la batalla, sólo 600 eran peninsulares y aún éstos, dada la incertidumbre que reinaba en España carecían de la decisión y el entusiasmo que requiere la guerra.

Sucre esperó que atacaran los realistas, descendiendo de las alturas en que se encontraban alojados, y cuando lo hicieron, aguantando firmemente su empuje, fue desbaratando una a una sus embestidas hasta lograr sobre ellos una completa victoria.

La Serna, herido en la batalla, y varios otros de sus generales cayeron prisioneros con gran parte de sus soldados. Sucre ofreció entonces al virrey la capitulación y éste la acepto, reconociendo al independencia del Perú.

Esta fue la última batalla de aquella larga y sangrienta guerra separatista y como puede observarse, aún ella estuvo influida por las circunstancias de la lucha intestina que desintegró el imperio.

Después de la derrota de Ayacucho todas las autoridades realistas que quedaban en el virreinato se sometieron, salvo Olañeta, que se mantuvo en el Alto Perú. Pero las poblaciones de esa región se pronunciaron por la independencia y Sucre pudo avanzar hasta Potosí sin que nadie le hiciera frente. Al fin, Olañeta, que constituía la última fuerza de resistencia, murió asesinado por mano de uno de sus propios subordinados.

Quedaban aún tres baluartes, casi simbólicos, en los que la tenacidad de sus comandantes mantenían las armas del rey. El castillo de San Juan de Ullúa frente a Veracruz, capituló el 18 de noviembre de 1825. Y el archipiélago de Chiloé, defendido por el brigadier Quintanilla y la fortaleza del Callao por el general Rodil, cayeron al fin en enero de 1826.

Quedaban a España, en América, Cuba y Puerto Rico, pero el imperio había desaparecido.

La independencia del Brasil

La independencia del Brasil forma también parte, indudablemente de la gran revolución que se verificaba en el mundo occidental a fines del siglo XVIII y a principios del XIX y estuvo movida por la misma inspiración ideológica que orientó la emancipación de los virreinatos españoles. Por esto es válido para la independencia brasileña lo dicho para la de las provincias de habla castellana.

La independencia

En Brasil se verificó también durante el siglo XIX una profunda revolución, pero los cauces que siguió y la forma en que se desarrollaron los hechos que la constituyen, son muy distintos del proceso seguido por Hispanoamérica. Su ritmo es mucho más lento y gradual y, por ende, mucho más pacífico e incruento.

El terreno social y cultural en que cayeron las ideas revolucionarias carecía de las tensiones explosivas de la América española. No existía en Brasil un nacionalismo cultural tan definido, ni pueblos y civilizaciones indígenas tan desarrollados, ni una pugna tan violenta entre criollos y peninsulares.

Pero además la corona portuguesa actuó con más inteligencia, cediendo cuanto había que ceder, y, por último, con más fortuna, pues hay hechos decisivos para la independencia del Brasil que, como en seguida veremos, nadie pudo haber previsto las consecuencias que produjeron.

El trono en Rio de Janeiro

Fue también la invasión de Napoleón a la Península Ibérica lo que desencadenó los acontecimientos que habrían de conducir a la independencia de Brasil.

Como antes vimos, en 1807 el general Junot por mandato de Bonaparte y con la complicidad del gobierno de España representado por Godoy, ocupó el reino de Portugal con la intención de quebrantar así el poderío de su aliada Inglaterra.

En Portugal ocupaba el trono desde 1777, año en que murió su padre el rey José I, la reina María. Pero, desde la muerte de su esposo el rey consorte don Pedro III, acaecida en 1786, la reina había dado crecientes muestras de debilidad mental, por lo cual, se confió la regencia a su hijo el príncipe don Juan.

Ante la invasión francesa y en la imposibilidad de ofrecerle resistencia, la familia real tuvo el buen acuerdo de trasladarse con toda la corte a sus posesiones en América. El 28 de noviembre de 1807 zarpó la real armada del estuario del Tajo y tan oportunamente, que 48 horas más tarde Lisboa caía en manos del ejército invasor.

El 22 de enero del año siguiente el pueblo de Bahia recibió con grandes manifestaciones de júbilo a sus monarcas e inmediatamente el príncipe regente emprendió la organización de su gobierno, rodeándose de personalidades tan eminentes como el sabio economista don José da Silva Lisboa y la reforma del sistema virreinal del Brasil.

Fijó la corte en Rio de Janeiro y la ciudad creció y fue notablemente hermoseada. Estimuló las industrias, fundó el Banco do Brasil, la Escuela Médica, la Biblioteca Real, el Jardín Botánico, la Imprenta Real y muchas otras instituciones de beneficio para el país. Hizo venir de Europa expediciones científicas y catedráticos y bajo su gobierno floreció una brillante generación de intelectuales brasileños.

En el campo internacional intervino declarando la guerra a la Francia napoleónica y para que las distancias no hicieran simbólica su declaración, invadió la Guayana francesa que retuvo en su poder hasta el año de 1817, en que hizo la paz con los de Borbón restaurados al trono de San Luis.

· También en la política americana participó enviando fuerzas en auxilio del virrey del Rio de la Plata, el general Elío, que se encontraba en 1811 acosado por los insurgentes en Montevideo. Y, posteriormente, como después veremos, mandó al general Diego de Souza en contra del caudillo uruguayo Artigas.

En el orden administrativo introdujo también importantes reformas de las que, una de las más trascendentales, fue la apertura de los puertos brasileños a todas las naciones; terminando así con el monopolio y dependencia de la metrópoli y dotando al país de una considerable independencia económica.

Pero lo más importante para el futuro desarrollo del Brasil es que le proporcionó toda la estructura política de un estado autónomo. Estas medidas contribuyeron de modo determinante para capacitar al país para su vida independiente, evitándole los enormes trastornos que hubiera traído consigo la necesidad de improvisar una nueva organización, como es fácil apreciar haciendo la comparación con las naciones hispanoamericanas.

En 1816 murió la cuitada reina María y el príncipe regente fue proclamado como Juan VI, rey de Portugal, Brasil y Algarves. Con ello el Brasil ascendía a la calidad de reino, en paridad con el de Portugal.

La revolución pernambucana

A pesar de la obra de don Juan, las ideas revolucionarias hacían su trabajo esporádicamente, como la Inconfidencia Mineira, daban muestras de su existencia, aunque por las razones ya expuestas nunca alcanzaron el éxito ni lograron mayor expansión.

Otra muestra de ellas fue la revuelta que estalló en Pernambuco en 1817 promovida por los criollos en contra de los portugueses y con marcados tintes nacionalistas y republicanos.

El pretexto fue el mal trato que unos oficiales reales dieron a un soldado negro y que provocó las iras de la oficialidad criolla y del pueblo de Pernambuco. El gobernador don Cayetano Pinto de Miranda, viendo el trasfondo del incidente y deseando contener la agitación ordenó la prisión de los militares y civiles conocidos por sus ideas revolucionarias. Pero el brigadier Manuel Joaquín Barbosa de Castro, encargado de ejecutar la orden fue asesinado, al intentar hacerlo, por el capitán José de Barros Lima. Esto prendió la mecha; el pueblo se amotinó y el gobernador que se había refugiado en una fortaleza hubo de capitular.

La revolución triunfante formó un gobierno republicano, encargando su dirección a un ejecutivo integrado por cinco miembros, dos de los cuales fueron el padre Miguelinho y el padre Ribeiro.

Los rebeldes lograron adeptos en las provincias de Parahiba y Rio Grande do Norte y trataron de extender el movimiento a otra más. Pero la reacción del pueblo fue mucho más lenta que la del gobierno que inmediatamente envió fuerzas desde Bahia y desde Rio de Janeiro que con facilidad sometieron a los revolucionarios y aprehendieron a sus dirigentes, algunos de los cuales fueron más tarde pasados por las armas.

La independencia

Hacía ya muchos años que Portugal había recuperado su libertad y estaba gobernado por un regente designado desde el Brasil. Los papeles estaban pues invertidos y ahora más bien parecía que el viejo reino peninsular fuera una dependencia de la monarquía brasileña.

Pero en Portugal también había cundido la filosofía liberal y en 1820 estalló en la ciudad de Oporto una revolución, gemela de la del general Riego en España, que pedía una constitución y el regreso del rey a la Península. Encabezada por Manuel Fernandes Tomás y el oidor José da Silva Carvalho y dirigida en contra del regente, mariscal Beresford, la asonada se extendió a varias otras ciudades, incluso a Lisboa y acabó por imponerse. Se organizó entonces una «Junta provisional de Gobierno del Reino» y convocó a los representantes de las provincias para redactar una constitución.

En Brasil se unieron al movimiento constitucionalista algunas poblaciones como Bahia y Pará. El rey don Juan quiso entonces adelantarse a los acontecimientos enviando a Portugal su propio proyecto de constitución y designando a su hijo, el príncipe don Pedro, como regente; pero en Rio de Janeiro el pueblo y algunos cuerpos de tropa exigían la aprobación inmediata de la constitución redactada por la revolución liberal en la Península.

El rey sintió vacilar la corona en su cabeza y aceptó la constitución, pero decidió marchar en persona a Portugal, antes que la metrópoli se independizase de la colonia, y el 26 de abril de 1821 embarcó rumbo a Europa dejando como regente del Brasil a don Pedro. El príncipe contaba a la sazón 23 años, era inteligente, impulsivo y audaz y estaba casado con una hija del emperador de Austria, la discreta princesa María Carolina Josefa Leopoldina. Tenía además don Pedro la ventaja de haber crecido en el Brasil y ser considerado por ello más criollo que portugués.

A pesar de todo ello, la revolución de 1820 había desatado las pasiones políticas, y removido la vieja enemiga de los «mamelucos», contra los funcionarios portugueses principalmente. Para satisfacerlos el regente despidió a muchos de ellos de su gobierno, comenzando por su ministro el conde Dos Arcos, y renovó el juramento de acatamiento a la constitución.

Pero nada de esto fue bastante, porque entonces varios grupos empezaron a pedir ya abiertamente la independencia de Portugal.

En estas difíciles circunstancias llegaron noticias de la metrópoli según las cuales el rey se encontraba totalmente dominado por la asamblea y ésta exigía al príncipe regente que regresara a Portugal y devolver al Brasil a su antigua condición colonial. Los ánimos se exacerbaron aún más con estas novedades y los clubs, los periódicos, al amparo de la libertad de imprenta, se encargaron de dar a la ofensiva la máxima violencia. Pero todos mantenían su adhesión al regente y se oponían a su traslado a Portugal. En enero de 1822, el presidente del senado, don José Clemente Pereira, presentó al príncipe un memorial firmado por muchos miles de ciudadanos, en el que le pedían que permaneciera en Brasil. Aquel se llamó el «dia do fico», porque el regente resolvió quedarse, desobedeciendo las órdenes de Lisboa.

Algunas fuerzas portuguesas, como la llamada «División de Auxilio» trataron de obligar al príncipe a obedecer, pero ante la reacción del ejército y del pueblo tuvieron que abandonar el país.

Don Pedro reorganizó su gobierno sin tener en cuenta a las autoridades peninsulares, poniendo al frente de él al ya ilustre José Bonifacio de Andrada e Silva. Su deseo de independizarse de Portugal ya era poco menos que manifiesto, y sólo esperaba la ocasión más adecuada. En agosto de 1822 había lanzado un manifiesto pidiendo «la unión y la independencia del Amazonas y el Plata». El gobierno portugués vino muy pronto a proporcionarle la ocasión de realizar sus deseos.

Cuando regresaba don Pedro, de Santos a São Paulo, a donde había ido a calmar la agitación de los partidarios de la independencia, al llegar al arroyo Ipiranga recibió correspondencia de la princesa Leopoldina, que había quedado en Rio de Janeiro como regente, en la que lo ponía al tanto de las nuevas llegadas de Portugal. Las cortes decretaban que don Pedro debía regresar a Portugal, que se procesara a quienes firmaron el memorial pidiéndole que desobedeciera y se designaba un nuevo ministerio para que gobernara al Brasil.

El príncipe montó en cólera, se arrancó las insignias azul y blanca de Portugal para sustituirlas por el amarillo y verde de Brasil y desenvainando la espada, lanzó ante sus tropas el «grito de Ipiranga»: «¡Independencia o muerte!». Era el 7 de septiembre de 1822. Dos horas más tarde entró en São Paulo aclamado como rey, el 12 de octubre siguiente fue proclamado como Pedro I, Emperador y Defensor Perpetuo del Brasil, y el 1 de diciembre se verificó su solemne coronación en Rio de Janeiro.

Algunas tropas portuguesas que ocupaban varias provincias se negaron a aceptar la independencia, por lo cual el nuevo monarca tuvo que reclutar fuerzas y organizar una escuadra que fue confiada al mando del inevitable almirante Cochrane. Hubo encuentros violentos en varias ciudades, principalmente en Bahia y en Salvador, pero al fin los «reinols» fueron vencidos y los militares portugueses hubieron de repatriarse.

En realidad la independencia se había consumado sin mayores trastcrnos y, por así decirlo, «en familia». De este modo no sólo se evitó el derramamiento de sangre y las devastaciones que produjeron las luchas de independencia en la América española, sino también con la continuidad del monarca, la anarquía y la desintegración que ocasionó en aquélla la ausencia de una autoridad.

Iberoamérica

La crisis de la libertad

Conquistada la independencia, entregáronse los pueblos iberoamericanos con pasión a gozar de la tan anhelada libertad. No sabían aún que la libertad es un don superior precisamente porque es más difícil de practicar que la servidumbre. Por lo pronto parece que la entendieron como la virtud de no obedecer a nadie, puesto que para librarse de la autoridad del rey fue por lo que derramaron su sangre.

Y por otra parte tampoco existía la autoridad que pudiese moderar este explicable desbordamiento libertario. La del rey había contado con una tradición secular y un prestigio remoto y casi religioso. El trono era tan firme que hasta un Carlos IV pudo obtener acatamiento. Pero al desaparecer esto por la emancipación, no quedó nada en América sobre lo que pudiera afincarse un principio de autoridad. No había nada ni nadie capaz de alcanzar espontáneamente respeto y obediencia.

En las tertulias revolucionarias de la época conspiradora este problema no ofrecía dificultad alguna. Los revolucionarios conocían a fondo la doctrina democrática y sabían que la autoridad radica en el pueblo, el cual la delega en sus mandatarios para que a su nombre lo gobiernen. Así se realizó en los Estados Unidos de Norteamérica y el éxito había corroborado la bondad de la teoría.

Pero ignoraban, porque desde su perspectiva histórica era imposible que lo supieran, que la realización de la democracia exige presupuestos que en Iberoamérica no existían y que es imposible improvisar de la noche a la mañana. No podemos criticar a aquellos teorizantes del sistema republicano, por las consecuencias que se siguieron a su implantación súbita. Para nosotros resulta fácil ser profetas «a posteriori», pero ellos no podían ver lo que seguiría y, sobre todo, si deseaban llegar alguna vez a la democracia y a la libertad, no tenían otra opción que lanzarse a ponerlas por obra. Porque lo deseable hubiese sido una evolución paulatina hacia ellas, pero esto no estaba en sus manos. Esta evolución sólo habría podido promoverla y conducirla la corona española, pero en vez de esto hemos ya visto cómo la Corona evolucionaba hacia atrás, hacia un régimen cada día más centralizado y autoritario. Se veían por lo tanto obligados a intentar un salto mortal desde el más cerrado absolutismo hasta la democracia liberal. El caso de Brasil ilustra muy bien esta hipótesis, pues como podremos en seguida observar, en buena medida se produjo esa evolución gradual y por ello su vida independiente ha sido más ordenada y tranquila que la de Hispanoamérica.

En Iberoamérica no existía, desde luego, esa educación política consuetudinaria del pueblo que presupone todo gobierno democrático. Tampoco se había dado en ella la evolución de las clases sociales que exigieron su participación en el gobierno dando así nacimiento al sistema democrático en Europa y en los Estados Unidos. La revolución de independencia en Iberoamérica fue una revolución puramente política para sustituir a un grupo gobernante por otro y tratar de modificar la forma de gobierno, pero no alteró la organización social de la colonia, y la situación económica y cultural de las clases inferiores se mantuvo idéntica. No existía pues en Iberoamérica esa clase media, la «burguesía», que en los países más evolucionados constituyó la vanguardia de la democracia.

Con la independencia salió pues Iberoamérica del sistema absolutista, pero no alcanzó el sistema democrático; lo que en otros términos significaba quedarse sin sistema alguno, sin autoridad de gobernarse, en la anarquía. Los talentos más clarividentes de la independencia, Bolívar, San Martín, Iturbide y muchos más, se percataron del abismo que se abría en el futuro y por ello pensaron en un régimen monárquico —o en una presidencia vitalicia en el caso de Bolívar, que en esencia es lo mismo— como en la única tabla de salvación. Pero tampoco es fácil improvisar un trono y el caso de Iturbide lo demostró trágicamente.

Otros problemas

Por otra parte, el propio instrumento gubernamental, el aparato administrativo también desapareció, de modo que no sólo no había quien gobernara —o había demasiados, que viene a ser igual— sino que tampoco había con qué gobernar. La organización fiscal, la de seguridad pública, la administración de justicia y todas las demás funciones gubernamentales quedaron desarticuladas. El más genial de los estadistas se encontraba en estas condiciones condenado a la impotencia.

Los políticos de la época consideraban que el problema radicaba en «constituir» al Estado adecuadamente, y se dedicaban por ello con la mayor ilusión a redactar «constituciones» y reñían encarnizadamente entre sí para defender diversos sistemas constitucionales. Pero ninguna ley poseía la virtud de crear por arte de magia los requisitos sociológicos, económicos, culturales e históricos que exigía la edificación de una democracia y la instauración de una autoridad. De aquí el incesante y siempre ilusionado cambio de «constituciones». La república Dominicana ha ensayado en poco más de un siglo 26 constituciones y las demás repúblicas, salvo contadas excepciones, como Chile y Uruguay, no le van muy a la zaga. Por lo demás las constituciones quedaban en el papel y la realidad seguía caminos muy distintos.

A estos factores de anarquía ya en sí mismos tan graves, se añadía la lucha de los partidos. El antiguo bando realista se convirtió en partido conservador y se sumaron a él muchos de los criollos prominentes, hacendados y grandes comerciantes, que por uno u otro motivo habían figurado incidentalmente en el bando independentista. Frente a ellos los liberales adoptaban posiciones cada vez más radicales y extremas y el argumento supremo de la polémica eran siempre las armas.

Y a estas luchas ideológicas o partidistas se sumaban y entretejían los intereses facciosos y las más bajas apetencias personales. Frecuentemente la bandera que enarbolaba una «revolución» era sólo la pantalla de la ambición. Muchos caudillos aparecen sucesivamente al frente de bandos irreconciliables y no es raro que los planes, programas y reformas constitucionales sólo tengan por objeto prestar un pretexto para el «pronunciamiento» o facilitar la eliminación del contrario.

El vaivén político

Los años que siguieron a la independencia fueron por todas estas causas, años de completa anarquía. Todos se entregaban a la libertad sin barreras. Las regiones, las ciudades y hasta las aldeas deseaban ser soberanas. Ningún caudillo de la independencia o de las guerras civiles podía entender por qué debían gobernar otros y no él y mucho menos podía comprender por qué debía prestar obediencia a otro que era igual que él. Acostumbrados por las guerras de independencia a usar las armas contra la tiranía, siempre estaban dispuestos a declarar «tirano» al presidente de la república y a usarlas contra él. No hay un solo gobernante en varias décadas que se haya salvado de ser tachado de tirano por otro que deseaba ser el titular de la tiranía, y los pocos presidentes que logran terminar o prolongar indefinidamente su mandato de gobierno lo debieron a la suerte de las armas, mas no al acatamiento general de su autoridad. Cuando los caudillos no pueden alcanzar la máxima magistratura se erigen su propio feudo provinciano y se extiende así el caciquismo por todas las regiones.

Cuando este estado de anarquía se hace ya insoportable, se clama por una autoridad y ésta, para terminar con el desorden y sostenerse en el poder recurre a los procedimientos más violentos y arbitrarios, hasta que llega un momento en que el despotismo parece insufrible y entonces se clama por la libertad, y se derroca al tirano, para caer en una libertad sin límites que lleva a la anarquía, y de ésta, nuevamente a una autoridad sin límites que lleva al despotismo.

El síntoma claro de este vaivén lo proporciona la exagerada irregularidad en la permanencia de los gobernantes. En México, para citar sólo un caso, don Pedro Lascurain permaneció en la presidencia de la república cuarenta y cinco minutos y don Porfirio Díaz treinta y cinco años.

El vaivén político

Naturalmente, en estas condiciones, el sistema normal de transición de un gobernante a otro es el cuartelazo, la asonada y la revolución.

Aunque estas luchas políticas se producen sólo entre la minoría social que domina al país, sin que las clases inferiores tomen parte como protagonistas de ellas sino sólo como sujetos pasivos de la situación y con frecuencia como víctimas de las revoluciones; este estado convulsivo endémico no puede menos de repercutir sobre los demás aspectos de la vida nacional. En algunos países como Venezuela, en primer término, pero también Colombia, Ecuador, Perú y Chile la guerra de independencia fue asoladora, pero el período anárquico que azotó a toda Hispanoamérica desarticuló el comercio, permitió que los caminos se infestaran de bandoleros, llevó a continua quiebra al erario público y en general hizo que la producción descendiera y que el nivel económico bajara considerablemente.

No obstante, repetimos, estos estremecimientos se producían solamente en la epidermis política de los países y en la base de las instituciones tradicionales, tales como la familia, la hacienda, las explotaciones mineras o agrícolas, los municipios, la Iglesia, etc., conservaron sus formas sin ninguna alteración sustancial. Sólo muy lentamente se irán modificando estas estructuras tiempo más tarde, pero aún hoy en día no es difícil percibir la supervivencia de muchas de ellas.

Las causas generales de disolución antes expuestas, se particularizan en cada país o en cada región por efecto de las circunstancias especiales que en ellos privan o del sesgo singular que toma su desenvolvimiento, lo cual explica que éste sea muy diverso de unos países a otros y aún de las diferentes comarcas de un mismo país.

Sin embargo debe hacerse notar que el concepto de «nación» es sumamente impreciso de modo que las situaciones políticas concretas —los partidos o las revoluciones, por ejemplo— se suelen extender a dos o más países y los acontecimientos de uno repercuten como veremos directamente, en los otros. Correlativamente no se considera como extranjeros a los ciudadanos de los países hermanos y es muy común que los de uno actúen políticamente en otro, como ya vimos que acontecía durante las luchas de emancipación y como podremos seguir observando a lo largo del siglo xix.

En cuanto al desarrollo del pensamiento político, la influencia europea, principalmente de Francia, seguió siendo determinante y puede notarse cómo los nuevos planteamientos que se van haciendo en Iberoamérica, responden, aunque con algún retraso, a los que se hacen en el viejo continente.

Pero a pesar de que subsiste en el fondo de la evolución histórica de los países de la Comunidad Iberoamericana un substrato que los unifica, es muy difícil tratar de reducir a líneas simétricas los acontecimientos concretos que se producen en cada uno de ellos, de manera que sólo puede intentarse una generalización de ellos a través de ciclos muy amplios y de rasgos generales, que guardan cierto paralelismo entre sí.

Las etapas políticas de Iberoamérica

Después de esa primera etapa de intensa anarquía que siguió a la consumación de la independencia y a la que antes nos hemos referido, la reacción hacia las dictaduras se acentúa cada vez más y éstas logran mayor firmeza y duración. Rosas en Argentina, Portales en Chile, Páez en Venezuela, Santa Ana en México son los ejemplares más típicos de esta época. Algunos de ellos al obtener por primera vez un cierto remanso de paz logran dar una organización al estado y es ésta su obra más trascendente. El caso más señalado en este punto lo constituye sin duda el ministro chileno Diego Portales. Así como Santa Ana representa bien al dictador que contribuye activamente a desorganizar más aún al país.

Pero frente a las dictaduras caudillistas los partidos políticos, sobre todo los liberales, logran una mayor cohesión tanto en su organización como en su doctrina. Hay un acceso de la incipiente clase media a la política, pero los grandes sectores populares continúan al margen de ella. Entonces, después de mediado el siglo, una reacción contra las dictaduras que es encauzada casi siempre por el partido liberal que a través de la consabida revolución logra llegar al poder en muchos países.

Desde el gobierno los liberales ponen por obra una serie de reformas políticas y religiosas que se plasman en nuevas constituciones tales como la argentina de 1853, la mexicana de 1857, la colombiana de 1863 y la venezolana de 1864. En Brasil no hay una conmoción violenta pero el partido liberal se va imponiendo cada vez con mayor decisión.

Las etapas políticas de Iberoamérica

Entre las reformas sociales más importantes introducidas
por el liberalismo debe anotarse la efectividad de la abolición
de la esclavitud que, aunque proclamada desde los días de
la independencia, subsistía más o menos disimuladamente
en muchas partes. Pero mayores consecuencias sociales trajo
la consagración del liberalismo económico clásico, con la libre
competencia y la libre contratación, la supresión de los gremios de artesanos y de las comunidades agrarias. Estos principios conducirán más tarde a la proletarización de las clases
trabajadoras y a una mayor opresión económica y política de
ellas por parte de las minorías terratenientes y capitalistas.

En lo político puede señalarse el triunfo del federalismo
en algunos países, como Argentina y México, pero lo que provoca el choque más violento son las reformas que el liberalismo introduce en las relaciones del estado con la Iglesia tales
como la supresión de la jurisdicción eclesiástica y del pago
obligatorio del diezmo, el establecimiento del matrimonio civil
y de los registros civiles, secularización de los cementerios,
pero sobre todo, la expropiación o nacionalización de los bienes de «manos muertas» como se consideraba a los que pertenecían a la Iglesia y a las comunidades religiosas. Esto
provoca una encarnizada lucha entre liberales y conservadores
y la división de los liberales en radicales y moderados. Estas
pugnas revisten modalidades distintas de un país a otro y se
resuelven de diversos modos, pero sí puede observarse al cabo
de ellas una nueva reacción en favor de los gobiernos «de
orden».

En las décadas finales del siglo, el ejército ha evolucionado
desde las primitivas «montoneras» caudillistas, como se les
llamaba en Argentina hasta su institucionalización y esto le
permite intervenir como fuerza política, sobre todo cuando se
hace necesario imponer el orden. Por esto se explica que en
esta época aparezcan nuevamente las dictaduras, aunque guardando ahora con más cuidado las apariencias constitucionales, y procuren atemperar las reformas liberales para refrenar
las luchas partidistas. Los representantes más conspicuos de
esta generación de dictadores son Rafael Núñez, en Colombia,
Justo Rufino Barrios, en Guatemala, Antonio Guzmán Blanco,
en Venezuela, Gabriel García Moreno, en Ecuador, y en México, el más característico de este estilo, Porfirio Díaz.

Debe señalarse sin embargo que en esta segunda mitad del
siglo xix, Chile, Uruguay, Costa Rica, Argentina y Colombia

logran cierta regularidad en el funcionamiento de las instituciones republicanas.

El primer cuarto del siglo xix es en general una prolongación de la situación antes descrita. Pero en el fondo de la sociedad han empezado a desarrollarse nuevas fuerzas. La clase media ha logrado mayor amplitud y la clase obrera, con el impulso de la industrialización que se inicia y el fermento de la emigración europea, que por esta época es muy abundante en algunas regiones, determinan la aparición de nuevas tendencias políticas que van paulatinamente superando el esquema y la ideología de los partidos políticos tradicionales —el liberal y el conservador— ya que éstas preocupan más las cuestiones sociales —las condiciones de trabajo, la distribución de la riqueza, etc.— que los litigios puramente políticos, y las disputas partidistas. Los primeros representantes de estas tendencias son los partidos llamados comúnmente «radicales» o «revolucionarios» que son seguidos poco después por los de orientación más o menos socialista y frente a éstos aparecen por último y muy recientemente, como una nueva alternativa, los partidos demócrata-cristianos. Pero esto pertenece ya a la crisis histórica que vive Iberoamérica en la actualidad.

Debemos observar por último, que esta era llena de convulsiones no es exclusiva de Iberoamérica, y no para que el cuadro nos parezca menos deprimente, sino para mejor comprender su más profundo fondo histórico. Aunque con menos violencia, el cambio del absolutismo al liberalismo produjo luchas sangrientas en casi todos los países de Occidente, y la «rebelión de las masas», como le ha llamado Ortega y Gasset al despertar de las clases trabajadoras, ha ocasionado terribles sacudimientos en los últimos cien años. España, Francia, Italia, Alemania y varios países más han sufrido durante los años que Iberoamérica tiene de independencia frecuentes revoluciones y cambios de sistemas políticos. Y en Europa se ha agravado la situación con asoladoras guerras internacionales cada una de las cuales ha costado más sangre que muchas revoluciones iberoamericanas.

En el fondo, decimos, los trastornos de Iberoamérica corresponden a una profunda crisis, que Hilarie Belloc ha denominado «la crisis de nuestra civilización» y que comprende en nuestros días a la humanidad entera.

La disgregación de Iberoamérica

La Comunidad Iberoamericana en cuanto tal, se mueve impulsada por dos fuerzas contrarias; una centrípeta que la impulsa a mantenerse unida y otra centrífuga que la empuja a la disgregación. En la primera época, aunque no deja de manifestarse la primera tendencia, como después veremos, se impone, en gran parte, la segunda.

Al concluir la lucha de la independencia parecía que podrían mantenerse como unidades políticas nacionales las circunscripciones de los cuatro grandes virreinatos y los prohombres de la revolución con Bolívar en primer término, pusieron su mayor empeño en ello para evitar el fraccionamiento, y el consiguiente debilitamiento de Iberoamérica. Pero sus nobles afanes fracasaron y consumada la independencia de España, las provincias libres, por la misma carencia de una autoridad pacificadora, empezaron a independizarse las unas de las otras, separándose de los antiguos núcleos virreinatos que eran México, Bogotá, Lima y Buenos Aires.

La separación y división de Centroamérica

En noviembre de 1821, apenas consumada la independencia en México, Iturbide se dirigió a la Junta Consultiva que con el general Gainza gobernaba la antigua capitanía de Guatemala, para pedirle su adhesión al proyectado imperio mexicano. Para resolver sobre ello, la Junta consultó al pueblo a través de los cabildos abiertos y éstos resolvieron casi por unanimidad mantener la unidad.

Iturbide envió entonces a Centroamérica algunas tropas para que se estableciera en aquellas provincias y el general Vicente Filisola que las mandaba, se hizo cargo del gobierno y sometió a El Salvador, que se había rebelado ya contra el anterior gobierno de Guatemala, y había pedido su anexión a los Estados Unidos de Norteamérica.

Pero en marzo de 1823 se derrumbó el imperio de Iturbide y el plan de Iguala y los Tratados de Córdoba, a los que Centroamérica se había adherido quedaron anulados, por lo que estas provincias consideraron rotos sus compromisos. Filisola convocó entonces a un congreso para que estudiara la nueva situación y éste resolvió «que las provincias de que se componía el reino de Guatemala, eran libres e independientes de la antigua España, de México y de cualquier otra potencia...»

Pero esto era solamente el principio de un proceso de disgregación que Centroamérica habría de llevar al último extremo.

Filisola se retiró dejando el gobierno al congreso, éste se transformó en Asamblea Constituyente y promulgó en noviembre de 1824, una constitución que establecía las Provincias Unidas del Centro de América integrada federalmente por los estados de Guatemala, Honduras, El Salvador, Nicaragua y Costa Rica. La provincia de Chiapas entre tanto había resuelto permanecer unida a la república Mexicana.

Pero al margen de estas formalidades legales la anarquía y la disolución reinaban en toda la región y de hecho cada ciudad se gobernaba como podía mientras los partidos y los caudillos se trababan en abigarradas conflagraciones.

El congreso designó como presidente de la federación al general liberal don Manuel José Arce y como vicepresidente al eminente conservador don José Cecilio del Valle. Las guerras civiles entre los partidos se generalizaron y en ellas se distinguió el joven hondureño Francisco Morazán que en noviembre de 1827 asumió la jefatura del estado de Honduras. En octubre del siguiente año se apoderó de El Salvador y en abril de 1829 tomó Guatemala y expulsó al presidente Arce y en septiembre de 1830 el congreso le otorgó la presidencia.

Pero la situación se hacía cada vez más revuelta pues el sistema federal consistía, en la práctica, en que además de una guerra civil nacional, cada estado tuviese su propia guerra civil para disputarse las magistraturas provinciales.

Morazán hubo de sostenerse en constante lucha contra los conservadores que trataban de deponerlo. En 1833 trasladó la capital federal a San Salvador, en donde el bando liberal era más fuerte, y en junio del año siguiente se reeligió en la presidencia.

Entre tanto el jefe provincial de Guatemala, el Dr. Mariano Gálvez introdujo reformas en materia eclesiástica, como la secularización de los cementerios y la supresión del diezmo, que exacerbaron a la oposición conservadora. En 1837 se propagó una epidemia de cólera y se hizo correr la versión de que el gobierno liberal de Guatemala había envenenado las aguas. El joven conservador Rafael Carrera se colocó al frente de la rebelión y se hizo dueño del estado. Morazán, que salía apenas de una lucha contra Honduras y Nicaragua, quiso someter a Carrera pero fue derrotado por éste en 1830 y tuvo que exiliarse.

La unión de las provincias había quedado deshecha durante estas luchas. En 1838 Nicaragua, Honduras y Costa Rica se declararon independientes por la enemiga contra Morazán, y en febrero de 1841 El Salvador proclamó a su vez su separación de las demás provincias. Sólo permanecía Guatemala fiel a la idea federal, hasta que en 1847 se declaró como república soberana e independiente.

La desintegración de la Gran Colombia

Bolívar, que soñaba con que los pueblos Hispanoamericanos formaran una gran confederación, puso su mayor empeño en conservar la unidad del antiguo virreinato de Nueva Granada.

Bajo su inspiración la Constitución, redactada por el congreso de Angostura en 1819, estableció en su artículo primero que «Las repúblicas de Venezuela y Nueva Granada, quedan desde este día reunidas en una sola, bajo el título glorioso de la república de Colombia»; y se preveía la inclusión de la presidencia de Quito en cuanto ésta fuera independizada de la corona española.

El congreso de los representantes de los dos países ya liberados definitivamente, Venezuela y Nueva Granada, ratificó esta unión y designó a Bolívar como presidente de ella y a Santander como vicepresidente. Y, al ser liberada Quito al siguiente año, se incorporó a la república de Colombia, lo mismo que el puerto de Guayaquil disputado por el Perú.

Pero al partir Bolívar para continuar la guerra de independencia contra el virreinato peruano, la flamante república, sumida en la anarquía de las luchas facciosas y en la bancarrota y separada de las regiones que la integraban por inmensas distancias, no pudo mantener control alguno sobre ellas, los caudillos se erigían en señores absolutos de su comarca sin ningún acatamiento para la autoridad central.

El congreso nacional quiso destituir al general Páez del gobierno de Venezuela y entonces éste se rebeló, reunió su propia asamblea y ésta decretó en noviembre de 1826 la separación de Colombia. Ese mismo mes regresó Bolívar a Bogotá y marchó en seguida a Venezuela. Páez resistía en esos momentos la acometida de una revolución contra él. La autoridad excepcional del Libertador logró restablecer la paz, confirmó al general Páez en el mando civil y militar y obtuvo la reintegración de Venezuela a la unidad colombiana.

Pero estos acontecimientos patentizaban la inseguridad de aquella unión. Bolívar quiso consolidarla reuniendo una nueva convención en Ocaña en 1828. Percibía el Libertador que el origen de la disolución se hallaba en la falta de una autoridad obedecida por todas las provincias y trató de subsanar esta carencia con la instauración de un gobierno fuertemente centralizado y un ejecutivo vitalicio, como el que ideara para la constitución de Bolivia. Pero no sólo no logró hacer triunfar estas ideas, sino que casi todos sus lugartenientes se rebelaron contra él, desquiciando así el único factor moral de unidad que sobrevivía en medio de las constantes reyertas. El general La Mar se rebeló contra él en Perú y hubo de someterlo Sucre. Obando hizo otro tanto, y el general Córdoba tuvo que encargarse de reprimirlo. Y en Venezuela nuevamente se pronunciaron contra la unidad Páez y Arizmendi. En noviembre de 1829 reunieron una junta en Caracas y ésta decretó la secesión de Venezuela aduciendo como pretexto que Bolívar era un tirano que aspiraba a través de la presidencia vitalicia a convertirse en monarca.

En mayo de 1830 reunieron un Congreso Constituyente en Valencia; confirmó lo hecho por la junta y decretó además la proscripción de Bolívar del país, de su propia patria.

El gobierno de Bogotá envió emisarios y realizó gestiones para reconstruir la unidad, pero Páez se mantuvo irreductible.

La separación del Ecuador

Mientras se realizaba el Congreso de Valencia, el general Juan José Flores, que tenía sobre la provincia de Quito iguales ambiciones que Páez sobre la de Venezuela, hizo reunir una Asamblea Popular y sin más discusión resolvió separarse de Colombia. Lo curioso es que el pretexto aducido fue precisamente el hecho de que Bolívar no continuase ya como presidente de la república de Colombia.

En agosto de ese mismo año reunióse el Constituyente y aprobó una constitución provisional que aún dejaba la puerta abierta a la unificación, pero el Constituyente de Ambato, realizado en 1835, declaró la completa autonomía de la república.

Naturalmente el general Flores fue designado para la presidencia. El mariscal Sucre se dirigió contra Quito para someterlo, pero murió asesinado durante el viaje.

De este modo se esfumó la república de la Gran Colombia soñada por el Libertador.

La independencia de Bolivia

Cuando Sucre se dirigió al Alto Perú, después de la victoria de Ayacucho, los pobladores de aquella región se habían adelantado ya a proclamar la independencia. En enero de 1825 el general José María Lanza había ocupado la ciudad de La Paz y la proclamó ahí, pero no sólo de España sino también respecto del Perú y de Buenos Aires.

Sucre se encontró por lo tanto con un hecho consumado y la asamblea convocada por él que se reunió en Charcas en febrero de 1825 confirmó solemnemente la completa autonomía del Alto Perú.

Los proyectos del Libertador de integrar aquellas provincias en una sola república quedaron pues frustrados desde su nacimiento. Bolívar se dirigió a La Paz y fue objeto de grandes

509

homenajes, la nueva república fue bautizada con su nombre, que después derivaría en el de Bolivia y se le declaró presidente de ella mientras estuviese en su territorio. El Libertador permaneció cuatro meses en él, pero la independencia del país fue mantenida y él mismo hubo de aceptarla.

En abril de 1826 se reunió un Congreso Constituyente en la ciudad de Charcas, a la que el propio congreso cambió el nombre por el de Sucre (1). En él fue aprobada la Constitución que Bolívar redactó para este país y en la que establecía la presidencia vitalicia, que fue concedida al vencedor de Ayacucho.

Todavía se dio posteriormente otro intento de unificación que alcanzó efímera realidad bajo las armas del general Santa Cruz. Santa Cruz había ocupado ya la presidencia del Perú y en 1829 asumió la de Bolivia, lo cual no era obstáculo para que siguiera interviniendo en las disputas internas de aquel país. En Perú el general Luis José Orbegoso había sido derrocado de la presidencia por el general Santiago Salaverry. Entonces aquél se alió con Santa Cruz y entre ambos depusieron a Salaverry y lo fusilaron.

Los vencedores reunieron un congreso de plenipotenciarios de tres países creados para el caso: Bolivia, el Perú Septentrional y el Perú Meridional. Fue designado un presidente para cada uno de ellos y Santa Cruz nombrado Protector de la Confederación con autoridad sobre los presidentes.

El Protector se empeñó en realizar un buen gobierno, pero eran muchos los enemigos que tenía. Chile y Argentina consideraron que aquella unión representaba un peligro para ellas, tanto más cuanto que Santa Cruz era amigo de los que hacían la oposición en esos momentos a los gobiernos de Santiago y Buenos Aires. Pronto estallaron las hostilidades. Las fuerzas argentinas fueron fácilmente rechazadas por las de la Confederación, pero el ejército chileno después de reñida guerra y múltiples peripecias, derrotó a Santa Cruz en la batalla de Yungay, el 20 de enero de 1839.

Con ello Santa Cruz tuvo que salir desterrado y la Confederación se dio por liquidada antes de haber cumplido su tercer año de vida. El general Gamarra, que había luchado al lado de los chilenos fue elevado a la presidencia del Perú y en Bolivia la asumió el general Velasco.

---

(1) Con éste, la ciudad cambiaba por tercera vez de nombre, pues se llamaba Chuquisaca en tiempo de los incas y los españoles le dieron el de Charcas.

La República Oriental del Uruguay

Hemos visto ya antes cómo apenas consumada la independencia de las provincias del Río de la Plata, el Paraguay bajo el cetro del Dr. Francia se separó, no sólo de Buenos Aires sino del de todo el mundo, y cómo los que pelearon por la emancipación de España en Uruguay, con Artigas a la cabeza, pretendían también la autonomía de su país.

No bien terminada la guerra contra la corona con la toma de Montevideo en junio de 1814, Artigas, como muchos otros caudillos de las provincias del Plata, se erigieron en señores de sus propias comarcas. El gobierno de Buenos Aires, agobiado internamente por las rencillas políticas tuvo que enviar tropas que los sojuzgaran. Los de la provincia de Santa Fe, apoyados por Artigas, vencieron al general Viamonte. El gobierno envió entonces al general Belgrano pero fue depuesto durante la campaña por sus propios subordinados en abril de 1816.

En verdad, Artigas y varios de los caudillos provincianos no pedían la independencia sino sólo el sistema federal que permitiera una mayor autonomía, pero Buenos Aires estaba empeñado en mantener la hegemonía del país bajo un régimen centralizado. La sublevación federalista se fue extendiendo a las provincias de Santa Fe, Misiones, Corrientes y Entre Ríos, y en ésta última se hizo la proclamación formal de la Federación.

La corte de Rio de Janeiro vio en este estado de cosas la oportunidad de realizar sus viejas pretensiones sobre la tan disputada Banda Oriental y el regente don Juan envió a ella un ejército de 10.000 hombres al mando del general Lecor, que en junio de 1816 derrotó a Artigas y en enero siguiente ocupó Montevideo.

Todavía Artigas continuó la resistencia durante mucho tiempo, hasta que derrotado definitivamente en Tacuarembó el 22 de enero de 1820 tuvo que asilarse en Paraguay en donde el Dr. Francia lo mantuvo confinado hasta su muerte muchos años después.

Para cubrir las apariencias de su dominio, los brasileños reunieron una asamblea de representantes uruguayos en Montevideo que, naturalmente, pidieron la anexión al Brasil y así Uruguay pasó a formar parte de aquél en 1821 con el nombre de provincia Cisplatina.

Argentina protestó, pero no estaba en condiciones de apoyar con las armas su protesta y Brasil no le prestó mayor atención. Podía ya considerar asegurada su conquista, cuando en abril de 1825, el coronel Juan Antonio Lavalleja, acompañado sólo por 32 uruguayos que se habían refugiado en Argentina, desembarcaron en la Banda Oriental e iniciaron la lucha contra la dominación brasileña. Fueron sumándoseles mayores contingentes, y se pasó a sus filas el general Rivara, que formaba en el ejército brasileño; la insurrección se generalizó y las fuerzas de ocupación quedaron reducidas a Montevideo. Los uruguayos formaron gobierno en la villa de La Florida y proclamaron una vez más su independencia.

Al fin, Argentina, que había apoyado con armas y recursos a los rebeldes declaró la guerra a Brasil, notificándole que consideraba a Uruguay como provincia suya. Don Bernardino Rivadavia, que desempeñaba el gobierno en Buenos Aires, organizó una escuadra que confió al almirante Brown y un ejército que puso al mando del general Alvear y se iniciaron las hostilidades.

Después de dos años de lucha, y a pesar de varias victorias parciales de Argentina, el triunfo decisivo permanecía incierto y los recursos de ambos contendientes exhaustos, por lo que ambos aceptaron las presiones y «buenos oficios» de la Gran Bretaña para llegar a la firma de un tratado, en agosto de 1828, en el cual, ante la intransigencia mutua se vieron obligados a transar aceptando que la Banda Oriental permaneciera independiente de ambos, con lo que al fin pudo nacer la República Oriental del Uruguay.

Los conflictos internos de Iberoamérica

Después de la disgregación de las grandes unidades políticas todavía estaba Iberoamérica condenada a llegar a un extremo más doloroso, a las luchas entre sí de las naciones que

Los conflictos internos de Iberoamérica

componen la Comunidad. Pero hay que advertir, en primer término, que los conflictos violentos son por fortuna muy escasos, de tal modo que en comparación con Europa, Iberoamérica da la impresión de un continente pacífico y, en segundo lugar, que las llamadas guerras internacionales ofrecen aquí caracteres muy distintos a los que presentan en otras regiones del globo, pues la ausencia de un concepto tajante de las nacionalidades, hace que estas guerras revistan normalmente aspectos propios de las guerras civiles, como es el caso típico de las guerras «internacionales» en Centroamérica.

No podemos pues interpretar como conflagraciones internacionales las múltiples situaciones en que un gobierno interviene en favor del partido o del caudillo que le simpatiza en la república vecina para ayudarlo a derribar a las autoridades de ésta. Tampoco nos extenderemos en los muchos conflictos que surgen entre los países por causa de la definición de las fronteras, que tan imprecisas quedaron al consumarse la independencia y que constituyen la más constante causa de fricción entre ellos. Nos referiremos pues, en especial, a los conflictos bélicos de mayores proporciones y trascendencia. Asimismo, dejamos para otro capítulo la narración de los conflictos que los países iberoamericanos han tenido con potencias extrañas a la Comunidad.

La guerra grande del Uruguay

A pesar de haberse independizado Uruguay de Argentina las luchas políticas de ambas riberas del Plata continuaron mezclándose frecuentemente. La guerra que entre ellos estalló en 1836 es un caso típico de esa clase de conflagraciones iberoamericanas en que se identifican la lucha entre países y la lucha entre partidos, en la que se unen los de una misma filiación para luchar contra el bando contrario haciendo abstracción de su nacionalidad.

El partido «colorado» se había sublevado en el Uruguay para derrocar al presidente «blanco», don Manuel Oribe, y el dictador argentino don Juan Manuel Rosas vio en ello una oportunidad de intervenir con la mira de anexionar nuevamente la Banda Oriental a su país, para lo cual envió en auxilio del presidente amagado a un ejército que mandaba el general Lavalleja. A pesar de ello los «colorados» triunfaron

513

en junio de 1838 y llevaron a la presidencia del Uruguay a don Fructuoso Rivera. Mientras tanto los «blancos» se refugiaban en la Argentina y los argentinos enemigos políticos de Rosas, perseguidos por éste buscaban protección en la otra banda.

Así se mantuvo la pugna más o menos latente hasta que, en 1844, Rosas emprendió una nueva ofensiva y puso sitio a Montevideo y la guerra se prolonga y se complica, porque Brasil toma partido a favor de los «colorados» ante la amenaza de Rosas de romper los tratados de 1828 y Francia e Inglaterra intervienen para romper el bloqueo impuesto por Argentina en el Río de la Plata, porque ello dañaba a su comercio, y a su vez, bloquean el puerto de Buenos Aires.

Esta compleja colisión termina al cabo en 1852 cuando Rosas es derrotado definitivamente en la batalla de Monte Caseros por una extraña alianza formada por argentinos que mandaba el general Urquiza, gobernador de Entre Ríos; uruguayos «colorados» y tropas brasileñas.

Con esta guerra terminan para siempre los conflictos entre Brasil, Argentina y Uruguay por la soberanía de la Banda Oriental y sus relaciones, en adelante, serán siempre pacíficas.

Las guerras del Pacífico

En dos ocasiones estallaron sangrientas hostilidades entre Chile y la alianza de Perú y Bolivia, y son éstas tal vez las únicas guerras iberoamericanas en las que se disputa con claridad la hegemonía de un país sobre determinada zona, aunque en la primera de ellas por lo menos, no dejen de presentarse las relaciones con las luchas civiles.

Ya vimos cómo el origen de esta primera guerra fue el propósito de desbaratar la unión de Bolivia y Perú por el peligro que pudiera significar su potencia para Argentina y, sobre todo, para Chile, a lo cual se unió el de los peruanos y bolivianos que deseaban la caída de Santa Cruz.

Por otra parte el general Freire que había sido derrocado de la presidencia de Chile trataba de recuperarla y, con el apoyo de Santa Cruz, trató de hacer un desembarco en Chile. La expedición de Freire fue rechazada, pero el contragolpe sobre la Confederación no se hizo esperar. La marina chilena apresó a la peruana en El Callao y Portales ordenó la invasión

Los conflictos internos de Iberoamérica

del Perú. Pero tampoco sus tropas estaban muy convencidas de la necesidad nacional de aquella guerra y Portales fue fusilado por sus mismos soldados. Sin embargo la guerra siguió adelante; Santa Cruz fue derrotado, como ya vimos, la Confederación deshecha, Freire perdió las esperanzas de volver a la presidencia y la marina chilena quedó dueña del Pacífico.

Pero la tensión entre Bolivia, Perú y Chile subsistió y cuarenta años más tarde desembocó en una nueva conflagración, que reviste con más claridad los aspectos de una guerra internacional.

La verdadera causa de ella fue la posesión de los ricos yacimientos de salitre de las provincias peruanas de Tarapacá y boliviana de Antofagasta, así como el puerto de Antofagasta que daba salida a ese producto de importación. Para Perú la cuestión era tanto más vital cuanto que el salitre constituía una seria competencia para sus exportaciones de guano, que en esos momentos significaba su principal fuente de vida.

La pugna empezó por una discusión de fronteras entre Bolivia y Chile y la chispa que hizo estallar la guerra fue un aumento de impuestos decretado por Bolivia sobre las compañías chilenas exportadoras de salitre.

Chile no esperó más y su flota ocupó Antofagasta en abril de 1879 y declaró la guerra al Perú.

Bolivia y Perú se encontraban unidos por una alianza secreta y se aprestaron a la defensa. El buque peruano «Huascar» se hizo legendario por sus hazañas, pero la escuadra chilena acabó por imponerse. Los ejércitos de tierra después de muchos meses de operaciones y encuentros sobre aquel árido campo de batalla, se batieron en una lucha decisiva el 26 de mayo de 1880 en Tacna y el ejército aliado resultó deshecho. En noviembre desembarcaron los chilenos en Perú y después de vencer las últimas resistencias hicieron su entrada en Lima en enero del siguiente año.

Los pleitos partidistas que quitaban y ponían presidentes en Perú y Bolivia mientras se desarrollaba la guerra, habían cooperado eficazmente al desenlace que tuvo.

Dos años y medio ocupó Chile la costa peruana en espera de que se constituyera un gobierno con el cual tratar. Al fin, en octubre de 1833 firmaron Perú y Chile el Tratado de Ancón. De acuerdo con él Bolivia perdió toda su región costera quedando encerrada en el Continente y Perú cedió la provincia de Tarapacá, mientras que las de Tacna y Arica quedaron bajo ocupación chilena, pero por un plebiscito que debía celebrarse diez años después, debían decidir a qué país deseaban pertenecer en definitiva.

Bolivia, que no estaba en condiciones de continuar sola la guerra, pero tampoco podía aceptar la mutilación que se le imponía, abrió una tregua que se prolongó hasta 1904, año en que al fin firmó un tratado con Chile por el que éste se comprometía a construir un ferrocarril desde el puerto de Arica hasta Bolivia para permitir la salida de los productos de ésta; como en efecto lo hizo algún tiempo después. Chile resultó beneficiado por esta guerra con un aumento de una tercera parte de su territorio.

Pero las mismas condiciones de la paz de Ancón sembraban nuevos motivos de conflictos.

Pasaron los diez años y muchos más y el plebiscito acordado no se había llevado a cabo. Las negociaciones diplomáticas y los aprestos bélicos se prolongaban paralelamente entre Chile y Perú. Los Estados Unidos intervinieron como árbitros para zanjar la disputa, pero después de largas y prolijas gestiones el arbitraje amenazaba con resultar en beneficio del árbitro, de tal modo que los litigantes, urgidos por el resto de Iberoamérica que se percataba del peligro que entrañaba la intervención de los Estados Unidos, llegaron finalmente a un acuerdo en 1929. En términos generales éste consistió en adjudicar la provincia de Arica a Chile y la de Tacna al Perú.

Pero queda hasta la fecha la salida de Bolivia al mar a la cual como es obvio, no puede resignarse a renunciar.

La guerra de la Triple Alianza

Seguramente la guerra más lamentable por cruenta e inconducente de cuantas se han producido en Iberoamérica fue la que se trabó en 1864 entre la Triple Alianza, formada por Brasil, Uruguay y Argentina, contra Paraguay.

La megalomanía del dictador paraguayo, Francisco Solano López, lo llevó a concebir proyectos de conquista y quiso aprovechar también para ponerlos en práctica las ya clásicas luchas partidistas de Uruguay. Una vez más los «colorados», contando con el apoyo de Brasil y Argentina, habían derribado del poder a los «blancos» y éstos no encontraron a quién pedir auxilio más que a Paraguay. Era la oportunidad que López esperaba y sin más trámite invadió al Brasil en el Matto

Los conflictos internos de Iberoamérica

Grosso en noviembre de 1864 y luego, como Argentina, gobernada por Mitre, le negara al ejército paraguayo el paso por su territorio para ir a Uruguay a apoyar a sus protegidos, López ordenó la invasión de Corrientes.

Los atacados recogieron con gusto el guante, y Mitre, el emperador don Pedro y el presidente de Uruguay, Venancio Flores firmaron una alianza para atacar a López. Argentina pensaba en una posible reincorporación de Paraguay, Brasil en una rectificación de límites y Flores en afianzarse en el poder. Dada la abrumadora desproporción de fuerzas a su favor tenían por seguro que la victoria sería fácil y rápida. López por su parte, confiaba en un levantamiento de las provincias limítrofes de Argentina en su apoyo y en el del pueblo uruguayo. Pero desgraciadamente todos estos cálculos resultaron equivocados y la guerra fue larga y extraordinariamente sangrienta.

Desde luego no hubo levantamiento alguno en pro de López y sus fuerzas fueron fácilmente rechazadas hasta sus fronteras; pero cuando los aliados quisieron penetrar en el país, el pueblo paraguayo ofreció una resistencia que nadie hubiese sido capaz de imaginar. La lucha duró cinco largos años en que los paraguayos defendieron palmo a palmo su territorio. Hasta enero de 1869 no pudieron los aliados apoderarse de Asunción, pero López continuó la resistencia replegándose hacia el interior del país, hasta que al fin acorralado pero sin rendirse jamás, murió atravesado por las lanzas brasileñas en el último reducto que le quedaba, en marzo de 1870.

El mutuo recelo de Argentina y Brasil al que debía su vida Uruguay, se la salvó a Paraguay, pero tuvo que ceder a los dos grandes vencedores 118.415 kilómetros cuadrados de su suelo. Por lo demás el país había quedado totalmente devastado. Del millón de habitantes que tenía aproximadamente al iniciarse la guerra sólo quedaban 231.000, y éstos eran casi exclusivamente mujeres y niños. La ocupación de los vencedores duró seis años y hubo de pagarles una enorme indemnización. Pero a los aliados les costaba también 100.000 vidas el triunfo.

A propósito de esta insensata lucha daba una opinión el estadista brasileño Nabuco, que cita Pereyra, y vale la pena repetir porque es aplicable a muchas de las pugnas de Iberoamérica. «Aquella lucha —decía— por cuestiones territoriales entre países como los de la América del Sur, dueños de extensiones más grandes que las que pueden ocupar, y por cuestiones de hegemonía entre nacionalidades aún no formadas, cuya importancia dependía principalmente de la afluencia de capitales y de emigrantes, era una locura, una manía de diplomáticos influidos por los prejuicios y los procedimientos históricos de Europa, en donde la guerra ejerce otra función.»

La guerra del Chaco

Todavía tuvo el Paraguay otro sangriento conflicto ya en este siglo. Éste se produjo con Bolivia y se prolongó desde junio de 1932 hasta junio de 1935. La causa fue también una disputa territorial: Bolivia reclamaba la región del Gran Chaco, cuya pertenencia a Paraguay juzgaba discutible, no tanto por el territorio en sí mismo, sino porque éste le permitiría tener una salida fluvial hacia el exterior. Los paraguayos pelearon con el mismo denuedo que en la guerra de la Triple Alianza. A pesar de su inferioridad en número y pertrechos, rechazaron todas las acometidas bolivianas. En diciembre de 1932, ante el fracaso de la primera campaña, tomó el mando del ejército de Bolivia el general alemán Hans Kundt, a quien habían contratado como instructor. Pero el general paraguayo José Félix Estigarribia rechazó victoriosamente la nueva embestida. Dieron entonces el mando los bolivianos al general Enrique Peñaranda, pero tampoco tuvo mejor suerte, porque los paraguayos pasaron a la ofensiva y penetraron en el territorio enemigo.

La guerra se prolongaba inútilmente con gran costo de vidas y los países vecinos interpusieron su influencia para ponerle fin, cosa que se logró firmándose la paz en enero de 1936. A Paraguay le fue reconocida la propiedad del Gran Chaco y, además, la de los territorios que había ocupado durante el conflicto. Los afanes bolivianos de obtener una salida al mar se vieron frustrados una vez más.

Las soluciones pacíficas

Como antes dijimos, los conflictos provocados por cuestiones fronterizas han sido muchos y en algunas ocasiones han llegado al derramamiento de sangre, aunque nunca, salvo en los casos antes citados, hayan alcanzado grandes proporciones.

Los conflictos internos de Iberoamérica

La mayoría de estos casos han podido ser solucionados pacíficamente por el procedimiento del arbitraje. Sólo como un ejemplo entre los muchos que podrían ser citados para ilustrar esta clase de soluciones, vamos a referirnos al conflicto de límites que se suscitó a fines del siglo pasado entre Chile y Argentina.

En 1881 firmaron estos dos países un tratado de límites fijándolos, en el extremo meridional de los Andes, sobre la línea divisoria de aguas de sus dos vertientes. Pero la determinación de esa línea sobre el terreno ofreció dudas y dificultades y a ellas se agregó una vieja polémica sobre la posesión del estrecho de Magallanes.

La discusión fue haciéndose más violenta y se habló de confiar la solución a las armas. Pero los gobernantes de uno y otro país supieron sobreponerse a las incitaciones de violencia y en 1896 sometieron el litigio al arbitraje de la reina Victoria de Inglaterra. Sin embargo, éste, por las dificultades que entrañaba, se prolongó indefinidamente y la opinión pública de ambas naciones, impulsada por el falso patriotismo que algunos órganos de la prensa insuflaban, empujaron a sus gobiernos al borde de la guerra. Chile dirigió un ultimátum a la Argentina en 1898 y las dos iniciaron en firme los preparativos bélicos. Pero una vez más logró imponerse la cordura y entre tanto el comisionado inglés Mr. Holdich trabajando empeñosamente pudo determinar una línea equitativa que el rey Eduardo VII elevó a dictamen en noviembre de 1902. Los contendientes acataron el fallo, sus presidentes celebraron una entrevista en la nueva frontera y sobre ella, en el Paso de Uspallata fue erigida, en memoria de este noble ejemplo, una gran estatua de Cristo.

Quedaron, y quedan todavía, algunas zonas pendientes de deslinde principalmente en el estrecho de Magallanes, pero han ido solucionándose a través de negociaciones, como es de esperarse que se resuelvan los puntos aún indefinidos.

Las otras dos cuestiones fronterizas de importancia que perduran hasta la actualidad son las que existen entre Nicaragua y Honduras y entre Ecuador y Perú.

En el primer caso faltaba por delimitar un largo sector de la línea divisoria entre ambos. El laudo emitido a solicitud de las partes interesadas por el rey de España, don Alfonso XIII en 1906, no fue acatado y en 1957 estallaron las hostilidades entre ellas por esta disputa, pero fueron suspendidas inmediatamente por la oportuna intervención de la Organización de

Estados Americanos y los contendientes acordaron someter el litigio a la Corte Internacional de Justicia. Ésta falló en 1960 a favor de Honduras, pero Nicaragua no se ha conformado con la solución propuesta.

El problema entre Ecuador y Perú es mucho más grave porque la zona en cuestión es muy amplia. Ha tenido ésta, una larga historia de choques y negociaciones infructuosas que han deteriorado lamentablemente sus relaciones. En 1942 parecía haberse llegado a un feliz término con el Protocolo firmado por ellas en Rio de Janeiro gracias a la amistosa mediación de Argentina, Brasil, Chile y Estados Unidos. Pero Ecuador planteó posteriormente nuevos problemas y en 1960 denunció el Protocolo ante la Asamblea General de las Naciones Unidas, con lo que la disputa ha vuelto a sus primitivos términos.

Existen algunos otros problemas fronterizos de menor importancia pero dado que ahora cuentan las repúblicas americanas con organismos adecuados para solucionarlas, es de esperarse que nunca más se repitan las luchas fratricidas por estas causas.

Las repúblicas independientes

Pasaremos a continuación a dar una rápida mirada de los acontecimientos políticos más destacados de cada uno de los países de Iberoamérica, procurando hacerlo con la mayor concisión posible, pues, como bien advierte el historiador Ernst Samhaber: «La descripción circunstanciada de todos estos procesos de discordia intestina, de todo el vaivén revolucionario desencadenado en una atmósfera de guerra civil casi permanente, la enumeración de los nombres que en la interminable lista se revelan y señalan, nombres de justos y prudentes gobernantes, nombres de personajes siniestros y turbios ventajistas, sólo contribuirían a hacer más confuso el cuadro y su significación más ininteligible».

Recogida de café en una gran plantación de Costa Rica.

Las vastas extensiones americanas están dotadas de una fertilidad exuberante que el trabajo del hombre ha convertido en zonas riquísimas ayudadas por el clima. Ello ha hecho de sus países primeros productores en una variedad de primeras materias tales como el café, el tabaco, el algodón, el cacao, la célebre coca, la caña de azúcar y otros productos tropicales codiciados en el mundo entero.

Planta de secado de tabaco en Paraguay.

Secado de cacao cerca
del puerto de Guayaquil
(Ecuador).

Recogiendo algodón en Paraguay.

Cultivos de coca cerca de Chulumani (Bolivia).

Trabajando en un ingenio de azúcar en Alajuela (Costa Rica).

Plantación de caña de azúcar en la República de El Salvador.
Al fondo, el volcán San Salvador.

Secadero de sisal en Cuba.

Fumigación con insecticidas en una plantación de bananas en Panamá.

Extenso campo de zanahorias tratado con herbicidas en Sabana Larga (Venezuela).

Establecimiento dedicado a la obtención de carne de oveja. Río Gallegos (Argentina).

Ganado vacuno en La Pampa (Argentina).

Momento en que el ganado se dirige a sus correspondientes establos. Mercado de Liniers (Argentina).

Desde los primeros años del descubrimiento la riqueza minera de América fue buscada y trabajada a alto nivel. Fue precisamente en las codiciadas minas de Perú, Chile, México, Honduras, Bolivia, etc., donde se mejoraron muchos sistemas de laboreo y donde la reglamentación era ordenada y justa. Actualmente la riqueza minera americana (cobre, petróleo, plata, nitratos, etc.) ha prosperado sensacionalmente.

Impresionante vista de una compleja red de torres petrolíferas en el lago Maracaibo (Venezuela).

Montaña bordeada por un camino férreo por el que circulan trenes especiales transportando nitrato natural hacia Tocopilla (Chile) desde donde se exporta por vía marítima.

El Cerro Rico, visto desde Potosí (Bolivia).

Chuquicamata (Chile), la mina de cobre
más importante del mundo.

La artesanía tiene una tradición antiquísima. El museo de Cuzco y otros conservan valiosos objetos que demuestran la capacidad creadora y artística de las primeras culturas. Posteriormente, los misioneros enseñaron nuevos métodos y técnicas hasta llegar a nuestros días en que todavía perdura en algunas regiones la callada labor artesana muestra de arte y de cultura.

Artesano de Manzanito (Chile) tejiendo finas varas.

Curtido de la piel de alpaca en Cuzco (Perú).

Una artesana de la región de lago Titicaca en pleno trabajo.

Los países del Plata

Argentina

El proceso de organización y pacificación fue difícil en la Argentina por la oposición de intereses entre el puerto de Buenos Aires, que deseaba un sistema centralizado, regido por él y las provincias del interior que querían gozar de autonomía a través de una estructuración federalista. Esto dio lugar a encarnizadas luchas que se entrelazaron con la consabida pugna entre conservadores y liberales y con las ambiciones personalistas de los caudillos y llevaron a la nación a un estado caótico de anarquía y disolución.

Electo en mayo de 1816 como director supremo don Juan Martín de Pueyrredón pudo sostenerse a pesar del desorden reinante hasta 1819, pero este año el congreso reunido en Tucumán promulgó una constitución unitaria y centralizada que determinó un levantamiento general en las provincias y la seperación de varias de ellas de la república. Pueyrredón dejó el poder y en Buenos Aires sólo quedó una sombra del gobierno nacional, puesto que los caudillos de las diferentes regiones no le reconocían ninguna autoridad.

En 1820 asumió el gobierno el general Martín Rodríguez, que designó como ministro a don Bernardino Rivadavia y fue éste en realidad quien empezó a dar una organización al estado y a poner orden en la administración. Cuando en 1826 los unitarios dictaron una nueva constitución, Rivadavia asumió la presidencia de la república y tuvo que hacer frente a la guerra con el Brasil y a las renovadas y más violentas luchas contra los federalistas en el interior que lo llevaron a dimitir y los federalistas se hicieron entonces con el gobierno, llevando a la presidencia al general Manuel Dorrego. Con él la disgregación de las provincias quedó triunfante, pero fue derrotado por el general unionista don Juan Lavalle, lo que determinó la unificación de los federalistas bajo el mando del caudillo de la Rioja, don Juan Facundo Quiroga, que logró vencer a Lavalle con lo que otro célebre caudillo federalista, don Juan Manuel de Rosas pudo apoderarse de Buenos Aires, en diciembre de 1829.

Pero no por ello abandonaron la palestra los unitarios, y Rosas tuvo que salir a combatirlos dejando en el gobierno a su ministro el general González Balcarce, pero entonces la provincia de Buenos Aires cayó en la mayor anarquía y Rosas fue llamado nuevamente a la presidencia en 1835. Esto le permitió asumir poderes cada vez más absolutos e imponer severamente el orden a través de su famosa organización terrorista «la mazorca». Con este duro sistema quedó al fin reprimida la anarquía y definitivamente consolidado el régimen federal.

Pero los métodos de Rosas crearon a su vez una fuerte oposición. Montevideo se convirtió en centro de conspiración de los exiliados lo que, como ya vimos, ocasionó la «guerra larga» con Uruguay y a la postre, en 1852, la caída de Rosas.

Quedó al frente del gobierno entonces el vencedor, que lo era el general Justo José de Urquiza. Se reunió un nuevo constituyente y fue promulgada otra constitución, que había sido preparada por Juan Bautista Alberdi, que establecía una organización federal moderada y se adaptaba a las condiciones particulares del país. Fue este congreso, por cierto, el que escogió para las provincias del Río de la Plata el nombre de Argentina.

Sin embargo, las luchas no terminaron porque la provincia de Buenos Aires se negó a aceptar la constitución y se mantuvo separada del resto del país. Urquiza estableció entre tanto la sede del gobierno en Pará, hasta que en 1860 los unionistas del Puerto fueron derrotados por el general Bartolomé Mitre que ejerció el gobierno de 1862 a 1864 e inició una nueva etapa de vida institucional y prosperidad material para la República.

A Mitre le sucedió otro notable escritor, don Domingo Faustino Sarmiento, que concedió gran atención a la educación y a la inmigración para poblar las extensas regiones desiertas que encerraba el país. Bajo la presidencia de su sucesor, don Nicolás Avellaneda, que prosiguió la obra de Sarmiento, el general Julio Argentino Roca, rescató del dominio de las tribus salvajes gran parte de la Patagonia con lo que se abrieron nuevas fronteras a la explotación agrícola y ganadera. Esto le valió a Roca la presidencia en 1880, pero su gobierno se vio agitado por las reformas anticlericales que introdujo y que al ser continuadas por su cuñado y sucesor, don Miguel Juárez Celman, provocaron un levantamiento, en 1890, que trajo consigo el predominio de los conservadores durante varios gobiernos.

A principios del siglo xx aparece una nueva fuerza política organizada en la Unión Cívica Radical, que surge como una reacción contra el dilema ya anacrónico entre liberales y conservadores. La reforma electoral llevada a efecto por el presidente Roque Sáenz Peña, que asumió el poder en 1910, y por la cual quedó establecido el sufragio universal, permitió en 1916 el triunfo del líder de los radicales, Hipólito Yrigoyen, que concluyó su mandato en 1922 y promovió durante él una legislación social protectora de las clases trabajadoras.

A partir de entonces la lucha política se entabla entre los radicales y los partidos tradicionales por la otra parte y el ejército viene a constituirse en árbitro de estas pugnas.

De 1922 a 1928 gobernó Marcelo T. Alvear y después de él Yrigoyen logra ser electo nuevamente, pero sus fuerzas se habían dividido en personalistas y antipersonalistas y esto permitió que un golpe militar dirigido por el general José Félix Uriburu, lo derrocara en 1930, y en las elecciones celebradas en 1932 una coalición de todas las fuerzas tradicionales diera el triunfo a Agustín P. Justo.

En las elecciones de 1938 venció una fórmula mixta integrada por el radical moderado Roberto M. Ortiz, como presidente y el conservador Ramón. S. Castillo como vicepresidente. Pero al morir el primero en 1942, asumió el gobierno Castillo y ello provocó al siguiente año un golpe militar que habría de adquirir después gran trascendencia. El golpe había sido por el «G. O. U.» —Grupo de Oficiales Unidos—, que tenía como presidente al coronel Carlos Avalos y como secretario, al coronel Juan Domingo Perón y que sostenía un avanzado programa de reformas sociales.

El golpe llevó a la presidencia sucesivamente a Arturo Rawson, que la ocupó solamente tres días, a Pedro Pablo Ramírez, que la ocupó de 1934 a 1944 y a Edelmiro Farrell, de 1944 a 1946. El ministerio del trabajo fue ocupado mientras tanto por el coronel Perón y desarrolló a través de él una amplia política obrerista que le proporcionó gran fuerza en los sindicatos. Esto alarmó a una parte del ejército que en 1945 lo destituyó y encarceló, pero pronto hubo de ser libertado bajo la presión de las manifestaciones obreras, y en las elecciones de 1946 su candidatura se impuso sobre la del Dr. Tamborini, al que apoyaba una coalición de todos los demás partidos. En 1952, el general Perón fue reelecto en la presidencia de la república. Pero en los años siguientes la oposición de algunos sectores en contra del general Perón fue en aumento.

En junio de 1955 se produjo un conato revolucionario contra su gobierno, y en septiembre del mismo año una insurrección del Ejército puso fin a su régimen.

Se hizo cargo entonces del gobierno una junta militar presidida por el general Eduardo Leonardi, que dos meses más tarde fue reemplazada por una nueva junta, encabezada por el general Pedro Aramburu.

En 1958 se celebraron elecciones en las que no se permitió la participación del «Partido Justicialista» del general Perón, y salió triunfante de ellas el Dr. Arturo Frondizi, candidato del «Partido Radical Intransigente». El gobierno de Frondizi sostenido por precario equilibrio de fuerzas políticas legalizó la intervención de los peronistas y habiendo obtenido éstos varios triunfos importantes en elecciones parciales, el Ejército, para nulificar su avance, depuso al presidente Frondizi en marzo de 1962. La presidencia de la República fue confiada por ministerio de Ley al presidente del Senado, Dr. José María Guido, bajo cuya administración se verificaron elecciones (julio de 1963), también sin participación de los peronistas, y éstas dieron la presidencia al Dr. Arturo Illia, candidato del «Partido Radical del Pueblo». Derrocado éste por un golpe de Estado ocurrido en junio de 1966, se formó una junta revolucionaria, que nombró presidente interino al general Juan Carlos Onganía. En junio de 1970, y como consecuencia de una crisis política, Onganía fue destituido. Fue designado para sucederle el general Roberto Marcelo Levingston, depuesto a su vez el 22 de marzo de 1971 por un golpe de Estado militar. Se hizo cargo del poder un triunvirato compuesto por los comandantes de los ejércitos de Tierra, Aire y Marina: Alejandro Lanusse, Pedro Rey y el almirante Pedro Gnavi, siendo designado el primero como presidente del país tres días después. Entretanto, esta inestabilidad política que repercutía en todos los sectores del país y se traducía en constantes actos de terrorismo que incluían secuestros y hasta atentados, dio lugar a un creciente descontento, que fue causa de que cobraran nuevo auge y afianzamiento los partidos peronistas o justicialistas que, con su doctrina, definida como un socialismo cristiano, intermedia entre el capitalismo y marxismo extremos, ofrecía soluciones en el triple campo social, político y económico. El general Perón, residente en España, había intentado en 1964 el regreso, aunque sin éxito, a Argentina para ponerse al frente de sus partidarios; sin embargo, al plantearse elecciones presidenciales para 1973, un gran sector de la opinión pública se mostraba favorable al regreso al poder de Perón, si bien éste no se encontraba legalmente en condiciones para aspirar a la presidencia. Celebradas aquéllas, salió triunfante el candidato peronista Héctor J. Cámpora, quien se hizo cargo de la presidencia el 25 de mayo de 1973, aunque dimitió a los pocos meses, dando paso a nuevas elecciones, que se celebraron en septiembre del mismo año, y de las que salió vencedor el general Perón (toma de posesión: 12 de octubre de 1973). Mas la vuelta al poder de éste no desembocó en un pronto retorno a la normalidad como se esperaba, y los actos terroristas continuaron activos, dificultando el desarrollo de la política de reforma planteada por el nuevo gobierno. El 1.º de julio de 1974 fallecía el general Perón; le sucedió en el cargo, por su calidad de vicepresidente, su esposa María Estela Martínez. Cabe destacar en el panorama actual argentino la transformación operada en el justicialismo en los últimos años y sus ramificaciones en diversas tendencias. En el campo técnico y diplomático cabe destacar la inauguración, en enero de 1974 en Atucha, del primer reactor atómico de Iberoamérica, y, en febrero de 1974, la ratificación del Tratado con Uruguay sobre los límites del Río de la Plata con ambos países.

Uruguay

A pesar de las intensas luchas partidistas y de los conflictos con las naciones vecinas, Uruguay es una de las repúblicas que más pronto logra encauzar su vida política a través de un sistema bipartidista y democrático.

Al desaparecer Artigas de la escena en 1820, continuaron la lucha por la independencia dos caudillos que, al obtenerla, encarnaron las tendencias en pugna. Don Fructuoso Rivera, será el jefe de los liberales o «colorados» y el general Lavalleja, a quien se unirá más tarde don Manuel Oribe, el de los conservadores o «blancos». La constitución promulgada en 1830, que es la primera constitución estable de Iberoamérica, servirá de marco y norma al desarrollo de estas luchas partidistas, en las que frecuentemente intervienen Brasil y Argentina tratando de aumentar su influencia sobre la Banda Oriental.

Don Fructuoso Rivera gobierna de 1830 a 1834 y posteriormente ocupa la presidencia en tres ocasiones más, hasta su muerte, acaecida en 1854. Pero los «blancos» con Oribe y Gabriel Antonio Pereira alcanzan también el poder en varias ocasiones durante esta turbulenta etapa. Dos veces se subleva Lavalleja contra Rivera y en ambas fracasa. Pero lo mismo le ocurrió a don Fructuoso cuando se levantó contra Oribe. Oribe por su parte, intentó también derrocar a los «colorados» que retuvieron el poder con don Joaquín Suárez en la presidencia, desde 1843 a 1852. Los «blancos» pusieron sitio a Montevideo con el apoyo de Rosas, como ya vimos. El gobierno continuó en manos de los «colorados» con el coronel Venancio Flores, pero para poder sostenerse contra el acoso de los «blancos» tuvo que pedir el apoyo de Brasil que envió tropas a Montevideo, pero a pesar de ello fueron derrotados y Pereira recuperó nuevamente la presidencia.

Mas los liberales no quedaron conformes y en 1865, contando con el apoyo de Argentina y Brasil unidos llevaron otra vez a la presidencia al coronel Flores y fue entonces cuando los «blancos» quisieron nivelar las fuerzas internacionales buscando el auxilio de Paraguay y desatando con ello la guerra de la Triple Alianza.

Estas circunstancias valen a los «colorados» una larga permanencia en el gobierno, pero no cesan las luchas intestinas, y para poner fin a la inestabilidad reinante, en 1778 el coronel Lorenzo Larreta estableció una dictadura militar que se continuó después con el Dr. Francisco Antonio Vidal y con el general Máximo Santos, hasta 1886. De este año al de 1890 gobernó Máximo Tajes que restableció las libertades públicas y al amparo de ellas pudo llegar a la presidencia el Dr. Julio Herrera, del partido «colorado».

Hubo todavía posteriormente trastornos, como el asesinato del presidente Juan Idiarte Borda en 1897 y una insurrección de los «blancos» en ese mismo año. Pero los liberales se consolidaron plenamente en el poder con don José Batlle que ocupó la presidencia interinamente en 1899 y después en forma regular de 1903 a 1907 y de 1911 a 1915. Batlle regularizó el funcionamiento democrático y reprimió en 1908 la última insurrección que hubo en el país. Por inspiración suya se redactó en 1917 una nueva constitución, que vino a derogar la de 1830 hasta entonces vigente, en la que se procuró aminorar el poder personal del presidente de la república delegando varias de sus funciones en un Consejo de Administración.

Conforme a este nuevo sistema ejerció la presidencia don Baltasar Brum de 1919 a 1923 y tras él varios presidentes más sin que se presentara ninguna irregularidad en la marcha del gobierno.

En esta época se inicia la afloración de las nuevas corrientes políticas. Los tradicionales partidos «blanco» y «colorado» se van dividiendo en múltiples alas y tendencias y aparecen nuevos partidos, como el Socialista, el Comunista, y la Unión Cívica, de tendencia demócrata-cristiana. Estas circunstancias hicieron muy difícil la elección del Dr. Gabriel Terra y provocaron agitaciones durante su gobierno, por lo que en 1933 dio un golpe de estado. Disolvió el Parlamento y el Consejo de Administración y al siguiente año una Asamblea Constituyente promulgó una nueva constitución en la que se volvía al antiguo sistema presidencialista. El Dr. Terra dejó la presidencia en 1938 y fue electo para ocuparla el general Alfredo Bradomir, a quien sucedió en 1943 Juan José Amezaga y en 1947 Tomás Barreta, que murió pocos meses después de asumir el mando y fue reemplazado por el vicepresidente Luis Batlle Berres. En 1951 siendo presidente Andrés Martínez Trueba se volvió a establecer el Consejo Nacional de Gobierno en su forma más pura, pues fue suprimida la presidencia de la República y se transfirieron a él sus atribuciones. El consejo, se componía de nueve miembros y por las elecciones de 1952 quedó integrado con seis del partido «colorado» y tres del «blanco».

Este sistema se mantuvo, y sus miembros se renovaron por la vía constitucional hasta 1967, año en que se instauró nuevamente el presidencial en la persona de Oscar Gestido. Fallecido éste en diciembre de 1967, le sustituyó Jorge Pacheco Areco, al que sucedió, el 1.º de marzo de 1972, Juan M.ª Bordaberry.

Uruguay, que fue uno de los pocos países de Iberoamérica que había alcanzado estabilidad interna por medio del funcionamiento de las instituciones democráticas, se ha visto afectada en los últimos años por graves crisis económicas y sociales, empeoradas por los actos terroristas de las guerrillas izquierdistas (tupamaros). El 27 de febrero de 1973, el presidente Bordaberry, apoyado por una junta militar, asumió plenos poderes, disolvió el Parlamento y nombró un Consejo de Estado, integrado por 25 miembros, con el que se sustituían las Cámaras de Diputados y Senadores, y que debía ejercer la función legislativa.

En el nuevo Tratado del Río de la Plata (febrero 1973), Uruguay y Argentina se reconocieron a perpetuidad la libre navegación por el citado río, la facilidad de acceso a los puertos de Montevideo y Buenos Aires, y la utilización de todos los canales situados en las aguas de uso común.

Paraguay

En Paraguay los ciclos de anarquía habituales en los demás países iberoamericanos desaparecen ante una continuada dictadura que impide toda lucha partidista o de caudillos.

El Dr. Francia, como ya vimos, ejerció la dictadura sin alteración alguna desde la independencia hasta su muerte, ocurrida en 1840. Su empeño como gobernante se centró en mantener el orden y en aislar al país de todo contacto con el extranjero, hasta el extremo de haber fundado una iglesia paraguaya, de la que él mismo era el jefe, haciendo las designaciones de los dignatarios eclesiásticos. Por lo demás, trabajó en la forma más intensa con la pretensión de hacer al país autosuficiente, para lo cual realizó muchas obras de beneficio colectivo.

A su muerte hubo un breve oasis de cierta libertad, pero ya en 1844 apareció un sucesor digno de él en la persona de Carlos Antonio López que se mantuvo también en el poder hasta su muerte en 1862. Sin embargo, liberalizó un tanto la dictadura y abrió el país al exterior. El sistema de sucesión presidencial se perfeccionó a su fallecimiento, pues heredó el puesto su hijo, Francisco Solano López. Éste había sido ministro de la Guerra con su padre y como tal viajó por Europa, en donde concibió la tentación de hacer de su país una gran potencia militar y ampliar su territorio por medio de las armas de acuerdo con los usos europeos que había podido observar, y esto dio lugar a la tragedia de 1865 a la que ya nos referimos anteriormente.

A su muerte, y estando aún ocupado el país por las fuerzas de la Triple Alianza, se proclamó en 1870 una nueva constitución y fue designado para ocupar la presidencia de la república, Cirilo Antonio Riverola. Los bandos políticos se dividieron en «azules» que se suponía que eran liberales, y «colorados», que eran considerados como conservadores. Pero en realidad el personalismo privaba sobre cualquier posible ideología.

El jefe de los «colorados», general Bernardino Cevallos,

ocupó la presidencia de 1880 a 1886, pero de hecho se mantuvo como «hombre fuerte» gobernando a través de interpósitas personas hasta 1902, año en el que fue derrocado el presidente Emilio Aceval por el general Juan A. Ezcurra, que, al asumir la presidencia dos años más tarde, inauguró el gobierno de los «azules», y con él un período de inestabilidad y continuos trastornos, hasta 1932 en que estalló la guerra con Bolivia. Durante estos treinta años, sólo dos presidentes, Eduardo Schaerer, que la ejerció de 1912 a 1916 y Eligio Ayala, de 1924 a 1928, pudieron cumplir el término de su mandato.

La guerra del Chaco confirmó aún más la hegemonía del ejército en la política, y al terminar aquélla un levantamiento militar llevó a la presidencia en 1936 al coronel Rafael Franco, que fue a su vez derribado un año más tarde y subió Félix Paiva que fue sustituido en 1939 por el general Félix Estigarribia. El general Higinio Moriñigo que subió como «azul» y después se transformó en «colorado», logró sostenerse de 1940 a 1948, aunque no sin haber tenido que vencer una revolución en su contra. En las elecciones de 1948 triunfó el partido «colorado» con Juan Natalicio González, pero fue derrocado al poco de haber asumido el mando y en 1949 ascendió a la presidencia el general Federico Chávez.

En 1954, por medio de otro golpe militar, el poder pasó de las manos del general Chávez a las del general Alfredo Stroessner, que fue reelegido en la presidencia en 1958, en 1963 y nuevamente en 1968.

Los países del Pacífico

Chile

O'Higgins se encargó del gobierno como director supremo durante los difíciles años de la guerra y de independencia y en 1817 la asamblea prorrogó su mandato por seis años más. El país se encontraba en la bancarrota y la anarquía se enseñoreaba de él. Por ello, en 1823, ante un nuevo pronunciamiento encabezado por el general Ramón Freire, O'Higgins renunció al poder y se exilió al Perú, en donde murió 19 años después sin haber vuelto nunca a su patria.

Los países del Pacífico

Pero Freire tampoco pudo superar las mil dificultades que se ofrecían y renunció a su vez en 1826 y otro tanto hizo su sucesor, el general Blanco Escalada, poco después, por lo que Freire hubo de regresar al gobierno hasta que se hizo cargo de él Francisco Pinto, que lo ejerció durante dos años; hasta que fue derrocado, y, tras un breve interinato de José Tomás Ovalle, se inauguran al fin períodos regulares de diez años, con la presidencia de don Joaquín Prieto, que la asumió el año 1831. Y de este modo es Chile el primer país de Iberoamérica que logra cierta estabilidad y orden, aunque no falten ocasionalmente algunos esporádicos trastornos.

A ello cooperó el rápido encauzamiento y organización de los partidos políticos —el liberal y el conservador— que manejaron la política a partir de entonces.

Pero el estadista a quien debe atribuirse la regularización del gobierno y ordenamiento de la vida pública, fue el ministro del presidente Prieto, don Diego Portales. En 1833 se promulgó una nueva constitución que estableció un poder ejecutivo firme y un período presidencial de cinco años, con posibilidad de reelección por una vez más.

Como hemos visto fue Portales quien preparó la guerra contra la confederación de Bolivia y Perú que, incidentalmente, había de costarle la vida. Pero dejó al país en un camino seguro.

El decenio presidencial de 1841 a 1851 fue ocupado por el general Manuel Bulnes, que había dirigido al ejército durante la pasada guerra y en 1851 fue electo don Manuel Montt que hubo de enfrentarse a una fuerte oposición de los conservadores y reprimir una revolución que pretendía derribarlo.

La situación económica era floreciente; se habían descubierto las minas de plata de Coquimbo, se explotaba el cobre y el salitre y la Alta California, recién colonizada por los norteamericanos consumía grandes cantidades de trigo chileno. Todo lo cual contribuía a afianzar la estabilidad de que gozaba la república.

Durante este período se habían verificado sin embargo, cambios importantes en la distribución de las fuerzas políticas. Bajo la presidencia de Bulnes los liberales se dividieron. Un grupo extremista influido por las ideas socialistas importadas de Europa formó la «Sociedad de la Igualdad» presidida por Francisco Bilbao. Y, poco más tarde, apareció el partido radical y el partido nacional, que fue organizado por el presidente Montt.

Esto obligó a los tradicionales enemigos liberales y conservadores, a unirse para combatir a las nuevas fuerzas y gracias a esa alianza pudieron ganar las elecciones de 1861 llevando a la presidencia a don José Joaquín Pérez. Pero los partidos contrarios cerraron filas contra él en el congreso y el poder ejecutivo empezó a debilitarse sensiblemente.

Durante el gobierno de José Joaquín Pérez fue ocupado al fin definitivamente el territorio de los araucanos.

En las elecciones de 1871 salió vencedor el liberal Federico Errázuriz, que reorganizó y fortaleció la marina y concedió gran importancia a la educación. Durante su mandato fue prohibida la reelección, por lo que el período presidencial quedó reducido a solamente cinco años.

El quinquenio de 1876 a 1881 fue ocupado nuevamente por los liberales, con don Aníbal Pinto, a quien tocó hacer frente a la guerra del Pacífico, y a él le sucedió el liberal radical Domingo Santa María que realizó la reforma en materia eclesiástica introduciendo el matrimonio civil, la secularización de los cementerios y otras semejantes que le valieron un serio conflicto con la Iglesia y la violenta oposición de los conservadores. En 1886 resultó triunfante José Manuel Balmaceda que, aunque también liberal, zanjó prudentemente las dificultades con la Iglesia, pero como no aceptara someterse del todo al congreso, que se encontraba bajo el dominio de los partidos políticos, éste lo destituyó en 1891, poco antes de concluir su mandato, y ello provocó una encarnizada guerra civil, porque mientras el ejército prestó su apoyo al presidente, la marina se colocó de parte del congreso. Al fin Balmaceda salió derrotado y fue electo el jefe de la escuadra vencedora, el almirante Jorge Montt.

Todos estos acontecimientos demostraban que los partidos políticos nuevos y el congreso se habían impuesto plenamente en la dirección del gobierno dando lugar a un régimen parlamentario en el que, al estilo europeo, el presidente necesitaba la confianza de las cámaras para poder gobernar. Según este sistema se sucedieron con regularidad en el gobierno Errázuriz, que volvió a la presidencia en 1896; Germán Riesco, en 1901; Pedro Montt, en 1906, que murió en el poder en 1910, sucediéndole Ramón Barros Luco y en 1915 Juan Luis Sanfuentes.

Pero por estos años la antigua situación económica de bonanza había desaparecido, el país atravesaba por una época de depresión y ello se dejó sentir en el campo político. El descontento popular se personificó en la figura de Arturo, Alessandri que pedía radicales reformas sociales. Esto provocó un reagrupamiento de las fuerzas políticas. La candidatura de Alessandri fue sostenida por una Alianza Liberal que reunía a los liberales, demócratas y radicales y salió vencedora en 1920, de la Unión Nacional en la que se fundieron los conservadores y los demócratas moderados. Sin embargo, el margen que le dio la victoria fue muy estrecho y Alessandri tropezó con una fuerte oposición en el congreso, lo que unido a la orientación que trataba de dar a su gobierno, provocó la intervención del ejército y se vio obligado a renunciar a la primera magistratura, en 1924.

Pero Alessandri logró que poco después el congreso promulgara una nueva constitución en la que se introdujeron algunas reformas de tipo social y se fortaleció considerablemente al poder ejecutivo. A pesar de ello el presidente Emilio Figueroa, que había sido electo en 1925 ante la oposición de los partidos, tuvo que dimitir dos años más tarde, cediendo el paso a su ministro de guerra, que lo era el general Carlos Ibáñez. Pero la situación económica se agravó todavía más con la caída del precio del salitre en el mercado internacional y ante este cúmulo de obstáculos Ibáñez renunció también a la presidencia en 1931. Fue electo entonces don Esteban Montero, pero a los pocos meses fue derribado por una revolución y se implantó un régimen socialista presidido por don Carlos Dávila, que tampoco pudo resolver los múltiples problemas que afrontaba el país y fue también depuesto al poco tiempo por un pronunciamiento del ejército, y en las elecciones siguientes, realizadas en 1932, salió triunfante la candidatura de Arturo Alessandri nuevamente, apoyado esta vez por el Frente Popular, en el que formaban radicales, demócratas, socialistas y comunistas. El Frente repitió su victoria, en 1938, con Pedro Aguirre Cerda, pero al fallecer éste en 1941, el Frente Popular se disgregó y permitió el triunfo de Juan Antonio Ríos que también murió en el poder, en 1946.

Nuevamente agrupados entonces liberales y conservadores, lograron el triunfo de Gabriel González Videla, en 1946, que terminó su mandato en 1952.

Los partidos habían evolucionado durante esta etapa hacia la formación de dos frentes identificados como «derecha» e «izquierda», pero al margen de ellos había tomado posición una nueva fuerza representada por el partido Demócrata Cristiano.

Después de González Videla, las elecciones llevaron nuevamente a la presidencia al general Carlos Ibáñez y para el siguiente sexenio fue electo el Dr. Jorge Alessandri. Al concluir éste su mandato se planteó al pueblo chileno una grave disyuntiva, que en cierto modo encarnaba el dilema que vive toda la comunidad iberoamericana: habiendo perdido su atractivo político los partidos tradicionales, quedaron enfrentados abiertamente la corriente comunista, que encarnaba la candidatura del Dr. Salvador Allende, y la Democracia Cristiana, personificada en la del Dr. Eduardo Frei. Al vencer este último por un margen sumamente amplio en las elecciones realizadas el 4 de septiembre de 1964 se consolidó la vida democrática en Chile y quedó señalado un claro rumbo en la evolución política de iberoamérica. El Dr. Frei asumió la presidencia en noviembre de ese mismo año, y durante su mandato se inició un serio esfuerzo para modificar las estructuras económicas arcaicas, del que formaron parte una nueva ley de reforma agraria firmada en 1967 y la nacionalización del cobre. En las elecciones presidenciales de septiembre de 1970, el candidato socialista Salvador Allende obtuvo el mayor número de votos, si bien, al no conseguir el 50 por ciento de ellos, tuvo que decidir y confirmar su triunfo en el Congreso. Esto situaba al nuevo presidente en una posición minoritaria. Éste inició una política de acercamiento a los países socialistas e intentó la modificación de las estructuras. Los resultados, sin embargo, fueron poco satisfactorios y no tardó en desencadenarse una grave crisis que culminó, en septiembre de 1973, con una sublevación militar. Allende apeló al suicidio y se hizo cargo de la presidencia el general Augusto Pinochet.

Bolivia

La organización constitucional que con tanto esmero ideara Bolívar para esta nación, quedó deshecha inmediatamente por las luchas caudillistas, que en Bolivia se prolongan extraordinariamente, manteniendo al país en constante inestabilidad y zozobra.

Apenas regresó el Libertador a Colombia para tratar de detener el derrumbe de aquella otra creación suya, el ejército colombiano que acompañaba a Sucre en Bolivia inauguró la serie de los pronunciamientos insurreccionándose en Cochabamba. Los peruanos aprovecharon la oportunidad enviando tropas al mando del general Gamarra, para que expulsaran a los colombianos y el general Santa Cruz por su parte, aprovechó la salida de éstos para dar un cuartelazo y hacerse del poder. Sucre, sin contar siquiera con su propio ejército optó por retirarse, abandonando el país que había liberado en 1828.

Pero Gamarra venció a Santa Cruz e impuso en la presidencia al general José María Velasco y después al general Pedro Blanco. Al año siguiente este último murió a manos del ejército y la tropa repuso el gobierno a Santa Cruz que, con apoyo en las bayonetas, logró sostenerse diez años. Durante ellos, promulgó una nueva constitución y se esforzó por organizar la administración e impulsar la educación popular, pero su gobierno terminó con su exilio después de la derrota de la confederación peruanoboliviana creada por él, según ya vimos antes.

Asumió entonces la presidencia de Bolivia en forma provisional el general Velasco, pero los partidarios de Santa Cruz, encabezados por José Ballivián, que había sido su vicepresidente se lanzaron a las armas. En la lucha perdió la vida el general Gamarra que era entonces presidente de Perú y había intervenido en esta lucha para defender a Velasco. Los rebeldes triunfaron y elevaron a la presidencia a Ballivián. Naturalmente, éste promulgó su propia constitución en 1844 pero en 1847 el general Isidoro Belzú, apoyado por el gobierno peruano lo destituyó. Por medio de la demagogia y la violencia se sostuvo Belzú hasta 1855, año en que una revolución le arrebató el poder para entregarlo al general Córdoba y, después de un período de anarquía y confusión completas, va por fin a parar el gobierno a manos de uno de los más siniestros dictadores iberoamericanos: el general Mariano Melgarejo que lo retiene desde 1864 hasta 1871 en que es derribado por el general Agustín Morales. Éste fue sustituido al siguiente año por los «civilistas» Tomás Frías, y después Hilarión Daza y en 1880 asumieron el poder los conservadores por medio de un golpe de fuerza del general Narciso Campero, que destituyó al anterior con objeto de hacer frente a la guerra contra Chile, de la que ya vimos que salieron derrotadas Perú y Bolivia.

La situación política se torna más confusa aún después de esta guerra, con las interminables pugnas entre «civilistas» y «militaristas», liberales y conservadores, federalistas y centralistas e innumerables grupos personalistas. Sin embargo, las luchas partidistas significan hasta cierto punto, un avance sobre las revoluciones y las dictaduras carentes de toda orientación política.

Las administraciones conservadoras se mantuvieron a través de los gobiernos de Gregorio Pacheco, Aniceto Arce y Mariano Batista que cumplen con regularidad su período presidencial de cuatro años, pero siendo presidente Fernández Alonso estalló de nuevo una revolución en 1898 por causa de la rivalidad entre las ciudades de La Paz y Sucre que disputaban la capitalidad de la república. La revolución transfirió el poder a los liberales y asumió la presidencia en 1899 el general Pando.

En las dos primeras décadas del siglo xx ocuparon el poder los liberales con relativa tranquilidad y gozando de la bonanza económica que trajo consigo la explotación de los yacimientos de estaño. Pero en 1920 retorna la agitación. El presidente Gutiérrez Guerra es derrocado, y asume el poder una Junta de Gobierno y en 1921 es electo Bautista Saavedra, a quien le suceden Felipe Guzmán y después de él Hernán Siles. En 1931 nuevamente tomó el poder una Junta de Gobierno que lo entrega a Daniel Salamanca, a quien toca dirigir al país mientras dura la guerra del Chaco. La derrota trae consigo otra vez la inestabilidad. Es electo para la presidencia el coronel David Toro y en 1937 se le derroca; le sucede el coronel Germán Busch que intenta una mayor intervención del Estado en la economía del país, pero una nueva revolución se levanta contra él y se suicida.

Desde tiempo atrás los problemas sociales que padecía Bolivia habían originado el nacimiento de nuevos grupos políticos, que aducían una solución para ellos, el que mayor auge alcanzó fue el Movimiento Nacionalista Revolucionario que dirigía Víctor Paz Estensoro. En 1943, con la colaboración de un grupo de oficiales del ejército, se sublevó contra el presidente Peñaranda y se hizo del gobierno el mayor Gualberto Villarroel, que fue víctima de una contrarrevolución al siguiente año. En 1947 es electo Enrique Hertzog y en 1949 depuesto y sustituido por Mamerto Urrolagoitia que, a su vez, es depuesto en 1951.

Se hizo cargo del gobierno una Junta Militar, encabezada por el general H. Balliván Rojas, lo cual permitió que al siguiente año 1952, asumiera la presidencia al Dr. Paz Estensoro, cuyo triunfo en las anteriores elecciones le había sido negado por el gobierno de Urrolagoitia.

Como parte del programa del Movimiento Nacionalista Revolucionario, el presidente Paz Estensoro nacionalizó las minas de estaño —principal producto de exportación—, inició la reforma agraria, estableció el sufragio universal e introdujo algunas otras reformas en materia social.

En 1956 ocupó la presidencia Hernán Siles Zuazo, candidato del M. N. R. vencedor en las últimas elecciones, pero en 1960 fue reelecto Paz Estensoro y en 1964 nuevamente se hizo reelegir para el siguiente cuatrienio. Esto exasperó cada vez más violentamente contra su hegemonía y el proceso culminó en noviembre de 1964, con un golpe de Estado dirigido por el vicepresidente, general René Barrientos, que asumió el poder al frente de una Junta Militar y posteriormente fue designado en elecciones para el período presidencial de 1966 a 1970.

En abril de 1969, el presidente Barrientos murió en un accidente; le substituyó el vicepresidente, Luis Adolfo Siles Salinas, que fue depuesto por un golpe de Estado. Se hizo cargo del Gobierno una junta militar, presidida por el general Alfredo Ovando Candia, quien se vio forzado a dimitir el 6 de octubre de 1970. Asumió el poder el coronel Hugo Banzer, pero fue destituido por un nuevo levantamiento, esta vez encabezado por Juan José Torres González, derrocado asimismo el 20 de agosto de 1971 por un sangriento golpe de Estado. Se puso al frente del país, como presidente, Hugo Banzer.

La inestabilidad política de que está afectada Bolivia, se veía agravada, ya de años, por la acción de las guerrillas, apoyadas por elementos activos izquierdistas, y cuyos jefes son entrenados en Cuba. Fue especialmente famosa la dirigida por Ernesto «Che» Guevara, cuyo desmembramiento, seguido por la muerte del «Che» (9 de octubre de 1967), representó un notable triunfo para la acción pacificadora del gobierno.

Perú

Cuando Bolívar abandonó Perú en 1826 dejó al frente del gobierno al general Santa Cruz que acto seguido convocó una asamblea constituyente, que en junio de ese mismo año desechó la «constitución vitalicia» del Libertador y restableció la vigencia de la que había sido promulgada en 1823 y designó como presidente de la república al general La Mar para un período de cuatro años.

Pero las luchas partidistas que se iniciaron desde antes de la independencia se desataron ahora ya sin ningún freno que las contuviera y se inició la disputa por el poder entre los «civilistas» y los militares.

La Mar se trabó en guerra contra Colombia para arrebatarle el puerto de Guayaquil, del que él era originario, pero la perdió y con ella la presidencia, que pasó a manos del general Gamarra quien en medio de la anarquía se sostuvo hasta 1833 en que cayó por obra de un cuartelazo. Los cambios de gobierno se sucedieron al ritmo de los pronunciamientos hasta que fue dominado el país por el general Santa Cruz e integrado en la Confederación de la que ya hablamos. Pero después de los tres años que perduró ésta, vuelven los constantes cambios de gobierno en los que puede apreciarse sin embargo la mano fuerte de Manuel Ignacio de Vivanco, hasta que en 1845 es desplazado por el mariscal Ramón Castilla que durante 20 años dominará la situación, aunque, en ocasiones, por conducto de otros presidentes. Si su gobierno no fue ciertamente democrático, por lo menos puso orden en las finanzas, realizó múltiples obras públicas y permitió un respiro de paz. En 1860 hizo promulgar una nueva constitución por la que quedó definitivamente abolida la esclavitud y se suprimió el tributo que aún continuaban pagando los indígenas. Tuvo que reprimir una revolución organizada por Vivanco y hacer frente a un conflicto de límites con el Ecuador, y en 1862 dejó la presidencia a Miguel San Román que murió poco después de haber tomado posesión de ella y fue sustituido por el vicepresidente Pedro Díaz Canseco, que en 1863 hace entrega de ella al nuevo presidente electo, que fue el general José Antonio Pezet, bajo cuyo gobierno se inició un conflicto con España, a consecuencia del cual fue derribado en 1865 y reemplazado por Mariano Prado, derrocado también en 1868 para poner al coronel José Balta.

En 1872 pudo al fin llegar a la presidencia un civil, don Manuel Pardo, aunque tuvo para ello que vencer una insurrección en su contra. Después de cumplir su cuatrenio, hizo entrega de ella a Mariano Prado que la ocupaba por segunda vez y a éste sucedióle don Nicolás Piérola, que tuvo que

organizar la resistencia en la guerra del salitre contra Chile,
mas los «civilistas», que algo habían aprendido ya de los militares, lo depusieron en 1881 para poner a don Fernando García
Calderón, que fue a su vez depuesto por el ejército chileno
y conducido preso a Santiago. Se formó entonces un nuevo
gobierno presidido por el almirante Lisardo Montero y fue
depuesto por el general Miguel Iglesias, que en 1883 firmó
la paz con Chile. Montero se vio envuelto en una larga
guerra civil en la que al fin fue derrotado por el general
Andrés Cáceres, que en 1886 asumió el poder y se consagró
a la tarea de reconstruir al país, asolado por la guerra y por
las revoluciones. En 1890 pudo trasmitir la presidencia pacíficamente a Nicolás Bermúdez que ganara las elecciones con
su apoyo, pero al fallecer éste en 1894, Cáceres regresó al
gobierno, pero Pierola le presentó violenta oposición y después
de una sangrienta lucha logró sustituirlo. Éste se reveló
como un buen administrador y dejó el gobierno en 1899 a
Eduardo López de la Romaña, también como Pierola del partido «civilista», pero en 1904 lo pierde en elecciones a favor
de Manuel Candamo, del partido contrario, que muere al año
siguiente y es reemplazado por el doctor José Pardo, a quien
sucede en 1908 Agustín B. Leguía, que tiene que reprimir
un levantamiento de los «civilistas».

Pero al dejar el poder Leguía en 1912, retorna la inestabilidad. Guillermo T. Bellinghurst que ascendió como independiente, cayó por obra del general Oscar Benavides en 1914
y al año siguiente regresó a la presidencia José Pardo, que
en 1919 entregó nuevamente el poder a Leguía, quien lo
retuvo hasta 1930 en que, depuesto por un levantamiento que
encabezó el coronel Sánchez del Cerro y con ello se encendió
una guerra civil más, de la que al fin pudo salir éste triunfante en 1933, pero ese mismo año fue asesinado y al convo-
carse a elecciones resulta vencedor nuevamente el general
Benavides, que se sostuvo hasta 1939.

Durante este gobierno se hicieron ya presentes las nuevas
corrientes ideológicas que desde hacía tiempo venían trabajando a la opinión pública y que alcanzaron su mejor expresión en el APRA —Alianza Popular Revolucionaria Americana— fundada por Víctor Raúl Haya de la Torre, con la
intención de convertirla en un movimiento que abarcara a
toda Iberoamérica. Frente al APRA apareció la Unión Revolucionaria, que había sido fundada por el coronel Sánchez del
Cerro. Pero las actividades de estas nuevas fuerzas fueron

reprimidas por el gobierno y en 1939 fue electo don Manuel Prado Ugarteche, que concedió mayor libertad política, lo que permitió la formación de una alianza de diversos grupos, que alcanzó el triunfo, en 1945, para el Dr. José Luis Bustamante. Pero ya en el gobierno surgieron graves divisiones dentro de la coalición y Bustamante fue depuesto por un golpe militar en 1948. Se encargó provisionalmente de la administración una junta de gobierno, dirigida por el general Manuel Odría que en 1950 fue electo como presidente de la República y ocupó el cargo hasta julio de 1956, fecha en que fue relevado por Manuel Prado Ugarteche, que resultara triunfante en las últimas elecciones.

Al concluir el período de gobierno del presidente Prado en 1962 se verificaron elecciones pero ninguno de los candidatos que participaron en ellas, que eran Haya de la Torre, Odría, el arquitecto Fernando Belaúnde Terry y el Dr. Héctor Cornejo Chávez, postulado éste por la Democracia Cristiana, alcanzaron la mayoría de votos exigida por la Constitución. En estas condiciones, según lo prescribía la ley, debía el Congreso designar al presidente de entre los candidatos que habían obtenido mayor votación, pero el Ejército, temeroso de que fuera nombrado Haya de la Torre, depuso al presidente Prado y asumió el gobierno una Junta militar que convocó a nuevas elecciones que se realizaron en junio de 1963. En ellas, contando el arquitecto Belaúnde con el apoyo de la Democracia Cristiana, alcanzó un claro triunfo y asumió la presidencia, formando un gobierno de coalición con ésta; sin embargo, fue derrocado el 3 de octubre de 1968. Asumió la presidencia el general Juan Velasco Alvarado, quien, apoyado por una Junta militar de Gobierno, inició una política socializadora de la que fueron hitos importantes la nacionalización del petróleo y cooperativización de las grandes propiedades agrícolas.

Brasil

La vida independiente de Brasil se desarrolla a través de etapas más lentas que le permiten ir encauzándose gradualmente dentro de las instituciones democráticas. Pasa por crisis de inquietud e inestabilidad, pero con la inapreciable fortuna de que nunca degeneran en guerras civiles sangrientas.

Realizada la independencia por don Pedro I, convocó éste a una Asamblea Constituyente, pero como ésta se enredara en largas disputas sin que la elaboración de la Constitución del Imperio progresase, el emperador la disolvió y dictó por sí mismo una Carta Constitucional el año 1824. Establecía ésta una monarquía moderada, con un poder legislativo integrado por un senado vitalicio y una cámara de representantes electos directamente por el pueblo.

Sin embargo el bando liberal y republicano continuó sosteniendo la oposición al emperador y atacando a los portugueses que figuraban en el gobierno. Estas disputas se tradujeron en la revolución conocida con el nombre de Confederación del Ecuador, porque varias provincias se unieron contra la corona y amenazaron con separarse del imperio, pero al fin la rebelión pudo ser dominada.

El proyecto de anexionar al Uruguay había fracasado y todos estos acontecimientos explotados hábilmente por la prensa liberal crearon un ambiente de intranquilidad y provocaron disturbios, por lo que el emperador decidió abdicar, como lo hizo en abril de 1831, en favor de su hijo don Pedro de Alcántara, que a la sazón contaba apenas cinco años de edad.

Después de haber dado el paso de la monarquía absoluta a la constitucional, la abdicación en un menor de edad permitió poner en marcha el sistema parlamentario, pues el congreso asumió la facultad de designar al regente. Esto constituía una curiosa paradoja en Iberoamérica, pues mientras el imperio de Brasil se gobernaba como una república, la vecina república del Uruguay, y algunas otras, se gobernaban como una monarquía absoluta.

Después de una regencia transitoria que fue nombrada en junio de 1831, el congreso eligió otra compuesta por tres personas entre las que figuraba preponderantemente el brigadier Francisco de Lima e Silva. La regencia tuvo que hacer frente a una serie de agitaciones y pronunciamientos, pero pudo superarlos. Las fuerzas políticas se hallaban divididas en «moderados», y «exaltados» y «caramurús», partidarios de don Pedro I estos últimos y jefaturados por José Bonifacio de Andrada e Silva que era tutor del pequeño emperador: Pero este último grupo desapareció al morir don Pedro en Lisboa en 1834.

Los moderados dominaron en las cámaras y en 1835 nombraron como regente único al padre Diego Antonio Feijó, cuando el país pasaba por una difícil época de agitación. El padre Feijó gobernó con eficacia y energía poniendo orden en la administración y conteniendo los disturbios, pero la división política que afectaba a las cámaras provocó su caída a los dos años de ejercer el mando. Fue entonces designado en su lugar Pedro de Araujo Lima que recibió el apoyo del partido conservador recientemente fundado. Para derrocarlo, los liberales recurrieron al expediente de solicitar que fuera declarada la mayoría de edad de don Pedro II, cosa que al fin lograron en 1840, cuando el emperador había cumplido apenas quince años. En julio de 1841 fue coronado solemnemente y se hizo cargo de la responsabilidad del gobierno.

Continuó la lucha de los partidos, pero los trastornos políticos aminoraron notablemente porque el emperador actuó con gran prudencia como poder moderador entre ellos, designando su gobierno de acuerdo con la opinión mayoritaria en el congreso, y, como ésta era inestable, liberales y conservadores se turnaron con mucha frecuencia para formar el ministerio del emperador.

El sistema pudo funcionar cuatro décadas sin alteraciones graves pero al cabo de ellas otros problemas hicieron surgir la crisis. El primero de ellos fue el distanciamiento de la monarquía de la Iglesia, provocado por una disputa sobre la masonería. Pero el más grave fue el de la esclavitud, pues mientras muchos exigían su abolición, los fuertes intereses basados en ella oponían una tenaz resistencia.

En 1850 fue prohibida la introducción de más esclavos debido a la presión que ejerció Inglaterra para ello. En 1871 se declaró la libertad de los hijos nacidos de esclavos y en 1885 la de los esclavos mayores de 60 años y, por fin en 1888 fue decretada la abolición de la esclavitud totalmente.

Al descontento provocado entre muchos terratenientes por estas medidas, se agregó el del ejército que se sentía mal recompensado por los triunfos alcanzados en la guerra con Paraguay. La monarquía se encontraba así privada de sus tres principales apoyos, como eran la Iglesia, los hacendados y el Ejército, y, por otra parte las ideas republicanas, que siempre permanecieron vivas, habían ido adquiendo nuevo auge en los últimos años.

Todo esto fue preparando el ambiente y en noviembre de 1889 una sublevación encabezada por el mariscal Deodoro da Fonseca proclamó la república y embarcó al emperador para Lisboa, sin que se derramara una sola gota de sangre.

De este modo, Brasil realizaba un trascendental cambio sin que se alterara la tranquilidad del país.

El mariscal Da Fonseca quedó al frente del Gobierno provisionalmente. En 1891 fue promulgada la constitución que daba al país la forma republicana y federal y Da Fonseca fue electo formalmente presidente de la República, pero a los pocos meses renunció y le substituyó Floriano Peixoto, que tuvo que hacer frente a varios pronunciamientos, pero logró dominarlos y, en 1894, entregó la presidencia a Prudente de Morales, con el que se inició la serie de los mandatarios civiles y la costumbre de alternar en el gobierno un originario de Minas Gerais y uno de São Paulo.

Aunque no faltaron esporádicas revueltas, el régimen pudo mantener su continuidad institucional y las formas democráticas. Entre tanto el país recibió grandes contingentes de inmigrantes, y creció a pasos agigantados aumentando considerablemente la explotación de sus recursos naturales iniciando su industrialización.

Pero la tradición de alternar entre mineiros y paulistas y la regularidad constitucional, vinieron a alterarse en 1930 al desembocar en la palestra las nuevas inquietudes populares, que empiezan a conmover, como hemos constatado, a toda Iberoamérica por esta época. En Brasil encarnan estas fuerzas en el joven gobernador de la provincia de Rio Grande do Sul, que con su apoyo, gana las elecciones presidenciales. Pero el presidente de la República, Washington Pereira de Sousa, fiel a la costumbre de la alternación, trató de imponer como sucesor suyo al paulista Julio Prestes. Esto hizo estallar la rebelión que se extendió a todo el país y al obtener el apoyo del ejército determinó la caída de Pereira y la ascensión, como presidente provisional, de Getulio Vargas. Todavía tuvo que reprimir éste una rebelión paulista, pero después se afianzó firmemente en el poder; suspendió la vigencia de la constitución y en 1934 fue aprobada por plebiscito una nueva, y Vargas designado como presidente conforme a ella. Sofocó al año siguiente una revuelta provocada por los comunistas en el norte del país y en 1937 al acercarse la fecha en que debían celebrarse nuevas elecciones se adelantó a ellas dando un golpe de Estado. Suprimió el congreso y la autonomía de los estados y promulgó una nueva constitución por la cual daba nacimiento a «O Estado Novo», con una organización corporativa, autoritaria y un conjunto de disposiciones favorables para la clase obrera. En 1938 tuvo que reprimir otra nueva insurrección, animada esta vez por el partido integralista, de inspiración fascista, pero se mantuvo en el gobierno, sin interrupción, hasta 1945 en que ofreció celebrar elecciones libres. En esas circunstancias surgió un movimiento que pedía la reelección de Getulio y entonces el Ejército, temiendo que ésta se realizara, lo obligó a presentar su renuncia a la presidencia.

Fue electo para substituirlo Eurico Gaspar Dutra, que gobernó de 1946 a 1951 y en las elecciones verificadas en este año obtuvo nuevamente la presidencia Getulio Vargas.

Pero los conflictos políticos fueron en constante aumento y el presidente Vargas puso a fin a sus días dándose un balazo el 24 de agosto de 1954.

Después de varios gobiernos provisionales fue electo constitucionalmente en 1955 Juscelino Kubitschek. Durante su gobierno, los organismos oficiales fueron trasladados a Brasilia, ciudad construida especialmente por Kubitschek en el interior del país, para ser la nueva capital del Brasil.

Las elecciones realizadas en 1961 dieron el triunfo a Janio Quadros, que asumió la presidencia, pero pocos meses después, de modo inusitado y aún inexplicable, renunció al cargo. Después de una grave crisis ocasionada por la oposición de las fuerzas armadas para que el vicepresidente Joao Goulart se convirtiera en presidente, pudo al fin lograrlo éste, aunque admitiendo una considerable limitación de las facultades presidenciales. Pero en enero de 1963, mediante un plebiscito recuperó la plenitud de sus poderes y se dispuso a llevar a cabo una serie de reformas en materia social, lo que unido a las acusaciones de connivencia con el comunismo que algunos sectores del país lanzaron en su contra, provocó un golpe militar que derrocó a Goulart en abril de ese mismo año. Para terminar su período presidencial, que concluye en 1967, fue designado por el Congreso el general Humberto Castelo Branco, que implantó un régimen militar bajo el cual y con la exclusión de los partidos políticos y la inhabilitación de sus principales personalidades, se realizaron en diciembre de 1966 las elecciones que permitieron la continuidad del Ejército en el poder, mediante la trasmisión de la presidencia, verificada el 15 de marzo de 1967, del mariscal

Castelo Branco al mariscal Artur da Costa y Silva. En 1968 se estableció que el nombre oficial de la nación sería República Federativa del Brasil. En septiembre de 1969, por enfermedad del presidente, se formó una junta militar que se hizo cargo del gobierno; posteriormente, declarada su inhabilidad, los altos mandos militares designaron presidente al general Emilio Garrastazu Médeci (7 de octubre de 1969). Durante el mandato de este último se construyó e inauguró la carretera Transamazónica. Le sucedió, en marzo de 1974, el general Ernesto Geisel.

Los países de la Gran Colombia

Colombia

Después de la disolución de la república organizada por Bolívar, Nueva Granada quedó reducida a las dimensiones que tenía antes de ser elevada a virreinato. Pero a la disgregación territorial siguió una terrible división interna originada en la lucha de liberales y conservadores, que en este país ha alcanzado su mayor crudeza y su máxima prolongación.

Los bandos se reagruparon después de la independencia en torno a la polémica sobre la organización que debía darse a la república. Santander se opuso al proyecto autoritario y centralizado de Bolívar, y tuvo que salir desterrado en 1828 y el propió general Córdoba se levantó contra el Libertador y fue derrotado y muerto en la lucha. Pero las pasiones se fueron violentando cada vez más. Bolívar se salva en una ocasión de ser asesinado por sus contrarios. Tratando de solucionar estos problemas de la constitución del país, se reunió un congreso más en Bogotá, en enero de 1830. Bolívar presentó ante él dimisión a la presidencia de la República a fin de allanar obstáculos y se retiró decepcionado por el oscuro panorama que ofrecía el futuro de las repúblicas liberadas por él. Pocos meses después, el 17 de diciembre de ese mismo año, moría el Libertador en una hacienda de las cercanías de Santa Marta.

La desaparición de Bolívar permitió el retorno de Santander a la lucha y en 1832 volvió a ocupar la presidencia de Colombia y a jefaturar el grupo que se iba configurando como partido liberal. Gobernó hasta 1837, dio impulso a la educación y alcanzó un notable triunfo diplomático al obtener el reconocimiento del Vaticano para la nueva república.

A Santander le sucedió el general José Ignacio Márquez, pero se sublevaron contra él los conservadores, capitaneados por el general José María Obando. Las reformas introducidas por los liberales en materia eclesiástica, agudizaron la oposición a su régimen y se generalizó la guerra civil, por lo que Márquez tuvo que dimitir en 1841. Fue sustituido por el general Pedro Herrán, que en 1843 promulgó una nueva constitución. Pero en 1845 los conservadores alcanzaron el triunfo y colocaron en el gobierno al general Tomás Mosquera. En las elecciones celebradas ese mismo año volvieron a perder el poder porque resultó vencedor el general Hilario López que era apoyado por los liberales. El general López reformó de nuevo la constitución para recortar nuevamente los derechos de la Iglesia y nuevamente tornaron a estallar las sublevaciones. No obstante, pudo solventar la situación y hacer entrega del mando en 1853 al general Obando, pero al siguiente año, éste cayó ante una revolución dirigida por el general José María Melo, que a su vez fue depuesto por otro golpe militar que organizaron los generales Herrán y Mosquera.

En 1857 sube a la presidencia por elecciones don Mariano Ospina, publica un año después una nueva constitución y de nuevo se enciende la guerra civil. El general Mosquera, que antes figuró como conservador, en 1861 alcanzó la presidencia con los liberales y extremó las medidas que afectaban a la Iglesia. Expulsó al Nuncio Apostólico y a los jesuitas y, después de un breve período en que ocupó la presidencia Manuel Murillo del Toro, volvió Mosquera, que cerró el congreso y asumió facultades dictatoriales para combatir las insurrecciones que estas medidas habían provocado. Por fin en 1867 cae ante una de ellas que capitaneaba el general Santos Acosta. A éste le siguen en períodos regulares de dos años Santos Gutiérrez, Eustorgio Salgar, nuevamente Murillo del Toro, Santiago Pérez-Aquileo Parra, Julián Trujillo y Rafael Núñez que llega a la presidencia en 1880.

Entre tanto los liberales habían sufrido una grave división entre radicales o «draconianos» y moderados o «gólgotas», y esto permitió una reacción de los conservadores. Por otra parte, la Constitución de 1853, al conceder cierta autonomía a los departamentos, había planteado otro tema de polémica, y la Constitución de 1858 que dio a la república el nombre de Confederación Granadina acentuó la tenden-

Vista de la ciudad de Lima (Perú).

Avenida Jiménez de Quesada de
la ciudad de Bogotá (Colombia).

Vista parcial de la ciudad de Buenos Aires
(Argentina).

Palacio de Cortés en Cuernavaca (México).

cia federal y la Constitución de 1863 vino a darle plena vigencia a ese sistema, al establecer los Estados Unidos de Colombia.

Este cambio y la elección de Aquileo Parra en 1876 originaron una nueva insurrección conservadora que terminó al subir como independiente Trujillo y sucederle Núñez, que siendo liberal moderado, se fue inclinando cada vez más hacia el campo conservador. Núñez ocupó la presidencia en tres ocasiones y fue el árbitro de la política durante toda esa época. En 1886 se promulgó una nueva constitución para volver al sistema unitario y centralizado, estableciendo la llamada república de Colombia y se firmó un concordato con la Santa Sede. Núñez dominó la situación hasta 1894 y el país disfrutó en esta época de relativa tranquilidad que le permitió un considerable desarrollo económico.

Pero sobrevino también una escisión entre los conservadores y la rebeldía latente entre los liberales desembocó, al ser electo para la presidencia el Dr. Sanclemente, en una larga guerra civil que se extendió de 1899 a 1902 y de la cual salió al fin vencedor el partido Conservador.

El general Rafael Reyes, que gobernó de 1904 a 1908 procuró la reconciliación de los bandos enemigos y trató de prolongar su mandato, pero un movimiento popular en su contra lo hizo desistir de su intento y fue electo para sustituirle el conservador Carlos Restrepo.

Hasta 1930 se sucedieron los gobiernos conservadores en un ambiente de relativa paz y guardando las formalidades democráticas. Pero este año el descontento del pueblo por la mala situación económica que existía en el país y una nueva división del partido Conservador, permitieron el triunfo electoral del candidato liberal Enrique Olaya Herrera y los triunfos liberales se repitieron después de él con Alfonso López, en 1934; Eduardo Santos, en 1938; y nuevamente López, en 1942, que promovió varias reformas a la Constitución de 1886 para proteger los derechos de las clases trabajadoras. Hubo un levantamiento armado en su contra, dirigido por el general Diógenes Gil, que pudo ser reprimido, pero López renunció a la presidencia y su período de gobierno fue terminado por el Dr. Alberto Lleras Camargo.

Por lo demás la evolución social había rebasado las concepciones de los partidos tradicionales y dentro del Liberal se formó un grupo dirigido por Jorge Eliezer Gaitán, que exigía reformas sociales más radicales. Esta división entre los liberales hizo posible en 1946 el triunfo del Dr. Mariano Ospina Pérez, candidato del partido Conservador. Pero el país presentaba crecientes síntomas de malestar e inquietud y empezaron a surgir grupos de guerrilleros que sembraban la anarquía en los campos y al ser asesinado en 1948 el líder Gaitán estalló en Bogotá un terrible motín popular, mientras se realizaba en esa ciudad una importante reunión de la Organización de los Estados Americanos, que costó innumerables víctimas y depredaciones. Pero el gobierno pudo dominar la situación y en 1950 ganó nuevamente el partido Conservador con la candidatura del Dr. Laureano Gómez.

Sin embargo las luchas partidistas continuaron en forma cada vez más sagrienta, sin que el gobierno pudiera dominar la anarquía que invadía al país. Esto hizo posible que en junio de 1953 el general Gustavo Rojas Pinilla depusiera al presidente Gómez mediante un golpe militar y se hiciera cargo del gobierno. Pero a su vez un movimiento popular que culminó con una huelga general lo derrocó en mayo del año 1957.

La lucha contra Rojas Pinilla logró que los partidos tradicionales llegaran a un pacto para restablecer la paz en el país. Según este acuerdo, que fue incorporado a la Constitución para garantizar su aplicación, durante cuatro presidenciales, o sea durante 16 años, todos los puestos públicos serán distribuidos por partes iguales entre ambos partidos y la presidencia de la república será ocupada alternativamente por cada uno de dichos partidos.

De acuerdo con este convenio ocupó la primera magistratura en 1958 el candidato del partido Liberal, Dr. Alberto Lleras Camargo en 1962, el candidado del partido Conservador, Guillermo León Valencia, y en 1966 tocó nuevamente el turno al partido Liberal que colocó en la presidencia al Dr. Carlos Lleras Restrepo. Firmó éste, el 13 de diciembre de 1968, el Acta Legislativa que reformaba la Constitución de la República y que entraba en vigor en aquel mismo momento. En las elecciones de 1970 triunfó Misael Pastrana Borrero, liberal; y en las de abril de 1974, Alfonso López Michelsen, liberal.

A pesar de esto las luchas civiles que degeneraron en guerras de guerrillas y en bandolerismo, continuaron en varias provincias y sólo muy lentamente y a costa de grandes esfuerzos han ido cediendo.

Venezuela

Si en Colombia domina la política de los partidos por encima de los caudillos, en Venezuela sucede a la inversa y la personalidad de éstos se impone sobre las delimitaciones partidistas, haciendo más confusa la pugna ideológica entre liberales y conservadores.

Electo por el Congreso de Valencia, el general José Antonio Páez ocupó la presidencia de la nueva república hasta 1835, pero continuó como «hombre fuerte» ejerciendo el poder en la sombra. Siendo presidente en estas condiciones el Dr. José Vargas, se sublevaron contra él los hermanos Monagas y el general Mariño, por lo cual Páez tuvo que volver al frente del gobierno y logró sofocar la rebelión. En 1843 puso en la presidencia al general Carlos Soublette y en 1847 lo reemplazó por José Tadeo Monagas, que contendió en las elecciones contra Antonio Leocadio Guzmán, fundador del partido Liberal. Al verse privado éste de la presidencia por el partido de Páez, que se suponía que era el Conservador, recurrió a las armas, pero fue derrotado.

Monagas en cuanto se sintió fuerte en el poder quiso deshacerse de la tutela de Páez, por lo que éste trató de que el congreso lo destituyera de la presidencia, pero el congreso fue disuelto por un movimiento popular y ello proporcionó a Páez una decorosa bandera para levantarse en armas «en defensa de la Constitución», pero fue derrotado por su antiguo protegido y tuvo que exiliarse. Pero el orden impuesto por él con dura mano en aquellos años había permitido reorganizar un tanto la vida del país desquiciada por la guerra de independencia.

Por lo demás la hegemonía de Páez fue reemplazada por la de los hermanos Monagas. En 1851 Gregorio sustituye en la presidencia a José Tadeo y en 1855 regresa a ella éste nuevamente. Su administración estuvo lejos de ser buena y en 1857 promulgaron una constitución que acentuaba el poder del ejecutivo, con un gobierno fuertemente centralista y fijaba el período presidencial en seis años, con posibilidades ilimitadas de reelección. Esto provocó la rebelión del general Julián Castro, que dio al través con el régimen de los Monagas.

El general Castro promulgó una nueva constitución descentralizada, liberal y anticlerical y dio con ella motivo a la llamada «guerra federalista», acaudillada por los generales Ezequiel Zamora y Juan Falcón. Castro dimitió en 1859 y fue sustituido por Pedro Gual que proclamó la federación. Pero la anarquía reinante entonces en el país hizo posible que en 1861 regresara del exilio el general Páez y asumiera el mando con el título de Jefe Supremo, reimplantando el centralismo y la dictadura.

Pero la guerra civil continuó y Páez sólo pudo sostenerse durante dos años en el poder. En 1863 salió nuevamente al exilio, en donde murió 10 años después, a los 83 años de edad, el último caudillo de la independencia.

Al caer Páez subió Falcón, llevando como vicepresidente a Antonio Guzmán Blanco, hijo del fundador del partido Liberal. La federación fue puesta nuevamente en vigor y nuevamente los conservadores, capitaneados por los hermanos Monagas, se lanzaron a las armas, depusieron al gobierno e impusieron a José Tadeo en la presidencia en 1868, y ese mismo año la cedió éste a su hermano José Ruperto. Estos cambios familiares violaban naturalmente los derechos del vicepresidente, por lo que éste había acudido a las armas para hacerlos valer y en 1870 pudo derrocar a los Monagas y asumir el puesto que le correspondía y que ejerció durante el próximo sexenio, lo que le permitió convertirse, a su vez, en el «hombre fuerte» durante veinte años, alternando la presidencia con largas estancias en París, desde donde seguía gobernando a través de sus lugartenientes. En 1884 hizo aprobar una nueva constitución para atribuir mayor fuerza aún al poder ejecutivo. Pero Guzmán Blanco realizó una vasta obra administrativa, dio gran impulso a las obras materiales y la paz impuesta por él permitió al país un notable progreso.

Vino a poner fin a la presidencia de Guzmán Blanco una revolución que en 1889 derribó al gobierno y abrió una etapa de confusión y violencia en la que cinco presidentes se derrocaron sucesivamente hasta que en 1899 ascendió el general Cipriano Castro que, defendiéndose constantemente contra las rebeliones que se levantaban en su contra, pudo retenerla hasta 1908 en que, mientras realizaba un viaje por Europa, fue desposeído por el general Juan Vicente Gómez que asumió el gobierno en calidad de presidente provisional, luego, en 1910, como presidente constitucional y después como «hombre fuerte», ya por sí mismo, ya por medio de otros, hasta

1935 en que la muerte le arrebata el poder. Durante su égida Venezuela gozó de las grandes fortunas que le proporcionó el descubrimiento del petróleo.

Al fallecer Gómez ocupó la presidencia su ministro de la guerra, el general Eleazar López Contreras, que promulgó una nueva constitución en 1936 y gobernó hasta 1941, en que cediendo a fuertes presiones políticas, traspasó el poder al general Isaías Medina Angarita. Éste fue derrocado en 1945 por las nuevas fuerzas sociales que habían encontrado su expresión en el partido de Acción Democrática, y que contó con la colaboración de los oficiales jóvenes del ejército para deponer al presidente e impedir así que ascendiera el candidato apoyado por el gobierno. Se hizo entonces cargo de la administración una Junta Revolucionaria presidida por el líder de Acción Democrática Rómulo Betancourt y en 1947 fue electo como presidente el escritor Rómulo Gallegos, pero en noviembre del siguiente año fue derribado por un golpe militar que dio las riendas del país a un triunvirato formado por los oficiales Carlos Delgado Chalbaud, Luis Felipe Lovera Páez y Marcos Pérez Jiménez. El primero de ellos fue asesinado en 1950 y la presidencia de la junta fue confiada al señor Suárez Flamerich.

Esta circunstancia permitió la subida al poder del teniente coronel Marcos Pérez Jiménez y en 1952 su elección como presidente de la República, puesto que conservó hasta enero de 1958, fecha en que fue depuesto por un movimiento revolucionario.

Se hizo entonces cargo del poder provisionalmente, una Junta de Gobierno, presidida por el almirante Wolfgang Larrazábal, que organizó las elecciones que se realizaron ese mismo año y que dieron la presidencia a Rómulo Betancourt, quien, formando un gobierno de coalición con el partido social cristiano COPEI, pudo volver al país a la vida institucional, a pesar de la violenta hostilidad de los comunistas, y, al final de su mandato, entregar pacíficamente la presidencia, por primera vez en la historia de Venezuela, al candidato triunfante en las elecciones, Dr. Raúl Leoni, que en marzo de 1964 tomó posesión de su cargo y aunque no sin dificultades ha podido mantener la vida institucional en el país. En las elecciones de diciembre de 1968 resultó elegido Rafael Caldera y en las de diciembre de 1973, Carlos Andrés Pérez.

Ecuador

También las luchas entre liberales y conservadores llenan la historia política de la República del Ecuador. Al separarse de Colombia los liberales habían hecho de Guayaquil su cuartel general y tenían al general Vicente Rocafuerte por jefe, mientras los conservadores, con el general Flores a la cabeza, dominaban en Quito. Pero ambos caudillos se turnaron en la presidencia hasta 1845 en que un movimiento popular elevó a ella a un civil, don Vicente Ramón Roca, que la ejerció hasta 1850.

Pero durante los gobiernos civiles la indisciplina de los caciques provincianos sumió al país en la anarquía y ello propició que el general José M. Urbina se apoderara de la presidencia mediante un cuartelazo en 1856. Pero el viejo general Flores auspició una revolución que derribando a Urbina dio el poder a los conservadores y abrió el camino para que en 1860 fuera designado como presidente por una convención Gabriel García Moreno.

García Moreno tomó con firmeza el gobierno en sus manos, organizó la administración, realizó obras públicas e impuso el orden en la República, reprimiendo a la oposición liberal. En 1865 dejó en la presidencia a Jerónimo Carrión, que dos años después fue reemplazado por Javier Espinosa, pero la anarquía amenazaba con reñacer y García Moreno volvió a asumir el gobierno directamente en 1869 hasta que en 1875 cayó asesinado, víctima de una conjuración liberal.

Por obra del magnicidio el poder pasó al grupo más radical del partido Liberal que lo retuvo a través de dictaduras inestables y en constante lucha con la fracción moderada del liberalismo. En 1876 se impuso en la presidencia, después de sangrienta pugna, el general Veintemilla que se sostuvo hasta 1883 y, después de otro largo período de inestabilidad, la retuvo de 1895 a 1901 el general Eloy Alfaro que promulgó en 1897 una constitución moderada, pero al volver nuevamente al poder en 1906, apoyado por los radicales se proclamó otra constitución extremista y se nacionalizaron los bienes de la Iglesia, lo cual vino a reencender la vieja lucha entre clericales y anticlericales, que había surgido desde el tiempo de García Moreno.

El general Leónidas Plaza Gutiérrez, también del partido radical, que ya ocupara la presidencia de 1901 a 1905, retornó a ella de 1912 a 1916 y conservó su influencia a través de otros presidentes hasta que una revolución lo expulsó del país en 1925. Se sucedieron entonces en el gobierno dos juntas provisionales, hasta que fue electo al siguiente año Isidro Ayora, al que, el malestar popular provocado por la crisis económica que azotaba al país, le obligó a dimitir en 1931. Con ello entró la república en una era de inestabilidad constitucional y frecuentes cambios en la presidencia. El Dr. José María Velasco Ibarra la asumió en 1934 y fue derribado al año siguiente. En 1944, siendo presidente Carlos Alberto Arroyo del Río, que había subido en 1940, una revolución promovida por la Alianza Democrática Ecuatoriana lo derribó y con él perdió el poder definitivamente el partido radical. Esta revolución llevó nuevamente al poder a Velasco Ibarra, aunque también, como en la anterior ocasión, fue derrocado. Después de dos efímeros presidentes interinos subió en 1947 el Dr. Carlos Justo Arosemena y al año siguiente fue electo Galo Plaza, hijo del general Plaza, que pudo continuar hasta la terminación de su mandato en 1952.

Por obra de las elecciones de 1952 asumió nuevamente la presidencia el Dr. José María Velasco Ibarra, a quien sucedió de igual forma, en 1956, el Dr. Camilo Ponce Enríquez y, al concluir su mandato, por cuarta vez fue electo Velasco Ibarra. Sin embargo a los pocos meses de haber asumido la presidencia, un movimiento encabezado por Carlos Justo Arosemena, que ocupaba la vicepresidencia, despojó a aquél de su investidura para darla a este último. Sin embargo poco duró en ella, porque en julio de 1963 el ejército lo depuso y se hizo cargo del gobierno una Junta Militar. Ésta retuvo el poder hasta que una serie de protestas populares, verificadas principalmente en el puerto de Guayaquil, la obligaron ha entregar el gobierno en marzo de 1966 a Clemente Yerovi Indaburo, en calidad de presidente provisional. Habiendo convocado a una asamblea constituyente, ésta designó como presidente de la República en noviembre de 1966 a Otto Arosemena Gómez. En las elecciones de 1968, resultó elegido José María Velasco Ibarra; éste, en junio de 1970, asumió poderes absolutos, apoyado por el Ejército, pero el 16 de febrero de 1972 lo derrocaba un golpe de Estado militar. Se hizo cargo del poder el general Guillermo Rodríguez Lara.

México, Centroamérica y el Caribe

México

En el desarrollo político de México pueden distinguirse tres etapas. De 1821 a 1867 luchan violentamente liberales y conservadores y termina con el triunfo de los primeros. De este último año al de 1910 entra el país en una era de pacificación y en esa fecha se inicia el proceso de la revolución.

Al ser rechazados por España los tratados de Córdoba, el trono del imperio mexicano ofrecido a un príncipe de la casa de Borbón quedó vacante, y ello permitió que para llenarlo fuera proclamado don Agustín de Iturbide como emperador. El Congreso Constituyente aceptó su nombramiento y en julio de 1822 se le coronó. Pero pronto se hicieron sentir la reacción de los liberales republicanos y las ambiciones de los caudillos. Se pronunció el general Antonio López de Santa Ana, otros jefes militares se le unieron y antes de cumplir el año de haber ceñido la corona Iturbide abdicó y salió del país. Cuando regresó a él dos años después fue inmediatamente pasado por las armas.

Se encargó por lo pronto del gobierno un triunvirato ejecutivo. En abril de 1824 fue promulgada la «Constitución Federal de los Estados Unidos Mexicanos» y designado como presidente el general Guadalupe Victoria, pero casi a continuación se inició la larga cadena de revoluciones y pronunciamientos. El general Santa Ana que era el principal animador del desorden y cambiaba de partido de acuerdo con las oportunidades, llegó al fin a la presidencia en 1833 pero, según será siempre su costumbre deja el gobierno en manos del vicepresidente, don Valentín Gómez Farías, el cual dicta algunas medidas restrictivas de las atribuciones de la Iglesia, lo cual exacerba la posición de los conservadores. Las facultades eclesiásticas y el federalismo serán los temas que dividirán irreconciliablemente a los liberales de los conservadores, ya que éstos son tradicionalistas y centralistas.

Cada vez las revueltas adquieren un carácter más definido y violento de guerra civil en la que se apoderan del gobierno y promulgan constituciones acordes con sus ideas, un bando y otro. En 1835 han triunfado momentáneamente los conservadores con Santa Ana y dictan las «Bases Constitucionales», centralistas, pero continúan los desplazamientos de unos presidentes por otros mientras en 1836 tiene que hacer frente el país a la guerra de Texas y en 1838 a una intervención francesa, según veremos después con más detenimiento.

En 1841 vuelve el gobierno Santa Ana a la presidencia y en 1843 se promulga una nueva constitución centralista que anima la oposición de los federalistas y echa más fuego a la guerra civil. En estas lamentables condiciones se produce la guerra con los Estados Unidos. Triunfan los liberales por un momento y reimplantan la constitución federal de 1824, pero los conservadores tornan a imponerse y la derogan nuevamente.

Los partidos sin embargo han ido logrando, al calor de la lucha, mayor consistencia y mejor organización y al iniciarse la segunda mitad del siglo los caudillos van pasando a segundo término y la disputa se torna más orgánica y coherente entre los partidos. Después de una sangrienta revolución derriban los liberales en 1855 a Santa Ana que por quinta vez ocupaba la presidencia, y es ocupada ésta por el general Juan N. Álvarez que después la cede a don Ignacio Comontfort, mientras se reúne un Congreso Constituyente que, en febrero de 1857, promulga una nueva constitución federal que implica, además, la nacionalización de los bienes de la Iglesia, el establecimiento del matrimonio y de los registros civiles, la supresión de las comunidades civiles y religiosas, y varias más. Esto provocó el levantamiento de los conservadores y la «guerra de tres años» que al cabo perdieron éstos.

Entre tanto había asumido la presidencia de la República el licenciado Benito Juárez que se convierte en el adalid de la causa liberal. Como en otro lugar veremos, los conservadores no se resignaron con la derrota y apelaron a la ayuda de Francia y al establecimiento del imperio de Maximiliano de Austria, que terminó en el fracaso y en la derrota definitiva del partido Conservador.

Juárez se mantuvo, a pesar de todo ello, tenazmente en la presidencia y después de recuperar el dominio del país en 1867 se reeligió una vez más hasta que en 1872 fue sorprendido por la muerte. Le sucedió el licenciado Sebastián Lerdo de Tejada, que realizó algunas reformas a la constitución y en

1876 intentó reelegirse, pero el general Porfirio Díaz que aunque liberal, ya había tratado cinco años antes, sin éxito, arrebatar el poder a Juárez, ahora lo consiguió levantando una revolución bajo el lema de la «no reelección» y asumió la presidencia. Entre 1880 y 1884 la confió a su compadre el general Manuel González, mientras se reformaba una vez más la constitución para permitir que se reeligiera al general Díaz, como lo hizo en 1884 y lo repitió sin interrupción hasta 1911 en que fue depuesto por la revolución. El orden impuesto por Díaz durante estos 35 años con férrea mano, permitieron al país una notable prosperidad material, pero ésta se canalizó en beneficio de una reducida oligarquía y en perjuicio de las clases inferiores, cuya pobreza y opresión fue en aumento.

Esto explica que en 1910, cuando don Francisco Indalecio Madero se lanzó a las armas para impedir una reelección más del general Díaz, contara con el apoyo de la mayoría del pueblo, lo que le permitió expulsar al dictador en mayo de 1911.

Pero Madero, que pertenecía a la clase terrateniente, pretendía resolver solamente la cuestión política, dando autenticidad al sistema democrático, sin comprender muy a fondo los graves problemas sociales que existían y a cuya solución no se abocó su gobierno con la rapidez que el pueblo esperaba, por lo cual Emiliano Zapata, Pascual Orozco y muchos otros guerrilleros que habían contribuido a su triunfo se levantaron contra él pidiendo reformas radicales. En 1913 el propio jefe de las fuerzas de Madero, general Victoriano Huerta lo traicionó y lo hizo asesinar, ocupando él su puesto con ánimo de reimplantar el orden por medio de la fuerza. Pero ello no hizo sino generalizar la revolución, que fue ahora encabezada por don Venustiano Carranza. En esas circunstancias los Estados Unidos intervinieron, ocupando el puerto de Veracruz, en 1914, y Huerta hubo de dimitir. Ocupó el gobierno Carranza en medio de la anarquía producida por las riñas entre los jefes revolucionarios y convocó a un Congreso Constituyente que, en febrero de 1917, promulgó la nueva constitución en la que quedaron consagrados los derechos de los obreros y se ordenó la distribución de las tierras de las haciendas entre los campesinos.

Pero la secuela de luchas personalistas se prolongó. Carranza fue derrotado y asesinado en 1920 y subió a la presidencia el general Álvaro Obregón, a quien sucedió en 1924 el general Plutarco Elías Calles que dio a la revolución una orientación socialista y emprendió una violenta persecución contra los católicos, que originó el levantamiento de los «cristeros» que a la postre fue dominado por el gobierno, pero que costó la vida al general Obregón, que fue asesinado en 1927 cuando había sido ya reelecto para ocupar la presidencia por segunda vez.

En sustitución de él se hicieron cargo del gobierno sucesivamente tres oscuros presidentes bajo la tutela del general Calles, constituido en «hombre fuerte» y «Jefe Máximo» de la revolución. Éste fundó el partido de la Revolución Mexicana, para sistematizar y reducir al orden a las dispersas fuerzas revolucionarias, partido que con diversas denominaciones ha asegurado el control del poder.

En 1934 fue electo el general Lázaro Cárdenas que terminó con el tutelaje de Calles, dio gran impulso al reparto de tierras y nacionalizó la riqueza petrolera que estaba en manos de compañías extranjeras, e impuso como sucesor suyo al general Manuel Ávila Camacho, quien realizó un gobierno moderado y de conciliación y fue sucedido en 1946 por el licenciado Miguel Alemán Valdés que concluyó su mandato en 1952.

El país ha entrado en una etapa de desarrollo demográfico y económico y de estabilidad política en la que los gobiernos se suceden con regularidad, manteniendo el Partido Revolucionario Institucional una absoluta hegemonía sobre la oposición, que se encuentra representada por el partido de Acción Nacional, de tendencia conservadora y el partido Popular Socialista, de inspiración marxista.

De acuerdo con lo dicho y sin variación ninguna de importancia en el esquema político del país, se han sucedido en la presidencia de la República para cumplir períodos de seis años y siempre con el apoyo del P. R. I.: Adolfo Ruiz Cortines, en 1952, el licenciado Adolfo López Mateos, en 1958, el licenciado Gustavo Díaz Ordaz, y en 1970 Luis Echeverría Álvarez. En 1967 los Estados Unidos devolvieron a México el territorio de El Chamizal y en 1970 se comprometieron a reintegrar el de Ojinaga. Con estas devoluciones quedan zanjados los problemas fronterizos entre México y Estados Unidos. En octubre de 1968 tuvieron lugar en la Ciudad de México los XIX Juegos Olímpicos, los primeros llevados a cabo en un país hispanoamericano. En febrero de 1974 se celebró en México la Conferencia de Tlateloco, convocada para discutir las relaciones políticas y económicas de Estados Unidos con los países situados al sur de Río Grande (exceptuada Cuba).

Centroamérica

Al fraccionarse la América Central, en 1840, en las repúblicas independientes de Guatemala, Honduras, El Salvador, Nicaragua y Costa Rica, la región se encontraba en las peores condiciones administrativas y económicas y sumida en la anarquía.

Los territorios de los nuevos estados eran tan pequeños, su población tan escasa y sus recursos tan reducidos, que se hacía imposible la constitución de gobiernos firmes. Prácticamente estaba al alcance de cualquiera sublevarse con un mínimo grupo mal armado y deponer al gobierno. En Centroamérica, pues, la disgregación y la anarquía llegaron a su máxima expresión.

Las fuerzas políticas se agrupaban según la división clasica en liberales y conservadores, pero en ella se insertaban, de acuerdo con las conveniencias ocasionales, las ambiciones y los odios de los caudillos. Por otra parte las intervenciones de unos países en otros son constantes. Cuando en un país triunfa un partido trata de derribar a los gobiernos de signo contrario que existan en las otras repúblicas, o bien se alían éstos para deponer a aquél. Los derrotados en una de ellas se refugian en las vecinas y desde ellas emprenden la contraofensiva. Y, en fin, las luchas partidistas y las rencillas personales se traducen con harta frecuencia en coaliciones internacionales.

Guatemala

La derrota de Morazán convirtió a Rafael Carrera en el «hombre fuerte» de Guatemala. En 1844 fue electo presidente de la república y con algunos interregnos dominó en el país hasta su muerte, en 1865. Impuso un régimen fuertemente conservador e intervino varias veces en contra de los demás países para derrocar a los liberales o sencillamente a sus enemigos personales, y se negó a participar en varios intentos de reunificación que se hicieron, porque eran promovidos por sus contrarios.

Después de Carrera, los liberales Miguel García Granados y Justo Rufino Barrios se levantaron en armas con 26 hombres en abril de 1871 y poco después se hicieron dueños de la situación. Ocupó el primero la presidencia hasta 1873, en que le relevó Barrios que la retuvo hasta que murió en una batalla en 1883, cuando intentaba invadir El Salvador con la intención de reconstruir por medio de las armas la unidad centroamericana. Barrios introdujo importantes reformas en materia eclesiástica nacionalizando los conventos, suprimiendo las órdenes religiosas, secularizando los cementerios, etcétera.

Sucedióle interinamente Alejandro Sinibaldi que renunció a poco y en 1885 subió el general Manuel Lisandro Barillas que se sostuvo hasta 1892 al cual sucedió el general José María Rina Barrios que fue asesinado en 1898 y ello permitió la ascensión del licenciado Manuel Estrada Cabrera que se perpetuó en el poder hasta 1920 en que la Asamblea Legislativa dominada por el partido Unionista que era contrario a Estrada, declaró que éste estaba loco y después de una breve lucha fue derrocado y sustituido por Carlos Herrera que ese mismo año lo transmitió al general José María Orellana que gobernó hasta 1926. Vino después un período de cuartelazos y frecuentes cambios hasta que unas elecciones dieron la presidencia en 1931 al general Jorge Ubico, que sólo la dejó en 1944 cuando una revolución lo derrocó, y después del primer gobierno del general Federico Ponce, se hizo cargo del poder una Junta formada por el capitán Jacobo Arbenz, el mayor Francisco Javier Arana y el Dr. Jorge Toriello, que convocó a elecciones en las que resultó triunfante el Dr. Juan José Arévalo, quien ejerció su mandato de 1945 a 1951. En 1945 fue aprobada una nueva constitución que incorporaba varias reformas importantes en materia social y económica, en beneficio para las clases proletarias.

Arévalo fue sustituido electoralmente por el coronel Jacobo Arbenz, pero sus ligas con el comunismo provocaron una rebelión capitaneada por el coronel Carlos Castillo Armas que habiendo vencido al gobierno se hizo cargo de él en junio de 1954, primero como jefe de una Junta de Gobierno y después como presidente electo, pero en julio de 1957 murió víctima de un atentado.

Se encargó entonces del gobierno una junta militar y más tarde Miguel Flores Avendaño, que organizó las elecciones en que fue designado para la presidencia, en febrero de 1958, el general Miguel Idígoras Fuente quien gobernó durante cinco años, pero poco antes de concluir su mandato fue depuesto por el Ejército, en marzo de 1963, a fin de prevenir un eventual retorno de Arévalo al poder. La jefatura del gobierno fue ocupada por el coronel Enrique Peralta, que al fin convocó a elecciones y aceptó el triunfo de la oposición haciendo entrega de la presidencia, el 1.º de julio de 1966, al Dr. Julio César Méndez Montenegro. En las elecciones de 1970 triunfó Carlos Arana, y el general Kjell Eugenio Laugerud en las de marzo de 1974.

Honduras

En las endémicas luchas centroamericanas entre liberales y conservadores, entre unionistas y separatistas o, simplemente, entre generales rivales, Honduras, por su posición geográfica venía a quedar en medio del campo de batalla. Esta circunstancia, unida a las causas internas de inestabilidad, originan un estado de constantes revueltas y vertiginosos cambios en el gobierno.

Entre el año de 1838, en que se separó de la Federación, y el de 1841, en que el general Francisco Ferrer inicia un período de cuatro años, cinco personajes se habían turnado ya en la presidencia de la república. Don Juan de Lindo Zelaya se sostuvo de 1847 a 1852, promulgó la Constitución de 1848 y unido a El Salvador hizo la guerra a Guatemala para derrocar a Carrera, cosa que no lograron, sino que por el contrario, una revolución promovida por aquél llevó a la presidencia de Honduras al general Santos Guardiola que fue asesinado en 1862. Carrera entonces apoyó al general José María Medina, que gobernó de 1864 a 1872. Éste derribó al gobierno de El Salvador y, en pago, el nuevo gobierno que subió bajo sus auspicios lo derribó a él. Le sucedió el Dr. Celso Arias a quien dos años más tarde derrocaron Guatemala y El Salvador para poner al general Ponciano Leiva al que siguió, en 1876, el Dr. Marco Aurelio Soto que renunció al caer en desgracia del vecino presidente Barrios. En 1883 se hizo cargo del poder el general Luis Bográn y en 1891 volvió el general Leiva y, de 1894 a 1900 pudo sostenerse gracias al apoyo de Nicaragua, el Dr. Policarpo Bonilla.

Las primeras décadas del siglo XX continúan el ritmo y los procedimientos del anterior, sólo que ahora con un factor de perturbación más: la intervención de los Estados Unidos, en cuyos barcos hubieron de firmar las paces más de una vez los contendientes hondureños, hasta que en 1933 se estableció la dictadura del general Tiburcio Carias Andino que se prolongó hasta 1949, realizando durante este período la reorganización de la administración pública y varias obras de beneficio para el país. De 1949 a 1954 ocupó la presidencia de la República el Dr. Juan Manuel Gálvez.

Este año se realizaron elecciones, pero ninguno de los candidatos que contendieron en ellas alcanzó la mayoría de votos requerida por la Ley, por lo cual, y habiéndose retirado del gobierno por razones de salud el Dr. Gálvez, se hizo cargo de la presidencia el vicepresidente, Julio Lozano Díaz. Pero en octubre de 1956 fue derrocado y una junta militar gobernó al país hasta noviembre de 1957, fecha en que una Asamblea Constituyente designó como presidente al Dr. Ramón Villeda Morales que, casi a punto de concluir su período de gobierno en 1963, fue depuesto por el ejército, para evitar que se realizaran elecciones, y asumió el poder nuevamente otra junta militar, jefaturada en esta ocasión por Osvaldo López.

En junio de 1965, en un retorno a la Constitución, Osvaldo López fue nombrado presidente. Durante su mandato, en 1969, Honduras sostuvo con El Salvador una guerra que duró cinco días; en 1970, después de nuevos encuentros, se creó una zona desmilitarizada. Celebradas elecciones en marzo de 1971, resultó elegido Ramón Ernesto Cruz, pero fue derrocado en diciembre de 1972 por el coronel Osvaldo López. En septiembre Estados Unidos restituyó a Honduras las islas del Cisne.

El Salvador

En los sesenta años que van desde la caída del presidente Morazán a 1900, hubo en El Salvador 63 cambios de gobierno.

Durante su primera época independiente la influencia de Carrera fue decisiva. En 1844 se rebeló contra él el presidente salvadoreño Francisco Malespín pero fue suplantado mientras se hallaba en campaña. En 1850 le hizo también la guerra a Carrera el presidente liberal Doroteo Vasconcelos y también le costó el puesto. Posteriormente, el presidente Gerardo Barrios quiso introducir algunas reformas, que afectaban a la Iglesia y entonces Carrera invadió El Salvador y colocó en el gobierno al Dr. Francisco Dueñas, que ya lo había ejercido en tres ocasiones anteriores y fue el primero que pudo sostenerse durante ocho años consecutivos, desde 1863 hasta 1871, en que una revolución lo depuso. De 1872 a 1876 gobernó el general Santiago González y de este último año al de 1885, el Dr. Rafael Saldívar. A partir de esta época el país va adquiriendo mayor estabilidad política. A principios del siglo xx la explotación del café mejoró considerablemente la situación económica y ello coadyuvó a que reinara cierta tranquilidad en el gobierno, sobresaliendo el del Dr. Alfonso Quiñones, que, con intervalos, ocupó la presidencia en 1914, en 1918 y de 1923 a 1927. En 1931 fue electo el ingeniero Arturo Araujo como presidente y el general Maximiliano Hernández Martínez, como vicepresidente, pero éste derrocó a aquél y se perpetuó en el poder hasta 1944 en que fue desposeído por una sangrienta revolución que trató de aprovechar en su favor el comunismo. Siguieron años de inestabilidad y confusión hasta que en 1950 fue electo el mayor Oscar Osorio, durante cuyo gobierno fue promulgada una nueva constitución.

Al mayor Osorio le sucedió en 1956, el coronel José María Lemus, que a su vez fue derrocado, en 1960, y sustituido por una junta militar que al siguiente año corrió la misma suerte, siendo remplazada por un Directorio de Gobierno. Este promulgó en 1961 una nueva Constitución y de acuerdo con ella celebró elecciones que dieron el triunfo al teniente coronel Julio A. Rivera, que ocupaba la jefatura del Directorio, para el período 1961-1967. En marzo de 1967 fue electo para ocupar la presidencia durante el próximo quinquenio el coronel Fidel Sánchez Hernández, a quien apoyaba el partido del Gobierno. Durante su mandato, en 1969, El Salvador sostuvo con Honduras una guerra que duró cinco días. En 1970, después de nuevos encuentros, se creó una zona desmilitarizada, y posteriormente se iniciaron negociaciones para el restablecimiento de las relaciones diplomáticas y comerciales entre ambos países. En junio de 1972, sucedió en la presidencia a Fidel Sánchez, el coronel Arturo Armando Molina, elegido en febrero del mismo año.

Nicaragua

La lucha entre los liberales, que tenían su baluarte en la ciudad de León y los conservadores, que lo tenían en la de Granada, trajo sobre Nicaragua terribles consecuencias. Éstas se desarrollan con creciente violencia durante los primeros 15 años de vida independiente del país, hasta llegar a un extremo en el que, en medio de la anarquía reinante, una de las facciones en pugna, los «demócratas», de tendencia liberal, para poder vencer a los conservadores o «legitimistas», celebraron un contrato, en 1854, con un norteamericano para que les enviara de Estados Unidos doscientos hombres bien armados a fin de reforzarlos en la lucha. Llegaron en efecto éstos al mando del aventurero William Walker que formó una «Legión Americana» que pronto engrosó considerablemente con nativos y, como recibía abundantes auxilios de armas y dinero, pronto pudo hacerse dueño de la situación. Colocó entonces como presidente a don Patricio Rivas, reservándose para sí la jefatura del ejército, luego sustituyó a Rivas por el licenciado Ferrer y por. último en julio de 1856 asumió él mismo el gobierno.

Entonces cundió la alarma en Iberoamérica. Los países centroamericanos unieron sus fuerzas para combatir al filibustero y el cuerpo diplomático iberoamericano en Washington pidió al gobierno norteamericano que prohibiera el envío de recursos a Walker, pero subrepticiamente se le siguieron enviando, aunque, oficialmente por lo menos, los Estados Unidos no tomaran parte en la aventura.

La lucha contra el intruso fue larga y dura, pero al fin en 1857 se vio obligado a capitular y salir del país. Pero en noviembre de ese mismo año regresó y tuvo que obligarle a retirarse la marina norteamericana y todavía en 1860 hizo una nueva incursión en Honduras, pero esta vez cayó preso de las tropas hondureñas y fue fusilado.

Sólo después de esta amarga experiencia, pudo lograr Nicaragua un gobierno relativamente estable con el general Tomás Martínez, que lo ejerció de 1857 a 1867 y se promulgó una nueva constitución. Aunque no faltaron sublevaciones y cuartelazos pudo mantener el partido conservador la continuidad en el gobierno con alguna regularidad hasta 1893 en que los liberales se apoderaron de él con el general José Santos Zelaya que se perpetuó hasta 1909.

Pero este año Zelaya fue derrocado por una revuelta que contaba con el apoyo de los Estados Unidos y acaudillada por el general Juan José Estrada. Este renunció al año siguiente en el vicepresidente, que lo era don Adolfo Díez, pero hostigado por los liberales solicitó la intervención de Estados Unidos para mantener el orden y mantenerse él en el poder. Los marinos norteamericanos desembarcaron en 1912 y ocuparon el país hasta 1925. Durante este tiempo se sucedieron en la presidencia don Emiliano Chamorro y don Diego Manuel Chamorro que murió en ella en 1923, por lo que se realizaron nuevas elecciones bajo la vigilancia de los Estados Unidos; en ellas resultó electo Carlos Solórzano, y se retiraron las fuerzas de ocupación, pero en 1926 se sublevó contra él el general Emiliano Chamorro y asumió la presidencia, cosa que vino a colocar a los Estados Unidos en difícil situación, por lo que le negaron su reconocimiento y hubo de abandonar el poder que vino a parar nuevamente a manos de Adolfo Díez y ello hizo estallar otra vez la guerra civil y trajo consigo otra intervención norteamericana que se prolongó hasta 1933. La presidencia fue ocupada en estos años por don José María Moncada y después por don Juan B. Sacasa, pero la guerra contra los invasores se mantuvo en las montañas y alcanzó celebridad continental el guerrillero Augusto César Sandino. Cuando se retiraron los norteamericanos, Sandino depuso las armas ante el jefe de la Guardia Nacional, general Anastasio Somoza, pero a los pocos meses murió asesinado.

Sacasa no pudo terminar su período porque en 1936 fue depuesto por la Guardia Nacional y después de un interinato del Dr. Carlos Brenes Jarquín, ascendió el general Somoza, que se mantuvo en el poder, aunque la presidencia fue ocupada en algunos períodos por otras personas, hasta 1956 en que fue asesinado.

Se hizo cargo del gobierno en esas circunstancias su hijo Luis que a su vez se sostuvo en la presidencia hasta que, habiendo sido reformada la constitución para prohibir la reelección presidencial y verificado elecciones, fue declarado vencedor el candidato propuesto por el Gobierno, licenciado René Schick, que inició en 1963 su período presidencial de cinco años. Habiendo fallecido en 1966, fue remplazado por el Dr. Lorenzo Guerrero, designado por el Congreso. En febrero de 1967 se realizaron las elecciones constitucionales y fue proclamado para ocupar la presidencia Anastasio Somoza Debayle, jefe de la Guardia Nacional e hijo del varias veces presidente del mismo nombre. El 21 de febrero de 1974 fue aprobada una nueva Constitución, según la cual la convocatoria de elecciones presidenciales la haría la Junta Nacional de Gobierno el 1.º de julio del mismo año. Un mes después la Asamblea Constituyente se convertía en Congreso Nacional, compuesto por una Cámara de 70 diputados y otra de 30 senadores.

El 24 de diciembre de 1972, la capital de Nicaragua, Managua, fue sacudida por un terremoto que, prácticamente, la destruyó por completo.

. mosa Debayle, jefe de la Guardia Nacional e hijo del varias veces presidente del mismo nombre.

Costa Rica

Al proclamar la Asamblea Constituyente la independencia del país en 1838, fue designado el licenciado Braulio Carrillo como jefe supremo de la república, pero en 1842, el general Morazán, que había regresado del exilio lo depuso y asumió el mando dispuesto a reconstruir la unidad centroamericana conquistando los demás países, pero sus tropas se sublevaron y en septiembre del mismo año fue pasado por las armas.

Don Juan Rafael Mora, que llegó al poder en 1849 disolvió el congreso y participó en la guerra contra el filibustero Walker. Al terminar su período en 1859 le sucedió por elección el Dr. José María Montealegre. Durante la presidencia de don Jesús Jiménez se promulgó, en 1869, una nueva constitución, pero al año siguiente fue desposeído por el general Tomás Guardia a quien la Asamblea nombró dictador poco después y que se conservó como árbitro de la política hasta su muerte, ocurrida en 1882. A partir de entonces, el país, que siempre ha vivido con mayor tranquilidad que el resto de sus vecinos centroamericanos, logra regularizar el turno constitucional en el gobierno y los trastornos se hacen cada vez más esporádicos.

En 1917 se hizo con el poder mediante un golpe militar el general Federico Tinoco que fue derrocado dos años después por un movimiento popular, y con ello se reanudó la vigencia del orden legal que se mantuvo sin interrupción hasta 1948. En este año el colegio electoral calificó de fraudulentas las elecciones que daban el triunfo al candidato de la oposición, Dr. Otilio Ulate, que contendía con el Dr. Rafael Calderón Guardia, candidato del partido en el poder. Esto provocó un levantamiento dirigido por don José Figueres, que al triunfar, llevó a la presidencia al Dr. Ulate, cuyo período de gobierno terminó en 1953.

Fue electo entonces José Figueres y a él han sucedido dentro del orden constitucional, Mario Echandí en 1958, Francisco José Orlich en 1962, José Joaquín Trejo en 1966, José Figueres en 1970 y Daniel Oduber en 1974.

El Caribe

República Dominicana

Los ciclos de anarquía y dictadura caracterizan la vida independiente de la República Dominicana. Como recordaremos, al separarse de España apenas si pudo disfrutar de un mes de libertad, pues, en enero de 1822, cayó bajo el dominio de Haití, en donde ejercía la dictadura el general Boyer, y aunque siempre mantuvo el espíritu de resistencia que encarnó principalmente en la figura de Juan Pablo Duarte, no pudo recuperar su libertad hasta 1844 en que una revolución depuso a Boyer en Haití y los dominicanos pudieron aprovechar la coyuntura para rebelarse y alcanzar al fin nuevamente su independencia.

Pero entonces sobrevinieron las luchas intestinas entre los generales Pedro Santana y Buenaventura Báez. Veinte años duró esta disputa, en la que se turnaron en el gobierno y se derrocaron mutuamente ambos caudillos hasta conducir al país a la más completa anarquía, por lo cual los dos partidos recurrieron a solicitar la intervención extranjera para poder vencer al contrario, y restablecer el orden, y, sobre todo, conjurar la amenaza de una nueva invasión de Haití. Los «baecistas» pidieron la anexión de Santo Domingo a los Estados Unidos, que no la aceptaron, y los «santanistas» a España que sí la aceptó, por lo que en 1861 el país volvió al dominio de la Corona y el general Santana fue designado como capitán general. Pero ello provocó una nueva rebelión y al morir Santana en 1865, España se retiró de la isla.

Y con esto se inició otro período de anarquía en la que la lucha fue mantenida por los «rojos» que dirigía el mismo Báez y los «azules» que comandaban José María Cabral y Gregorio Luperón. Las rebeliones se sucedieron sin interrupción;

tropas norteamericanas en la isla y éstas impidieron el avance de los revolucionarios, aduciendo que estaban infiltrados por comunistas.

La decisión del gobierno norteamericano constituía una grave violación al compromiso de no intervención contraído en la Organización de los Estados Americanos, por lo que, con posterioridad, solicitó la participación de ésta en el conflicto de Santo Domingo y obtuvo, por el número de votos estrictamente necesario —ya que México, Chile, Perú y Ecuador votaron en contra y Venezuela y Argentina se abstuvieron—, la formación de una «Fuerza Interamericana» en la casi cada año se dictaba una nueva constitución y momentos hubo en que existían hasta tres gobiernos simultáneamente, hasta que en 1882 llegó al poder el negro Ulises Heureaux, mejor conocido como «Lilís», que se convirtió en el «hombre fuerte» y mantuvo su dictadura, hasta 1899 en que fue asesinado.

Y de nuevo se inició la lucha facciosa y la anarquía. Ahora los contedientes fueron los «horacistas» y los «jimenistas», partidarios respectivamente del general Horacio Vázquez y de Juan Isidro Jiménez. El desorden y la inestabilidad reinaron hasta 1916 en que los Estados Unidos intervinieron y sus tropas establecieron un gobierno militar que fue mantenido hasta 1924, año en que se retiraron, pero continuaron ejerciendo el control de las aduanas hasta 1941.

Todavía al retirarse los marinos norteamericanos, regresó a la presidencia de la república el general Horacio Vázquez, pero en 1930 asumió el poder el general Rafael Leónidas Trujillo y se mantuvo en él hasta su asesinato, ocurrido en 1961. Al desaparecer el general Trujillo quedó al frente del gobierno Joaquín Balaguer, que en vida de aquél ocupaba nominalmente la presidencia, pero un movimiento popular lo obligó a renunciar en julio de 1961. Un Consejo de Gobierno, presidido por Rafael F. Bonnelly asumió provisionalmente el mando y realizó elecciones en diciembre de 1962. Estas dieron la presidencia al escritor Juan Bosch, pero apenas seis meses después de haberse hecho cargo de ella, fue depuesto, en septiembre de 1963, por un golpe militar. Este hecho fue gestando una reacción popular que estalló violentamente el 25 de abril de 1965 y que pretendía la reinstalación de Bosch. Pero la Junta militar resistió y se entabló la lucha en las calles de Santo Domingo. Inmediatamente el Presidente de los Estados Unidos, Lyndon B. Johnson, ordenó el desembarco de que participaron con reducidas tropas Brasil, Honduras, Costa Rica y Nicaragua, con la cual se mantuvo la intervención militar.

Al cabo de largas y complicadas gestiones realizadas por los Estados Unidos y por funcionarios de la O. E. A., se obtuvo que los contendientes aceptaran la constitución de un gobierno provisional, presidido por el Dr. Héctor García Godoy, que tomó posesión del cargo en septiembre del mismo año. En junio de 1966 se realizaron elecciones generales y contendieron en ellas para la Presidencia de la República Juan Bosch y Joaquín Balaguer, que fuera presidente nominal en tiempo de Trujillo. Sorprendentemente fue electo este último y reelegido nuevamente en 1970.

La independencia de Cuba

Los proyectos de México y de Colombia, recién emancipados, para llevar la independencia a las islas del Caribe no pudieron llevarse nunca a la práctica y las fuerzas de los conspiradores antillanos fueron insuficientes para hacer triunfar sus intenciones separatistas. Los Estados Unidos por su parte, se opusieron en esa época a cualquier intento de independizar a Cuba y a Puerto Rico.

Pero a pesar de su debilidad frente a España, que ahora podía concentrar todos sus recursos en las únicas colonias que le quedaban, los patriotas cubanos demostraron una inagotable constancia en sus propósitos.

El gobernador Francisco Dionisio Vives, que tomó posesión en 1823, tuvo que reprimir una de tantas conspiraciones y sus dirigentes. Francisco de Agüero y Manuel Andrés Sánchez, fueron ejecutados. Tratando de reprimir estos brotes separatistas el gobierno de Madrid implantó un régimen de dura represión, que fue confiado al general Tacón, en 1834 y después al general O'Donnell. Pero las consecuencias fueron contraproducentes y el partido independentista aumentó notablemente. El general venezolano Narciso López animó una conspiración más, pero fue descubierto y tuvo que refugiarse en Nueva Orleans desde donde intentó un desembarco contra Cuba que fracasó y habiéndolo intentado nuevamente en 1851, cayó preso y fue fusilado.

Pero desde entonces las conjuraciones se hicieron cada día más frecuentes y adquirieron mayor envergadura. Ese mismo año de 1851 hubo una más, dirigida por Joaquín de Agüero, y en 1855 otra encabezada por Francisco Estrampes y el catalán Ramón Pintó, que también fueron ajusticiados.

Durante los gobiernos de Cañedo y de Gutiérrez de la Concha aumentó la inquietud y también la represión, hasta que un cambio político ocurrido en el gobierno de España trajo consigo un intento de solución pacífica y una Junta de Información pasó a la metrópoli para discutir las reformas necesarias, pero el gobierno español se mantuvo intransigente y la insurrección cobró mayor auge, después de esta breve tregua, y se extendió a partir de 1868, a muchos puntos de la isla bajo el mando de Carlos Manuel Céspedes, iniciándose así «la república en armas», que organizó un gobierno y sostuvo la guerra hasta 1878 en que la política conciliadora del gobernador Arsenio Martínez Campos, logró poner fin momentáneamente al conflicto mediante el «pacto del Zanjón» concertado con los republicanos.

Paralelamente a las luchas armadas se había organizado la de los partidos políticos entablada entre el Liberal, que pedía la autonomía y el de la Unión Constitucional, que pedía la integración a España, pero el primero dominó el escenario político y fue preparando así la independencia definitiva de la isla.

Al amparo de la amnistía de Zanjón regresó a Cuba José Martí, ya conocido por sus campañas de prensa, que le habían costado varios encarcelamientos y por último el destierro, y a partir de entonces se convirtió en la cabeza y el alma de la causa de la independencia. Él animó a Calixto García a emprender la «guerra chiquita» después de la paz de Zanjón y cuando fueron derrotados por el entonces gobernador, general Ramón Blanco, Martí se exilió nuevamente en los Estados Unidos, en donde fundó el partido Revolucionario Cubano con los muchos exiliados que había en ese país y se dedicó a preparar la invasión de la isla bajo el mando militar de Máximo Gómez.

Después de varios años de esfuerzos y de una expedición frustrada pudieron desembarcar, al fin, en febrero de 1895, pero poco después Martí cayó muerto en un combate con el ejército español. Sin embargo Gómez, Calixto García y los hermanos Maceo continuaron al frente de la insurrección que fue extendiéndose a todo el país.

Para procurar dominarla, España designó nuevamente al general Ramón Blanco y al mismo tiempo estableció un gobierno autonomista. Pero entonces hubo manifestaciones en contra del partido español y se amenazó al cónsul norteamericano, puesto que se sabía que su gobierno había presionado al de Madrid para que adoptara esa medida. Esto dio motivo para que los Estados Unidos enviaran a la Habana al viejo acorazado «Maine» para proteger los intereses de sus súbditos en ese país; pero en forma que hasta la fecha constituye un misterio, el «Maine» hizo explosión el 15 de febrero de 1898, y ello ofreció la ocasión para que los Estados Unidos intervinieran en la contienda cubana declarando la guerra a España.

La flota española hizo frente a la norteamericana, que era incomparablemente superior, y fue fácilmente aniquilada, lo que obligó a España a firmar el 10 de diciembre de 1898 la paz con los Estados Unidos. Por ese tratado España renunció a sus derechos sobre Cuba, Puerto Rico y las Islas Filipinas.

En enero de 1899 hizo su entrada en La Habana el ejército revolucionario, pero el gobierno fue confiado por los Estados Unidos al general Leonard Wood. Este reunió una Asamblea Constituyente que promulgó una constitución en febrero de 1901 en la que se incluía una disposición, conocida como la «enmienda Platt» en la que se reconocía a los Estados Unidos el derecho de intervenir «para preservar la independencia de Cuba y mantener un gobierno adecuado para la protección de la vida, la propiedad y la libertad individual».

Celebradas elecciones conforme a esta constitución resultó vencedor Tomás Estrada Palma, a quien el general Wood hizo entrega del gobierno en mayo de 1902.

La República de Cuba

Después de tan largo período de luchas e inseguridad, la independencia, con la atracción de capitales norteamericanos, trajo para Cuba una era de palpable prosperidad material; pero su vida política no se ha librado de los trastornos comunes a toda Iberoamérica.

Reelegido Estrada Palma en 1906, estalló un movimiento revolucionario auspiciado por los liberales que obligaron a aquél a dimitir y con ello puso en marcha la «enmienda Platt», asumiendo inmediatamente el gobierno el secretario de guerra del presidente Theodore Roosevelt, que lo era William H. Taft, quien luego lo dejó en manos de su comisionado Charles E. Magoon, que lo ejerció hasta 1909 en que lo transmitió al nuevo presidente electo, que fue José Miguel Gómez. Este procuró encauzar al país democráticamente, se negó a reelegirse y entregó el gobierno en 1913 a Mario García Menocal, candidato de oposición sostenido por el partido Conservador Nacional, que había obtenido mayoría de sufragios. Pero éste no siguió el ejemplo de su antecesor y en 1916, a pesar de las acusaciones que se le hacían de haber falseado las elecciones, se reeligió para el siguiente cuatrienio, y en 1921 cedió la presidencia al candidato apoyado por él, Alfredo Zayas, a pesar de haber sido éste su contrincante cuatro años antes y precisamente quien lo acusó de haber amañado su reelección.

Pero cuatro años después triunfó el partido Liberal con el general Gerardo Machado. Este convocó a una Asamblea Constituyente que promulgó una nueva constitución que le permitió reelegirse en 1928, pero al tratar de repetirlo en 1933 hizo estallar una serie de huelgas, manifestaciones y trastornos políticos y entrar en funciones una vez más la «enmienda Platt». Sin embargo ahora, bajo la nueva política de Franklin D. Roosevelt la intervención se contrajo a los oficios de amigable componedor que desempeñó su enviado Summer Welles y terminaron con la caída de Machado por un golpe del ejército.

Un año después, en 1934, la «enmienda Platt» fue suprimida de la constitución cubana mediante un tratado concertado con los Estados Unidos.

A partir de la caída de Machado, los oficiales del ejército habían formado la Agrupación Revolucionaria de Cuba e intervinieron frecuentemente en el terreno político, para quitar y poner presidentes, provocando una gran inestabilidad en el gobierno, por el que pasaron entre 1933 y 1936 doce mandatarios distintos, hasta que en este último año subió Federico Laredo Bru, y pudo concluir su término de cuatro años. Pero el poder real permanece en manos de la Agrupación Revolucionaria que dirige el sargento taquígrafo Fulgencio Batista y que en 1940 lleva a éste a la presidencia de la república, como candidato de la Conjunción Socialista y promulga una constitución nueva. Pero al concluir su mandato Batista hizo entrega del poder al candidato triunfante, no obstante serlo su tradicional enemigo Ramón Grau San Martín que a su vez celebró elecciones libres y trasmitió la presidencia en 1948 al Dr. Carlos Prío Socarrás. Éste, a su turno, convocó a elecciones y se presentó a ellas como candidato, entre otros varios el general Batista, pero antes de que se celebraran aquéllas el ejército depuso al presidente y el general Batista asumió el poder y en 1954, figurando como candidato único, fue designado como presidente.

Pero la oposición contra el régimen de Batista fue en constante aumento. A fines de 1956 un pequeño grupo que formaba una organización denominada «Movimiento 26 de Julio» y estaba dirigido por el comandante Fidel Castro inició una operación de guerrillas en la Sierra Maestra. La revolución se fue extendiendo paulatinamente por el territorio de la Isla y el 31 de diciembre de 1958 el general Batista renunció al poder y abandonó el país.

El «Movimiento 26 de Julio» se hizo cargo del gobierno y fue designado como presidente de la república el Dr. Manuel Urrutia, aunque el poder efectivo quedó en manos de Fidel Castro, que asumió el título de «Premier». En julio de 1959, Manuel Urrutia presentó la dimisión y fue nombrado para sustituirlo el Dr. Osvaldo Dorticós. El nuevo régimen inició un cambio total de las estructuras sociales, económicas y políticas; la oposición fue violentamente suprimida, se interrumpieron las relaciones con los Estados Unidos, remplazándolas por ligas cada vez más estrechas con Rusia. Vistas las tendencias de extremas izquierdas del gobierno de Fidel Castro, algunos de sus seguidores le abandonaron, expatriándose a Estados Unidos, de donde, en abril de 1961, organizaron un frustrado intento de invasión de la Isla. El 1.º de mayo del mismo año, Fidel Castro proclamaba en Cuba la «República Socialista» y en enero de 1962, la Organización de Estados Americanos (O.E.A.) la excluía de su seno. Fue en octubre de este mismo año cuando Estados Unidos impuso a Cuba un bloqueo marítimo que duró un mes aproximadamente, y cesó al proponer Rusia el desmantelamiento de las bases de proyectiles que tenía en la Isla a cambio de que dicho bloqueo se levantara.

Esta suma de circunstancias creó en el Continente una profunda prevención contra Cuba, agudizada por las actividades guerrilleras con ramificaciones en diversas naciones continentales, de las que son claro ejemplo Bolivia y la acción en ella realizada por Ernesto «Che» Guevara. Sin embargo, esa actitud continental se ha visto suavizada en tiempos más recientes y, en 1973, fueron ya varios los países que reanudaron con Cuba sus relaciones diplomáticas.

Puerto Rico

Puerto Rico siguió en términos generales los derroteros políticos de Cuba, aunque el sentimiento separatista de España fue menos extenso y la agitación revolucionaria considerablemente menor. Por otra parte el régimen colonial fue más liberal ahí, la esclavitud fue abolida en 1873, en 1869 se le reconoció el derecho de enviar diputados a las Cortes españolas y en 1897 se le otorgó la autonomía política.

Sin embargo no dejó de haber brotes independentistas a lo largo del siglo XIX. El más importante de ellos fue el que acaudilló Ramón E. Betances, que en 1868 lanzó el «grito de Lares», proclamando la república de Puerto Rico. Pero este movimiento, como otros que le sucedieron fueron sofocados por las autoridades.

Al producirse la guerra entre España y los Estados Unidos la flota norteamericana bombardeó San Juan en mayo de 1898 y en julio desembarcó en la isla el almirante Nelson A. Miles. Como antes vimos, al firmarse la paz, España renunció a sus derechos sobre Puerto Rico y éste quedó en poder de la nación vencedora.

Después de varios años de ocupación y administración militar, el gobierno norteamericano reconoció a los portorriqueños el derecho de formar parte del Consejo Ejecutivo y en 1917 les fue concedida la ciudadanía estadounidense y la facultad de elegir su propia cámara de diputados. En 1947 les fue permitido elegir al gobernador de la isla, que hasta entonces había sido designado por el presidente de los Estados Unidos y en 1950 obtuvieron el derecho a darse su propia constitución que fue aprobada por referéndum popular en 1952 y ratificada por el Congreso de los Estados Unidos. De acuerdo con ésta, el 25 de julio de ese mismo año fue proclamado el Estado Libre Asociado de Puerto Rico, con autonomía interna, pero con soberanía restringida, en beneficio de los Estados Unidos.

En 1947 fue electo como primer gobernador Luis Muñoz Marín, que mediante determinados controles políticos, aunque manteniendo las formas democráticas, se mantuvo en el poder hasta 1964, en que fue remplazado por vía electoral, por Roberto Sánchez Vilella, uno de sus más íntimos colaboradores. En 1968 es elegido Luis A. Ferré.

La segunda independencia de Panamá

La historia de Panamá es la historia del paso de un océano a otro. Primero, por tierra durante la época española y en la colombiana, y a través del canal en la época independiente.

Abrir una vía que permitiera navegar entre el Atlántico y el Pacífico, fue un proyecto constante casi desde el mismo descubrimiento del istmo, pero que sólo la técnica del siglo xix permitió llevar a cabo, cambiando con ello la historia de esa provincia.

Ya en 1520 don Álvaro de Saavedra Girón, hablaba de la necesidad de cortar la estrecha faja de tierra y en 1534, Pascual de Andagoya, recibió el encargo de Carlos V de estudiar esta posibilidad pero su informe hizo ver al emperador la magnitud impracticable de la obra, a pesar de lo cual en 1616 el rey Felipe III ordenó que se verificara un nuevo estudio.

En lo sucesivo, los proyectos para abrir el canal se sucedieron cada vez con mayor frecuencia, a medida que crecía la necesidad del tráfico entre ambos mares. El barón de Humboldt hizo sugerencias sobre las posibilidades de su construcción; las cortes españolas aprobaron en 1814 una ley que ordenaba llevarla a cabo. Bolívar que veía en ese sitio la futura capital de Iberoamérica, le propuso a Inglaterra que se hiciera cargo de la obra, y el presidente Santander concedió el privilegio de su construcción al barón de Thierry, pero todos estos afanes eran aún prematuros.

Sólo en el último cuarto del siglo pasado, los últimos inventos de la técnica, empezaron a dar facticidad al viejo sueño y entonces, el presidente colombiano don Julián Trujillo, sacó la obra a licitación y la concesión fue obtenida por Luciano Bonaparte Wyse que, para realizarla, formó la Compañía del Canal de Panamá, aunque más tarde hubo de traspasar sus derechos a la Compañía Universal del Canal Interoceánico que dirigía el célebre ingeniero francés Fernando de Lesseps, ya acreditado por la apertura del canal de Suez. Lesseps elaboró el proyecto e inició las obras en 1882, pero el mal manejo de los fondos y la fiebre amarilla hicieron fracasar sus esfuerzos y llevaron a la compañía a la quiebra por lo cual la Compañía Universal trató de vender sus derechos a los Estados Unidos, que ciertamente codiciaban el control de aquel importante paso.

Y en este punto convergieron los intereses de este país con los de los habitantes del istmo.

Panamá, como recordaremos, desde su descubrimiento y colonización y durante la época española llevó una vida independiente de Nueva Granada y sólo muy tardía y laxamente fue incorporada esta provincia a aquélla cuando se creó el virreinato. No fue más intensa unión cuando, después de la independencia, que también como hemos visto realizó por separado, se sumó a la república colombiana. Las comunicaciones entre ambas regiones eran, y continúan siéndolo hasta la fecha, muy difíciles y alentó siempre en Panamá un sentimiento separatista respecto de Colombia. Ya en 1840, antes de que se planeara seriamente la construcción del canal, el general Tomás Herrera proclamó el «Estado del Istmo» que se mantuvo independiente de Colombia durante más de un año, aunque al fin volvió a unirse a ella.

La guerra civil de «los mil días» desatada sobre Colombia por liberales y conservadores a fines del siglo pasado y principios de éste vino a agravar la situación pues la lucha se hizo extremadamente violenta precisamente en el istmo, en donde dominaban los liberales, salvo la ciudad de Panamá que les resistía, apoyada por Colombia, en donde los conservadores llevaban la ventaja. Esto provocó la intervención de los Estados Unidos que obligó a los contendientes a firmar la paz a bordo del buque norteamericano Wisconsin, en noviembre de 1902.

Entre tanto, el gobierno de Washington había negociado con el de Bogotá el Tratado Herran-Hay, según el cual Colombia cedía a los Estados Unidos la soberanía sobre una faja de terreno a lo largo del futuro canal, pero el senado colombiano se negó a aprobarlo.

Para Panamá la construcción del paso interoceánico era vital. Al cesar los trabajos de Lesseps se produjo en el istmo una acentuada depresión económica y los panameños encontraban en la oposición colombiana el único obstáculo para que el canal fuese una realidad.

De este modo confluían para obtener la separación, el interés de los Estados Unidos, el de la compañía francesa, deseosa de recuperar su inversión y el de los habitantes del istmo que veían en ella su independencia y la ansiada construcción del canal.

En estas condiciones los panameños organizaron una Junta Separatista presidida por don José Agustín Arango que tramitó el apoyo de los Estados Unidos para poner por obra la independencia. Por su parte, los accionistas franceses de la fracasada Compañía, representados por el hábil intrigante Felipe Bunau Varilla, ofrecieron financiar la revolución. Puestos pues de acuerdo las tres partes interesadas, la empresa no revistió la menor dificultad y el cabildo abierto, según la antigua usanza, se encargó de proclamar la independencia el 3 de noviembre de 1903. Ante la proximidad de la escuadra norteamericana que llegó a desembarcar a un grupo de infantes de marina, las tropas colombianas aceptaron los hechos y se retiraron.

El propio cabildo abierto designó una Junta Provisional de Gobierno presidida por don José Agustín Arango, y cuarenta y ocho horas más tarde el gobierno de Washington reconoció a la nueva república. Quince días más tarde el propio Bunau Varilla, nombrado como plenipotenciario de Panamá firmó con el gobierno norteamericano el tratado para la construcción del canal aceptando todas las condiciones que el senado colombiano había rechazado y reconociendo además a los Estados Unidos el derecho de intervenir para «garantizar y mantener la independencia de la república de Panamá».

Los Estados Unidos por otra parte advirtieron a Colombia que se opondría a cualquier intento que hiciese para recuperar el istmo, pero ante las reclamaciones de Colombia, negaron enfáticamente haber tenido participación alguna en la independencia de éste, a pesar de lo cual en 1922 aceptaron pagar una indemnización de veinticinco millones de dólares por la pérdida de aquel territorio.

En 1904 se promulgó la Constitución de la República de Panamá que incluía en su artículo 136 una disposición muy semejante a la «enmienda Platt» cubana, concediendo a los Estados Unidos la protección del país. Pero un nuevo tratado firmado con éstos durante la presidencia de Franklin D. Roosevelt, suavizó las condiciones impuestas a Panamá y permitió la derogación del artículo 136.

El gobierno norteamericano inició los trabajos de construcción del canal en 1904 y fue inaugurado oficialmente en 12 de julio de 1920.

La República de Panamá

La vida política del nuevo país se canalizó durante las dos primeras décadas a través de la competencia de los dos partidos clásicos: el liberal y el conservador. El primer presidente electo para el período de 1904 a 1908, fue el candidato de los conservadores, don Manuel Amador Guerrero, que había sido comisionado a los Estados Unidos para las negociaciones de la independencia. Pero en los años siguientes el país fue víctima de la agitación y la inestabilidad. Se sucedieron una serie de presidentes sin que ninguno alcanzara a concluir su término legal, hasta que en 1912 ascendió Belisario Porras, que cumplió su mandato en 1916 pero volvió a ocupar la presidencia en 1918 y en 1920.

En 1930 los hermanos Harmodio y Arnulfo Arias organizaron un movimiento exacerbadamente nacionalista que desembocó en una revolución por obra de la cual ascendió a la presidencia Harmodio, al cual sucedieron otros presidentes que no pudieron terminar su mandato y en 1940 se hizo cargo del gobierno Arnulfo. Este derogó la Constitución de 1904 y dictó otra notoriamente influenciada por la doctrina fascista. Su actitud en este sentido, precisamente en la época en que se iniciaba la guerra contra las potencias del Eje, determinó su caída en 1941 y la abolición de su constitución.

Fue entonces electo Ricardo Adolfo de la Guardia, que gobernó de 1941 a 1945 y al siguiente año, bajo la presidencia de Enrique Jiménez, fue promulgada una nueva constitución. Conforme a ésta se realizaron elecciones en 1948 y triunfó el candidato gubernamental, Domingo Díaz Arosemena, que asumió la presidencia, pero después de una serie de trastornos, se revocó el dictamen que le había dado la mayoría de votos y se proclamó como vencedor a Arnulfo Arias que en 1949 asumió por segunda vez la presidencia, pero al tratar de reimplantar su constitución, fue por segunda vez derrocado en 1951.

Sustituyó a Arias en esta ocasión Alcibíades Arosemena, quien convocó a elecciones para el siguiente año y dieron el triunfo al coronel José Antonio Remón. En enero de 1955 el presidente Remón fue asesinado, por lo que asumió el gobierno el vicepresidente José Ramón Guizado que pocos días después fue removido por la Asamblea Nacional y entró en funciones el segundo vicepresidente, Ricardo M. Arias Espinosa. Bajo el gobierno de este último se verificaron elecciones resultando victorioso Ernesto de la Guardia, que ejerció la presidencia de 1956 a 1960. A él han sucedido mediante elecciones constitucionales, Roberto F. Chiari que concluyó su periodo en 1964; Marcos A. Robles, que si bien fue derrocado, no aceptó este hecho y logró concluir su mandato en 1968. Le sucedió Arnulfo Arias, que se conservó en el poder 11 días, y fue destituido por un golpe de Estado. Se constituyó una junta y, en septiembre de 1972, se otorgaron plenos poderes al general Omar Torrijos en tanto que se declaraba presidente de la república a Demetrio B. Lakas. Respecto al canal de Panamá, causa de fricción constante entre este país y Estados Unidos, en 1974 ambos países firmaron un acuerdo de principio sobre las negociaciones con respecto a él. Entre los acuerdos previos se especificaba que la zona del canal sería de soberanía panameña, que Panamá tendría una participación justa en los beneficios del canal y asimismo tomaría parte en la administración, protección y defensa.

Recapitulación

Con la separación de Panamá de Colombia podemos considerar como terminado el proceso de disgregación sufrido por Hispanoamérica, por lo cual viene a ser oportuno realizar una recapitulación del mismo para poder obtener una idea de conjunto de esta importante evolución histórica.

Al concluir la revolución que puso fin al imperio español las nuevas unidades independientes tendieron a conservar la amplitud y cohesión de los cuatro virreinatos.

Pero más tarde las naciones independientes se van configurando sobre las demarcaciones de las audiencias que ciertamente, desempeñaron en los reinos de las Indias una función más directa y más ajustada a la realidad geográfica.

México trató de mantener la extensión de Nueva España y logró abarcar a Centroamérica hasta la caída de Iturbide en 1823. Aún entonces pudo consolidar la unidad de los territorios de las audiencias de México y Guadalajara.

En cambio la antigua audiencia de Guatemala, al romperse la federación de las provincias Centroamericanas quedó fraccionada en las cinco repúblicas que existen actualmente.

Bolívar quiso sostener en la república de Colombia, la integridad territorial del virreinato de Nueva Granada pero en 1830 se descompuso, siguiendo las tres repúblicas que salieron de aquélla, las demarcaciones de las audiencias de Caracas, Santa Fe de Bogotá y Quito. Y en 1903 la República de Panamá se configuró sobre lo que había sido alguna vez la audiencia de Panamá.

La república del Perú perdió con relación al virreinato, aún antes de alcanzar su independencia, la provincia de Chile, que había sido de la jurisdicción de la audiencia de Santiago, pero como en el caso de México, conservó la unidad de las audiencias de Lima y de Cuzco. Como se ve, los dos virreinatos más antiguos constituyen los dos únicos casos en que dos audiencias integran un solo país.

El virreinato del Río de la Plata perdió el territorio de la audiencia de Charcas, que dio lugar a la república de Bolivia y además los de Paraguay y Uruguay, aunque éstos no poseyeron audiencia nunca.

VIRREINATOS	AUDIENCIAS	REPÚBLICAS
	Sto. Domingo (1511)	R. Dominicana (1821) Cuba (1902) Puerto Rico
Nueva España (1535)	México (1527) Guadalajara (1548)	México (1821)
	Guatemala (1543)	Costa Rica (1838) Nicaragua (1838) Honduras (1838) El Salvador (1840) Guatemala (1840)
Perú (1544)	Lima (1542) Cuzco (1573) Santiago (1565)	Perú (1824) Chile (1817)
Nueva Granada (1717)	Bogotá (1549) .... Quito (1563) .... Caracas (1777) .... Panamá (1535)	Colombia (1830) Ecuador (1830) Venezuela (1830) Panamá (1903)
Río de la Plata (1776)	Buenos Aires (1661) Charcas (1551)	Argentina (1810) Paraguay (1811) Uruguay (1828) Bolivia (1824)
Brasil (1763)	Imperio (1822)	Brasil (1889)

(Las fechas indican el año en que quedó constituida cada una de las entidades políticas citadas.)

Por último, la primitiva audiencia de Santo Domingo, que cuando era la única comprendía teóricamente todas las tierras descubiertas y fue perdiendo territorios hasta quedar circunscrita al Caribe y por último desaparecer, podríamos decir que dio base a las repúblicas de Cuba, Dominicana y a Puerto Rico.

Por lo que hace a la América portuguesa, a pesar de su enorme extensión, conservó de modo ejemplar su unidad al independizarse y después al convertirse en república.

De este modo, la Comunidad Iberoamericana ha quedado integrada por 19 repúblicas y el estado «sui generis» de Puerto Rico.

El siguiente cuadro ofrece en forma gráfica la transformación que acabamos de exponer.

Los conflictos con el extranjero

Al hacer la reseña particular de cada país hemos aludido ya a varios de los ataques que Iberoamérica ha sufrido por parte de naciones ajenas a la comunidad. Por esto ahora nos fijaremos únicamente en aquellos que alcanzaron mayores proporciones. Estos conflictos se han producido, en primer término y en la forma más grave, con los Estados Unidos de Norteamérica, pero también en menor escala con Francia, Inglaterra, España, Alemania e Italia.

Estos choques sí encajan perfectamente dentro del concepto de conflictos internacionales, pero en muchas ocasiones el país agresor se ha valido de las disensiones intestinas de una nación iberoamericana para intervenir en ellas en provecho suyo. Debemos hacer notar, porque ello hace honor a la solidaridad iberoamericana, que nunca se ha dado el caso de que un país de la comunidad se haya aliado a uno extranjero para atacar a otro país hermano y sí, en cambio, en varias ocasiones los pueblos de Iberoamérica se han solidarizado con uno de ellos cuando han sido víctimas de un ataque del exterior. Aún en el caso muy excepcional por todos conceptos, de Panamá, no podría afirmarse que la Junta Separatista, y menos todavía el gobierno ya constituido, haya concertado pacto alguno con los Estados Unidos para atacar a Colombia.

Las guerras más violentas con el extranjero se han originado por la ambición de éste de conquistar territorios iberoamericanos. Pero la causa más constante de conflictos, aunque éstos han sido siempre de menor gravedad, ha sido en el propósito de las potencias extranjeras de hacer efectivo el cobro de deudas contraídas con ellas por los países de la comunidad, o, lo que es más injusto, el de obtener indemnizaciones de ellos por daños causados a sus ciudadanos durante las revoluciones iberoamericanas. Estos conflictos, que sería largo y sin objeto enumerar, han consistido por lo común, en el bloqueo de puertos iberoamericanos por las flotas extranjeras o en la intervención de las aduanas de los países deudores, para realizar con sus productos el cobro.

Por lo demás, como parece obvio advertirlo, los países de Iberoamérica nunca han agredido a una nación extranjera. Pero sí vale la pena indicar aquí, porque la descripción de estos conflictos podría propiciar una idea contraria a la realidad, que ellos han sido excepciones y que las relaciones de Iberoamérica han sido normalmente amistosas y constructivas.

Las agresiones de los Estados Unidos contra México

Las agresiones más graves que se han producido contra Iberoamérica por razones de conquista fueron sin duda las que sufrió México por parte de los Estados Unidos durante la primera mitad del siglo XIX.

Tuvieron ellas como antecedente, los permisos que otorgó el último de los virreyes, en 1820, al norteamericano Moisés Austin para que introdujera colonos extranjeros en la provincia de Texas, y que los gobiernos mexicanos independientes ratificaron y ampliaron.

El propósito de los Estados Unidos de adjudicarse Texas era antiguo. Ya el presidente Jefferson al adquirir la Luisiana sostenía que los límites de ésta llegaban hasta el río Bravo.

y, en 1812, el embajador de España en Washington, don Luis de Onís, informaba a su gobierno sobre este proyecto anexionista.

Pero el pretexto inmediato lo ofreció la constitución centralista de México promulgada en 1836, pues según los texanos lesionaba la autonomía de que su estado gozaba en el régimen federal. Con esta justificación se declararon en rebeldía. El general Santa Ana, entonces presidente de la república, marchó contra ellos para someterlos, pero fue imperdonablemente sorprendido, derrotado y hecho preso en abril de 1837, y, ya en prisión, ordenó sin escrúpulo alguno la retirada del ejército mexicano.

Texas proclamó su independencia de México e inmediatamente fue reconocida la nueva república por el gobierno de los Estados Unidos y más tarde por los de Francia e Inglaterra.

Su anexión a la Unión norteamericana quedó en suspenso porque se oponían a ella los antiesclavistas del norte, puesto que Texas iría a fortalecer a los estados del sur, que eran defensores acérrimos de la esclavitud. Pero ésta era solamente una situación provisional.

La guerra de los pasteles

En este ínterin, todavía tuvo México que soportar una agresión de Francia, que merece narrarse porque constituye un ejemplo típico de los conflictos provocados por el cobro de indemnizaciones.

Francia reclamaba las que habían sufrido sus nacionales durante los pasados trastornos internos y entre ellos figuraba una que es también ejemplificativa de esta clase de negocios, pues consistía en la reclamación de la fabulosa suma de 60.000 pesos para pagar los pasteles que le habían robado a un francés, según él afirmaba, durante una de las revueltas.

En 1838 las tropas francesas se apoderaron del fuerte de San Juan de Ulúa y desembarcaron en el puerto de Veracruz y el gobierno mexicano hubo de aceptar y pagar todas sus reclamaciones, incluso la de los pasteles, para que la escuadra extranjera se retirara.

La guerra con Estados Unidos

El gobierno de México entre tanto se debatía en medio de un extraordinario desorden y en esas condiciones, Texas, a la que se seguía considerando como territorio nacional, solicitó y obtuvo, naturalmente, su anexión a los Estados Unidos. Mas no era esto aún lo peor, sino que éstos afirmaban que la frontera de Texas no estaba en el río Nueces, en donde siempre había estado, sino mucho más al sur, en el río Bravo. Pero, sobre todo, deseaban la guerra porque sus ambiciones se extendían ahora también a los territorios de Nuevo México y la Alta California.

A principios de 1846 un ejército mandado por el general Taylor invadió a México por el norte y a principios de 1847 otro ejército dirigido por el general Scott, desembarcó en Veracruz y avanzó sobre la capital de la república. Las tropas mexicanas resistieron cuanto pudieron hasta en los mismos aledaños de la ciudad, mientras los generales y los políticos se derribaban unos a otros del poder, hasta que vino éste a dar en las inevitables manos del general Santa Ana que tuvo a su cargo la dirección de la guerra.

El 15 de septiembre de 1847 entraron en la ciudad de México las tropas invasoras. Santa Ana abandonó entonces la presidencia de la república y el presidente suplente, don Manuel de la Peña, hubo de firmar el Tratado de Guadalupe Hidalgo, en el que México se vio forzado a aceptar todas las pretensiones territoriales de los Estados Unidos a cambio de una compensación de quince millones de dólares y la condonación del pago de tres millones más que reclamaban súbditos norteamericanos por daños sufridos en sus propiedades durante las guerras civiles.

Y no fue esto todo: en 1853 necesitaron los Estados Unidos una faja del territorio de los estados mexicanos de Sonora y Chihuahua, para mejorar su sistema de comunicaciones con el Oeste, y con el recuerdo de la experiencia anterior hubo de vendérseles pacíficamente en diez millones de dólares.

México había perdido en estos conflictos 2.323.574 kilómetros cuadrados, o sea, más de la mitad de su territorio.

Todavía, como ya vimos, México habría de sufrir una invasión más de los Estados Unidos en 1914, para derribar al presidente Huerta.

El conflicto del Perú con España

Algunos historiadores han hecho notar cómo, mientras los Estados Unidos se encontraban enfrascados en su guerra de secesión de 1861 a 1865, esta circunstancia fue aprovechada por algunos países europeos para procurar aumentar su influencia en Iberoamérica. Sea esta la causa o mera coincidencia, el hecho es que se produjeron tales intentos. España aceptó la reincorporación de Santo Domingo e hizo una infortunada incursión en el Pacífico y México llevó nuevamente la peor parte al ser invadido por Francia.

De la reincorporación dominicana ya hemos hablado antes. En cuanto a la intervención española en el Pacífico, tuvo como inicio la consabida reclamación económica por daños sufridos por ciudadanos españoles residentes en el Perú durante las luchas intestinas de éste, y para apoyar dichas exigencias España envió una flota al Perú.

El almirante Pareja que mandaba la flota entró en negociaciones con el presidente peruano, Pezet, pero presentó el problema en términos absurdos, puesto que España no había reconocido todavía la independencia del Perú y reclamaba derechos de soberanía sobre las islas guaneras de Chincha que fueron ocupadas en abril de 1864.

La actitud española produjo una viva reacción en los países de América del Sur, que se reunieron en un congreso en Lima y pidieron al almirante Pareja que desocupara las islas. Éste accedió y Pezet aceptó el pago de las sumas reclamadas, pero su condescendencia le costó la presidencia, en la que fue sustituido por el general Prado. Éste, rechazó lo acordado por su antecesor y la situación tomó un sesgo cada vez más enredado y extraño. Pareja entró en conflicto con Chile porque éste se negó a proporcionar combustible a sus barcos y la flota chilena capturó uno de los buques de la escuadra española y ésta bloqueó Valparaíso y en esas circunstancias el almirante Pareja se suicidó. Su sustituto, Cástor Méndez Núñez ordenó sin ningún objeto el bombardeo del puerto chileno en marzo de 1866 y en mayo hizo otro tanto con El Callao, pero habiendo quedado bajo el fuego de este fuerte, su flota sufrió grandes daños y fue entonces cuando acuñó una frase célebre: «Más quiero honra sin barcos, que barcos sin honra», sin que nadie comprendiera por qué debía radicar la honra de la marina española en verificar con esos métodos prosaicas labores de cobranza. Después de tan dudosa hazaña Méndez Núñez abandonó el Pacífico sin haber obtenido ninguna ventaja.

Los proyectos de Napoleón III sobre México

La intervención de Francia en México revistió como decíamos caracteres sin comparación más graves.

En 1860 la derrota de los conservadores después de tres años de guerra sin cuartel contra los liberales, había llevado a aquéllos a la desesperación. Tenían la convicción de que los Estados Unidos protegían al partido liberal y que por ello peligraba la existencia misma de la nación. La única salvación que se les ocurría estaba en buscar el apoyo de Europa a favor de su partido a fin de equilibrar las fuerzas.

Su punto de vista era compatible con el proyecto concebido por Napoleón III para crear en América un imperio latino, bajo su égida, que contrarrestase la influencia del imperio sajón.

Puestos de acuerdo sobre este punto los conservadores con Napoleón ofrecieron el trono mexicano al archiduque Maximiliano de Habsburgo, hijo segundo del emperador de Austria, quien aceptó lanzarse a la peligrosa aventura.

La oportunidad de llevar a cabo estos proyectos la ofreció como de costumbre el cobro de deudas. México, exhausto por la pasada guerra civil, había suspendido los pagos de la deuda exterior y España, Inglaterra y Francia se concertaron para enviar una expedición cobradora. Pero Francia llevaba designios que ocultó a sus aliadas. En enero de 1862 desembarcaron las fuerzas extranjeras en Veracruz y entraron en negociaciones con el gobierno de México. Los ingleses y los españoles, mandados éstos por el general Juan Prim, que actuó del modo más honesto y caballeroso, llegaron a un acuerdo y se retiraron, pero los franceses valiéndose de las facilidades que el gobierno mexicano les brindara para el acomodo de sus tropas mientras duraran las negociaciones, iniciaron la ocupación del país. En mayo fueron rechazados en la ciudad de Puebla, pero un año después, con nuevos refuerzos y la cooperación de las tropas conservadoras ocuparon la capital. El presidente Juárez trasladó su gobierno al norte, manteniéndose a la defensiva.

En julio de 1863 una Asamblea de Notables reunida en la ciudad de México, ofreció el trono al archiduque Maximiliano, que en mayo del siguiente año hizo su arribo al país, acompañado de su esposa la princesa Carlota de Bélgica. La guerra no había terminado pero los franceses y los conservadores dominaban la mayor parte del territorio mexicano y la oposición liberal parecía condenada a su extinción total.

Dos años duró esta situación, pero el imperio no pudo construirse una base propia. Políticamente, tanto Napoleón como el emperador eran demasiado liberales para la ideología de los conservadores; económicamente el gobierno imperial vivía de los empréstitos franceses y, militarmente se apoyaba en 30.000 expedicionarios que mandaba el mariscal Bazaine.

Concluida la guerra de secesión en el país vecino el gobierno de Washington presionó discretamente sobre Napoleón para que desistiera de la aventura y por otra parte, se vio amenazado éste en Europa por el creciente poderío de la Prusia de Bismark. Por todo lo cual en 1866 ordenó que iniciaran sus fuerzas la retirada de México, lo que permitió a los liberales recuperar la ofensiva. Cuando al año siguiente se consumó la salida de los franceses, pudo verse que el imperio era insostenible y el propio Napoleón aconsejó la abdicación de Maximiliano, pero éste, después de algunas vacilaciones, animado por los generales conservadores a continuar la lucha sin los franceses, adoptó la valiente pero lamentable resolución de hacer frente a la tragedia que se avecinaba. La emperatriz fue a Europa a conseguir apoyos que no obtuvo y terminó por perder la razón y el emperador después de una breve campaña sostenida por las fuerzas mexicanas del ejército conservador fue derrotado y preso y el 19 de julio de 1867 fusilado en unión de sus generales don Miguel Miramón y el indígena Tomás Mejía.

Las adjudicaciones de Inglaterra

En el período indiano vimos ya cómo las islas Malvinas fueron varias veces invadidas por los ingleses y cómo la armada española tuvo que desalojarlos de ellas. Pero en 1833, con una constancia digna de mejor causa volvieron nuevamente a establecerse en ellas. En esa época Argentina no se encontraba aún bien organizada y no pudo hacer uso de la fuerza para expulsarlos, ya que sus protestas diplomáticas eran sistemáticamente desatendidas por el gobierno británico. Aunque Argentina no ha dejado de insistir en su derecho a la posesión de dichas islas, hasta la fecha Inglaterra se ha negado a reintegrárselas.

En situación parecida se encuentra el territorio de Belice. Ocupado de modo precario durante el virreinato por un permiso español que no le otorgaba derecho de soberanía alguno, no sólo se perpetuó en él el dominio inglés, después de la independencia de Iberoamérica, sino que fue ampliando subrepticiamente sus límites y en 1838 ocupó las pequeñas islas de Bahía, en el golfo de Honduras y en 1840 declaró oficialmente esos territorios como colonias británicas.

La presencia inglesa en esa zona alarmó a los Estados Unidos por la importancia que tenía esa región para las comunicaciones interoceánicas y concertaron un tratado con Colombia, en 1846, en el cual se reconocía plenamente la soberanía de esta república sobre el istmo de Panamá a cambio de un derecho de tránsito para los Estados Unidos. Ante esta actitud y bajo la presión de Washington, Inglaterra terminó por renunciar a todo proyecto sobre Centroamérica, conformándose con mantener las posesiones que ya ocupaba.

Guatemala ha insistido frecuentemente sobre su propósito de incorporar Belice a su territorio, pero la solución de este problema parece orientarse hacia la completa independencia de Belice respecto a cualquier otra nación, y al efecto, goza ya de un gobierno autónomo electo por el pueblo de Belice.

El laborioso puerto de Montevideo (Uruguay).

La gran industria surge en América con el presente siglo, aunque ya se iniciara en los últimos del precedente. Gran desarrollo han encontrado las industrias automovilísticas, del cemento, ballenera, de pescado, etc., y sobre todo las derivadas del petróleo la gran riqueza y porvenir de muchos países hispanoamericanos Argentina, Colombia, México, Perú, Venezuela, etc.

Cadena de montaje de motonetas de patente española en una fábrica de Bogotá (Colombia).

Arriba: Transporte de piedras y otros materiales para la fabricación de cemento (México).
Abajo: Particular de una industria del cemento (Panamá).

Industria ballenera en
Iquique (Chile).

Refinería de petróleo en Cartagena
(Colombia).

Refinería de petróleo cerca de Valparaíso (Chile).

Vista parcial del complejo minero de Chuquicamata (Chile).

Centro de producción de nitrato en María Elena de Antofagasta (Chile).

Interior de un establecimiento de elaboración del cobre (Chile).

Vista parcial del puerto de La Guaira (Venezuela).

La nueva medida del desarrollo y porvenir de una nación suelen ser, por imperativos de la moda y el gusto actuales, las amplias avenidas, las sorprendentes autopistas, los rascacielos, las vistas sensacionales. Nada de esto falta en las modernas ciudades iberoamericanas, muestra del alto nivel y del progreso que alcanza en el consorcio de las naciones.

La exclusa de Miraflores en el canal de Panamá.

Cruce de modernas autopistas en la Avda. 26 de Bogotá, junto al moderno hotel Tequendama.

Fachada de la biblio-
teca de la Ciudad Uni-
versitaria de México.

Vista nocturna de la
carrera séptima, arteria
principal de la ciudad
de Bogotá (Colombia).

El puente de América
en el canal de Panamá.

Vista panorámica desde el funicular del Cerro Monserrate (Colombia).

El puente general Urdaneta en Maracaibo (Venezuela).

Las tradiciones de los pueblos iberoamericanos, sus bailes, sus trajes típicos, la riqueza de sus costumbres, los paisajes maravillosos, su clima y sus playas, han hecho de sus tierras cita del turismo mundial, rincón alegre y cosmopolita, apacible descanso, lugar de vida moderna, desinteresada y festiva.

Domador de potros en La Rural-Prado. Montevideo (Uruguay).

Baile típico costarricense.

Danza típica con sus características máscaras en Bolivia.

La playa "Caleta" de Acapulco (México).

Bello atardecer en el lago Atitlán (Guatemala).

Las cataratas del Iguazú, en el río del mismo nombre, límite entre
Argentina y Brasil.

Otras intervenciones extranjeras

Debía ser este el sitio adecuado para consignar las intervenciones de los Estados Unidos en Cuba, Santo Domingo, Honduras, Nicaragua y Panamá, pero habiendo revestido tanta importancia para el desarrollo interno de esas naciones hemos narrado ya dichas intervenciones al hacer la reseña de la historia particular de cada una de ellas, lo cual nos releva de repetir aquí lo que ya entonces vimos.

Otro tanto podemos decir de las intervenciones de Haití en Santo Domingo.

El intervencionismo económico

Con el correr de los tiempos las intervenciones armadas han ido siendo sustituidas por una clase de intervencionismo más sutil, y muchas veces más efectivo, a través de los resortes de la economía.

Desde los días de la revolución de independencia se inició ya la política de los empréstitos, para adquirir alguna influencia sobre los futuros gobiernos independientes. Después, las nuevas repúblicas, sumidas por la desorganización en una crónica bancarrota, se veían compelidas constantemente a recurrir a los préstamos extranjeros para poder mantenerse a flote, sin importarles las condiciones en que ellos les fuesen otorgados. Pero estos préstamos no resuelven a fondo ningún problema, porque no son destinados a inversiones productivas, sino a cubrir un déficit de la administración, o lo que era peor y no excepcional, a pagar los gastos de la guerra fratricida o a enriquecer a caudillos deshonestos. De este modo las deudas exteriores fueron creciendo, ocasionaron los conflictos a que ya nos referimos, y sólo muy lenta y parcialmente han podido los países iberoamericanos irlas amortizando.

Recapitulación

Con motivo del bloqueo de Venezuela realizado en 1903 por la misma causa por las flotas de Inglaterra, Alemania e Italia, el canciller venezolano, Dr. Drago, formuló la doctrina que lleva su nombre y que con el apoyo de todas las demás repúblicas iberoamericanas, fue aprobado por la II Conferencia Internacional de la Paz, celebrada en Ginebra en 1907, estableciendo que «Las potencias contratantes convienen en no recurrir a la fuerza armada para el cobro de deudas». Además aceptaron que los intereses extranjeros debían quedar sujetos a las leyes nacionales. Aunque la delegación norteamericana en dicha conferencia desvirtuó hasta cierto punto esta doctrina introduciendo en ella una serie de casos de excepción, en la práctica las expediciones cobradoras no han vuelto a repetirse a partir de entonces.

Durante la segunda mitad del siglo XIX se fue acentuando cada vez más la tendencia a reemplazar los préstamos directos a los gobiernos iberoamericanos por las inversiones de capital en empresas productivas en esos países.

Inglaterra fue la potencia que primero y de modo más intenso emprendió esta política a través de compañías privadas. Casi todos los ferrocarriles construidos el siglo pasado lo fueron por sociedades inglesas y también invirtieron éstas sus capitales en diversos servicios públicos, en la explotación de yacimientos petrolíferos y mineros, en la producción de energía eléctrica, etc. Aunque en escala mucho más reducida también realizaron inversiones de este tipo Francia, Alemania y algunos otros países europeos. Las inversiones norteamericanas no fueron considerables hasta después de la segunda guerra mundial, pero desde entonces han ido aumentando a un ritmo tan acelerado que en la actualidad superan con mucha ventaja a la de todos los otros países reunidos.

En las relaciones comerciales de Iberoamérica con el exterior ha sucedido otro tanto, pues de estar orientadas en un principio hacia Europa, después se han ido desviando hacia los Estados Unidos hasta ser las sostenidas con ellos absolutamente preponderantes.

Es fácil comprender que una dependencia tan grande de la economía iberoamericana del comercio y de las inversiones extranjeras no puede menos de incidir en la autonomía política de estos Estados. Y el problema se hace cada día más grave, porque el desarrollo económico de Iberoamérica exige con apremio la inversión de capitales en una magnitud que la Comunidad está lejos de poseer.

A pesar de esto los gobiernos iberoamericanos han procurado durante las últimas décadas obtener un mayor control sobre la economía de sus respectivos países aumentando la intervención del estado en ella, procurando una mejor vigilancia sobre las inversiones y, en ocasiones, nacionalizando los servicios públicos, los transportes o algunas fuentes de riqueza, como el petróleo, nacionalizado por México en 1938. Asimismo han pugnado porque el capital extranjero se dirija a satisfacer las necesidades nacionales a través de una adecuada planificación del desarrollo económico, y la creación de instituciones de crédito internacionales ofrece en la actualidad la posibilidad de obtener capitales en mejores condiciones económicas y con menos peligros políticos.

Las relaciones internas de Iberoamérica
La idea de la unidad

La idea de la unidad de todos los países que habían sido provincias de la corona española estaba explícita o implícitamente en el pensamiento de todos los dirigentes del movimiento de independencia. Por otra parte, como hemos visto, los nacionalismos regionales eran muy vagos y abiertos. Sólo muy lentamente, y en gran parte por imitación extralógica de Europa, se fueron formando, separando y delimitando las nuevas nacionalidades.

La unidad original se puede observar claramente en la terminología de los manifiestos y alocuciones de dirigentes de la revolución, en los que siempre se dirigen, como en el primer manifiesto redactado por el jesuita Vizcardo, a los «españoles americanos». Y que también se advierte en la constante colaboración de los originarios de una provincia en la liberación de otra, y aun después de consumada la separación, en la frecuencia con que ocupan cargos elevados en el gobierno de países distintos del suyo.

Los principales jefes del movimiento tuvieron plena conciencia de esta sustancial unidad y se preocuparon por encontrar una forma jurídica y política adecuada para institucionalizarla. Así puede observarse en los todavía incipientes proyectos constitucionales de Miranda, que después se fueron precisando en otros pensadores orientándose hacia una confederación de las colonias «antes españolas», como repetidamente se dice en los documentos de la época. Los chilenos Martines de Rozas y Egaña elaboraron sendos proyectos concretos de confederación hispanoamericana y otro tanto hizo el hondureño José Cecilio del Valle, al igual que don Bernardo Monteagudo en su «Ensayo sobre la necesidad de una federación general entre los estados hisponoamericanos y plan de su organización». Opiniones aisladas en favor de esta idea se encuentran en casi todos los próceres de la independencia.

El proyecto de Bolívar

El Libertador fue seguramente quien concibió con mayor claridad este proyecto y, desde luego, quien mayor empeño puso en su realización. Desde la misma iniciación de la lucha en 1810, hablaba ya de la federación hispanoamericana y durante su destierro en Jamaica, fue éste uno de los temas al que dedicó preferentemente su atención y sobre el que escribió ampliamente.

La tarea de llevar el proyecto a la práctica la inició siendo presidente de Colombia, con la celebración de tratados bilaterales de «unión, liga y confederación» con México y con Perú. Estos acuerdos tenían por objeto servir de base para un pacto colectivo de todas las nuevas repúblicas.

Para la celebración de este pacto dirigió Bolívar desde Lima, precisamente dos días antes de la batalla de Ayacucho, una circular a todos los gobiernos hispanoamericanos, invitándolos para celebrar un congreso en Panamá.

Debemos hacer notar que Bolívar no envió invitación a Brasil por su forma monárquica de gobierno y tampoco a los Estados Unidos de Norteamérica. Sin embargo el gobierno de Colombia, que dirigía entonces Santander, el de México y el de Centroamérica, de motu proprio hicieron extensiva la invitación al gobierno de Washington. Pero éste, que no deseaba contraer ningún compromiso con las repúblicas vecinas declinó la invitación y sólo envió a dos observadores con instrucciones de no firmar ningún acuerdo y que no alcanzaron a llegar a Panamá. Cuando Bolívar supo de esta declinación, le escribió a Santander, el 27 de octubre de 1825, diciéndole:

«Me alegro también mucho de que los Estados Unidos no entren en la federación». Estos detalles tienen importancia porque demuestran que Bolívar tenía una idea muy distinta de la que sustenta el «Panamericanismo» y que por lo tanto no es en modo alguno el precursor de éste, por más que ahora convenga presentarlo como tal.

En cambio, Bolívar, que tenía gran fe en Inglaterra, insistió en que asistiera al congreso; no como una de las naciones que integrarían la federación, sino porque pensaba que «nuestra federación americana —según dice en otra carta a Santander— no puede subsistir si no la toma bajo su protección Inglaterra». Ésta, por su parte, se concretó a enviar solamente observadores.

El Congreso de Panamá

El congreso se reunió en la ciudad de Panamá del 22 de junio al 15 de julio, y estuvieron representadas en él Perú, las Provincias Unidas del Centro de América, México y la Gran Colombia, cuya delegación era portadora de los proyectos del Libertador.

No asistió Bolivia, porque apenas en esos días se estaba constituyendo como república, ni Chile, ni Argentina por recelo de la preponderancia que pudiera tomar Colombia en Sudamérica, ni, por supuesto, el Paraguay del Dr. Francia, que rechazó la invitación en términos descomedidos.

Los plenipotenciarios de las repúblicas concurrentes suscribieron en el congreso varios importantes documentos: Un tratado de unión, liga y confederación perpetua; un Convenio para formar un ejército de 60.000 hombres y una armada que costaría más de siete millones de pesos, para la defensa común de Hispanoamérica, y tomaron el acuerdo de trasladar el congreso a Tacubaya, cerca de la ciudad de México en donde debían reunirse nuevamente en el término de ocho meses para intercambiar los tratados ya ratificados por los respectivos gobiernos y en donde seguiría reuniéndose periódicamente el congreso, cada dos años en tiempo de paz y anualmente en tiempo de guerra. Por otra parte en Panamá se dejó la puerta abierta para que pudieran adherirse a la confederación posteriormente los países hispanoamericanos que no estuvieron presentes en el congreso.

Recapitulación

El sostenimiento de un ejército y una armada de las proporciones estipuladas, por países que se encontraban en permanente bancarrota, impidió que, salvo Colombia, ratificaran los convenios los demás gobiernos; y la inestabilidad política hizo imposible toda labor permanente y continuada.

En enero de 1927 llegaron a México los delegados colombianos y esperaron inútilmente hasta octubre de 1928 la llegada de los demás delegados con los tratados ratificados. Poco después, la misma Gran Colombia desaparecía y Bolívar, el genio tutelar de aquella obra, moría contemplando su derrumbe.

Algunos espíritus preclaros quisieron proseguir la tarea, pero las desastrosas condiciones por las que atravesaba Iberoamérica frustraron al fin todos sus esfuerzos.

Don Lucas Alamán, en las diversas ocasiones en que ocupó la Secretaría de Relaciones Exteriores del gobierno mexicano, insistió en la integración de las repúblicas hispanoamericanas, procurando sobre todo afianzar los lazos comerciales entre ellas por medio de franquicias aduanales y otras ventajas recíprocas. Pero tampoco tuvo éxito esta política. El tratado que firmó con Colombia estableciendo ese trato preferente fue desechado por el presidente Santander.

En 1831, Alamán propuso a los gobiernos de Buenos Aires, Bolivia, Colombia, Chile, Perú y Centroamérica, crear una «conferencia permanente» formada, para facilitar su reunión, por los embajadores acreditados ante el país que se eligiese como sede. Pero nuevamente la inestabilidad hizo imposible continuar las negociaciones entre gobiernos siempre distintos, y el propio Alamán hubo de dejar la cancillería mexicana poco después.

Gestiones semejantes fueron repetidas por el gobierno de México en 1838 y en 1840 con idéntico resultado. Y la misma suerte corrieron los esfuerzos que realizó en Argentina, Juan Bautista Alberdi, con igual propósito.

Los otros congresos hispanoamericanos

Sin embargo el peligro hizo lo que la convicción no había logrado y bajo la amenaza de un peligro inminente volvieron a reunirse las repúblicas hispanoamericanas.

El primer congreso lo provocó el general ecuatoriano Juan José Flores cuando derrocado del poder pidió y obtuvo la intervención española para recuperarlo. El presidente Castilla de Perú convocó, en noviembre de 1847, a una reunión de plenipotenciarios en Lima para hacer frente al peligro. Asistieron a ella Bolivia, Chile, Ecuador, Colombia y Perú. No pudieron hacerlo Argentina y Uruguay, que se encontraban enfrascados en la «guerra grande», ni México, que estaba invadido por Estados Unidos; los países centroamericanos se hallaban en plena anarquía y Venezuela consideró que el peligro no existía. Y en realidad ya no existía porque un cambio de régimen en Madrid había determinado que el nuevo gobierno rechazara aquel absurdo plan.

Pero de todos modos el congreso se celebró y aprobó un nuevo tratado de confederación, uno comercial y otros de menor importancia. Pero como en la ocasión de Panamá no se llegaron a ratificar nunca.

Ante las intervenciones de Estados Unidos en México y del filibustero Walker en Nicaragua, el ministro de Relaciones Exteriores de Chile y los embajadores de Perú y de Ecuador suscribieron en Santiago un «Tratado Continental» de defensa conjunta, al que invitaron, para que se adhirieran, a las demás repúblicas. Pero también este acuerdo, pasada la presencia inmediata del peligro fue condenado al olvido.

En 1864 se produjo el conflicto de Perú con la armada española de que ya nos ocupamos en otro lugar y nuevamente este país citó a un congreso a los países sudamericanos, que se inició en noviembre de ese mismo año con la asistencia de Colombia, Chile, Argentina, Venezuela, Bolivia, Ecuador y Perú, desde luego, y una vez más firmados pactos de unión y alianza, pero, como siempre, pasada la emergencia, los buenos propósitos quedaron en el papel.

Las relaciones de Iberoamérica con los Estados Unidos

Contra lo que esperaban los insurgentes de 1810, su movimiento, aunque visto con simpatía por la opinión pública europea y norteamericana, nunca contó con el apoyo decidido y oficial de ninguno de los gobiernos extranjeros.

Recapitulación

Inglaterra les ayudó subrepticia y tímidamente pero evitó con evasivas un apoyo abierto. Estados Unidos prefería que se mantuvieran las cosas en el estado en que se hallaban por temor a que las pérdidas de España fueran aprovechadas por otra potencia europea más peligrosa para ellos. Por otra parte, deseaban conservar buenas relaciones con España para adquirir las Floridas, cosa que terminó haciendo al ocupar en 1813 la Florida Occidental, usando la fórmula de que se había independizado de España y solicitaba su admisión en la Unión norteamericana. En 1818 ocuparon también la Florida Oriental, lo que llevó a España a concertar el «Tratado Trascontinental», en febrero de 1819, por la que renunció a cambio de una compensación económica a los dos territorios.

Cuando habían ya logrado los Estados Unidos esto y además el triunfo de la independencia era ya seguro e inminente en todos los países, iniciaron el reconocimiento de las repúblicas que tenían ya consolidada su emancipación. En junio de 1822 aceptaron a un representante de la Gran Colombia, y en 1823 reconocieron oficialmente a su gobierno y poco después al de Centroamérica, al de Perú y más tarde a los de los demás países.

De igual modo, Inglaterra reconoció la independencia de Iberoamérica en junio de 1822, pero sólo para efectos de comercio. También para el gobierno inglés, la principal preocupación consistía en que Francia u otra potencia no fueran a beneficiarse con la emancipación iberoamericana. Sus temores aumentaron cuando en octubre de 1822 los reyes de Francia, Austria, Prusia y Rusia formaron la «Santa Alianza» para defender el sistema absolutista de la revolución liberal, sobre todo cuando ésta repuso en el poder absoluto a Fernando VII. Inglaterra manifestó entonces a los monarcas europeos su oposición a cualquier intento de reconquista en América y propuso, en agosto de 1823, al gobierno de Washington una declaración conjunta en la que manifiestan su decisión de impedir cualquier nuevo intento de colonización en el Nuevo Continente, con lo que, de paso, comprometería a los Estados Unidos a no beneficiarse con la emancipación iberoamericana. Inglaterra, por su parte, no aspiraba a nuevos dominios territoriales en ella, sino al control de su comercio, y éste lo tenía prácticamente asegurado con su independencia.

Pero los Estados Unidos no aceptaron la propuesta, pues como dijo con meridiana claridad el Secretario de Estado del presidente Monroe, John Quincy Adams, «El punto concreto de las miras de Inglaterra va contra la adquisición que pudieran hacer los Estados Unidos de alguna parte de las posesiones hispanoamericanas». En atención a estas consideraciones optaron por hacer una declaración unilateral de motu proprio, que no les creara ningún compromiso cuyo cumplimiento pudiera serles exigido por otra potencia. El presidente James Monroe, en su mensaje dirigido al Congreso el 2 de diciembre de 1823, declaró que Estados Unidos consideraría como actos inamistosos que afectarían a su paz y seguridad, todo intento de las potencias extranjeras por establecer nuevas colonias en la América que había obtenido su independencia o por extender a ella sus sistemas de gobierno o tratar de dirigirla políticamente.

Es esta la doctrina Monroe, que tantas polémicas ha suscitado y tan opuestas interpretaciones ha recibido. Los estadistas iberoamericanos quisieron ver en ella un pacto de solidaridad americana y algunos propusieron elevarla a un acuerdo común de todas las repúblicas del Nuevo Mundo. Pero pronto quedó de manifiesto que dicha doctrina no tenía por finalidad garantizar la integridad e independencia de Iberoamérica, sino solamente excluir a las naciones europeas en beneficio propio.

De cualquier modo, la Doctrina Monroe sirvió por el momento para afirmar la independencia de Iberoamérica y movió a Inglaterra a reconocer a sus gobiernos oficialmente en 1825. Francia, ligada como estaba por la dinastía borbónica a España, no pudo reconocerlos hasta 1830 en que cayó nuevamente ésta del trono francés. España se resistió a hacerlo hasta 1836, en que reconoció al gobierno de México, y más tarde a los de Ecuador, Chile, Venezuela y Bolivia, y sólo después de muchos años a los demás países.

En cambio, Portugal había reconocido la independencia de Brasil desde 1825, o sea, solamente tres años después de consumarse aquélla.

El Panamericanismo

Fieles a su tradición aislacionista, los Estados Unidos se mantuvieron todo lo apartados de Iberoamérica que las circunstancias les permitieron, y hemos visto ya en otra parte los conflictos que entre ambos se produjeron.

Recapitulación

Pero la evolución económica que experimentó Norteamérica a finales del siglo pasado los obligó a buscar mercados más amplios para sus productos y por lo mismo, a buscar más estrechas relaciones con sus vecinos continentales, pues como afirman los historiadores estadounidenses Morison y Cammager —citados por Gómez Robledo— «los negocios dirigían la política, y la política era una rama de los negocios».

Después de muchas demoras y reticencias, el Congreso de Estados Unidos autorizó al presidente Grover Cleveland, en 1888, para convocar a los países iberoamericanos a una conferencia con el objeto, fundamentalmente, de «asegurar mercados más extensos a los productos de cada uno de los referidos países» y «la formación de una unión aduanera americana», según rezaba la propia invitación.

La «Primera Conferencia Internacional Americana» se verificó, pues, en Washington en octubre de 1889 y asistieron a ella todas las repúblicas iberoamericanas menos la Dominicana.

En el transcurso de la conferencia se presentó un proyecto de acuerdo por el que se condenaba toda conquista en América y fue aprobado con el único voto en contra de la delegación norteamericana.

Uno de los frutos concretos de esta conferencia fue la formación de una asociación denominada «Unión Internacional de las Repúblicas Americanas para la pronta compilación y distribución de datos sobre el comercio», que estableció sus oficinas permanentes en Washington bajo la supervisión del Departamento de Estado norteamericano. Pero con el tiempo, esta oficina comercial asumió amplias funciones relacionadas con las naciones en muchos aspectos de la vida interamericana y cambió su nombre por el de «Unión Panamericana», siendo dirigida por un consejo cuyo presidente era el propio Secretario del Departamento de Estado.

A partir de esta primera conferencia panamericana se han celebrado nueve más: en México en 1902, en Río de Janeiro en 1906, en Buenos Aires en 1910, en Santiago en 1923, en La Habana en 1928, en Montevideo en 1933, en Lima en 1938, en Bogotá en 1948 y en Caracas en 1954. Durante ellas el sistema de relaciones continentales ha ido adquiriendo sistematización y amplitud.

Las cinco primeras son resumidas así por Gómez Robledo: «Hasta la conferencia de Santiago, celebrada en los años posteriores a la segunda guerra mundial, es más bien pobre el balance de resultados que arrojan las conferencias panamericanas. A ello contribuye la desunión profunda entre Norteamérica e Hispanoamérica, manifestada no sólo en la disparidad de criterios en las cuestiones fundamentales de la vida de relación, sino en el apogeo que alcanza el imperialismo norteamericano durante las dos primeras décadas de nuestro siglo. Casos de imperialismo tan innegables como la creación artificial de Panamá, con la soberanía adquirida por los Estados Unidos en la zona del Canal; la guerra impuesta a España en la cuestión de Cuba, a la que siguió como doloroso epílogo, la humillación de la enmienda Platt, no eran ciertamente para despertar en nadie deseos de un acercamiento mayor. A estos actos siguió aún el corolario de la doctrina Monroe, afirmado por Theodoro Roosevelt; corolario en que se enuncia con carácter pragmático la intervención norteamericana, financiera y militar, en los países del Caribe. Esta política fue aplicada hasta la época del presidente Wilson y de sus inmediatos sucesores.»

Como reacción contra esta política y tratando de contrarrestarla, Argentina, Brasil y Chile formaron en mayo de 1915, la Alianza «A. B. C.», a la que después se adhirieron Uruguay, Bolivia y Guatemala. Durante algunos años se mantuvo muy activa interviniendo en los asuntos sudamericanos, pero más tarde acabó por desintegrarse.

A la Conferencia de Santiago no asistió México porque tenía suspendidas sus relaciones con Estados Unidos desde que su Constitución de 1917 declaró nacionalizados los recursos del subsuelo —petróleo, minerales, etc.— afectando con ello a intereses norteamericanos. Las relaciones entre ambos países no se reanudaron hasta 1923 en que celebraron una serie de acuerdos circunstanciados conocidos como los «arreglos de Bucareli». Tampoco concurrieron Perú y Bolivia por el conflicto de límites que tenían entonces con Chile.

La Conferencia de Santiago tiene importancia, porque a partir de ella los países iberoamericanos se esfuerzan por restablecer un sistema de igualdad y garantías mutuas entre todos los países del Continente. Aunque en este primer intento fracasen ante la cerrada oposición de los Estados Unidos.

Todavía en la Conferencia de La Habana, celebrada cinco años después, fue imposible que los Estados Unidos aceptaran el principio de no intervención. Sin embargo esta reunión fue útil porque en ella se aprobó el llamado «Código Bustamante» que compilaba en forma sistemática las disposiciones vigentes de derecho internacional público y privado y que, por cierto, también se negaron a firmar los Estados Unidos.

La siguiente conferencia, celebrada en Montevideo en 1933, se realizó bajo la influencia de nuevas circunstancias creadas por la depresión económica que experimentaron los Estados Unidos en 1929, el creciente peligro que implicaban Alemania Italia, y Japón, la guerra del Chaco que se libraba en esos momentos y, sobre todo, el ascenso a la presidencia de los Estados Unidos, precisamente en ese año, del Presidente Franklin D. Roosevelt, que ya había anunciado en su discurso de toma de posesión su política de «buena vecindad» para con las repúblicas iberoamericanas.

En Montevideo fue por fin aceptado por los Estados Unidos el principio de no intervención, aunque con la reserva de que se comprometían a sostenerlo solamente durante la presidencia de Roosevelt. Esta vez la proposición fue hecha por el canciller argentino Saavedra Lamas y para lograr mayor presión sobre la conferencia había sido suscrita meses antes en tratado especial por Argentina, Brasil, Chile, México, Paraguay y Uruguay.

Por lo demás, en esta reunión los delegados iberoamericanos plantearon todos sus agravios contra los Estados Unidos y como consecuencia de ello fue abolida poco después la enmienda Platt, se firmó un nuevo tratado con Panamá y se derogó de su constitución el artículo 136, que equivalía a la enmienda Platt y salieron las tropas norteamericanas de Haití, que se hallaba también ocupado.

Tres años después, en 1936, promovió el presidente Roosevelt una conferencia extraordinaria que se celebró en Buenos Aires y a la que asistió él personalmente. En ella se ratificó, ya sin reticencia alguna que «las altas partes contratantes declaran inadmisible la intervención de cualquiera de ellas, directa o indirectamente y sea cual fuere el motivo, en los asuntos interiores o exteriores de cualquiera de las partes». Además se inició propiamente la construcción del sistema interamericano al acordar la celebración de consultas mutuas en caso de guerra entre los países del Continente para buscar la forma de restablecer la paz.

Pero fue en la Conferencia de Lima de 1938 en donde, ante la creciente amenaza de una conflagración mundial, se reglamentó el sistema de consultas acordando que a iniciativa de una de las partes se reunían los ministros de relaciones de todas ellas y no sólo para tratar asuntos bélicos, sino también económicos, culturales o de cualquier otro orden.

El procedimiento tuvo inmediata aplicación al estallar la II guerra mundial, durante la cual hubo de reunirse en tres ocasiones el organismo de consulta. En ellas se adoptaron medidas para la defensa del continente y en favor de las naciones aliadas.

En 1945 se realizó la Conferencia extraordinaria de Chapultepec, en México, para estudiar la participación de los estados americanos en la próxima fundación de las Naciones Unidas. Ella dio como resultado una intervención coherente y solidaria de Iberoamérica en la reunión constitutiva de la O. N. U. verificada en San Francisco en 1945.

En 1947 las naciones americanas suscribieron en Río de Janeiro el «Tratado Interamericano de Asistencia Recíproca» en el que se comprometieron a hacer frente común, ante cualquier ataque armado, incluso cuando una de ellas ataque a otra, para lo cual establecieron una serie de sanciones contra el país agresor que pueden llegar hasta el empleo de la fuerza armada en contra de él.

La Conferencia de Bogotá, que tuvo lugar en 1948, reviste una excepcional importancia porque en ella fue adoptada la «Carta de la Organización de los Estados Americanos» en la que se establece la estructura de la asociación interamericana. La carta constituye como órganos de la misma los siguientes: La Conferencia Interamericana, que es el órgano supremo de la organización, en el que residen todas las decisiones importantes y que debe reunirse ordinariamente cada cinco años. La Reunión de Consulta de los Ministros de Relaciones Exteriores, que puede resolver en problemas de carácter urgente que requieran una decisión de ellos. El Consejo de la Organización, que es un órgano permanente integrado por representantes especiales de todos los países y que sólo puede actuar en asuntos que le sean expresamente encomendados por las Conferencias o Reuniones de Consulta. Y, por último, la Unión Panamericana que, liberada ya de la tutela del Departamento de Estado, realiza solamente las funciones de Secretaría General de la Organización.

Existe además el Comité Consultivo de Defensa, formado por representantes de los Estados Mayores de cada país y que tiene por misión asesorar al Organismo de Consulta en asuntos militares. La O. E. A. reconoce también oficialmente, como organismos especializados al Consejo Interamericano Económico y Social, al Consejo Interamericano de Jurisconsultos y al Consejo Interamericano Cultural.

La conferencia de 1948 aprobó por otra parte el «Tratado Americano de Soluciones Pacíficas», mejor conocido como el «Pacto de Bogotá», que señala los métodos para el arreglo pacífico de los conflictos interamericanos, comprometiéndose los firmantes a someterlos en última instancia al fallo obligatorio de la Corte Internacional de Justicia. Pero varios países, entre ellos los Estados Unidos, no han ratificado este pacto.

Las tensiones internas en la O. E. A.

Puede afirmarse que en términos generales, las relaciones de Iberoamérica con los Estados Unidos han mejorado considerablemente en el transcurso de las tres últimas décadas, pero a pesar de ello la O. E. A. encierra en su seno una grave contradicción que le impide realizar una misión más amplia, eficaz y constructiva.

Hemos visto cómo su historia y su razón de ser han consistido en la lucha de los pueblos iberoamericanos por asegurar a través de ella el principio de no intervención, para garantizar su soberanía frente al peligro que representa su vecindad con los Estados Unidos.

Pero este principio, por su misma índole, impide a la organización muchas tareas positivas, la primera de las cuales debería ser la de velar por la vigencia real del sistema democrático y el respeto a los derechos humanos. Estas dos finalidades han sido reiteradas constantemente en los documentos interamericanos, pero el temor de autorizar cualquier tipo de intervención, plenamente justificado por la amarga experiencia iberoamericana, ha impedido establecer un sistema efectivo para garantizar la consecución de esos objetivos.

Es comprensible que esta antinomia no podrá resolverse mientras se pretenda solucionar todos los problemas iberoamericanos por conducto de la O. E. A., puesto que ella cumple una función de relación, coordinación y complementación entre la América Latina y los Estados Unidos. Pero los pueblos latinoamericanos, presentan problemas peculiares y muy distintos de los norteamericanos, que sólo podrían resolverse en una asociación formada exclusivamente por ellos, de acuerdo con la concepción original de Simón Bolívar.

A estas circunstancias ha venido a sumarse la crisis abierta en el seno de la Organización por la intervención armada, unilateral y sin consulta, efectuada por los Estados Unidos en Santo Domingo en 1965. Teniendo la O. E. A. como principal objeto, según se ha visto, evitar la ingerencia norteamericana en los asuntos internos de los países iberoamericanos; la decisión tomada por el presidente Johnson al estallar la revolución en la Dominicana ha destruido inevitablemente el elemento de confianza en que se basaban los compromisos que daban vida a la O. E. A., por lo cual es muy dudoso que puedan producir efectos positivos los esfuerzos que realizan los Estados Unidos para recuperar la confianza de las naciones iberoamericanas. El acontecimiento más destacado de esta política de recuperación fue la conferencia de Presidentes de los países miembros de la Organización celebrada en Uruguay en abril de 1967, pero que por los motivos expuestos y en general por la difícil situación política que impera en muchos de los países latinoamericanos, tuvo que reducirse a la consideración de los temas económicos de importancia muy secundaria.

La participación de Iberoamérica en las dos guerras mundiales

Cuando los Estados Unidos, que se habían mantenido neutrales, declararon al fin la guerra a las potencias centrales, el 6 de abril de 1918, al día siguiente hicieron lo mismo Cuba y Panamá, y poco más tarde, Nicaragua, Honduras, Guatemala, Costa Rica, Haití y Brasil. Por su parte, Perú, Uruguay, Bolivia, Ecuador y la República Dominicana se concretaron solamente a romper relaciones con dichas potencias, mientras que las demás naciones iberoamericanas se declararon neutrales en el conflicto.

Al formarse después de la guerra la Sociedad de Naciones de Ginebra, se invitó a los gobiernos iberoamericanos para que tomaran parte en ella y paulatinamente fueron ingresando todos. Al hacerlo México y Argentina formularon reserva expresa en contra de la mención de la Doctrina Monroe que contenía el acta constitutiva de la sociedad. Pero en general los países iberoamericanos participaron muy activamente en su funcionamiento, con la esperanza de encontrar en ella una protección jurídica contra los atentados que pudieran sufrir por parte de otros Estados. Pero al constatar que no alcanzaban esto y que la Sociedad de las Naciones fracasaba ante los objetivos que se había propuesto, poco a poco los gobiernos de Iberoamérica la fueron abandonando.

Al estallar la segunda guerra mundial se repitió el mismo fenómeno que en la primera; al entrar en ella los Estados Unidos declarando la guerra a las Potencias del Eje en diciembre de 1941, inmediatamente los siguieron las nueve repúblicas de Centroamérica y las Antillas y Colombia, Venezuela y México rompieron sus relaciones con aquéllas.

La III Reunión del Órgano de Consulta de la O. E. A., celebrada en 1942, recomendó a todos sus socios el rompimiento de relaciones y así lo hicieron todos salvo Argentina y Chile, que, sin embargo, terminaron por hacerlo también más tarde.

En cambio, México y Brasil tomaron parte directa en la guerra enviando al frente algunos cuerpos y tropas y, en realidad, toda Iberoamérica ayudó eficazmente al triunfo de los aliados con sus materias primas.

Iberoamérica en la O. N. U.

Al finalizar la conflagración como ya vimos, los países iberoamericanos participaron en la fundación de la Organización de las Naciones Unidas y lograron influir en alguna medida en ésta, obteniendo, por ejemplo, que se estableciera entre sus principios el de la «no intervención» y consiguiendo por un acuerdo tácito que se reservaran a la comunidad iberoamericana dos puestos permanentes en el Consejo de Seguridad. Los primeros dos países designados para esos puestos fueron Brasil y México.

Los 20 votos del «bloque latinoamericano» han constituido una fuerza real en determinados momentos dentro de la O. N. U. y, por lo regular, han seguido una línea común en los asuntos más importantes, siendo su participación muy destacada entre dicha organización. Sus delegados han presidido en varias ocasiones las Asambleas Generales, lo mismo que sus organismos y reuniones especializadas.

Desde 1948 funciona en el seno de la O. N. U. la Comisión Económica para la América Latina, que ha realizado importantes estudios para la planificación del desarrollo social-económico de ésta.

Pacto Andino

Entre los acuerdos de carácter económico merece especial mención el denominado Pacto Andino. Es un compromiso firmado en mayo de 1969 por Bolivia, Ecuador, Chile, Perú y Colombia, y al que se adhirió Venezuela en febrero de 1973, y tiene por objeto desarrollar un programa de integración económica que conduzca a la formación de un mercado común entre los países que lo integran.

Representa un importante paso para conseguir un arancel interior común e impulsar el desarrollo industrial.

Asociación Latinoamericana de Libre Comercio

La A. L. A. L. C. constituye un buen ejemplo de este tipo de asociaciones interlatinoamericanas destinadas a satisfacer necesidades específicas y exclusivas de este grupo de pueblos y en las cuales, cualquier presencia extraña las haría inoperantes.

Por éste y por muchos otros motivos la A. L. A. L. C. está destinada a desempeñar un papel de incalculable trascendencia en la historia de América Latina. Su constitución se verificó en febrero de 1960 en Montevideo, y fue integrada por Argentina, Brasil, Chile, México, Paraguay, Perú y Uruguay, y a la cual se agregaron posteriormente Ecuador, Colombia, Venezuela y Bolivia. La A. L. A. L. C. se proponía crear un mercado común por la eliminación gradual de los aranceles en un plazo de doce años, si bien, por dificultades surgidas en su ejercicio, este plazo se extendió hasta 1980.

El notable aumento del intercambio comercial entre los países miembros de la Asociación, en el tiempo que lleva funcionando, permite confiar en su éxito final, aunque tendrá que vencer, para lograrlo, las múltiples dificultades que se han presentado al plan inicial y que han entorpecido y retrasado su ejecución.

Alianza para el Progreso

En la esfera de las relaciones continentales cabe mencionar, por último, la nueva política de «Alianza para el Progreso» formulada por el presidente John F. Kennedy para mejorar las relaciones entre los Estados Unidos y Latinoamérica. Ésta se ha traducido en la práctica en un plan anunciado al Cuerpo Diplomático latinoamericano por el presidente en marzo de 1961 y desarrollado en la «Carta de Punta del Este» que elaboró la Conferencia del Consejo Interamericano Económico y Social, celebrada en Uruguay en agosto de ese mismo año. En síntesis, la «Alianza para el Progreso» propone que, «en apoyo de programas bien concebidos que comprendan las reformas estructurales necesarias y las medidas para movilización de recursos nacionales, se ponga a disposición de los países latinoamericanos, un aporte de capital de todas las fuentes exteriores durante los próximos diez años, de por lo menos 20.000 millones de dólares...».

Aunque el tiempo de operación de la Alianza para el Progreso no permite todavía formular un juicio definitivo sobre su eficacia, la opinión de los técnicos que la dirigen es en el sentido de que sus realizaciones actuales no corresponden a las esperanzas que se pusieron en ella para lograr un rápido desenvolvimiento de América Latina. Por otra parte, el asesinato de su autor, el presidente Kennedy, ha contribuido en forma palpable a su estancamiento y desviación.

Organización de los Estados Centroamericanos

La patente necesidad de unión entre las cinco repúblicas de Centroamérica ha llevado a éstas a realizar muchos intentos de asociación sin que ninguna haya alcanzado la finalidad que se proponían, ni haya cristalizado en la realidad, hasta que en octubre de 1951 se fundó la Organización de Estados Centroamericanos (ODECA) por medio de la «Carta de San Salvador».

Esta organización se propone ir hacia la integración de estos países, pero como el programa propuesto no resultase práctico se reformó por medio de una nueva «Carta» firmada en diciembre de 1962. En ésta se establecen como órganos de la ODECA el Consejo Supremo, formado por los cinco presidentes de las repúblicas; el Consejo de Defensa, formado por los ministros de guerra; el Consejo Legislativo, integrado por tres diputados de cada país; la Corte de Justicia Centroamericana; el Consejo Económico, para dirigir la formación del Mercado Común Centroamericano; el Consejo Cultural y Educativo y la Reunión de Ministros de Relaciones Exteriores que debe efectuarse periódicamente cada dos años.

En este último esfuerzo integracionista, la ODECA ha logrado ya algunos resultados positivos, como la supresión de las visas consulares entre los cinco países, la planeación conjunta del desarrollo económico de la zona y los primeros pasos para la formación de un mercado común.

Mercado Común Centroamericano

Organismo de la ODECA, creado por el Tratado General de Integración Económica Centroamericana en Managua, en 1960. Está integrado por Guatemala, El Salvador, Honduras, Nicaragua y Costa Rica (esta última ingresó en 1962) y establece las bases y condiciones para el libre comercio entre los países miembros, así como la aplicación de un arancel común con respecto a terceros países. La sede del organismo radica en la ciudad de Guatemala. Llámase también Asociación Económica Centroamericana.

Un acuerdo de Libre Comercio e intercambio preferencial entre Costa Rica y Panamá, extiende, en cierto modo, el área centroamericana a este país.

La evolución cultural de Iberoamérica

A partir de la independencia, la actividad científica, y, sobre todo, la producción artística ha ido en constante aumento en Iberoamérica y son tantos los nombres que descuellan en estos terrenos que sólo nos será dado mencionar aquí a los más representativos de la peculiaridad de Iberoamérica o a quienes más han influido en su desarrollo cultural.

La literatura reviste especial interés, no sólo por ser la disciplina que cuenta con mayor número de cultivadores, sino también porque es la que más influye en el desenvolvimiento general de la comunidad y, al propio tiempo, la que refleja éste con más fidelidad.

Como hemos de recordar la Revolución de Independencia tiene como vanguardia y sostén a una pléyade de pensadores y escritores que dan la batalla ideológica paralela a la de las armas.

Entre ellos merece el primer lugar Simón Bolívar, que manejó con tanto brío la pluma como la espada, y junto a él figuran todos los paladines intelectuales del movimiento: Miranda, Nariño, Mariano Moreno, el mexicano fray Servando Teresa de Mier, Manuel Belgrano y Bernardo Monteagudo, el chileno Camilo Henríquez, el presidente Francisco de P. Santander, Francisco Antonio Zea, el rector de la universidad de Santo Domingo y autor de la independencia de su patria José Núñez de Cáceres y el centroamericano José Cecilio del Valle que fuera ministro de relaciones exteriores del imperio de Iturbide. Y muchos más que después de las luchas de emancipación siguieron defendiendo sus ideas en la prensa o en el libro durante el período constitutivo de las nuevas repúblicas.

Pero la figura más eminente de esta época fue sin duda el venezolano Andrés Bello, que sentó más tarde su cátedra en Chile y que, además de excelente poeta, produjo obras tan variadas como su famosa «Gramática Castellana» o el Código Civil de Chile.

En cuanto a su contenido, la literatura de las primeras décadas independientes están intensamente impregnadas de las preocupaciones políticas y de las pugnas partidistas que llenan aquellos años, y en cuanto a la forma, empieza a asimilar el estilo romántico que llega de Francia y que muy pronto se impondrá plenamente en todas las manifestaciones artísticas.

La generación reformista

El principal afán de los constructores de la república era el de borrar todas las huellas de la organización indiana para instaurar en toda su pureza los principios liberales. Esto exigió un gran esfuerzo intelectual de adaptación de ellos al medio iberoamericano y suscitó una resonante polémica con los conservadores, pero produjo en uno y otro bando destacadas personalidades en el campo del pensamiento y de las letras. Son especialmente representativos los grupos que llevaron a cabo esta tarea en México, en donde le llamaron «la Reforma» y en Argentina, donde se le denominó la «Organización» de la república.

El de México tuvo como precursor a don Valentín Gómez Farias (1781-1856) (1) que realizó un primer intento reformista en 1833, anulado poco después por la contraofensiva conservadora. Pero pronto le reforzó una generación excepcionalmente comativa que hizo triunfar la reforma en la Constitución de 1857. A ella pertenecen el sacerdote José María Luis Mora (1794-1850), don Melchor Ocampo (1813-1861), los hermanos Miguel (1812-1861) y Sebastián Lerdo de Tejada (1827-1889), el eminente jurista don Ignacio Vallarta (1830-1893) y varios otros.

En Argentina el gran precursor de la «organización» fue don Bernardino Rivadavia (1780-1845) que realizó un sinnúmero de fundaciones culturales, entre ellas la universidad de Buenos Aires, y emprendió una vasta reforma de la organización del país en todos sus aspectos. Pero como en el caso de Gómez Farias, la inestabilidad política impidió que se consolidara su obra. Fue necesario que bajo la dictadura de Rosas fermentara la generación que habría de dar remate a la tarea y ella estaba integrada por Juan Bautista Alberdi (1810-1884) autor de las «Bases» sobre las que se redactó la Constitución de 1853 aún en vigor, el general e historiador Bartolomé Mitre y el gran educador y novelista Domingo

---

(1) Para facilitar la ubicación en su época del personaje citado, ponemos entre paréntesis los años de su nacimiento y de su muerte.

Recapitulación

Faustino Sarmiento (1811-1888), cuya novela «Facundo», constituye la mejor radiografía de la época de los caudillos.

En Brasil floreció también una generación que impulsó la evolución política del país y la realización de muchas reformas, en primer término, la abolición de la esclavitud. Pueden citarse como representativos de ella a los poetas Antonio Gonsalves (1823-1864), Tomás Barreto (1836-1899), Luis Nicolás Fagúndez Varella (1841-1875) y Antonio Castro Alves (1847-1871) y al novelista y comediógrafo José de Alencar (1829-1877), y los notables prosistas Ruy Barbosa (1849-1923) y Joaquín Nabuco (1849-1910).

Son también representativos de esta época del romanticismo el agresivo polemista ecuatoriano Juan Montalvo (1832 al 1889) que cuando supo el asesinato del presidente García Moreno pudo jactarse diciendo: «Yo lo maté con mi pluma», el ensayista chileno Francisco Bilbao (1823-1865), el peruano Manuel González Prada (1848-1918), el portorriqueño Eugenio María Hostos (1839-1903) y en Cuba el filósofo Enrique José Varona (1849-1933) y el ensayista Manuel Sanguily (1848-1925) y también los poetas de militancia política como José Mármol (1818-1871) e Hilario Ascasubi (1807-1875) en Argentina; Ignacio Ramírez (1818-1879) y Guillermo Prieto (1818-1879) en México y José Eusebio Caro (1817-1853) y Julio Arboleda (1817-1861).

A finales del siglo XIX el liberalismo clásico fue reemplazado en la filosofía oficial por su sucedáneo y derivado, el positivismo, que los iberoamericanos aprendieron directamente en la lectura de Augusto Comte. La nueva doctrina tuvo sus mejores exponentes en Gabino Barreda (1818-1881) y posteriormente en Justo Sierra (1848-1912) para México. En Benjamín Constant (1838-1891) para Brasil y en los ya citados Hostos y Varona, para Puerto Rico y Cuba. Ya en las postrimerías del positivismo sobresalieron dentro de él todavía el peruano Mariano H. Cornejo (n. 1867) y el argentino José Ingenieros (1877-1925), ambos destacados sociólogos.

Pero pronto tuvo eco en Iberoamérica la reacción que se había producido en Europa contra el positivismo. El pensamiento latinoamericano empezó a nutrirse con las lecturas de filósofos como Bergson y Benedetto Croce y sus mejores voceros fueron Raimundo de Farias Brito (1862-1917) en el Brasil, a Alejandro Deústua (1849-1945) en el Perú, a Alejandro Korn (1860-1936) en Argentina y a Carlos Vaz Ferreira (n. 1873) en Uruguay.

Panorámica de la ciudad de
Santiago (Chile).

Paseo de la Reforma. México.

Enlace de autopistas "El Pulpo". Caracas (Venezuela).

Monumento a Sucre en la plaza de Santo Domingo, en Quito (Ecuador).

La evolución cultural de Iberoamérica

A esta generación sucedió otra que se lanzó por cauces más libres y se preocupó más por la realidad iberoamericana. Su máximo exponente fue José Enrique Rodó (1871-1917), porque alcanzó una gran perfección en el manejo de la prosa castellana y continental renombre con su «Ariel». Sus ideas filosóficas las expuso en «Los Motivos de Prometeo» y otros escritos. A él le siguen en México Alfonso Caso (1883-1943) y José Vasconcelos (1881-1959), en Perú Víctor Andrés Belaunde (n. 1883) y Francisco García Calderón (n. 1883) y muchos otros en diversos países.

La generación más reciente de pensadores sigue tendencias muy distintas que rehuyen toda clasificación. Los autores europeos que mayor influencia alcanzan, son ahora los alemanes Dilthey y Husserl, el danés Kierkegaard, los franceses Marcel y Maritain, el ruso Berdiaeff y los españoles Ortega y Gasset y Miguel de Unamuno.

Entre los muchos filósofos iberoamericanos que han alcanzado renombre en esta época sólo citaremos a manera de ilustración a Euryalo Cannabrava, Iván Lins y Amoroso Lima en el Brasil, a Lidia Paradotto, Claro Cornelio Dassen y Francisco Romero en Argentina y a Francisco Miró Quesada en Perú. Un considerable grupo de filósofos se ha preocupado especialmente por los problemas peculiares de Iberoamérica y entre ellos merecen ser citados los mexicanos Samuel Ramos y Leopoldo Zea, al cubano Medardo Vitier y el brasileño Clovis Bevilaqua.

El ensayo ha ofrecido en esta época el mejor conducto para exponer las inquietudes filosóficas y políticas que agitan el ambiente y por ellos ha tenido muchos adeptos. Algunos de los ensayistas que han alcanzado mayor renombre son el colombiano Germán Arciniegas, el venezolano Mariano Picón Salas, el brasileño Gilberto Freyre, el cubano José María Chacón y Calvo, la argentina Victoria Ocampo y el historiador de la cultura iberoamericana Pedro Henríquez Ureña.

Los polemistas políticos tienen también una importante función y una amplia representación en los tiempos actuales. En la generación inmediatamente anterior tuvieron eco continental José Carlos Mariategui, Víctor Raúl Haya de la Torre (n. 1895) y Vicente Lombardo Toledano (n. 1894) y entre los más recientes destacan el venezolano Rafael Caldera, el chileno Eduardo Frei y el brasileño Andrés Franco Montoro.

La educación

La independencia desorganizó el secular sistema educativo de la colonia, pero trajo consigo un nuevo empeño por extender la educación a una porción más amplia del pueblo y por renovar los métodos de enseñanza.

Bolívar hizo venir a América al célebre pedagogo Joseph Lancaster y Rivadavia, al escocés James Thompson para que pusieran en práctica sus sistemas. Sarmiento fundó en Santiago de Chile la primera escuela normal para maestros, en 1842, aunque ya existían algunos establecimientos para la preparación de los profesores y Bello reorganizó la universidad de Santiago en 1843.

Bajo este ímpetu nacieron las universidades de Buenos Aires, en 1821, de Antioquia, en Colombia, en 1822, de Trujillo, en Perú, en 1824 y muchas otras en los años posteriores. Sin embargo, por influjo de las mismas concepciones liberales en boga, la universidad de México fue desarticulada en 1833, aunque siguieron trabajando separadas las escuelas que la componían.

Las universidades han ido en constante aumento en toda Iberoamérica a partir de entonces, y en la actualidad cuentan con universidad todas las ciudades importantes del continente y algunas de ellas como la de San Marcos, en Lima, la Javeriana de Bogotá, la de Buenos Aires o la de México se encuentran a la altura de las mejores del mundo.

Con los nuevos regímenes republicanos nacieron también nuevos centros de estudio y difusión cultural como museos, bibliotecas, etc. y nuevas sociedades que se sumaron a las que perduraban de la época colonial entre ellas las Academias de la Lengua, correspondientes a la Española, que se fueron estableciendo en casi todos los países hispanoamericanos.

En Brasil, además de las muchas instituciones fundadas por don Juan VI al llegar al país y a las que ya hemos hecho alusión en otro lugar, se crearon otras después de consumada su independencia, entre ellas las escuelas de Derecho fundadas en São Paulo, y en Olinda en 1827 y la de Medicina establecida en Rio de Janeiro en 1830. Poco después fueron apareciendo las universidades, que actualmente son muy numerosas.

El positivismo imperante a fines de siglo vino a dar una nueva orientación a la educación, y nos hemos referido ya a los educadores que llevaron ésta a las escuelas. A esta época corresponde la fundación de la universidad de La Plata, en Argentina, en 1902; y la reconstitución de las de México en 1910, y de Santo Domingo en 1914, a más de la inauguración de un sinnúmero de planteles educativos y de institutos especializados en alguna rama particular de la ciencia.

A partir de 1918 se ha producido un amplio movimiento de «reforma universitaria» en toda Iberoamérica que aspira a separar a la universidad de todo control político o gubernamental, a garantizar la libertad de cátedra y a dar una mayor participación a los alumnos en su dirección. Este movimiento fue iniciado en la universidad de Buenos Aires y se extendió posteriormente a muchas otras, habiendo alcanzado gran resonancia la campaña sostenida por José Vasconcelos en 1929 en pro de la autonomía universitaria.

Periódicos

Durante la guerra de independencia el periódico fue la trinchera predilecta de los ideólogos de la revolución y al calor de ella nacieron una multitud de publicaciones de vida más o menos efímera, de las que podemos recordar en calidad de ejemplos, la «Gaceta de Buenos Aires» que fundó Mariano Moreno en 1810, «El Despertador Americano» que dirigió en México Francisco Severo Maldonado, «El Correo del Orinoco» de Francisco Antonio Zea, «La Aurora Chilena» de Camilo Henríquez, «El Diario Político de Santa Fe de Bogotá» de Caldas, y muchos más que sería interminable enumerar. El primer periódico brasileño apareció en 1808 y fue la «Gaceta de Rio de Janeiro».

Durante los primeros años de independencia, las publicaciones periódicas son muy abundantes, pero rara vez alcanzaron permanencia; sin embargo, van apareciendo los diarios iberoamericanos que alcanzaron gran prestigio y de los cuales aún perduran, el «Diario de Pernambuco» fundado en 1825, «El Mercurio» de Valparaíso, después trasladado a Santiago, fundado en 1827, el «Jornal do Comercio» de Rio de Janeiro, en 1827; «El Comercio» de Lima, en 1839; «La Estrella de Panamá», en 1849; «La Capital», de Rosario, en Argentina, en

1867 y los dos grandes y acreditados diarios bonaerenses, «La Prensa» en 1869, y «La Nación», en 1870.

A mediados de siglo van apareciendo las primeras revistas que logran vivir más largo tiempo, sobre todo en Santiago de Chile, y que poco a poco van cubriendo todo el continente iberoamericano y los más diversos aspectos especializados de la información, de la ciencia y de las artes, lo cual haría demasiado extensa la simple enumeración de las principales.

Durante el siglo pasado los libros seguían siendo importados en su gran mayoría de España y de Francia, pero en los últimos tiempos la industria editorial ha cobrado un enorme desarrollo en Iberoamérica y tiene sus centros más importantes en Buenos Aires, en México, en Santiago y en São Paulo.

El estudio de los idiomas

El estudio de la lengua castellana ha tenido en Iberoamérica a muchos de sus más eminentes tratadistas. El primero fue don Andrés Bello, a quien antes ya mencionamos, y contemporáneos de él fueron el mexicano José Gómez de la Cortina (17799-1860) y el guatemalteco, que también trabajó en Chile, Antonio José de Irisarri (1786-1886). Pero la filología alcanzó su mayor altura con los colombianos José Rufino Cuervo, (1844-1911), autor del «Diccionario de Construcción y Régimen de la Lengua Castellana» y Miguel Antonio Caro (1843-1909) que colaboró con el anterior en una gramática latina no superada hasta ahora.

Junto a éstos figuran los que se dedicaron al cultivo de las lenguas clásicas y que durante el siglo pasado fueron una brillante legión. Por sus excelentes traducciones de los poetas de la antigüedad pueden citarse, entre muchos otros, a los ya mencionados Caro y Cuervo, en Colombia; a Alejandro Aragón y Escandón (1821-1883) que reanuda en México una antigua tradición que se prolonga hasta nuestros días con el canónigo Federico Escobedo; en Argentina con el poeta Carlos Guido Spano (1829-1918), y en Brasil a través de los nombres de Manuel Odorico Mendes (1799-1865) y Juan Gualberto Ferreira, hasta Juan Nunes de Andrade.

La evolución cultural de Iberoamérica

Las lenguas indígenas han sido también estudiadas con empeño y entre sus cultivadores pueden destacarse en México el erudito Manuel Orozco y Berra (1816-1881) y en nuestros días el canónigo Ángel María Garibay; en Argentina Félix Faustino Outes (1878-1939), y en Perú, el arqueólogo Julio C. Tello.

La historia

La Historia contó desde los primeros años de vida independiente con esclarecidos talentos a su servicio, pero revistió también un carácter polémico siendo interpretada según el punto de vista ideológico de los partidos en pugna. En México representan la versión liberal Lorenzo Zavala (1788-1836) y el Dr. Mora, ya antes citado, mientras don Lucas Alamán (1792-1853) realizó una extensa obra en defensa del enfoque conservador de los hechos. En Venezuela merecen citarse como autores de obras históricas Rafael María Baralt (1810-1860), Juan Vicente González (1811-1866) y Felipe Larrazábal (1817-1873). En Argentina el general Mitre (1821-1906) y posteriormente Fidel Vicente López. En Chile, Diego Barros Arana (1830-1907) y Benjamín Vicuña Mackenna (1831-1886), y en Cuba José Antonio Saco (1797-1879) autor de una valiosa «Historia de la Esclavitud».

Al finalizar el siglo aparecieron amplios tratados de la historia nacional redactados en colaboración por varios autores, tales como la «Historia de Chile» dirigida por Vicuña Mackenna, o de la de «México a través de los siglos», dirigida por Vicente Riva Palacio (1832-1896). Mención especial merece por su valor crítico la «Historia de la América Española», escrita ya en este siglo por Carlos Pereyra.

Entre los investigadores más meritorios figuran en primer término el chileno José Toribio Medina (1852-1930) que realizó una labor gigantesca verificando investigaciones verdaderamente exhaustivas sobre la imprenta y la Inquisición en las Indias, y el mexicano Joaquín García Icazbalceta (1825-1894).

En nuestros días son muchos los investigadores que con mayor rigor científico se consagran al estudio del pasado en Iberoamérica y por ello su mención se hace imposible dentro de los límites de este resumen.

Las ciencias

A pesar de la frecuente carencia de recursos para la investigación científica, Iberoamérica ha podido alcanzar un apreciable nivel en este campo e, incluso, ha hecho aportaciones valiosas en diferentes disciplinas.

A mediados del siglo pasado Iberoamérica podía ofrecer el ejemplo de muchos hombres que ocupaban lugares prominentes dentro de su especialidad. En mineralogía, los peruanos Nicolás de Piérola (m. 1857) y Mariano Eduardo Rivero y el brasleño José da Silva Lisboa (1756-1836); en las ciencias naturales el argentino Francisco Javier Muñiz (1795-1871), el uruguayo Dámaso Larrañaga (1771-1846), el botánico dominicano Manuel de Monteverde (1793-1871) y el zoólogo cubano Felipe Poey (1799-1871); en química el médico mexicano Leopoldo Río de la Loza (1807-1873) y, en matemáticas el peruano Miguel Garaicoechea; por referirnos solamente a algunos de los muchos hombres que consagraron en aquella época su vida a las ciencias.

Naturalmente, a partir de la segunda mitad del siglo XIX estos ejemplos se van multiplicando cada vez con mayor abundancia. Podemos citar entre muchos otros, nombres tan eminentes como el del paleontólogo argentino Florentino Ameghino (1854-1911), a cuyas teorías sobre el origen americano del hombre nos hemos referido en el primer capítulo de este libro y también en Argentina al biólogo Ángel Gallardo (1867-1934) y a los médicos Luis Agote (n. 1869) y Pedro Chutro (1880-1937). En Brasil podemos citar entre los más célebres al precursor de la aviación e inventor del dirigible, Alberto Santos Dumont (1873-1932); en Cuba al zoólogo Carlos de la Torre (n. 1858) y sobre todo al médico Carlos J. Finlay (1833-1915), que al descubrir el agente trasmisor de la fiebre amarilla y de otras enfermedades prestó a la humanidad y en especial a las zonas tropicales de América un servicio inapreciable.

En las décadas más avanzadas del siglo XX el interés por las ciencias ha continuado en constante aumento, al igual que los centros dedicados a ellas y las facilidades para la investigación, por eso sólo nos referiremos a algunos de los científicos que han alcanzado consagración mundial, como, en primer término el fisiólogo argentino Bernardo Alberto Houssay (naci-

La evolución cultural de Iberoamérica

do en 1887) que obtuvo el Premio Nobel de Medicina en 1947;
y el endocrinólogo de la misma nacionalidad Juan T. Lewis. En
física pueden citarse a los mexicanos Sandoval Vallarta y
Carlos Graff Fernández, especialista éste en radiaciones cósmi-
cas, así como al argentino Enrique Gaviola; en bacteriología
al peruano Alberto L. Barton, en biología al uruguayo Clemente Estable, en patología tropical al brasileño Carlos Cha-
gas y en radiactividad al también brasileño César L. Lattes
y en cardiología al mexicano Ignacio Chávez. El brasileño
Josué de Castro ha adquirido fama mundial por sus trabajos
de economía y demografía, expuestos entre otros escritos en
su libro «Geografía del hambre», así como al argentino Raúl
Previch, también en economía. En matemáticas pueden mencionarse al mexicano Alberto Barajas.

Las Bellas Artes

Poesía y novela

La primera novela iberoamericana que aparece después
de la independencia es «El Periquillo Saniento», todavía del
género picaresco y escrita por el mexicano Joaquín Fernández de Lizardi (1776-1827). Pero en general estos agitados años
no son propicios para escribir obras extensas, es por ello
más fecunda la producción en verso. Ésta se consagra por lo
general, a celebrar las victorias de los patriotas y a elogiar
a los héroes de la independencia. Es típica de la época «La
Victoria de Junín» escrita a la manera clásica por el gran
poeta ecuatoriano José Joaquín de Olmedo (1780-1847). El
cubano José María Heredia (1803-1839) escribe en honor de
Bolívar y canta a la América libre en su conocida poesía
«Niágara» y don Andrés Bello escribió varias sobre el mismo
tema, entre ellas sus «Silvas Americanas». En Brasil el principal artífice de la independencia, José Bonifacio de Andrada
(1765-1839) fue al propio tiempo inspirado poeta.

Debemos por último consignar que por este tiempo inició
el poeta uruguayo Bartolomé Hidalgo (1788-1823) la poesía
«gauchesca» que será un género de larga duración en los
países del río de la Plata.

Recapitulación

El romanticismo hizo su primera aparición en Iberoamérica con el poema «La Cautiva», publicado en 1837 por el argentino Esteban Echeverría (1805-1851) y de inmediato logró el nuevo estilo la adhesión de todos los jóvenes literatos iberoamericanos de la época.

Pero la novela también recogió los ecos de las luchas políticas como es fácil percibir en «El Matadero» del propio Echeverría, o «Facundo» de Sarmiento, o «Amalia» de Mármol, para citar solamente tres claros ejemplos argentinos.

El romanticismo es propicio para la descripción del ambiente autóctono y frecuentemente los autores iberoamericanos buscan en él su inspiración. De ello dan buena prueba los mejores novelistas de la segunda mitad del siglo XIX como el dominicano José Joaquín Pérez (1845-1900) en sus «Fantasías indígenas»; el uruguayo José Zorrilla de San Martín en su gran poema «Tabaré» y el venezolano José Antonio Maitín (1804-1874), el colombiano Rafael Pombo (1833-1912), el mexicano Manuel José Othón (1858-1906) en su poesía «Idilio salvaje», el argentino Olegario Víctor Andrade (1839-1882). Esta generación tiene dos dignos representantes del sexo femenino en las letras con la cubana doña Gertrudis Gómez de Avellaneda (1814-1873) y la dominicana doña Salomé Ureya de Henríquez (1850-1897).

Pero entre las novelas románticas merece lugar aparte, porque constituye el ejemplo más típico de su estilo la del colombiano Jorge Isaacs, (1837-1895) titulada «María».

Siguiendo también el ejemplo de Francia se produce a fin de siglo como reacción contra el romanticismo, la literatura «realista» que será después llevada a su máxima exageración en el «naturalismo». Con esta nueva corriente nace en Iberoamérica la novela indigenista que con el correr de los años alcanzará un gran desarrollo y, en muchas ocasiones, una alta calidad literaria.

Uno de los precursores de esta escuela es el chileno Alberto Blest (1830-1920) con su novela «Martín Rivas», y entre sus primeros frutos plenamente logrados están la del ecuatoriano Juan León Mera (1832-1894) titulada «Cumandá», la del dominicano Manuel de Jesús Galván (1834-1910) «Enriquillo»; la del boliviano Nataniel Aguirre (1843-1888) «Juan de la Rosa»; la de la peruana Clorinda Matto de Turner (1854-1909) «Aves sin nido» y las conocidas «Tradiciones Peruanas» de Ricardo Palma (1833-1919). Brasil también produjo en esta época un excelente grupo de novelistas entre los

La evolución cultural de Iberoamérica

que se encuentran Manuel Antonio de Almeida (1830-1861) autor de las «Memorias de un Sargento de Milicias» y el más notable de ellos, Joaquín María Machado de Assis (1839-1909) que escribió entre muchas otras «Don Casmurro».

Dentro de la escuela realista figuran, en Brasil, Raúl Pompeia (1863-1895) autor de «El Ateneo» y Julio Riveiro (1845-1890) con «La Carne».

A fines del siglo pasado y principios del presente, Hispanoamérica se aparta de las imitaciones extranjeras para dar nacimiento a un movimiento literario peculiar de ella misma, que fue denominado el «modernismo», y en el cual destacaron algunos de sus más grandes escritores de todos los tiempos.

Aparecen como precursores de él el poeta mexicano Salvador Díaz Mirón (1853-1928), el argentino Pedro Bonifacio Palacios, (1854-1917) que firmaba con el seudónimo de «Almafuerte» y el dominicano Fernando Deligne (1861-1913). Pero adquiere su máxima expresión con los cinco grandes poetas que dan al movimiento modernista su gran aliento, a saber: el prócer cubano José Martí (1853-1895) y su compatriota Julián del Casal (1863-1893), el mexicano Manuel Gutiérrez Nájera (1859-1895), el colombiano José Asunción Silva (1865-1896) y el que alcanza la mayor fama, el nicaragüense Rubén Darío (1867-1916).

En pos de ellos apareció toda una falange de poetas de los que sólo citaremos a Guillermo Valencia (1873-1943), en Colombia; Luis González Urbina (1868-1934) y Amado Nervo (1870-1919), en México; Leopoldo Lugones «1874-1938), en Argentina; Julio Herrera Reissig (1875-1910), en Uruguay; Ricardo Jaimes Freyre (1868-1933), en Bolivia; José Santos Chocano (1875-1934), en Perú; y Carlos Pezoa Véliz (1879-1908), en Chile.

La poesía «gauchesca» alcanza su apogeo en esta época con «Martín Fierro» de José Hernández (1834-1886); «Fausto» de Estanislao del Campo (1834-1880) y «Santos Vega» de Rafael Obligado, todos ellos argentinos.

Aunque no pueden ser comprendidos dentro de esta corriente, corresponden a esta época en Brasil los poetas Olavo Bilac (1865-1918), Alberto de Oliveira (1857-1937) y Raimundo Correa (1860-1911).

Entre los novelistas «modernistas» podemos citar a los uruguayos Carlos Reyles (1868-1938) y Horacio Quiroga (1879-1937), al venezolano Rufino Blanco Fombona (1874-1944), al

Recapitulación

dominicano Tulio Manuel Cestero (n. 1877) y a los argentinos Enrique Larreta (n. 1875) y Roberto José Faynó (1867-1928).

Son contemporáneos suyos en Brasil los novelistas José Pereira de Grasa Aranha (1868-1931) que alcanzó gran renombre con «Canaán» y el excelente prosista Euclides da Cunha (1866-1909), autor del relato «Los sertones».

Pero el «modernismo» como todos los estilos artísticos tuvo también su decadencia y fue sustituido por tendencias literarias más libres y diversas y difíciles de reducir a una escuela determinada. La reacción contra el «modernismo» se encuentra expresada por uno de los poemas de la generación contemporánea, el mexicano Enrique González Martínez (1871-1952) en su célebre poema «Tuércele el cuello al cisne». Esta nueva generación de poetas se encuentra representada en Argentina por Arturo Capdevila y Baldomero Fernández Moreno; en Colombia por Luis Carlos López y Miguel Ángel Osorio, más conocido por su pseudónimo de Porfirio Barba-Jacob, en Uruguay por Carlos Sabat y en México también por Ramón López Velarde. Destacan en esta generación en muy prominente lugar tres poetisas: las uruguayas María Eugenia Vaz Ferreira, Delmira Agustini y Juana Ibarbourou; la argentina Alfonsina Storni y la chilena Gabriela Mistral, merecedora del premio Nobel de Literatura en 1945.

Por último, entre los poetas que han sobresalido más recientemente pueden citarse como representativos de las actuales tendencias literarias a los peruanos José María Eguren y César Vallejo; entre los mexicanos, el excelente prosista, crítico y poeta Alfonso Reyes y a Jaime Torres Bodet; a Celestino Gorostiza y a Carlos Pellicer, y en la actual generación a Octavio Paz, al argentino Jorge Luis Borges y a los chilenos Vicente Huidobro y Pablo Neruda.

En Brasil la poesía contemporánea está representada por Manuel Bandeira y Mario de Andrade, entre varios otros.

Demuestran estas últimas promociones una nueva y más profunda insistencia ya no sólo en los aspectos típicos de América, sino más bien por los problemas sociales que existen en ella. Esta nota se puede advertir con creciente acento a partir de Santos Chocano, en Vallejo, en Neruda, en el ecuatoriano Jorge Carrera Andrade; en el venezolano Jacinto Fombona Pachano y en los llamados autores de «poesía negra» que tratan de expresar la sensibilidad de los negros de América Latina; entre éstos se encuentran en Cuba, Nicolás Guillén, Emilio Ballagas, y en Puerto Rico, Luis Palés Matos.

Las mismas preocupaciones sociales se advierten en la novela, que en las décadas más recientes ha florecido extraordinariamente en casi todos los países iberoamericanos, traduciendo en muchos casos el carácter y las preocupaciones de sus habitantes, y en especial de las clases más humildes, mejor que muchos tratados sociológicos. Como muestras de esta rica producción mencionaremos solamente «El Mundo es ancho y ajeno» del peruano Ciro Alegia; «Pueblo enfermo» del boliviano Alcides Arguedas; «La vorágine» de José Eustasio Rivera y «El Cristo de espaldas» de Eduardo Caballero Calderón, ambos colombianos; «Doña Bárbara» del venezolano Rómulo Gallegos; «Don Segundo Sombra» del argentino Ricardo Güiraldes; «El señor presidente» del guatemalteco Miguel Ángel Asturias; «Huasipungo» del ecuatoriano Jorge Icaza y «Jubiabá» del brasileño Jorge Amado. En México se produjo un movimiento novelístico inspirado en la Revolución de 1910 que puede ser ejemplificado con obras como «Los de abajo» de Mariano Azuela o «La sombra del caudillo» de Martín Luis Guzmán, pero más recientemente se orienta también a los temas vernáculos en novelas como «Al filo del Agua» de Agustín Yáñez o «Pedro Páramo» de Juan Rulfo. Deben citarse también entre los novelistas que más destacan en la actualidad, al cubano Alejo Carpentier, cuya obra más notable es «El siglo de las luces» y al autor de «Rayuela», el argentino Julio Cortazar.

La época romántica encarnó en el mexicano Fernando Calderón (1809-1845), en el cubano José Jacinto Milanes (1814-1863) y en el costumbrista brasileño Luis Carlos Martins Penna (1815-1848).

El teatro

El teatro ha tenido menor desarrollo y, se ha circunscrito sólo a determinadas épocas y regiones.

Después de la independencia tuvo como representantes más conspicuos al mexicano Manuel Eduardo de Gorostiza (1789-1851), que escribió todavía dentro de los moldes clásicos y a los costumbristas peruanos Felipe Pardo (1806-1868) y Manuel Asensio Segura (1805-1871).

Recapitulación

A fines del siglo pasado el teatro adquirió un notable auge en el río de la Plata merced a un recurso muy singular: el empresario de circo José Podestá empezó a incluir en sus programas la representación de pantomimas gauchescas que alcanzaron gran éxito y pronto se convirtieron en representaciones dramáticas en toda forma. Entre los autores que escribieron para este género, que se extendió por toda la región del Plata, sobresale el escritor uruguayo Florencio Sánchez (1875-1910) cuyo drama más famoso fue «Barranca Abajo». Entre los autores más recientes deben ser citados Rodolfo Usigli, de México; Agustín Cuzzani, de Argentina y César Rengifo, de Venezuela.

En la actualidad ha experimentado un verdadero renacimiento el teatro en las llamadas «salas experimentales» que en ciudades como Buenos Aires. Montevideo, México. Lima, Rio de Janeiro y São Paulo representan ya un movimiento importante. Sin embargo, por regla general, las obras que ofrecen son de autores europeos.

La pintura

En cambio en pintura Iberoamérica ha logrado una producción de valor universal, sobre todo en el presente siglo.

Después de la separación de España la pintura sufrió un decaimiento pues se concretó a realizar retratos de personajes políticos y se anquilosó dentro de los moldes del academicismo. La pintura romántica encontró buenos intérpretes en el peruano Francisco Fierro (1803-1879), en el argentino Prilidiano Pueyrredón (1823-1870), en el uruguayo Juan Manuel Blanes (1830-1901) y en los mexicanos Juan Cordero (1824-1884) y José María Velasco (1840-1912).

El impresionismo vino a romper las trabas de la pintura académica a fines del siglo pasado y abrió nuevas perspectivas dentro de las cuales pudieron demostrar su talento Martín Malharro (1865-1911) y Fernando Fader (1882-1935) en Argentina; Pedro Blanes Viales y Pedro Figari, (1861-1938) el más original de esta generación, en Uruguay; Luis Desangles (1862-1937) en Santo Domingo y, en su primera época, Gerardo Murillo, el «Dr. Atl», como es más conocido, en México. En esta época sobresalió en México el grabador popular José Guadalupe Posada, (1851-1913) que imprimió a sus obras una vigorosa personalidad.

La evolución cultural de Iberoamérica

Pero ha sido la denominada «escuela muralista mexicana» la que al apartarse de todos los modelos importados, ha dado a la pintura iberoamericana un lugar preeminente dentro de las artes plásticas en todo el mundo. Sus fundadores y mejores exponentes fueron los mexicanos José Clemente Orozco (1883-1949), Diego Rivera (1887-1957) y David Alfaro Siqueiros (1896-1974).

Junto a ellos han sobresalido en México Manuel Rodríguez Lozano y Rufino Tamayo, en Brasil Cándido Portinarí, en Ecuador Camilo Egas, en Perú José Sabogal y Julia Codesido, en Argentina Raquel Forner y Raúl Soldi, en Uruguay Joaquín Torres García y Norah Borges, en Chile Pedro Lira y Alfredo Valenzuela y en Cuba Armando Meñocal.

La arquitectura y escultura

La agitación imperante en Hispanoamérica durante el siglo pasado impidió que pudieran levantarse edificios o monumentos de importancia. Sólo Brasil, bajo el reinado de Pedro II pudo llevar a cabo en esta época obras dignas de consideración.

Hasta fines del siglo y casi siempre bajo el régimen de los grandes dictadores, se levantan algunas obras importantes, pero simpre imitando el estilo francés entonces en boga y realizadas casi siempre por arquitectos extranjeros.

No es por lo tanto, sino hasta bien entrado este siglo cuando se inicia un esfuerzo por dar autenticidad a la arquitectura iberoamericana, liberándola de los modelos exteriores. Este esfuerzo se orienta en un doble sentido, por una parte tratando de reanudar la gran tradición arquitectónica de la colonia y, por otra, buscando nuevas soluciones en la arquitectura funcional. Aunque la primera ha producido algunas obras de mérito, es en esta segunda en la que los arquitectos iberoamericanos han logrado sus mejores éxitos, colocándose a la altura de los países más avanzados. Entre las muchas obras que el enorme crecimiento de población ha exigido construir en los últimos años, solo citaremos por su magnitud y representatividad la ciudad de Brasilia, construida expresamente para capital del Brasil, y la Ciudad Universitaria de México D. F.

La escultura sigue una evolución muy semejante a la de la arquitectura. Todas las estatuas de los monumentos

Recapitulación

levantados el siglo pasado fueron encargadas a artistas extranjeros, salvo algunas raras excepciones como la de Cuauhtemoc de la ciudad de México, realizada por Miguel Noreña o las de Rogelio Irurtia en Argentina.

En la actualidad la escultura es cultivada en casi todos los países iberoamericanos, por artistas que buscan nuevas formas de expresión pero que aún no han logrado plena madurez.

La música

La música popular ofrece en Iberoamérica una gran riqueza y ha alcanzado inmensa difusión en el mundo, pero también la clásica cuenta con muchos cultivadores y algunos notables exponentes. Pero también se advierte en la música la misma evolución que va desde la imitación de las formas europeas hasta la actual búsqueda de una expresión propia, siendo esta última tendencia todavía muy reciente.

En los primeros años de la independencia los compositores consagraron su inspiración a entonar himnos en honor de los héroes patrios y de las nuevas naciones. En la segunda mitad del siglo se impuso el gusto por la ópera. Entre los autores iberoamericanos de este género, tal vez el que alcanzó mayor celebridad fue el brasileño Carlos Gomes (1836-1896).

Entre los que recientemente han iniciado las búsqueda de la originalidad iberoamericana en la música puede citarse al compositor brasileño Héctor Villa-Lobos, a los mexicanos Silvestre Revueltas y Carlos Chávez y a los argentinos Alberto Ginastera y Juan Carlos Paz. Y por su gran erudición, al musicólogo cubano Joaquín Nin.

Muchos son los géneros populares que han surgido en Iberoamérica y han rebasado sus fronteras. Como ilustración de esto bástenos mencionar la «habanera» que tanta popularidad alcanzó el siglo pasado, la «huella» y el «gato» que dieron celebridad al argentino Julián Aguirre o las canciones mexicanas de Manuel M. Ponce.

El cine

Argentina, México y Brasil poseen una importante producción cinematográfica, pero en términos generales son relativamente pocas las cintas que han alcanzado verdadera calidad artística, sin embargo como demostración de la potencialidad del cine iberoamericano citaremos solamente, entre muchas otras producciones que han alcanzado éxito internacional. Las películas mexicanas del «Indio» Fernández y el notable fotógrafo Gabriel Figueroa, tales como «María Candelaria» y «La perla»; y más recientemente las producciones de Luis Buñuel. La película brasileña de Anselmo Duarte, «El pagador de promesas», mereció el primer premio en el festival de Cannes, en 1962.

ÍNDICE GENERAL

Índice general

índice general

ÍNDICE ALFABÉTICO

Índice alfabético

Índice alfabético

Índice alfabético

666

Índice alfabético

López de Sousa, Pedro, 200, 201
López de Velasco, Juan, 343
López de Villalobos, Ruy, 206
López Mateos, Adolfo, 571
López Méndez, Luis, 432
López Michelsen, Alfonso, 562
López Rayón, Ignacio, 463
López Velarde, Ramón, 650
«Lorencillo», 338
«Los de Chile», 175
Losada, Diego de, 184
Lovera Paéz, Luis Felipe, 565
Lozano, Jorge Tadeo, 437
Lozano, José Tadeo, 402
Lozano Díaz, Julio, 575
Luis XIV, 269, 352, 353
Luis XVI, 414, 415, 416
Luis XVIII, 471
Luis Mora, José María, 639
Luisiana, 416
Lugo, Alonso Luis de, 183, 313
Lugones, Leopoldo, 649
Luperón, Gregorio, 580
Luque (padre), 166, 239
Luque, Fernando de, 164
Lutero, Martín, 262

LL

Llano Zapata, José Eusebio de, 401
Lleras Camargo, Alberto, 561, 562
Lleras Restrepo, Carlos, 562
Llerena, Cristóbal de, 346

M

Mac Gregor, 475
Maceo (Hnos.), 583
Machado, Gerardo, 585
Machado de Assis, Joaquín María, 649
Machado de Mendoza, Félix, 398
Madero, Francisco Indalecio, 570
Magalhanes de Gandavo, Pedro, 342
Magallanes, 123, 124, 126, 185
Magnífico, Solimán el, 262
Magno (San Alberto), 83
Magoon, Charles E., 585
Maitín, José Antonio, 648
Maíz, cultivo de, 34, 35
Makú, 34

Maldonado, Alfonso de, 163
Maldonado, Alonso, 276, 278
Maldonado, Pedro Antonio, 402
Maldonado, Vicente, 401
Malespín, Francisco, 575
Malharro, Martín, 652
Malinche (o Marina), 137, 141
Mampox, Fernando de, 391
Manco II, 310
Manco Capac, 44, 171, 177
Mandaña, Álvaro de, 311
Mandeville, Juan de, 83
Manila (fundación), 206
Manrique y Zúñiga, Álvaro, 274
Mansfield Picore, 338
Manso, 192
Mar, La, 486, 508, 551
Maracaibo (fundación), 181
Marcas Cípac, 349
Marcel, 638
Marcó de Pont, Francisco Casimiro, 344, 468
Marco Polo, 83
Marchena, Antonio de, 87, 99
Margarite, Pedro, 99
Margil, fray Antonio de, 246
María Luisa, 416
Mariategni, José Carlos, 641
Marín, Luis, 155
Mariño de Lobera, Pedro, 342
Mariño, Santiago, 433, 434, 563
Maritain, 641
Mármol, José, 640, 648
Maroto, Rafael, 469
Marques Pereira, Nuño, 403
Márquez, José Ignacio, 560
Márquez, Pedro José, 406
Marroquín, Francisco, 278
Martí, José, 582, 583, 649
Martín, José Antonio, 645
Martín, Pedro, 134
Martín de Alcántara, Francisco, 166
Martín de Morcía (fray), 343
Martínez, Tomás, 577
Martínez Ampíes, Juan, 180
Martínez Campos, Arsenio, 583
Martínez de Aldunate, José Antonio, 448
Martínez de Irala, Domingo, 188, 319
Martínez del Río, 28, 30

Martínez de Rivera, Diego, 347
Martínez de Rozas, Juan, 448, 622
Martínez Trueba, Andrés, 542
Martíns Penna, Luis Carlos, 651
Mártir, Pedro, 91, 94
Marire d'Angheria, Pietro, 341
Masanet, Damián (padre), 277
Matagones, 57
Matienzo, Juan de, 319, 348
Matto de Turner, Clorinda, 648
Maximiliano, 601
Maxtla, 53
Mayas, 36
Mayorga, Martín de, 281
Medina, Bartolomé de, 311
Medina, José María, 574
Medina, José Toribio, 645
Medina Angarita, Isaías, 565
Medina Sidonia, duque de, 86
Medinaceli, duque de, 86
Mejía, Hernando de, 282, 305
Mejía, Tomás, 601
Mela Pomponio, 83
Melchorejo, 135
Mergarejo, Mariano, 449
Melo, José María, 560
Mem de Sa, 203
Menacho, Pérez de, 348
Mendaña, Álvaro de, 207, 312
Mendes Correa, 31
Méndez Núñez, Cástor, 598, 599
Méndez Montenegro, Julio César, 574
Méndez, Rodrigo, 280
Mendoza, 468, 469
Mendoza, Cardenal, 86
Mendoza, Antonio de, 159, 204, 230, 271, 272, 274, 281, 307, 308
Mendoza de Monteagudo, 342
Mendoza, Francisco de, 318
Mendoza, García Hurtado de, 310, 312
Mendoza, Gonzalo de, 319
Mendoza, Juan de, 312
Mendoza, Pedro de, 187, 188
Menéndez de Avilés, Pedro, 335, 336
Meneses, Francisco de, 317
Meneses, Pablo, 308
Menocal, Armando, 653
Mercado, Luis de, 160

Índice alfabético

Índice alfabético

Ruiz de Alarcón, Juan, 347
Ruiz de Apodaca, Juan, 465, 482, 483
Ruiz Huidobro, Pascual, 422
Ruiz Manjaraz, Juan, 280
Rulfo, Juan, 651
Rumiñahui, 172

S

Saavedra, Álvaro, 157
Saavedra, Bautista, 550
Saavedra, Cornelio, 423, 440
Saavedra, Francisco, 266
Saavedra Girón, Álvaro de, 588
Saavedra Lamas, 630
Saavedra y Guzmán, Martín de, 316
Sabat, Carlos, 650
Sabogal, José. 653
Saboya, María Luisa de, 354
Sacasa, Juan B., 578
Saco, José A., 643
Sáenz Peña, Roque, 538
Sagipa, 180
Sahagim, fray Bernardino de, 343
Salamanca, Daniel, 550
Salamanca, Martín Enríquez de, 311
Salaverry Santiago, 510
Salazar, Cervantes de, 348
Salazar, Eugenio, 347
Salazar, fray Gonzalo de, 157, 239
Saldívar, Rafael, 576
Salgar, Eustorgio, 560
Salierna, Andrés, 315
Salvador, José, 465
Salvatierra (padre), 277
Samano Juan, 438, 539, 440, 476
Samhaber, Ernst, 111
San Juan de Dios, Hnos. de, 240
San Martín, José de, 328, 442, 447, 467, 468, 470, 471, 472, 473, 474 476, 479, 485, 486, 498
San Martín, Tomás de, 243, 342
San Miguel de Piura (fundación), 168
San Miguel el Grande, (fundación), 273
San Román, Miguel, 552
San Vicente (fundación), 201
Sanclemente, 561
Sánchez, Fidel, 576
Sánchez, Florencio, 652
Sánchez, Juan Francisco, 468
Sánchez, Manuel Andrés, 582

Sánchez de Badajoz, Hernán, 163
Sánchez del Cerro, 553
Sánchez Hernández, Fidel, 576
Sánchez Ramírez, Juan, 388, 481
Sánchez Vilella, Roberto, 588
Sande, Francisco de, 315, 316
Sanderini, Piero, 112
Sandoval, Gonzalo de, 155
Sandoval Vallarta, 647
Sanfuentes, Juan Luis, 546
Sanguily, Manuel, 640
Santa Ana de Coro (fundación), 180
Santa Cruz, 486, 510, 514, 549, 552
Santa Cruz de la Sierra (fundación), 191
Santa Fe (fundación), 320
Santa Fe de Bogotá (fundación), 182
Santa María, Domingo, 546
Santa María, Pedro de, 280
Santana, Pedro, 502, 580
Santander, Francisco de Paula, 477, 479, 559, 560, 588, 622, 623 624, 638
Santamaría, Pantaleón, 318
Santángel, Luis de, 87
Santiago (condes de), 420
Santiago de Chile (fundación), 194
Santiago, Miguel de, 349
Santo Domingo de la Nueva Rioja (fundación), 191
Santos, Eduardo, 561
Santos Chocano, José, 649
Santos, Juan. 393
Santos, Máximo, 541
Santos Dumont, Alberto, 646
Santos Zelaya, José, 577
Sarmiento, Domingo Faustino, 537, 640, 642
Sarmiento, José, 277
Sarmiento de Gamboa, Pedro, 207
Scott, 598
Schaerer. Eduardo, 544
Schick, René, 578
Segura, Manuel Asensio, 651
Selva Alegre (marqués de), 429
Selva, Silvestre, 466
Sepúlveda, Juan Ginés de, 285
Sequechul, 163
«Seri», 34

Serna, José de la, 473, 487, 488, 489
Serra, fray Junípero, 246, 386
Serrao de Castro, Manuel, 397
Severo Maldonado, Francisco, 643
Shasp, 338
Sierra, Justo, 640
Sierra, Vicente D., 211
«Siete Partidas», 234
Sigüenza y Góngora, Carlos de, 277, 348, 349
Siles Zuazo, Hernán, 551
Silva Antonio José da, 403
Silva, José Asunción, 649
Silva Carvalho, José da, 493
Silva Guimaraes, Pascual da, 397
Silva Lisboa, José da, 491, 646
Silva Xavier, Joaquín José da, 398
Sinacam, 163
Sinchi Roca, 43
Sinibaldi, Alejandro, 573
Siri Túpac, 310 311
«Sirionó», 34
Soares de Sousa, Gabriel, 342
Sobremonte, Rafael de, 422
Solano, Francisco (san), 244
Solano López, Francisco, 516, 517, 543
Soldi, Raúl, 653
Solis, 185
Solís, Antonio de, 341
Solórzano, Carlos, 578
Solórzano Pereira, Juan de, 132, 348
Sommers, 338
Somoza Debayle, Anastasio, 578
Sore (o Soria), Jacques de, 328
Sosa, Lope de, 152
Soto, Hernando de, 160, 168 169, 170, 204
Soto, Marco Aurelio de, 574
Sotomayor, Cristóbal, 115
Soublette, Carlos, 479, 563
Sousa, Martín Alonso de, 200, 202
Souza, Diego de, 491
Souza, Tomé de, 247
Storni, Alfonsina, 650
Stroessner Alfredo, 544
Suárez de Altamirano, Buenaventura, 401
Suárez, Hernán, 242
Suárez, Inés, 194
Suárez, Joaquín, 541
Suárez de Peralta, Juan, 343

Índice alfabético

ÍNDICE DE ILUSTRACIONES

Índice de Ilustraciones

677

Índice de Ilustraciones

Índice de Ilustraciones